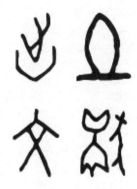

出土文獻譯注研析叢刊

《清華伍》書類文獻研究

高佑仁　著

本書獲科技部專題研究計畫補助

《清華伍》尚書類文獻新研（105-2410-H-006-084）

並承臺灣師範大學國文學系羅凡晸教授耑署書名

特此致謝

目次

凡　例

1. 釋文採嚴式隸定，後加「（）」註明寬式隸定或通假字，「（？）」表示括號前一字的隸釋有疑問，「＝」表示合文或重文符號，「□」表示文字殘缺，若依線索得知為某字，則將補字加框，若不知補字多寡則用「⊠」表示，簡號以「【】」標注於簡末。

2. 本書的上古音系統，聲紐據黃侃古聲十九紐之說，韻部據陳新雄師古音三十二部之說[1]，並參考李添富總校訂《新添古音說文解字注》對單字古音的分析[2]。

3. 各條考釋先列學界意見，並以發表時間為序，於「佑仁謹案」後說明筆者的看法。

4. 為求版面精簡，重複引用的資料，僅首次出現時詳細標明出處，複見者僅保留作者、篇名或書名與頁碼，讀者可由參考書目得知該文的詳細資料。

5. 引述意見時除曾親蒙受教者稱「師」外，其餘依學界慣例不加「先生」，尚祈見諒。

---

[1] 陳新雄師：《古音研究》，（臺北：五南圖書出版股份有限公司，1999.4），頁 303-526、551-559。

[2] （東漢）許慎撰，（清）段玉裁注，李添富總校訂：《新添古音說文解字注》（三版），（臺北：洪葉文化事業有限公司，2016.10）。

簡 稱 表

　　為避免行文繁瑣，多次引用的材料著錄書或專有名詞皆用簡稱，簡稱方式如下：

【網站簡稱表】

網站全名	簡稱
武漢大學簡帛研究中心網站	武漢網
復旦大學出土文獻與古文字研究中心網站	復旦網
清華大學出土文獻研究與保護中心網站	清華網

【書名簡稱表】

書籍全名（依筆畫排序）	簡稱
中國社會科學院考古研究所《殷周金文集成》	集成
中國社會科學院考古研究所《花園莊東地甲骨》	花東甲骨
李學勤《清華大學藏戰國竹簡》	清華簡
河北省文物考古研究所、北京大學中文系《九店楚簡》	九店
河南省文物考古研究所《新蔡葛陵楚墓》	新蔡
河南省文物研究所《信陽楚墓》	信陽
荊門市博物館《郭店楚墓竹簡》	郭店
馬承源《上海博物館藏戰國楚竹書》	上博
高明《古陶文彙編》	陶彙
郭沫若《甲骨文合集》	合集
湖北省文物考古研究所、北京大學中文系《望山楚簡》	望山
湖北省文物考古研究所《荊門左塚楚墓》	左塚
湖北省荊沙鐵路考古隊《包山楚簡》	包山
湖北省博物館《曾侯乙墓》	曾侯乙
睡虎地秦墓竹簡整理小組《睡虎地秦墓竹簡》	睡虎地
鍾柏生等《新收殷周青銅器銘文暨器影彙編》	新收
羅福頤《古璽彙編》	璽彙

附 圖 一 覽 表

第一章　緒論

第一節　前言

　　二十世紀以來，幾批先秦文獻相繼出土，使得戰國文字成為漢學研究的熱點。楚系簡帛材料出於戰國時人之手，其豐富而多元的內涵，對漢學研究各學科而言，皆具有重要的學術意義與價值。

　　西元 2008 年 7 月，北京清華大學入藏一批由校友所捐贈的戰國竹簡，據聞為盜墓所出，大約在 2006 年流傳於香港古董商之手，由清華大學委託校友購得後，捐贈給該校收藏研究。依據初步整理，竹簡總數約 2388 枚。北京大學對清華簡無字殘片標本進行 AMS 碳 14 年代測定，判定竹簡的時代約西元前 305±30 年，相當於「戰國中期偏晚」[1]。清華大學初步估計約有 64 篇典籍，內容多為經史類作品，其中以「書類文獻」最為可觀 [2]，多

---

[1] 李學勤指出「2008 年 12 月，我們委託北京大學加速器質譜實驗室、第四紀年代測定實驗室，對這批簡中的無字殘片標本進行了 AMS 碳 14 年代測定，經樹輪校正的數據為西元前 305 正負 30 年，即相當戰國中晚期之際，與上述專家的時代判斷一致。」趙平安指出：「2008 年 10 月 14 日，由 11 位專家組成的鑒定組得出結論：竹簡的年代為戰國中晚期。為了印證這一論斷，2008 年底，北京大學加速器質譜實驗室、第四紀年代測定實驗室，對這批簡中的無字殘片標本進行了 AMS 碳 14 年代測定，經樹輪矯正後，得到的資料為西元前 305 加減 30 年，即戰國中晚期之際。」參李學勤：〈清華簡整理工作的第一年〉，《清華大學學報（哲學社會版）》，2009 年第 5 期，頁 6。趙平安：〈談談戰國文字中值得注意的一些現象——以清華簡〈厚父〉為例〉，第一屆漢字漢語文化國際學術研討會，美國：奧克拉荷馬大學，2014.8.15-17，後刊於《出土文獻與古文字研究》第六輯，（上海：上海古籍出版社，2015.2），頁 303 注 2。

[2] 李學勤指出：「清華大學藏戰國竹簡對於古史研究有重要意義。現在我們初步估計全部清華簡有六十四篇或更多一些書，內容與《詩》、《書》、《禮》、《樂》、《易》、《春秋》都有一些關係，但與《書》的關係更重要。按照後世的分類，一種是真正的《尚書》，見於在今天傳世的《尚書》，或者由其標題或內容可以推定是《尚書》的；第二種是不在《尚書》，可是見於傳世的《逸周書》的；還有一些，是我們從來不知道的，可是從其體裁來看是和《尚書》、《逸周書》一類的。這三部分總共有二十多篇，是清華簡的主要內容。」李學勤：〈清華簡與〈尚書〉、〈逸周書〉的研究〉，《史學史研究》，2011 年第 2 期，頁 104，又見於李學勤：《初識清華簡》，（上海：中西書局，2013.6），頁 99。清華大學出土文獻研究與保護中心編、李學勤主編：《清華大學藏戰國竹簡（壹）》，（上海：中西書局，2010.12），頁 4。

數為先秦佚籍，字跡以楚文字為主，然亦雜有它系文字，故書名不循上博簡之例而改稱為「戰國竹簡」。關於竹簡的入藏與整理，劉國忠《走近清華簡》有十分詳細的說明[3]。

由清華大學出土文獻研究與保護中心所出版的《清華大學藏戰國 竹簡》（後文省稱「《清華簡》」），是近年古文字研究最重要的出土文獻之一。清華大學收藏戰國竹簡的消息一公布，立刻震驚海內外漢學界，從 2010 年 12 月《清華簡》第壹輯正式發行之後，即維持每年一輯的發表速度，每次出版總是引起學界的熱烈討論與新聞媒體的關注，相關的期刊、研討會等學術論文蠭出並作，令人目不暇給，截至目前為止（2017 年底）《清華簡》已發表至第柒輯。長期且穩定的出版進程，專業而完整的研究團隊，讓清華簡繼上博簡之後，形成新一波的研究熱潮。

第二節　關於「書類文獻」

「書」最早是指史官所書寫的公文檔案，內容包括君王或大臣的言行事蹟，或是已見於西周金文的冊書。由於經過史官的整理、編輯，因此其內容常著重「垂世立教」的訓教功能[4]。由近年所出土的文獻資料來看，先秦時「書」類文獻並不存在定本，往往是「以『類』相存」的方式流傳[5]，內容常因抄本來源的不同而在字句上有所差異。《尚書》是中國最早政史文獻的彙編，相傳孔子整理《書》時，其汰除者即為今日所見之《逸周書》。《漢書·藝文志》六藝略的「書」類中，就包含了《尚書》與《逸周書》，因此可以依據《漢書·藝文志》的歸類方式，將出土文獻中歸屬《尚書》

---

[3] 劉國忠：《走近清華簡》，（北京：高等教育出版社，2011.4）。
[4] 「垂世立教」語出孔安國〈書大序〉，參李學勤主編，《十三經注疏》整理委員會整理：《尚書正義》，（北京：北京大學出版社，2000.12），頁 11。
[5] 程浩：《「書」類文獻先秦流傳考——以清華藏戰國竹簡為中心》，清華大學博士論文，2015.6，頁 I。

或《逸周書》的作品，統稱為「書類文獻」。

近年書類文獻大量公布，提供學界戰國時人的第一手材料，勢必能增進我們對其內涵與性質的了解，對於《尚書》、《逸周書》的真偽問題，乃至於文本復原的工作，帶來新的突破口。

必須說明的是，「尚書」之名要晚到西漢初年[6]，「逸周書」之名則見於許慎《說文解字》[7]，這類文獻在先秦只單稱為「書」，由此可見稱「書類文獻」會比「尚書類文獻」要來得更能概括本書所的原意，這是筆者以「書類文獻」為名的原因。總的來說，本書所謂的「『書』類文獻」，是指與《尚書》或《逸周書》有關的作品。

第三節 《清華簡》書類文獻

依據李學勤的統計，清華簡中的書類文獻「共有 20 多篇，是清華簡的主要內容」[8]，就《清華簡》第壹～柒輯的內容來看，可依據性質分類如下：

一、可與今本《尚書》對照參讀的作品：如〈金縢〉。

二、篇目與今本《尚書》相同，但可證今本為偽造：如〈說命〉、〈尹誥〉。

三、可與今本《逸周書》對照：如〈命訓〉、〈祭公〉、〈皇門〉。

四、《逸周書》僅存篇名：如〈程寤〉。

五、從體裁來看應屬於《尚書》或《逸周書》的佚篇：如〈尹至〉、〈保

---

[6] 蔣善國認為至少在漢武帝建元五年歐陽《尚書》立為學官時，已有「尚書」之名。程元敏則認為「《尚書》命名，肇自歐陽容」。參蔣善國：《尚書綜述》，（上海：上海古籍出版社，1988.3），頁 1-2。程元敏：《尚書學史》，（上海：華東師範大學出版社，2013.12），頁 26。

[7] 《漢書·藝文志》中稱《逸周書》為「周書」，許慎為區隔《逸周書》與《尚書·周書》的差異，在「周書」前增「逸」字，並七次徵引《逸周書》文句。

[8] 李學勤：〈清華簡與《尚書》、《逸周書》的研究〉，《史學史研究》，2011 年第 2 期，頁 104-109。劉國忠在《走近清華簡》「清華簡內容初識」一段中指出「清華簡的內容以書籍為主，其中最為重要的內容是發現許多篇《尚書》」。參劉國忠：《走近清華簡》，頁 43。

訓〉、〈厚父〉、〈封許之命〉。

共計十一篇，若清華簡書類文獻確如李學勤所言共約有廿餘篇，則目前可見的篇章已近於半數。「書類文獻」是清華簡中分量最多的一類材料，其內容能廓清《尚書》或《逸周書》長期糾葛爭訟的學術公案，以簡本校對今本之文句，立即令人有渙然冰釋之感，清華簡書類文獻的重要性實不言可喻。

第四節　《清華伍》書類文獻

　　《清華大學藏戰國竹簡》第五輯（以下省稱《清華伍》）於 2015 年 4 月出版，其中有三篇與書類有關之作品，分別是〈厚父〉、〈封許之命〉、〈命訓〉，諸篇由於內容古奧、字詞艱澀，因此困難度頗高，早在《清華伍》正式出版以前，清華簡整理團隊如：李學勤 [9]、趙平安 [10]、劉國忠 [11]、程浩 [12] 等學者，皆已預告該輯將收入重要的書類文獻。西元 2015 年 4 月 9 日，北京清華大學公布《清華伍》整理報告，同時該書亦正式出版 [13]。

　　《清華伍》全書共計收錄六篇竹書，分別是：〈厚父〉、〈封許之命〉、〈命訓〉、〈湯處於湯丘〉、〈湯在啻門〉、〈殷高宗問於三壽〉。其中，〈命訓〉一文見於《逸周書》，而〈厚父〉的部分文句則曾為《孟子》所引，〈封許之

---

[9] 2014 年 5 月 19 日下午，李學勤於武漢大學簡帛研究中心介紹正在整理編寫中的《清華伍》內容，參與聞：〈李學勤先生在簡帛研究中心作學術報告〉，武漢網，2014.5.21（2017.6.23 上網）。李學勤：〈清華簡又發現珍貴的〈尚書〉佚篇〉，《中國教育報》，2014.7.18。

[10] 見俞紹宏、劉曉凱、朱小彤：〈交流研究成果探討發展方向——中國文字學研究與發展高層論壇暨中國文字學會第三屆理事會第四次會議綜述〉，《中國文字學報》，2015 年第 1 期，頁 302。正式論文可參趙安：〈〈厚父〉的性質及其蘊含的夏代歷史文化〉，《文物》，2014 年第 12 期。

[11] 參劉國忠先生 2014 年 11 月 7 日於邯鄲學院所作「清華簡整理與研究」學術報告。

[12] 程浩：〈清華簡〈厚父〉「周書」說〉，《出土文獻》第五輯，（上海：中西書局，2014.10），頁 145-147。

[13] 李學勤主編：《清華大學藏戰國竹簡（伍）》，（上海：中西書局，2015.4）。

命〉的風格近於西周金文的冊命文書,應是由金文轉抄而來,〈湯處於湯丘〉和〈湯在啻門〉則為戰國時期所流行的伊尹故事,年代較晚,〈殷高宗問於三壽〉則假托殷高宗與三壽的對話,針對治國安邦及個人修養等問題進行闡發,應屬於儒家文獻。諸篇皆是南方楚人的第一手資料,其價值難以估量。

《清華伍》收錄三篇與書類文獻有關的內容,其篇名分別為〈厚父〉、〈封許之命〉、〈命訓〉,先將各篇的相關資料羅列如下:

篇名	全篇簡數	今存簡數	簡長（cm）	簡寬（cm）	編聯	篇題	簡背序號	原整理者
厚父	13	13	44	0.6	3	簡13背	有	趙平安
封許之命	9	7	44	0.65	3	簡9背	有	李學勤
命訓	15	15	49	原書未說明	3	無	有	劉國忠

竹簡長度除〈命訓〉為 49 公分外,其餘二篇皆為 44 公分。各篇的編聯數皆為三道,簡背附有序號。〈厚父〉、〈封許之命〉在竹簡末尾處載明篇題,可知二篇為由前往後收束藏放。賈連翔認為二篇的正文與篇題非出於同一人[14],可信。各篇之性質概要如下:

一 〈厚父〉(原整理者趙平安)

〈厚父〉共 13 簡,保存情況基本良好,僅簡 1 天頭地尾殘損共計約 15 字。內容透過「厚父」與「王」的對話,說明執政者應勤政愛民、敬畏鬼神,不可沉湎於飲酒,並且申明天命難測,應時時省察民心向背。全文篇幅不長,但文字古奧艱深,具有高度的研究價值。

《孟子·梁惠王下》記載齊宣王自言有「好勇」之病,孟子回答說:

---

[14] 清華大學出土文獻讀書會:〈清華簡第五冊整理報告補正〉,清華網,2015.4.8(2017.6.23上網)。

詩云：「王赫斯怒，爰整其旅，以遏徂莒，以篤周祜，以對于天下。」
此文王之勇也。文王一怒而安天下之民。《書》曰：「天降下民，作
之君，作之師。惟曰其助上帝寵之。」四方有罪無罪惟我在，天下
曷敢有越厥志？一人衡行於天下，武王恥之，此武王之勇也。而武
王亦一怒而安天下之民。今王亦一怒而安天下之民，民惟恐王之不
好勇也。[15]

孟子引《詩經・大雅・皇矣》並稱「此文王之勇也」[16]，引《書》說明「武
王之勇也」，趙岐注：「《書》，《尚書》逸篇也。」[17]可見在漢代趙岐作注時，
已經不知道該段引文出於何篇。然而這段孟子的談話，又見於〈厚父〉簡5，
不過《孟子》的引文比較精簡，而且還有誤字的問題。〈厚父〉的公布，成
功廓清《孟子》引文出處的歷史公案。

　　〈厚父〉全文以楚文字為基本架構，但是部分寫法未經馴化，呈現出
有別於楚文字的特色，其中比較突出的是三晉文字的風格樣貌。關於此點，
原整理者趙平安已有非常詳細的考證 [18]，由此可見清華簡〈厚父〉應來自
三晉地區。

　　孟子以「《書》曰」指稱〈厚父〉，可見它肯定屬於《尚書》之佚篇，
雖然今本〈書大序〉並無「厚父」一篇之名目，但〈厚父〉列為書類文獻
應無疑義。

---

[15] 孟子引《書》一段之句讀，今依〈厚父〉而略改，參李學勤主編，《十三經注疏》整理
委員會整理：《孟子注疏》，（北京：北京大學出版社，2000.12），頁45。
[16] 李學勤主編，《十三經注疏》整理委員會整理：《毛詩正義》，（北京：北京大學出版社，
2000.12），頁1208。
[17] 李學勤主編，《十三經注疏》整理委員會整理：《孟子注疏》，（北京：北京大學出版社，
2000.12），頁45-46。
[18] 趙平安：〈談談戰國文字中值得注意的一些現象——以清華簡〈厚父〉為例〉，第一屆漢
字漢語文化國際學術研討會，美國：奧克拉荷馬大學，2014.8.15-17，後刊於《出土文獻與
古文字研究》第六輯，（上海：上海古籍出版社，2015.2），頁303-309。

二　〈封許之命〉（原整理者李學勤）

　　〈封許之命〉是西周初年周成王分封呂丁於許的實錄，也是許國開國的珍貴檔案，全文 9 簡（現存 7 簡，第 1、4 兩簡缺失），內容記敘呂丁輔弼文王、武王的顯赫功績，最令人震撼的是文中列舉賞賜物的清單，依類排列，豐富而詳實，其中包括玉器、秬鬯、車馬、薦彝等無不畢備，足見成王對呂丁的重視程度。就文字上看，「文王」、「武王」等名稱都以合文形式表示，而且並無加上合文符號，和西周金文的用法一致，其底本有可能是來自西周金文。

　　「命」是〈書大序〉所謂《尚書》六體「典、謨、訓、誥、誓、命」之一[19]，「命」本指命令、任使[20]，百篇〈書序〉中以「命」為篇者，如〈肆命〉、〈原命〉、〈說命〉、〈旅巢命〉、〈微子之命〉、〈賄肅慎之命〉、〈畢命〉、〈顧命〉、〈冏命〉、〈蔡仲之命〉、〈文侯之命〉等[21]，但今傳世本僅存〈顧命〉與〈文侯之命〉[22]，出土文獻則見清華參〈說命〉，資料仍十分有限，

---

[19] 〈書大序〉云：「（孔子）芟夷煩亂，翦截浮辭，舉其宏綱，撮奇機要，足以垂世立教，『典』、『謨』、『訓』、『誥』、『誓』、『命』之文，凡百篇。」只標舉文體名稱，但未對文體內涵做說明，直到陸德明《經典釋文》註解〈書大序〉時，更進一步說明「典謨訓誥誓命」各篇的數量，如「『命』凡十八篇：正十二，三篇亡，攝六，四篇亡。」到了孔穎達《正義》更具體指出「命」類的內容為：「〈說命〉三篇、〈微子之命〉、〈蔡仲之命〉、〈顧命〉、〈畢命〉、〈冏命〉、〈文侯之命〉九篇，『命』也。」參李學勤主編，《十三經注疏》整理委員會整理：《尚書正義》，頁 11、23。（唐）陸德明撰，黃焯彙校，黃延祖重輯：《經典釋文彙校》（北京：中華書局，2006.7），頁 70。

[20] 《說文》：「命，使也。从口，从令。」（東漢）許慎撰，（清）段玉裁注，李添富總校訂：《新添古音說文解字注》（三版），（臺北：洪葉文化事業有限公司，2016.10），頁 57。

[21] 李學勤：〈清華簡再現《尚書》佚篇〉，中國教育報，2014.9.5。關於《尚書》文體分類的問題可參黃澤鈞：〈清華簡《尹誥》研究四題〉，《思辨集》第 15 集（2012.6），頁 165-190。

[22] 汲塚《竹書紀年》曾提及「二十一年，攜王為晉文公所殺」，屈萬里認為所謂的「二十一年」是指晉文侯二十一年，該年晉文侯誅殺攜王以定平王，因此平王冊命晉文侯。所以〈文侯之命〉寫成時間應在周平王十一年、晉文侯二十一年，西元前760年。不過，清華貳《繫年》簡8云：「立廿又一年，晉文侯仇乃殺惠王於虢。」李學勤認為這個「廿又一年」，顯然應是指攜惠王在位年數（攜惠王二十一年，西元前750年），而不是晉文侯之紀年，說法可信。參屈萬里：〈尚書文侯之命著成的時代〉，《中央研究院歷史語言研究所集刊》第29本（下），（臺北：中央研究院歷史語言研究所，1958.11），頁507，又見於屈萬里：《書傭論學集》，（臺北：聯經出版事業股份有限公司，1984.7），頁98。參李學勤：〈由清華簡

本篇可讓吾人對「命」類文獻有深入的認識。

「冊命」類文書常以「述祖」、「贊善」、「封賞」三項內容為標準格式[23]，青銅器中也有大量此類文獻[24]，〈封許之命〉正是典型「冊命」類作品。開頭遠述文王、武王承受天命的偉大功績，以及呂丁對於二王的扞輔辛勞，最後分封「許」給呂丁，並賞賜玉器、秬鬯以及一系列的車馬器與彝器，並以成王對呂丁的懋勉為結，完全符合「述祖」、「贊善」、「封賞」的次序。

從竹簡形制來看，〈厚父〉依簡背的竹節位置可分為四組：賈連翔認為第一組（即簡1-4）與〈封許之命〉是使用同一段「竹筒」劈削而成，雖然二篇為不同書手寫成，但從用簡的情況來看，應為同一時期抄成[25]。從竹簡長寬、竹節位置等條件來看，這應是可信的，此外賈連翔實際參與清華簡編輯工作，可近身觀察實物，故其說有一定說服力[26]。而且，兩批竹簡的部分「入藏編號」相連續，可見〈厚父〉與〈封許之命〉這兩篇書類文獻，它們的竹簡抄寫時間非常接近，並且因性質相近，在墓中的擺放位置亦相鄰。

三 〈命訓〉（原整理者劉國忠）

〈繫年〉論〈文侯之命〉〉，《初識清華簡》，（上海：中西書局，2013.6），頁189-193、李學勤主編：《清華大學藏戰國竹簡（貳）》，（上海：中西書局，2011.12），頁139。

[23] 程浩：《「書」類文獻先秦流傳考——以清華藏戰國竹簡爲中心》，清華大學博士論文，2015，頁156-157。亦見程浩：〈〈封許之命〉與冊命「書」〉，《中國典籍與文化》，2016年（總第96期），頁4-6。

[24] 參陳漢平：《西周冊命制度研究》，（上海：學林出版社，1986.12）、汪中文：《西周冊命金文所見官制研究》，（臺北：國立編譯館，1999.4）、鄭憲仁：《西周銅器銘文所載賞賜物之研究——器物與身份的詮釋》，國立臺灣師範大學博士論文，2004.6、何樹環：《西周錫命銘文新研》，（臺北：文津出版社有限公司，2007.9）、曹雅荃：《西周冊命金文試探》，臺灣大學碩士論文，2014.7。

[25] 清華大學出土文獻讀書會：〈清華簡第五冊整理報告補正〉，清華網，2015.4.8（2017.6.23上網）。

[26] 但仍有一點需要補充，原整理者所提供的簡寬數值，〈厚父〉為 0.6 公分，〈封許之命〉為 0.64 公分，看似為賈連翔之說的反證，但是從原書所附縮小圖版來看，各簡寬度不一，尤其竹簡出土還容易有縮水問題，此數值應為約略值，兩批簡所相差的 0.04 公分仍在合理誤差範圍內。

本篇共有 15 支簡，三道編聯，通篇首尾完具，可惜各簡均有不同程度的殘損。完簡長 49 公分，除最末簡外，簡背的竹節處寫有竹簡之序號。無篇題，內容即《逸周書》的〈命訓〉，故以「命訓」為篇名。

《漢書·藝文志》著錄「《周書》七十一篇」，列於《尚書》諸家之後，並稱為「周史記」，顏師古注引劉向之語云：「周時誥誓號令也。蓋孔子所論百篇之餘也。」[27]劉向認定它是孔子編纂《尚書》時所剔除的篇章，自此《逸周書》受到很長一段時間的冷落。因此，今本《逸周書·命訓》篇的字句存在不少脫誤衍倒的情況，其中還間雜後人羼補、更動之處，缺乏善本可供參考。閱讀黃懷信《逸周書彙校集注》後不難發現，各家版本之間，字句仍有著一定程度上的差異，因此本篇竹簡的公布，對校定〈命訓〉文本具有莫大助益。

〈命訓〉全文圍繞君王施政的要點進行討論。天生萬民並成就其大命，命令以「德」為依歸，選立明王以「六極」（命、福、禍、恥、賞、罰等最高標準 [28]）作為訓民的方法，然而「六極」雖有其妙用，但運用時亦不可過於「極」（極至、過度），否則物極必反、盛極而衰，終將成為施政之「殆」。其後說明「惠」、「均」、「哀」、「樂」、「禮」、「藝」、「政」、「事」、「賞」、「罰」、「中」、「權」等十二項施政要點，以及各種注意事項。其中，「權」（權變）扮演最關鍵的角色，由「權」知「微」（施政之機微處），由「微」知施政之「始」，由「始」知施政之「終」。

〈命訓〉的篇名、內容與《逸周書·命訓》相合，簡本〈命訓〉字數共計約 656 字（合文以二字計），筆者採用較為嚴格的分析標準，發現其中簡本無法與今本對應者約 11.8%，可見二版本基本架構相去不遠。〈命訓〉

---

27 （東漢）班固撰，（唐）顏師古注：《漢書》，（北京：中華書局，1964.11），頁 1705-1706。
28 「極」指「最高標準」或「最高準則」，參季旭昇師：〈談〈洪範〉「皇極」與〈命訓〉「六極」——兼談〈逸周書·命訓〉的著成時代〉，「出土文獻與中國古典學」國際學術研討會，耶魯—新加坡國立大學學院，2016.4.7-9，頁 20。

是《逸周書》中的第 2 篇，與〈常訓〉、〈度訓〉合稱「三〈訓〉」，置於《逸周書》之首，充分顯現書類文獻的訓教功能。綜上所述，本篇屬於書類文獻應無疑義。

第五節　研究概況

依據目前學界的發表情況，《清華伍》書類文獻的研究成果主要可分成網路論文（包括論壇意見和跟帖）、期刊論文與學位論文，由於《清華伍》出版迄今甫三年，故專書作品尚付之闕如。網路論文由於刊登的速度快，因此武漢網、復旦網、清華網短時間內便累積了大量研究成果，而這些網路意見後來也常轉發成為正式的期刊論文。網路論文與期刊論文裡比較具有代表性的作品有：

1、〈厚父〉

趙平安〈談談戰國文字中值得注意的一些現象——以清華簡〈厚父〉為例〉首先探討〈厚父〉非楚風格的構形，指出部分字體近於三晉文字[29]；李學勤在〈清華簡再現《尚書》佚篇〉、〈清華簡《厚父》與《孟子》引《書》〉已指出《孟子・梁惠王下》的引文就是出自〈厚父〉[30]；松鼠（李松儒）在〈厚父初讀〉27 樓指出〈厚父〉簡 1「王」字前的殘字應釋為「祀」[31]；郭永秉〈論清華簡〈厚父〉應為《夏書》之一篇〉對於〈厚父〉通篇文意的理解具有貢獻，他認為簡 5-6「王廼遏佚其命」的「廼」應訓為「若」，是

---

[29] 趙平安：〈談談戰國文字中值得注意的一些現象——以清華簡〈厚父〉為例〉第一屆漢字漢語文化國際學術研討會，美國奧克拉荷馬大學，2014.8.15-17，後刊於《出土文獻與古文字研究》第六輯，（上海：上海古籍出版社，2015.2），頁 303-309。

[30] 李學勤：〈清華簡再現《尚書》佚篇〉，中國教育報，2014.9.5。李學勤：〈清華簡《厚父》與《孟子》引《書》〉，《深圳大學學報》（人文社會科學版），2015 年第 3 期，頁 33-34。

[31] 見武漢網「簡帛論壇」〈厚父初讀〉27 樓，2015.4.17（2017.6.23 上網）。

假設連詞 [32]，甚是；賈連翔〈釋《厚父》中的「我」字〉釋出「我」字，就字形與文意來看都十分妥當 [33]；清華大學出土文獻讀書會〈清華簡第五冊整理報告補正〉即時修正原書中的錯誤考釋意見，例如馬楠「之匿」應屬上讀，「王廼」以下別為一句 [34]。

2、〈封許之命〉

月下聽泉在蘇建洲〈《封許之命》研讀札記（一）〉文章後的跟帖指出，簡 2 的「橐」字偏旁從「橐」，中間則為「臤」聲 [35]，雖然目前訓讀上仍有疑義，但字從「臤」得聲，應無疑義；陳劍認為簡 7 原整理者釋為「鼎」的字上從「才」，應改釋作「鼐」 [36]；程浩〈《封許之命》與冊命「書」〉認為本篇與西周冊命文書有許多相似之處 [37]；松鼠（李松儒）在〈清華五《封許之命》初讀〉26 樓認為簡 3 頂端的殘字應是「斌」（武王）殘文 [38]；無斁懷疑簡 3「補」字左半的「朮」是「木」的訛字 [39]；陳美蘭對簡 3 的「旟」有一系列詳細的討論 [40]；ee（單育辰）與蘇建洲將簡 3「玟敦殷受」的「玟」

---

[32] 郭永秉：〈論清華簡〈厚父〉應為《夏書》之一篇〉，《出土文獻與古代文明論文集》，北京：中國人民大學，2015.6.6-7，頁 66。又見於郭永秉：〈論清華簡〈厚父〉應為《夏書》之一篇〉，《出土文獻》第七輯，（上海：中西書局，2015.10），頁 122-123。

[33] 清華大學出土文獻讀書會：〈清華簡第五冊整理報告補正〉，清華網，2015.4.8（2017.6.23上網）。賈連翔：〈釋《厚父》中的「我」字〉，第二屆古文字學《青年論壇》，臺北：中央研究院歷史語言研究所，2016.1.28-29，頁 463-466。

[34] 清華大學出土文獻讀書會：〈清華簡第五冊整理報告補正〉，清華網，2015.4.8（2017.6.23上網）。

[35] 見蘇建洲：〈《封許之命》研讀札記（一）〉，復旦網，2015.4.18，文後「學者評論欄」1樓，2015.4.18（2017.6.21 上網）。

[36] 見蘇建洲：〈《封許之命》研讀札記（一）〉，復旦網，2015.4.18，文後「學者評論欄」3樓，2015.4.18（2017.6.21 上網）。

[37] 程浩：〈《封許之命》與冊命「書」〉，《中國典籍與文化》，2016 年（總第 96 期），頁 6，又見於《出土文獻》第七輯，（上海：中西書局，2015.10），頁 143。

[38] 見武漢網「簡帛論壇」〈清華五《封許之命》初讀〉26 樓，2015.4.14（2017.6.21上網）。

[39] 見武漢網「簡帛論壇」〈清華五《封許之命》初讀〉43 樓，2015.4.22（2017.6.21上網）。

[40] 陳美蘭：〈清華簡〈封許之命〉箚記三則〉，《中國文字》新 43 期，（臺北：藝文印書館，2017.3），頁 31-43。

讀為「羼（或踐）」，可信 [41]；謝明文〈談談青銅酒器中所謂三足爵形器的一種別稱〉對於「鹽」、「鉦（鐙）」、「匴」諸字究竟應對應何種器物，提出十分精審的意見 [42]；蘇建洲〈談〈封許之命〉的幾個錯字〉系列分析書手的誤字問題 [43]。

3、〈命訓〉

劉國忠〈清華大學清華簡《命訓》中的命論補正〉將〈命訓〉的「大命」、「小命」與《莊子‧列禦寇》的「達大命者隨，達小命者遭」聯繫起來 [44]；夏含夷〈清華五〈命訓〉簡、傳本異文考〉將〈命訓〉的簡文與傳世本進行對比，試圖找出文字錯訛的原因 [45]；劉國忠分析〈命訓〉簡本的「佴」如何演變至今本的「醜」；[46]蘇建洲〈清華簡第五冊字詞考釋〉討論「陶」和「墮」的構形差異 [47]。季旭昇師〈談〈洪範〉「皇極」與〈命訓〉「六極」——兼談〈逸周書‧命訓〉的著成時代〉主張「六極」的「極」應理解為「最高標準」[48]，可信。魏慈德〈從傳本《命訓》與《清華簡‧命訓》的對讀來

---

[41] ee 之說見武漢網「簡帛論壇」〈清華五《封許之命》初讀〉22樓，2015.4.12（2017.6.21 上網）。參蘇建洲：〈《封許之命》研讀札記（一）〉，復旦網，2015.4.18（2017.6.21上網），其後增補內容改寫成〈清華簡第五冊字詞考釋〉，收錄於《出土文獻》第七輯，（上海：中西書局，2015.10），頁148-149。

[42] 謝明文：〈談談青銅酒器中所謂三足爵形器的一種別稱〉，復旦網，2015.4.1（2017.7.4 上網），又見於謝明文：〈談談青銅酒器中所謂三足爵形器的一種別稱〉，《出土文獻》第 7 輯，（上海：中西書局，2015.10），頁 10-11。

[43] 蘇建洲：〈談〈封許之命〉的幾個錯字〉，《古文字研究》第 31 輯，古文字研究會第 21 屆年會論文集，（北京：中華書局，2016.10），頁 374。

[44] 劉國忠：〈清華大學清華簡《命訓》中的命論補正〉，《出土文獻與先秦經史國際學術研討會論文集（上）》，香港：香港大學，2015.10.16-17，頁 261-263，又見於《中國史研究》，2016 年第 1 期，頁 27-28。

[45] 夏含夷：〈清華五〈命訓〉簡、傳本異文考〉，《古文字研究》第 31 輯，《古文字研究會第 21 屆年會論文集》，（北京：中華書局，2016.10），頁 379。

[46] 劉國忠：〈清華簡《命訓》初探〉，《深圳大學學報（人文社會科學版）》，2015 年第 3 期，頁 39-40。

[47] 蘇建洲：〈清華簡第五冊字詞考釋〉，《出土文獻》第七輯，（上海：中西書局，2015.10），頁 156-158。

[48] 季旭昇師：〈談〈洪範〉「皇極」與〈命訓〉「六極」——兼談〈逸周書‧命訓〉的著成

看清人校注的幾個問題〉由清人著述入手，詳細比對簡本與今本的文字差異 [49]。

經過學者們的討論，對於〈厚父〉、〈封許之命〉、〈命訓〉的整體文意，已日漸清晰。目前所見學位論文共計七本，茲依時間先後為序整理如下：

1.　程浩《「書」類文獻先秦流傳考——以清華藏戰國竹簡為中心》，清華大學博士論文，2015.6。（指導教授：李學勤）

2.　黃凌倩《清華伍《厚父》、《封許之命》集釋》，安徽大學碩士論文，2016.3。（指導教授：徐在國）

3.　蔣建坤《清華簡（壹～伍）上古音聲母材料的整理與初步研究》，吉林大學碩士論文，2016.4。（指導教授：馮勝君）

4.　宋亞雯《清華簡中的非典型楚文字因素問題研究》，復旦大學碩士論文，2016.5.20。（指導教授：周波）

5.　吳優《《清華大學藏戰國竹簡（壹一伍）》形聲字研究》，哈爾濱師範大學碩士論文，2016.5。（指導教授：徐廣才）

6.　郭倩文《《清華五》、《上博九》集釋及新見文字現象整理與研究》，華東師範大學碩士論文，2016.5。（指導教授：劉志基）

7.　古容綺《清華伍〈封許之命〉字詞研究》，臺中教育大學碩士論文，2017.7。（指導教授：許文獻）

其中，程浩的博士論文聚焦《清華簡》第 1-5 輯中的「書類」文獻，是前述諸書中研究水準最高者，不過該書以「流傳問題」為焦點，因此涉及〈厚父〉與〈封許之命〉的部分很有限（〈命訓〉則未涉及）。蔣建坤、吳優的

時代〉，「出土文獻與中國古典學」國際學術研討會，2016.4.7-9，耶魯—新加坡國立大學學院，頁 9。

[49] 魏慈德：〈從傳本《命訓》與《清華簡・命訓》的對讀來看清人校注的幾個問題〉，「出土文獻與傳世典籍的詮釋國際學術研討會」，上海：復旦大學出土文獻與古文字研究中心，2017.10.14-15。

碩士論文則主要以音韻為考察對象，文字考釋並非重點。宋亞雯集中探討〈厚父〉，她認為〈厚父〉受到了晉系文字的影響。

真正通盤考釋文本的是黃凌倩、郭倩文、古容綺等人的碩士論文，黃凌倩《清華伍《厚父》、《封許之命》集釋》一書對於二篇的集釋已有初步的整理，且各條考釋下亦多有己見。郭倩文《《清華五》、《上博九》集釋及新見文字現象整理與研究》一書，對於〈厚父〉、〈封許之命〉、〈命訓〉的各家集釋亦有整理。古容綺的碩士論文集中討論〈封許之命〉，由於她有深厚的書法根柢，因此書末所附的摹本頗值得參考。

第六節　小結

綜上所論，《清華伍》所收錄的三篇書類文獻為〈厚父〉、〈封許之命〉、〈命訓〉，雖然它們在漢學研究上具有重大意義，但由於屬於新出材料，且牽涉到的層面非常廣泛，因此截至目前為止（2018 年元月），仍缺乏系統性的通盤研究作品，殊為可惜。本書由文字釋析著手，並擴及至上古歷史、器物形制、政治哲學等相關討論，期盼能對清華簡書類研究有所裨益。

第二章　〈厚父〉考釋

　　〈厚父〉全文以問答體呈現，並未有明顯的分章，但為便利學者閱讀，筆者分為上、中、下三個段落，上段記載王聽聞前代文人「恭明德」的事蹟後，就教於厚父，範圍橫跨簡 1 至簡 4。中段記載厚父對王的回應，厚父要王敬德，勿沉湎於酒，而《孟子·梁惠王下》的引文，即見於此段，範圍為簡 4 末至簡 7。下段是王聽聞厚父的回答後，再以「小人之德」就教於厚父，厚父以四段論述回應，每段皆以「曰」字起頭，全文就在厚父的回應下結束，範圍為簡 7 至簡 13。

第一節　題解

　　〈厚父〉是《清華伍》的第一篇，部分文句為《孟子》所引，它不僅是《清華伍》中最受矚目的一篇 [1]，也是清華簡裡具有代表性的一篇 [2]。學界首次知聞〈厚父〉，應始於 2014 年 5 月 19 日，李學勤於武漢大學簡帛研究中心介紹正在整理編寫中的《清華伍》內容 [3]。其後，本篇的原整理者趙平安在「中國文字學研究與發展高層論壇暨中國文字學會第三屆理事會第四次會議」進行專題報告，題目為「〈厚父〉的性質及其蘊含的夏代歷史文化」

---

[1] 2015 年 4 月《清華（伍）》公布以後，新聞媒體幾乎都是以〈厚父〉收錄孟子引文做為該冊的標題或報導重點。

[2] 2016 年 4 月 16 日，中國國務院總理李克強考察清華大學，李學勤贈予「民心惟本，厥作惟葉」卷軸，二語即出自〈厚父〉。

[3] 與聞：〈李學勤先生在簡帛研究中心作學術報告〉，武漢網，2014.5.21（2017.9.6 上網）。

⁴，後來李學勤亦在中國教育報發表〈清華簡再現《尚書》佚篇〉一文⁵，使本篇逐漸受到學界的重視。

〈厚父〉全文為厚父與王的對話，一問一答，趣味盎然。王首先歷數夏朝的聖君禹、啟等人的偉大功業，指出敬畏天命、朝夕肆祀、不盤于康等，而使夏朝能長久保有天命。但後來繼承皇位的王，又該如何面對天命？厚父首先申明喪失天命的後果，並認為如果廢棄先王典刑、沉湎享樂、弗慎天德，則終將導致國家滅亡；最後，王向厚父請教「小人之德」，厚父以四段談話作為本文的結論：厚父認為民心難測，只有敬畏天命、保教民德、勤於祭祀才能保有天命。並申明「民心惟本，厥作惟葉」，期盼能透過朋友的啟發，彰顯內心的良善——如同美玉藏於玉石中，需透過切磋琢磨才能顯現光輝。

另外，厚父嚴格禁止人民飲酒，當時人民在宴饗時喜愛飲酒，厚父認為酒僅限於神明飲用，百姓飲酒將敗壞威儀並使精神陷入瘋狂狀態，應該強制禁止。〈厚父〉全文僅 13 簡，但語言古樸簡明，饒富理趣，對於上古歷史、文化、哲學、經學等領域，均有重大研究價值。

一　形制與編聯問題

〈厚父〉共計 13 簡，簡長 44 公分，寬 0.6 公分，僅簡 1 天頭地尾殘損（保留 20 字），其餘簡保存完好。簡 13 背有篇題「厚父✑」二字，其下附有篇題符號，篇題的書寫者與正文不同⁶，正文書寫者與清華壹〈祭公〉的

---

⁴ 受限於資訊的不足，我們無法確切得知演講的日期，僅知為 7 月 23 至 26 日之間舉辦。相關的報導見俞紹宏、劉曉凱、朱小彤：〈交流研究成果探討發展方向——中國文字學研究與發展高層論壇暨中國文字學會第三屆理事會第四次會議綜述〉，《中國文字學報》，2015 年第 1 期，頁 302。正式論文可參趙平安：〈〈厚父〉的性質及其蘊含的夏代歷史文化〉，《文物》，2014 年第 12 期。

⁵ 李學勤：〈清華簡再現《尚書》佚篇〉，中國教育報，2014.9.5。

⁶ 清華大學出土文獻讀書會：〈清華簡第五冊整理報告補正〉，清華網，2015.4.8（2017.6.23 上網）。李松儒：〈清華五字迹研究〉，武漢大學簡帛研究中心：《簡帛》第十三輯，（上海：上海古籍出版社，2016.11），頁 81。

書手是同一人[7]。

通篇三道編聯，先寫後編（簡 10-13 天頭文字已受到第一道編聯擠壓而部分殘泐），簡背於竹節處有序號（首簡殘缺），以簡背竹節為依據，簡 1-4 為第一組，簡 5-8 為第二組，簡 9-10 為第三組，簡 11-13 為第四組。賈連翔指出，第四組簡背存在「有意劃痕」，但無法貫連。第一組，從竹簡長度、寬度以及簡背竹節位置和形狀來看，應與〈封許之命〉諸簡同屬一段「竹筒」劈削而成。〈封許之命〉與〈厚父〉雖為不同的書手，但從用簡的情況來看，應為同一時期抄成[8]。〈封許之命〉與〈厚父〉的形制（簡長、簡寬、編聯位置）確實接近，而且由入藏編號來看[9]，〈封許之命〉簡 9（編號 374）、簡 8（編號 375）與〈厚父〉簡 6（編號 376）、簡 5（編號 377）、簡 8（編號 378）·簡 4（編號 379）是相接續的，可見在出土時，擺放位置亦接近。不過，由於〈厚父〉與〈封許之命〉都各自有篇題，且書手亦不同，不可能同抄於一卷。因此，若真如賈連翔所言，〈厚父〉第一組（簡 1-4）與〈封許之命〉簡使用同一段「竹筒」的竹簡書寫，那麼應是在相近的時間點內，交由兩位書手分別書寫〈厚父〉與〈封許之命〉，而此二文皆為書類文獻。

最後談談本篇的補字問題，本篇補字集中在簡 8（「![字]厥」、「![字]惠」「![字]叕」）與簡 9（「![字]天」、「![字]天」、「![字]濾」）兩枚竹簡。賈連翔指出「惠」字「下面有刮削痕跡」，而且認為補字與正文書手並非同一人[10]。細審簡文，「惠」、「叕」二字都是在原字刮除掉後所補，二處補字多集中在簡 8、簡 9，應是書手寫至該處時，精神較不集中，遂致此誤。在已知的線索中，本篇簡文至少有兩位書手經手，分別是正文與篇題的書寫者。賈連翔認為補字與正

---

[7] 賈連翔：〈談〈厚父〉中的「我」〉，《古文字研究》第 31 輯，古文字研究會第 21 屆年會論文集，（北京：中華書局，2016.10），頁 372。

[8] 清華大學出土文獻讀書會：〈清華簡第五冊整理報告補正〉，清華網，2015.4.8（2017.6.23 上網）。

[9] 李學勤主編：《清華大學藏戰國竹簡（伍）》，（上海：中西書局，2015.4），頁 245。

[10] 清華大學出土文獻讀書會：〈清華簡第五冊整理報告補正〉，清華網，2015.4.8（2017.6.23 上網）。

文書手並非一人，可信。然而，這些校補文字究竟出自何人之手？目前可供比對的訊息有限，要具體回答是件困難的事。此外，簡 3「永保夏邑」的「夏」字背面有個特殊符號「　」，呈四方形，字跡清晰，但具體功用待考。

二　關於《孟子》引文的問題

《孟子・梁惠王下》曾引述一段「《書》曰」的內容，字句與〈厚父〉近似，其云：「《書》曰：『天降下民，作之君，作之師。惟曰其助上帝寵之。』」趙岐注：「《書》，《尚書》逸篇也。」[11]可見趙岐已無法指明《孟子》是引自哪一篇，由此亦可知東漢時〈厚父〉實已亡佚。流行於東晉的偽孔傳本《尚書》，將相關的文句編入〈泰誓上〉，其云：「天佑下民，作之君，作之師，惟其克相上帝，寵綏四方，有罪無罪，予曷敢有越厥志？」[12]不過早有學者懷疑其真偽，例如江聲在《尚書集注音疏》就認為，〈泰誓〉一文「（漢代）列於學官，博士所課，不目之為逸《書》也」[13]，既為博士所習，自不可能是佚篇[14]。透過文字比對，這段話與〈厚父〉原文非常近似。〈厚父〉簡 5 云：「古（故）天降下民，執（設）萬邦，复（作）之君，复（作）之币（師），隹（惟）曰其勳（助）上帝高（亂）下民」，比對《孟子》原文，部分文字確實能夠找到對應的句子。

清華簡原整理者李學勤在〈厚父〉尚未發表前就明確指出，《孟子》書中的引文就是〈厚父〉，並得出「孟子熟稔〈厚父〉」的結論[15]。後來李學勤在〈清華簡《厚父》與《孟子》引《書》〉一文中還補充〈厚父〉「是孟子引

11 李學勤主編，《十三經注疏》整理委員會整理：《孟子注疏》，（北京：北京大學出版社，2000.12），頁 45。
12 李學勤主編，《十三經注疏》整理委員會整理：《孟子注疏》，頁 323。
13 江聲之說參（清）焦循：《孟子正義》，（北京：中華書局，1987.10），頁 116。
14 參李學勤：〈清華簡《厚父》與《孟子》引《書》〉，《深圳大學學報（人文社會科學版）》，2015 年第 3 期，頁 33-34。
15 李學勤：〈清華簡再現《尚書》佚篇〉，中國教育報，2014.9.5。

文的出處」的證據，他的說法是：

> 我們再看清華簡《厚父》的有關文句，就會看出這可能即是孟子引文
> 的出處。簡文「古天降下民」，用「降」字與《孟子》同。該篇前面
> 追述夏禹治水，也有「……川，乃降之民，建夏邦」文句，與這裡「古
> 天降下民，設萬邦」呼應。「設萬邦」句，不見於《孟子》，當係傳本
> 有別。按「萬邦」一詞屢見於《尚書‧堯典》、《益稷》、《洛誥》等篇。
> 簡文的「勴」，《孟子》所引作「助」，彼此吻合。要知道，「勴」字為
> 「助」，乃是近年學者反覆研索得到的認識。[16]

上述的論證中，能夠成為證據者，殆只有「降」字一條。「天降下民」一詞，
與前文「乃降之民」的「降」遙相呼應，可見〈厚父〉此段是其原文。至於
「萬邦」見於《尚書》以及近年「助」字的考釋成果，對於《孟子》引文是
否出自《清華伍‧厚父》，其實幫助不大。趙平安在《清華伍‧厚父》正式
發表前也對此問題提出看法，其云：

> 既然「古天降下民，埶（設）萬邦，𠬝（作）之君，𠬝（作）之
> 帀（師），隹（惟）曰其勴（助）上帝𤔲（亂）下民」是「天降下民，
> 作之君，作之師，惟曰其助上帝寵之」的早期形態，那麼它有沒有可
> 能就是《梁惠王下》所引的《書》呢？從體式、內容、文句和用詞看，
> 《厚父》都與《尚書》相類，因此這種可能性是極大的。如果是這樣，
> 《厚父》就是《尚書》的逸篇。趙岐注《孟子》時，只說是《尚書》
> 逸篇而不出篇名，說明當時已不知有此篇。這樣看來，至少東漢末年
> 此篇已經亡佚。

> 但是，考慮到「古天降下民，埶（設）萬邦，𠬝（作）之君，𠬝
> （作）之帀（師），隹（惟）曰其勴（助）上帝𤔲（亂）下民」是類似

於常語性質的東西，因此這段話在不同的《尚書》篇章中出現也是可能的。換句話說，《厚父》雖可能是《尚書》文獻，但也有可能不是《梁惠王下》所引的《尚書》逸篇。這是我們對《厚父》性質的基本觀點。[17]

關於〈厚父〉與《孟子》引文的關係，他提出兩個可能性：一是《孟子》所引用的原文來自〈厚父〉，此說李學勤已經指出；此外，他提出另一種可能性，也就是《孟子》所引的文句由於沒有特殊性，因此可能與〈厚父〉無關[18]。趙平安在《清華伍》原書中的本條注釋中只說「此段文字與《孟子》所引《尚書》相似」[19]，未若李學勤將〈厚父〉與《孟子》引文畫上等號，趙說採取相對保守的態度。

馬文增依循趙平安的第二說並進一步發揮，認為「《孟子》引文與《厚父》無關聯」，他認為《孟子》原文中的引文應是「《書》曰：『天降下民，作之君，作之師，惟曰其助上帝寵之。四方有罪無罪惟我在，天下曷敢有越厥志？』」二者的文字、斷句並不完全相同[20]。楊坤附議此說，認為《梁惠王下》孟子引《書》與〈厚父〉沒有直接關係。[21]黃國輝將孟子引文與〈厚父〉分成前句與後句兩個段落進行比較：

文獻來源	前句	後句
《孟子‧梁惠王下》	天降下民，作之君，作之師。惟曰其助上帝寵之。[22]	四方有罪無罪，惟我在，天下曷敢有越厥志？[23]

---

[17] 趙平安：〈《厚父》的性質及其蘊含的夏代歷史文化〉，《文物》，2014 年第 12 期，頁 1-2。

[18] 李學勤的說法見於「中國教育報」的報導（2014.9.5），而趙平安的意見則是先在 2014.7.23-26 於「中國文字學研究與發展高層論壇暨中國文字學會第三屆理事會第四次會議」所作的報告，後來正式發表於《文物》2014 年第 12 期，因此時間上不一定比李學勤之說來得晚。

[19] 李學勤主編：《清華大學藏戰國竹簡（伍）》，頁 113。

[20] 馬文增：〈清華簡〈厚父〉新釋、簡注、白話譯文〉，武漢網，2015.5.12（2017.6.23 上網）。

[21] 楊坤：〈再說《梁惠王下》孟子引《書》出處〉，武漢網，2015.5.28（2017.6.23 上網）。

[22] 李學勤主編，《十三經注疏》整理委員會整理：《孟子注疏》，頁 45。

[23] 李學勤主編，《十三經注疏》整理委員會整理：《孟子注疏》，頁 45。

清華簡〈厚父〉	古天降下民，執（設）萬邦，作之君，作之師，惟曰其助上帝亂下民。	之匿（慝）王，迺竭失其命，弗用先哲王孔甲之典刑，顛覆厥德，淫湎於非彝。

他認為這兩個版本中的「前句」在語詞上稍有差別，而「後句」差別更大，但儘管如此，所要表達的思想其實還是非常相似，因此它們在早期（西周早中期）可能有著共同的底本，而在西周晚期兩者各自獨立成篇，又分別為《孟子·梁惠王下》所引和清華簡〈厚父〉所傳鈔。後來《孟子·梁惠王下》所引的篇章被整理到了《書》中，故《梁惠王下》所引明確稱之為《書》，但清華簡〈厚父〉是不是可以稱為《書》，有待更多的證據證成。[24]

筆者認為《孟子》這段引文不見於其他任何材料，因此要說《孟子》引文與〈厚父〉全然無關，未免失之偏頗。而〈厚父〉云：「者，魯天子！古天降下民，執（設）萬邦，复（作）之君，复（作）之帀（師），隹（惟）曰其勸（助）上帝𤔔（治）下民之匿（慝）。」這是厚父對王的談話內容，可以很確定並非引文，因此就現有的材料來看，《孟子·梁惠王下》引文的出處，非常可能就是〈厚父〉。簡文中的「故」、「設萬邦」，《孟子》皆已去之，而關鍵動詞「亂」則訛寫作「寵」[25]。「寵」字後的「之」相當於〈厚父〉的「下民」，至「下民」為止，應即《孟子·梁惠王下》所引文字之下限，而黃國輝所謂「後句」的部分，二材料不僅文字不同，取意亦有很大落差，不應視為有著共同的底本來源。

---

[24] 黃國輝：〈清華簡《厚父》新探〉，《出土文獻與先秦經史國際學術研討會論文集（上）》，香港：香港大學，2015.10.16-17，頁253-255。又見於黃國輝：〈清華簡《厚父》新探——兼談用字和書寫之於古書成篇與流傳的重要性〉，《清華大學學報（哲學社會科學版）》，2016年第3期（第31卷），頁68-70。
[25] 李學勤：〈清華簡《厚父》與《孟子》引《書》〉，《深圳大學學報（人文社會科學版）》，頁33-34。

三 關於王的時代歸屬

〈厚父〉全文是以「厚父」與「王」一問一答的談話而展開，原文中「王」追述夏代初年的國君禹和啟，但文中並無說明「王」的時代歸屬以及名號。而且「厚父」於史傳無載，故本篇雖然是《尚書》類文獻，但時代背景究竟歸屬於何時？至今爭議仍然很大。目前看來，學界討論的意見非常分歧，先將各種說法羅列如下：

1. 主張為《夏書》：郭永秉[26]主之。

2. 主張為《商書》：馬文增[27]、福田哲之[28]、張利軍[29]主之。

3. 主張為《周書》：原整理者、李學勤[30]、ee[31]、程浩[32]、王寧[33]、楊家剛[34]、清華大學出土文獻研究與保護中心[35]、雲間[36]、黃國輝[37]、杜勇[38]。

---

[26] 郭永秉：〈論清華簡〈厚父〉應為《夏書》之一篇〉，《出土文獻與古代文明論文集》，（北京：中國人民大學，2015.6），頁 62，又收入《出土文獻》第七輯，（上海：中西書局，2015.10）。

[27] 馬文增：〈清華簡〈厚父〉為「太甲」與「伊尹」之對話實錄〉，武漢網，2015.5.9（2017.9.6上網）。

[28] 福田哲之：〈清華簡《厚父》的時代暨其性質〉，第二屆先秦兩漢出土文獻與學術新視野國際研討會議論文集，2015.10.17-18，頁 183-185。

[29] 張利軍：〈清華簡《厚父》的性質與時代〉，《管子學刊》，2016 年第 3 期，頁 103-111。

[30] 李學勤：〈清華簡《厚父》與《孟子》引《書》〉，《深圳大學學報》，2015 年第 3 期，頁33-34。

[31] 見武漢網「簡帛論壇」〈厚父初讀〉25 樓，2015.4.16（2017.6.23 上網）。

[32] 程浩：〈清華簡〈厚父〉「周書」說〉，《出土文獻》第五輯，（上海：中西書局，2014.10），頁 145-147。

[33] 王寧：〈清華簡五〈厚父〉之「厚父」考〉，武漢網，2015.4.30（2017.6.23 上網）。

[34] 楊家剛：〈追述先王與夏殷之鑒：清華竹簡《厚父》與《尚書》篇目之比較稿〉，復旦網，2015.1.5（2017.9.6 上網）。

[35] 清華大學出土文獻研究與保護中心：〈《清華大學藏戰國竹簡》（伍）成果發佈會在京召開〉，清華網，2015.4.9（2017.9.6 上網）。

[36] 見武漢網「簡帛論壇」〈厚父初讀〉69 樓，2015.4.30（2017.6.23 上網）。

[37] 黃國輝：〈清華簡《厚父》新探〉，《出土文獻與先秦經史國際學術研討會論文集（上）》，頁 246-253。又見於黃國輝：〈清華簡《厚父》新探——兼談用字和書寫之於古書成篇與流傳的重要性〉，《清華大學學報（哲學社會科學版）》，頁 64-68。

[38] 杜勇：〈清華簡《厚父》與早期民本思想〉，《西華師範大學學報（哲學社會科學版）》，2016 年第 2 期，頁 15-17。

要明確指出本篇的時代背景，難度頗高，但是本篇有幾點比較鮮明的思想色彩，無疑是考察時代的重要依據：

1.明德慎祀

簡文中相關段落為：

（1）民乃弗慎厥德，用敘在服。【簡 7】

（2）保教明德，慎肆祀。【簡 9-10】

（3）在夏之哲王，乃嚴寅畏皇天上帝之命，朝夕肆祀，不盤于康。【簡 3-4】

（4）後王之享國，肆祀二后，永敘在服。【簡 3-4】

周人善祭祀，此點可由《詩經》中大量的祭祀詩略見端倪，其中尤為突出的是對於祖先神靈之祭祀。例如《周頌·清廟》乃周公既成洛邑，率以祭祀文王之詩。《周頌·天作》云：「天作高山，大王荒之。彼作矣，文王康之。彼徂矣，岐有夷之行，子孫保之！」[39]全篇可見周之後人對於先公先王們的極度推崇以及自豪感。而簡文中「後王之享國，肆祀三后」亦是針對三位先王祭祀，祈求祖先保佑國祚長保，宗族子孫繁盛。

所謂「國之大事，在祀與戎」[40]、「祀，國之大事也」[41]，不論是諸侯的分封建國還是營造宗廟宮殿，都有一套詳細的祭祀順序，對粢品、等級、祭祀者等均有嚴格規範，祭祀可說是周文化的重要內涵，隨後演變成一種「尊祖重孝」的倫理法則。

2.禁止飲酒

簡文中相關段落為：

---

[39] 李學勤主編，《十三經注疏》整理委員會整理：《毛詩正義》，（北京：北京大學出版社，2000.12），頁 1520-1522。

[40] 李學勤主編，《十三經注疏》整理委員會整理：《春秋左傳正義》，（北京：北京大學出版社，2000.12），頁 867。

[41] 李學勤主編，《十三經注疏》整理委員會整理：《春秋左傳正義》，頁 569。

曰：「……民式克敬德，毋湛于酒。民曰惟酒用肆祀，亦惟酒用康樂。」

曰：「酒非食，惟神之饗。民亦惟酒用敗威儀，亦惟酒用極狂。」【簡12-13】

有鑑於殷人「沉湎於酒」而導致國家覆滅，周 初的統治者極力推行 禁酒，《尚書‧酒誥》中周公認為商紂「淫泆於非彝，用燕喪威儀」、「惟荒腆於酒」[42]，因酒敗德而失天下，藉此告誡「不腆于酒」[43]、「無彝酒」[44]。李學勤指出：「《厚父》篇尾『民式克敬德，毋湛于酒』一段，與《尚書‧酒誥》和大盂鼎銘文關於酒禁的論旨相同，均為針對商朝的覆滅而言。」[45]這是有道理的。

簡文中特別強調「惟酒用敗威儀」（人民飲酒敗壞威儀），而且會「酒用極狂」（飲酒使人陷入極度瘋狂的狀態），可見厚父對於飲酒有非常嚴格的限制。不過，關於禁酒，〈厚父〉與〈酒誥〉仍有一點差異，〈酒誥〉云「祀茲酒」（祭祀時可以飲酒）[46]，並無完全禁酒，祭祀場合仍可飲酒。而簡文中，厚父主張酒是專門用來祭祀或祭獻神明的物品（原文：「酒非食，惟神之饗」），「酒」並非食物，只有神能夠享用，儘管祭祀也一樣不能飲酒，對於飲酒的規範比《尚書‧酒誥》還嚴格。

3.重視民心

簡文中相關段落為：

（1）聞民之若否，惟天乃永保夏邑。【簡3】

（2）惟時下民共帝之子，咸天之臣。【簡7】

---

[42] 李學勤主編，《十三經注疏》整理委員會整理：《尚書正義》，（北京：北京大學出版社，2000.12），頁448。

[43] 李學勤主編，《十三經注疏》整理委員會整理：《尚書正義》，頁446。

[44] 李學勤主編，《十三經注疏》整理委員會整理：《尚書正義》，頁443。

[45] 李學勤：〈清華簡〈厚父〉與〈孟子〉引〈書〉〉，《深圳大學學報（人文社會科學版）》2015年第3期，頁34。

[46] 李學勤主編，《十三經注疏》整理委員會整理：《尚書正義》，頁441。

（3）天命不可漲斯，民心難測，民式克恭心敬畏，畏不祥，保教明德，慎肆祀，惟所役之司民啟之。【簡 9-10】

（4）民心惟本，厥作惟葉【簡 11】

〈厚父〉強調敬慎天命的重要性（如簡 3「知天之威哉」、「嚴寅畏皇天上帝之命」），但是基於「天命靡常」（語出《詩經‧文王》）之理[47]，也認為「民心」向背才是天命存續的關鍵因素。簡 7 提及「下民」和「帝之子」（即國君），都是天之子。厚父說：「民心像是根本，而實際行為像是枝葉，如同美玉由璞石琢磨而成，民心能否展現良善的一面，端賴『司民』能否保民。」

「以民為本」是周人的重要思想[48]，《尚書‧酒誥》：「人無於水監，當於民監」[49]。上天鑒察國君，是以人民視聽為標準，且天意會透過白姓的意見而顯現，具有濃厚重民、保民的觀念。清華大學出土文獻研究與保護中心認為「《厚父》敘事與大盂鼎頗為相似，反映出的周初重德的思想與當時文獻亦相符合，其民本思想較周初似有所發展」[50]，無疑是正確的。

4.以夏為借鑑

簡文中相關段落為：

（1）在夏之哲王，乃嚴寅畏皇天上帝之命，朝夕肆祀，不盤于康，以庶民惟政之恭，天則弗斁，永保夏邦。其在時後王之享國，肆祀三后，永敘在服，惟如台？【簡 3-4】

（2）厚父拜，稽首曰：「……王乃遏佚其命，弗用先哲王孔甲之典刑，顛覆厥德，沉湎于非彝，天乃弗若，乃墜厥命，亡厥邦。……」【簡 5-6】

---

[47] 李學勤主編，《十三經注疏》整理委員會整理：《毛詩正義》，頁 1127。
[48] 參王邦雄等：《中國哲學史》，（臺北：國立空中大學，2000），頁 49-54。
[49] 李學勤主編，《十三經注疏》整理委員會整理：《尚書正義》，頁 449。
[50] 清華大學出土文獻研究與保護中心：〈《清華大學藏戰國竹簡》（伍）成果發佈會在京召開〉，清華網，2015.4.9（2017.9.6 上網）。

面對夏朝覆滅的慘痛教訓，周人清楚意識到天命並非穩定不變，因此必須具有憂患意識，要以前代覆亡的國家為借鏡。《詩經・大雅・蕩》云：「殷鑒不遠，在夏后之世。」[51]《尚書・召誥》云：「我不可不監于有夏，亦不可不監于有殷。我不敢知曰，有夏服天命，惟有歷年。我不敢知曰，不其延，惟不敬厥德，乃早墜厥命。我不敢知曰，有殷受天命，惟有歷年。我不敢知曰，不其延，惟不敬厥德，乃早墜厥命。」[52]天命以「德」為依歸，並非無條件支持統治者，若統治者不能修德自持，下場將與夏、商一樣。因此，明德慎祀、禁止飲酒、重視民心等思想，都是圍繞此憂患意識而展開。

以上幾點思想特色，在西周時期可謂最為濃厚，因此筆者比較傾向將〈厚父〉的背景時代定位於西周時期。不過也必須承認，沒有辦法利用上述四點，將主張為《夏書》或《商書》之說完全排除，因為很難證明夏、商時人絕對沒有明德慎祀、重民心等思想[53]。

四　底本來源

〈厚父〉全文是以楚文字為基本架構，但是部分寫法未經馴化，呈現出異於楚文字的色彩。其中比較突出的是三晉文字的風格樣貌，關於此點，原整理者趙平安已有非常詳細的考證[54]，由此可見清華簡〈厚父〉的底本應傳自三晉地區。本處挑選較為典型的例證，並羅列楚文字的寫法比對如下：

單字	晉系	清華簡	楚系
監	11 年薗令趙狽矛	簡 1	包山.168

---

[51] 李學勤主編，《十三經注疏》整理委員會整理：《毛詩正義》，頁 1364。

[52] 李學勤主編，《十三經注疏》整理委員會整理：《尚書正義》，頁 471。

[53] 如李振興《尚書學述（上）》的〈《尚書》中的思想意識〉便提到虞夏書、商書中對於民心都非常重視。此蒙臺灣大學中文系博士生黃澤鈞指出，在此特申謝忱。

[54] 趙平安：〈談談戰國文字中值得注意的一些現象——以清華簡〈厚父〉為例〉，第一屆漢字漢語文化國際學術研討會，美國：奧克拉荷馬大學，2014.8.15-17，收入《出土文獻與古文字研究》第六輯，（上海：上海古籍出版社，2015.2），頁 305-306。

少	梁 19 年亡智鼎	簡 2	包山.50
今	中山王𧽊鼎	簡 10	邦人不稱 9
夕	璽彙 1723	簡 3	磚 370.3
古	中山王𧽊方壺	簡 5	包山.213
慎	璽彙 4933	簡 7	郭店緇衣 33
其	侯馬盟書 1：1	簡 6	包山.7
敬	中山王𧽊鼎	簡 9	楚帛書乙 10.22

由上述字表可知，〈厚父〉的來源屬於三晉文字應可視為結論。不過，筆者雖然基本上贊同本篇許多文字具有三晉色彩，但是在態度上不應為了突顯這項特點，反而忽略其構形也可能同時存在於楚文字。舉例來說，〈厚父〉「邦」作「」（簡 5），趙平安認為楚文字一般「丰」聲在右，而該字「丰」聲在左（並且「丰」下加一橫劃），與晉系文字合。但這種左形右聲的寫法已見於「」（上博八.成王既邦.8）、「」（楚帛書.乙篇.行 4-5），所以不能斷言「丰」聲在左的寫法絕不屬於楚文字。又如〈厚父〉「高」字作「」（簡 12），趙平安認為字上從「口」，與其他系不同，與晉系文字二十九年高都令戈相同 [55]。此類從「口」寫法的「高」字確實見於晉系，如二十九年高都令戈（集成 11302）「高」字作「（）」，中間部分從「口」。但是，這種寫法也出現在被歸類於楚系文字的曾侯乙墓竹簡，其「高」字寫作「」（曾侯乙 147）、「」（曾侯乙 170），中間亦是從「口」。而屬於楚文字的鄂

---

[55] 趙平安：〈談談戰國文字中值得注意的一些現象——以清華簡〈厚父〉為例〉，第一屆漢字漢語文化國際學術研討會，美國：奧克拉荷馬大學，2014.8.15-17，收入《出土文獻與古文字研究》第六輯，頁 305。

君啟節（楚國官方頒發給鄂君之陸路和水路的關稅豁免憑證），其「高」字寫法如下：

（鄂君啟車節／集成 12110）

（鄂君啟車節／集成 12111）

二字顯然中間都從「口」形，與簡文相同。綜上所述，〈厚父〉來源於三晉文字應無疑義，但是上述「邦」、「高」就不宜視為僅限於三晉系統。總的來說，刻意要突出簡文「非楚」的特徵，有時容易矯枉過正。

第二節　總釋文

（上）

惟□□祀王監劼練（績），翮（聞）前文人之觀（恭）明悳（德）。王若曰：「厚父！我翮（聞）禹□□□□□□□□□□【一】川，乃降之民，建頨（夏）邦。啟佳（惟）后，帝亦弗叟（恐）啟之經悳（德）少，命咎（皋）繇（繇）下為之卿事，茲咸又（有）神，能客（格）丁上，【二】智（知）天之畏（威）弌（哉），翮（聞）民之若否，佳（惟）天乃永保頨（夏）邑。才（在）頨（夏）之剝（哲）王，廼嚴禋（寅）畏皇天上帝之命，朝夕肄（肆）祀，不【三】盤于庚（康），以庶民佳（惟）政之觀（恭），天則弗臭（斁），永保頨（夏）邦。其才（在）寺（時）徭（後）王之卿（享）或（國），祟（肆）祀三后，永敧才（在）服，佳（惟）女（如）怠（台）？」

（中）

厚【四】父拜乚，頴〓（稽首），曰：「者（都），魯天子！古（故）天降下民，扱（設）萬邦，复（作）之君，复（作）之帀（師），佳（惟）曰其勸（助）上帝亂（亂）下民之匿（慝）。王廼（遏）【五】祋（佚）其命，弗甬（用）先剝（哲）王孔甲之典刑，真（顛）復（覆）乒（厥）悳（德），湔（沉）湎于非彝，天廼弗若，廼述（墜）乒（厥）命，亡乒（厥）邦。【六】佳（惟）寺（時）下民隹（共）帝之子，咸天之臣。民廼弗慇（慎）乒（厥）

悳（德），甬（用）敩（敘）才（在）服。」

（下）

王曰：「欽之弋（哉），厚父！隹（惟）寺（時）余經【七】念乃高且（祖）克憲（憲）皇天之政工（功），迺虔秉𠬝（厥）悳（德），叚（作）辟事三后，肆（肆）女（如）其若龜筮（筮）之言，亦勿可連（專）改。丝（茲）【八】少（小）人之悳（德），隹（惟）女（如）台（台）？」

厚父曰：「於（嗚）嘑（呼），天子！天命不可漗斯，民心難測，民弋（式）宴（克）共（恭）心芍（敬）愚（畏），畏不恙（祥），娽（保）教明悳（德），【九】怂（慎）祙（肆）祀，隹（惟）所役之司民啟之。民其亡歆（諒），迺弗畏不恙（祥），亡㬥（顯）于民，亦隹（惟）歕（禍）之卣（條）及，隹（惟）司民之所取。今民【十】莫不曰余娽（保）孝（教）明悳（德），亦鮮宴（克）以譬（誨）。」

曰：「民心隹（惟）𣏟（本），𠬝（厥）叚（作）隹（惟）枼（葉），引其能丁（貞）良于㪔（友）人，迺洹（宣）弔（淑）𠬝（厥）心。【十一】若山𠬝（厥）高，若水𠬝（厥）𣲐（{深}），女（如）玉之才（在）石，女（如）丹之才（在）桼（漆），迺是（寔）隹（惟）人。」

曰：「天貪（監）司民，𠬝（厥）徎（徵）女（如）𠂢（肱）之服于人。民弋（式）克【十二】芍（敬）悳（德），母（毋）湛

于酉（酒）。民曰隹（惟）酉（酒）甬（用）祅（肆）祀，亦隹（惟）
酉（酒）甬（用）庚（康）樂。」

曰：「酉（酒）非飤（食），隹（惟）神之卿（饗）。民亦隹（惟）
酉（酒）甬（用）敤（敗）畏（威）義（儀），亦隹（惟）酉（酒）
甬（用）亟（極）瘇（狂）乚。」【十三】

厚父▼【十三背】

第三節 〈厚父〉考釋（上）

一 釋文

惟□□祀王監劼綀（續），㝫（聞）前文人之觀（恭）明悳（德）〔一〕。王若曰：「厚父！我㝫（聞）禹〔二〕□□□□□□□□□□□【一】川，乃降之民，建𩫈（夏）邦〔三〕。啟佳（惟）后，帝亦弗妥（恐）啟之經悳（德）少〔四〕，命咎（皋）繇（繇）下為之卿事〔五〕，茲咸又（有）神，能㕻（格）于上，【二】智（知）天之畏（威）𢦏（哉）〔六〕，㝫（聞）民之若否〔七〕，佳（惟）天乃永保𩫈（夏）邑〔八〕。才（在）𩫈（夏）之劃（哲）王〔九〕，廼嚴禋（寅）畏皇天上帝之命〔十〕，朝夕肆（肆）祀〔十一〕，不【三】盤于庚（康）〔十二〕，以庶民佳（惟）政之觀（恭）〔十三〕，天則弗臭（斁），永保𩫈（夏）邦〔十四〕。其才（在）寺（時）㤅（後）王之卿（享）或（國），肆（肆）祀三后〔十五〕，永敳才（在）服〔十六〕，佳（惟）女（如）𠂤（台）〔十七〕？」

【語譯】惟王□□年，王考察過去勤奮的事蹟，聽聞前代有文德的人能夠恭敬明德。王說：「厚父！我聽聞大禹……（疏通）河道，於是上帝降生人民，建立夏邦。啟擔任國君之後，上帝亦不懷疑啟的常德太少，命令皋陶擔任卿事，二人都是神靈所降生，能感知上帝的意志，明白上天的威嚴，知曉人民的良窳，上天將會長久保有夏國。夏朝的哲王，恭謹敬畏地奉承上帝的命令，早晚進行祭祀，不敢安逸，帶領庶民著執行政事，上天不會厭倦，永遠地保有夏邦。而接著執政的後王，只要勤勉祭祀三后，就能對永遠序列服事（長保天命），這樣的說法怎麼樣？」

二　文字考釋

〔一〕惟□□祀王監劼練（續），䎽（聞）前文人之觀（恭）明㥁（德）

祀	王	監	劼	練	䎽	前
文	人	之	觀	明	㥁	

　　趙平安：〈厚父〉聞作　（簡1、簡3近似），與清華簡〈筮法〉　（簡13）寫法相同，與〈金縢〉　（簡10）、〈芮良夫毖〉　（簡3）、〈楚居〉　（簡13）寫法相似。上部從　，下部從聑，戰國文字比較罕見。當時聞字一般寫作　、　之形，昏、耳兩個部件有時互易，和《說文》所收古文　相同。和一般戰國文字比起來，〈厚父〉聞字明顯處於從早期至戰國的過渡階段。春秋金文聞作　、　之形，是在甲骨文　、西周金文　的基礎上演變而來，從耳、搔聲。左邊是「搔」的象形字，象以手擦拭口水。表示口水的小點後來挪到字的上部，訛變為　，左下的人形被聲符「昏」替代。這樣看來，　的字頭應該是　的進一步省變。聞有一種寫法作　，兩點省去，豎筆穿透而下，實際是　至「宀」的中間環節。過去一般把這類字頭隸定為「宀」，從來源看，其實是錯誤的。像這一類寫法，應直接隸定為聑為宜。[1]

---

[1] 趙平安：〈談談戰國文字中值得注意的一些現象——以清華簡〈厚父〉為例〉，第一屆漢字漢語文化國際學術研討會，美國：奧克拉荷馬大學，2014.8.15-17，收入《出土文獻與古文字研究》第六輯，頁305-306。

趙平安：〈厚父〉龏作 （簡 1、簡 4 近似）。早期金文作 （何尊），後加「兄」聲作 （邾公華鐘）， 是在 的寫法上省去雙手。戰國文字中龏有時省去龍尾（如上博六〈用曰〉簡 6），有時省去一隻手（如上博一〈緇衣〉簡 2），同時省去兩手的很少見。上博六〈用曰〉簡 7 龏字省去龍尾，加「兄」聲加羨符「口」，同篇簡 16 在此基礎上省去雙手，過去理解為從口、龍聲，是錯誤的。 之省略與此類相似，但時代更早。[2]

原整理者：《書·太甲上》孔傳：「監，視也。」練，即「績」，《爾雅·釋詁》：「績，成也。」《廣韻·錫韻》：「績，功業也。」「劼」為「嘉」字省變（參李學勤：〈戎生編鐘論釋〉，《文物》一九九九年第九期；馬楠：〈《尚書》、金文互證三則〉，《中國國家博物館館刊》二〇一四年第十一期）。《書·盤庚下》：「用降我凶德，嘉績于朕邦。」《正字通·耳部》：「聞，與問通。」前文人，前世有文德之人，西周金文和《尚書》多見。[3]

ee：〈厚父〉很明顯是周王和大臣的對話，簡 4「肆祀三后」、簡 8「作辟事三后」的「三后」應是周之「三后」，注釋認為指夏君不確。[4]

松鼠：〈厚父〉簡 1「王」字之上的字還有殘留，其左邊可以肯定是「礻」旁無疑，「王」字之上字很可能即「祀」，可參照〈厚父〉簡 3、4、10、13 的「祀」字。此字正與其右邊的一小殘點也相合，可補辭例為「惟□□祀」，其間的缺字最大可能是王＋數字。[5]

lht：根據古書篇題取首二、三字之慣例，簡 1 首二字似應作「厚父」。

---

[2] 趙平安：〈談談戰國文字中值得注意的一些現象——以清華簡〈厚父〉為例〉，第一屆漢字漢語文化國際學術研討會，收入《出土文獻與古文字研究》第六輯，頁 307。

[3] 李學勤主編：《清華大學藏戰國竹簡（伍）》，頁 111。

[4] 見武漢網「簡帛論壇」〈厚父初讀〉25 樓，2015.4.16（2017.6.23 上網）。

[5] 見武漢網「簡帛論壇」〈厚父初讀〉27 樓，2015.4.17（2017.6.23 上網）。李松儒在〈清華簡殘泐字辨析三則〉有更仔細的字形舉證，但結論不變。參李松儒：〈清華簡殘泐字辨析三則〉，《古文字研究》第 31 輯，《古文字研究會第 21 屆年會論文集》，（北京：中華書局，2016.10），頁 397-398。又可見李松儒：〈清華五字迹研究〉，武漢大學簡帛研究中心：《簡帛》第十三輯，（上海：上海古籍出版社，2016.11），頁 80。

前二句是史官之筆，記敘事件之背景。[6]

  youren：此處的「監」與其訓作「視」，不如訓作更符合本篇主旨的借鑒、參考之意。《書·召誥》：「我不可不監于有夏，亦不可不監于有殷。」《論語·八佾》：「周監於二代，郁郁乎文哉！吾從周。」也作「鑑」。《廣韻·鑑韻》：「鑑，誡也。亦作監。」[7]

  子居：若如此補入缺文，因為缺文只有四個字的位置，那麼最有可能選擇的就是松鼠所言「『惟□□祀』，其間的缺字最大可能是王＋數字」，次級選擇則是「惟廿□祀」、「惟卅□祀」等，而不大可能是松鼠所舉諸例中的「維二十三祀」、「維三十有五祀」、「惟十有三祀」等情況。從〈厚父〉下文來看，篇中的「王」被厚父稱為「天子」，那麼若此王是周武王，則只會有「惟十有□祀」這樣的情況，而不會是松鼠所言「『惟□□祀』，其間的缺字最大可能是王＋數字」。[8]

  子居：「劼」當讀為原字，依《尚書·酒誥》「汝劼毖殷獻臣，侯甸男衛」辭例及《說文·力部》：「劼，慎也。」故〈厚父〉篇的「劼」也當訓為「慎」，這才與文中厚父對王多有告誡的內容吻合。練，則當是「緎」字，讀為「跡」，《逸周書·酆保》有「王孫其尊天下，適無見過過適，無好自益，以明而跡」的辭例可參。「前文人」目前最晚見於傳世文獻的《尚書·文侯之命》的「追孝于前文人」及《尚書·大誥》的「予曷其不于前寧人……予曷敢不于前寧人……天亦惟休于前寧人。」又，西周末期「叔向父簋」的「肇帥型先文祖，共明德」句，《尚書·君奭》的「嗣前人，恭明德」句，清華簡〈祭公〉的「數求先王之恭明德」句皆與〈厚父〉此句非常相似。由筆者的〈先秦文獻分期分域研究之一虛詞篇〉的初步分析可見，〈文侯之命〉、〈大誥〉、〈君奭〉三篇都是基本成文於春秋初期的。清華簡〈祭公〉篇則不晚於春秋後期，由

---

[6] 見武漢網「簡帛論壇」〈厚父初讀〉40 樓，2015.4.20（2017.6.23 上網）。

[7] 見武漢網「簡帛論壇」〈厚父初讀〉60 樓，2015.4.25（2017.6.23 上網）。

[8] 子居：〈清華簡〈厚父〉解析〉，清華網，2015.4.28（2017.6.23 上網）。

此即可判斷，清華簡〈厚父〉篇的成文時間，很可能當在西周末期至春秋後期之間。[9]

　　王寧：這個缺失的數字應該是在「四」到「十」之間，不會超過「十」，否則按照《書》的行文習慣，凡不超過「十」的年數稱「維王某祀」，超過「十」的數字不稱「王」而要說「維十又（有）某祀」，與缺文字數不合，故簡文開始應該是「佳（維）王口祀」。……所謂「劼績」當即〈酒誥〉所說的「劼毖殷獻臣」之績（佑仁案：這句話有語病，「劼毖殷獻臣」中並無「績」字），「劼」是「劼毖」的省語，「王監劼績」就是王視察監管的情況，也就是視察禁酒的情況，所以叫具體分管此事的厚父（司空）來談話。〈厚父〉12 簡從「曰天監司民」以下，都是厚父向周王匯報當前禁酒的情況，說「民式克敬德，毋湛於酒」，就是民現在都很謹慎自己的行為，不酗酒了；又說了「民」對酒的認識，連稱「民曰」云云，是要告訴周王通過管束和教化，現在人民都已經明白酒應該合理使用，意識到了酗酒的危害，說明自己的司空工作做得比較到位。所以，厚父的這番話也是為與開頭「王監劼績」之說相呼應，不是無緣無故地綴加。[10]

　　馬文增：「王」，商王太甲。「桀」，「王監劼」之「劼」，「吉」聲；「啓之民」（佑仁案：當是「民啓之」）之「民」字形不同於簡文「民」，豎筆貫穿上下，同「桀」之右上。綜合考慮，筆者釋兩簡文皆為「桀」。筆者認為「王監桀跡，聞前人之『恭』、『明德』」句顯係出自史官，篇首缺字可補為「惟王□祀」。[11]

　　郭永秉：〈厚父〉開頭說王「問前文人之恭明德」，又說因為皋陶輔佐啓，使得「茲咸有神，能格于上」。「有神」的「神」，就是西周金文多見的「文神」、「文神人」、「皇神」、「先神」、「大神」、「百神」的「神」（西周金文亦

9　子居：〈清華簡〈厚父〉解析〉，清華網，2015.4.28（2017.6.23 上網）。

10　王寧：〈清華簡五〈厚父〉之「厚父」考〉，武漢網，2015.4.30（2017.6.23 上網）。

11　馬文增：〈清華簡〈厚父〉新釋、簡注、白話譯文〉，武漢網，2015.5.12（2017.6.23 上網）。

單稱「神」），研究西周金文的人都有共識，這種「神」是對已故先人的稱呼；「前文人」（或「文人」）見於傳世文獻和西周金文，陳英傑先生經過細緻比較分析，指出它「或與祖、考並用，……可能在更多的時候它是用來指稱世系遠於祖、考的先祖」。所以「茲咸有神，能格于上」的意思，大致可與獸簋銘文「其各前文人，其順在帝廷陟降」（《殷周金文集成》4317）參看。……我們不排除「前文人」也可以泛指其他前代有文德之人的可能性，但與王把夏代先祖稱為「神」這個情況結合起來看，〈厚父〉的「王」所問的「前文人之恭明德」，應無疑是指王的始祖、先祖的明德，而不會是與王血緣無關的前代的先王的明德。因此，〈厚父〉的這位王，自然是禹、啟、孔甲之王的後代，而非其他人。[12]

　　雲間：第一簡的監字，局部應該是行草。[13]

　　苦行僧：根據〈厚父〉簡 1 的「監」字，劉兄所說的舊釋為「臥」或「弨」的字，似更有可能釋為「臥」。《說文》說「監」從「臥」雖不對，但「監」上部與「臥」訛混是極有可能的。[14]

　　李學勤：〈厚父〉中的「王」乃是周武王，所以儘管篇中多論夏朝的興亡，該篇應是《周書》，不是《商書》。〈厚父〉篇尾「民式克敬德，毋湛於酒」一段，與《尚書·酒誥》和大盂鼎銘文關於酒禁的論旨相同，均為針對商朝的覆滅而言。[15]

　　黃凌倩：「劫」字讀為「嘉」。「嘉」清華簡〈皇門〉篇中作「」（清華一·皇門02）、「」（清華一·皇門02），從字形看與「劫」共有「力」旁、

---

[12] 郭永秉：〈論清華簡〈厚父〉應為《夏書》之一篇〉，《出土文獻與古代文明論文集》，頁6-7，頁 66。又見於郭永秉：〈論清華簡〈厚父〉應為《夏書》之一篇〉，《出土文獻》第七輯，頁 122-123。

[13] 見武漢網「簡帛論壇」〈厚父初讀〉84 樓，2015.8.12（2017.6.23 上網）。

[14] 見武漢網「簡帛論壇」〈厚父初讀〉85 樓，2015.8.13（2017.6.23 上網）。

[15] 李學勤：〈清華簡〈厚父〉與《孟子》引《書》〉，《深圳大學學報》，2015 年第 3 期，頁33-34。

「口」旁。[16]

石小力：「劫」字原作，從吉從力，有可能是「嘉」之訛字，但二字形體差別較大，是否訛字還有待進一步證明。[17]

郭倩文：諸家對字形皆無異議，唯讀法不同。子居先生引《說文解字》說解，認為此處讀如字，訓為「慎」。然則王筠《說文解字句讀》言：「《釋詁》：『劫，固也。』許君不用，而曰慎也者，蓋《釋詁》『惢，慎也』。許君引《書》『劫惢』以證，謂『劫惢』是複語也。」故而「劫」訓為「慎」可商。而馬文增先生讀為「桀」，暫無可支撐證據。劫，見於戎生編鐘四號：「遣鹵責」，李學勤先生《戎生編鐘論釋》一文認為「『劫』實為『嘉』字省變」，於簡文此處當是，則此處暫從整理者意見。[18]

郭倩文：《書·文侯之命》：「汝肇刑文武，用會紹乃辟，追孝于前文人。」孔傳：「追孝於前文德之人。」楊樹達《積微居小學述林·讀吳愙齋中丞說書後》：「《文字說》謂《書·文侯之命》及《兮仲鐘》、《追敦》皆言『前文人』，知『前文人』為周時習見之語，因古文『文』字或從『心』……後人遂誤釋為『寧』。《書·大誥》屢言『前寧人』，皆當為『前文人』。」[19]

宋亞雯：《厚父》篇中除「盤」字外，其他從「舟」旁的字還有「歬（前）」、「受」、「服」、「執」，分別作：

各例「舟」旁形體基本一致。目前已整理的六輯清華簡中共有「舟」字兩例，分別作：

（清·皇門 13）　　　　 （清·說命中 5）

---

[16] 黃凌倩：《清華伍《厚父》、《封許之命》集釋》，安徽大學碩士論文，2016.3，頁 8-9。

[17] 石小力：〈談談清華簡第五輯中的訛字〉，《出土文獻》第八輯，（上海：中西書局，2016.4），頁 126-127。

[18] 郭倩文：《《清華五》、《上博九》集釋及新見文字現象整理與研究》，華東師範大學碩士論文，2016.5，頁 15。

[19] 郭倩文：《《清華五》、《上博九》集釋及新見文字現象整理與研究》，頁 16。

楚系文字中「舟」及以「舟」為偏旁的字形體大致如下：

舟	[字形] 包 168	[字形] 包 157	[字形] 郭・成 35	[字形] 新甲三 321
前	[字形] 包 122	[字形] 包 145	[字形] 郭・尊 2	[字形] 郭・窮 9
	[字形] 上・昔 1	[字形] 上・子 11	[字形] 郭・老甲 3	
朕	[字形] 帛甲 3			
受	[字形] 包 25	[字形] 包 27	[字形] 望二 12	[字形] 上・子 1

《厚父》「盤」所从「舟」旁形體與《說命中》5 號簡「舟」字形體相同，也見於其他楚系文字材料中。關於「舟」字可參上文《保訓》部分「關於字形結構的研究」中第 9 條「以『舟』為偏旁的字」。[20]

白於藍、吳祺：標準寫法的「嘉」字與本簡之「劼」字的寫法差別很大，均左上從「禾」，難以省變為「吉」形。……將「劼」釋為「嘉」是來源於李學勤和馬楠的觀點。核檢原文，李、馬立論的依據是來源於戎生編鐘當中的「劼」字，該字原形作「[字形]」，出現在「劼遣鹵責（積）」之銘文當中。……事實上，晉姜鼎早已亡佚，今僅有銘文摹本流傳，摹本中所謂「嘉」字的原形作「[字形]」，很難認定就是「嘉」字。……金文中「嘉」與「[字形]」寫法差別亦很大，均左上從「壴」，未見有省變為「吉」形者。可見，將「[字形]」釋為「嘉」缺乏堅實的字形依據。……「劼」字見於《說文》，筆者認為在簡文中似當讀作「懿」。……「懿」字古有美、大之義。……簡文之「劼（懿）績」即美績、大績之義。……《說文》：「劼，慎也。」前引戎生編鐘銘「劼遣鹵責（積）」和晉姜鼎銘「劼遣我易（賜）鹵責（積）千兩（輛）」之「劼」，似均可訓為慎。[21]

王永昌：清華簡〈厚父〉篇中多次出現「德」，如簡 1「問前文人之恭

---

[20] 宋亞雯：《清華簡中的非典型楚文字因素問題研究》，復旦大學碩士論文，2016.5，頁 114。

[21] 白於藍、吳祺：〈清華簡〈厚父〉校釋四則〉，《紀念于省吾先生誕辰 120 周年、姚孝遂先生誕辰 90 周年學術研討會》，長春：吉林大學，2016.7.10-11，頁 141-142。又見《簡帛研究二〇一六・秋冬卷》，（桂林：廣西師範大學出版社，2017.1），頁 7-8。

明德」、簡 6「顛覆厥德」、簡 7「民乃弗慎厥德」、簡 8「乃虔秉厥德」、簡 9「保教明德」、簡 12-13「民式克敬德」等。從簡文的文意來看，這些「德」顯然已經有了「治國理念」之「德」和「高尚的德行」之「德」的內涵，簡文所反映出的「德」觀念顯然更接近於周代的「德」觀念。從〈厚父〉篇所反映出的「『德』觀念」以及「明德」「敬德」等詞的出現情況來看，〈厚父〉篇當為《周書》的一篇。[22]

李松儒：《厚父》簡 1 簡首的殘缺文字占四個字的空間，且殘簡簡首「王」字之上的字還有墨跡殘留，其左側有三處明顯的縱向墨跡，通過對《厚父》文字筆畫形態的分析可知，該殘畫應是「示」旁。據《史記》載武王在位十三年，所以該簡的補字存在三種情況：一種補缺文為「維王 X 祀」，X 是十以內的數字，這樣此簡表示年數的數字應僅占一字空間，加上「惟王」兩字恰可以與簡文所缺四字相合；一種補缺文作「惟十 X 祀」，但這種情況據上引文獻看比較少見；另一種補缺文作「惟十有 X」，如此則此所缺空間多出一字，實不可從，故簡首所缺紀年年數很可能應在十以內。所以，《厚父》簡 1 簡首的辭例可補為：「惟王□祀，王監嘉績……。」這幾個字的補入使本簡的文義更加完整。[23]

楊家剛：後文云「乃降之民，建夏邦」，又云「啓惟后，帝亦弗鞏（窮）啓之經德，乎命咎繇，下為之卿事，茲咸有神，能格于上，知天之威哉。聞民之若否，惟天乃永保夏邑」，又云「天則弗斁，永保夏邦」，皆強調天或帝之主導作用，而《尚書·禹貢》文句雖適為十字，且以「禹」字始，以「川」字終，然祇在記敘禹以人臣身份治水經過，若移至〈厚父〉闕處，於文意似有不合，故闕處必關乎天。[24]

---

22 王永昌：〈清華簡〈厚父〉篇的文獻性質研究〉，《魯東大學學報（哲學社會科學版）》，2016 年第 4 期，頁 67-68。

23 李松儒：〈清華簡殘泐字辨析三則〉，《古文字研究》第 31 輯，《古文字研究會第 21 屆年會論文集》，頁 397-398。

24 楊家剛：〈豳公盨銘文與清華簡《厚父》及《尚書》合論（稿）〉，《2016 北大金文博士論

佑仁謹案：惟□□祀王，「王」字以上應有四字補字空間，「王」字上一字李松儒釋為「祀」，左半從「示」，右半猶存「巳」旁之部分墨痕，釋「祀」可信。lht 認為依據篇題，篇首應補「厚父」二字，然而簡 1 第三字既然為「祀」，則篇首應以王之某年為宜。

王寧認為《尚書》的行文習慣，凡王的年數不超過「十」，則稱「維王某祀」，年數超過「十」則省略「王」而稱「維十又（有）某祀」。不過王寧的推論恐經不起檢驗，清華壹〈保訓〉簡 1 開頭說：「佳王丯=（五十）年」，〈保訓〉為《尚書》類文獻，文例超過「十」年且又稱「王」。這樣的用例，青銅銘文中甚多，例如「唯王廿又三年九月」（微䜌鼎／集成 02790）。「惟□□祀」依據〈保訓〉文例，補作「惟王廿（或卅、䄂、丯）祀」也都能符合補兩字的空間，可見王寧所主張必定是「十年」以下的數目，並不可信。

本處補作「惟□□祀」應是目前保守而可信的結論，至於猶存的兩個缺字，究竟是「王＋數目」還是兩個字的數目，目前所有推論都具有一定猜測性。

「監」字原篆作「」（以下以△表示之），而晉系文字則常見的「」，《三晉文字編》有比較完整的羅列，湯志彪釋為「」[25]。1935 年，中山國靈壽故城遺址附近發現一件守丘刻石，其首字作「」，一般都釋作「監」[26]，此字右上所從也與△字相符。另一方面，天星觀簡有兩個「監」字，分別作「」、「」，收錄於《楚系簡帛文字編》（增訂版）[27]，尤其第二個寫法與〈厚父〉構形完全相同，若天星觀簡的摹本可信，則此偏旁不僅見於晉系，也見於楚系。

「監」本應從「人」，然「人」之構形未有若本篇「」字右上的寫法，

文集》，「商周金文、青銅器與商周歷史」博士生論壇，北京：北京大學歷史學系、北京大學中國古代史研究中心暨北京大學出土文獻研究所，2016.12.23-25，頁 217。

[25] 湯志彪：《三晉文字編》，（北京：作家出版社，2013.10），頁 433。

[26] 參湯志彪：《三晉文字編》，頁 1255。

[27] 滕壬生：《楚系簡帛文字編》（增訂版），（武漢：湖北教育出版社，2008.10），頁 755。

考察戰國時期的「乃」、「人」、「又」、「弓」等字，只有「乃」字以一筆完成，其餘皆兩筆（或以上）完成，可參考《戰國文字編》[28]、《楚系簡帛文字編》（增訂本）[29]，「乃」、「人」因形近而造成偏旁訛誤。

關於苦行僧主張字應改釋為从「臥」的問題。《說文》云：「監，臨下也。从臥，衉省聲。」[30]即將「監」釋為从「臥」，秦文字「監」上半已與「臥」完全相同[31]。季旭昇師於《說文新證》指出：「甲骨文、金文沒有臥字」[32]，就目前的資料來看，獨體的「臥」字晚出，首見於秦文字，甲骨文、金文、東土六國文字則皆未見。

許慎《說文》以「臥」為部首，而其下僅繫「監」、「臨」二字。「監」字本為彎腰對鑑顧影，而「臨」彎腰俯視，二者在甲骨文中都強調彎腰的動作。依據《說文》，「臥」字本義為人俯臥而寢（原文作「臥，休也。从人、臣，取其伏也。」）。《說文》云：「臣，牽也，象屈服之形。」[33]筆者認為趴伏的身軀會比眼睛更容易呈現臣服之意，但完全沒有看過「臣」有畫出身體的部分，都只是以眼睛表示。此外，「望」字甲骨文作「𦣞」（合集07220），指張大眼睛看，「相」甲骨文作「𣐙」（合集18411正），指觀察樹木，都與臣服者的俯視無關，而是著眼於眼睛的動作。「臣」最早應與「目」無別，高鴻縉《中國字例》引董作賓之說，認為「臣」是「瞋」的初文[34]，很有道理。不過，西周晚期的仲宦父鼎（集成2442）「宦」字作「𠤳」，字形表示在別人家裡當臣僕的意思，「宀」下的「𠂤」只能理解為「臣」字，而不能

---

28 湯餘惠：《戰國文字編》，（福州：福建人民出版社，2001.12），頁304。

29 滕壬生：《楚系簡帛文字編》（增訂版），頁670。

30 （東漢）許慎撰，（清）段玉裁注，李添富總校訂：《新添古音說文解字注》（三版），（臺北：洪葉文化事業有限公司，2016.10），頁392。

31 朱辰：《秦封泥文字研究》，安徽大學碩士論文，2011.5，頁205。

32 季旭昇師：《說文新證》，（臺北：藝文印書館，2014.9），頁659。

33 （東漢）許慎撰，（清）段玉裁注，李添富總校訂：《新添古音說文解字注》（三版），頁119。

34 高鴻縉：《中國字例》，（臺北：三民書局，1992.10），頁231。

看作一隻豎起來的眼睛 35。

現在看來，「臥」很有可能是截取「臨」、「監」俯伏之狀而新造的字，「臥」的本義可能是趴伏，後來才引伸出俯臥而眠之意。「臥」字音讀與「臨」、「監」亦有別，《說文》將「監」置入部首「臥」之下。

參考本文中厚父與王論及禹、啟、皋陶、厚父高祖等人的言行事蹟，則「監」應訓為借鑑、參考之意，〈封許之命〉簡 7-8 亦云：「余既監於殷之不若」。〈厚父〉篇中，正是參王考了前代人之言行事蹟，才有後頭的「聞前代人恭明德」云云。關於「劼練（績）」，學者們對於「劼」字的看法，約略可以分成以下幾種：

1. 「劼」，「嘉」的省變。（原整理者）

2. 「劼」，「嘉」的訛變。（石小力）

3. 「劼」，讀如字，訓「慎」。（子居）

4. 「劼」，讀如字。（王寧）

5. 「劼」，讀「懿」，訓「美」。（白於藍、吳祺）

6. 「劼」，讀作「桀」，為人名。（馬文增）

「🗡」字，諸家皆釋作「劼」，沒有疑義，該字構形頗為特別，右半從「力」，左半寫法擠於一隅，從新出清華陸〈子產〉的「劼」來看，這個字的左旁確定就是「吉」無誤。該字又見於青銅器銘文與清華簡中，先將所有構形與文例羅列如下：

A	B	C
△遣鹵責	△遣我，賜鹵積千兩	余既识（諟）△詉（毖）汝

戎生鐘／近出一 27-34	晉姜鼎／集成 02826	清華參.說命下.7
C	D	E
王監△絑（績）	亡道樂亡，此謂△𥝩（理）	則△（詰）燭（誅）之（二處文例相同）
清華伍.厚父.1	清華陸.子產.7	清華柒.越公其事.38

〈戎生鐘〉云：「劼遣鹵責。」〈晉姜鼎〉：「嘉遣我錫鹵責千輛。」鹵積即指食鹽，鹵積千輛，即食鹽一千車。晉姜鼎為傳世器，宋呂大臨《考古圖》已有著錄，今所見之構形為摹本，構形原本令人感到懷疑，但清華柒〈越公其事〉一出，證明晉姜鼎的構形保留原貌而非失真，其寫法應是「」（編號D）之增繁。

新出戎生鐘的「劼」字形作「」，李學勤依據〈晉姜鼎〉的「劼〈嘉〉」主張其為「嘉」的省體[36]，馬承源則認為「據晉姜鼎銘，劼宜讀作嘉」[37]，但沒有申論「劼」、「嘉」古音的聯繫。裘錫圭則認為：「『劼』，《說文》訓『慎』，《廣雅‧釋詁》訓『勤』，《廣韻》訓『用力』。此句『劼』字之義待考。晉姜鼎『劼』字，過去誤釋為『嘉』，考據此銘糾正。」[38]裘錫圭反過來認為應據〈戎生鐘〉糾正〈晉姜鼎〉，主張過去釋「嘉」是錯誤的。

「劼」字匣紐、質部，「嘉」字見紐、歌部，古音不近，馬承源主張將「劼」讀作「嘉」，應無法成立，若硬要將「」釋為「嘉」，大概只能將「吉」理解為「嘉」的省訛（李學勤、馬楠即如此思考[39]），「嘉」從「壴（鼓）」

---

[36] 李學勤：〈戎生編鐘論釋〉，《文物》，1999 年第 9 期，頁 78，收入保利藏金編輯委員會編：《保利藏金》，（廣州：嶺南美術出版社，1999.9），頁 376。

[37] 馬承源：〈戎生鐘銘文的討論〉，收入保利藏金編輯委員會編：《保利藏金》，頁 363。

[38] 裘錫圭：〈戎生編鐘銘文考釋〉，收入保利藏金編輯委員會編：《保利藏金》，頁 370。

[39] 李學勤：〈戎生編鐘論釋〉，《文物》，1999 年第 9 期，頁 78，收入保利藏金編輯委員會編：《保利藏金》，頁 376。馬楠：〈《尚書》、金文互證三則〉，《古代史與文物研究》，2014 年第 11 期，頁 44-45。

從力，而楷書「壴」省去下方部件，確實和「吉」近似。但問題是「壴（鼓）」、「吉」二字在古文字中是天差地別的字，也從未見過實際簡省訛混的用例，因此將諸字釋作「嘉」恐難成立。

　　現在看來，前述〈戎生鐘〉、〈晉姜鼎〉以及清華簡的〈說命〉、〈厚父〉、〈子產〉等諸篇的「劼」，就文義來看，應即今語的謹慎、努力、勤奮等正面意涵，而〈越公其事〉則讀作「詰誅」[40]，古籍多見。〈說命〉中的「劼毖」一詞，又見《尚書・酒誥》，許慎將「劼」訓作「慎」並以〈酒誥〉為例證，《說文解字》云：「慎也。從力吉聲。《周書》曰：『汝劼毖殷獻臣。』」[41]王筠《說文句讀》：「《釋詁》：『劼，固也。』許君不用，而曰慎也者，蓋《釋詁》『毖，慎也』。許君引《書》『劼毖』以證，謂『劼毖』是複語也。」[42]是以許慎、王筠都用「慎」來理解「劼」字。在本篇文例中，王以前文人的嘉言懿行為借鑑，作為自己施政的參考。

　　另外，「劼」或作「敌」，見清華參《說命》（上），文例為「余既識（諟）敌（劼）誕（毖）汝」，原整理者已指出「劼毖」一詞又見《尚書・酒誥》：「汝劼毖殷獻臣。」[43]「力」、「攴」偏旁替換楚簡有實證，例如「教」字可從「攴」作「𡥈」（郭店.尊德義.4），亦可從「力」作「𠞱」（信陽 1.032），「攴」、「力」二偏旁都與行動之義有關，故能替換。可見「敌」為「劼」之異構。馬文增認為「劼」要讀作「桀」，而簡 10「民啟之」的「民」，也改釋作「桀」，二說均無可成立的可能性，「𫞩」與「桀」字相差甚遠，應該排除。

　　簡文「績」指功績、事業。《尚書・堯典》：「允釐百工，庶績咸熙。」

---

40 李學勤主編：《清華大學藏戰國竹簡（柒）》，（上海：中西書局，2017.4），頁 139。xiaosong：武漢網「簡帛論壇」〈清華七《越公其事》初讀〉13 樓，2017.4.24（2017.10.23 上網）。

41 （東漢）許慎撰，（清）段玉裁注，李添富總校訂：《新添古音說文解字注》（三版），頁 706。

42 （清）王筠撰集：《說文句讀》，（北京：北京市中國書店，1983.11），卷 26，頁 34 左。

43 李學勤主編，《十三經注疏》整理委員會整理：《尚書正義》，頁 450。

[44]《詩經・大雅・文王有聲》：「豐水東注，維禹之績。」[45]可參。「劼績」指勤奮的事蹟。

簡文的「䎽」，原整理者讀「問」，郭永秉從之。賈連翔、富祥則改讀「聞」。就字而論，讀「聞」或「問」皆合於通假原理。綜觀文義，本篇開頭兩句是說明故事背景，王在聽聞前文人恭明德的事蹟之後，便主動向厚父提出他的疑惑，例如後王如何永敘在服？小人之德如何？等諸多疑惑，與開頭「王若曰」語意銜接。更重要的是，「王若曰」之後，王對厚父表示「我䎽（聞）禹……」此「䎽」亦讀「聞」，此「聞」字應可作為旁證。因此，筆者比較傾向讀「聞」，王聽聞前文人之事，為後文「王若曰」做鋪陳。

關於「恭明德」一詞，《尚書・君奭》云：「嗣前人，恭明德」[46]，又見《清華伍・祭公》簡 18：「三公，敷求先王之共明悳（德），刑四方。」叔向父禹簋（集成 04242）亦云：「肇帥井（型）先文且（祖），共（恭）明德，秉威義（儀）。」《尚書・文侯之命》：「丕顯文武，克慎明德。」[47]《尚書・康誥》：「惟乃丕顯考文王，克明德慎罰。」[48]「恭明德」是讚美之詞，「恭」訓為敬也、慎也。

〔二〕 王若曰：厚父！我䎽（聞）禹

王	若	曰	厚	父	我	䎽
禹						

---

[44] 李學勤主編，《十三經注疏》整理委員會整理：《尚書正義》，頁 35。
[45] 李學勤主編，《十三經注疏》整理委員會整理：《毛詩正義》，頁 1235。
[46] 李學勤主編，《十三經注疏》整理委員會整理：《尚書正義》，頁 519。
[47] 李學勤主編，《十三經注疏》整理委員會整理：《尚書正義》，頁 654。
[48] 李學勤主編，《十三經注疏》整理委員會整理：《尚書正義》，頁 425。

趙平安：禹作 （簡1），與楚文字寫法不同，而與齊、晉、秦相同，不從土。[49]

原整理者：厚父，人名，從後文看，當為夏之後裔。戚，從虫、戌聲，通「遹」。《詩・文王有聲》：「遹求厥寧，遹觀其成。」楊樹達《詞詮》：「遹，語首助詞。」之類。[50]

賈連翔：字當為「我」。字右半从「戈」，「戈」寫法與 （郭店簡〈五行〉）相同。「我」字下部所从的所謂「虫」形，應是「我」字鋸齒形的一種訛變。鋸齒形如 （清華〈祝辭〉）、（郭店〈語叢四〉）、（清華〈繫年〉）、（上博〈鄭子家喪〉）。而其近似的變化又見於傳抄古文中的「我」字，如：、（《集篆古文韻海》卷三），以及从我的「義」字：（《集篆古文韻海》卷四）。從文例來看，「我聞」見於周初〈康誥〉、〈酒誥〉、〈多士〉、〈無逸〉、〈洪範〉等篇及大盂鼎，因而我們認為此字當釋為「我」。[51]

何有祖：整理者釋作戚當是，同篇簡2「咸」字寫法可參考。[52]

富祥：筆者認為此字應分析從「咸」從「虫」，即「蟻」，也就是《說文》「蠑」的異體。古文字「咸」可省簡「口」旁，〈繫年〉（佑仁案：簡103）「鹹」的「咸」旁作 與〈厚父〉 的上部相同，可知 確實可釋為「蟻」。筆者以為「蟻」可讀為「朕」。「針」即《說文》的「鍼」。針與箴，亦有通假例證。而十、針與朕聲音關係密切。字形的另一種分析是從「戌」從「虫」，從「虫（蟲）」得聲，亦可讀為「朕」。[53]

子居：「厚父」當屬於尊稱，整理者推測其人為夏人的後裔，當可從。由〈厚父〉文中多處有宋文化措辭特徵來看及文中之王很關注夏桀何以失國

---

[49] 趙平安：〈談談戰國文字中值得注意的一些現象——以清華簡〈厚父〉為例〉，頁304。

[50] 李學勤主編：《清華大學藏戰國竹簡（伍）》，頁111。

[51] 清華大學出土文獻讀書會：〈清華簡第五冊整理報告補正〉，清華網，2015.4.8（2017.6.23上網）。賈連翔：〈釋《厚父》中的「我」字〉，第二屆古文字學「青年論壇」，臺北：中央研究院歷史語言研究所，2016.1.28-29，頁463-466。

[52] 何有祖：〈讀《清華大學藏戰國竹簡（五）》箚記〉，武漢網，2015.4.12（2017.6.23上網）。

[53] 富祥：〈〈厚父〉簡1「朕」字臆說〉，武漢網，2015.4.28（2017.6.23上網）。

來看，與厚父對話的，最有可能是商王成湯。以聲求之，則厚父或即扈父（臣扈）。《史記·夏本紀》：「太史公曰：禹為姒姓，其後分封，用國為姓，故有夏后氏、有扈氏。」清華簡〈良臣〉：「湯有伊尹，有伊陟，有臣扈。」齊桓公可以尊稱管仲為仲父，那麼成湯尊稱臣扈為扈父，於情理也無不當。[54]

王寧：「厚父」恐非人名，而是一種官職名，即周代三卿之一的「宏父」。《爾雅·釋詁》：「弘、宏、洪，大也」，三字音近義同。因疑「宏父」古或讀「洪父」，故得音轉為「厚父」，「厚」、「洪」古音同匣紐雙聲、侯東對轉音近。「厚」亦有「大」訓，如《墨子·經上》：「厚，有所大也。」《國語·魯語上》：「不厚其棟」，韋昭注：「厚，大也。」《戰國策·秦策一》：「非能厚勝之也」，鮑注：「厚，大也。」是「厚」、「洪」亦音近義同。這個厚父是周王的大臣，很可能就是《書·牧誓》中武王說的「御事司徒、司馬、司空」中的這個「司空」。厚父是夏后氏之後裔，傳夏人的先王禹曾經治理水土，其工作正是司空所司，所以周王在向厚父諮詢時首先從其祖先禹治水之事說起，主要討論的就是如何管理人民，當也屬於「作辟」、「定辟」的問題。[55]

雲間：從厚父的文辭來看，厚父應該是夏后末世之人。另外，末世之諫，而沒有踐行的，恐怕是不能入孔子尚書之選的。但也有西伯勘黎。大約，厚父應當歸於語書才行，或者是孔門之前之外的尚書。我認為三后可能是〈厚父〉所提及的禹、啟、皋陶。也可能類似北宋「三聖」（《文物》八九十年代文章），是幾位夏王。厚父有可能是皋陶之後，也可能不是。[56]

馬文增：同項羽尊稱范增為「亞父」一樣，「厚父」是太甲對伊尹的尊稱。清華簡整理者認為「厚父」乃「夏之後裔」，其根據顯然來自於〈厚父〉中的這段話：

54　子居：〈清華簡〈厚父〉解析〉，清華網，2015.4.28（2017.6.23 上網）。
55　王寧：〈清華簡五〈厚父〉之「厚父」考〉，武漢網，2015.4.30（2017.6.23 上網）。
56　見武漢網「簡帛論壇」〈厚父初讀〉69 樓，2015.4.30（2017.6.23 上網）。

王曰：「欽之哉，厚父！惟時余經念乃高祖克憲皇天之政功，乃虔秉厥德，作辟事三后。……」

但是，筆者以為，清華簡整理者對這句話的理解不準確，其斷句有誤。筆者認為這句話應如此斷句：

王曰：「欽之哉，厚父，惟時、余經念！乃、高祖克憲皇天之政功；乃虔秉厥德，作辟，事三后。……」

其中關鍵的句子應這樣理解：「……你與我高祖奉天命而有天下；你之德始終如一，作為輔國重臣，輔佐了三代商王……」。這句話中的「三后」指的是「商湯」、「外丙」、「仲壬」；而「其在時後王之饗國肆祀三后」中的「三后」，指的是「禹」、「啓」、「仲康（即簡文『夏之哲王』）」，兩者完全不是一回事。清華簡整理者將「乃高祖」三字連讀，並將前後兩句話中的「三后」都理解為夏代君主，是導致其誤解「厚父」是「夏之後裔」的直接原因。[57]

黃凌倩：「![字]」字整理者認為從戍釋為「咸」，可從。「戍」楚簡作「![字]」（清華二・繫年137）、「![字]」（包山097）、「![字]」（包山162）、「![字]」（望山M1簡），戍內橫筆或加飾筆寫成兩撇。賈連翔先生認為從「戈」，與字形不合，且「我」字在前已發表的清華簡中皆作「![字]」（清華一・尹至01）、「![字]」（清華・芮良夫毖26）、「![字]」（清華一・金縢05）等形，與「![字]」字形不合。戍，《說文》：「辛聿切。」古文字中聿、遹相通。[58]

郭倩文：厚父，或以為人名，或為官名，從文意看，其為人名可能性更大，然其究竟為歷史上何人，仍需論證，本文暫從整理者意見。同篇簡2「咸」作「![字]」，所從「戍」寫法與本字所從相同，非「我」形，則整理者隸定可從。整理者謂後文所缺為禹之事跡，而「聞」之前當為主語，此處從富祥先

[57] 馬文增：〈清華簡〈厚父〉為「太甲」與「伊尹」之對話實錄〉，武漢網，2015.5.9（2017.6.23上網）。

[58] 黃凌倩：《清華伍《厚父》、《封許之命》集釋》，頁12。

生讀為「朕」更妥。[59]

宋亞雯：除《厚父》篇外，已整理的六輯清華簡中還有「禹」字一例，見於《良臣》1號簡作：

目前所能見到的古文字材料中，「禹」字大致作：

字例	傳抄古文	齊	燕	三晉	楚	秦
禹	說皋陶謨	叔夷鎛 璽彙5124		璽彙5124 璽彙5125	郭·緇12 上·容17	陶彙5.276

清華簡《厚父》與《良臣》中的「禹」字皆與楚系常見的從「土」的形體不同，趙平安指出這種寫法見於齊系、晉系和秦系文字中，在目前的條件下難以進一步斷定「禹」字的域別特徵。[60]

劉偉浠：此字 不識，可能是王自稱其名。[61]

朱歧祥：《清華》（五）厚字6見，其中5見於〈厚父〉，作厚、厚、厚；1見於〈封許〉，作厚。字下半有譌从子、从本，很可怪異。字金文作厚〈牆盤〉、厚〈趞鼎〉、厚〈厚氏匜〉，篆文作厚；都不从子。从子部件恐是書手抄寫時取法隸楷書體的靈感逆推而來。[62]

王永昌：陳夢家曾指出，商人稱「帝命」，無作天命者，天命乃周人之說法，「王若曰」之語，是西周中葉史官代王宣命之制，商人不應有之。〈厚

[59] 郭倩文：《《清華五》、《上博九》集釋及新見文字現象整理與研究》，頁17-18。

[60] 宋亞雯：《清華簡中的非典型楚文字因素問題研究》，頁107。

[61] 劉偉浠：〈《清華大學藏戰國竹簡（五）》疑難字詞集釋〉，復旦網，2016.5.10（2017.6.9上網）。

[62] 朱歧祥：〈質疑《清華簡》的一些特殊字詞〉，第18屆中區文字學學術研討會，臺中：東海大學，2016.5.21，頁12。

父〉篇簡 1 有「王若曰」之語，也是該篇不可能為《夏書》或《商書》的一個證據。[63]

劉偉浠：〈補正〉文中認為〈厚父〉的 ![字] 為「我」字鋸齒形的一種訛變，列舉傳抄古文「我」字作證，然未從字族考慮，系統考察諸多從「我」之字的字形，對字形的分析未能做到歷時與共時的系統比較。[64]

賈連翔：整理者對文義的推測應是正確的，但將此字理解為語首助詞似可商榷，將其理解為第一人稱代詞更為允當。出土文獻中的「我」字十分常見，甲骨文作「![字]」，象長柄而帶有鋸齒的斧鉞，是獨體象形字，西周金文基本延續了這種字形構造。發展至戰國文字，「我」的字形變化已十分豐富，竹書中見到的主要形體可列表如下：

類型	（1）				
	A	B	C		
字形	![字]	![字]	![字]		
來源	郭店簡〈老子〉甲簡 31	上博簡〈采風曲目〉簡 1	郭店簡〈五行〉簡 10		

類型	（2）			
	A	B	C	D
字形	![字]	![字]	![字]	![字]
來源	清華簡〈祝辭〉簡 2	郭店簡〈語叢四〉簡 6	清華簡〈繫年〉簡 52	上博簡〈鄭子家喪〉甲簡 4

類型	（3）

---

[63] 王永昌：〈清華簡〈厚父〉篇的文獻性質研究〉，頁 68。

[64] 劉偉浠：〈《清華大學藏戰國竹簡（五）》研究綜述〉，《牡丹江師範學院學報（哲學社會版）》，2016 年第 4 期，頁 62。

	A	B	C	D	E	F
字形						
來源	清華簡〈尹至〉簡 4	清華簡〈金縢〉簡 5	清華簡〈芮良夫毖〉簡 25	清華簡〈皇門〉簡 2	清華簡〈尹誥〉簡 2	清華簡〈祭公〉簡 2

字形（1）左側從所謂「勿」形，乃是鋸齒的變形，與《說文》古文合。其中 A 型最為習見，是竹書中常用的字形；B 型右側「戈」形上加一橫畫，且橫畫尾部下彎，三晉文字中的「戈」形每每帶有橫畫尾部彎曲的特徵；C型的特徵則是「戈」下部的撇畫帶有彎曲的特點。

字形（2）中，A 型基本承襲了甲骨、金文的字形特徵，右側從戈，左側呈鋸齒形；C 型在 B 型基礎上，將戈形的橫畫與撇畫連成一筆；D 型則完全變為上下結構，且上部所從「戈」形已訛變。

字形（3）中，A 型是在（2）C 型的基礎上進一步發展而成，將「戈」形的橫畫與撇畫連成一筆，並將鋸齒形省略，這是本組的基本字形。B、C、D、E 是在此基礎上增一飾筆而成，這些飾筆可以理解為鋸齒形的孑遺；F型是在 E 型的基礎上又加一飾筆。此組子形在清華簡中最常見，這種將鋸齒形演變為飾筆的情況，為認識「我」字帶來了新的啟示。[65]

佑仁謹案：本篇有五個「厚」字，如下：

A	B	C	D	E
簡 1	簡 4	簡 7	簡 9	簡 13 反

E 是本篇篇題，其與 A～D 之書手不同，構形亦有別。E 的寫法是標準楚簡

---

[65] 賈連翔：〈談〈厚父〉中的「我」〉，《古文字研究》第 31 輯，《古文字研究會第 21 屆年會論文集》，頁 370-371。

的構形，由於三晉體系目前看不到「厚」的參考字例[66]，是否 A～D 近於三晉用字，可以持續觀察。

簡文「我」，趙平安釋作「戚」，讀「遹」，乃句首語助詞，何有祖、黃凌倩、楊家剛從之。富祥認為「蜮」，也就是《說文解字》「蒹」的異體，讀「朕」[67]。賈連翔直接釋作「我」，劉偉浠不贊同。由此可見學界多支持趙平安釋「戚」讀「遹」之說。

筆者認為釋「我」之說較為可信。首先，就文例看，此處是王與厚父的對話開頭，王以「我」自稱，比起理解為句首語助詞無義，要來得合於情理。戰國文字的「我」常在「戈」旁上加一橫筆，例如「」（上博四.采風曲目.1）、「」（郭店.五行.10），而△字的「虫」應即由「我」字的鋸齒部分訛變而來，而清華壹〈祭公〉「」（簡2）寫法的「我」，下半部分已與「虫」十分相像。

關於「禹」字，趙平安指出本篇「禹」字與楚文字寫法不同，不從「土」，而與齊、晉、秦系相同。宋亞雯認為目前很難指明不從「土」的「禹」字，是屬於哪一國的特徵。確實如趙平安所言，楚簡以「墼」表｛禹｝，簡文的「禹」，和傳統楚簡的「禹」字不同。楚簡中「禹」一般都從「土」[68]，不從「土」者見於清華壹〈保訓〉簡8的「」、〈良臣〉簡10的「」，前者屬於齊系抄本，後者則具有晉系文字之風格。金文中「禹」絕大多數都作「禹」，不加「土」旁，惟春秋晚期屬齊系文字的叔尸鐘（集成00276、集成00283）有「墼」之構形，文例作「伊少臣唯輔，咸有九州，處墼（禹）之堵（土）」，這是目前所見最早的「墼（禹）」。就現存的文字來看，戰國齊

---

[66] 湯志彪《三晉文字編》、余淼淼《晉系金文整理與研究》均無。湯志彪：《三晉文字編》，（北京：作家出版社，2013.10）。余淼淼：《晉系金文整理與研究》，華東師範大學博士論文，2013.3。

[67] （東漢）許慎撰，（清）段玉裁注，李添富總校訂：《新添古音說文解字注》（三版），頁677。

[68] 徐在國：《上博楚簡文字聲系（一～八）》，（合肥：安徽大學出版社，2013.12），頁1268-1271。

系文字也已不流行使用「黿」，璽印文字往往遞作「禹」（參《齊魯文字編》頁 1789），「黿」字反而是在南方楚簡中大量流行，上博、郭店等簡的「禹」都已在其下添加飾符「土」。（不過，《璽彙》5267 有個單字的私名璽「（黿）」，字從「土」，《戰國古文字典》國別列為「待考」，國別一時難定。）

〔三〕 □□□□□□□□□□川，乃降之民，建頮（夏）邦

川	乃	降	之	民	建	頮

邦

趙平安：〈厚父〉夏作 **𤞤**（簡 2，簡 3、簡 4 近似）。這類寫法也見於清華簡〈筮法〉，有學者已指出字的左下方從「又」，是由「止」訛變而來的。我們則認為，這類寫法的「又」當來源於西周金文 **𤞤**（伯夏父鼎）、**𤞤**（仲夏父鬲）中的手形。即是說，**𤞤**、**𤞤** 在演變過程中，保留手形的演變為 **𤞤**，保留右下羨符的演變為 **𤞤**（鄂君啟車節）。**𤞤** 之類寫法則是 **𤞤** 或 **𤞤** 的訛變。**𤞤** 這種寫法見於晉系文字，作 **𤞤**（私庫嗇夫鑲金銀泡飾）、**𤞤**（《璽彙》3989）、**𤞤**（《璽彙》3990）、**𤞤**（《璽彙》2723）等形，左右不拘，「又」下或加飾筆。[69]

原整理者：「禹」、「川」之間殘缺十字左右，內容應為禹之事跡。「川」應即遂公盨「天命禹敷土，墮山，濬川」的「濬川」之類。降之民，動詞的為動用法。之，指禹。遂公盨：「天命禹敷土……降民監德。」此處「乃降之民」，主語也是天。[70]

---

69 趙平安：〈談談戰國文字中值得注意的一些現象——以清華簡〈厚父〉為例〉，頁 304。
70 李學勤主編：《清華大學藏戰國竹簡（伍）》，頁 111。

華東師大工作室：戰國晚期中山國鑲金銀銅泡飾「夏」字作「」（《集成》11864），三晉璽印文字「夏」作「」（《古璽彙編》3989）「」（《古璽彙編》3990）（佑仁案：「」應為《彙編》3990，「」為《彙編》3989），從「又」或「寸」（肘）。此字之「又」與之相比，只是在書體上更為流暢、屈曲。此字疑非楚文字本有者，如此書寫，或與書手文化教育背景有關，或與文獻性質、來源有關。[71]

子居：王若曰：「厚父！咸（遹）聞（聞）禹〖敷土‧隨山刊木‧奠高山大〗川，乃降之民，建頭（夏）邦。整理者所言「『禹』、『川』之間殘缺十字左右」，若對應《尚書‧禹貢》的「禹敷土，隨山刊木，奠高山大川」句，「禹」、「川」之間正為十字，考慮到《書》係各篇間往往有雷同的辭句，故筆者以為〈厚父〉篇此處缺文似可據《禹貢》補足。值得特別提出的是，〈厚父〉篇中的「民」並非是現代意義上的人民、民眾之義，而是指有職位的臣屬，下文「臣民」連稱就體現出了這一點。不惟〈厚父〉篇如此，清華簡〈尹至〉、〈尹誥〉篇中的「民」同樣可以明顯看出並非泛指民眾，甚至不晚於春秋後期的各篇文獻，其中的「民」也基本都是指此義。由此上推，就不難知道，西周金文中的「民」也當都解為臣屬。「夏邦」之稱，先秦時唯見於上博簡〈融師有成〉的「昔融之是師，訐尋夏邦。」據筆者〈先秦文獻分期分域研究之一：虛詞篇〉的分析，上博簡〈融師有成〉約成文於戰國初期。那麼，結合前文所述，〈厚父〉篇的成文時間，上不出西周末期，下不出戰國初期，折衷的話，則是春秋前期末段或春秋後期初段最為可能，或按傳統分期方式說〈厚父〉篇極可能是成文於春秋中期。[72]

馬文增：「我聞禹」與「川」字中間缺字應含禹德與禹功兩部分，可參

---

[71] 華東師範大學中文系出土文獻研究工作室：〈讀《清華大學藏戰國竹簡（伍）》書後（一）〉，武漢網，2015.4.12（2017.6.23 上網）。

[72] 子居：〈清華簡〈厚父〉解析〉，清華網，2015.4.28（2017.6.23 上網）。

照《尚書・大禹謨》中帝舜對禹的評價補之。[73]

郭倩文：「夏」字本從日、從頁，楚簡帛文字中，「夏」字習見，或加止旁，止旁又訛作女形，作：（郭店簡〈性自命出〉簡18）、（郭店簡〈緇衣〉簡7）、（上博八〈成王既邦〉）、（清華三〈說命中〉）、（清華二第四章）、（包山簡128反）、（上博二〈容成氏〉）、（包山簡200）、（包山簡115）、（上博二〈容成氏〉）等。而此字形體獨特，止旁作又，與楚文字常見「夏」字寫法不同，而與三晉璽印文字（璽彙3990）、（璽彙2723）等構形同，此種形體或為研究戰國文字間的交互影響提供了材料。[74]

宋亞雯：目前所能見到的古文字材料中，「夏」字大致作：

字例	傳抄古文	齊	燕	三晉	楚	秦
夏	說文多士	叔尸鐘 陶錄2.653.4	璽彙2124	璽彙3989 璽彙3990 璽彙2723	包二162 包二128 包二200	秦公鎛鐘 睡・日乙225

關於《筮法》《厚父》下部從「又」的「夏」字，學者都認爲這是目前所發現的楚系文字中未見的形體，孫合肥、趙平安和裘錫圭都指出這種字形見於三晉文字中，有的還加飾筆作「寸」形。但孫合肥認爲這是「止」、「又」訛混所造成的，趙平安認爲這種寫法是保留了西周金文字形中的手形，裘錫圭則認爲這個字形可能是受了晉系文字因素的影響。[75]

孫合肥：戰國文字「夏」，承襲前代文字形體，又多有變化。其承襲西

---

[73] 馬文增：〈清華簡〈厚父〉新釋、簡注、白話譯文〉，武漢網，2015.5.12（2017.6.23 上網）。
[74] 郭倩文：《《清華五》、《上博九》集釋及新見文字現象整理與研究》，頁19。
[75] 宋亞雯：《清華簡中的非典型楚文字因素問題研究》，頁96。

周金文形，從日從頁作，「頁」旁上部有手臂形、下部有足趾形。省去手臂形，足趾形從「頁」旁分離，作、，「日」旁省去字形中部筆劃作，「日」旁訛作「目」作，「止」旁與「匹」替換作。或手臂形從「頁」旁分離，省去足趾形作或，進一步增橫劃作、省「頁」旁作、、、。進而或又增「邑」，為表「夏邦」之「夏」造專字作。或作、、、等形，則承襲春秋金文形而來，其中手形與「頁」分離，或有所訛變。形左部「日」與「止」中間的形體應當也是手形的訛變，即由形中的寫法筆劃分散而成。也有可能形左部「日」與「止」中間手形的訛變受到了戰國文字「穆」（上海博物館藏戰國楚竹書一‧緇17、清華大學藏戰國竹簡貳‧繫年37）或「秋」（九店楚簡56‧90、郭店楚墓竹簡‧語叢一40、上海博物館藏戰國楚竹書六6‧用曰10）的類化影響。[76]

楊家剛：筆者擬仿幽公盨銘文補作「厚父！遹聞禹【承天（帝）命，敷土，設方（征），墮山，濬】川」。或謂幽公盨銘文云「天命禹敷土，墮山，濬川；乃疇方，設征」，中有「乃」字表先後，筆者擬補為「敷土，設方（征），墮山，濬川」者，皆同類物事，隨文並舉，則不計先後耳，或可作「厚父！遹聞禹【承天（帝）命，敷土，刊木，墮山，濬】川」。

由清華簡〈厚父〉闕句後文與幽公盨銘文、《尚書》等文獻相關文句合觀，諸文獻所記載禹之形象可分為兩類，即一類為人臣或人王形象，以《尚書》之〈皋陶謨〉、〈禹貢〉、〈書序〉等為代表，一類為受天或上帝之命而降至人間之人神形象，如〈幽公盨〉、清華簡〈厚父〉、《尚書‧洪範》等，而《尚書‧呂刑》云「皇帝清問下民……民命三后（佑仁案：當作「乃命三后」），恤功于民……禹平水平，主名山川」，因「皇帝」之所指略顯模糊，似為上

---

[76] 孫合肥：〈清華簡「夏」字補說〉，首屆古文字與出土文獻語言研究國際學術研討會會議論文集，廣州：華南師範大學出土文獻語言研究中心，2016.12.16-19，頁346-354。

帝與帝舜雜糅形象，故禹之形象與之相隨，當介於二者之間。……由此而觀，清華簡〈厚父〉記載禹與皋陶事跡之主體文本時代當早於〈禹貢〉，更遠早於〈堯典〉（含梅獻本〈舜典〉）、〈皋陶謨〉（含梅獻本〈益稷〉），然觀後文之德治觀念又有周代思想痕跡，或為厚父傳講先時傳說，進而由此闡述其當時之思想。[77]

佑仁謹案：簡 1 下約有 10-11 字的補字空間，殘缺內容原整理者疑應為「禹之事蹟」，此說應可信，但更精確地說，應是與上帝命大禹治水之事有關。關於大禹治水的史料，可見於遂公盨、《尚書·禹貢》、《尚書·洪範》、《山海經·海內經》等處，由於遂公盨銘文中有「墮山濬川」[78]，與簡文所殘的「川」字吻合，又有「降民」一語實即簡文「乃降之民」的縮語，因此不少學者據遂公盨而補簡文之缺字，但因缺字範圍較大，該補哪些字，實莫衷一是，難有定論。

關於「夏」字構形，目前所見標準「夏」字不外以下幾種寫法：

A	B	C	D
本簡	包山.200	包山.187	包山.67

商代金文「夏」字作「　」（文暊父丁簋／集成 03312），西周時期作「　」（伯夏父鼎／集成 02584）、「　」（伯夏鬲／集成 00720），至於戰國文字「夏」字的演變，魏宜輝在其博士論文中，已為其演變脈絡構擬出順序[79]：

---

[77] 楊家剛：〈豳公盨銘文與清華簡《厚父》及《尚書》合論（稿）〉，頁 220-221。

[78] 裴錫圭：〈燹公盨銘文考釋〉，收入《燹公盨》，（北京：線裝書局，2002.10）；又載《中國歷史文物》，2002 年第 6 期、《中國出土古文獻十講》，（上海：復旦大學出版社，2008.11）。

[79] 魏宜輝：《楚系簡帛文字形體訛變分析》，南京大學博士論文，2003.4，頁 75-79。

「頁」左側的筆劃看來應是手部的延伸，則上述 A～D 四形中，應以 A 為最早，而 B 的「虫」形應為「又」的訛變，「又」、「虫」構形接近，戰國早期邾伯疆的「夏」字作「🐛」（集成 10007），其手旁已訛作「虫」。而 C（从「止」）、D（从「女」）則有可能是由「🐛」、「🐛」的足部演變而來。或疑「又」、「止」二偏旁在古文字中常存在替換（「袁」字就是一個非常典型的例子[80]），則 C 形的「🐛」，其左下的「止」有沒有可能是 A「🐛」的「又」訛變而來的呢？關於此問題，比對「🐛」（邁邥編鐘／新收 1253）後會發現，「又」旁應是「虫」形訛變而來，而字形中又已有「止」，則「止」由「頁」脫離出來的可能性較高。

〔四〕啟隹（惟）后，帝亦弗毀（恐）啟之經悳（德）少

啟	隹	后	帝	亦	弗	毀

啟	之	經	悳	少

趙平安：「后」作「句」（簡 4）。戰國時期楚文字表示「后」這個詞，均寫作「句」。上博簡〈緇衣〉12、〈唐虞之道〉3 等齊系風格的文字以及燕系文字和部分晉系文字作「后」。[81]

原整理者：《廣雅‧釋詁四》：「惟，詞也。」《書‧皋陶謨》：「百工惟時。」《爾雅‧釋詁》：「后，君也。」此處名詞作謂語。毀，「擧」之異體字。毛

---

[80] 季旭昇師：《說文新證》（二版），頁 664。

[81] 趙平安：〈談談戰國文字中值得注意的一些現象——以清華簡〈厚父〉為例〉，第一屆漢字漢語文化國際學術研討會，美國：奧克拉荷馬大學，2014.8.15-17，收入《出土文獻與古文字研究》，第六輯，頁 304。

公鼎（《殷周金文集成》二八四一）「不（丕）巩先王配命」作「巩」，文獻一般作「鞏」。《詩・瞻卬》「無不克鞏」，毛傳：「鞏，固也。」馬瑞辰《傳箋通釋》：「鞏、固以雙聲為義，古音轉，讀鞏為固。」此處為意動用法。經德，常德。《孟子・盡心下》「經德不回」，朱熹集注：「經，常也。」[82]

　　王寧：疑當斷句為：「啟隹（惟）后，帝亦弗鞏，啟之經德少，命咎繇下為之卿事（士）」。「惟后」即《書・立政》「茲惟后矣」之「惟后」，「后」是作后的意思。「鞏」簡文原字從又從巩，《說文》：「巩，袌也。從丮工聲。鞏，巩或加手。」段注：「《手部》曰：『鞏、攤也』、『攤、袌也。』」《廣雅・釋詁一》：「鞏，舉也。」《玉篇》：「鞏，抱也。」「鞏」同「巩」。鞏是後起字，「又」或「手」乃增加的義符。在簡文中當是用為擁護、維護、支持之義。「啟惟后，帝亦弗鞏」意思是說啟當了夏王，上帝也不肯支持他。

　　〈厚父〉中的「弗鞏」大概與《墨子》中的「弗式」、「弗常」、《歸藏》的「弗良」是同類的含義，「弗式」是不用，「弗常」是不佑，「弗良」是不善，「弗鞏」是不擁，都是不喜歡、不支持的意思。《歸藏》裡還把啟和惡人共工放在一起作為「不仁」的典型，恐怕更能證明這一點。

　　「經德」即常德，也就是「德」，「經德少」也就是「德少」，《文子・符言》：「老子曰：德少而寵多者譏」，《史記・越王勾踐世家》：「德少而功多，必淫自矜」。[83]

　　曹方向：整理者把「少」字連「命」字屬下為句，理解為「不久」。清華大學出土文獻讀書會改屬上為句，比較有道理。「經德少」可以理解為施行的德政不多，也可以理解為夏后啟個人德行有待完善。《史記・越王勾踐世家》：「德少而功多，必淫自矜。」另外，揚雄〈城門校尉箴〉有這樣一段話：「昔在上世，有殷有夏，癸辛不德，而設夫險阻。湯武爰征，而莫遏莫

82　李學勤主編：《清華大學藏戰國竹簡（伍）》，頁111。

83　馬楠：〈清華簡第五冊補釋六則〉，《出土文獻》第六輯，（上海：中西書局出版，2015.4），頁224。

禦。作君之危，不可德少而城溝伊保，不可德希而城溝是依。」

這裡談夏王「德少」、「德稀」，也兼有兩個意思。一是施行的德政不夠，二是帝王個人德行有待完善。這似乎可以用來解釋簡文「經德少」的「少」字，是指啓的德政、德行少，不是指下文皋陶出現的時間。

皋陶出現的原因是夏啓「經德少」，如果「帝」認為夏啓的德行不足為病，皋陶出現的意義恐怕有些曖昧不明。上下文意也顯得不連貫。整理者把「翠」理解為意動用法，表示認為夏王朝政權已經翠固。這是承接簡文開篇談大禹之後，政權傳承到夏啓時代。夏啓繼承大禹為王，自古相傳就頗有非議。這也和上帝對夏啓政權穩固性的擔憂相應。我們認為，整理者對「翠」的注釋應該是對的。

簡文述啓為夏王，上帝擔心夏朝並未就此翠固。因為夏啓既非天生盛德，也未能很好地推行德政，因此安排皋陶來輔佐夏啓。[84]

暮四郎：毛公鼎「不巩」與此處「弗受」表示的都是正面的意思，不、弗為同性質否定詞，「巩」、「受」可通，二者應當是一個詞。對照此處「弗受」，可知毛公鼎「不巩」讀為「丕翠」不可信。「不」與此處「弗」對應，顯然應當按本字理解。

我們認為「巩」、「受」當讀為「窮」。「巩」、「受」均從「工」聲；「窮」從「躬」聲，「躬」、「宮」同聲。上古「工」聲、「宮」聲字可通。《廣雅·釋樂》琴名有「宮中」，王念孫《疏證》：「宮中當為空中，聲之誤也。《初學記》引《纂要》云古琴名有鳴廉、脩況、藍脅、號鍾、自鳴、空中、焦尾。《太平御覽》引《大周正樂》亦云鳴廉、脩況、藍脅、自鳴、空中、號鍾、焦尾。」「空」從「工」聲。

「弗受（窮）啓之經德」意為不使啓之經德窮盡。毛公鼎「不巩（窮）先王配命」意為不窮盡先王所受之命。

---

[84] 曹方向：〈讀清華簡〈厚父〉短劄〉，武漢網，2015.4.11。

「經德」在傳世上古文獻中多為動賓結構。《書‧酒誥》：「在昔殷先哲王，迪畏天，顯小民，經德秉哲。」「經德」、「秉哲」並列。《孟子‧盡心下》：「哭死而哀，非為生者也。經德不回，非以干祿也。言語必信，非以正行也。」《左傳》哀公二年：「二三子順天明，從君命，經德義，除詬恥，在此行也。」而此處「經德」從語法上看應當是名詞，可參《集成》04595、04596「肇（肇）董（勤）經德」。[85]

奈我何：很懷疑「弗」並非否定詞，有兩個（佑仁案：實為「三個」）處理方法：

1、「弗」讀為「弼」。「啟惟（為）后，帝亦弗（弼）叟（鞏）啟之經惠（德），乎（？）命咎繇下為之卿事」當可通。「惟」通「為」，例參《曾典》第498頁，簡文意謂，啟為天子，上帝同樣輔助鞏固他的常德，讓咎繇下來作為他的卿士。文例如：〈多士〉：「王若曰：……肆爾多士，非我小國敢弋（代）殷命。惟天不畀允罔固亂〈治〉，弼我，我其敢求位？」注云：「惟天不與言無堅固治者，故輔佑我，我其敢求天位乎？」所謂「固亂〈治〉」、「弼我」似可與簡文「弗（弼）叟（鞏）」合觀。

2、將「弗」看作無實義的虛詞。《古書虛字集釋》：「弗，語助也。」《讀書雜志》：「弗，發聲耳。」

3、將「弗」讀為「否／丕」，則與毛公鼎銘「不鞏」同。〈呂刑〉「苗民弗用靈」，《墨子‧尚同中》引「弗」作「否」，二字雙聲。[86]

子居：「叟」在這裡讀為「雍」，訓為和悅、喜悅。《尚書‧堯典》：「百姓昭明，協和萬邦，黎民于變時雍。」孔傳：「雍，和也。」《尚書‧無逸》：「其惟不言，言乃雍。」孫星衍疏：「史公『雍』作『讙』者，與〈檀弓〉〈坊記〉同，集解引鄭玄曰『讙』，喜悅也。」皆可證。西周早期的〈大盂

[85] 見武漢網「簡帛論壇」〈厚父初讀〉31樓，2015.4.18（2017.6.23上網）。
[86] 見武漢網「簡帛論壇」〈厚父初讀〉35樓，2015.4.20（2017.6.23上網）。

鼎〉有「今予惟令汝盂紹榮，敬雍德經」句，春秋初期的〈晉姜鼎〉銘有「余不叚荒寧，經雍明德」句，也正可與「帝亦弗雍啟之經德少」參看。[87]

黃國輝：此句當斷作「帝亦弗受啟之經德少，命咎繇下為卿事」。受，當讀如「蛩」，恐也。王念孫《讀書雜誌·荀子第四》：「故君子恭而不難，敬而不鞏。引之曰難讀為《詩》『不戁不竦』之戁，鞏讀《方言》『蛩㤥戰慄也』之蛩。」顯然，〈厚父〉中的「弗受」即是文獻中的「不鞏」，受從鞏聲，可讀為荊吳之言中的「蛩」，表恐懼、擔心之意。〈厚父〉的意思是在說上帝不但不恐啟之經德少，而且還命咎繇下為卿事。前後句之間是一種並列或遞進的關條。據此，筆者以為「帝亦弗受啟之經德少命咎繇下為卿事」只能斷為「帝亦弗受啟之經德少，命咎繇下為卿事」，而不能斷作「帝亦弗受啟之經德，少命咎繇下為卿事」。[88]

奈我何：「帝亦弗受（鞏）啟之經惪（德）X，命咎（皋）繇（繇）下為之卿事」，如果僅據字形來看，「X」有可能是「小人」合文，則「帝亦弗受（鞏）啟之經惪（德）小人」的「小人」，或許與〈保訓〉篇「昔舜舊（久）作小人」之「小人」類似，是指未得天命時之地位而言。[89]

楊澤生：清華簡〈厚父〉是一篇失傳已久的《尚書》文獻，共有 13 支簡，內容非常重要，文字寫法比較獨特。這裏僅就其中比較特殊的斜畫飾筆略作闡發。先看下面的字例：

（1）少：*少*
（2）令：*多、令、令、令*
（3）迺：*迺、迺、迺、迺、迺、迺、迺、迺*

---

[87] 子居：〈清華簡〈厚父〉解析〉，清華網，2015.4.28（2017.6.23 上網）。

[88] 黃國輝：〈清華簡《厚父》補釋一則〉，武漢網，2015.4.30（2017.6.23 上網）。又見於黃國輝：〈清華簡《厚父》新探〉，《出土文獻與先秦經史國際學術研討會論文集（上）》，頁242-243。又見於黃國輝：〈清華簡《厚父》新探——兼談用字和書寫之於古書成篇與流傳的重要性〉，《清華大學學報（哲學社會科學版）》，頁 62。

[89] 見武漢網「簡帛論壇」〈厚父初讀〉72 樓，2015.5.23（2017.6.23 上網）。

（4）今：〔字形〕

（5）夕：〔字形〕

上面這些字都有斜畫飾筆，而且都處於橫畫之下。這種比較特殊的斜畫飾筆也見於其他清華簡，如：

（6）今：〔字形〕清華肆・筮法11　〔字形〕清華肆・筮法14

（7）寺：〔字形〕清華參・良臣6

（8）周：〔字形〕清華壹・程寤1　〔字形〕清華伍・封許7　〔字形〕清華伍・封許8

（9）夜：〔字形〕清華伍・湯丘4　〔字形〕清華伍・湯丘5

從字形來看，（1）中的「少」確與常見的寫法（如〈厚父〉簡9〔字形〕和〈湯丘〉簡1〔字形〕等）大為不同，而與「乎」字甲骨文〔字形〕、〔字形〕和金文〔字形〕、〔字形〕等寫法接近。但是從戰國文字的用字習慣來看，「乎」多寫作从「虍」或「虎」的「虖」（如郭店簡〈成之聞之〉4「是故亡虖其身」）、「嘑」（如郭店簡〈成之聞之〉5「存嘑其詞」）、「虗」（如郭店簡〈語叢一〉60「文生虗不達」）、「虖」（如上博簡〈容成氏〉6-7「於是虖方百里之中」、「虖」（如上博簡〈孔子詩論〉12「不亦能改虖」）；「呼」作「虖」（如中山王𧊒鼎「鳴虖，念之哉」、侯馬盟書一九八：一二「群虖盟者」）或「嘑」（如侯馬盟書九八：四「群嘑盟者」）、「嘑」（如香港中文大學文物館藏戰國簡3「生乃嘑曰」）。從簡文文義來看，「帝亦弗恐啟之經德少」而「命皋繇下為之卿士」，文從字順，而且古書「德少」之說也很常見，如《史記・越王勾踐世家》：「今夫吳兵加齊、晉，怨深於楚、越，名高天下，實害周室，德少而功多，必淫自矜。」所以筆者贊同釋作「少」；而考慮到（2）至（5）橫畫下加飾筆的情況，（1）中的〔字形〕為〔字形〕和〔字形〕兩種寫法糅合的可能性雖然並不能完全排除，但為常見的〔字形〕這種寫法在橫畫下加斜畫飾筆的可能性似乎更大。[90]

---

[90] 楊澤生：〈談清華簡《厚父》篇比較特殊的斜畫飾筆〉，《戰國文字研究的回顧與展望國

黃凌倩：可從馬楠等先生意見，「受」讀為「恐」，將「少」字從上句讀。清華簡中出現過的「少」字作「少」（清華一・皇門01）、「山」（清華三・赤鵠01）、「少」（清華二・繫年077）等形，與〈厚父〉簡之「少」字稍有區別。趙平安先生已指出書手在這裡改變末筆筆勢，是為了追求簡面的變化。該句斷為「帝亦弗受啟之經惠少，命咎繇下為之卿事」。表示上帝不恐啟之經德少，（且）命咎繇下為卿事。[91]

郭倩文：該字寫法獨特，或釋為「少」，或釋為「乎」。本文贊同楊澤生先生所論「少」字下一撇為飾筆，且從文意看，釋為「少」文意更通達，傳世文獻中也有「德少」之說。「命」、「令」本一字分化也，本字寫法特殊，楊澤生先生認為楚文字「命」皆有「口」形，而本字無，當釋為「令」而讀為「命」，其說可從。「令」字包山簡18作「今」、包山簡120作「今」，左下為「＝」兩短橫為飾筆，填補空白所用，此處一撇當與其兩短橫同。王寧先生讀為「卿士」，為周王室執政之官，然「士」、「事」二字相通，《說文・士部》云：「士，事也。」又如整理者所言「卿事」一詞見於金文，竊以為不必通讀即可。[92]

郭倩文：該字通讀頗多異議：一讀為「鞏」；二讀為「邛」或「恐」；三讀為「雍」；四讀如「蛩」。從文意看，讀「邛」更好，從清華大學出土文獻讀書會的補正意見。[93]

佑仁謹案：簡文「啟隹（惟）后」，啟為夏禹之子，相傳禹本欲將皇位禪讓予皋陶，但皋陶早逝，因此傳位給予皋陶之子伯益，但人民懷念禹的功績，因此擁戴啟即位。

「惟」字多數學者理解為發語詞無義，但是如此一來「啟惟后」一語將

際學術研討會論文集》，上海：復旦大學，2015.12.12-13，頁334-335。

[91] 黃凌倩：《清華伍〈厚父〉、〈封許之命〉集釋》，安徽大學碩士論文，2016.3，頁17-18。

[92] 郭倩文：《《清華五》、《上博九》集釋及新見文字現象整理與研究》，頁24-25。

[93] 郭倩文：《《清華五》、《上博九》集釋及新見文字現象整理與研究》，頁21。

無動詞，因此筆者認為「惟」乃為、是之義。《玉篇·心部》：「惟，為也。」[94]《尚書·益稷》：「萬邦黎獻，共惟帝臣。」[95]《史記·夏本紀》：「荊河惟豫州。」[96]可參。

簡文「后」，趙平安已指出楚文字以「句」表示｛后｝，此處逕作「后」，實非楚系風格。「后」即君也，標準楚地用字的材料中罕見「后」字，原整理者趙平安指出見於〈緇衣〉12、〈唐虞之道〉3、10，二篇均為齊系性質文獻。《禮記·緇衣》：「毋以嬖御人疾莊后。」[97]郭店本作「句」，上博本作「后」，上博一〈緇衣〉雜染齊文字的特徵，正如趙平安所言，這應也是〈厚父〉不屬於楚系文字抄本的證據之一。

「弗叜」一詞為本篇疑難問題，學者意見可分為以下幾種不同說法：

1. 讀「鞏」，訓「固」：原整理者、曹方向、奈我何主之。

2. 讀「摰」，訓擁護、維護、支持之義：王寧主之。

3. 讀「邛」或「恐」，訓「病也」：馬楠、黃凌倩、郭倩文主之。

4. 讀「蛩」，訓作恐懼、擔心：黃國輝主之。

5. 讀「雍」，訓為和悅、喜悅：子居主之。

6. 讀「竆」，訓為竆盡：暮四郎主之。

諸家意見可謂一人一義，莫衷一是。「叜」字可聯繫金文用例，先將字形整理如下：

字形	出處	時代	文例
	毛公鼎／集成02841	西周晚期	余小子，圂湛于艱，永鞏（鞏）先王
	毛公鼎／集成02841	西周晚期	臨保我有周，不（丕）鞏（鞏）先王配命

94　（南朝梁）顧野王：《宋本玉篇》，（北京：中國書店，1983.9），頁153。

95　李學勤主編，《十三經注疏》整理委員會整理：《尚書正義》，頁146。

96　（西漢）司馬遷撰，（南朝宋）裴駰集解，（唐）司馬貞索隱，（唐）張守節正義：《史記》，（北京：中華書局，2009.2），頁56。

97　李學勤主編，《十三經注疏》整理委員會整理：《禮記正義》，（北京：北京大學出版社，2000.12），頁1761。

	史牆盤／集成 10175	西周中期	撻殷畯民，永不（丕）巩（恐）狄虘髟，伐夷童
	叔尸鐘／集成 00273	春秋晚期	汝膺鬲公家，汝巩（鞏）勞朕行師
	師娑簋／集成 04324	西周晚期	叔市巩（？）告于王

由上述的金文用例可知，「巩」有兩種讀法：「鞏」和「恐」，前者屬正面肯定語氣，後者為負面否定意涵。「師娑簋」的「巩」，有幾位學者讀為「恐」[98]，讀法可疑。

回到本篇文例，簡文說「啟隹（惟）后，帝亦弗叟啟之經德少，命咎（皋）繇（繇）下為之卿事」，此間有許多細節值得深究：首先「弗叟」一詞究竟是「正面」還是「負面」意涵？王寧認為意思是啟當了夏王，上帝也不肯支持他，顯然是理解為負面意涵。但是，上帝不支持啟，卻將天命授予他，還令皋陶輔佐啟，這不是自相矛盾嗎？而且必須要留意文例中的「亦」，所謂「亦」，就是指「啟」和前面所申述過的「禹」一樣，上帝對他們的態度皆是「弗叟」，而文本在介紹「禹」的段落中，完全沒有負面看法。總的來說，既然上帝認為啟之經德不足，又何必將天命降予啟？則「弗叟」應是正面意涵（言下之意，「叟」則是負面語詞）。那麼將「弗叟」理解為負面意涵的解釋，恐怕都必須要排除。

奈我何亦知「弗叟」應屬正面意涵，但他已先將「叟」讀為「鞏」，而「鞏」是正面字詞，那麼非得對「弗」重新思考，他提出三個可能：1、「弗」讀為「弼」；2、將「弗」看作無實義的虛詞；3、將「弗」讀為「否／丕」。「弗」作為否定副詞，假借為它詞的情況比較少見，視為虛詞亦不足取。古文字中「否」、「丕」都以「不」字表示，罕見「弗」假借為「否」、「丕」之例，故以上諸說均難信服人。

---

[98] 陳夢家：《西周銅器斷代》，（北京：中華書局，2004.4），頁 237。徐𦬒儀：《金文編考證》，1968，手寫稿（未出版），頁 47。朱力偉：《兩周古文字通假用字習慣時代性初探》，吉林大學博士論文，2013.6，頁 64。

　　筆者認為參考金文用法，簡文「弗殴」應讀為「弗恐」，但「恐」不能解釋為害怕，而應訓為疑。《廣韻・用韻》：「恐，疑也。」[99]《論語・泰伯》：「學如不及，猶恐失之。」[100]指啟即位之後，上帝亦不懷疑啟的經德太少，因此命令皋陶輔佐他。

　　「經悳（德）」二字，原整理者已指出「經德」即常德，可信。「經」字「糸」旁的「幺」作兩個圈形，寫法近於晉系，應予以留意。

　　簡文的「少」，學者們有以下幾種用法：

　　1.釋「少」：原整理者、馬楠、魚游春水、楊澤生、郭倩文主之。

　　2.釋「少」讀「爵」：暮四郎主之。

　　3.釋「了」讀「呼」：陳偉・華東師大工作室・工寧・楊家剛主之。

　　4.釋「小人」合文：奈我何主之。

由於簡文沒有合文符，故釋作「小人」合文之說（即第 4 說），可以優先排除。先談釋「少」之說，楚系文字的「少」字形作：「少」（包山.50）、「少」（天星）、「少」（望山 1.73），與△字明顯不同。而晉系文字一般的「少」字作：

少（侯馬 98：21）

　　除此之外還有一種饒富特色的「少」，構形作：

A	B	C	D	E
梁十九年亡智鼎／集成	朕濱鼎／上博集刊第九輯	十二年少曲令邯鄲□戈／集	《古璽彙考》頁 299[101]（少	程訓義古璽印集存 1-66

99　（宋）陳彭年等著：《新校互註宋本廣韻》，（臺北：洪業文化事業有限公司，2001.9），頁 345。

100　李學勤主編，《十三經注疏》整理委員會整理：《論語注疏》，（北京：北京大學出版社，2000.12），頁 117。

101　《三晉文字編》頁 2089 云「《古璽彙考》頁 299」，《古璽彙考》乃施謝捷先生之博論，存有多種版本，單筆者手邊的《古璽彙考》即有繁本（共 444 頁）與簡本（共 208 頁）兩

02746		成 11355	曲合文）	
F	G	H	I	
璽彙 1862	璽彙 1862（少臣合文）	璽彙 753	璽彙 3404（少曲合文）	

扣除「小」之後的「」可分作兩筆，如 C、H，亦可以一筆為之，如 A、F、G、H 等，簡文的「」是分成兩筆的寫法。不過，本字釋作「少」也不是沒有可議之處，因為本篇中已有「少」字見「」（簡 9），文例為：「茲少（小）人之德」，該字則接近戰國文字常見的「少」字寫法。

此外，還有一派學者主張字當釋「乎」，並引金文習語「乎命」以證成。「乎」在甲骨文中寫成「」（合集 00620），一直到西周時期，字形還是作「」（諫𣪘／集成 04285）、「」（吳方彝蓋／集成 09898），《陶彙》4.68 所收戰國秦文字的「乎」作「」，這些字（尤其是金文寫法）構形上大抵與△是接近的。此說的佳處在於有「乎令」（或「呼令」）文例可作佐證，「乎（呼）」早在甲骨文中就當作使役動詞，例如：合集 04109：「乎雀立事。」西周金文中更進一步與「命」字形成同義複詞，例如即𣪘（集成 04250）云：「王呼命汝赤市、朱黃、玄衣黹屯、鑾旂」，伊𣪘（集成 04287）云：「王呼命尹封冊命伊」。《儀禮‧特牲饋食禮》云：「凡祝呼佐食，許諾。」鄭玄注：「呼，猶命也。」[102]當然，釋「乎」也有可議之處，正如楊澤生所言，以戰國文字的用字習慣來看，{乎}大多以從「虍」或「虎」為聲來表示，獨體的「乎」絕少。

整體來說，釋「少」與「乎」各有優缺，但是古文字考釋的判準離不開字形，「少」字既然能在晉系文字中夠找到完全相符的寫法，而戰國獨體的

種版本，然都未見此璽。參湯志彪：《三晉文字編》，頁 2089。〉

[102] 李學勤主編，《十三經注疏》整理委員會整理：《儀禮注疏》，（北京：北京大學出版社，2000.12），頁 1028。

「乎」字卻難以找到，那麼當然以釋「少」為優先選擇。「少」在此指含德之少。

〔五〕令（命）咎（皋）繇（繇）下為之卿事

令	咎	繇	下	為	之	卿

事

趙平安：事作 ![字] （簡2），與楚文字上作告或加撇劃的寫法不同，而與晉、齊、燕文字相同。[103]

王寧：筆者在〈清華簡〈厚父〉句詁〉中疑斷句為「啟隹（惟）后，帝亦弗鞏啟之經德少，命咎繇下為之卿事（士）」，近讀陳偉先生〈讀《清華竹簡〔伍〕》劄記（三則）〉一文（簡帛網2015.04.11），釋「少」為「乎」讀為「呼」，命也。則不當於「少」下斷句，當從原釋文斷句。「乎」的用法恆見於殷墟卜辭，與其「乎伐」、「乎取」、「乎比」之類的「乎」用法及含義相同。……此「事」當讀為「士」，二字音同可通。「卿士」本來是周代王室或諸侯國的執政大臣，類似後世的宰相。「士」是古代的最高司法長官，負責刑獄。很可能比較早的說法是皋陶是啟的卿士，簡稱「士」，後人據此認為是司法官的「士」。[104]

原整理者：少，不久。《孟子·萬章上》：「始舍之，圉圉焉，少則洋洋焉，攸然而逝。」咎繇，文獻作「咎繇」或「皋陶」（參梁玉繩《漢書人表考》）。卿事，見於小子𪊒簋（《集成》三九〇四）、番生簋（《集成》四三二

---

103 趙平安：〈談談戰國文字中值得注意的一些現象——以清華簡〈厚父〉為例〉，頁304。
104 王寧：〈清華簡〈厚父〉句詁〉，復旦網，2015.1.28。

六）等，為官名。[105]

馬楠：此處以「少」字上屬為句。「經德」見〈酒誥〉「經德秉哲」，陳曼簠（《集成》4596）「肇堇（勤）經德」，《孟子‧盡心下》「經德不回」。「𢥓」讀為「邛」或「恐」，〈小旻〉「我視謀猶，亦孔之邛」，〈巧言〉「匪其止共，維王之邛。」毛傳鄭箋皆云「病也」，句謂帝亦不以啟德行不足為病，命皋陶下為之卿士。[106]

暮四郎：此句當讀作「啟惟后，帝亦弗啟之經悳，少命咎繇下為之卿事」，「少」疑當讀作「爵」。上博一〈緇衣〉簡15有𣂏字，从斗，少聲，用作「爵」。清華簡〈繫年〉簡71-72「玉𣂏」，我們讀作「玉爵」。《周禮‧天官‧大宰》：「及祀之日，贊玉、幣、爵之事。祀大神示亦如之，享先王亦如之，贊玉几、玉爵。大朝覲會同，贊玉幣、玉獻、玉几、玉爵。」《禮記‧祭統》：「尸飲五，君洗玉爵獻卿；尸飲七，以瑤爵獻大夫；尸飲九，以散爵獻士及群有司，皆以齒，明尊卑之等也。」均可為佐證。《穀梁傳》隱公五年：「隱不爵命大夫，其曰公子彄，何也？」[107]

魚游春水：或解釋為「帝亦不以啟德行不足為病，命皋陶下為之卿士。」既然「不足為病」，何必又派皋陶來。這話是不是可以理解為「帝也因為啟德行不足而覺得夏王朝不夠鞏固，所以命皋陶來作卿事」這樣的意思？「鞏」就是〈瞻卬〉「藐藐昊天，無不克鞏」的「鞏」吧。[108]

陳偉：整理者釋為「少」的字，簡文寫作 少。字形與清華簡常見的「少」字不同。疑應釋為「乎」，讀為「呼」。《儀禮‧特牲饋食禮》：「凡祝呼佐食，許諾。」鄭玄注：「呼，猶命也。」[109]

華東師大工作室：陳先生讀為「呼」，引《儀禮》鄭玄注訓為「命」，亦

---

[105] 李學勤主編：《清華大學藏戰國竹簡（伍）》，頁111。

[106] 馬楠：〈清華簡第五冊補釋六則〉，《出土文獻》第六輯，2015.4，頁224。

[107] 見武漢網「簡帛論壇」〈厚父初讀〉6樓，2015.4.10（2017.6.23上網）。

[108] 見武漢網「簡帛論壇」〈厚父初讀〉8樓，2015.4.10（2017.6.23上網）。

[109] 陳偉：〈讀《清華竹簡〔伍〕》劄記（三則）〉，武漢網，2015.4.11（2017.6.23上網）。

可通。按，「乎命」一詞，由來尚矣。〈厚父〉簡 2 稱上帝「乎命」皋陶，用「乎命」一詞，似也出於作此篇者對周代貴族禮制的理解，以及對典雅文體、語言的模仿。[110]

　　子居：「經德」還見於約成文於春秋後期的清華簡〈傅說之命〉下篇，但該詞不見於甲骨文與西周金文，〈陳曼簠〉的時間則與上博簡〈融師有成〉接近。「帝亦弗雍啟之經德少」在後世猶有類似的傳說，如《韓非子·外儲說右下》：「禹愛益，而任天下於益，已而以啟人為吏。及老，而以啟為不足任天下，故傳天下於益，而勢重盡在啟也。已而啟與友黨攻益而奪之天下，是禹名傳天下於益，而實令啟自取之也。」這裡的「而以啟為不足任天下」就猶如〈厚父〉的「弗雍啟之經德少」。「命咎繇下，為之卿事」句還和《詩經·商頌·長發》的「昔在中葉，有震且業。允也天子，降予卿士。實維阿衡，實左右商王。」的觀念別無二致，清華簡〈保訓〉中也有「舜……用作三降之德」之說。[111]

　　宋亞雯：《厚父》篇的「事」字字形與《繫年》形體相同作 ，《繫年》兩例用爲「使」，《厚父》一例用作「事」本意。

　　蘇建洲將《繫年》中的字形從「叓」改釋爲「事」，在簡文中讀爲「使」，並指出這類寫法還見於上博簡《性情論》、《緇衣》和《孔子見季桓子》。郭永秉又指出此類寫法還見於長臺關簡和《厚父》篇。李松儒認爲《繫年》中的字形當釋爲「官吏」之「吏」。趙平安認爲《厚父》「事」的寫法與楚文字不同，與晉、齊、燕文字相同。李守奎和肖攀進一步指出《繫年》形體當是三晉文字寫法，由此可見《繫年》具有晉、楚文字雜用的特點。郭永秉則認爲不必將其看成是某些區域獨特的寫法，《繫年》中的「事」字當是有早期古文字來源的異體。

---

[110] 華東師範大學中文系出土文獻研究工作室：〈讀《清華大學藏戰國竹簡（伍）》書後（一）〉，武漢網，2015.4.12（2017.6.23 上網）。

[111] 子居：〈清華簡〈厚父〉解析〉，清華網，2015.4.28（2017.6.23 上網）。

清華簡《命訓》中的「事」字以及《鄭文公問太伯》乙本中的字形也值得注意。《命訓》中有四例「事」字分別作：

参簡文內容可知，12、13、14 號簡的字形爲同一類寫法，用爲「事」本意，6 號簡字形明顯不同於其他，用爲「使」。

《鄭文公問太伯》乙本中的字形作：

甲本作，讀爲「次」。《命訓》6 號簡和《鄭文公問太伯》乙本 7 號簡中的字形與《唐虞之道》5 號簡和侯馬盟書中的字形非常相近，有受到晉系文字寫法影響的可能。[112]

宋亞雯：清華簡中加飾筆的「夕」字見於《筮法》和《厚父》篇，加飾筆的「夜」字見於《湯處於湯丘》和《湯在啻門》篇。關於飾筆問題何琳儀先生在《戰國文字通論》中指出：「『肉』和『月』形體近似，戰國文字往往有意識地在『肉』的右上方加『／』號以示區別，相應的在『月』左下方加『／』，如『（月）璽文 7.4』、『（明）璽文 7.5』、『（夜）璽文 7.5』等。」劉洪濤先生也指出：「戰國人爲了區別『月』、『肉』這兩個極易相混的形近偏旁，常常在『月』旁的空隙處加上一筆以示區別。特別值得注意的是，『月』旁多加一筆的情況多見於三晉文字……用多一筆的方法來區別形近偏旁，或許是三晉文字的一種習慣。」《筮法》和《厚父》篇中從「夕」的「外募」等字均沒有添加飾筆。

此外寫作 這種形體的「命」字僅見於《厚父》五例。目前所能見到的古文字材料中，「命」字形體大致作：

字例	傳抄古文	齊	燕	三晉	楚	秦

命	命	𠇍	（𠇍）	𠇍	奇	𠇍
	堯典	子禾子釜	燕侯職壺	郾孝子鼎	包164	不其簋蓋

目前所能見的戰國文字材料中還未見寫得如《厚父》這種省去「口」加一撇的形體。[113]

佑仁謹案：「皋陶」人名簡文作「咎繇」，這個用法古籍中早已出現。《尚書・皋陶謨》一文，[114]《說文解字・言部》[115]、《尚書大傳》、《楚辭・離騷》、《漢書・武帝紀》等文獻引作〈咎繇謨〉，可見「咎繇」一名的用法由來已久。

「皋陶」是上古的賢相，〈唐虞之道〉簡12-13：「皋繇入用五刑，出式兵革，罪淫〈浮〉暴☐用威，夏用戈，昏不服也。愛而正之，虞夏之治也。」《尚書・舜典》云：「帝曰：『皋陶，蠻夷猾夏，寇賊姦宄。汝作士，五刑有服，五服三就。五流有宅，五宅三居。惟明克允！』」[116]（此句「帝曰」，《史記・五帝本紀》逕作「舜曰」[117]）。《史記・夏本紀》也云：「帝禹立而舉皋陶薦之，且授政焉，而皋陶卒。封皋陶之後於英、六，或在許。而后舉益，任之政。」[118]可見皋陶曾服事舜與禹，並掌管刑獄。

關於皋陶死亡時間，《史記・夏本紀》云：「帝禹立而舉皋陶薦之，且授政焉，而皋陶卒。封皋陶之後於英、六，或在許。而后舉益，任之政。」《史記正義・帝王紀》云：「皋陶生於曲阜。曲阜偃地，故帝因之而以賜姓曰偃。堯禪舜，命之作士。舜禪禹，禹即帝位，以咎陶最賢，薦之於天，將有禪之

---

113 宋亞雯：《清華簡中的非典型楚文字因素問題研究》，頁99-100。

114 李學勤主編，《十三經注疏》整理委員會整理：《尚書正義》，頁122-133。

115 （東漢）許慎撰，（清）段玉裁注，李添富總校訂：《新添古音說文解字注》（三版），頁92。

116 李學勤主編，《十三經注疏》整理委員會整理：《尚書正義》，頁89。

117 （西漢）司馬遷撰，（南朝宋）裴駰集解，（唐）司馬貞索隱，（唐）張守節正義：《史記》，頁35。

118 （西漢）司馬遷撰，（南朝宋）裴駰集解，（唐）司馬貞索隱，（唐）張守節正義：《史記》，頁72-73。

意。未及禪，會皋陶卒。」[119]〈容成氏〉簡33-34也說：「禹有子五人，不以其子為後，見呇（皋）咎（陶）之賢也，而欲以為後。呇（皋）秀（陶）乃五讓以天下之賢者，遂稱疾不出而死。禹於是乎讓益。」可見禹雖有後，但卻有意禪讓給賢能的皋陶，只是皋陶不待即位而卒，因此皋陶的死亡時間理應早於禹亡之時，故絕不可能如簡文所說在啟登帝位之後，上帝還能命皋陶為卿士。

「皋陶」一名於〈容成氏〉共見四次，簡29兩次作「咎塪（陶）」，簡34一處作「呇（皋）咎」，一處作「呇（皋）秀」，原整理者李零先生依據文例將「咎」和「秀」都讀作「陶」[120]。「秀」（心紐幽部）讀作「陶」（定紐幽部），殆無疑義，因為包山263云：「一跪席，二莞席，皆有秀」，「秀」讀作「韜」，「韜」為透紐幽部，「韜」、「秀」都是舌頭音[121]。可是將「呇（皋）咎」的「咎」讀成「陶」，卻頗有疑義，「咎」匣紐幽部，與定紐幽部的「陶」差異很大。更重要的是「皋陶」之名古籍中又作「咎陶」、「咎繇」，可見「咎」字顯然應是對應「皋」而非「陶」。關於這個問題，學者大多接受李零的考釋，只有陳劍認為從用字習慣看，其下字寫作「咎」，當係因本篇「皋陶」既可寫作「呇秀」（本簡下文）又可寫作「咎塪」（簡29兩見）而誤寫。不過還是有學者從通假的角度，認為「咎」與「陶」音近可通[122]。現在看來，〈厚父〉簡文作「咎繇」，「咎」當然是對應「皋」，陳劍的誤字說比較合於事實。

---

[119] （西漢）司馬遷撰，（南朝宋）裴駰集解，（唐）司馬貞索隱，（唐）張守節正義：《史記》，頁73。

[120] 馬承源主編：《上海博物館藏戰國楚竹書（二）》，（上海：上海古籍出版社，2002.12），頁276-277。

[121] 「秀」一般都擬構為心紐，李家浩之所以將它與舌頭音聯繫起來主要是著眼於：1.「秀」的分化字「禿」即舌頭音；2.从「秀」的「透」、「挏」都是舌頭音。參李家浩：〈仰天湖楚簡剩義〉，武漢大學簡帛研究中心、臺灣大學中文系、芝加哥大學顧立雅中國古文字學中心主辦：《中國簡帛學國際論壇（2006）論文集》，武漢：武漢大學，後又發表於武漢大學簡帛研究中心：《簡帛》第二輯，（上海：上海古籍出版社，2007.11），頁34。

[122] 趙彤：〈以母的上古來源及相關問題〉，《語言研究》，2005年4期，頁14。

簡文「卿事」，趙平安指出就是金文中的「卿事」，王寧則認為「事」當讀為「士」，並補充史籍中皋陶作「士」的文獻證據。「卿事」一詞，在青銅銘文、竹簡中都已經多次出現，伯公父簠（集成 04628）：「我用召卿事（士）辟王」、毛公鼎（集成 02841）：「及茲卿事寮」、《郭店・緇衣》簡 23：「毋以嬖士塞大夫、卿事（士）」、曾侯乙簡 62：「慶（卿）事（士）之車」、曾侯乙簡 199：「慶（卿）事（士）之車」、曾侯乙簡 142：「慶（卿）事（士）之騂為左服」，「卿士」、「卿事」音近可通，王力甚至認為「士」、「事」二字乃同源字。[123] 簡文字形作「事」，則據原文亦可。「卿士」是執政大臣，地位不低，但王寧所援引皋陶為「士」的例證，已經將官職限縮在掌管官獄的職務上。

〔六〕 茲咸又（有）神，能呇（格）于上，智（知）天之畏（威）弋（哉）

茲	咸	又	神	能	呇	于
上	智	天	之	畏	弋	

趙平安：〈厚父〉呇作呇，這種寫法見於清華簡〈皇門〉第 1 簡、上博三〈周易〉42 簡，用為格，也見於上博五〈三德〉15 簡，用為恪。這類寫法來源於西周金文呇（不其簋）、是一個從「各」聲的字，古文字學者一般隸定為呇，字的中部省簡變為呇。[124]

蚊首：弋（「載」所從）讀為「哉」不確，疑讀作「則」。「威」有「則」

---

123 王力：《同源字典》，（北京：商務印書館，2002.11），頁 97-98。
124 趙平安：〈談談戰國文字中值得注意的一些現象——以清華簡〈厚父〉為例〉，頁 307。

義。《詩・周頌・有客》:「既有淫威。」毛《傳》:「威,則。」《爾雅・釋言》:「威,則也。」「載」可讀「則」、「威」有「則」義及更多例證,俱參看白於藍先生《〈清華大學藏戰國竹簡(三)〉拾遺》(《中國文字研究》第二十輯,19-20頁)。[125]

王寧:「茲」當是指啟和咎繇二人,故曰「咸」,「咸」應訓「皆」,不當理解為感通。因為厚父是夏人的後裔,啟與咎繇君臣在他心目中就如同商人心目中的湯與伊尹,都是有神明之德的人,所以說「茲咸有神」,就是說啟與咎繇都有神通。「哉」多假「才」為之,故此字疑當屬下句讀,讀為《詩・七月》:「春日載陽」或〈時邁〉「載戢干戈,載櫜弓矢」之「載」,鄭箋並云:「載之言則也」,《詩・載馳》「載馳載驅」毛傳、《左傳・定公三年》:「載祀六百」,賈注、杜注並云:「載,辭也」,「載」訓「則」放在句首為連詞,其用法和含義略同於「乃」。[126]

shing:「載」訓「且」。參吳昌瑩《經詞衍釋》「載,猶則也,『則』,猶且也。」[127]

海天:「知天之威,載聞民之若否」顯然與〈芮良夫毖〉03「龏(恭)天之畏(威),載聖(聽)民之繇。間(簡)歷若否,以自訕(訾)讀。」有關。[128]

薛後生:「經德」它處亦有作「德經」者,〈大盂鼎〉「紹榮,敬擁德經」,「擁德經」猶擁德,秉德,其義一兮。[129]

曰古氏:「知天之威載聞民之若否」一句,恐怕還是當以趙平安先生的

[125] 蚊首:〈清華簡《厚父》「知天之威載」〉,武漢網「簡帛論壇」0樓,2015.1.24(2017.6.23上網)。

[126] 王寧:〈清華簡〈厚父〉句詁〉,復旦網,2015.1.28(2017.6.23上網)。

[127] 王寧:〈清華簡〈厚父〉句詁〉,復旦網,2015.1.28。文後「學者評論欄」1樓,2015.1.28(2017.6.23上網)。

[128] 王寧:〈清華簡〈厚父〉句詁〉,復旦網,2015.1.28。文後「學者評論欄」4樓,2015.1.28(2017.6.23上網)。

[129] 王寧:〈清華簡〈厚父〉句詁〉,復旦網,2015.1.28。文後「學者評論欄」5樓,2015.1.28(2017.6.23上網)。

句讀「智（知）天之畏（威）𢦏（哉），聞民之若否」為是。海天先生指出的〈芮良夫毖〉03「龏（恭）天之畏（威），載聖（聽）民之繇。間（簡）歷若否，以自訨（訾）讀。」作為原整理者的句讀，恐怕是有問題的。因為同篇06：敬哉君子！恪哉毋荒，畏天之降載（災），卹邦之不臧。——幾乎同樣的句式，整理者又將「載」屬上讀，似乎更可信，因為這樣句讀「子」與「載（災）」、「荒」與「臧」諧韻，而且是比較嚴格的隔句韻。〈芮良夫毖〉03句中，「載」屬上讀，與「子、否」亦諧韻，而且也是比較嚴格的隔句韻。同理，〈厚父〉「智（知）天之畏（威）𢦏（哉），聞民之若否」一句亦諧韻。[130]

原整理者：《書・盤庚中》「予念我先神后之勞爾先」，孔穎達疏：「神者，言其通聖。」《淮南子・兵略》：「知人所不知謂之神。」畧，金文多作「各」，文獻多作「格」。寧簋（《集成》四〇二一、四〇二二）：「其用各百神。」《書・君奭》：「成湯既受命，時則有若伊尹，格于皇天。」[131]

原整理者：大盂鼎（《集成》二八三七）：「畏天畏。」《詩・我將》：「畏天之威。」《書・皋陶謨》「天明畏」，《經典釋文》：「馬本畏作威。」「𢦏」字一說從下讀，可讀為「在」，訓察；也可讀為「載」，作助詞。[132]

馬楠、周飛、劉力耘：讀「有」，為古漢語常用詞頭，無實意。不如讀為「佑」，輔助義。[133]

魚游春水：感覺「若否」辭例通順，似乎不用改讀。或說簡文「否」的「口」改寫成「橫」，楚簡口字旁有改寫成一横的，成兩横的，好像都不牽涉詞義。[134]

---

[130] 王寧：〈清華簡〈厚父〉句詁〉，復旦網，2015.1.28。文後「學者評論欄」8樓，2015.1.29（2017.6.23上網）。
[131] 李學勤主編：《清華大學藏戰國竹簡（伍）》，頁111-112。
[132] 李學勤主編：《清華大學藏戰國竹簡（伍）》，頁112。
[133] 清華大學出土文獻讀書會：〈清華簡第五冊整理報告補正〉，清華網，2015.4.8（2017.6.23上網）。
[134] 見武漢網「簡帛論壇」〈厚父初讀〉9樓，2015.4.10（2017.6.23上網）。

華東師大工作室：此字疑當讀為「烖」，指天災。《尚書·微子》：「天毒降災荒殷邦。」馬楠先生已指出，下句之「聶」當讀為「聞」，訓為「知」，其說是也。據其說，則「知」「聞」對文，如是則此字更不宜屬下讀。威，天威也，整理者已詳，「威災」為一並列詞組，下句「若否」為一反義詞組，正相對應。[135]

子居：這裡的「神」自然是指的咎繇。咸，在殷商、西周時期有「完畢」義，與「既」、「終」義同，春秋時期的文獻中往往還有這個義項的遺存，故「咸有」就是「既有」、「終有」。「咸有」云云，甲骨文與西周金文未見，該用法最早見於清華簡〈尹誥〉的「唯尹既及湯，咸有一德。」而清華簡〈尹至〉、〈尹誥〉諸篇明顯是在春秋前期的宋文化背景下成篇的，這一點可參看筆者的〈清華簡〈尹至〉解析〉一文，因此可將〈厚父〉的成文時間上限下推至春秋前期。同是此「咸有某某」，還見於春秋後期的〈叔夷鐘〉銘文「赫赫成唐，有嚴在帝所，敷受天命，剪伐夏后，敗厥靈師。伊小臣惟輔，咸有九州，處禹之堵。」這段頌揚成湯、伊尹的內容明顯也是受宋文化的影響所致，這是〈厚父〉篇有宋文化背景的第一個辭例證據。[136]

子居：格于某某，未見戰國時期的辭例，於是〈厚父〉篇的成文時間下限當可推知不會遲於春秋末期。「格于上」的辭例唯有《尚書·君奭》的「格於上帝」和《尚書·堯典》的「格于上下」，由筆者的〈先秦文獻分期分域研究之一虛詞篇〉之分析可見，〈君奭〉約成文於春秋初期，〈堯典〉約成文於春秋前期，故不難推定，〈厚父〉篇的成文時間，當與春秋前期非常接近。[137]

黃凌倩：楚帛書中有兩個「各」字，許多學者都做過考證。如李零先生

---

[135] 華東師範大學中文系出土文獻研究工作室：〈讀《清華大學藏戰國竹簡（伍）》書後（一）〉，武漢網，2015.4.12（2017.6.23 上網）。

[136] 子居：〈清華簡〈厚父〉解析〉，清華網，2015.4.28（2017.6.23 上網）。

[137] 子居：〈清華簡〈厚父〉解析〉，清華網，2015.4.28（2017.6.23 上網）。

讀為「格」，訓「格致」；何琳儀先生讀「格」，訓「至」；陳茂仁和董楚平先生讀「格」，認為有「感通」義。陳秉新先生認為讀「恪」，訓「敬」；「各」在此句中用「感通」義合適，與上句表示「通聖」的「神」呼應。「各」應該是由「格致」的義項引申為「推知、感通」。「戈」從整理者讀為語氣詞「哉」。既然「戈」字在商周青銅器銘文和漢代簡帛中都有用作語氣詞「哉」的情況，那麼在楚簡中用作「哉」也是很有可能的。[138]

郭倩文：從子居先生取「已經、完畢」義，盠侯鼎「王宴咸酓」即為「既」義。郭店簡《緇衣》簡5「咸又（有）一惪」亦見「咸有」一詞。[139]

郭倩文：華東師範大學中文系出土文獻研究工作室意見可從，讀為「哉」，則「天之威哉」與「民之若否」相對，一上一卜，文意通達。[140]

佑仁謹案：關於「又神」，馬楠、周飛、劉力耘主張「又」應如讀為「佑」，屬輔助義。筆者認為「又（有）」並非有無之有，「有」應當助詞使用。「有神」又見《大戴禮記·少間》：「故天子昭有神於天地之間，以示威於天下也。」[141]簡文中的「茲咸有神」，「茲」訓「此」，「咸」指「皆」、「都」，與後文「咸天之臣民」用法相同。簡文「茲咸有神」，子居認為「神」指的是咎繇，筆者認為由於有「咸」字，可知所指涉的對象肯定是兩人而非一人，就實際文例來看，應指啟與皋陶二人，簡文是說二人都是神靈所降，故能畏天威而知民心。或言「有神」指「禹」和「啟」兩位夏君，但由原文來看，作者對「禹」的敘述終止於「建夏邦」一句，符合禹為開國君主的身分，而對「啟」的敘述則止於「惟天乃永保夏邑」，「茲咸有神」屬於「啟」的內容，自與「禹」並無關聯，則「有神」不應包括「禹」在內。

關於「客（格）」字，趙平安已指出，「客」即是由不其簋的「署」演變

---

138 黃凌倩：《清華伍《厚父》、《封許之命》集釋》，頁18-21。
139 郭倩文：《《清華五》、《上博九》集釋及新見文字現象整理與研究》，頁25。
140 郭倩文：《《清華五》、《上博九》集釋及新見文字現象整理與研究》，頁28。
141 （清）王聘珍撰，王文錦點校：《大戴禮記解詁》，（北京：中華書局，1983.3），頁214。

而來。△字上從「叒」，「叒」在甲骨文即已出現作「」（合集 28136），而「叒」在金文中更是大量出現：

合集 28136	小臣謎簋（蓋）／集成 04238	小臣簋謎（蓋）／集成 04238	毛公鼎／集成 02841	大克鼎／集成 02836
戈叒作厥簋／集成 03394	甲叒事正鬲／新收 0804	戈叒作厥簋／集成 03396	不其簋／集成 04328	不其簋／集成 04328

獨體的「叒」都作為人名使用。過去「叒」字有很多考釋說法：襄（饒宗頤、陳懷邦）、艾（嚴一萍）、乂（郭沫若）、汨（姚孝遂）、臦（于省吾）等，然字形上均有一定落差[142]。陳秉新釋作「咢」，並分析不其簋「」是一個從「咢」從「各」的雙聲字[143]，這個字釋作「叒（咢）」，字形上較前述釋「襄」、「艾」等諸說來得好，但是否為定論，亦仍待檢驗。目前確定的「噩」字金文作「」、（噩侯段／集成 03929）、「」（噩侯鼎／集成 02810）、「」（噩侯鼎／集成 02810），寫法甚多，自成體系。「」與「」雖都從「口」，且都有交叉的筆劃，但前者口旁安置在交叉的筆劃四周，後者則與上方的「吅」聯繫，二者仍有一定程度差異。

將字表諸字釋「噩（咢）」，最早是吳大澂的主張，高田忠周進一步加以申述，他認為「他器文作叒，下從口，此即從各，各咢古音同部，此從各聲也。《集韻》噩字或作䚻，亦咢異文，故當從各聲之證。又《說文》剒，籀文作劄，從刃各聲，此亦可互證矣。」雖然「噩（咢）」、「各」音近毫無疑問，但這不能成為將「」上部釋為噩（咢）的唯一證據。

回到簡文上的問題，不其簋的「」，文例為地望，一般都釋作「洛」，

---

[142] 陳秉新：〈從叒及從叒之字〉，《古文字研究》第 25 輯，（北京：中華書局，2004.10），頁 36-37。

[143] 陳秉新：〈從叒及從叒之字〉，《古文字研究》第 25 輯，頁 36-39。

「各」是其聲符。楚簡見兩次「客」字，分別為本篇的「⬚」與清華壹〈皇門〉簡1的「⬚」，相較金文諸形，可知已將中間的「╳」形省略。

總而言之，我們可以清楚知道△字是個從「各」聲的字，如果「⬚」確實和「⬚」都是「噩（咢）」，那麼「⬚」下方的「各」當然是聲化後的結果，只不過目前沒有證據顯示「⬚」、「⬚」是同一字。簡文「客（格）」訓為感應、感通，從原整理者之說。

關於「哉」字，一般楚簡的「哉」字幾乎都將「才」聲安置在「戈」旁左上，例如：

上博六.用曰.7	清華壹.楚居.3	清華伍.湯處於湯丘.16	清華伍.湯在啻門.6	新蔡.甲三.23、57、零.009

但本處的「哉」卻安置在左下，比較近似的字例應是包山簡255的「⬚」，文例為「𢧵酺」。

「⬚」學者一般讀「哉」，但王寧認為「然在先秦簡帛書尤其是楚簡書中，用『⬚』為語氣詞『哉』之例至今未見」，因此改釋為「載」訓為「則」，並將此字改為下讀。shing認為「載」訓「且」。蚊首亦疑「載」讀作「則」。

首先討論句讀問題，王寧改讀為「知天之威，載聞民之若否」文句比較拗口，「⬚」仍以讀「哉」為宜，並作上讀。王寧認為先秦簡帛無「⬚」讀「哉」之用法，黃凌倩已補充金文與漢簡材料論證其誤，其實不必捨近求遠，本篇簡7「欽之⬚（哉）」，「哉」字寫法从戈、才聲，構形與本處一模一樣，王寧之說恐無法成立。

〔七〕 𦕁（聞）民之若否

𦕁	民	之	若	否

程浩：「否」字讀為「丕」，簡文中這個字的寫法牽扯到「用字習慣」的問題。楚簡中「不」字即可表示「不」也可表示「丕」，一般只有結合文義才能進行區分。〈厚父〉全篇的「不」字都寫作「不」，唯有此處的「丕」字寫成了「否」，我們認為這可能是抄手為了區別詞義而作的刻意處理。其實清華簡中為了「別嫌」而在兩個距離較近且字形相同的字上添加偏旁符號的例子並不鮮見，〈厚父〉「恭心敬威，畏不祥」，「威」和「畏」分別寫作「威」與「畏」。[144]

原整理者：「若否」為典籍成語，清華簡〈芮良夫毖〉：「閟（間）鬲（隔）著（若）否。」《詩・烝民》「邦國若否，仲山甫明之」，鄭玄箋：「『若否』猶『臧否』，謂善惡也。」[145]

清華大學出土文獻讀書會：馬楠先生已指出，下句之「䎽」應當讀為「聞」，訓為「知」。[146]

海天遊蹤：本人在 2013 年 1 月 31 日簡帛論壇「清華簡三〈芮良夫毖〉初讀」26 樓已指出：「若否」古書常見，如《書・盤庚下》：「今我既羞告爾于朕志若否」、《詩・大雅・烝民》：「邦國若否、仲山甫明之」，「若否」意思相反，可泛指好與壞。也可寫作「善否」，如《莊子・漁父》：「不擇善否，兩容頰適，偷拔其所欲，謂之險。」《史記・秦始皇本紀》載〈會稽刻石〉云：「貴賤並通，善否陳前，靡有隱情。」[147]

郭倩文：「䎽」字從馬楠先生訓為「知道」，與上文「知」相對為文。「否」字則從整理者意見。[148]

佑仁謹案：「䎽」，原整理者、清華大學出土文獻讀書會讀「問」，馬楠

---

[144] 清華大學出土文獻讀書會：〈清華簡第五冊整理報告補正〉，清華網，2015.4.8（2017.6.23 上網）。

[145] 李學勤主編：《清華大學藏戰國竹簡（伍）》，頁 112。

[146] 清華大學出土文獻讀書會：〈清華簡第五冊整理報告補正〉，清華網，2015.4.8（2017.6.23 上網）。

[147] 見武漢網「簡帛論壇」〈厚父初讀〉43 樓，2015.4.20（2017.6.23 上網）。

[148] 郭倩文：《《清華五》、《上博九》集釋及新見文字現象整理與研究》，頁 29。

則讀「聞」訓為「知」，此當從馬楠所釋。西周金文常見「靡不又聞」、「毋敢有不聞」、「毋有不聞知」、「毋敢無聞知」等用法，意指「臣下對所管轄的事要『無不聞知』」[149]，〈厚父〉簡文則是上帝要求王必須知聞百姓良窳，可見此「聞」字用法有古老的來源。

諸家學者已對「若丕」一詞有非常精闢的分析，其即善惡、好壞、良窳、得失、利弊、順逆等對立範疇，整句話的意思是說：啟往上能敬畏天命，往下則能體察民情的良窳，做為施政的參考，上帝將會永保夏朝長治久安。程浩釋作「丕」，並透過「不」、「丕」的構形差異來推論。筆者認為「丕」一般都是訓作「大」，《逸周書‧寶典》：「四曰敬，敬位丕哉，敬乃時非。」孔晁注：「丕，大也。」[150]但置入此處，顯然不合文義。

本篇的「不」字作「![不]」（簡3），本處的「![丕]」原整理者與清大讀書會都釋作「否」，程浩認為是書手有意區別「不」與「丕」的詞意，因此將字寫得不同，並舉「![畏]」與「![畏]」為例。此說恐非，本篇的「![畏]」既可讀「畏」（簡9、10）亦可讀「威」（簡3、13），而「![畏]」本篇僅一見，讀「畏」（簡9），既然「![畏]」可兩讀，則有無「心」旁實在談不上有什麼有意區別。本篇的「![丕]」程浩釋作「丕」，但是我們知道，早期否定詞{不}與訓作「大」的{丕}字形都作「不」，而今日的「丕」應是由「![不]」（郭店.太一生水.13）在豎筆上加上橫筆分化而出的，構形作「![丕]」（郭店.六德.5）、「![丕]」（望山1.13），東漢魯峻碑「丕」字作「![丕]」，可證。至於「![丕]」字比較像是「否」字將下半「口」旁省略橫筆而成，並不能直接釋成「丕」，而且「![丕]」字「不」旁下半的筆劃似是以兩筆為之，與「丕」字都作一橫筆不同。

清華陸〈子產〉簡10云：「得民天殃不至，外仇否」，字形作「![否]」，原整理者云：「否，《經傳釋詞》卷十云：『無也。』或以為『否』係『不』與

---

[149] 楊明明：〈釋毛公鼎「庸有聞」及相關問題〉，復旦網，2010.9.10（2017.6.23上網）。

[150] 黃懷信、張懋鎔、田旭東撰，李學勤審定：《逸周書彙校集注（上）》（修訂本），（上海：上海古籍出版社，2014.12），頁282。

另一字的譌誤。」[151]王瑜楨透過「口」與「凵」的偏旁替換理解「否」字，
並讀成「服」，可信[152]。

〔八〕 隹（惟）天乃永保顕（夏）邑

隹	天	乃	永	保	顕	邑

佑仁謹案：關於「永」字，過去楚簡多以「羕」代「永」，僅在楚王熊
章鎛、徐郊尹鼎、包山封泥等文物上出現過獨體的「永」。竹簡中，其偏旁
已見於「羕」字，然而一直到清華伍〈厚父〉（簡3、4）、〈封許之命〉（簡
8）以及新出清華陸〈子儀〉（簡8、14），我們才在楚簡中看到其獨體寫法。

〔九〕 才（在）顕（夏）之劃（哲）王

才	顕	之	劃	王

原整理者：劃，「折」的異體字，形符斤、刀互換，此處讀為「哲」。「哲
王」見於《書・康誥》「往敷求于殷先哲王，用保乂民」、〈酒誥〉「在昔殷先
哲王迪畏天」、〈召誥〉「茲殷多先哲王在天」等。〈皋陶謨〉:「知人則哲。」
「哲王」指賢明的君王。[153]

子居：才（在）顕（夏）之劃（哲）王，乃嚴愯，畏皇天上帝之命，朝
夕肆（肆）祀，不盤于庚（康），以庶民隹（惟）政之（恭），天則弗臭（斁），

---

[151] 李學勤主編：《清華大學藏戰國竹簡（伍）》，頁141。

[152] 王瑜楨：《《清華大學藏戰國竹簡（陸）》鄭國史料三篇研究》，臺灣師範大學博士論文，
2018.1，頁382-383。

[153] 李學勤主編：《清華大學藏戰國竹簡（伍）》，頁112。

永保顕（夏）邦。「哲王」本多是指殷商的先哲王，因此這樣的稱謂自然是有著濃厚的宋文化意味，周人稱自己的先王以及夏代先王，則很少見這樣的形容方式，故《厚父》篇如前文所說，其成文體現著濃厚的宋文化背景。[154]

馬文增：「在夏之哲王」指中興夏朝之少康。《清華釋文》「在夏之哲王」之「在」，簡文爲「才」。[155]

郭倩文：馬楠先生將簡文夏代事與《尚書・周書》指稱「先哲王」、「後嗣王」慣例相對比，明確此處夏「哲王」所指，可從。[156]

朱歧祥：《清華》（五）折字3見，其中2見〈厚父〉篇作，从刀，原釋文謂「形符斤、刀互換」；1見〈三壽〉篇作，从介，恐是所謂刀形譌變。二字形均屬特例，相對郭店楚簡字作〈9.31〉，金文字作〈盂鼎〉、〈兮甲盤〉，都固定从斤；字形均不相當。[157]

佑仁謹案：「哲王」從原整理者之說，指賢明的君王，而非如馬文增所言，特指少康中興。「折」在古文字中大多从「斤」，改「斤」旁而為「刀」者，可見於20世紀90年代河南三門峽市上村嶺虢國墓地M2012出土的「梁姬罐」，「斲」字構形作「」[158]。「斤」、「刀」都是尖銳鋒利之物，偏旁替換十分常見，本處讀作「折（哲）王」，並無疑義。

關於「哲王」是誰，可參「其在時後王之享國，肆祀三后」一條的討論。

〔十〕 廼嚴禎（寅）畏皇天上帝之命

[154] 子居：〈清華簡〈厚父〉解析〉，清華網，2015.4.28（2017.6.23上網）。
[155] 馬文增：〈清華簡〈厚父〉新釋、簡注、白話譯文〉，武漢網，2015.5.12（2017.6.23上網）。
[156] 郭倩文：《《清華五》、《上博九》集釋及新見文字現象整理與研究》，頁30。
[157] 朱歧祥：〈質疑《清華簡》的一些特殊字詞〉，頁12。
[158] 劉雨、盧岩編著：《近出殷周金文集錄》4.1046，（北京：中華書局，2002.9），頁69。

西	嚴	禋	畏	皇	天	上
帝	之	命				

趙平安：皇作 （簡 8），與楚文字不類，見於晉系文字（如侯馬盟書 318）和齊系文字（如陳貯簋）。〈厚父〉嚴作 （簡 3）。其中「敢」的寫法更接近三晉文字（如中山王圓壺），而與齊、楚、燕相差較遠。[159]

原整理者：《書‧無逸》：「嚴恭寅天命。」又見秦公簋（《集成》四三一五）。《玉篇‧叩部》：「嚴，敬也。」陳逆簋（《集成》四〇九六）：「余寅事齊侯。」《爾雅‧釋詁》：「寅，敬也。」「禋」乃「寅敬」之「寅」的增累字，與陳侯因資敦（《集成》四六四九）「盧」從皿相類。[160]

華東師大工作室：《尚書正義》作「嚴恭寅畏天命」，整理者似漏引一字。〈厚父〉此句當句讀為「在夏之哲王，乃嚴寅畏皇天上帝之命」，或「在夏之哲王，乃嚴寅，畏皇天上帝之命」，「畏」必須與「皇天上帝之命」連讀，否則句子無謂詞。由此反觀《無逸》之兩種古讀，似「畏」亦當與「天命」連讀，而不應「嚴恭寅畏」連讀，「天命自度」連讀。孔讀前半合於簡文，然「自度」單獨句讀，似亦不妥。《無逸》此句疑當句讀為「嗚呼！我聞曰，昔在殷王中宗，嚴恭寅畏天命，自度治民，祗懼（，）不敢荒寧，肆中宗之享國，七十有五年」，「自度治民」連讀，「祗懼」與「不敢荒寧」，可連讀，亦可斷讀。「嚴」當讀為「儼」，《爾雅‧釋詁》：「儼，敬也。」金文亦常見訓「敬」之「嚴」。「寅」當讀為「夤」，古亦訓敬，「恭」有「敬」意則常見，如是則「嚴恭寅」三字表「敬」一意。此句謂殷中宗敬畏天命，自我揣度所為治民之事，然後敬懼而不敢怠荒安樂，於是其享國日久，達七十五年。[161]

---

[159] 趙平安：〈談談戰國文字中值得注意的一些現象——以清華簡〈厚父〉為例〉，頁 305。
[160] 李學勤主編：《清華大學藏戰國竹簡（伍）》，頁 112。
[161] 華東師範大學中文系出土文獻研究工作室：〈讀《清華大學藏戰國竹簡（伍）》書後（一）〉，武漢網，2015.4.12（2017.6.23 上網）。

blackbronze：《尚書・無逸》此句應即讀為：「嗚呼！我聞曰，昔在殷王中宗，嚴恭寅畏天命，自度治民，祗懼不敢荒寧，肆中宗之享國，七十有五年。」此句「宗」為「冬」韻，「命」為「耕」韻，「民」為「耕」韻，「寧」為「真」韻，其中「冬」「耕」二韻旁轉可通，亦可與「真」通轉，故此四字押韻。而「自度治民」為「自我節制，治理人民」之意。[162]

子居：《尚書・無逸》篇約成文於春秋前期，〈秦公簋〉的所屬時間也正接近此時。由此同樣可以判斷，〈厚父〉篇的成文時間距在春秋前期不遠。而整理者所引〈陳逆簋〉銘文，則顯然已與〈厚父〉篇文句頗為不同。

「皇天上帝」之稱，不見於甲骨文與西周金文，傳世文獻則始見於《尚書・召誥》：「皇天上帝，改厥元子，茲大國殷之命。」另外，清華簡〈程寤〉的「王及太子發並拜吉夢，受商命於皇上帝」句，《藝文類聚》引《周書》作「王及太子發，並拜吉夢，受商之大命於皇天上帝。」此「皇天上帝」的稱謂顯然是宋文化融合周文化後的結果。並且，由最初稱「皇天上帝」的文獻皆將其與周之受「殷命」、「商命」聯繫在一起可見，春秋初期、前期該稱謂當與殷商後裔密切相關。以此緣故，〈厚父〉篇稱「夏之哲王」而言及「皇天上帝」，當是其成文時間接近於〈召誥〉、〈程寤〉，且有宋文化背景的緣故，筆者在〈清華簡〈程寤〉解析〉一文中已指出，「清華簡〈程寤〉篇同樣可以推定是成文於春秋前期之末至春秋後期前段這一時間範圍的齊地文獻」，因此以「皇天上帝」之稱來判斷，〈厚父〉篇的成文時間，自然是以春秋前期之末至春秋後期之初為最可能。[163]

郭倩文：從整理者讀如字，「嚴」本身即有「敬」義，《詩・商頌・殷武》：「天命降監，下民有嚴。」毛傳：「嚴，敬也。」故不必通讀爲「儼」。[164]

宋亞雯：趙平安認爲《厚父》中從「敢」的「嚴」字形體與晉系文字相

---

[162] 見武漢網「簡帛論壇」〈厚父初讀〉64 樓，2015.4.26（2017.6.23 上網）。
[163] 子居：〈清華簡〈厚父〉解析〉，清華網，2015.4.28（2017.6.23 上網）。
[164] 郭倩文：《《清華五》、《上博九》集釋及新見文字現象整理與研究》，頁 30。

近，對比看來，在目前條件下推斷「嚴」字的域別特徵還存有一定困難。[165]

佑仁謹案：趙平安先生認為本篇的「𦤱（皇）」字與晉、齊寫法較近，而與楚文字不類。宋亞雯也認為《厚父》中的「皇」字形體與常見的楚文字寫法不同[166]。必須說明的是，楚系金文邵王之諻簋的「諻」字作「𦤱」（集成 03634），其「皇」旁構形與簡文寫法完全一樣，可見楚文字中也有類似構形的蹤跡，不過仍然必須承認，楚簡中這樣寫法仍比較少見。

另外趙平安認為「嚴」字所從「敢」與中山王圓壺（即俗稱好盜壺）的「敢」字接近，中山王圓壺「敢」字作「𣂪」，方壺的「嚴」字作「𠃲」，相較而言，簡文構形確實比較接近晉系寫法。

華東師大工作室指出兩種句讀方式，分別是「乃嚴寅畏皇天上帝之命」與「乃嚴寅，畏皇天上帝之命」，並指出：「『畏』必須與『皇天上帝之命』連讀，否則句子無謂詞」。筆者認為第二種讀法語句不順，語氣應連讀成一句，簡文「嚴寅畏」都是表示敬畏之義，而敬畏的對象當然正是後文的「皇天上帝之命」。

blackbronze 曾討論《尚書‧無逸》一段用韻，但「『民』為『耕』韻，『寧』為『真』韻」之說，恐有不精確之處（「民」是「真部」，「寧」是「耕部」），該段的押韻情況為：

我聞曰：昔在殷王中宗【冬部】，嚴恭寅畏天命【耕部】，自度治民【真部】，祗懼不敢荒寧【耕部】，肆中宗之享國，七十有五年【真部】。

冬、耕、真都是以陽聲韻收尾的韻腳，在陳新雄師《古音研究》中有「真冬旁轉」、「耕冬旁轉」、「真耕旁轉」之論[167]，可見周公「昔在殷王中宗」應是一段韻文。華東師大工作室曾主張〈無逸〉之「嚴恭寅畏天命」或可在「寅」字下點斷，然而「寅」是「脂部」，韻腳以「i」收尾（依陳新雄師三十二韻），

---

[165] 宋亞雯：《清華簡中的非典型楚文字因素問題研究》，頁 113。
[166] 宋亞雯：《清華簡中的非典型楚文字因素問題研究》，頁 107-108。
[167] 陳新雄師：《古音研究》，（臺北：五南圖書出版股份有限公司，1999.4），頁 468-470。

與本段歸屬於陽聲韻不同，因此肯定不能斷為「乃嚴寅，畏皇天上帝之命」。

　　一般楚簡「命」字作「命」（包山.12），或於下方添兩橫筆作「命」（包山.2），或是將「口」旁省略保留橫筆，例如「」（清華貳.繫年.28），兩橫筆亦可作一橫筆，例如「」（上博八.王居.6）、「」（上博五.三德.3）、「」（上博二.從政.乙 1）。現在看來，本簡「命」字作「命」，於「卩」旁左側添加撇筆（筆順由右向左）者，較為罕見，這確實如趙平安所言，是受到晉系文字影響所致。

〔十一〕　　朝夕肆（肆）祀

朝	夕	肆	祀

　　趙平安：〈厚父〉「肆祀」的「肆」有肆（簡3）、肆（簡4）、祀（簡10，簡13近似）三種寫法。其中肆來源於西周金文肆（毛公鼎），象以刷巾刷洗獸毛之形。字的左邊為希，與〈皇門〉希（簡1）所從希相似。到小篆一分為三，正體即《說文》所收字頭篆文韢，異體即《說文》韢下所收篆文異體肆和《說文》所收字頭篆文肆。肆是在肆（猷簋）之類寫法基礎上訛變而來的，古璽肆（《璽彙》5120）是它的中間形態。肆字出現最晚，從字形和用法來看，都應是韢的訛變。祀可以有兩種理解，一是看作在肆的基礎上替換左邊偏旁，一是看作由「示」和「隶」構成的新形聲字。郭店簡中隶可以讀為肆，因此祀可以理解為從示、隶聲的形聲字。祀字的情況要複雜一些。根據陳劍的研究，「甲骨金文『𠛱』字和其繁體『𩰙』以及『𩰙』的各種省變之形……皆當改釋為肆。『𠛱』字象以刀分割俎案上的肉之形，是古書『肆解牲體』之『肆』的表意本字。」「金文表示『一套、一列（銅器）』義，與古書『肆』和『佾』字相當的『㸒』及其異體，當分析為從『兔』

（『兔』可能本來也是音『逸』、作聲符的）從『勎』省聲。」這樣看來，可以理解為從示，牆省聲，也可以看作從示兔聲。這個兔字下面不帶羨符，屬於比較早期的形態。同理，〈厚父〉（簡6）也屬於比較早期的形態。[168]

趙平安：〈厚父〉夕作（簡3），不同於其它系，與（中山王方壺）、（《璽彙》1723）等晉系文字寫法相同。[169]

原整理者：肆祀，本篇有幾種寫法：肆祀、祟祀、禷祀。關於字形解釋，可參看陳劍〈甲骨金文舊釋「𩇩」之字及其相關諸字新釋〉（《出土文獻與古文字研究》第二輯，復旦大學出版社，二〇〇八年）。《書・牧誓》：「今商王受惟婦言是用，昏棄厥肆祀弗答。」鄭玄注：「肆，祭名。」《周禮・典瑞》「以肆先王」，鄭玄注：「肆，解牲體以祭，因以為名。」[170]

宋亞雯：清華簡中加飾筆的「夕」字見於《筮法》和《厚父》篇，加飾筆的「夜」字見於《湯處於湯丘》和《湯在啻門》篇。關於飾筆問題何琳儀先生在《戰國文字通論》中指出：「『肉』和『月』形體近似，戰國文字往往有意識地在『肉』的右上方加『／』號以示區別，相應的在『月』左下方加『／』，如『（月）璽文7.4』、『（明）璽文7.5』、『（夜）璽文7.5』等。」劉洪濤先生也指出：「戰國人為了區別『月』、『肉』這兩個極易相混的形近偏旁，常常在『月』旁的空隙處加上一筆以示區別。特別值得注意的是，『月』旁多加一筆的情況多見於三晉文字……用多一筆的方法來區別形近偏旁，或許是三晉文字的一種習慣。」[171]

佑仁謹案：本篇簡文「肆」共五見，可分三類：

---

[168] 趙平安：〈談談戰國文字中值得注意的一些現象——以清華簡〈厚父〉為例〉，頁 306-307。

[169] 趙平安：〈談談戰國文字中值得注意的一些現象——以清華簡〈厚父〉為例〉，頁 306-307。

[170] 李學勤主編：《清華大學藏戰國竹簡（伍）》，頁112。

[171] 宋亞雯：《清華簡中的非典型楚文字因素問題研究》，頁99-100。

A		B	C	
簡 3	簡 8	簡 4	簡 10	簡 13

在西周春秋金文中，用以表示宗彝或鼓鐘集合量詞「肆」的字，有兩種寫法：

甲形	乙形
隸	牆

甲形即已見於《說文》的「肆（隸）」[172]，最標準的寫法應是毛公鼎（集成02841）的「隸」，本篇 A 的「隸」、「隸」即由此形演變而來，左旁的「希」口形向左，四肢與尾巴也已經歷不小的訛變。

這種寫法可以省略成「隸」（邵鐘鐘／集成00226），或加意符「金」作「鐽」（洹子孟姜壺／集成09730），可見「隶」應是聲符[173]。而本篇的 B「隸」右半從「隶」，與洹子孟姜壺不同的是，它將意符改易作「示」，由於本處指祭祀，可見其是用以突顯祭祀之義。

至於乙型，李學勤先生指出「牆」即三體石經「逸」字古文，以音近假為「肆」[174]。陳劍認為：「『剔』字中的『刀』、『肉』與『爿（俎）』三個偏旁應該同時考慮，三者結合構成一幅整體的圖畫，就象以刀在俎上割肉之形。再結合其讀音考慮，可知『剔』就是古書中表示『分割牲體』義的『解肆』之『肆』的本字。『鼎』字以『鼎』爲意符，而分割肆解牲體確實與烹煮盛放牲體的『鼎』有密切關係，『剔』字的用法又與之相同，所以『鼎』應該就是『剔』字的繁體。」「牆」字中的「兔」旁既為被解體的牲體，也兼表音。

---

[172] （東漢）許慎撰，（清）段玉裁注，李添富總校訂：《新添古音說文解字注》（三版），頁461。

[173] 王瑜楨：《《清華大學藏戰國竹簡（陸）》鄭國史料三篇研究》，臺灣師範大學博士論文，2018.1，頁433-441。

[174] 李學勤：〈論多友鼎的時代及意義〉，《人文雜志》，1981 年第 6 期，頁 89，又收入《新出青銅器研究》，（北京：文物出版社，1990.6），頁 129。

本篇 C 的寫法「䘏」、「䘏」，應是由此形演變而來，可分析成从示、兔聲。[175]

「逸」，古音定紐質部，與「肆」（心紐沒部）音近相通。二字古音乍看不近，但由古籍書證可知其有非常密切的關係，陳劍指出「『逸』、『佚』相通古書習見，『肆』亦與之古音極近可以相通，如《穀梁傳》莊公二十二年《春秋》經文『肆大眚』，《傳》文說：『肆，失也。』《公羊傳》經文作『肆大省』，《傳》解釋說：『肆者何？跌也。』《釋文》：『肆，本或作佚。』故金文用為『肆』的『觢』字，其省體『𡚽』又可用為『逸、佚』。」[176]例證非常堅實，「逸」、「肆」古音通假無礙。

「肆祀」是古代的祭名，常見於古籍，如《尚書‧牧誓》：「今商王受惟婦言是用，昏棄厥肆祀弗答，昏棄厥遺王父母弟不迪。」[177]此處是言商紂的罪過，只聽信婦人之言，而不事祭祀。古書「肆」用作祭名、祭祀動詞，舊注多以為係由「肆解牲體以祭」引申而來，例如《周禮‧春官‧典瑞》：「以肆先王。」鄭玄注：「鄭司農云：『……以肆先王，灌先王以祭也。』玄謂肆解牲體以祭，因以為名。」[178]甲骨金文中「𪔅」字大多數也用作「祭祀」、「享祀」之義，高鴻縉《頌器考釋》曾云：「金文𪔅訓祭，各銘文字俱甚從順。」[179]則簡文此處「肆」亦訓為「祭」，「肆祀」即「祭祀」。

---

[175] 關於「肆」字構形問題，可參沈培：〈說郭店楚簡中的「肆」〉，劉利民、周建設主編《語言（第二卷）》，（北京：首都師範大學出版社，2001.12），頁 302-319。董珊：〈越者汈鐘銘新論〉，復旦網，2008.03.01（2017.6.23 上網），後正式發表在《東南文化》，2008 年 2 期，頁 49-54。陳劍：〈甲骨金文舊釋「𪔅」之字及相關諸字新釋〉，《出土文獻與古文字研究（第二輯）》，（上海：上海復旦大學出版社，2008.8），頁 13-47。最近王蘊智也為「肆」擬定分化譜系圖，參王蘊智：〈𪔅、肄、肆、肂諸字源流考〉，《古文字研究》第 31 輯，（北京：中華書局，2016.10），頁 513-517。

[176] 參陳劍：〈甲骨金文舊釋「𪔅」之字及相關諸字新釋〉，頁 17。

[177] 李學勤主編，《十三經注疏》整理委員會整理：《尚書正義》，頁 338。

[178] 李學勤主編，《十三經注疏》整理委員會整理：《周禮注疏》，（北京：北京大學出版社，2000.12），頁 632。

[179] 周法高主編：《金文詁林》第 7 卷，（京都：中文出版社，1981.9 據 1974-75 年香港中文大學出版社寫印本影印），頁 4448。

〔十二〕　不盤于庚（康）

| 不 | 盤 | 于 | 庚 |

　　趙平安：〈厚父〉盤作 ![字] （簡4），上半所從「舟」旁與晉系文字寫法相似（如《璽彙》0640[180]），而與楚、齊文字風格不同。[181]

　　原整理者：《書・無逸》：「文王不敢盤于遊田，以庶邦惟正之供。文王受命惟中身，厥享國五十年。」孔穎達疏引《爾雅・釋詁》云：「盤，樂也。」《詩・蟋蟀》：「無已大康，職思其居。」陳曼簠（《集成》四五九五—四五九六）：「齊陳曼不敢逸康。」康，安樂。[182]

　　付強：在西周中晚期金文向祖先祈求福祿保佑的部分常見「康 ![字] 」一詞，![字] 字的左邊的部分我們在〈卜辭「樊」字小釋〉和〈司馬南叔匜銘「樊」字補釋〉兩篇小文中已經詳細論證是「樊」字，所以此字可以隸寫為「虞」，是一個從樊得聲的形聲字，從樊之字常與從般之字相通，如《說文》：蜚，臭蟲，負蠜也。《爾雅・釋蟲》：蟦，蠰蜰，郭璞注蜰即負盤，臭蟲。所以我們認為金文中的「康 ![字] 」應該通假為「康盤」，盤訓為樂也。在最近公佈的清華簡〈厚父〉中有如下幾句：「在夏之哲王，廼嚴寅畏皇天上帝之命，朝夕肆（肆）祀，不【三】盤于康，以庶民惟政之龏（供），天則弗臭（斁），永保夏邦。其在時後王之卿或（饗國），禋祀三后，永敘在服，惟如台？【四】我們認為簡文中的「不盤于康」正好可以和金文中的「康 ![字] 」合觀，這也為我們把「![字] 」釋為「虞」通假為「盤」提供了一個佐證。[183]

---

[180] 佑仁案：原文誤作「9640」。
[181] 趙平安：〈談談戰國文字中值得注意的一些現象——以清華簡〈厚父〉為例〉，頁305。
[182] 李學勤主編：《清華大學藏戰國竹簡（伍）》，頁112。
[183] 付強：〈據清華簡〈厚父〉釋金文中的「康盤」〉，武漢網，2015.4.10（2017.6.23上網）。

薛後生：所謂的康于盤與金文中常見的康樊（盤）在具體文例背景上並不完全切合，後生很早的時候也是與付強兄持同樣的觀點，但是由於考慮到與金文辭例「康樂」的對應，故將「康盤」進一步讀為「康昇」。（「康樊」直接讀為「康昇」也沒有障礙，周禮樊纓、左傳作繁纓也，鄭注樊讀如鞶也。）[184]

子居：「不盤于康」這種措辭明顯不會見於甲骨文、西周金文，因此，該句同樣將〈厚父〉篇鎖定在了春秋時期，並且可以更精確到〈厚父〉的成文時間應該非常接近〈無逸〉篇成文的春秋前期。[185]

黃凌倩：整理者意見可從。王輝《古文字通假字典》元部並紐有一個「洀」字，云：「或說讀同盤，雙聲疊韻。洀字見於殷墟甲骨文及西周金文，但不見於《說文》。《字彙補》蒲官切，云：『與盤同。』《管子·小問》：『意者君乘駁馬而洀桓，迎日而馳乎？』尹知章注：『洀，古盤字。』學者多據此讀洀為盤。……洀，盤遊，盤遊往往與田獵有關。」[186]

佑仁謹案：趙平安認為「𤔪」（盤）字上半所從「舟」旁與晉系文字寫法相似（如璽彙0640），而與楚、齊文字風格不同。《璽彙》0640原篆作「𤔪」，左上「舟」旁寫法與簡文同，因此趙平安將此字視為晉文字。然而楚系這種「舟」旁實比比皆是：

舟／新蔡.甲3.321	滕／曾侯乙131	受／包山.277	逾／包山.135	盤／包山.265	盤／信陽2.08

無論是獨體還是偏旁，這樣的寫法均出現於楚系簡帛之中。也就是說，本篇確實部分字型感染晉系文字的色彩，不過就「盤」字來看，這樣的「舟」旁在楚文字中已多見，不宜視為專屬於晉文字所有。

---

[184] 見武漢網「簡帛論壇」〈厚父初讀〉22樓，2015.4.14（2017.6.23上網）。
[185] 子居：〈清華簡〈厚父〉解析〉，清華網，2015.4.28（2017.6.23上網）。
[186] 黃凌倩：《清華伍〈厚父〉、〈封許之命〉集釋》，頁23。

簡文「盤于康」，「盤」、「康」皆為安樂、安逸之義，《爾雅・釋詁上》：「康，樂也。」邢昺疏：「康者，安樂也。」[187]《尚書・無逸》：「文王不敢盤于遊田。」孔傳：「文王不敢樂於遊逸田獵。」[188]《逸周書・柔武》：「盤游安居，枝葉維落。」朱右曾校釋：「盤，樂也。」[189]《後漢書・張衡傳》：「惟盤逸之無斁兮，懼樂往而哀來。」李賢注：「盤，樂也；逸，縱也。」[190]《文選》張衡〈東京賦〉：「上下通情，式宴且盤。」薛綜注：「盤，樂也。言君情通於下，臣情達於上，故能國家安而君臣歡樂也。」[191]張衡〈歸田賦〉：「極盤遊之至樂，雖日夕而忘劬。」[192]用法甚多，實古人之習語。

「于」屬連詞，猶「與」。《尚書・多方》：「時惟爾初，不克敬于和，則無我怨。」[193]《漢書　韋賢傳》：「我徙我環，築室丁牆。」[194]簡文是說哲王奉承上帝，不敢安逸。

付強將「🔲」釋作从「虍」、「樊」聲，隸定作「虞」，釋字有疑義[195]。此外，簡文中王提及夏朝的哲王「不盤于康」（不敢安逸康樂），這句話肯定是正面語詞，那麼顯然省略否定詞「不」後的「盤于康」應是負面之義。然而依據付強的說法，「康🔲」即「康盤」，是西周金文中向祖先乞丐福祿保佑之習用語。然而簡文的「盤康」顯然是負面用語，絕無向祖先祈求「盤康」之理。

[187] 李學勤主編，《十三經注疏》整理委員會整理：《爾雅注疏》，（北京：北京大學出版社，2000.12），頁 15。

[188] 李學勤主編，《十三經注疏》整理委員會整理：《尚書正義》，頁 512。

[189] 黃懷信、張懋鎔、田旭東撰，李學勤審定：《逸周書彙校集注（上）》（修訂本），頁 254。

[190] （劉宋）范曄撰，（唐）李賢等注：《後漢書》，（北京：中華書局，1973.8），頁 1933、1936。

[191] （南朝梁）蕭統編，（唐）李善注：《文選》，（北京：中華書局，1977.11），頁 58。

[192] （南朝梁）蕭統編，（唐）李善注：《文選》，頁 223。

[193] 李學勤主編，《十三經注疏》整理委員會整理：《尚書正義》，頁 550。

[194] （東漢）班固撰，（唐）顏師古注：《漢書》，（北京：中華書局，1964.11），頁 3106。

[195] 此字考釋可參陳劍：〈楚簡「🔲」字試解〉，武漢大學簡帛研究中心、臺灣大學中文系、芝加哥大學顧立雅中國古文字學中心主辦：「中國簡帛學國際論壇 2008」論文，芝加哥：芝加哥大學，2008.10.31-11.2。又見武漢大學簡帛研究中心：《簡帛》第四輯，（上海：上海古籍出版社，2009.10），頁 136-159。

〔十三〕　以庶民隹（惟）政之觀（恭）

以	庶	民	隹	政	之	觀

原整理者：以庶民隹政之觀，即以庶民惟政之恭，句式和《書‧無逸》「以庶邦惟正之供」相同。「以」表示「率領」，「政」是「恭」的賓語，通過「之」字前置。[196]

清華大學出土文獻讀書會：「以庶民惟政之觀（供），天則弗臭（斁），永保夏邦。」[197]

王寧：「觀」在此疑當讀若《逸周書‧嘗麥》：「司□□上天未成之慶」及《書‧秦誓》「邦之榮懷，亦尚一人之慶」的「慶」，亦同《書‧呂刑》「一人有慶」、《詩‧皇矣》「則友其兄，則篤其慶」之「慶」，善也。「慶」與「康」、「邦」同陽部為韻。[198]

子居：〈無逸〉篇在整理者所引文句後的「繼自今嗣王，則其無淫于觀、于逸、于游、于田，以萬民惟正之供。」更為接近〈厚父〉「以庶民惟政之恭」句。另外可以討論的問題就是，此處提到的《尚書‧無逸》：「自朝至於日中昃，不遑暇食，用咸和萬民，文王不敢盤于游田，以庶邦惟正之供。」在其他文獻中有不同的引文，如《國語‧楚語上》：「《周書》曰：『文王至於日中昃，不皇暇食。惠於小民，唯政之恭。』」《東觀漢記‧郅惲傳》：「惲上書曰：昔文王不敢盤于游田，以萬民為憂。」又，《尚書‧無逸》：「繼自今嗣王，則其無淫于觀、于逸、于游、于田，以萬民惟正之供。」在《漢書‧

---

[196] 李學勤主編：《清華大學藏戰國竹簡（伍）》，頁112。

[197] 清華大學出土文獻讀書會：〈清華簡第五冊整理報告補正〉，清華網，2015.4.8（2017.6.23上網）。

[198] 見武漢網「簡帛論壇」〈厚父初讀〉24樓，2015.4.15（此論壇貼文已被移除，2017.6.23上網）。

谷永傳》中引為：「《經》曰：繼自今嗣王，其毋淫于酒，毋逸于游田，惟正之共。」其差異情況，正與〈厚父〉篇「古天降下民，設萬邦，作之君，作之師，惟曰其助上帝罷下民。」與《孟子・梁惠王下》：「《書》曰：『天降下民，作之君，作之師，惟曰其助上帝寵之。四方有罪無罪惟我在，天下曷敢有越厥志？』」頗為類似。⋯⋯今所見諸書，於先秦時存在各種版本異文，只要不僵化固執地認定現在所見傳世文獻是唯一、標準的所謂「經學」典籍，只把它們作為普通文獻看待，這種情況就再平常不過了。畢竟，資訊的失真度與資訊所屬的時空保存、傳播條件是密切相關的。除非一定要言必稱經書，言必稱今本，否則就應該客觀地接受這種諸本異傳是非常正常的現象。199

杜勇：清華簡〈厚父〉說：「在夏之哲王，乃嚴寅畏皇天上帝之命，朝夕肆祀，不盤于康，以庶民惟政之恭，天則弗斁，永保夏邦。」這是說夏代那些賢明的君主，於是都敬畏天命，早晚祭祀，不逸樂懈怠，謹慎地辦好有關庶民百姓的政務，所以得到上天認可，長久保有夏邦。200

佑仁謹案：許多學者都提到本句已數見於古籍，本處先廣泛收集異文如下：

《尚書・無逸》	周公曰：「⋯⋯自朝至於日中昃，不遑暇食，用咸和萬民，文王不敢盤于游田，以庶邦惟正之供。⋯⋯」201
《國語・楚語上・左史倚相儆申公子亹》	《周書》曰：「文王至於日中昃，不皇暇食。惠於小民，唯政之恭。」202
《東觀漢記・郅惲	惲上書曰：「昔文王不敢盤于遊田，以萬民為憂。⋯⋯」

---

199 子居：〈清華簡〈厚父〉解析〉，清華網，2015.4.28（2017.6.23 上網）。
200 杜勇：〈清華簡〈厚父〉與早期民本思想〉，《西華師範大學學報（哲學社會科學版）》，2016 年第 2 期，頁 19。
201 李學勤主編，《十三經注疏》整理委員會整理：《尚書正義》，頁 511-512。
202 徐元誥撰，王樹民、沈長雲點校：《國語集解》，（北京：中華書局，2002.6），頁 502。

傳》	203
《後漢書・申屠剛鮑永郅惲列傳》	惲上書諫曰：「昔文王不敢槃于游田，以萬人惟憂。……」[204]
《尚書・無逸》	周公曰：「嗚呼！繼自今嗣王，則其無淫于觀、于逸、于遊、于田，以萬民惟正之供。……」[205]
《漢書・谷永傳》	《經》曰：「繼自今嗣王，其毋淫于酒，毋逸于游田，惟正之共。」[206]

《尚書・無逸》的「供」亦宜讀為「恭」[207]，指文王不敢沉溺於田獵，從早到晚無暇吃飯，施恩予民，恭敬地施行政治，《國語》將文句引作「惠於小民，唯政之恭」[208]，可以說最能融通文意。將簡文與《尚書・無逸》篇的文例對參，「觀」以讀為「恭」最為妥當。王引之《經義述聞》將〈無逸〉的「供」讀如字，其云：「『以庶邦惟正之供』，《唐石經》以下俱作『供』，茲依《後漢書・郅惲傳》注所引改正，……『以』，猶『與』也。『正』當注『政』。『供』，奉也。言耽樂是從則怠政事，文王不敢盤於遊田，惟與庶邦奉行政事。」[209]訓「供」為「奉」，意指奉行政事，意義上實亦大同小異。

王寧認為「觀」當讀為「慶」，但古音「觀」見紐東部，「慶」溪紐陽部，二字聲紐都是舌頭音，韻部東陽旁轉，通假或有可能，只是仍缺乏「觀」、「慶」通假的書證，利用文章的韻腳作為證據，說服力也有限。尤其本處「以庶民惟政之觀」的句式和文義，應與《尚書・無逸》的「以庶邦惟正之供」[210]、「以萬民惟正之供」[211]有關，將「觀」讀作「慶」更顯多餘。

---

[203] （東漢）劉珍等撰，吳樹平校注：《東觀漢記校注》，（河南：中州古籍出版社，1987.3），頁561。

[204] （劉宋）范曄撰，（唐）李賢等注：《後漢書》，頁1031。

[205] 李學勤主編，《十三經注疏》整理委員會整理：《尚書正義》，頁513。

[206] （東漢）班固撰，（唐）顏師古注：《漢書》，頁3445。

[207] 屈萬里注譯：《尚書今注今譯》，（臺北：臺灣商務印書館，1969.9），頁139。

[208] 徐元誥撰，王樹民、沈長雲點校：《國語集解》，頁502。

[209] （清）王引之：《經義述聞》，（上海：商務印書館，1935），頁154。

[210] 李學勤主編，《十三經注疏》整理委員會整理：《尚書正義》，頁512。

[211] 李學勤主編，《十三經注疏》整理委員會整理：《尚書正義》，頁513。

〔十四〕 天則弗臭（斁），永保頪（夏）邦

天	則	弗	臭	永	保	頪

邦

原整理者：臭，通「斁」，「弗斁」相當於金文中的「亡臭」，文獻中的「無斁」、「無射」。毛公鼎：「肄皇大亡臭。」《詩·葛覃》「服之無斁」，毛傳：「斁，厭也。」《詩·車舝》「式燕且譽，好爾無射」，鄭玄箋：「射，厭也。」212

子居：整理者所言稍有不確，「弗斁」並非「相當於金文中的『亡臭』，文獻中的『無斁』、『無射』」，「弗」對應的是「不」，「亡」對應的是「無」，二者在詞義上是有區別的。213

王坤鵬：這段文字當分兩個部分來看。「永保夏邦」前為一個部分，在這裡該王首先回顧了禹、啟等夏王朝的先哲王在皋陶等大臣的輔佐下，不懈於祭祀，恭敬於政事，因此天（即上帝）永保夏邦。這一部分內容是該王接下來立論的前提。末句「其在時後王之饗國，肆祀三后，永敘在服，惟如台？」是該王據前一部分所作的引申，也即該王所提的問題。其大意略謂：前王在祭祀及民政方面做得非常好，上帝比較滿意，故上天長久地保佑夏邦。如此一來，後王只要恭敬地祭祀三后，就會保持夏王永遠在位，不被推翻。末一句「惟如台（何）」，意即我這一觀點怎麼樣，是該王就前所述向厚父諮詢。

---

212 李學勤主編：《清華大學藏戰國竹簡（伍）》，頁 112-113。
213 子居：〈清華簡〈厚父〉解析〉，清華網，2015.4.28（2017.6.23 上網）。

214

黃凌倩：「弗臭」從整理者觀點。王輝《古文字通假字典》云：「臭或隸作臭，文獻作射，雙聲疊韻。南宮乎鐘：『嗣（司）土（徒）南宮乎乍（作）大鑄協鐘，茲鐘名曰無臭鐘。』文獻十二律名，鐘銘通作『無射』《周禮·春官·大司樂》：『乃奏無射，歌夾鐘，舞大武，以享先祖。』《左傳·昭公二十一年》：『天子將鑄無射。』杜預注：『周景王也。無射，鐘名，律中無射。』按斁與射通。《詩·周南·葛覃》：「服之無斁。」《禮記·緇衣》引『無斁』作『無射』。[215]

郭倩文：子居先生指出「弗」相當于「不」，而非「無」，是也。則整理者所謂「無斁」當爲「不斁」。[216]

佑仁謹案：「無臭」一詞異體甚多，或作無斁、無射、無鐸等，當動詞用時指「不厭」，又可作名詞當作鐘名，上博七〈莊王既成〉簡1-2云：「莊王既成亡（無）鐸（射），以問沈尹子莖，曰：『吾既果成無鐸（射），以供春秋之嘗，以待四鄰之賓客，後之人幾何保之？』」即是楚莊王鑄造無射編鐘之史料。「斁」從「睪」聲，該字爲劉釗先生所釋出[217]，關於「斁」初形、本義、古音等問題，筆者在博碩士論文中均有詳細論述[218]，此不贅述。

關於子居對原整理者的質疑，原整理者之所以認爲本處的「弗斁」相當於金文中的「亡臭」，主要是因爲金文所見「無斁」一詞多作「亡臭」，並非不了解「弗／不」、「亡／無」無法完全劃上等號。出土文獻中的「弗」字確實常與「不」字對應，例如王弼本《老子》第六十六章「是以天下樂推而不厭」，郭店《老子》、馬王堆帛書《老子》甲、乙本，均作「弗」。而馬王堆

---

214 王坤鵬：〈簡論清華簡〈厚父〉的相關問題（一）〉，復旦網，2015.6.26（2017.6.23 上網）。
215 黃凌倩：《清華伍《厚父》、《封許之命》集釋》，頁 24。
216 郭倩文：《《清華五》、《上博九》集釋及新見文字現象整理與研究》，頁 32。
217 劉釗：《古文字構形研究》，吉林大學博士論文，1991，頁 138。
218 高佑仁：《上海博物館藏戰國楚竹書（四）曹沫之陣研究》，（臺北：花木蘭文化事業有限公司，2008.3），頁 218-219，高佑仁：《上博楚簡莊、平、靈三王研究》，成功大學博士論文，2011.11，頁 53-63。

帛書《老子》的否定詞「弗」，王弼本都改爲「不」，用例甚多，可參《老子》第4、10、14、22、24、29、34、51、60、68、70、80等章。

　　不過，必須說明的是，金文中並不是完全只使用「無（或「亡」）斁」一種用法，中山王𰯼方壺（集成09735）：「天不斁其有愿」，即作「不斁」，趙平安已指出本篇的部分文字帶有晉系文字色彩，這也與中山王銘文的性質相合。此外，《後漢書・蔡邕列傳》云：「靜以俟命，不斁不渝。」李賢注：「斁，厭也。」[219]

　　上博二〈昔者君老〉簡4云：「各恭爾事，發命不夜（斁）。」季旭昇師讀作「發命不斁」，其大意指發布命令不懈怠，陳嘉凌、王志平從之[220]。本簡「弗斁」義同於下句的「永保夏邦」，亦即出於哲王不敢康湎，因此上天亦不厭倦地讓夏朝國祚長治久安。本篇有四個「保」字，如下：

A		B	
簡3	簡4	簡9	簡11

前二例從「人」，與楚簡習見「保」字無異，後二例從「女」，應是「人」、「女」偏旁替換，我們在簡9「娽（保）教明𢘓（德）」一條考釋中有完整的討論。

---

[219] （劉宋）范曄撰，（唐）李賢等注：《後漢書》，頁1987-1988。

[220] 季旭昇師：〈上博二小議（三）：魯邦大旱、發命不夜〉，簡帛網，2003.05.21（2017.6.23上網）。陳嘉凌：〈《昔者君老》譯釋〉，《上海博物館藏戰國楚竹書（二）讀本》，（臺北：萬卷樓圖書股份有限公司，2003.7），頁98-100。王志平：〈上博簡（二）箚記〉，《上博館藏戰國楚竹書研究續編》，（上海：上海書店出版社，2004.7），頁501、495-510。

〔十五〕 其才（在）寺（時）徭（後）王之卿（享）或（國），
禩（肆）祀三后

其	才	寺	徭	王	之	卿

或	禩	祀	三	后		

原整理者：寺，通「時」。《書·堯典》「黎民于變時雍」，孔傳：「時，是。」相當於近指代詞「此」、「這」。或說「卿」字連下讀，「卿或」讀為「享國」，猶云在位，詞見《書·無逸》。文獻中「三后」含義非常豐富，或指禹、湯、文王，或指太王、王季、文王，或指禹、契、后稷，等等，因語境而異。此處指夏代的三位賢君。[221]

馬楠：殷之「先哲王」謂成湯至於帝乙，「後嗣王」指紂，爲《周書》通例；〈厚父〉言夏代事，「哲王」指禹、啟至於帝發，「後王」指桀，當不誤。而《周書》對舉「先哲王」、「後嗣王」文句皆陳「先哲王」之善政、「後嗣王」之過惡。所以〈厚父〉簡文中「朝夕肆（肆）祀」與「禩祀三后」、「永保夏邦」與「永敘在服」，文義當正相反。[222]

子居：筆者以為，讀為「享國」當是。整理者所言「此處指夏代的三位賢君」恐不能成立，因為〈厚父〉前文正提到了咎繇，恰與先秦舊說相合。如果屏棄漢魏注疏、異說，那麼先秦時明確可證的「三后」之說只有一種，即〈呂刑〉所列舉的伯夷、禹、稷。……如果認為商祖契就是伯夷（伯益）的話，那麼不僅可以很好解釋若干傳說的變異（例如因為契即皋陶，因此舜四臣實際上就是三后的衍生），而且禹為夏之先君、契為商之先君、稷為周

---

221 李學勤主編：《清華大學藏戰國竹簡（伍）》，頁113。
222 馬楠：〈清華簡第五冊補釋六則〉，《出土文獻》第六輯，頁225。

之先君，則先秦所稱三后，也正是三代之先祖。[223]

　　王寧：〈厚父〉篇王說的「時（是）後王」的「後」，也應當是這個意思，「時（是）」承襲上面「在夏之哲王」而言的，代指夏邦；「後王」則是指最後的那個王，夏邦最後的王自然就是指桀。厚父回答時只稱「王」，則是承襲周王的「是後王」而言的，所以省略了「是後」只稱「王」，其實也是指桀。

　　周王說夏末世王「肆祀三后，永敘在服」，就是說夏桀也祭祀夏的「三后」，卻永遠列在了臣服的地位（指失去了王權），這事兒很不能理解，所以問厚父「惟如台？」就是問這是怎麼回事？厚父就給做了一番解釋，說了這位王的種種壞行為，所以「廼墜厥命，亡厥邦」；又說：「隹（惟）寺（時、是）下民，唯（鴻、洪）帝之子，廼弗慎厥德，甬（用）敘才（在）服。」[224]

　　郭永秉：文中兩次出現所謂「三后」，整理者已經指出，就是「指夏代的三位賢君」（趙平安先生傾向於指「禹」「啓」「孔甲」三人，是否如此當待考），這在我看來是完全正確的。這位王是問厚父，作為「後王」來饗國並祭祀夏代三后、永敘在服（「永敘在服」的含義詳下），到底是該怎麼辦？為什麼要問厚父？這顯然是因為下面王提到的，「惟時余經念乃高祖克憲皇天之政功，廼虔秉厥德，作辟事三后」，即因為厚父的高祖曾有效法繼承皇天政功，且秉德事奉夏之「三后」之功績的緣故。厚父是夏代三后輔佐大臣的後代，王沒有忘懷這一點，所以才特地問他前文人之德、小人之德如何。既然如此，所謂要祭祀三后的「後王」（即繼承前代王位的王，詳下），和前文提到的「夏之哲王」一樣，無疑皆是指夏代的君主，而斷不可能是周王。我們不能簡單因為通篇多稱「夏之哲王」、「夏邦」、「夏邑」就貿然判斷說話

223　子居：〈清華簡〈厚父〉解析〉，清華網，2015.4.28（2017.6.23 上網）。
224　王寧：〈清華簡五〈厚父〉之「厚父」考〉，武漢網，2015.4.30（2017.6.23 上網）。

者是在與己身對立的立場上講這些內容的，而應該綜合地從全篇文義、主旨來判斷。……石鼓文《而師》有「天子□來，嗣王始□」，研究者都承認「嗣王」是稱新嗣位的周天子。顯然，「後嗣王」、「嗣王」、「後王」本都是指即位於後的繼嗣之王，並無特殊的褒貶意義。《尚書》中有將「後人」、「今王」並提，與「新陟王」對舉的：

惟新陟王畢協賞罰，戡定厥功，用敷遺後人休，今王敬之哉，張皇六師，無壞我高祖寡命。（《康王之誥》）

也有將「先王」和「後人」、「王」（祖伊稱紂）對舉的：

非先王不相我後人，惟王淫戲用自絕，故天棄我，不有康食，不虞天性，不迪率典。（《西伯戡黎》）

這都是臣下對王的話語中提到「後人」（就是「我們現在這些人」的意思），同理，在時王自己的語言中，「後王」作為繼嗣前王在位之王的自稱、同先世「哲王」對舉，也是非常自然、並沒有什麼奇怪的。[225]

黃國輝：「三后」，《厚父》簡文共出現兩次，整理者指出，文獻中的「三后」含義非常豐富，或指禹、湯、文王，或指太王、王季、文王，或指禹、契、后稷等等。因語境而異。此處指夏代的三位賢君。趙平安先生指出〈厚父〉簡文中的「三后」疑指簡文中出現的夏代三位國君，即禹、啟和孔甲。筆者以為，結合語境，可知王所諮詢者為夏事，趙平安先生的意見當屬可信。[226]

福田哲之：《周書》的「先哲王」與「後嗣王」的對應關係也同樣適用於《厚父》中夏的「哲王」與「後王」。而認為在王最初的提問中的「後王」為桀的馬楠氏的觀點，從《厚父》內部的分析上也證明了具有一定的妥當性。

[225] 郭永秉：〈論清華簡〈厚父〉應為《夏書》之一篇〉，《出土文獻與古代文明論文集》，頁65-69，又見《出土文獻》第七輯，（上海：中西書局，2015.10），頁121-126。
[226] 黃國輝：〈清華簡《厚父》新探〉，《出土文獻與先秦經史國際學術研討會論文集（上）》，頁243，亦可參黃國輝：〈清華簡《厚父》新探——兼談用字和書寫之於古書成篇與流傳的重要性〉，《清華大學學報（哲學社會科學版）》，頁62。

據此，可以說在《厚父》中認為夏的滅亡已然，還可以認為，王與厚父的問答是在省察夏滅亡的歷史上展開的。[227]

　　單育辰：程浩、李學勤先生均已指出：《孟子・梁惠王下》所引《書》：「《書》曰：『天降下民，作之君，作之師，惟曰其助上帝寵之。四方有罪無罪惟我在，天下曷敢有越厥志？』一人衡行於天下，武王恥之，此武王之勇也，而武王亦一怒而安天下之民。」其中所引《書》句與《厚父》基本相同，故孟子所引的《書》應即《厚父》篇。並且《厚父》篇尾「民式克敬德，毋湛於酒」一段，與《尚書・酒誥》和大盂鼎銘文關於酒禁之言相同，均為針對商人荒淫於酒而言。由此可見《厚父》是周王與周臣對話，其中的「王」即應指周武王。

　　這是非常正確的意見。從簡 7＋8 可以看出：「余……作辟事三后」的「余」只能是指周武王，那麼「三后」也就只是能周的「太王、王季、文王」了。簡 4 的「三后」也只能這樣理解，其中的「其在是後王」其實就是說武王本人。[228]

　　黃凌倩：此句從馬楠、子居、黃國輝先生說法，將「或」字上屬為句，讀為「饗（享）國」。該句斷為「其才寺，佁王之卿或，禋祀三后」，句意更為通順，指在當時，後王在位，禋祀夏代的三位賢君。[229]

　　郭倩文：從諸家將「或」屬上讀，「卿或」讀為「享國」，見於《書・無逸》：「肆中宗之享國，七十有五年。」子居先生認爲《厚父》前文提到的啓之臣「皋陶」與「伯夷、伯益本就是同一傳說人物在不同地區、不同時間的分化」，則「三后」中頗有爭議的「作刑者」可統一爲一人也。但「三后」

227 福田哲之：〈清華簡《厚父》的時代暨其性質〉，《第二屆先秦兩漢出土文獻與學術新視野國際研討會會議論文集》，（臺北：臺灣大學，2015.10.17-18），頁 178-180。
228 單育辰：〈《清華大學藏戰國竹簡（伍）》釋文訂補〉，《戰國文字研究的回顧與展望國際學術研討會論文集》，上海：復旦大學，2015.12.12-13，頁 240。
229 黃凌倩：《清華伍《厚父》、《封許之命》集釋》，頁 25。

所指慣有分歧，此說仍待論證，姑且從整理者意見，以待良說。[230]

佑仁謹案：簡文云：「在夏之哲王，……。其在時後王之享國，……。」前一「在」字後接「夏」指夏朝，則本處「在」字後的「寺」應讀「時」，「後王」執政的時間點在「哲王」之後，則「時」可訓為那時、當時，《孟子‧萬章上》：「孟子曰：『時舉於秦，知穆公之可與有行也，而相之。可謂不智乎？……』」[231]可參。

原整理者的總釋文斷讀為「其在此後王之卿，或肆祀三后」，但在注中認為「卿」與下一句的「或」連讀為「享國」，指在位執政。筆者認為以後一說為佳。至於本篇的「哲王」、「後王」、「三后」究竟指誰？整理如下：

1.哲王：禹、啟至於帝發（馬楠）；中興夏朝之少康（馬文增）。

2.後王：桀（馬楠）、正是與厚父對話的王（王寧）、單育辰認為指周武王。

3.三后：夏代的三位賢君（原整理者、黃國輝、黃凌倩）、郭永秉贊成原整理者之說，但是否落實為「禹」、「啓」、「孔甲」三人，待考。黃國輝贊同原整理者之說。單育辰認為指周的「太王、王季、文王」三人。這牽涉到對整篇文意的了解，一時難有定論。

〔十六〕 永敍才（在）服

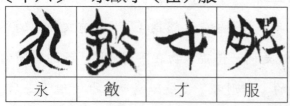

永	敍	才	服

原整理者：《周禮‧小宰》「五曰以敍受其會」，孫詒讓《正義》引《說文》云：「敍，次第也。」《詩‧蕩》：「文王曰咨，咨汝殷商。曾是彊禦，曾

---

230 郭倩文：《《清華五》、《上博九》集釋及新見文字現象整理與研究》，頁32-33。
231 李學勤主編，《十三經注疏》整理委員會整理：《孟子注疏》，頁313。

是培克，曾是在位，曾是在服。」班簋（《集成》四三四一）：「登于大服。」服，職事，職位。[232]

馬楠：「永敘在服」，服謂職事，《多士》稱「殷革夏命」之後，「夏迪簡在王庭，有服在百僚」，謂夏人臣事殷王。周人代商之後，「商之孫子，其麗不億，上帝既命，侯于周服」（《大雅‧文王》），「亦惟（殷）多士攸服，奔走臣我，多遜」（《多士》），情形也如是。是「永敘在服」謂永在臣職，與「永保夏邦」文義相反。而「裡祀三后」雖文義未詳，但也當與「朝夕後肆（肆）祀」相對，大約意同於《牧誓》「昏棄厥肆祀弗答」。[233]

子居：這裡是在陳述了哲王「朝夕肆祀」至「永保夏邦」之後，提出後王同樣「肆祀三后」，然而「永敘在服」，是為什麼（惟如台）？[234]

王寧：既然知道《厚父》篇的製作背景是西周初期周人禁酒時所作，那麼《厚父》裏的記載就可以和《酒誥》等篇對照來理解，可以避免許多誤解。如周王在說了「在夏之哲王」如何如何地好，受到上天的喜歡，故「永保夏邑」，之後又說：「其在時（是）後王之卿（享）或（國），肆（肆）祀三后，永敘才（在）服，隹（惟）女（如）台？」

首先「永敘在服」就是永遠列在臣服的地位，是指失去了王權的夏人，因為從夏朝滅亡一直到周朝建國，夏遺民要麼變為戎狄，要麼服事商、周（包括厚父），沒再重掌王權。[235]

黃澤鈞：「永敘」原考釋認為是永遠按照次序，相關說法可參看出土、傳世〈祭公〉。清華簡〈祭公〉「至于億年，參舒（敘）之」，《逸周書‧祭公》作「至于萬億年，守序終之」，清華簡〈祭公〉之「舒（敘）」對應《逸周書‧祭公》應是「序」字，以上都是表示依照輩分次序，一代傳一代之義。「在

232 李學勤主編：《清華大學藏戰國竹簡（伍）》，頁113。
233 馬楠：〈清華簡第五冊補釋六則〉，《出土文獻》第六輯，頁225。
234 子居：〈清華簡〈厚父〉解析〉，清華網，2015.4.28。
235 王寧：〈清華簡五〈厚父〉之「厚父」考〉，武漢網，2015.4.30（2017.6.23上網）。

服」，原考釋所引《詩·大雅·蕩》有「曾是在位，曾是在服」句，學者多認為二句意思相近。屈萬里：「服，事也。在服，猶在位也。」程俊英、蔣見元：「服，任，從事職務。」因此簡4「永敘在服」即馬楠所謂「永在臣職」，不過並沒有與「永保夏邦」文義相反。「永敘在服」是指永遠做為天的臣民，管理天下，也就是出土、傳世〈祭公〉所表達的意思。和「永保夏邦」永遠統治、擁有天下意思相同，只是換個角度說而已。此外簡7的「甬歓才服」懷疑也應該讀為「永敘在服」。[236]

福田哲之：基於此種對應關係，可以認為「用敘在服」是與「天迺弗若，迺墜厥命，亡其邦」具有緊密關係的語句，認為「敘在服」是在亡國後服事他國意思的馬楠氏解釋的妥當性。[237]

郭永秉：《厚父》的「服」，4號簡「永敘在服」，7號簡「甬（用）敘在服」，12號簡「厥□女（如）□之服于人」，已經有學者注意到，這是戰國楚簡極為少見的「服」字，用作當服事、職事義講的「服」。這種情況與郭店簡、上博簡以「備」為「服」用字習慣不合，而與睡虎地秦簡、里耶秦簡為代表的秦文字用字習慣相合（參看周波博論135頁），當然，這也合於早期古文字的用字習慣。[238]

佑仁謹案：本篇的「永敘在服」指國君或臣民永遠序列服事於天。「服」，為金文常見用語，指「服事」之義，毛公鼎云：「汝毋敢惰在乃服」，「服」訓爲職事的「事」，指對於自己所負責的政事不要懈惰之意。傳世文獻中「服」亦常指服事王朝。《周禮·夏官·職方氏》：「乃辨九服之邦國」，鄭玄注：「服，服事天子也。」[239]「服」可釋為服事，應是屈服、附屬的引申義（後又進一

---

236 黃澤鈞：〈讀清華伍札記〉，國立成功大學中文系主辦：「海東論壇」研究生論文發表會，2015.6.26。
237 福田哲之：〈清華簡《厚父》的時代暨其性質〉，《第二屆先秦兩漢出土文獻與學術新視野國際研討會議論文集》，頁176-178。
238 郭永秉：〈談談戰國楚地簡冊文字與秦文字值得注意的相合相應現象〉，《戰國文字研究的回顧與展望國際學術研討會論文集》，上海：復旦大學，2015.12.12-13，頁103。
239 李學勤主編，《十三經注疏》整理委員會整理：《周禮注疏》，頁1030。

步由服事引申為整治、治事）。

字形方面，「服」（並紐職部）字本从「凡」（並紐侵部）聲，但後來「凡」訛作「舟」（端紐幽部），遂失去聲音上的聯繫。周波在《戰國時代各系文字間的用字差異現象研究》指出：「秦文字用『服』表示衣服、服從之｛服｝，見睡虎地秦簡、里耶秦簡等。楚文字用『備』表示衣服、服從、服事之｛服｝，多見於郭店簡、上博簡。石經《無逸》『服』字古文作𨑪，乃假『葡』為｛服｝。」[240]現在看來仍有道理。「服」在金文中常見，但楚簡一般都以「備」表｛服｝，所以一直要到清華簡公布之後，我們才正式看到楚簡中的「服」字，先將諸例構字羅列如下：

清華貳.繫年.74	清華貳.繫年.80	清華貳.繫年.103	清華貳.繫年.120	清華伍.厚父.4	清華伍.厚父.7	清華伍.厚父.12

〈繫年〉是清華簡中寫作時間相對比較晚的作品，就本篇的「服」字而言，它可能因為來源較早，因而保存古體寫法。

〔十七〕 隹（惟）女（如）𤔲（台）

隹	女	𤔲

原整理者：女𤔲，即「如台」。參《清華大學藏戰國竹簡（壹）‧尹至》注〔一八〕。[241]

子居：《厚父》這裡的「如台」，與《尹至》篇的「如台」，雖然同是疑

---

240 周波：《戰國時代各系文字間的用字差異現象研究》，復旦大學出土文獻與古文字研究中心博士論文叢刊（第一輯），（北京：線裝書局，2012.12），頁 135。
241 李學勤主編：《清華大學藏戰國竹簡（伍）》，頁 113。

問詞，但詞義不同，整理者說「參《清華大學藏戰國竹簡（壹）‧尹至》注〔一八〕」不妥，《厚父》這裡的「如台」，應該理解為「為什麼」。並且，猶可強調的是，「如台」不見於西周金文，是標準的宋文化習慣用語，筆者在《清華簡〈尹至〉解析》文中已提到「『其如台』為《商書》習見之句，『如』字的存在也說明清華簡《尹至》篇的成文不早於春秋前期，與同有『其如台』這樣問句句式的《高宗肜日》、《西伯勘黎》、《湯誓》、《盤庚》等篇成文時間接近。」在《清華簡〈周公之琴舞〉解析》篇中也提及「由於『其如台』僅見於《尚書》的《商書》部分，因此可以判斷，當具有殷商遺民的語彙特徵，《周公之琴舞》中既用到這個詞彙，應該可以說明其受到商文化的很大影響。」因此，這不僅說明了清華簡《厚父》篇不會是西周作品，而且說明《厚父》極可能是宋人作品，其成文時間當不早於春秋前期。[242]

黃凌倩：「如台」從趙平安先生。[243]

郭倩文：清華壹《尹至》篇整理者於注釋十八曰：「其如台，《商書》多見，如《湯誓》『夏罪其如台』、《盤庚上》『卜稽曰其如台』、《高宗肜日》『其如台』、《西伯勘黎》『今王其如台』，『如台』意為奈何。」子居先生訓為「為什麼」，然結合下文簡 9 來看，還是「奈何」更宜。[244]

佑仁謹案：「如台」一詞大量出現在《尚書》篇章中，其語意、用法很接近「奈何」一語，此由《尚書‧湯誓》：「夏罪其如台？」[245]《史記‧殷本紀》引作「有罪，其奈何？」[246]《尚書‧高宗肜日》：「乃曰：『其如台。』」[247]《史記‧殷本紀》引作「乃曰其奈何。」[248]《尚書‧西伯戡黎》：「今王其

---

[242] 子居：〈清華簡〈厚父〉解析〉，清華網，2015.4.28（2017.6.23 上網）。

[243] 黃凌倩：《清華伍《厚父》、《封許之命》集釋》，頁 26。

[244] 郭倩文：《《清華五》、《上博九》集釋及新見文字現象整理與研究》，頁 34。

[245] 李學勤主編，《十三經注疏》整理委員會整理：《尚書正義》，頁 228。

[246] （西漢）司馬遷撰，（南朝宋）裴駰集解，（唐）司馬貞索隱，（唐）張守節正義：《史記》，頁 84。

[247] 李學勤主編，《十三經注疏》整理委員會整理：《尚書正義》，頁 305。

[248] （西漢）司馬遷撰，（南朝宋）裴駰集解，（唐）司馬貞索隱，（唐）張守節正義：《史記》，頁 91。

如台。」[249]《史記・殷本紀》引作「今王其柰何？」[250]可見一斑。不過「台」（透紐之部）、「何」（匣紐歌部）二字上古音韻距離很遠，恐亦非通假關係[251]。

此外，「如台」一詞雖與後世的「奈何」很像，但語氣上「奈何」可以訓解成「如何？怎麼辦？」或「為什麼？」等不同意涵。因此，各條文句中的「如台」該如何翻譯，還需要視上下文意而定，例如〈尹至〉簡4：「咸曰：『曷今東祥不彰？』今其如台？」季旭昇師《清華壹讀本》語譯成：「人民都說：『為什麼東方的太陽不明顯？』現在我們應該怎麼辦？』」[252]文意是「怎麼辦」。而本篇的「如台」見於簡4、簡9，其云：「其在時後王之卿（享）或（國），肆祀三后，永敘在服，惟如台？⋯⋯若龜筮之言，㢲勿可專改。茲小人之德，惟如台？」筆者認為二例用法均為「如何」之義，前者是王詢問厚父「後王只要勤勉祭祀三后，就能對永遠序列服事（長保天命）」，這樣的說法怎麼樣？後者則是王問厚父「小人之德」又是怎麼樣？

子居利用「如台」一詞，將〈厚父〉定位成殷人後裔宋人的作品，筆者認為清華簡中的「如台」還見於〈周公之琴舞〉、〈芮良夫毖〉等篇，性質與周人較有聯繫，可見未必凡是出現「如台」一詞的文獻資料，就必須視為宋人作品。子居在〈先秦文獻分期分域研究之二實詞篇（一）──《書》系、

---

[249] 李學勤主編，《十三經注疏》整理委員會整理：《尚書正義》，頁307-308。

[250] （西漢）司馬遷撰，（南朝宋）裴駰集解，（唐）司馬貞索隱，（唐）張守節正義：《史記》，頁96。

[251] 屈萬里《尚書集釋》云：「如台，史記作奈何。孫氏注疏，以為『台、何，音之轉⋯⋯』；並據一切經音義所引蒼頡篇「奚，何也」之語，因為：『台聲近奚，故為何。』高本漢《尚書注釋》駁其說，以為台與何通假，絕無可能。《經傳釋詞》則歷引《法言・問道》篇、〈漢書敘傳〉、《文選・典引》，以明漢時說《尚書》者，皆以如台為奈何。按：『如台』語除本篇外，又見於〈盤庚〉、〈高宗肜日〉及〈西伯戡黎〉；其他先秦典籍，絕無此語法。而此四篇皆商書，疑此乃宋地之習語，固不必以音轉或字訛說之也。夏罪其如台，謂夏之罪過如何也。」參屈萬里：《尚書集釋》，（臺北：聯經出版事業公司，1983.3），頁79。

[252] 參季旭昇師：《清華大學藏戰國竹簡（壹）讀本》，（臺北：萬卷樓圖書股份有限公司，2013.11），頁2。

《雅》、《頌》部分〉[253]一文中，將學界公認最早的傳世文獻《尚書》、《詩經》等內容，都視為春秋以降的作品，換言之，傳世文獻中完全沒有西周時代的資料。子居更據此作為判斷出土文獻文本時代的標準，以此處的「如台」一語為例，由於僅見於《尚書》，而未見於甲骨文與商代西周金文，因此本文只能是春秋以後的文獻。就方法論上來看，這會將所有傳世文獻的文本寫定時代都大大地往後拉，茲不足取。

---

[253] 參子居：〈先秦文獻分期分域研究之二實詞篇（一）——《書》系、《雅》、《頌》部分〉，中國先秦史網站，2016.7.3。

第四節　〈厚父〉考釋（中）

一　釋文

厚【四】父拜し，頴二（稽首）〔一〕，曰：「者（都），魯天子〔二〕！古（故）天降下民，執（設）萬邦，复（作）之君，复（作）之帀（師），隹（惟）曰其勸（助）上帝俻（亂）下民之匿（慝）〔三〕。王廼（遏）【五】怢（佚）其命〔四〕，弗甬（用）先剢（哲）王孔甲之典刑〔五〕，真（顛）復（覆）乓（厥）惪（德）〔六〕，湳（沉）湎于非彝〔七〕，天廼弗若〔八〕，廼述（墜）乓（厥）命，亡乓（厥）邦〔九〕。【六】隹（惟）寺（時）下民隹（共）帝之子〔十〕，咸天之臣〔十一〕。民廼弗恁（慎）乓（厥）惪（德）〔十二〕，甬（用）敓（敘）才（在）服〔十三〕。」

【語譯】厚父跪拜稽首說：「啊呀，偉大的國君！因此上天降生人民，設立各諸侯國，讓他們有君王，讓他們有師長，是說要幫助上帝治理百姓的奸惡。假如王斷絕天命，不用先哲王孔甲所制定的刑罰，顛覆道德，沉湎於不合常規的法度，上天將不會順應你，最終會讓你墜失天命，國家滅亡。這時下民和上帝之子（即天子）都是天的臣子，下民也將以不敬慎天德的態度，來面對服事。」

二　文字考釋

〔一〕**厚父拜し，頴二（稽首）**

厚	父	拜	頴
厚	父	拜	頴

原整理者：「拜」後有合文符號，此類合文符號的寫法後世常見。參見趙平安《再議書面語中的疊用符》（《河北大學學報》一九九五年第三期）。[1]

華東師大工作室：〈厚父〉簡5「拜」字右下有一「ㄥ」符，整理者以為合文符號，謂在後世常見。其所提及文中確實舉出一些「ㄥ」的用例，並指出「ㄥ」符是由合文符「＝」連筆寫成。然而，該文所舉「ㄥ」符最早用例為三國魏碑刻，距離楚簡，無論時地，都相當遙遠，且楚簡「ㄥ」符習見，右上起筆，左下折筆，右下收筆，很難被認為是由「＝」連筆寫成。「拜手稽首」在金文、楚簡中常寫作「拜手」合文與「稽首」合文，如清華簡〈祭公〉簡2、簡9，皆作「𦥑」。〈厚父〉一篇中多處文字書寫密度不均勻，如簡8「秉𢓊惠」，簡9「天子天命」。推其原因，蓋篇章經由校勘，補入脫字也。馬楠先生已言及之。此處或本該有合文符，而作「ㄥ」符，當為校勘符號，標識合文符之脫失也。楚簡「拜手」例作合文，並不分開書寫，故此處未在「拜」與「稽首」合文之間加書「手」字，「ㄥ」符亦並非標識脫「手」字。[2]

youren：謹案：拜字下的「ㄥ」形符號，並非合文，也不是校勘符號，試想，若校勘而發現有誤，何不直接補上「＝」即可。「拜」實不必硬解為「拜手」，「拜稽首」古習語，《尚書‧大禹謨》：「禹拜稽首固辭。」「拜」，行禮時下跪，低頭與腰平，兩手至地。「稽首」，叩頭至地。「拜」與「稽首」二者之動作、次序皆有別，因此「ㄥ」是表示語氣停頓的句讀符號，又見於〈孔子詩論〉簡24、〈昔者君老〉簡4。[3]

海天遊蹤：佑仁這個意見很好。我以往也讀此處為「拜稽首」，但認為

---

[1] 李學勤主編：《清華大學藏戰國竹簡（伍）》，頁113。
[2] 華東師範大學中文系出土文獻研究工作室：〈讀《清華大學藏戰國竹簡（伍）》書後（一）〉，武漢網，2015.4.12（2017.6.23 上網）。
[3] 見武漢網「簡帛論壇」〈厚父初讀〉45樓，2015.4.23（2017.6.23 上網）。

此處的「𠃊」是誤加句讀標點。如同帛書《老子》道篇 95 行「天下皆知美爲美，惡巳（已）𠃊；皆知善，訾（斯）不善𠃊矣𠃊。」原注：善字下原有鉤號，似是斷句之誤。

尊說所說的停頓語氣標點，以前沈培先生在〈從簡帛符號看古今人在標點方面的不同觀念〉（中國文化研究學會第四屆國際學術研討會論文，韓國淑明女子大學，2006.12.2）一文中有總結的歸納，都作「—」的符號。另外，金文也屢見「拜稽首」的說法，像這種熟語卻要在拜下加停頓語氣，似乎也比較奇怪，您可全面清查看看。還有一種考慮是「省代符號」，不過這種符號目前所見都作「＝」。[4]

蘇建洲：高佑仁先生指出「拜■頶＝（稽首）」當讀爲「拜稽首」，正確可從。筆者也讀此處爲「拜稽首」，但認爲此處的「𠃊」是誤加鉤識標點，這在戰國、秦漢的簡帛中並不少見，如馬王堆帛書《老子》甲本道篇 95 行「天下皆知美爲美，惡巳（已）𠃊；皆知善，訾（斯）不善𠃊矣𠃊。」原注：「善字下原有鉤號，似是斷句之誤。」《養生方》83 行「節（即）用之，操之循（揩）玉𠃊笨（策）」原注：玉字下原誤加鉤識。《十問》9-10 行「君欲練色鮮白，則察觀尺＝污＝，（尺蠖。尺蠖）之食𠃊方，通於陰陽，食蒼則蒼，食黃則黃。」「食」下亦誤加鉤識。《十六經・果童》20 上「陰陽備𠃊物，化變乃生」，「備」下亦屬相同情形。

《厚父》此處的符號恐怕不能是語氣停頓的句讀符號，高先生所舉《孔子詩論》簡 24、《昔者君老》簡 4 都是常見的屬於句讀性質的符號，如《孔子詩論》簡 24「句（后）稷之見貴也■」、「吾以《甘棠》得宗廟之敬■」。《昔者君老》簡 4「大（太）子乃亡（無）睧（聞）■亡（無）聖（聲）■」。金文屢見「拜稽首」的說法，如《集成》9731 頌壺「頌拜稽首，受令册」等，這種熟語卻要在拜下加停頓語氣，恐怕也不合理。另外，沈培先生曾歸

---

[4] 見武漢網「簡帛論壇」〈厚父初讀〉46 樓，2015.4.23（2017.6.23 上網）。

納過簡帛中的停頓語氣標點，目前看來都作「一」形。還有一種考慮是「省代符號」，即「拜■」代表「拜手」，不過這種符號目前所見都作「＝」。所以「拜■頴＝（稽首）」當以是誤加鉤識標點為優先考量。[5]

　　黃凌倩：「拜」後的「◣」趙平安先生認為是後世常見的合文符號，不確。趙平安先生在《再議書面語中的疊用符》一文中提到的合文符號「ᘓ」，與「拜」後的「◣」號，確實很難認為是由於連筆而寫成的同一個符號。華東師範大學中文系出土文獻研究工作室認為是標識合文符號脫失的校勘符號，以及海天遊蹤提出的「省代符號」的說法亦無充足的根據。該符號應當是 youren 先生所說的表示語氣停頓的句讀符號。「◣」這種寫法的句讀符號除見於上提的《孔子詩論》簡 24、《昔者君老》簡 4 外，在《上博一‧紂衣》（佑仁案：原誤《上博一‧衣紂》）簡 11、《上博四‧內豊》（佑仁案：原誤《上博四‧豊內》）簡 3、《上博四‧曹沫之陳》簡 10 等竹簡中也出現多次，都用來表示語氣停頓。有的也寫作「━」，見於《上博七‧武王踐阼》（佑仁案：原誤《上博七‧踐阼王武》）簡 14、《上博八‧王居》簡 3、《上博九‧陳公治兵》簡 2）等。[6]

　　蔣建坤：此符號與楚簡句讀符號相似，高佑仁、蘇建洲均以爲此處非合文符號，後者認爲是誤加的鉤識標點，亦可通。[7]

　　郭倩文：該字下「ㄥ」符確實不當爲合文符，且看後一字「頴（「稽首」合文）」下，爲「＝」符，乃常見合文符，故此處如若表示合文，按理應該也用「＝」符。且清華簡《祭公》簡 9 表「拜手稽首」時，「拜」、「頴」下皆爲「＝」符。華東師範大學中文系出土文獻研究工作室認爲是校勘符號，網友「youren」已指出不若直接補「＝」符，並提出「ㄥ」符表停頓，可從。

---

[5] 蘇建洲：〈清華簡第五冊字詞考釋〉，《出土文獻》第七輯，（上海：中西書局，2015.10），頁 145-146。

[6] 黃凌倩：《清華伍《厚父》、《封許之命》集釋》，頁 28。

[7] 蔣建坤：《清華簡（壹～伍）上古音聲母材料的整理與初步研究》，吉林大學碩士論文，2016.4，頁 372。

8

　　佑仁謹案：本處的文例作「拜ㄥ稽=」，原整理者將「ㄥ」與「=」都視為合文符號，書後文字編中亦將「拜ㄥ」置於合文類中。「ㄥ」與「=」寫法差異大，一併視為合文並不妥。趙平安在〈再議書面語中的疊用符〉一文裡指出「ㄑ」形符號是使用於三國魏碑至明清之際，時代與楚簡相隔甚遠，更不要說該文通篇討論的是「疊用符」（也就是「重文符號」），然原整理者所要論證的實為「合文符號」，二者內涵並不相同。

　　再來的問題是：「ㄥ」形符號該如何理解？華東師大工作室認為「當為校勘符號，標識合文符之脫失也」，蘇建洲則認為當是「省代符號」，即「拜ㄥ」代表「拜手」。標點符號位於字與字之間，實質上並不會占據文字的空間，因此當校書者發現此處「合文」脫失，逕補合文符即可，不必加「ㄥ」形校勘符。而「拜」本从「手」，以合文呈現更為直接，以省代符號代替常見的合文符，更顯得多此一舉，而且正如蘇建洲所言，省代符號「目前所見都作『=』」[9]。戰國秦漢文字中，「ㄥ」或「—」的功能都還是以句讀符為主，而「=」型符號相對來說複雜得多[10]，可見將「ㄥ」理解為省代符號並不理想。

　　有學者指出，簡帛中的停頓語氣標點，目前看來都作「—」形，其實不然。馬驥《戰國楚簡標點符號研究》（2015 年 5 月西南大學碩士論文，張顯成指導）曾全面整理「戰國楚簡句讀號分布統計表」[11]，表列如下：

8　郭倩文：《《清華五》、《上博九》集釋及新見文字現象整理與研究》，頁35。

9　關於「省代符號」可參看楊錫全：〈出土文獻重文用法新探〉，復旦網，2010.5.10（2017. 6.23 上網），文後陳劍、施謝捷、程少軒等學者的討論。亦可參陳劍：〈關於「營=」與早期出土文獻中的「省代符」〉，2011.7.9，此文為復旦網「學術討論區」之貼文，非正式發表，網址：http://www.gwz.fudan.edu.cn/Forum/forum.php?extra=page%3D10&mod=viewthread&tid=4809，以及高榮鴻：《上博楚簡論語類文獻疏證》，中興大學博士論文，2013.7，頁 25。

10　例如在睡虎地秦簡、放馬灘秦簡、馬王堆漢墓帛書中，「是=」可以指「是謂」，劉信芳：〈戰國簡牘帛書標點符號釋例〉，《文獻》，2012 年第 2 期（2012.4），頁 21。

11　參馬驥：《戰國楚簡標點符號研究》，西南大學碩士論文，2015.5，頁 10。

	小短橫句讀號 -	墨丁句讀號 ■或■	鉤識句讀號 ㄥ	長墨塊句讀號 ▬或■	合計
五里牌	0	0	0	0	0
仰天湖	5	0	0	1	6
楊家灣	0	0	0	0	0
長臺關	159	0	1	0	160
望山	122	1	8	0	131
曾侯乙墓	218	0	0	0	218
九店	48	27	9	2	86
夕陽坡	0	0	0	0	0
包山	873	0	21	0	894
曹家崗	0	0	0	0	0
郭店	209	99	6	6	320
葛陵	334	46	17	0	397
上博	145	382	64	21	612
清華	249	223	95	20	587

依據統計表，楚簡中的句讀符，最普遍的是短橫的「－」以及墨丁型態的「■」，而「ㄥ」形的句讀符也佔一定比例，若具上述統計進一步分析，上博簡中的「ㄥ」形句讀符約占總數（612 例）中的 10%，清華簡中的「ㄥ」形句讀符約占總數（587 例）中的 16%。

關於簡帛標點形式已有不少學者討論，其中程鵬萬的博士論文《簡牘帛書格式研究》（吳振武指導）可以說是整體水平最高的總結性著作，他指出：「從出土的簡牘來看，『ㄥ』符號最早出現戰國中期，如包山楚簡、九店楚簡、上海博物館藏楚竹書中有多篇都已經普遍使用『ㄥ』作為表識符號。這個時期『ㄥ』與『－』同時作為表識符號，一般是沒有什麼區別。」[12]綜上所述，我們可以確定戰國楚簡中「ㄥ」形作為句讀符號使用，是普遍存在的。因此，以「簡帛中的停頓語氣標點，目前看來都作『－』形」，不足以否定

---

[12] 程鵬萬：《簡牘帛書格式研究》，吉林大學博士論文，2006.6，頁 117。

「↳」是句讀符。

上博四〈曹沫之陣〉共計出現 21 次「↳」形符號，分別見於簡 1、2、7、8、9、10、10、17、22、23、28、33、33、42、45、47、48、49、65 等處，除少數幾次誤用之外，均寫於語氣停頓之處。筆者在碩士論文《上海博物館藏戰國楚竹書（四）曹沫之陣研究》中曾針對這類「↳」形符號進行解釋云：

> 關於句讀符號，除最末簡表全文結束的性質外，其餘在文中都表示語意之停留，僅代表在文句中的停頓，而停頓處未必是大段落的結尾。如簡 1「昔周室之邦魯↳，東西七百，南北五百，非山非澤，亡有不民↳。此不貧於美而富於德歟。」在文句中「↳」符號位於「魯」字下，就語句的停頓意義上，僅表示「昔周室之邦魯」一句結束，否則置於「民」、「歟」等字下，都比在「魯」字下有標點符號來得佳。[13]

「非山非澤，亡有不民」一語「民」字下的「↳」，一樣也是表示語句停頓。這種符號的寫法與〈厚父〉如出一轍，唯一的差異僅在〈厚父〉篇的書手不像〈曹沫之陣〉書手如此大量使用（就馬驥《戰國楚簡標點符號研究》的整理，楚簡中使用「↳」形句讀符最多的是〈祭公〉，共計 60 次）。戰國時期標點符號的使用尚未有嚴格規範，像〈曹沫之陣〉之「↳」多達 21 例，而〈厚父〉僅於本處的「拜」字下添一例「↳」，可見此時對於句讀符號的使用沒有強制的約束力。

上述觀點，筆者曾於第 28 屆中國文字學國際學術研討會提出，會場上有學界先進提出質疑，認為〈厚父〉內文中只有這麼一例「↳」符號（另一例是篇末結尾符），因此很難說明它就是句讀符。其實，「↳」形句讀符作為戰國楚簡普遍存在的標點符號，在一篇文章之中出現過多少次，並非重點，本處可以上博六〈天子建州〉為旁證。〈天子建州〉的「↳」形符號如下：

---

[13] 高佑仁：《上海博物館藏戰國楚竹書（四）曹沫之陣研究》，頁 389。

1. 格尹行，身和二：一喜一怒█。天子坐以矩，食以儀，……（甲.簡6）

   格尹行，身和二：一喜一怒█。天子坐以矩，食以儀，……（乙.簡5-6）

2. 所不爻（學）於帀（師）者三：强行、忠譽（謀）、信言，此所不爻（學）於帀（師）也█。（甲.簡13）

【乙本殘】

甲本是個首尾完整的本子，乙本則有所殘缺。甲本有兩個「し」，一者見於簡6，一者見於文末，做結尾符使用，也就是說，扣除結尾符不算，〈天子建州〉（甲）文中只出現一次「し」。而乙本由於結尾以及部分簡文殘缺，因此通篇唯一一個句讀符號就是「し」。〈厚父〉簡文一共出現兩次「し」形符號，一次見於文中，一次見於結尾，這與〈天子建州〉（甲）的用法完全一樣。又例如上博六〈孔子見季趄子〉通篇除合文符外，只有兩次「し」形符號，一次在句中當句讀符（簡10），一次則在句末當結尾符，這也與〈厚父〉的用法如出一轍。但我們不會去懷疑〈天子建州〉（甲）或〈孔子見季趄子〉僅見的一次「し」不是句讀符，因為「し」作為楚簡常見的句讀符，與它在一篇文章中出現的次數多寡並無關係。（李松儒博士論文《戰國簡帛字跡研究——以上博簡爲中心》亦曾針對上博各篇標點符號進行統計分析，讀者可自行參考[14]。）

此處應要讀成「厚父拜し，頴二（稽首）」，古籍中將「拜稽首……」點斷成「拜，稽首，……」者，如《左傳·僖公二十三年》記載秦穆公宴饗重耳，善於辭令的子犯與重耳同行，該段的原文云：

公子賦〈河水〉。公賦〈六月〉。趙衰曰：「重耳拜賜！」公子降，拜，

---

[14] 李松儒：《戰國簡帛字跡研究——以上博簡爲中心》，吉林大學博士論文，2012.4，頁322-334。

稽首，公降一級而辭焉。衰曰：「君稱所以佐天子者命重耳，重耳敢
不拜？」[15]

「降」（降階）、「拜」（下跪低頭與腰齊平，雙手至地）、「稽首」（與「拜」
同，但俯首至地）三者動作不同，因此中間都以逗點作為停頓（句讀參李學
勤主編《春秋左傳正義》、楊伯峻《春秋左傳》、王守謙《春秋左傳（上）》
[16]，學者引用《左傳》此條原文時亦多採此句讀，例如：林慶彰[17]、張光裕
[18]、王靖宇[19]等）。可見簡文「拜」與「稽首」中間點段，無論視為動作還是
語氣的停頓，都是十分合情合理的。

當然，此處也有另一種可能性，即「レ」是「二」的誤寫。「拜レ頡二（稽
首）」 語亦見〈祭公〉，其作「拜二頡二」，〈厚父〉與〈祭公〉的書手為同
一人[20]，也可能書手在書寫〈厚父〉篇時，誤將「二」寫作「レ」。楚簡中標
點符號誤寫的情況亦屢見不鮮，〈曹沫之陣〉簡 38 云：「帥不可使犇（奔，
奔）則不可行」，「犇」顯然是「二」與「レ」的重疊，從文意來看，應是書
手誤寫「レ」後，將錯就錯逕改成「二」的結果。

綜上所述，筆者認為在假設書手沒有誤書的情況下，「レ」形符號應即
楚簡習見的句讀符，表示語句停頓，可以《左傳・僖公二十三年》之文句為
佐證。若考慮書手可能有誤書成分的話，「拜レ」可能是「拜二（拜手）」之
誤，這位書手在〈祭公〉篇中「拜」字下正使用重文符號。

---

[15] 李學勤主編，《十三經注疏》整理委員會整理：《春秋左傳正義》，頁 474。
[16] 李學勤主編：《春秋左傳正義》，頁 474。楊伯峻：《春秋左傳注》，（北京：中華書局，
1981.3），頁 410。王守謙：《春秋左傳（上）》，（臺北：臺灣古籍出版社，1996.10），頁 436。
[17] 林慶彰：〈《孔子詩論》與《詩序》之比較研究〉，《經學研究集刊》創刊號，（高雄：高雄
師範大學，2005.10），頁 3。
[18] 張光裕：〈出土古文字材料與經典詮釋〉，收入葉國良編：《文獻及語言知識與經典詮釋
的關係》，（臺北：臺灣大學出版中心，2004.6），頁 111。
[19] 王靖宇：〈美國的《左傳》研究〉，《中國文哲研究通訊》，第 3 卷第 1 期（1993.3），頁
76。
[20] 賈連翔：〈談〈厚父〉中的「我」〉，《古文字研究》第 31 輯，（北京：中華書局，2016.10），
頁 372。

〔二〕曰：「者（都），魯天子！

| 曰 | 者 | 魯 | 天 | 子 |

蕭旭：「魯」、「嘏」並讀爲嘉，字或借「旅」爲之。林義光曰：「彝器每言魯休純魯，阮氏元云：『魯卽嘏字，《史記・周本紀》：「魯天子之命。」《魯世家》作「嘉天子命」。魯、嘏、嘉同音通用。魯本義蓋爲嘉，從魚入口，嘉美也。』魯、嘉雙聲旁轉。」于省吾曰：「《書序・嘉禾篇》：『旅天子之命。』旅字《史記・周本紀》作魯，《魯世家》作嘉，魯、旅均應訓嘉，故《魯世家》以嘉代詁也。」孔傳「旅」訓陳，非也。字或作假，《詩・我將》：「伊嘏文王。」王引之曰：「嘏，讀《雝篇》：『假哉皇考』之『假』，彼《傳》曰：『假，嘉也。』」莊述祖、朱右曾並訓嘏爲大，亦讚美之辭。[21]

原整理者：者魯，李學勤認為相當於《尚書》中的嘆詞「都」。《書・皋陶謨》：「皋陶曰：『都！在知人，在安民。』」宋陳亮《勉強行道大有功》：「堯、舜之『都』、『俞』，堯、舜之喜也，一喜而天下之賢智悉用也。」[22]

李學勤：「都魯」是感嘆詞，也見於清華簡尚待整理的另一篇，應即《尚書・堯典》等篇中的「都」。[23]

暮四郎：此句似當讀爲「都！魯（旅）天子」，「旅」爲動詞，《史記・周本紀》「周公受禾東土，魯天子之命」，《史記・魯周公世家》作「嘉天子命」。【4月19日修正：「魯」看作本字、解作形容詞似更確切。梁十九年亡智鼎（《集成》2746）：「穆穆魯辟，徂省朔旁（方）。」】[24]

[21] 蕭旭：〈清華竹簡《皇門》校補〉，復旦網，2011.1.10（2017.6.23 上網）。
[22] 李學勤主編：《清華大學藏戰國竹簡（伍）》，頁 113。
[23] 李學勤：〈清華簡〈厚父〉與《孟子》引《書》〉，《深圳大學學報（人文社會科學版）》，2015 年第 3 期，頁 33。
[24] 見武漢網「簡帛論壇」〈厚父初讀〉11 樓，2015.4.10（2017.6.23 上網）。

youren：雖然我們不知道另一篇「都魯」其用例為何，但筆者認為此處當斷讀作「都，魯天子」為妥，請看西周早期〈榮作周公簋〉（《集成》04241）的文例：

拜稽首，魯天子造厥瀕福。（《集成》04241）

厚父拜稽首，曰：都，魯天子。（本篇）

此處的文例非常接近，可見簡文「者」讀「都」即可，無須將「者魯」理解為「都」。魯，訓「嘉」，《史記·周本紀》：「魯天子之命」，《魯世家》作「嘉天子命」。此句今本作「用能承天瑕命」，林義光《文源》謂：「彝器每言魯休、屯魯，阮氏元云：魯即瑕字，《史記·周本紀》：「魯天子之命」，《魯世家》作：「嘉天子命」，魯、瑕、嘉同音通用。」引自周法高：《金文詁林》卷四「魯」字條（香港：香港中文大學印行，1984），頁2245。[25]

子居：整理者前面引《書·皋陶謨》，後面說「堯、舜之『都』、『俞』」，不是很好理解。《勉強行道大有功》這段陳亮的話，只是陳亮自己想當然，跟文字訓詁似沒有什麼關係。

《厚父》此句的「者魯天子」，網上已有多位學人提出讀為「都！魯天子」，但由李學勤先生《清華簡〈厚父〉與〈孟子〉引〈書〉》文中所言「『都魯』是感歎詞，也見於清華簡尚待整理的另一篇，應即《尚書·堯典》等篇中的『都』」內容來看，似乎清華簡尚待整理的另一篇中，也有「者魯」連稱並且「魯」字明顯與下文不能連讀的情況，因此筆者這裡仍依李學勤先生的釋讀，如此的話，「者魯」就大致相當於先秦習見的「嗚呼」。[26]

黃凌倩：此句從暮四郎及 youren 先生觀點，斷讀作「都，魯天子」，魯訓為「嘉」。[27]

---

[25] 見武漢網「簡帛論壇」〈厚父初讀〉61 樓，2015.4.25（2017.6.23 上網）。
[26] 子居：〈清華簡〈厚父〉解析〉，清華網，2015.4.28（2017.6.23 上網）。
[27] 黃凌倩：《清華伍《厚父》、《封許之命》集釋》，頁 29。

　　佑仁謹案：李學勤認為簡文的「都魯」對應《尚書·堯典》中的「都」，「都」確實是表示讚美的感嘆詞，但這樣的理解將簡文的「魯」字視而不論，恐有不妥。筆者認為應在「者（都）」字後點斷，而「魯」字下讀。「都」，感嘆詞，《尚書》中習見，《尚書·堯典》：「驩兜曰：『都！共工方鳩僝功。』」孔傳：「都，於，歎美之辭。」[28]可參。

　　石小力在〈《商周青銅器銘文暨圖像集成續編》釋文校訂〉一文中指出「戉公卣：現藏於中國國家博物館，田率先生在清華大學講座時曾有介紹。『者魯戉公』，『者魯』為語氣詞，亦見於清華伍《厚父》簡5：『者魯，天子！』用法與此相同。」[29]此器見於《商周青銅器銘文暨圖像集成續編》編號878[30]，銘文為「者魯戉公乃妹子𤔲其作父戉寶尊」，「者魯戉公」文例完全無法作為可讀「都魯」的佐證，因為將「都」理解為感嘆詞，將「魯」訓作「嘉」，將「者魯戉公」翻譯成「啊呀，偉大的戉公」一樣可以說得通。

　　子居認為「者魯」就大致相當於先秦習見的「嗚呼」，以下為諸字的古音分析：

單字	者	魯	嗚	呼
古音	端紐魚部	來紐魚部	影紐魚部	曉紐魚部

諸字的韻部都是魚部，可是聲紐卻差異很大。「嗚呼」一詞異文頗多，例如「於戲」、「嗚虖」、「烏乎」、「嗚乎」、「嗚呼」等，「於」多用「於」或「烏」字聲系的字表示，「乎」則多用「乎」或「虎」字聲系的字表示，本篇已有「嗚呼」一詞可作為旁證（見簡9，文字作「於嘑」），可見將「者魯」讀作「嗚呼」，缺乏例證。

　　「魯天子」一詞早見於青銅器銘文。西周早期榮作周公簋：「拜稽首，

---

[28] 李學勤主編，《十三經注疏》整理委員會整理：《尚書正義》，頁47。
[29] 石小力：〈《商周青銅器銘文暨圖像集成續編》釋文校訂〉，《「商周青銅器與先秦史」青年論壇論文集》，重慶：西南大學，2016.11.18-21，頁103，收入鄒芙都主編：《商周青銅器與先秦史研究論叢》，（北京：科學出版社，2017.6），頁141-154。
[30] 參吳鎮烽：《商周青銅器銘文暨圖像集成續編》第三卷，（上海：上海古籍出版社，2016.9），頁175-176。

魯天子造厥瀕福」，此外〈皇門〉簡4云：「王用能承天之魯命」，整理者云：
「魯，訓嘉，《史記・周本紀》：『魯天子之命』，《魯世家》作『嘉天子命』。
此句今本作『用能承天嘏命』。」[31]甚是。

「魯」字一般學者都訓「嘉」，林義光認為：「彝器每言魯休純魯，阮氏
元云：『魯即嘏字，《史記・周本紀》：『魯天子之命。』《魯世家》作『嘉天
子命』。魯、嘏、嘉並同音通用。魯本義蓋為嘉，从魚入口，嘉美也。』魯
（模韻）、嘉（歌韻）雙聲旁轉。」[32]于省吾指出：「《書序・嘉禾篇》：『旅天
子之命。』旅字《史記・周本紀》作魯，《魯世家》作嘉，魯、旅均應訓嘉，
故《魯世家》以嘉代詁也。」[33]不過，也有學者以「魯」訓作「大」，他們主
要是根據「魯」與「嘏」的聯繫，例如〈皇門〉「魯命」，黃懷信即認為「魯，
當訓大。《莊子・桑庚楚》《釋文》引向云：『魯鷄，大鷄也。』是『魯』有
大義。嘏，大也。」[34]前面的集釋中，蕭旭在文末也引及莊述祖、朱右曾並
訓嘏爲大，皆是其例。馬嘉賢在其博士論文依據辭例，主張〈皇門〉的「魯
命」讀成「嘉命」會比讀「嘏命」來得妥當[35]。就文例來看，本處「魯天子」
一詞已見於《史記・周本紀》[36]，而《史記・魯世家》作「嘉天子命」[37]可
作為訓「嘉」的證據。

「者」字簡文作「　」，「日」旁左側有一道痕跡，色調偏黑，構形筆

---

[31] 李學勤主編：《清華大學藏戰國竹簡（壹）》，（上海：中西書局，2010.12），頁 167。

[32] 林義光：《文源》，（上海：中西書局，2012.3），頁221。李圃主編：《古文字詁林》第4冊，
（上海：上海教育出版社，2004.10），頁26。周法高：《金文詁林》卷四「魯」字條（香港：
香港中文大學印行，1984），頁2245。

[33] 于省吾：〈釋「魯」〉，參李圃主編：《古文字詁林》第 4 冊，（上海：上海教育出版社，
2001.12），頁 27。

[34] 黃懷信：〈清華簡《皇門》校讀〉，武漢網，2011.3.14（2017.6.23 上網）。

[35] 馬嘉賢：《清華壹《尹至》、《尹誥》、《皇門》、《祭公之顧命》研究》，彰化師範大學博士
論文，2015.7，頁 208-209。

[36] （西漢）司馬遷撰，（南朝宋）裴駰集解，（唐）司馬貞索隱，（唐）張守節正義：《史記》，
頁 118。

[37] （西漢）司馬遷撰，（南朝宋）裴駰集解，（唐）司馬貞索隱，（唐）張守節正義：《史記》，
頁 726。

直，乍看頗類筆劃，尤其「者」字是戰國文字中異體構形數量非常豐富的單字，不過放大圖版後，發現這是一條竹簡刮削痕，並非筆劃（因此原書文字編作「 」，已將豎筆去除）。

〔三〕 古（故）天降下民，埶（設）萬邦，复（作）之君，复（作）之帀（師），隹（惟）曰其勸（助）上帝亂（亂）下民之匿（慝）

古	天	降	下	民	埶	萬
邦	复	之	君	复	之	帀
隹	曰	其	勸	上	帝	亂
下	民	之	匿			

　　趙平安：《厚父》有與《梁惠王下》所引《書》相似的文字。原文作：「古天降下民，埶（設）萬邦，复（作）之君，复（作）之帀（師），隹（惟）曰其勸（助）上帝亂（治）下民。」勸字清華簡已多見，從對讀可知是助字古文。亂，《說文》：「亂，治也……讀若亂同。」《㝬簋》：「乃㝬令亂三族。」正用為治。傳世文獻一般寫作亂。《尚書・盤庚》：「茲予有亂政同位，具乃貝玉。」孔安國傳：「亂，治也。」《禮記・樂記》：「復亂以飭歸。」孔穎達疏：「亂，治也。」「隹（惟）曰其勸（助）上帝亂（亂）下民」和「惟曰其

助上帝寵之」相當，表達意思相近，只是用字略有不同而已。「之」指的是「下民」。《厚父》「埶（設）萬邦」一語，為其他兩處所無，應在「天降下民」和「复（作）之君，复（作）之帀（師）」之間，起連接作用，表義貼切，應是相對早期的形態。《厚父》「隹（惟）曰其勸（助）上帝亂（亂）下民」之後，沒有「四方有罪無罪惟我在，天下曷敢有越厥志」等文字，推測《梁惠王下》引《書》應至「惟曰其助上帝寵之」結束。[38]

趙平安：《厚父》助作▢（簡5），從與《孟子》引文的對讀可知是助字古文，應分析為从力、▢声。助字初文作▢（合集27997）、▢（泉伯簋）之形，構形本義雖不可知，但其字形與「叀」字有別，理解為助，文從字順。清華簡《皇門》五見▢，从力、▢聲，屬於聲符繁化的情況。〈厚父〉亂作▢（簡5），當「治」講。這種用法的亂見於《▢簋》「乃令▢令亂三族」，寫作▢。戰國時期，與「治」相對的「亂」一般作▢，省作▢、▢，也有作▢（《皇門》11）、▢（《繫年》93）、▢（《繫年》100）者，但作亂者一般不表示「治」。亂表示「治」應是一種較早的形態。[39]

原整理者：此段文字與《孟子》所引《尚書》相似。《孟子·梁惠王下》：「《書》曰：『天降下民，作之君，作之師，惟曰其助上帝寵之。四方有罪無罪惟我在，天下曷敢有越厥志？』一人衡行於天下，武王恥之。此武王之勇也。而武王亦一怒而安天下之民。今王亦一怒而安天下之民，民惟恐王之不好勇也。」趙岐注：「《書》，《尚書》逸篇也。」（頁113）又云：匿，通「慝」，邪惡。[40]

馬楠：此處疑當將「之慝」上屬爲句。「王廼」以下別爲一句。謂君王

---

[38] 趙平安：〈《厚父》的性質及其蘊含的夏代歷史文化〉，《文物》，2014年第12期，頁82。

[39] 趙平安：〈談談戰國文字中值得注意的一些現象——以清華簡〈厚父〉為例〉，第一屆漢字漢語文化國際學術研討會，美國：奧克拉荷馬大學，2014.8.15-17，收入《出土文獻與古文字研究》第六輯，（上海：上海古籍出版社，2015.2），頁307。

[40] 李學勤主編：《清華大學藏戰國竹簡（伍）》，頁113。

本當助上帝治下民之過惡，而王乃不如此。[41]

王寧：(《孟子》)「寵」本當作「龍」，二字古通用（參《古字通假會典》19頁【龍與寵】條），「龍」、「亂」同來紐雙聲、東元通轉疊韻，當屬於音近通假。相同的情況，〈呂刑〉「苗民弗用靈」，《墨子·尚同中》引「靈」作「練」，二字亦同來紐雙聲而耕元通轉。[42]

楊坤：趙平安因清華竹書《厚父》「天降」云云，類於常語，而以《梁惠王下》引《書》未必自於《厚父》（《文物》2014年12期）。此誠回旋之論。按孟子引《書》「其助上帝寵之四方」，趙岐注以「四方」屬下爲句。而梅本《泰誓上》則曰：「其克相上帝，寵綏四方」。《厚父》曰：「其助上帝亂下民之匿」，馬楠以「之匿」屬上爲句。余嘗論《耆夜》戡黎古文從今一節，言及盂鼎銘文「闢厥匿」，當如《舜典》「闢四門」孔安國傳「廣致眾賢」。《厚父》曰「助上帝亂下民之匿」，與孟子引《書》「助上帝寵之」、《泰誓》孔安國傳「當能助天寵安天下」，辭旨相同。故馬楠句讀爲是。[43]

華東師大工作室：然而「⬥」究為何形？學者多認為此形即《說文》古文「𢔌」，然若其音同「𢔌」，則無法解釋〈有皇將起〉叶魚部韻的現象。其實，楚文字與《說文》古文字形，確實存在同形字的現象，如清華簡《金縢》「𣈆」字與《說文》古文「晉」字，字形十分接近，然而並非一字，陳劍先生已發明此點。查古文字，亦似蠆形，〈比甗〉（《集成》3.913）「萬」字作「⬥」形，相比之下，「⬥」上部有一突出「⬥」，而「萬」字字形絕無作此者，則此非「萬」字明矣。此字可能是「蛛」字的省寫。〈魯伯愈父盤〉（《集成》16.10114）作「⬥」，《邾公牼鐘》（《集成》16.10114）作「⬥」，相比之下，「⬥」即可能是對「蛛」之輪廓的大致描摹。「⬥」字左下角所從

41 清華大學出土文獻讀書會：〈清華簡第五冊整理報告補正〉，清華網，2015.4.8（2017.6.23上網）。
42 見武漢網「簡帛論壇」〈厚父初讀〉13樓，2015.4.10（2017.6.23上網）。
43 楊坤：〈跋清華竹書〈厚父〉〉，武漢網，2015.4.10（2017.6.23上網）。

之肉是類化符號，即表示「🝞」與動物有關。「蛛」古音為端母、侯部，「助」為崇母、魚部，魚侯旁轉，古音可通，故金文、楚簡可借「🝞」「🝞」為「助」，而〈厚父〉之「🝞」即累增義符「力」，〈皇門〉「🝞」則在「🝞」字基礎上累增義符「力」而成。[44]

ee：「亂」字整理者釋爲「亂」，並在其他文章中訓之爲「治」，有誤。「亂」應是「嗣或辭」之省形，可直接讀爲「治」。典籍中「亂」訓「治」者，實皆「嗣或辭」之訛形，亦直接讀「治」即可。[45]

蚊首：「惟曰其助上帝治下民之愿」，「之愿」馬楠先生屬上讀，是。本人曾有一帖（見「清華五《封許之命》初讀」下第 3 樓發言）談到《孟子》引《書》「有罪無罪自（佑仁案：「自」應為「惟」之誤）我在」句，認為係清華簡「治下民之愿」的流傳之變（「愿」、「罪」意近同），並非如李學勤先生所說「至於《孟子》所載『四方有罪無罪惟我在』兩句，不見於〈厚父〉簡文，這應該也是傳本的不同」。發帖時也覺得「亂下面（佑仁按：「面」應為「民」之誤）之愿」不好，不如從蘇先生讀「治」之說，「治愿」、「在罪」之意自相通。當時帖中釋文從「治」，讀了李春桃先生的文章，又改作了「亂」，對字形本人無多大認識，網友「奈我何」在第 4 樓也隨即指出讀「治下民」。[46]

薛後生：所謂的助字所從對應的 A 字形，後生目前傾向於曰古氏先生的苴茸的苴字說，肉＋A 之字以見其義也。A 字下部的變化與食瓲等字下部變化同類也，而與蛛字無涉也。[47]

子居：「下民」之稱，甲骨文與西周金文未見，傳世文獻最早見於《尚書》的《文侯之命》、《多士》及《高宗肜日》篇，這三篇皆是成文於春秋初

---

[44] 華東師範大學中文系出土文獻研究工作室：〈讀《清華大學藏戰國竹簡（伍）》書後（二）〉，武漢網，2015.4.13（2017.6.23 上網）。

[45] 見武漢網「簡帛論壇」〈厚父初讀〉18 樓，2015.4.13（2017.6.23 上網）。

[46] 見武漢網「簡帛論壇」〈厚父初讀〉19 樓，2015.4.13（2017.6.23 上網）。

[47] 見武漢網「簡帛論壇」〈厚父初讀〉23 樓，2015.4.14（2017.6.23 上網）。

期的，因此《厚父》篇的成文時間上限自然也不會早於春秋初期。這種君、師為上天代理人的觀念，還見於《尚書‧高宗肜日》：「惟天監下民，典厥義。」《詩經‧商頌‧殷武》：「天命降監，下民有嚴。不僭不濫，不敢怠遑。」皆與《厚父》的觀念如出一轍。[48]

馬文增：「《孟子》引文」與《厚父》無關聯。筆者注意到，兩句話首先在文字組合上就不完全相同，若涵義不同，則根本就不可說「《孟子》引文」出自《厚父》。其實，拋開文字組合的差異、斷句問題，「《孟子》引文」中「有罪無罪惟我在天下曷敢有越厥志」15 字不見於《厚父》，已經清楚的、直接的、徹底的否定了「《孟子》引文出自《厚父》」之說——這個差異絕不是「傳本不同」、「異文」之說能解釋得通的。古文《尚書》非「僞作」，孔安國《尚書序》的記載真實可信。「勤上帝」，《清華釋文》釋爲「助上帝」。從字形上看，筆者認爲簡文應爲「勤」之異體字。「之匿，王乃竭」，「之」、「王」皆爲動詞。[49]

李學勤：簡文「古天降下民」，用「降」字與《孟子》同。該篇前面追述夏禹治水，也有「……川，乃降之民，建夏邦」文句，與這裡「古天降下民，設萬邦」呼應。「設萬邦」句，不見於《孟子》，當係傳本有別。按「萬邦」一詞屢見於《尚書‧堯典》、《益稷》、《洛誥》等篇。簡文的「勸」，《孟子》所引作「助」，彼此吻合。要知道，「勸」字為「助」，乃是近年學者反覆研索得到的認識。《孟子》引文最費解的「寵」字，簡文作「鬲」，前面已說明當訓作治。君師助上帝治理下民，語意十分順適。看來《孟子》的「寵」只是一個訛誤。

至於《孟子》所載「四方有罪無罪惟我在」兩句，不見於《厚父》簡文，這應該也是傳本的不同。類似的情形，我們在清華簡第一輯所收《尹誥》篇

---

[48] 子居：〈清華簡〈厚父〉解析〉，清華網，2015.4.28（2017.6.23 上網）。
[49] 馬文增：〈清華簡〈厚父〉新釋、簡注、白話譯文〉，武漢網，2015.5.12（2017.6.23 上網）。

裡已經遇見過了。按《禮記‧緇衣》篇中引《尹誥》云：「惟尹躬天見於西邑夏，自周有終，相亦惟終。」簡文只有「尹念天之敗西邑夏」一句，解決了《緇衣》引文首句的問題，「自周有終」等句則未見於簡，其涵義也全不明白。此處「四方有罪無罪」云云，很可能也是一樣。古書歷久流傳，有種種異文，是常有的事。

如果像上面所說，孟子所引確係來自《厚父》的一種傳本的話，我們便可以得出幾點推論：（1）《厚父》是戰國時通行的《書》中的一篇，我們在清華簡中讀到的是該篇在楚地的傳本。（2）《厚父》中的「王」乃是周武王，所以儘管篇中多論夏朝的興王，該篇應是《周書》，不是《商書》。（3）《厚父》篇尾「民式克敬德，毋湛於酒」一段，與《尚書‧酒誥》和大盂鼎銘文關於酒禁的論旨相同，均為針對商朝的覆滅而言。[50]

楊坤：《梁惠王下》孟子引《書》的出處，同《厚父》、《相年》，都沒有直接關係。[51]

蚊首：簡5「惟曰其助上帝𤔔下民之匿」，「𤔔」若非「亂」，則或當讀「伺」。《荀子‧富國篇》「有掎挈伺詐」，楊倞注「伺，司候其罪」。《論衡‧答佞篇》：「何以知其偽而伺其奸乎？」[52]

黃國輝：從總體上看，《孟子‧梁惠王下》所引《書》與清華簡《厚父》之間確實存在相關性，它們可能是一個故事的不同版本，即它們或是在較早時期（西周早中期）有著共同的底本，或是在較早時期口頭流傳，而在西周晚期兩者各自獨立成篇，又分別為《孟子‧梁惠王下》所引和清華簡《厚父》所傳抄。後來《孟子‧梁惠王下》所引的篇章被整理到了《書》中，故《梁惠王下》所引明確稱之為《書》，但清華簡《厚父》是不是可以稱為《書》

---

[50] 李學勤：〈清華簡《厚父》與《孟子》引《書》〉，《深圳大學學報（人文社會科學版）》，2015年第3期，頁33-34。
[51] 楊坤：〈再說《梁惠王下》孟子引《書》出處〉，武漢網，2015.5.28（2017.6.23 上網）。
[52] 見武漢網「簡帛論壇」〈厚父初讀〉86樓，2015.8.14（2017.6.23 上網）。

則有待更多的證據。總之,清華簡《厚父》與《孟子·梁惠王下》所引《書》之間可能都是各自獨立的版本。[53]

　　福田哲之:假使孟子依據了《厚父》的傳本之一,也僅為文本的前半部分,而後半部分,則為了與基於前段《詩》的文王之勇相對應,而引用了別的《書》篇,或自行創作了新的文本。另外作為其他的可能性,還可以考慮為,孟子所依據的有關周武王的《書》篇與《厚父》分別存在,而兩者共通的前半部的文本,則是一方參考了另一方的結果。總之,將《孟子》引《書》看作《厚父》的一種傳本,並以此作為前提認為與厚父問答的王為周武王,將《厚父》看作《周書》,尚有困難。[54]

　　蔣建坤:叀、叀:清華簡原字作「」(清華一《皇門》簡3)、「」(清華五《厚父》簡5),整理者將這兩個字分別隸定爲「」、「勣」,二字除「肉」、「力」之外的部件作「叀」,與「惠」古文「惪」上部同形,如此隸定容易使人誤解爲此字的聲旁爲「叀(惠)」。清華簡真正的「惠」字作「」(清華一《皇門》簡8)、「」(清華二《繫年》簡106)、「」(清華五《殷高宗問於三壽》簡17),其所從「叀」與這類字形並不一致,實爲不同的兩個字。本文將此聲系字頭重新隸定爲「叀」,以區別於「叀」字。

　　古文字中的「叀」、「叀」二字曾長期被誤認爲一字。但在《皇門》篇中「」、「惠」二字並出,字形和用法均明顯有別。這也得到了甲骨、金文材料的支持:「叀」字作「」(《合集》27997)、「」(九年衛鼎《圖像集成》2496);「叀」字作「」(《合集》27459)、「」(蔡姞簋《圖像集成》5216)。

二者字形的差別在於:「叀」字中部筆畫爲交叉X形,且皆寫出框外,完整寫法作「」狀。「叀」字中部呈十字狀,且筆畫不出框外。儘管戰國文字

---

53 黃國輝:〈清華簡《厚父》新探〉,《出土文獻與先秦經史國際學術研討會論文集(上)》,頁253-255。又見黃國輝:〈清華簡《厚父》新探——兼談用字和書寫之於古書成篇與流傳的重要性〉,《清華大學學報(哲學社會科學版)》,頁68-70。

54 福田哲之:〈清華簡《厚父》的時代暨其性質〉,《第二屆先秦兩漢出土文獻與學術新視野國際研討會會議論文集》,頁180-183。

中有極少數「叀」中部可做交叉狀，但筆畫仍不出框（如《繫年》簡18「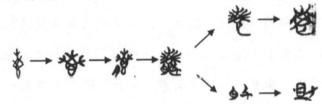」字）。在用字上，「壴」字均讀爲「助」，「叀」字多讀爲語氣詞「惟」或「惠」等，二者判然有別。在語音上，學者們通過對上博八《有皇將起》一段韻文的研究，發現「壴」字正處於韻腳，押魚部韻。這也與讀爲質部的「叀（惠）」字不同。楊安推測「壴」字就是早期的「助」字，後加「肉」、「力」繁化。秦文字保留了从「肉」、「力」的部分，「肉」變形音化爲「且」，形成後世的「助」字。其演變軌跡如下：

以上演變雖仍屬推測，但可以明確的是，清華簡「壽」、「勤」二字所从的聲符非「叀（惠）」，而是獨立的「壴」，它與後世「助」字關係極爲密切。本文將「壴」單列爲一個諧聲系列，字頭讀音據「助」字。[55]

郭倩文：清華簡參《周公之琴舞》、《芮良夫毖》兩篇中有「勤」字寫作：
，從字形上看，與本字顯然非一字。從李學勤先生釋讀。《說文·受部》：「爲，治也。厶子相亂，受治之也。讀若亂同。一曰理也。」《書·顧命》：「其能而亂四方。」蔡沈注：「而，如；亂，治也。」[56]

白於藍、吳祺：這段簡文應當重新斷讀如下：

> 古天降下民，埶（設）萬邦，复（作）之君，复（作）之帀（師），佳（惟）曰其勤（助）上帝。爲（亂）下民之匿（慝）王，迺渴（竭）挽（失）其命，弗甬（用）先折（哲）王孔甲之典刑，真（顛）復（覆）乓（厥）悳（德），湎（沉）涵于非彝，天迺弗若（赦），迺述（墜）乓（厥）命，亡乓（厥）邦。佳（惟）寺（時）下民隹（共）帝之子，

---

[55] 蔣建坤：《清華簡（壹～伍）上古音聲母材料的整理與初步研究》，頁171-172。
[56] 郭倩文：《《清華五》、《上博九》集釋及新見文字現象整理與研究》，頁37。

咸天之臣民，廼弗慫（慎）㐫（厥）悳（德），甬（庸）敘才（在）服？

簡文「畜（亂）下民」是用來修飾「匚（愿）王」，而「匚（愿）」字則又是用來修飾「王」。「愿」字之訓為「惡」，為典籍常訓，故「畜（亂）下民之匚（愿）王」猶言亂下民之惡王。其後「廼渴（竭）愻（失）其命」直至「逑（墜）㐫（厥）命，亡㐫（厥）邦」均是用以描述「亂下民之愿王」的種種惡行以及所造成的惡劣後果。[57]

　　楊家剛：就清華簡《厚父》觀之，天生下民，並爲萬民設邦，各置君，立師，而君與師又爲上帝治理人間之助，適與齛公盨銘文所云「鄉民；成父母，生我王、作臣」相應，亦與《尚書·洪範》所云「曰天子作民父母，以爲天下王」略相應，唯清華簡《厚父》爲天生下民，相當於父母，齛公盨銘文爲天享民而成之父母，《尚書·洪範》則以天子爲民之父母，與《詩經·大雅·泂酌》云：「豈弟（愷悌）君子，民之父母」相應。而《尚書·呂刑》云「今天相民，作配在下」則與齛公盨銘文「廼自作配」相應，「作配在下」者，爲民立君長以助上天相民者之謂，與「作之君，作之師」亦相合。[58]

　　佑仁謹案：楚簡資料中「古」無論獨體或偏旁，一般「口」旁中間並不加點，加點者僅於上博一〈緇衣〉、九店等簡文中可見。這種寫法常見於晉系文字，例如「![字]」（中山王嚳方壺／集成09735）、「![字]」（溫縣盟書WT1K2：159）以及貨幣中亦大量出現，可見此字亦帶有三晉特色。

　　此外，「古」字學者都讀如字，殆是將「古」訓為古代，但這個說法十分可疑。天命常保，古代君王權力來自於天，難道今王就不是受命於天嗎？

[57] 白於藍、吳祺：〈清華簡《厚父》校釋四則〉，《紀念于省吾先生誕辰120周年、姚孝遂先生誕辰90周年學術研討會》，長春：吉林大學，2016.7.10-11，頁142-144。又見《簡帛研究二〇一六·秋冬卷》，（桂林：廣西師範大學出版社，2017.1），頁10。

[58] 楊家剛：〈齛公盨銘文與清華簡《厚父》及《尚書》合論（稿）〉，《2016北大金文博士論文集》，「商周金文、青銅器與商周歷史」博士生論壇，北京：北京大學歷史學系、北京大學中國古代史研究中心暨北京大學出土文獻研究所，2016.12.23-25，頁222。

厚父強調君權神授，何必刻意強調「古」（古代）？此外，若「古」是一個實詞（指「古代」、「古早」），那麼孟子引用時依理不應忽視，筆者比較傾向將「古」讀作「故」，是一個語氣詞。大盂鼎（集成 02837）銘：「古（故）天異臨子，灋保先王，□有四方。」（上天降生了你，讓你輔佐先王，治理四方）亦是談天對於國家、君王的重要性，語境與簡文接近。

由於本段話見於《孟子‧梁惠王下》所引 [59]，而〈厚父〉又為尚書類文獻，因此不少學者認為〈厚父〉即《孟子》書中所引用的《尚書》逸篇。對此，趙平安留有但書，他認為這段話類似常語性質，也可能在不同篇章同時出現，若此，則《孟子》書中所引用的篇章，未必能肯定就是〈厚父〉，楊坤贊成此推測。筆者認為，單依據引文就斷定實出於〈厚父〉，證據力仍確實有一定限度。只不過，《孟子‧梁惠王下》中所引用的「《書》曰」一段文字，除偽古文尚書將之摻入今本《尚書‧泰誓》之外，亦不見於任何文獻所援引，因此《孟子》書中所引即今清華簡之〈厚父〉的可能性仍很高。

「𤔔」本意為治理亂絲，字形從「爰」從「幺」，或加「H」形絲架，因此許慎《說文解字》云：「𤔔，治也。」[60]「亂」字詞義由此孳乳而出，並分化出「亂」字（楚簡中增加「㗊」旁以突顯吵鬧之義），遂導致治理混亂之物可稱「亂」，而混亂的物品與情況亦可稱「亂」，然而，就初形來看，「治」為「𤔔」的本義，因此趙平安認為「𤔔表示『治』應是一種較早的形態」，應可成立。

過去有一類「𢆷」字，音義與「助」有密切關係，很長一段時間都被歸入於「叀」字（後文以△表示）。張惟捷、方稚松都曾經仔細整理這類字在甲骨文中的用例與字形 [61]，但是在甲骨文時期，它們與「叀」尚未能在字形

---

[59] 李學勤主編，《十三經注疏》整理委員會整理：《孟子注疏》，頁 45。

[60] （東漢）許慎撰，（清）段玉裁注，李添富總校訂：《新添古音說文解字注》（三版），頁 162。

[61] 張惟捷：〈甲骨文研究二題——說𤕌與𢆷（助）〉，《殷都學刊》，2013 年第 3 期，頁 1-12。
方稚松：〈關於甲骨文「叀」字構形的再認識〉，《故宮博物院院刊》，2015 年第 2 期，頁 90-

上做出非常大的區隔（參李宗焜：《甲骨文字編》，北京：中華書局，2012.3，頁 1281）。關於這個疑難字，由各方所舉證的資料，有幾個可以確定的點：

（一）楚簡構形與《說文》「惠」字古文「▨」（蕙）寫法完全一樣

《說文‧叀部》云：「惠，仁也。从心从叀。▨，古文惠从卉。」[62]此古文寫法與△字甚近，而許慎所理解的从「卉」聲，應是文字改易解體所導致的錯誤分析。「惠」字作「▨」，充其量只能將「▨」分析成从「艸」旁的「蕙」，可見許慎从「卉」聲，是有意與字音聯繫。此「惠」字古文說明△字與「惠」應有密切的聯繫。

（二）該字於楚簡中確實應讀「助」

楚簡中有以下與「助」相關之資料，如下：

1. 上博八〈有皇將起〉簡 3+簡 1 云：「大路【鐸部】今兮，敦葴與楮【魚部】今兮。慮余子其速長【陽部】今兮，能與余相叀（助）【魚部】今兮。可幾成夫【魚部】今兮，能為余拜楮柧【魚部】今兮。」

2.清華陸〈子產〉簡 17 云：「以勸（助）上牧民」，簡 26-27 云：「以勸（助）政德之固。」

由於〈有皇將起〉是篇韻文，而「叀」又居於韻腳，讀「叀」無法與前後韻腳相叶，若能直接讀為魚部的「助」，則文通字順[63]。〈子產〉兩處用例，讀「助」文意亦十分妥當。由於楚簡讀「助」的用例十分明顯，因此學界逐漸發現這個字其實早已見於金文，只是過去釋為「叀」，而以訓讀的方式與「助」聯繫，例如毛公鼎（集成 02841）：「虔夙夕▨我一人」，現在依據楚簡「助」的讀法，將字逕讀成「助」應會更加直接。[64]

97、160。

[62] （東漢）許慎撰，（清）段玉裁注，李添富總校訂：《新添古音說文解字注》（三版），頁 161。

[63] 高佑仁：〈《上博八〈有皇將起〉字詞考釋〉，第二十六屆中國文字學國際學術研討會，臺中：逢甲大學中文系，2015.5.29-30，頁 300-303。

[64] 前段論述可參看黃天樹：〈禹鼎銘文補釋〉，收於張光裕、黃德寬主編：《古文字學論稿》，（合肥：安徽大學出版社，2008.4），頁 64-67；何樹環：〈金文「叀」字別解〉，逢甲大學

（三）《尚書》中有「惠」訓「助」的例子

陳劍在楊安〈「助」字補說〉文後跟帖指出：

> 《尚書·多方》：「爾曷不夾介乂我周王享天之命……爾曷不惠王熙天
> 之命」，這就是一個確鑿無疑的傳世西周語料中「惠」字義為「助」、
> 與西周金文等全同的例子（「熙」字與史牆盤「盄𤇴（熙）桓謨」之
> 「𤇴（熙）」亦用法正同）。何樹環先生文已經引及「爾曷不夾介乂我
> 周王享天之命」句，卻未提後句「惠」字，亦甚可怪。[65]

《尚書·多方》：「爾曷不夾介乂我周王，享天之命？……爾曷不惠王熙天之
命？」[66]「惠」正與「夾」（輔助）對文，可做為「惠」字有「輔助」義之證。

　　由第一、三兩點來看，△應釋「惠」訓「助」，若依第二點來看，則應
讀「助」。其中第二點由於牽涉到這個字的讀音，對於釋「助」之說，是非
常有利的證據。由甲骨文字形來看，△與一般寫法的「叀」無法區分，可見
△應是由「叀」分化出來的字，因此許慎《說文》將之作為「惠」之古文（即
前述第一點），自不難解釋。「惠」可指對人的恩惠，亦指作動詞「輔助」的
概念，但在金文與部分楚簡資料中，可以直接表示「助」。

　　有些學者刻意想要將△獨立於「叀」字，並企圖為△另外找尋本字。例
如侯乃峰認為乃「菹」之初文，即酸菜，「（圖）」所從的「肉」可視為添加的
義符[67]。華東師大工作室認為「（圖）」字左下角所從之肉是類化符號，即表
示「（圖）」與動物有關。學者認為△乃「菹」（或「葅」）的初文，然「菹」是
酸菜，酸菜類的物品卻以「肉」為義符，誠難服人。華東師大工作室釋為
「蛛」，然古文字已有公認的「蛛」字[68]，且此字不類蜘蛛之形。馬文增認

中國文學系主編：《文字的俗寫現象與多元性：通俗雅正，九五經典：第十七屆中國文字學
全國學術研討會論文集》，（臺北：聖環圖書股份有限公司，2006.5），319-334頁。

[65] 楊安：〈「助」字補說〉，復旦網，文後「學者評論欄」6樓，2011.4.26（2017.11.21上網）。

[66] 李學勤主編，《十三經注疏》整理委員會整理：《尚書正義》，頁545。

[67] 侯乃峰：〈古文字中的「助」字補說〉，李學勤、馮克堅主編：《中國文字博物館系列叢
書·第五屆中國文字發展論壇論文集》，（鄭州：中州古籍出版社，2015.10），頁108-118。

[68] 參季旭昇師：《說文新證》，頁901。

為乃「勤」之異體字，釋法亦屬天馬行空，不可信。

由該字在甲骨文時期與「叀」無法區別這個現象來看，筆者認為將△視為由「叀」所分化出來的字，會比較理想一些。楊安認為清華簡出現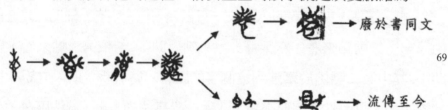，去掉左邊的肉旁和右邊的力旁，大致上就與相似，並說劉雲指出湯鼎（新收 1310），字從力聲，可能是「助」的異體，、與助古音相近，肉形是增加的意符，更原始的字應是，由於字形繁構，漸漸被秦文字的「助」替代。他更指出「助」由楚簡從「肉」演變成到秦漢文字從「且」聲，這是一個變形音化的過程，楊安並且為該字擬定演變脈絡為：

69

我們現在所看到的「助」字都是秦漢以後的資料，可以說「助」應是秦文字體系下的構形，而楊安脈絡圖中的「」，是由「」減省中間的「叀」旁而來，完全是個推測的構形。在出土文獻中，我們從未見到從「肉」從「力」的「助」字（劉雲、楊安將△所從的「力」分析為聲符，二者聲韻遠隔，不可信），亦即沒有任何證據可以支持秦人所使用的「助」是由△演變而來。此外，認為「助」字所從的「且」是由「肉」進一步聲化而來，這更是猜測之詞。

簡文「惟曰其助上帝亂下民」，「亂」字《孟子·梁惠王下》書引作「寵」[70]，「龍」（來紐、東部）、「亂」（來紐、元部）二字的古音雖然聲紐相同，但韻部有距離，王寧認為「『龍』、『亂』同來紐雙聲、東元通轉疊韻，當屬於

---

[69] 楊安：〈「助」字補說〉，復旦網，2011.4.26（2017.6.23 上網），另外還增補資料改題為〈「助」、「叀」考辨〉，收入《中國文字》新三十七期，（臺北：藝文印書館，2011.12），頁155-169。

[70] 李學勤主編，《十三經注疏》整理委員會整理：《孟子注疏》，頁45。

音近通假。相同的情況，〈呂刑〉『苗民弗用靈』，《墨子・尚同中》引『靈』作『練』，二字亦同來紐雙聲而耕元通轉。」筆者認為「東元旁轉」的用例甚少，陳新雄師《古音學》中無此條，筆者亦無法尋得二字通假的直接用例，而且王寧以「耕元旁轉」作為「東元旁轉」的證據，亦不足取。「龍」、「亂」隸楷階段的寫法有一定筆誤的可能，因此筆者認為形誤的機率較高。

〔四〕 王廼渴（遏）脫（佚）其命

王	廼	渴	脫	其	命

王寧：首句的「脫」為「逸」字或體，「逸」與「佚」、「失」均通，「渴逸」不當讀為「竭失」，而應讀為「過佚」或「過失」，《書・君奭》：「在我後嗣子孫，大弗克恭上下，遏佚前人光在家，不知天命不易……」，《漢書・王莽傳上》群臣奏議引《書》曰：「我嗣事子孫，大不克共上下，過失前人光，在家不知命不易。」所引之《書》亦出自《君奭》，其「過失」即「遏佚」，〈厚父〉之「渴逸」也當即這個詞彙，遏是絕義，佚、失都是失去義，「過失」相當於丟失、拋棄的意思。[71]

原整理者：脫，失也，失其命指失去天命。《大學衍義補》：「君失其命則不足以繼天，而君非君也。」[72]

海天遊蹤：《厚父》簡5-6「王廼渴【五】失其命，弗甬（用）先哲王孔甲之典刑」，其中「渴」整理者讀為「竭」，似不通。應讀為「遏」。《漢書・王莽傳》：「我嗣事子孫，大不克共上下，過失前人光」。也就是《書・君奭》：「惟人在我後嗣子孫，大弗克恭上下，遏佚前人光，在家不知，天命不易。」

---

[71] 王寧：〈清華簡〈厚父〉句詁〉，復旦網，2015.1.28，文後「學者評論欄」6樓，2015.1.28（2017.6.23 上網）。

[72] 李學勤主編：《清華大學藏戰國竹簡（伍）》，頁113。

的「過佚」。[73]

壯城：簡文「渴」讀如本字，為「盡」之意。《說文·水部》：「渴，盡也。」段注云：「渴、竭，古今字。古水竭字多用渴，今則用渴為潵矣。」《廣韻·薛韻》：「渴，水盡也。」《周禮·地官·草人》「渴澤用鹿」，鄭注云：「渴澤，故水處。」孫詒讓《正義》：「渴澤，猶竭澤也。澤故有水，今涸竭，則無水可耕。」簡文「王廼渴巇（失）其命」，即「王已經盡失天命。」其原因在於後文「弗甬（用）先斳（哲）王孔甲之典刑，真（顛）復（覆）乒（厥）㥁（德），湳（沉）湎于非彝」，所以「天乃弗若（赦），廼述（墜）乒（厥）命，亡乒（厥）邦」。[74]

郭永秉：「王廼過佚其命」這個「王」，我認為其實應是厚父對問他話的這位王的稱呼。研究者之所以沒朝這個角度去考慮，主要是因為這個「王」後面緊接是一連串壞事，除了是說覆滅王朝的昏王之外，似乎不存在其他可能。但還有一種解釋的可能，就是「王廼過佚其命」以下，並非已然之事，而是一種警示之辭。在《尚書》中，「乃」字有一種類同於假設連詞「若」的用法：

> 乃有不吉不迪，顛越不恭，暫遇姦宄，我乃劓殄滅之無遺育。（《盤庚》）
> 女萬民乃不生生暨予一人猷同心，先后丕降與女罪疾。（《盤庚》）
> 女乃是不蘉（按，《經典釋文》引馬于：「勉也」），乃時惟不永哉。（《洛誥》）
>
> 乃有不用我降爾命，我乃其大罰殛之。（《多方》）

帶下劃線的「乃」，用法當同於「王廼過佚其命」的「廼」，這個「廼」一直管到「淫湎于非彝」（與《盤庚》第一例類似），都是假設之辭；後面「天廼」、「民廼」的「廼」，則都是一般的表示就、才等副詞義的「乃」。全句意思即

---

[73] 見武漢網「簡帛論壇」〈厚父初讀〉55 樓，2015.4.24（2017.6.23 上網）。
[74] 見武漢網「簡帛論壇」〈厚父初讀〉62 樓，2015.4.25（2017.6.23 上網）。

王你如果斷絕天命，不用孔甲留下的常法，顛覆其德，淫洎於不合常規之法，那麼天就不會順著你，要墜命亡國的；下民在職事中自然也不能慎德。其文義、句式，與上舉四例相較，大概是比較易於明白的，應是厚父對夏王所說的教誡之辭。這段話裡的「過佚（失）」一詞，已由「海天遊蹤」等網友釋讀出來，他並指出此詞見於《尚書·君奭》：

> 惟人在我後嗣子孫，大弗克恭上下，過佚前人光在家（引者按，「過佚」《漢書·王莽傳上》引作「過失」），不知天命不易、天難諶，乃其墜命，弗克經歷嗣前人恭明德。

可以注意的是，如果把《君奭》的話與簡文「王廼過佚其命，弗用先哲王孔甲之典型，顛覆厥德，淫洎于非彝，大廼弗若，廼墜厥命，亡厥邦」相較，無論是文義還是邏輯結構，都非常接近，可證我們的理解是有根據的。

沈培先生看過文章後曾提示我，這句話的「王」也有可能是一種泛指，「王廼過佚其命」云云其實是假設一種普遍情況，意思是說：作為王而胡作非為，則會引致一連串致命的結果。我認為這個意見頗有道理。這樣理解的話，厚父的口氣則更加客觀、謙恭。當然，即使是假設一種普遍情況的口氣，厚父的這些話，實質上針對的自然還是這位問話的「王」和當下的形勢。[75]

王坤鵬：郭先生將「王廼過佚其命」的「廼」讀為「若」，表假設。這是很好的意見。前文中，該王認為只要恭敬祭祀，使上天滿意，夏王朝就可以永保在位。在這一部分，厚父糾正了王的觀點，重點提出了「民」的問題。厚父首先指出，下民乃由天而降，是上帝之臣、之子，邦國與君、師之設也是上帝為了更好地管理其降下的臣民。進一步說，王如果不用天命，不法先王，顛覆厥德，首先導致王國滅亡，並且王國治下的民眾亦效法統治者而

---

[75] 郭永秉：〈簡說清華簡〈厚父〉篇應屬《夏書》而非《周書》〉，武漢網，2015.5.6（2017.6.23上網）。又見郭永秉：〈論清華簡〈厚父〉應為《夏書》之一篇〉，《出土文獻與古代文明論文集》，頁 69-72、〈論清華簡〈厚父〉應爲《夏書》之一篇〉，《出土文獻》第七輯，頁 126-130。後者內容有新增不少意見。

「弗慎厥德」，最終都不能長久地保有各自的職位。末一句「弗」字一直管到句尾。[76]

黃凌倩：「渴」通「竭」。王輝《古文字通假字典》：「渴讀為竭，雙聲疊韻。中山王𗊛方壺：『賙渴志盡忠，以獷（佐）右（佑）𡉚（厥）闢（辟）。』馬王堆帛書《老子》甲本《德經》：『……胃（謂）浴（谷）毋已盈將將（此為帛書衍字）恐渴……，乙本作『谷毋已（盈）將渴。』通行本作『谷無已盈將恐竭』。又馬王堆竹簡《天下至道談》：『七孫（損）……三曰渴……』，渴卽衰竭。』」「渴㱲（失）其命」，就是「盡失天命」。「迺」字若理解為表示「就」、「才」的副詞，則與上文無所承接，因為上文厚父回顧歷史，指出上帝降民於王，設立萬邦，作之君、師，是為了幫助上帝治理下民的罪惡，這是強調王的使命。而下文從反面闡述王盡失其命、弗用典刑、顛覆厥德、沉湎於非彝，則上天就不會寬恕，將「墜厥命，亡厥邦」。所以上下文之間承接的這個「迺」，應當如郭永秉先生所說，是表示假設語氣的。[77]

郭倩文：「王」若為動詞，則後缺主語。當為名詞「君王」。馬王堆漢墓帛書甲本《老子·德經》：「胃（謂）浴（谷）毋已盈，將恐渴。」「渴」為「竭」古字。[78]

佑仁謹案：簡文「渴㱲」一詞的讀法非常多，原整理者讀「竭失」，福田哲之、黃凌倩從之，王寧讀「遏佚」或「遏失」，海天遊蹤、郭永秉讀作「遏佚」。以上諸說，雖用字不同，但「竭」、「遏」都有絕、盡之義，而「佚」即「失」義，可見諸說意義上，其實大同小異，但諸說中僅有「遏佚」一說能於古籍裡找到實際用例，因此我們採用此說。《尚書·君奭》：「惟人在我後嗣子孫，大弗克恭上下，遏佚前人光，在家不知。」孔傳：「惟眾共存在我后嗣子孫，若大不能恭承天地，絕失先王光大之道，我老在家

[76] 王坤鵬：〈簡論清華簡〈厚父〉的相關問題（一）〉，復旦網，2015.6.26（2017.6.23 上網）。
[77] 黃凌倩：《清華伍《厚父》、《封許之命》集釋》，頁34。
[78] 郭倩文：《《清華五》、《上博九》集釋及新見文字現象整理與研究》，頁38-39。

則不得知。」[79]將「遏佚」語譯為「絕失」，《漢書·王莽傳上》引作「遏失」[80]。簡文「遏佚」表示失去天命。

郭永秉將「乃」解釋為「若」，表假設語氣，甚是，此意見是釐清本段文義的重要突破。

〔五〕 弗甬（用）先劼（哲）王孔甲之典刑

弗	甬	先	劼	王	孔	甲

之	典	刑

趙平安：過去一般據《周語》和《夏本紀》把孔甲看作「淫亂德衰者」，梁玉繩對此有所反駁，他說：「《傳》曰『有夏孔甲擾於有帝，帝賜之乘龍河漢各二』，是龍降之於天，德之所致也，何言淫亂德衰乎？……所謂淫亂德衰者，蓋誤解《左傳》擾字耳，然其誤實從《周語》來。《國語》不可盡信，其言『孔甲亂夏四世而殞』，猶言帝甲亂商七世而殞，夫祖甲豈亂商哉！」但聲音實在微弱，當今史學界的主流意見是把孔甲看作夏王朝開始崩潰的轉捩點。這也難怪，畢竟《國語》、《史記》都是早期的重要史書，一般情況下，依據它們立論是順理成章的事情。清華簡《厚父》為我們呈現了明晰的孔甲形象，簡文說：「之匿（慝）王廼渴（竭）晚（失）其命，弗甬（用）先斳（哲）王孔甲之典刑（型），真（顛）𩦠（覆）辵（厥）悳（德），湎（沉）湎于非彝，天廼弗若（赦），廼述（墜）辵（厥）命，亡其邦。」「先哲王」

79 李學勤主編，《十三經注疏》整理委員會整理：《尚書正義》，頁519。
80 （東漢）班固撰，（唐）顏師古注：《漢書》，頁4080。

見於《尚書‧康誥》「往敷求于殷先哲王用保乂民」、「別求聞由古先哲王用康保民」、《酒誥》「在昔殷先哲王迪畏天」、《召誥》「茲殷多先哲王在天」等處，《皋陶謨》：「知人曰哲。」「先哲王」指前代賢明的國王。「典刑」見於《舜典》「象以典刑」，古書多作「典型」，《詩經‧大雅‧蕩》：「雖無老成人，尚有典型。」鄭玄箋：「猶有常事故法可案用也。」孔甲被稱作「先哲王」，他的故法、常規被視為後王應該效法的準則。從《厚父》看，孔甲明君的形象是很清晰的。[81]

原整理者：《左傳》昭公二十九年孔穎達疏引《帝王世紀》云：「少康子帝杼，杼子帝芬，芬子帝芒，芒子帝世，世子帝不降，不降弟帝喬，喬子帝廑也。至帝孔甲，孔甲，不降子。」杜預注：「孔甲，少康之後九世君也。其德能順於天。」「典刑」見於《書‧舜典》「象以典刑」。《詩‧蕩》「雖無老成人，尚有典刑」，鄭玄箋：「猶有常事故法可案用也。」[82]

blackbronze：觀簡文，王因為不能用孔甲之典刑，所以墜厥命，亡厥邦。可知孔甲似乎為一有德之帝王。然而傳世文獻中，有關「孔甲」之德行，說法不同。《左傳‧昭公二十九年》「及有夏孔甲，擾于有帝」，楊伯峻注云：杜（預）以孔甲順於天，而《國語‧周語》下云「孔甲亂周，四世而殞」，《史記‧夏本紀》亦謂「帝孔甲立，好方鬼神事，淫亂，夏后氏德衰，諸侯畔之」，與杜注義不同。擾可訓順，亦可訓亂，從下文「帝賜之」推之，杜說是。是楊伯峻認為孔甲之形象，應遵循《左傳》之記載，為有德之君。「擾」字，有柔順之義，如《尚書‧皋陶謨》「亂而敬，擾而毅，直而溫」。又或者解釋為「安定」，如《書經‧周官》「司徒掌邦教，敷五典，擾兆民。」孔傳：「以安和天下眾民，使小大皆協睦。」。柔順、安定於上帝，故上帝賜孔甲乘龍。若將「擾」字解為亂，則孔甲擾亂於上帝，上帝怎麼還會賜乘龍於孔

---

[81] 趙平安：〈《厚父》的性質及其蘊含的夏代歷史文化〉，《文物》，頁83-84。
[82] 李學勤主編：《清華大學藏戰國竹簡（伍）》，頁113。

甲呢？所以杜預所言孔甲「德能順於天」是合理的。然《史記·夏本紀》云：帝孔甲立，好方鬼神，事淫亂。夏后氏德衰，諸侯畔之。天降龍二，有雌雄，孔甲不能食，未得豢龍氏。又《國語·周語下》亦云：昔孔甲亂夏，四世而隕。注云：「孔甲，禹後十四世。亂夏，亂禹之法也。四世，孔甲至桀四世而亡也。此種看法深深影響後世，故李善注《後漢書·地理志》時云：及夏之衰，棄稷弗務，有窮之亂，少康中興，乃復禹迹。孔甲之至桀行暴，諸侯相兼。一脈相承地認為孔甲為無德之君王。然此種形象卻不符合清華伍〈厚父〉與《左傳》中之孔甲。由《史記》中有關孔甲之記載「天降龍二，有雌雄，孔甲不能食，未得豢龍氏」，可知司馬遷撰寫《史記》時，其根據可能與《左傳》相同，甚至就是以《左傳》為根據。故與《左傳》相同，皆以「乘龍」之故事說明孔甲。然而《左傳》以孔甲為有德，《史記》則否，可能即因兩書作者對於「擾」字理解不同所致。司馬遷以「擾」為亂，故認為孔甲擾於上帝，故無德。《左傳》作者及杜預則將擾理解為安定、柔順，便認為孔甲為有德之人。《國語》中有關孔甲之記載甚少，加之成書過程複雜，故無法判斷其所本為何。可能與《史記》有關，或有其他根據亦未可知。以往對於孔甲之形象，根據僅在《左傳》與《史記》、《國語》，故成一難解之問題。現今清華伍〈厚父〉之出現，則大大加強《左傳》及杜預注關於孔甲形象之可信度。[83]

子居：不過對於上古人物，存在正反兩面評價的情況比比皆是，因此恐不能因為《厚父》的記述就說「孔甲明君的形象是很清晰的」，以「弗用先哲王孔甲之典刑」來說，《厚父》篇中雖然認為孔甲是先哲王，但《左傳·昭公六年》：「夏有亂政而作禹刑，商有亂政而作湯刑，周有亂政而作九刑，三辟之興，皆叔世也。」所言夏之叔世，顯然就是指孔甲之時，因此「孔甲之典刑」自然就是《禹刑》。從這個情況看，對後世站在不同立場、持有不

---

[83] 見武漢網「簡帛論壇」〈厚父初讀〉66 樓，2015.4.26（2017.6.23 上網）。

同觀念的人來說，上古人物傳說中的行為，或被肯定，或被否定，都是不奇怪的事情。……「典刑」一詞，甲骨文和西周金文未見，傳世文獻始見於整理者所引《詩經‧大雅‧蕩》的「雖無老成人，尚有典刑。」因此，《厚父》篇屬於春秋時期成文的，於此又得一證。[84]

馬文增：「弗用先哲王」之「用」，「因」義。[85]

郭倩文：甬（用），動詞作謂語，賓語爲「先哲王孔甲之典刑」。[86]

佑仁謹案：先秦兩漢學者對於孔甲的評價兩極，《左傳‧昭公二十九年》云：「及有夏孔甲，擾於有帝，帝賜之乘龍」[87]，是對於孔甲的讚譽，杜預注所謂「（孔甲）其德能順於天」[88]，亦持正面評價。然而《國語‧周語》下云：「孔甲亂夏，四世而殞」[89]，《史記‧夏本紀》亦謂「帝孔甲立，好方鬼神，事淫亂。夏后氏德衰，諸侯畔之」[90]，則將孔甲視為滅國的前兆。

對於歷史人物的功過論定，難有統一見解，古今中外皆是如此，立場不同，自然影響材料的去取，將孔甲視為德之衰者，也絕非僅是將《左傳》「擾於有帝」的「擾」訓「亂」如此單純而已。此外，亦不可因〈厚父〉將孔甲視為哲王，就認為《左傳》與杜預注關於孔甲形象之可信度較高，《史記‧夏本紀》云：「帝桀之時，自孔甲以來而諸侯多畔夏，桀不務德而武傷百姓，百姓弗堪。」[91]《國語‧周語下》云：「水火之所犯，猶不可救，而況天乎？《諺》曰：『從善如登，從惡如崩。』昔孔甲亂夏，四世而隕。」[92]《國語》、

---

84 子居：〈清華簡〈厚父〉解析〉，清華網，2015.4.28（2017.6.23 上網）。

85 馬文增：〈清華簡〈厚父〉新釋、簡注、白話譯文〉，武漢網，2015.5.12（2017.6.23 上網）。

86 郭倩文：《《清華五》、《上博九》集釋及新見文字現象整理與研究》，頁 39。

87 李學勤主編，《十三經注疏》整理委員會整理：《春秋左傳正義》，頁 1730-1731。

88 李學勤主編，《十三經注疏》整理委員會整理：《春秋左傳正義》，頁 1730。

89 徐元誥撰，王樹民、沈長雲點校：《國語集解》，（北京：中華書局，2002.6），頁 130。

90 （西漢）司馬遷撰，（南朝宋）裴駰集解，（唐）司馬貞索隱，（唐）張守節正義：《史記》，頁 75。

91 （西漢）司馬遷撰，（南朝宋）裴駰集解，（唐）司馬貞索隱，（唐）張守節正義：《史記》，頁 77。

92 徐元誥撰，王樹民、沈長雲點校：《國語集解》，頁 130。

《史記》對於孔甲的負面描述肯定有所本，亦有更早的來源，恐未必見得比〈厚父〉晚。目前只能說，〈厚父〉中孔甲的正面形象，能與《左傳》與杜預之說相呼應。

馬文增認為「弗用先哲王」之「用」乃「因」義，此誤。「用」應釋為採用、納用。

〔六〕真（顛）復（覆）乓（厥）悳（德）

真	復	乓	悳

原整理者：《詩・抑》：「顛覆厥德。」[93]

明珍：簡6的「眞」字作，字表作，原考釋釋為「眞」應該是沒問題的。類似的筆法可以參看（參・說下7／貨）的右上、（參・說下4／怎）的右上、（參・良3／畾）的上部，「眞」字鼎上的「七（倒人形）」都是作「V」形，與「貞」字作（四・東1／貞）不同。「貞」字鼎上的「卜」都是作「卜」形。[94]

溜達溜達：《湯在啻門》第一字之「貞」（佑仁按：字作「」），與此「真」，判然有別。[95]

子居：「顛覆厥德」句，整理者直接引《詩・抑》：「顛覆厥德」句為證。而「顛覆」一詞，未見於甲骨文與西周金文，故而當也可由此判斷《厚父》篇的成文不會早於春秋時期。[96]

佑仁謹案：此字確實是上從「七」旁的「眞」字，而非從「卜」的「貞

---

[93] 李學勤主編：《清華大學藏戰國竹簡（伍）》，頁113。
[94] 見武漢網「簡帛論壇」〈厚父初讀〉49樓，2015.4.23（2017.6.23上網）。
[95] 見武漢網「簡帛論壇」〈厚父初讀〉50樓，2015.4.23（2017.6.23上網）。
[96] 子居：〈清華簡〈厚父〉解析〉，清華網，2015.4.28（2017.6.23上網）。

（鼎）」，「七」、「卜」二字構形有別，可作為區分的判準。

簡文「顛覆厥德，湳（沉）湎于非彝」，義同《詩經·大雅·抑》：「顛覆厥德，荒湛于酒。」[97]這段話《尚書·胤征》則作「惟時羲和，顛覆厥德，沈亂于酒」[98]，該篇屬偽古文尚書，則二句或有可能是抄錄自《詩經》。《漢書·五行志下之下》亦云：「顛覆厥德，荒沉于酒。」[99]

雖然「非彝」（不合常規的法度）無法與「酒」畫上等號，但是由簡文「酒非食，惟神之饗。民亦惟酒用敗威儀，亦惟酒用巫狂」云云來看，「酒」正是造成「非彝」的關鍵因素之一。

〔七〕 湳（沉）湎于非彝

湳	湎	于	非	彝

王寧：「非彝」非酒的代名詞，《書·康誥》：「勿用非謀非彝。」孔傳：「勿用非善謀、非常法。」孫星衍疏：「勿用非道之謀，非典之法，以蔽是誠心。」《國語·周語中》：「先王之令有之曰：『天道賞善而罰淫，故凡我造國，無從非彝，無即慆淫，各守爾典，以承天休。』」亦作「非夷」，《逸周書·皇門》：「至於厥後嗣，弗見先王之明刑，維時及胥學於非夷。」孔晁注：「相學與非常也。」[100]

原整理者：湳，通「沉」。湳，泥母侵部；沉，定母侵部。湳、沉古音很近。《書·召誥》：「其惟王勿以小民淫用非彝。」《酒誥》：「誕惟厥縱淫泆于非彝，用燕喪威儀，民罔不盡傷心。」非彝指非常、非法。參《清華大學

---

97 李學勤主編，《十三經注疏》整理委員會整理：《毛詩正義》，頁1368。
98 李學勤主編，《十三經注疏》整理委員會整理：《尚書正義》，頁218。
99 （東漢）班固撰，（唐）顏師古注：《漢書》，頁1511。
100 王寧：〈清華簡〈厚父〉句詁〉，復旦網，2015.1.28，文後「學者評論欄」7樓，2015.1.29（2017.6.23上網）。

藏戰國竹簡（壹）‧皇門》注〔三九〕。[101]

　　許可：「彝」字寫法特殊，但來源有自。其下从又从兩爪之象形。甲骨文「彝」字作✦、✦、✦、✦等形，金文「彝」字或作✦、✦、✦、✦、✦、✦、✦等形，皆會獻出受縛犧牲（或認爲是禽鳥或認爲是人）之意。比較可知，〈厚父〉簡中的「彝」字上方所从▇▇▇形即由甲金文字上方表示犧牲頭部的部分變來。中部寫如「目」之構件，實際上是被縛犧牲身體部分之變。傳抄古文中「彝」字有一體作✦（海1‧7），下似从廾从爪形，上部所从或與簡文此字形相涉。[102]

　　魚游春水：從整理者所引文獻看，何不直接把這個从水从南的字讀爲「淫」。聲韻都很近。詞義上看起來都差不多，但區分起來，「沉湎」和「彝」不是最佳搭配，沉湎的一般都是酒色。淫湎在簡文能更好地和「非彝」搭配。如整理者所引的那樣，《尚書》的「非彝」搭配的都是「淫」。[103]

　　曹方向：「沉湎」和書證當中提到的「淫」、「淫泆」詞義並不等同。我們疑心「湳」可直接讀爲「淫」。簡文「湳」字以「南」爲音符，南、淫兩字同屬侵部。南字屬舌頭音泥母。「淫」字聲母是喻母四等，上古也讀舌頭音，和「南」字聲、韻並近。文獻中五等爵位公侯伯子男的「男」，又作「南」，甲骨文作「任」。「任」和「淫」的基本聲符都是「壬」。古書「淫湎」一詞也十分常見，表示沉迷於酒色，又作「湎淫」。表示沉迷酒色（尤其是酒）的場合，淫湎、湎淫、沉湎的詞義幾乎相等。但這並不表示「淫湎」和「沉湎」完全相同。「沉湎」和「湎」詞義相當，《說文》：「湎，沉于酒也。」但是「淫」和「湎」明顯是各有側重。例如前揭《左傳》文例，不少學者都把「淫」、「湎」落實爲女色和酒。尤其值得注意的是，「淫」還有一個更爲虛

101　李學勤主編：《清華大學藏戰國竹簡（伍）》，頁114。

102　清華大學出土文獻讀書會：〈清華簡第五冊整理報告補正〉，清華網，2015.4.8（2017.6.23上網）。

103　見武漢網「簡帛論壇」〈厚父初讀〉16樓，2015.4.11（2017.6.23上網）。

化的詞義，幾乎可以表示沉迷於任何不合理的行爲之中不能自拔。古籍有很多持續時間過長，超過合理限度的行爲和現象，都稱之爲「淫」。簡文中和「湳湎」搭配的是「非彝」。整理者指出，非彝指非常、非法。可從。換句話說，和「湳湎」搭配的是比較虛化的概念，並非酒色這樣的具體對象。總之，〈酒誥〉的「淫泆」、《召誥》的「淫」以及其他古籍的「淫湎」和「彝」（非彝）搭配，關鍵詞是「淫」而不是「湎」或「沉湎」。簡文「湳湎」和「非彝」搭配，和「湳」相當的關鍵詞是「淫」，「湳湎」可直接讀爲「淫湎」。104

華東師大工作室：「沉」乃「沈」之後起俗形，言讀為「沉」，不若言讀為「沈」。然而讀「湳」為「沈」，讀「湛」如字，其實乃讀「湳」「湛」為一音，即「湛」訓「沒也」之直林切。簡本聲符既有別，所用蓋亦不同音讀之字，讀為同音，恐不合適。許說無此問題。然《說文》即訓「湛」為「沒也」，則在此似無需改讀。古書有「沈湎」有「耽湎」，「湛」既對應「沈」讀，「湳」則容或讀為「耽」，耽在端母侵部，「南」在泥母侵部，音近可通。105

易泉：（許可）這些推測比較有道理。仔細看圖版，字似從鹿從又，是「彝」的會意字。該「鹿」形肢體略扭曲，大概是失去自由被捆縛後的樣子。許可先生所列「彝」字諸形體中有用繩子的，也有沒有用繩子的。〈厚父〉此字沒有看到捆縛用的繩子，似也合乎「彝」字書寫慣例。106

子居：整理者所讀為「沉湎」與曹方向先生所讀為的「淫湎」本來就是一個詞，曹方向先生強為分辨，蓋失之未檢。另外，曹方向先生在其文注五言「資料統計依據香港中文大學中國文化研究所：《尚書逐字索引》，商務印

---

104 曹方向：〈讀清華簡〈厚父〉短札〉，武漢網，2015.4.11（2017.6.23 上網）。
105 華東師範大學中文系出土文獻研究工作室：〈讀《清華大學藏戰國竹簡（伍）》書後（一）〉，武漢網，2015.4.12（2017.6.23 上網）。
106 見武漢網「簡帛論壇」〈厚父初讀〉17 樓，2015.4.13（2017.6.23 上網）。

書館 1995 年 1 月。」且所舉的搭配例子都是不大於 5 的個位數，且不說《尚書逐字索引》是包括偽古文在內的，就只以這麼少的個位數例證而論，恐怕也完全不夠成統計意義上的樣本量，自然是不能作為立論依據的。「非彝」一詞，不見於甲骨文與西周金文，傳世文獻中見於清華簡《皇門》、《尚書・康誥》及整理者所引《召誥》、《酒誥》，另外就是《國語・周語中》引《先王之令》有「無從非彝，無即慆淫，各守爾典，以承天休。」因此可以確定「非彝」是標準的春秋時期詞彙，同樣可由此確定《厚父》篇當成文於春秋時期。[107]

黃國輝：「淫」字，整理者隸作「湳」，通作「沉」。認為湳字古音泥母侵部，沉字古音定母侵部，兩者音近可通。但整理者同時又舉出《書・召誥》「其惟王勿以小民淫用非彝」，《酒誥》：「誕惟厥縱淫泆於非彝」。故筆者以為，整理者所隸定的「湳」字當讀作「淫」。淫字古音餘母侵部，與湳字音近可通。[108]

黃凌倩：整理者將「湳」讀為「沉（沈）」，應當沒有問題。從字音上看，「湳」與「沉」音近，從文意上看，「湳湎於非彝」表示沉迷於非常、非法的事物。曹方向先生認為「湳」應直接訓為「淫用非彝」之「淫」，理由是「淫」在古籍中既可與酒色等具體對象搭配，也可表示沉迷於較虛化的任何不合理行為；而「沉」、「沉湎」搭配的主要是酒、色等具體對象。因而認為在這裡與「非彝」搭配的「湳」字應讀為「淫」。但「沉」、「沉湎」在古籍文獻中是否只能用於和酒、色等具體對象搭配，還缺乏更全面、詳細的考證。華東師範大學中文系出土文獻研究工作室認為「湳」讀「沈」，或可讀「耽」，但「沉湎」一詞習見，則不如仍讀為「沉（沈）」。[109]

---

[107] 子居：〈清華簡〈厚父〉解析〉，清華網，2015.4.28（2017.6.23 上網）。
[108] 黃國輝：〈清華簡《厚父》新探〉，《出土文獻與先秦經史國際學術研討會論文集（上）》，頁 243。又見黃國輝：〈清華簡《厚父》新探——兼談用字和書寫之於古書成篇與流傳的重要性〉，《清華大學學報（哲學社會科學版）》，頁 63。
[109] 黃凌倩：《清華伍《厚父》、《封許之命》集釋》，頁 1-129。

石小力：「彝」字原作⬚，整理者釋「彝」，並引《書‧召誥》「其惟王勿以小民淫用非彝」、《酒誥》「誕惟厥縱淫泆于非彝，用燕喪威儀，民罔不盡傷心」為證（頁 114）。從文義看當無可疑，但該字寫法獨特。趙平安先生指出，該字與目前所見到的「彝」字寫法都不相同。「彝」字甲骨金文中屢見，但目前楚簡中則少見，除見於此篇外，還見於《皇門》簡 7，作⬚。《厚父》「彝」字上部「⬚」形應即由此字「⬚」形訛變而來，類似的演變如楚簡「敬」字一般作⬚（《封許之命》簡 8），而在同一篇中又作⬚（簡 3）；下部的「⬚」形應由金文⬚（《集成》85，酓章鎛）所從「⬚」形變來，而中部的「⬚」形則有可能是「⬚」形的誤摹。[110]

郭倩文：「沈」乃「沉」之本字，「沈湎」一詞見於《書‧泰誓上》：「沈湎冒色，敢行暴虐。」孔穎達疏：「人被酒困，若沈於水，酒變其色，湎然齊同，故沈湎爲嗜酒之狀。」且此篇爲《尚書》逸篇，此處讀爲「沉」不若讀爲「沈」，「沈湎」，猶沉溺也。[111]

佑仁謹案：原整理者「湎」讀「沉」，黃凌倩從之。曹方向讀「淫」，黃國輝從之。華東師大工作室讀「耽」。魚游春水讀「淫」，曹方向認為「湎」（與「沉湎」）所搭配的動詞主要是「酒」而不是「彝」（或「非彝」）。而非彝、過度觀賞、遊覽、聲色、田獵等，則都可以和「淫」字搭配。如此一來，與簡文「非彝」搭配的詞，「淫湎」比「沉湎」更爲合適。

對於「彝」搭配「淫」，「酒色」搭配「沉湎」之說，古籍中是否有這麼嚴格區分，筆者感到比較懷疑，尤其《尚書》中僅能作為參證者，僅〈酒誥〉「誕惟厥縱淫泆于非彝」[112]以及〈召誥〉「其惟王勿以小民淫用非彝」[113]兩條例證而已，樣本數過少，若要據此論證「非彝」絕對不可以與動詞「沉湎」

---

[110] 石小力：〈談談清華簡第五輯中的訛字〉，《出土文獻》第八輯，頁 127。
[111] 郭倩文：《《清華五》、《上博九》集釋及新見文字現象整理與研究》，頁 40。
[112] 李學勤主編，《十三經注疏》整理委員會整理：《尚書正義》，頁 448。
[113] 李學勤主編，《十三經注疏》整理委員會整理：《尚書正義》，頁 472。

搭配成組，恐怕失之太過。

筆者認為「湳」（泥紐侵部）、「沉」（端紐侵部）、「淫」（定紐侵部）、「耽」（端紐侵部）等四字，上古聲紐都是舌頭音，韻部則都屬侵部，且「沉」、「淫」、「耽」都有沉溺、陷溺之義，所以簡文的「湳」要讀成哪個字，似乎音理、文義均能通。尤其值得注意「△湎」一詞，△無論是套入「沉」、「淫」、「耽」任何一者，都可以在古籍中找到實際的用例，仔細思量，「沉」、「淫」、「耽」很可能根本就是同源詞的關係。

值得留意的是，簡文云：「顛覆厥德，湳（沉）湎于非彝」，而《尚書‧胤征》則云：「惟時羲和，顛覆厥德，沉亂于酒」[114]《詩經‧大雅‧抑》作「顛覆厥德，荒湛于酒」[115]，《漢書‧五行志下之下》則作「顛覆厥德，荒沉于酒。」[116]《尚書》的「沉亂」《詩經》作「荒湛」。

簡文「非彝」二字，《尚書》、《詩經》、《漢書》都作「酒」，可見簡文所指的「非彝」就是「酒」。另外，「湳湎」一詞，《尚書》作「沉亂」[117]，可見「湳」通「沉」有理，《漢書》作「荒沉」，「荒」者，亂也。「荒沉」的意思與「沉亂」意思一樣。而《詩經》作「荒湛」，可見「沉」確實能與「湛」通假。

綜上所述，筆者認為「沉」、「淫」、「耽」三字音、義皆近，很可能為同源關係，要指明簡文的「湳」具體是哪個字的假借，是非常困難的一件事。不過，簡文這段話在《尚書》中作「沉亂于酒」，那麼，或許可以據此而將「湳」讀作「沉」。

「非彝」為《尚書》習語，指不合常規的法度。《尚書‧康誥》：「無作

---

[114] 李學勤主編，《十三經注疏》整理委員會整理：《尚書正義》，頁 218。
[115] 李學勤主編，《十三經注疏》整理委員會整理：《毛詩正義》，頁 1368。
[116] （東漢）班固撰，（唐）顏師古注：《漢書》，頁 1511。
[117] 本條為偽古文《尚書》，內容不一定可信，但文句與《詩經‧大雅‧抑》相近，亦應有參考價值，故列於此。

怨，勿用非謀非彝。蔽時忱，丕則敏德。」[118]《尚書·召誥》：「其惟王勿以小民淫用非彝，亦敢殄戮。」[119]《尚書·酒誥》：「誕惟厥縱淫泆于非彝，用燕、喪威儀，民罔不盡傷心。」[120]可參。

《逸周書·皇門》云：「維時及胥學于非夷」，莊述祖注：「夷，常。夷、彝通。」孫詒讓注：「莊說是也。《酒誥》云：『誕惟厥縱淫佚于非彝。』《召誥》云：『其惟王，勿用小民淫用非彝。』《洛誥》云：『女于棐民彝。』……棐、非，夷、彝字通。非彝，猶言非法也。」[121]本句又見清華壹〈皇門〉簡7[122]。王國維云：「周之制度、典禮，乃道德之器械，而尊尊、親親、賢賢、男女有別四者之結體也，此之謂民彝。其有不由此者，謂之非彝。」[123]

字形方面，「彝」字大量見於青銅器銘文，但楚簡中目前僅見三例，皆出於清華簡，如下：

A	B	C
清華壹.皇門.7	清華伍.厚父.6	清華伍.封許之命.06

「彝」字在甲骨金文時期即異體眾多，本義亦莫衷一是。不過，大抵應是將某種犧牲以繩索反縛而用於宗廟祭祀，至於「牲」是「人牲」還是「動物」，若是動物又是何種動物？是雞、鳥、鹿還是豕？目前均無定論，也無法判斷。不過，由 A、C 均从「犬」旁的情況來看，人牲的可能性較低。許可認為 B 形中間的「目」形，是由被縛犧牲身體部分訛變而來，此說有理。不過他認

---

[118] 李學勤主編，《十三經注疏》整理委員會整理：《尚書正義》，頁 438-439。

[119] 李學勤主編，《十三經注疏》整理委員會整理：《尚書正義》，頁 472。

[120] 李學勤主編，《十三經注疏》整理委員會整理：《尚書正義》，頁 448。

[121] 黃懷信、張懋鎔、田旭東撰，李學勤審定：《逸周書彙校集注（上）》（修訂本），頁 551-552。

[122] 清華大學出土文獻研究與保護中心編，李學勤主編：《清華大學藏戰國竹簡（壹）》，（上海：中西書局，2011.1），頁 168-169。

[123] 王國維：〈殷周制度論〉，《觀堂集林》（外二種），（石家莊：河北教育出版社，2003.11），卷第十「史林二」，頁 242。

為傳抄古文中的「」（海1・7），上部所從或與簡文此字形相涉，就字形來看，「」與簡文的「」構形特徵差異較大。

〔八〕 天乃弗若

| 天 | 乃 | 弗 | 若 |

趙平安：釋作「若（赦）」。[124]

王寧：弗若，「若」不當讀為「赦」，「弗若」即不順、不許，見於卜辭，又見於傳世典籍，如〈君奭〉：「有弗若於汝政，弗化於汝訓，辟以止辟，乃辟。」也稱「不若」，卜辭習見，例多不舉；《楚辭・天問》：「何獻蒸肉之膏，而後帝不若？」其意相當於不讚成、不喜歡。〈厚父〉是說夏朝的慝王（邪惡之王，當即夏桀）拋棄他的天命，不用先哲王孔甲的舊法，顛覆其德行，沉湎於酒（「非彝」當即酒的代名詞），上天不喜歡他了，就剝奪了他的天命，滅亡了他的國家。[125]

原整理者：《史記・田儋列傳》「蠚」，《漢書・田儋傳》作「螫」。中山王鼎「若」通「赦」。若、赦音近，此處可讀為「赦」。一說讀如字，訓為順。[126]

馬楠：「若」如字讀，訓為「順」。[127]

子居：《尚書・高宗肜日》：「民有不若德，不聽罪。」曾運乾《正讀》：「若，順也。」《左傳・宣公三年》：「故民入川澤山林，不逢不若。」杜注：

---

[124] 趙平安：〈《厚父》的性質及其蘊含的夏代歷史文化〉，《文物》，頁83。

[125] 王寧：〈清華簡〈厚父〉句詁〉，復旦網，2015.1.28，文後「學者評論欄」6樓，2015.1.28（2017.6.23 上網）。

[126] 李學勤主編：《清華大學藏戰國竹簡（伍）》，頁114。

[127] 清華大學出土文獻讀書會：〈清華簡第五冊整理報告補正〉，清華網，2015.4.8（2017.6.23 上網）。

「若，順也。」《左傳・昭公二十六年》：「王昏不若，用愆厥位。」杜注：「若，順也。」弗若，是標準的殷商文化的語彙，西周金文未見一例，這同樣說明《厚父》篇當是在宋文化背景下成文的。「天乃某某」句式，甲骨文及西周金文皆未見，傳世文獻始見於春秋初期的《尚書・康誥》：「天乃大命文王，殪戎殷。」這自然也說明了《厚父》篇的成文不會早至西周時期。[128]

黃凌倩：若，日聲鐸韻。赦，審聲鐸韻。日審旁紐，所以二字音近可通。[129]

郭倩文：「若」訓「順」，意為「順從」，乃下對上也，如《書・說命中》：「明王奉若天道，建邦設都。」而此處為天對王，乃上對下，故不合於此。取讀「赦」說，《說文・攴部》：「赦，置也。从攴赤聲。」段玉裁注：「『赦』與『捨』音義同，非轉謂赦罪也。後『捨』行而『赦』廢『赦』專為赦罪矣。」《書・湯誥》：「罪當朕躬，弗敢自赦。」[130]

佑仁謹案：趙平安在《清華伍》出版以前將「弗若」讀成「弗赦」，王寧認為「若」字據本字讀，「若」即「順」，後來《清華伍》書中仍讀成「弗赦」，並將王寧的說法視為於「一說」。黃凌倩主張讀「赦」。馬楠、子居、郭倩文則主張據本字讀「若」。

兩種說法在音、義上皆有其理據，但是簡文作「若」，讀「若」可不必多一道通假的手續，訓釋也較簡易直截。簡文「若」指順從。《穀梁傳・莊公元年》云：「不若於道者，天絕之也。」范寧注：「若，順。」[131]而且「弗若」一詞已見《尚書・君奭》[132]，因此據本字讀為「弗若」為佳。

---

[128] 子居：〈清華簡〈厚父〉解析〉，清華網，2015.4.28（2017.6.23上網）。

[129] 黃凌倩：《清華伍《厚父》、《封許之命》集釋》，頁1-129。

[130] 郭倩文：《《清華五》、《上博九》集釋及新見文字現象整理與研究》，頁42。

[131] 李學勤主編，《十三經注疏》整理委員會整理：《春秋穀梁傳注疏》，（北京：北京大學出版社，2000.12），頁72。

[132] 李學勤主編，《十三經注疏》整理委員會整理：《尚書正義》，頁580。

〔九〕廼述（墜）聖（厥）命，亡聖（厥）邦

廼	述	聖	命	亡	聖	邦
廼	述	聖	命	亡	聖	邦

趙平安：〈厚父〉邦作 ▨（簡5）。楚文字一般左形右聲，齊文字兩種寫法都有，但往往於「丰」下加一橫劃，只有晉系文字和〈厚父〉寫法完全相同。[133]

子居：「墜厥命」明顯與春秋初期的《尚書・酒誥》：「今惟殷墜厥命。」《尚書・召誥》：「惟不敬厥德，乃早墜厥命。」《尚書・君奭》：「殷既墜厥命。」的表述如出一轍，因此可以判斷，《厚父》篇的成文時間，當去春秋初期不遠。[134]

福田哲之：郭氏的第二點論據，是將有關夏王朝滅亡的「天廼弗若，廼墜厥命，亡其邦」部分，理解為厚父對問答對於夏王發出的警示。[135]

宋亞雯：除《良臣》篇外，已整理的六輯清華簡中「邦」字還有91例，《厚父》四例與《良臣》形體相同作 ▨，其餘篇皆作 ▨（清・說命中3）。

已發表的六輯清華簡中，《良臣》和《厚父》兩篇中以「邑」爲偏旁的字，「邑」旁均在字形右部，《鄭文公問太伯》乙篇中以「邑」爲偏旁的字共13例，其中4例「邑」旁在左、9例在右，且往往甲篇中「邑」旁在左，乙篇對應字形「邑」旁在右部，剩餘其他篇「邑」旁則均在左。目前所能見到的古文字材料中，「邦」字大致作：

---

[133] 趙平安：〈談談戰國文字中值得注意的一些現象——以清華簡〈厚父〉爲例〉，第一屆漢字漢語文化國際學術研討會，美國：奧克拉荷馬大學，2014.8.15-17，收入《出土文獻與古文字研究》第六輯，頁305。

[134] 子居：〈清華簡〈厚父〉解析〉，清華網，2015.4.28（2017.6.23上網）。

[135] 福田哲之：〈清華簡《厚父》的時代暨其性質〉，《第二屆先秦兩漢出土文獻與學術新視野國際研討會會議論文集》，頁175。

字例	傳抄古文	齊	燕	三晉	楚	秦
邦	𡵂無逸	郱公鎛 璽彙 1942		中山王鼎 哀成叔鼎	郭· 老甲29 包二226	睡· 秦律201 詛楚文

136

佑仁謹案：本篇有三例「邦」字：

厚父.4	厚父.5	厚父.6

趙平安認為本篇的「邦」字聲符「丰」置於左邊，與楚簡一般「丰」置於右邊不同，而「只有晉系文字和〈厚父〉寫法完全相同」，宋亞雯也贊成趙平安之說。其實，「丰」置於左側的寫法也在楚簡出現過：

上博八.成王既邦.1	上博八.成王既邦.8	楚帛書.乙篇.行4-5	楚帛書.乙篇.行5-19

〈成王既邦〉簡1、8是同一為書手所寫（該篇的字跡可分成四組，書寫這兩簡的書手李松儒稱為「A書手」[137]），就這位書手所書寫的文字來看，仍是非常典型的楚文字。楚帛書一般也都視為楚文字，因此認為楚簡「邦」字只能將「丰」聲置於右側，是不合乎事實的。即便是同一個系別的字，例如楚系文字，有沒有可能因為地區的不同，寫法也有差異？這是值得日後持續

---

[136] 宋亞雯：《清華簡中的非典型楚文字因素問題研究》，復旦大學碩士論文，2016.5，頁80-81。

[137] 參李松儒：《戰國簡帛字跡研究——以上博簡為中心》，（上海：上海古籍出版社，2015.7），頁503。

觀察的問題。傳世文獻中多言「墜命」，可與此對觀，如：

《尚書·金縢》：「無墜天之降寶命。」[138]

《尚書·酒誥》：「今惟殷墜厥命，我其可不大監撫于時！」[139]

《尚書·召誥》：「王其疾敬德，相古先民有夏。天迪從子保，面稽天若，今時既墜厥命。今相有殷，天迪格保，面稽天若，今時既墜厥命。……惟不敬厥德，乃早墜厥命。……今王嗣受厥命，我亦惟茲二國命，嗣若功。」[140]

《國語·晉語二》：「敬不墜命，微知可否。」[141]

〔十〕隹（惟）寺（時）下民掋（共）帝之子

隹	寺	下	民	掋	帝	之

子

趙平安：〈厚父〉掋作（簡7），其右旁隹形的寫法與同篇其他隹形的寫法不同。同篇其他隹形的寫法屬於戰國文字的寫法，〈厚父〉屬於早期文字的寫法。[142]

原整理者：句讀為「隹（惟）寺（時）下民掋帝之子」，並云：《說文·隹部》：「𤚥，鳥肥大𤚥𤚥也。鴻，𤚥或从鳥。」《玉篇·隹部》：「𤚥，庸也。」「鴻」即「鴻」之異體，朱駿聲《說文通訓定聲》：「鴻，假借又為傭。」此

---

[138] 李學勤主編，《十三經注疏》整理委員會整理：《尚書正義》，頁395。

[139] 李學勤主編，《十三經注疏》整理委員會整理：《尚書正義》，頁449。

[140] 李學勤主編，《十三經注疏》整理委員會整理：《尚書正義》，頁467-471。

[141] 徐元誥撰，王樹民、沈長雲點校：《國語集解》，頁294。

[142] 趙平安：〈談談戰國文字中值得注意的一些現象——以清華簡〈厚父〉為例〉，第一屆漢字漢語文化國際學術研討會，美國：奧克拉荷馬大學，2014.8.15-17，收入《出土文獻與古文字研究》第六輯，頁305。

處「鴻」疑借為「庸」,《書・益稷》:「帝庸作歌。」庸,乃也。一說「鴻」讀為「共」,《禮記・內則》注「猶皆也」,與下「咸」字同義。下民共帝之子,參《高宗肜日》「王司敬民,罔非天胤」。[143]

　　子居:鴻當訓為均。《周禮・考工記・梓人》:「小首而長,搏身而鴻。」鄭玄注:「鴻,傭也。」《詩・小雅・節南山》:「昊天不傭,降此鞠訩。」毛傳:「傭,均。」《厚父》此句是說下民均是上帝之子,與整理者所引《高宗肜日》「王司敬民,罔非天胤」觀念確實一致,這也類似於現在說的炎黃子孫。[144]

　　王寧:「是下民」是指夏桀統治下的夏朝人民,「隹」即「鴻」字,應該相當於語詞的「洪」,「鴻」、「洪」古字通用。「洪」當是西周早期西土方言中用為加強語氣的語詞(周初八誥自古號稱難讀,就是因為裡面夾雜很多西土方言),西周後周人的語言受中原語言的影響,文獻裡「洪」就不再有這個用法。《厚父》的「鴻(洪)帝之子」就是上帝之子的意思,「鴻(洪)」是為了加強語氣加的虛詞。[145]

　　黃國輝:當從後者釋讀作「共」為是。[146]

　　黃凌倩:「鴻」可從整理者提供的另說,讀為「共」。「下民鴻帝之子」就是說下民都是上帝的子民,與下文「咸」字對應。[147]

　　郭倩文:取整理者讀為「共」說,與下文「咸」呼應。[148]

　　佑仁謹案:原整理者提出兩個意見,一是讀為「庸」訓作「乃」,二是讀為「共」訓作「皆」。黃國輝、黃凌倩皆從原整理者之第二說。子居讀「傭」

[143] 李學勤主編:《清華大學藏戰國竹簡(伍)》,頁114。

[144] 子居:〈清華簡〈厚父〉解析〉,清華網,2015.4.28(2017.6.23上網)。

[145] 王寧:〈清華簡五〈厚父〉之「厚父」考〉,武漢網,2015.4.30(2017.6.23上網)。

[146] 黃國輝:〈清華簡《厚父》新探〉,《出土文獻與先秦經史國際學術研討會論文集(上)》,頁244。又見於黃國輝:〈清華簡《厚父》新探——兼談用字和書寫之於古書成篇與流傳的重要性〉,《清華大學學報(哲學社會科學版)》,頁63。

[147] 黃凌倩:《清華伍《厚父》、《封許之命》集釋》,頁39。

[148] 郭倩文:《《清華五》、《上博九》集釋及新見文字現象整理與研究》,頁42。

訓作「均」。王寧讀作「洪」，認為「鴻」、「洪」古字通用，「洪」為加強語氣的語詞。

　　子居讀「傭」訓「均」，但其所引《周禮·冬官考工記·梓人》：「小首而長，摶身而鴻」、《詩經·小雅·節南山》：「昊天不傭，降此鞠訩。」文句中的「傭」雖釋「均」，但實為「平均」之「均」，而非與「皆」、「都」、「咸」同義的「均」。《周禮·冬官考工記·梓人》：「小首而長，摶身而鴻。」鄭玄注：「鴻，傭也。」[149]俞樾認為「鴻」應讀「隺」，《說文》訓為「鳥肥大」[150]，套用在文例中，比較適當。而《詩經·小雅·節南山》：「昊天不傭」[151]，「傭」是平均之義，與子居所理解的「皆是」之義不同。

　　王寧認為「鴻」讀作「洪」，為加強語氣的語詞，並引《古書虛詞通解》：「洪，助詞。《詞詮》：『語首助詞，無義。』《集釋》：『發聲也。』《釋詞》：『發聲也。』黃侃批云：『洪與侯同，本皆乎字。乎本語之餘，引申而為發聲。乎亦從乞孳乳。』」以證「洪」確實用為語助詞使用。但是，本句依王寧之說則必須讀成：「隹（惟）寺（時）下民隺（洪）帝之子」，王寧將本句語譯成「而他統治的人民都是上帝之子」，「洪」字前後的「下民」與「帝之子」都是名詞，若將「洪」理解為語助詞會使得文義不辭，而實質上，王寧在這兩個名詞之間，加上了動詞「都是」。

　　原整理者第一說將「隺」讀「庸」訓「乃」，第二說將「隺」讀為「共」，「共」可與後文的「咸」對讀。筆者認為以後說為佳，「工」（見東）、「共」（群東）古音接近，可以通假。「惟時」為《尚書》習語，即「是此」（因此、這個緣故），屬轉折連接詞，約莫等同現代話之「於是」或「因此」[152]。簡文「帝之子」即「天之子」當然是指國君而言。

---

[149] 李學勤主編，《十三經注疏》整理委員會整理：《周禮注疏》，頁1332。

[150] （清）孫詒讓：《周禮正義》，頁3383。

[151] 李學勤主編，《十三經注疏》整理委員會整理：《毛詩正義》，頁823。

[152] 參郭維茹：〈今文《尚書》「惟」字分裂句初探〉，《臺大文史哲學報》第八十五期，2016.11，頁152。

〔十一〕 咸天之臣

| 咸 | 天 | 之 | 臣 |

暮四郎：今改在「臣」下斷開，「民乃弗慎乓（厥）惪（德）」當讀為一句。咸，疑讀爲「感」。[153]

郭永秉：將「民」下讀，文例為「咸天之臣，民廼弗慎厥德」。[154]

杜勇：清華簡《厚父》說：「惟時下民帝之子，咸天之臣民」。此與《詩‧大雅‧烝民》所謂「天生烝（眾）民，有物有則」義實相通，都是說為天下萬民為上天之子。《孟子‧告子上》曾引用這幾句詩，用以說明人皆上天所生，同具善良的本性。這就意味著在生命的源頭上，庶民與天子並無不同，區別只在於國家元首不過是天之元子（長子）罷了。《尚書‧召誥》說：「皇天上帝改厥元子，茲（終）大國殷之命。」這是周人以自己的眼光視殷王為天子。《立政》中的周公稱成王為「天子王」，召公所作《召誥》亦謂「有王雖小，元子哉」。今文《尚書‧顧命》既說「用保元子釗弘濟於艱難」，又說「敢敬告天子」，即是以康王釗為天之元子。元子固然有作民君師的特殊地位，但與庶民一樣都是天帝一脈相傳之子。此與漢代以後那種只有皇帝才是上天之子的觀念迥然有別，多少帶有在天帝面前人人平等的意味。[155]

佑仁謹案：筆者贊同郭永秉、暮四郎將「臣」字上讀的意見。簡文「咸天」，暮四郎讀「感天」，「感天」可解釋為對於天的感應，並不能說完全沒有可能，只是語句中「惟時下民雈（共）帝之子」與「咸（感）天之臣」之

---

[153] 見武漢網「簡帛論壇」〈厚父初讀〉11 樓，2015.4.10、87 樓，2016.2.10（2017.6.23 上網）。

[154] 郭永秉：〈論清華簡《厚父》應爲《夏書》之一篇〉，《出土文獻》第七輯，頁 126。

[155] 杜勇：〈清華簡《厚父》與早期民本思想〉，《西華師範大學學報（哲學社會科學版）》，2016 年第 2 期，頁 17。

間，缺乏語意上的聯繫。但是若把「咸」據本字讀而訓為「皆」、「全」、「都」一類義涵，則將能與前文的「共」聯繫，指「下民」和「天子」（帝之子）都是天的臣民，是以筆者採用將「咸」讀如字的說法。

〔十二〕　民廼弗愻（慎）虗（厥）惪（德）

民	廼	弗	愻	虗	惪

趙平安：〈厚父〉慎作（簡7，簡10近似）。戰國時期慎字有四種寫法：第一種從心真聲，作，見於秦文字；第二種從火日聲，作，見於齊文字；第三種作、等形，見於晉系文字；第四種結構最為複雜，作、、、等形，見於楚文字。〈厚父〉慎字與晉系文字相類，來源於西周金文、。字的上部為「椹檟」之「檟」的初文，從斤（鐯）從象形檟，訛變為所，後來成為質的聲符字。〈厚父〉慎字上部所從，與金文近似，其左邊是把裂變的「檟」疊置在一起。[156]

原整理者：「愻虗惪」即「慎厥德」，金文、文獻常見，可參陳劍《說慎》（《簡帛研究二〇〇一》上冊，廣西師範大學出版社，二〇〇一年）。[157]

子居：本句省略了主語「王」，對應的就是上文的「顛覆厥德」；「用敘在服」則是呼應的前文的王所問「永敘在服，惟如台？」[158]

王寧：「慎」當讀為「順」，「廼弗順厥德，用敘在服」就是桀德行敗壞了，「天廼弗若」，而他統治的人民都是上帝之子，知道天意，所以也不順從

---

[156] 趙平安：〈談談戰國文字中值得注意的一些現象——以清華簡〈厚父〉為例〉，第一屆漢字漢語文化國際學術研討會，美國：奧克拉荷馬大學，2014.8.15-17，收入《出土文獻與古文字研究》第六輯，頁304。

[157] 李學勤主編：《清華大學藏戰國竹簡（伍）》，頁114。

[158] 子居：〈清華簡〈厚父〉解析〉，清華網，2015.4.28（2017.6.23上網）。

桀的意願，背叛了，因此夏邦失去了王權，降到了臣服的地位。「弗順厥德」相當於《書‧湯誓》裡的「有眾率殆弗協」，含義是相同的。[159]

馬文增：「沸」，兼文「弗」。「盛」、「向上」義。[160]

郭永秉將「民」下讀，文例為「咸天之臣，民迺弗慎厥德」。[161]

郭倩文：此字乃楚簡常見「弗」字。[162]

宋亞雯：已整理六輯的清華簡中「慎」字還有 5 例，形體如下：

（清‧尹至4）　（清‧琴舞4）　（清‧管仲23）

（清‧管仲10）　（清‧孺子13）

《周公之琴舞》5 號簡中還有還有一例「遄」作，讀為「慎」。均與《厚父》字形結構不同。目前所能見到的古文字材料中，「慎」字大致作：

字例	傳抄古文	齊	燕	三晉	楚	秦
慎	說文 多方	叔尸鎛 龜公華鐘		侯馬璽彙4301	郭‧緇12 郭‧五16	睡‧為吏35

清華簡整理者釋《厚父》7 號、10 號簡「慇」字作「慎」，趙平安認為這種字形與楚系文字常見的「慎」字寫法不同，而與晉系文字這類寫法相合，有可能是受到晉系文字風格的影響。[163]

佑仁謹案：原整理者句讀為「咸天之臣民，乃弗慎厥德」，子居認為本句省略了主語「王」，不可信。王寧將「慎」讀為「順」亦缺乏理據，此即

[159] 王寧：〈清華簡五〈厚父〉之「厚父」考〉，武漢網，2015.4.30（2017.6.23 上網）。

[160] 馬文增：〈清華簡〈厚父〉新釋、簡注、白話譯文〉，武漢網，2015.5.12（2017.6.23 上網）。

[161] 郭永秉：〈論清華簡《厚父》應為《夏書》之一篇〉，《出土文獻》第七輯，頁126。

[162] 郭倩文：《《清華五》、《上博九》集釋及新見文字現象整理與研究》，頁43。

[163] 宋亞雯：《清華簡中的非典型楚文字因素問題研究》，頁110-111。

常見戒慎之「慎」，無須曲解成「順」。

郭永秉將「民」下讀，文例為「咸天之臣，民廼弗慎厥德」[164]，可見本句並非省略主語「王」，而是主語為「民」。目前所見晉系的「慎」字往往見於璽印，尤其集中在格言璽之中，簡文與「」（璽彙 4933）、「」（璽彙 4966），將「櫃」的初文上下堆疊得跟「大」很像，與本簡寫法一致，這確實是晉系風格的「慎」字。

此處的「廼」為連接詞，與「天廼弗若」之「廼」相同。原整理者句讀成「隹（惟）寺（時）下民暀帝之子，咸天之臣民。廼弗愻（慎）氒（厥）惪（德），用敘才（在）服。」將「民」字上讀。子居贊成此說，並主張「弗慎厥德」是省略主語「王」。這樣的意見顯然不妥當的，「民」仍以下讀作為「弗慎厥德」之主詞為宜。

此處厚父回應王的意見是：「王乃遏佚其命，弗用先哲王孔甲之典刑」（王若斷絕天命，不採用先哲王孔甲所制定的刑罰），則上天對於「王」的懲罰是「乃墜厥命，亡厥邦」（最終墜失天命，使國家滅亡），收回天命，滅國亡身，這已經是上天對王最大的報復。那麼「弗慎厥德，用敘在服」指的不應是「王」，一者前面已陳述「乃墜厥命，亡厥邦」的結果，此處無須重複上帝對王的報復。二者，前述指出「下民暀（共）帝之子」，刻意突顯「民」與「君」的地位（同屬天的管理，臣服於天），可見後半要討論的是「民」，「民」應下讀，並作為「弗慎厥德」的主詞。

簡文「弗慎厥德，用敘在服」二句意指由於下民和上帝之子都是天的臣子。因此，當王遏佚天命時，下民也會使用不敬慎的態度面對服事。

---

164 郭永秉：〈論清華簡《厚父》應爲《夏書》之一篇〉，《出土文獻》第七輯，頁 126。

〔十三〕 甬（用）敘（敘）才（在）服

甬	敘	才	服

原整理者釋作「甬（用）敘才（在）服」。[165]

暮四郎：疑讀爲「甬（用）敘（除）才（茲）服」。由於民弗慎厥德，所以失墜此職事。[166]

王寧：「慎」當讀為「順」，「廼弗順厥德，用敘在服」就是桀德行敗壞了，「天廼弗若」，而他統治的人民都是上帝之子，知道天意，所以也不順從桀的意願，背叛了，因此夏邦失去了王權，降到了臣服的地位。「弗順厥德」相當於《書·湯誓》裡的「有眾率殆弗協」，含義是相同的。[167]

郭永秉：「民廼弗慎厥德，用敘在服」，則是指下民不慎德，以（此種態度）在其職事中繼續（或次第處位）。這自然是不好的事情，但並不能說「敘在服」本身是一件不好的事情。如果要強調語氣，甚至也不是不可以考慮，可將「用敘在服」的「用」讀為「庸」，意思類於反詰語氣的「詎」、「安」，全句意謂「民不能慎德，怎能在職事中長久為繼呢？」這樣的話，「敘在服」這件事不是像馬楠先生說的那樣是一件與「永保夏邦」對立的事情，似乎就更清楚了。

馬楠先生認為「『禋祀三后』雖文義未詳，但也當與『朝夕肆（肆）祀』相對，大約意同於《牧誓》『昏棄厥肆祀弗答』」，這種懷疑沒有什麼根據。在此只需指出一點，下面對「作辟事三后」的厚父高祖，是大加肯定的，那為什麼「肆祀三后」就變成壞事了呢？這顯然是不好說通的。[168]

[165] 李學勤主編：《清華大學藏戰國竹簡（伍）》，頁 110。

[166] 見武漢網「簡帛論壇」〈厚父初讀〉11 樓，2015.4.10（2017.6.23 上網）。

[167] 王寧：〈清華簡五〈厚父〉之「厚父」考〉，武漢網，2015.4.30（2017.6.23 上網）。

[168] 郭永秉：〈論清華簡〈厚父〉應為《夏書》之一篇〉，《出土文獻與古代文明論文集》，頁 66-69。又見於郭永秉：〈論清華簡《厚父》應爲《夏書》之一篇〉，《出土文獻》第七輯，頁 123-126。

　　佑仁謹案：「用敘在服」結合前一句「民廼弗愻（慎）氒（厥）悳（德）」，
應指下民雖是臣服於王，但在服事之時，亦不會慎德。郭永秉曾提出「用」
也可以讀作「庸」，表示「安也？」、「何也？」等反問語氣，《莊子・齊物論》
云：「庸詎知吾所謂知之非不知邪？」《釋文》：「庸，用也。詎，何也。猶言
何用也。服虔云：『詎猶未也。』」[169]《淮南子・俶真篇》云：「庸詎知吾所
謂知之非不知歟？」[170]《文子・精誠》「庸詎」作「何」字[171]。就句義來看，
「用」讀如字即可。

---

[169] （唐）陸德明撰：《經典釋文》，（北京：中華書局，1983.9），頁364。

[170] 何寧：《淮南子集釋》，（北京：中華書局，1998.10），頁124。

[171] 王利器：《文子疏義》，（北京：中華書局，2000.9），頁78。

第五節　〈厚父〉考釋（下）

一　釋文

王曰：「欽之𢦏（哉）〔一〕，厚父！隹（惟）寺（時）余經【七】念乃高且（祖）克𡨦（憲）皇天之政工（功）〔二〕，廼虔秉氒（厥）悳（德）〔三〕，㚇（作）辟事三后〔四〕，肄（肆）女（如）其若龜簭（筮）之言，亦勿可遖（專）改〔五〕。兹（茲）【八】少（小）人之悳（德）〔六〕，隹（惟）女（如）紿（台）？」

【語譯】謹慎呀，厚父！所以我時常感念你的高祖效法皇天所奠定的偉大功績，他恭敬地秉持天德，服事三王，如同順從龜筮的占卜結果，不可任意改動。那麼百姓的德性，又如何呢？

厚父曰：「於（嗚）虖（呼）〔七〕，天子！天命不可漗斯〔八〕，民心難測〔九〕，民弋（式）叜（克）共（恭）心芍（敬）愄（畏）〔十〕，畏不恙（祥）〔十一〕，娱（保）教明悳（德），【九】愼（慎）禠（肆）祀〔十二〕，隹（惟）所役之司民啟之〔十三〕。民其亡諒（諒）〔十四〕，廼弗畏不恙（祥），亡㬎（顯）于民〔十五〕，亦隹（惟）歆（禍）之卣（條）及〔十六〕，隹（惟）司民之所取〔十七〕。今民【十】莫不曰余娱（保）季（教）明悳（德）〔十八〕，亦鮮叜（克）以𧩙（誨）〔十九〕。」

【語譯】厚父說：「啊呀，國君！天命不可以漗，民心之向背難以預測。人民如果能夠用恭敬的心敬畏上帝，對於上天不祥的示警感到畏懼，永保教化宣明道德，敬慎祭祀，這都是因為司民啟迪他們。人民缺乏信用，如果對於上天的示警不再感到畏懼，最終上帝將不再對人民示警，則憂患將很快來臨，這也是官員應加強管理之處。現在的人民都會說：「我已經保教明德了，

長官已不能再施予任何教誨了。」

　　曰：「民心隹（惟）㞷（本），乎（厥）叚（作）隹（惟）枼（葉）〔二十〕，引其能丁（貞）良于叚（友）人〔二十一〕，廼洹（宣）弔（淑）乎（厥）心〔二十二〕。【十一】若山乎（厥）高，若水乎（厥）删（{深}）〔二十三〕，女（如）玉之才（在）石，女（如）丹之才（在）桼（漆）〔二十四〕，廼是（寔）隹（惟）人〔二十五〕。」

【語譯】厚父說：「民心是根本，而實際行為則是枝葉，如果能透過朋友引出內心的貞良，那麼就可以宣和淑慎自己的本心。人的本心像山一樣高，像水一樣深，像美玉由璞石琢磨而成，像紅色顏料從漆汁提煉出來，能夠這樣做的人才真可謂是人。」

　　曰：「天龠（監）司民〔二十六〕，乎（厥）徣（徵）女（如）厷（肱）之服于人〔二十七〕。民弋（式）克【十二】芍（敬）悳（德）〔二十八〕，母（毋）湛于酉（酒）〔二十九〕。民曰隹（惟）酉（酒）甬（用）祋（肆）祀〔三十〕，亦隹（惟）酉（酒）甬（用）庚（康）樂〔三十一〕。」

【語譯】厚父說：「上帝監看著司民，其徵驗就像我們操使雙臂般容易察覺，人民能夠敬慎天德，不要沉湎於飲酒。人民會說：酒僅用於祭祀場合，我們也只有在娛樂的場合飲酒。」

　　曰：「酉（酒）非飤（食）〔三十二〕，隹（惟）神之卿（饗）〔三十三〕。民亦隹（惟）酉（酒）甬（用）敚（敗）畏（威）義（儀）〔三十四〕，亦隹（惟）酉（酒）甬（用）亟（極）痙（狂）

〔三十五〕乚。」【十三】

【語譯】厚父說：「美酒並非食物，是用以祭祀鬼神的物品。人民飲酒只會敗壞威儀，也會使人陷入極度瘋狂的狀態。」

厚父◆〔三十六〕【十三背】

二　文字考釋

〔一〕王曰：「欽之弐（哉）

王	日	欽	之	弐

　　子居：「欽哉」或「欽之哉」，不見於甲骨文與西周金文，筆者曾在《清華簡〈保訓〉解析》中舉出傳世文獻中可以見到的辭例，即《逸周書·武穆》：「欽哉！欽哉！余夙夜求之無射。」《逸周書·嘗麥》：「箴大正曰：欽之哉！諸正敬功。」《尚書·堯典》：「帝曰：往，欽哉！……帝曰：欽哉！……欽哉，欽哉，惟刑之恤哉！……帝曰：俞，往，欽哉！……帝曰：咨！汝二十有二人，欽哉！惟時亮天功。」《尚書·皋陶謨》：「皋陶拜手稽首揚言曰：『念哉！率作興事，慎乃憲，欽哉！屢省乃成，欽哉！』……帝拜曰：『俞，往，欽哉！』」由筆者的《先秦文獻分期分域研究之一虛詞篇》的分析可見，這四篇《書》系文獻約皆是春秋前期成文的，再充春秋後期成文的清華簡《保訓》：「欽哉，勿淫！」一例，以及筆者在《清華簡〈保訓〉解析》中曾稱為戰國器而據李夏廷先生《渾源彝器研究》文當為春秋末期器的《魚鼎匕》銘文：「欽哉，出游水蟲。」則可以判斷，「欽哉」或「欽之哉」的所屬時段當即春秋前期至春秋末期。所以，《厚父》篇的成文時間範圍也當是在春秋前期至春秋末期之間。而且，由於《厚父》並沒有使用「欽哉」而是如《逸

周書・嘗麥》一樣使用的「欽之哉」，因此上，當可判斷《厚父》篇的成文時間更接近於《逸周書・嘗麥》的成文時間，即春秋前期左右。[1]

　　佑仁謹案：讀書會時，有成員認為「欽」當為敬佩之意。《禮記・內則》「欽有帥。」，鄭注：「欽，敬也。」[2]《尚書・堯典》：「欽明文思安安。」孔傳云：「欽，敬也。」[3]「欽」訓「敬」之說恐有問題。「欽之哉」一詞以多見於古籍，《逸周書・嘗麥》：「欽之哉，諸正！」[4]「欽」當指謹慎、戒慎。古籍又作「欽哉」，《尚書・堯典》：「帝曰：『往，欽哉！』」孔傳：「敕鯀往治水，命使敬其事。」[5]古籍中相關文例甚多：

《尚書・堯典》	帝曰：「往，欽哉！」九載，績用弗成。[6]
《尚書・堯典》	釐降二女于嬀汭，嬪于虞。帝曰：「欽哉！」[7]
《尚書・舜典》	帝曰：「俞，往，欽哉！」[8]
《尚書・舜典》	咨！汝二十有二人，欽哉！惟時亮天功。[9]
《尚書・益稷》	皋陶拜手稽首，颺言曰：「念哉！率作興事，慎乃憲，欽哉！屢省乃成，欽哉！」乃賡載歌曰：「元首明哉！股肱良哉，庶事康哉！」又歌曰：「元首叢脞哉，股肱惰哉！萬事墮哉！」帝拜曰：「俞，往欽哉！」[10]
《逸周書・武穆解》	欽哉欽哉！余夙夜求之無射。[11]
《史記・夏本紀》	帝拜曰：「然，往欽哉！」[12]

---

[1] 子居：〈清華簡〈厚父〉解析〉，清華網，2015.4.28（2017.6.23 上網）。

[2] 李學勤主編，《十三經注疏》整理委員會整理：《禮記正義》，頁 1006。

[3] 李學勤主編，《十三經注疏》整理委員會整理：《尚書正義》，頁 29。

[4] 黃懷信、張懋鎔、田旭東撰，李學勤審定：《逸周書彙校集注（下）》，（上海：上海古籍出版社，2014.12），頁 742。

[5] 李學勤主編，《十三經注疏》整理委員會整理：《尚書正義》，頁 48。

[6] 李學勤主編，《十三經注疏》整理委員會整理：《尚書正義》，頁 48。

[7] 李學勤主編，《十三經注疏》整理委員會整理：《尚書正義》，頁 54。

[8] 李學勤主編，《十三經注疏》整理委員會整理：《尚書正義》，頁 93。

[9] 李學勤主編，《十三經注疏》整理委員會整理：《尚書正義》，頁 98。

[10] 李學勤主編，《十三經注疏》整理委員會整理：《尚書正義》，頁 155-156。

[11] 黃懷信、張懋鎔、田旭東撰，李學勤審定：《逸周書彙校集注（下）》，頁 329。

[12] （西漢）司馬遷撰，（南朝宋）裴駰集解，（唐）司馬貞索隱，（唐）張守節正義：《史記》，頁 72。

《史記·司馬相如列傳》	欽哉，符瑞臻茲，猶以為薄，不敢道封禪。[13]
《史記·五帝本紀》	欽哉，欽哉，惟刑之靜哉！[14]
《漢書·司馬相如列傳》	欽哉，符瑞臻茲，猶以為薄，不敢道封禪。[15]

「欽哉」一詞出土文獻中多見，如清華壹〈保訓〉簡 4 以及近出魚鼎匕銘文。子居將《尚書》、《逸周書》諸篇視為春秋前期所作，並以之為本篇創作時間的上限，又認為魚鼎匕為春秋末所作，並以之為本篇創作時間的下限，主張凡見「欽之哉（或「欽哉」）」之用例，都是春秋時期的作品，這樣的推論缺乏方法學上的依據。西漢司馬相如〈封禪文〉云：「欽哉，符瑞臻茲，猶以為德薄。」[16]文中亦用「欽哉」，但時間已晚到西漢時代；也用用「欽之哉」文例的《逸周書·嘗麥》，就文辭與內容來看，李學勤定為西周作品，仍是可信的[17]。可見用「欽之哉」一詞將本篇的創作年代斷定在春秋，這樣的手法過於僵化與機械，缺乏理據。

〔二〕 厚父！隹（惟）寺（時）余經念乃高且（祖）克盍（憲）皇天之政工（功）

| 厚 | 父 | 隹[18] | 寺 | 余 | 經 | 念 |
| 乃 | 高 | 且 | 克 | 盍 | 皇 | 天 |

---

[13] （西漢）司馬遷撰，（南朝宋）裴駰集解，（唐）司馬貞索隱，（唐）張守節正義：《史記》，頁 1896。

[14] （西漢）司馬遷撰，（南朝宋）裴駰集解，（唐）司馬貞索隱，（唐）張守節正義：《史記》，頁 22。

[15] （東漢）班固撰，（唐）顏師古注：《漢書》，頁 2602。

[16] （南朝梁）蕭統編，（唐）李善注：《文選》，（北京：中華書局，1977.11），頁 677。

[17] 見李學勤《逸周書彙校集注·序》：「《世俘》、《商誓》、《皇門》、《嘗麥》、《祭公》、《芮良夫》等篇，均可信為西周作品。」參黃懷信、張懋鎔、田旭東撰，李學勤審定：《逸周書彙校集注（上）》，頁 2。

[18] 原書的文字編遺漏此字，暫以原圖代替。

 之	 政	 工

趙平安：〈厚父〉高作 ![字] （簡 12），字上從「口」，與其他系不同，與晉系文字二十九年高都令戈相同。另外，〈厚父〉簡 8「皇天之政工」，借「工」為「功」，也僅見於晉系文字。〈厚父〉憲作 ![字] （簡 8），和西周金文結構相同，不從「心」，到春秋時期才出現了從心的寫法。[19]

原整理者：《書・酒誥》「經德秉哲」，劉逢祿《今古文尚書集解》：「經，常也。」《孟子・盡心下》「經德不回」，朱熹集注：「經，常也。」「經念」猶大克鼎（《集成》二八三六）「永念于厥孫辟天子」之「永念」。「憲」通「憲」，效法，見《詩・崧高》毛傳。[20]

暮四郎：憲，當讀爲「宣」，宣揚之義。[21]

子居：第二人稱代詞「乃」的實際用例最晚為春秋末期，戰國文獻中只有引用春秋材料時才會出現第二人稱代詞「乃」的辭例，這就說明《厚父》篇的成文時間，必不晚於春秋末期。「皇天之政功」即《尚書・堯典》的「天功」、《尚書・皋陶謨》的「天工」（《尚書大傳》、《漢書・律曆志》、《潛夫論・本訓》引《書》俱作「天功」）。功，訓『事』。《堯典》：「惟時亮天功。」《史記・五帝紀》即作「惟時相天事。」蔡沈《集傳》：「使之各敬其職，以相天事也。」《詩經・豳風・七月》：「載纘武功。」毛傳：「功，事也。」《詩經・大雅・崧高》：「世執其功。」毛傳：「功，事也。」所以，「皇天之政功」即「皇天之政事」。[22]

心包：《國語・楚語下》：「龜足以憲臧否，則寶之。」王引之曰：「憲者，

---

[19] 趙平安：〈談談戰國文字中值得注意的一些現象——以清華簡〈厚父〉為例〉，第一屆漢字漢語文化國際學術研討會，美國：奧克拉荷馬大學，2014.8.15-17，收入《出土文獻與古文字研究》第六輯，（上海：上海古籍出版社，2015.2），頁 305。

[20] 李學勤主編：《清華大學藏戰國竹簡（伍）》，頁 114。

[21] 見武漢網「簡帛論壇」〈厚父初讀〉11 樓，2015.4.10（2017.6.23 上網）。

[22] 子居：〈清華簡〈厚父〉解析〉，清華網，2015.4.28（2017.6.23 上網）。

表也。表臧否以示人，故曰『龜足以憲臧否』，《大雅·崧高篇》『文武是憲』《周官·小司寇》『憲禁法』，箋注並曰『憲，表也』。馬王堆帛書《十六經·三禁》「憲古章物不實者死」，「憲」亦章表之義（「物」訓為「灋」）。[23]

黃凌倩：「𢍰」從整理者意見讀為「憲」，「憲」有效法、模仿義。《詩經·大雅·崧高》：「王之元舅，文武是憲。」文武是憲，即效法文王、武王。《三國志·蜀書·郤正傳》：「俯憲坤典，仰式乾文。」憲、式對舉，都表示效法。[24]

郭倩文：（「工」字）從子居先生意見。[25]

宋亞雯：除《厚父》篇外，已整理的六輯清華簡中還有「高」字22例，形體大致如卜：

𠅘（清·湯丘18）　　秦（清·良臣6）

目前所能見到的古文字材料中，「高」字大致作：

字例	傳抄古文	齊	燕	三晉	曾	楚	秦
高	𩫇 石	𩫇 平陽高馬里戈 𩫇 高密戈	𩫇 璽匯1133	𩫇 廿九年高都令戈 𩫇 璽匯1100	𩫇 曾147 𩫇 曾167	𩫇 九·五六46 𩫇 包241 𩫇 鄂君啟車節	𩫇 不其簋蓋 𩫇 睡·秦律51

趙平安認爲《厚父》「高」字上從「口」旁爲晉系文字特徵，列表對比可知類似的形體也見於他系文字材料中。此外，《良臣》「高」字形體也較特別，與習見的楚系文字寫法不同。[26]

佑仁謹案：趙平安認為「𩫇」字與其他系構形不同，而與晉系文字二十九年高都令戈相同，可見「《厚父》保留了明顯的非楚文字特徵」。筆者認

---

[23] 見武漢網「簡帛論壇」〈厚父初讀〉92 樓，2015.8.5（2017.6.23 上網）。
[24] 黃凌倩：《清華伍《厚父》、《封許之命》集釋》，頁 40-41。
[25] 郭倩文：《《清華五》、《上博九》集釋及新見文字現象整理與研究》，頁 44。
[26] 宋亞雯：《清華簡中的非典型楚文字因素問題研究》，頁 115-116。

為，〈厚父〉確實保留三晉文字的色彩，可是對構形進行國別判斷時應謹慎。此類寫法的「高」字確實見於晉系，例如二十九年高都令戈（集成 11302）「高」字作「」（），中間部分從「口」。但這種寫法也出現在被歸類為楚系文字的曾侯乙墓竹簡，其「高」字寫法作「」（曾侯乙 147）「」（曾侯乙 170），中間部分亦是從「口」，與前述的高都令戈幾無差別。除此之外，屬於楚文字的鄂君啟節（楚國官方頒發給鄂君陸路和水路的關稅豁免憑證），其「高」字寫法作：

（鄂君啟車節／集成 12110）

（鄂君啟車節／集成 12111）

二字顯然中間都從「口」形。而感染齊系文字特色的郭店楚簡「喬（嵩）」字形作「」（郭店.語叢 3.15），也是從「口」。除此之外，由宋亞雯所整理的字表來看，這種從「口」形的「高」字還見於傳抄古文、燕系文字。

綜上所述，可見認為這類中間從「口」的「高」字非楚系所能有，恐不可信。近年戰國文字材料日多，許多過去認為專屬於某一地區的字，隨著資料更新，現在可能都要有所修正。

簡文「皇天之政工（功）」，趙平安認為借「工」為「功」，僅見於晉系文字；宋亞雯並引用周波的研究以證，說以「工」表「功」僅見於晉系文字，似乎不夠準確。西周金文已有為數不少以「工」讀「功」的例證[27]，筆者以中研院史語所之「殷周金文暨青銅器資料庫」為例，春秋早期金文楚大師登鐘（新收 1466-1471）銘文云：「武于戎工（功）」，春秋中期子犯編鐘（新收 1009-1010、新收 1021-1022，春秋中期）銘文云：「孔休大工（功）」，均以「工」讀「功」。郭店〈成之聞之〉簡 23 云：「勉之遂也，強之工（功）也，陳之淹也，辭之工（功）也。」字體上〈成之聞之〉歸屬於楚文字[28]，可見

---

[27] 朱力偉：《兩周古文字通假用字習慣時代性初探》，吉林大學博士論文，2013.6，頁 64。
[28] 單育辰指出：「郭店《性自命出》、《尊德義》、《成之聞之》、《六德》四篇的書體風格，從

楚文字也有以「工」表示｛功｝的例證。受齊文字影響的上博一〈孔子詩論〉[29]，簡 5 云：「又城（成）工（功）者可（何）女（如）？」亦假「工」為「功」，而《古文四聲韻》亦假「工」為「功」[30]。綜上所述，楚系、齊系文字也有以「工」表示｛功｝的例證，並非晉系文字所獨有。

　　大克鼎（集成 02836）銘文云：「經念厥聖保祖師華父」，用法與簡文如出一轍，都在「經念」一詞後接代名詞，差別只在「銘文」的「厥」（也就是「其」）為第三人稱代詞，指膳夫克。而簡文作「乃」指第二人稱，訓為「你的」，對象當然是指厚父。關於「乃」字，子居已認定本篇為春秋產物，並主張「乃」最晚用於春秋末期，因此本篇「必不晚於春秋末期」。此說有循環論證的疑慮。古漢語中「乃」訓作「你」或「你的」，有一段非常漫長的歷史，《漢書·高帝紀》記載劉邦訓斥酈食其之語云：「豎儒幾敗乃公事！」[31]可見漢人亦用「乃」，直到陸游〈示兒〉詩：「王師北定中原日，家祭無忘告乃翁。」[32]「乃」還是第二人稱代詞，可見「『乃』的實際用例最晚為春秋末期」云云，不足信。西周金文中「乃」亦常指「你的」：

弔氏若曰：「逆，乃祖考許政于公室。」（逆鐘／集成 00061）

王命龘侯伯晨曰：「嗣乃祖考侯于龘。」（伯晨鼎／集成 02816）

「賜汝乃祖旂，用事。」（善鼎／集成 02820）

「昔乃且（祖）亦既令乃父死司𡧎人。」（卯簋蓋／集成 04327）

寫法上看，這四篇為典型的楚文字，雖然它們在書寫上和我們目前所見的楚文字在書寫有一些特異之處，但這些差別是在楚系文字限度內的差別，並不構成非楚系文字的特徵。」見單育辰：《郭店《尊德義》《成之聞之》《六德》三篇整理與研究》，（北京：科學出版社，2015.11），頁 380。

[29] 陳松長、吳振紅將上博《孔子詩論》、《子羔》、《魯邦大旱》、《中弓》、《吳命》等篇歸類為「同一書手所抄寫的同一種書體類型」並認為諸篇「受到過齊國書風的影響」。參陳松長、吳振紅：〈上博楚簡書體特徵個案分析〉，《湖南大學學報》（社會科學版），2010 年第 4 期，頁 23-27。

[30] 徐在國：《傳抄古文字編》，（北京：線裝書局，2006.11），頁 1386。

[31] （東漢）班固撰，（唐）顏師古注：《漢書》，頁 40。

[32] 錢鍾書：《宋詩選註》，（北京：人民文學出版社，2000），頁 191。

其用法與本篇相同。「經念」一詞已見大克鼎，張政烺《周厲王胡簋經典釋文》云：「《毛公鼎》：『今余唯肇巠先王命』，巠蓋讀為經。《詩經·小雅·小旻》：『匪大猶是經』，箋：『不循大道之常』，則經是循常。」[33]

簡文「憲」字，原整理者訓「效法」，暮四郎訓「宣揚」，心包訓「章表」。筆者認為由於受詞為「皇天」，則「憲」理解為「效法」比較理想。

〔三〕 廼虔秉氒（厥）惪（德）

廼	虔	秉	氒	惪

賈連翔：〈厚父〉文中有兩處其他書手補入的字跡，分別在簡8和簡9上，且此二處文字的佈局更加緊密，應為後來校對補足的內容。如：

原文書手的「惪」寫作，補文書手則寫作。（此字下面有刮削痕跡）

原文書手的「天」寫作，補文書手則寫作。

原文書手的「子」寫作，補文書手則寫作。[34]

子居：「虔秉」云云，甲骨文和西周金文未見，「虔秉厥德」句明顯類似於春秋末期的越《者汈鐘》銘「汝亦虔秉丕經德」，陳夢家先生《六國紀年》已指出「此器作於越王勾踐之十九年」，《厚父》既然有相似句式，其成文時間自然非常可能是比較接近，這同樣有利於前文所推測的《厚父》篇成文於春秋前期之末至春秋後期之初。[35]

佑仁謹案：賈連翔所謂的兩處補入，就簡文來看應是指簡8的「氒（厥）惪（德）癹（作）」三字，以及簡9「天子天」三字和「天命不可漗斯」的

---

[33] 張政烺：《周厲王胡簋經典釋文》，《古文字研究》（第3輯）（北京：中華書局，1980.11），頁106。

[34] 清華大學出土文獻讀書會：〈清華簡第五冊整理報告補正〉，清華網，2015.4.8（2017.6.23上網）。

[35] 子居：〈清華簡〈厚父〉解析〉，清華網，2015.4.28（2017.6.23上網）。

「濾」等四字，兩處共計七字。就字形來看，確實與正文寫法有異，就行款來看，除了「濾」可直接補於字與字之間，其餘兩處三字的補文，均需刮掉原有的字形。

「虔秉」指恭敬地秉持，子居認為「虔秉」見於春秋末期的越《者沪鐘》（該器的斷代有爭議，例如董珊就定為戰國時期 36），於是乎將〈厚父〉寫作時代的下限構擬在春秋末期。但就筆者所見資料來看，「虔秉」一詞僅見於者沪鐘與〈厚父〉兩處（《韓詩外傳》：「武王載旆，有虔秉鉞」與此雖句法稍有不同，但意義接近 37），樣本數太少，不足以成為討論〈厚父〉簡下限的判準。

〔四〕 㱃（作）辟事三后

㱃	辟	事	三	后

趙平安：「三后」古書多見，用法各不相同，《厚父》應指夏代的三位君王。「王」在回顧夏代歷史的時候，重點點了「禹」和「啟」，然後籠統地談到其後的「㝡（夏）之斳（哲）王」，「禹」和「啟」在「王」心目中有特殊地位是顯而易見的。厚父談到「愿王」失命時，提到他們「弗甬（用）先斳（哲）王孔甲之典刑（型）」，又揭示了孔甲在夏代君王中的榜樣地位。因此從《厚父》本身看，「三后」很可能是指禹、啟和孔甲，他們都是夏代後裔心目中的偶像。夏之「三后」出現在表示祭祀的動詞之後，可能是一個與祀典有關的概念，類似於楚國祀典中的「三楚先」。38

蚊首：「㱃」似要讀「胥」，輔相之義。（參裘可晶先生《古文字研究》

---

36 董珊：〈越者沪鐘銘新論〉，復旦網，2008.3.1（2017.6.23 上網）。
37 屈守元：《韓詩外傳箋疏》，（巴蜀書社，1996.3），頁 341。
38 趙平安：〈《厚父》的性質及其蘊含的夏代歷史文化〉，《文物》，頁 84。

第三十輯，頁 411-412）又疑驫羌鐘「作艾聿（厥）辟韓宗」之「作」亦或如是，「脣」「艾」同義連文。（參白於藍文《古文字研究》第二十九輯，頁 425-429）。[39]

原整理者：作，訓則，《書·酒誥》：「作稽中德。」參屈萬里《尚書集釋》（中西書局，二〇一四年，第一六四頁）。「辟事」見於威鼎（《集成》二八二四）「唯厥使乃子威萬年辟事天子」，是侍奉的意思。[40]

松鼠：簡 11 背實是「廿一」，但為「十一」的誤寫。又簡 8、11 的「作」其實都從「尸」而不從「人」。[41]

子居：「作」當訓「始」，《詩·魯頌·駉》：「思馬斯作。」毛傳：「作，始也。」《荀子·致士》：「道之與法也者，國家之本作也。」王念孫《讀書雜誌·荀子二》：「作者，始也。」辟，即君，指諸侯。《詩經·大雅·假樂》：「百辟卿士，媚于天子。」鄭玄箋：「百辟，畿內諸侯也。」《詩經·商頌·殷武》：「天命多辟，設都于禹之績。」《毛傳》：「辟，君。」朱熹《集傳》：「多辟，諸侯也。」故「辟事」猶言「服事」。[42]

郭永秉：文中兩次出現所謂「三后」，整理者已經正確指出，就是「指夏代的三位賢君」，這在我看來是完全正確的。這位王是問厚父，作為「後王」來饗國並祭祀夏代三后，到底是該怎麼樣？為什麼要問厚父，這顯然是因為下面王提到的，「惟時余經念乃高祖克憲皇天之政功，廼虔秉厥德，作辟事三后」，即因為厚父的高祖曾有效法繼承皇天政功，且秉德事奉夏之三后之功績的緣故。厚父是夏代早期三后輔佐大臣的後代，王沒有忘懷這一點，所以才特地問他前文人之德、小人之德如何。既然如此，所謂要祭祀三

---

[39] 見蚊首：〈清華簡《厚父》「知天之威載」〉，武漢網「簡帛論壇」1 樓，2015.1.24（2017.6.23 上網）。

[40] 李學勤主編：《清華大學藏戰國竹簡（伍）》，頁 114。

[41] 見武漢網「簡帛論壇」〈厚父初讀〉28 樓，2015.4.17（2017.6.23 上網）。李松儒：〈清華五字迹研究〉，武漢大學簡帛研究中心：《簡帛》第十三輯，（上海：上海古籍出版社，2016.11），頁 80。

[42] 子居：〈清華簡〈厚父〉解析〉，清華網，2015.4.28（2017.6.23 上網）。

后的「後王」（即繼承前代王位的王），和前文提到的「夏之哲王」一樣，無疑皆是指夏代的君主，而斷不可能是周王。我們不能簡單因為通篇多稱「夏之哲王」、「夏邦」、「夏邑」就貿然判斷說話者是在與己身對立的立場上講這些內容的，而應該綜合地從全篇文義、主旨來判斷。簡帛網上有網友「ee」提出質疑，認為文中兩個「三后」都是周之三后而非夏之三后，矛盾叢結實即在於以王為周王、厚父是周王大臣這一點，在我看來這種誤會自然是沒有必要的。夏代滅亡後，後人被封於杞，在整個西周時代的傳世和出土文獻中，幾乎不聞任何夏代後人為周王朝卿士的記載。《史記·夏本紀》司馬貞《索隱》說「周有彤伯，蓋彤城氏之後」（彤城氏為姒姓之後分封的一支），也是推測之辭，即使可信也當與此篇無關。[43]

黃凌倩：「作」從整理者意見訓為「則」。[44]

郭倩文：從整理者訓為連詞「則」，更突出動詞之間的承接關係。[45]

佑仁謹案：「三后」即三位國君，但由於本篇的時代背景仍有疑義，因此究竟是哪三位國君，爭議非常大。松鼠（李松儒）認為簡 8、11 的「作」應從「尸」而不從「人」，實則以視為從「弓」為妥。「作」字筆者傾向贊成子居訓「始」。蚊首認為「作」當讀「胥」，訓作「輔佐」。筆者認為訓成輔佐之義會與後文的「辟事」文義重複。

「辟事」為金文之習語，指為國君效勞、服事。師西鼎（新收 1600）：「貃夙夜，辟事我一人。」牧簋（集成 02824）：「唯厥吏（使）乃子牧萬年辟事天子。」有時亦可省略成「辟」，敬事天王鐘（集成 00073-00081）「敬事天王」，癲簋（集成 04170-04177）：「用辟先王」，皆是其例。

本簡的序號作「」，乍看之下大抵符合「十一」的構形，但原文實作

43 郭永秉：〈簡說清華簡〈厚父〉篇應屬《夏書》而非《周書》〉，武漢網，2015.5.6（2017.6.23上網）。
44 黃凌倩：《清華伍《厚父》、《封許之命》集釋》，頁 41。
45 郭倩文：《《清華五》、《上博九》集釋及新見文字現象整理與研究》，頁 44。

「▨」，確實如松鼠所言，書手已誤作「廿一」，且字形表在經電腦編輯後，字形已有失真。

〔五〕 肆（肆）女（如）其若龜簪（筮）之言，亦勿可連（專）改

肆	女	其	若	龜	簪	之

言	亦	勿	可	連	改

原整理者：肆，句首助詞。《禮記·表記》：「子言之：昔三代明王，皆事天地之神明，無非卜筮之用，不敢以其私褻事上帝。是故不犯日月，不違卜筮。」連，即「遷」字，《龍龕手鑒·辵部》：「遷，俗；遄，今。速也，疾也。」從簡文看，「遷」字出現應很早，未必是俗字。遷，讀為「專」，《廣雅·釋言》：「專，擅也。」[46]

暮四郎：連疑當讀爲「轉」，與「改」義近連用。[47]

蚊首：「連」讀為「斷」或「轉」，訓為「棄」，看蔡偉《讀書叢札》「斷棄」條（《出土文獻與古文字研究》第三輯，507頁）當然，讀「轉」、訓更、徙也是可以的。[48]

壯城：「肆」，為祭祀之名稱，如簡文中「肆（肆）祀」、「律（肆）祀」與「祧（肆）祀」。《周禮·春官·典瑞》「裸圭有瓚，以肆先王」，鄭注云：「肆，解牲體以祭，因以為名。」《史記·周本紀》「今殷王紂為婦人言是用，自棄其先祖肆祀不答。」裴駰集解引鄭玄曰：「肆，祭名。」

---

46 李學勤主編：《清華大學藏戰國竹簡（伍）》，頁114。
47 見武漢網「簡帛論壇」〈厚父初讀〉11 樓，2015.4.10（2017.6.23 上網）。
48 見武漢網「簡帛論壇」〈厚父初讀〉21 樓，2015.4.14（2017.6.23 上網）。

「連」，原整理者說可從。連，讀為「專」，為「專擅、自行決定」之意。《廣雅‧釋言》「專，擅也。」《左傳‧桓公十五年》「祭仲專，鄭伯患之。」《三國志‧吳書‧吳主傳》「廊廟之議，王者所不得專。」

簡文「鼏（肆）女（如）其若龜籉（筮）之言亦勿可連（專）改」，應讀為「鼏（肆）女（如）其若龜籉（筮）之言，亦勿可連（專）改」。意為：「祭祀如同龜筮，不可擅自更動決定。[49]

子居：鼏（肆）女（汝）其若龜籉（筮）之言，亦勿可連（專）改。龜筮連稱，始見於約成文於春秋前期的《尚書‧洪範》：「龜筮共違於人。」故《厚父》的成文，估計不早於《洪範》。而看重龜筮的結果，認為不可改變，這顯然又不是戰國時的思想特徵，甚至在春秋後期、末期，就已多見對龜筮結果的質疑。因此上，《厚父》篇的成文時間，也當不會晚至戰國時期。[50]

youren：「肆」應為連接詞，表因果關係，相當於「故」、「所以」。《爾雅‧釋詁下》：「肆，故也。」《書‧大禹謨》：「肆予以爾眾士，奉辭罰罪。」孔傳：「肆，故也。」[51]

黃國輝：「如其諾」簡文作「女其若」。筆者以為，「女」當讀為「如」，「如其」辭例，此處表示至於之意，典籍多見。「若」當讀為「諾」，許也。許龜之事，亦可見《尚書‧金縢》。[52]

黃凌倩：王輝《古文字通假字典》：「連讀為團，雙聲疊韻。……劉雨《信陽楚簡釋文與考釋》（《信陽楚墓》附錄）云叀與專通，而專又通剸……」又：「迺讀作轉。」則叀、連與專、轉音近可通。《說文》：「擅，專也。」「連」字讀「遄」訓「擅」，抑或讀「轉」訓「改」，有待進一步考證，從文意看皆

---

[49] 見武漢網「簡帛論壇」〈厚父初讀〉63 樓，2015.4.25（2017.6.23 上網）。

[50] 子居：〈清華簡〈厚父〉解析〉，清華網，2015.4.28（2017.6.23 上網）。

[51] 見武漢網「簡帛論壇」〈厚父初讀〉77 樓，2015.5.23（2017.6.23 上網）。

[52] 黃國輝：〈清華簡《厚父》新探〉，《出土文獻與先秦經史國際學術研討會論文集（上）》，頁 244。又見於黃國輝：〈清華簡《厚父》新探——兼談用字和書寫之於古書成篇與流傳的重要性〉，《清華大學學報（哲學社會科學版）》，頁 63。

可。[53]

　　郭倩文：黃說之「許龜之事」，見於《尚書·金滕》：「今我既命于元龜，爾之許我，我其以璧與珪歸俟爾命；爾不許我，我乃屏璧與珪。」孔安國注：「許謂疾瘳待命當以事神；不許謂不愈也。」「許龜」指占卜得到的結果。但傳世典籍未見「諾龜＼諾龜筮」之語，且簡文此處從文意看，讀如本字更宜。[54]

　　佑仁謹案：有學者將「肆」理解為祭祀，或許是本篇簡 3 有「朝夕肄（肆）祀」一語，而「肆」當訓為「祭祀」之故。然而不同文例，雖是同一字，訓義也未必盡同。從本處的文例來看，王的談話內容並未牽涉到祭祀問題，突然冒出「祭祀不得擅改」之語，於理不通。這種置於篇首的「肆」，應視為連接詞，詞意與「故」接近。《爾雅·釋詁下》：「肆，故也。」[55]《孟子·盡心下》：「肆不殄厥慍。」[56]《漢書·翟方進傳》：「古讖著言，肆今享實。」顏師古注：「肆，故也。」[57]這樣的用法不只見於古籍，青銅器銘文、楚簡裡也很常見，例如清華壹〈皇門〉簡1「鯀（肆）朕酉（沈─沖）人非敢不用明刑」，原整理者即指出：「鯀，讀爲『肆』，《說文》：『鯀，希屬，从二希。繇，古文鯀。《虞書》曰：鯀類于上帝。』段玉裁注：『《堯典》文。許所據蓋壁中古文也，伏生《尚書》及孔安國以今文讀定之。古文《尚書》皆作肆，太史公《史記》作遂。然則漢人釋肆爲遂，即《爾雅》之『肆，故也』。壁中文作鯀，乃肆之假借字也。』簡文『鯀』爲句首語助詞，無實意，此用法屢見《尚書》諸篇。」[58]黃懷信也指出「肆，故也。然則今本『建』，

[53] 黃淩倩：《清華伍《厚父》、《封許之命》集釋》，頁 42。

[54] 郭倩文：《《清華五》、《上博九》集釋及新見文字現象整理與研究》，頁 45-46。

[55] 李學勤主編，《十三經注疏》整理委員會整理：《爾雅注疏》，（北京：北京大學出版社，2000.12），頁 40。

[56] 李學勤主編，《十三經注疏》整理委員會整理：《孟子注疏》，頁 459。

[57] （東漢）班固撰，（唐）顏師古注：《漢書》，頁 3432-3433。

[58] 清華大學出土文獻研究與保護中心編，李學勤主編：《清華大學藏戰國竹簡》（壹），（上海：中西書局，2011.1），頁 164。

亦當是『肆』字之誤。」[59]禹鼎（集成 02833）：「肆武公亦弗叚忘朕聖祖考幽大叔、懿叔」、「肆禹亦弗敢惷」、「肆師彌怵匒恇」、「肆武公廼遣禹率公戎車百乘」，諸「肆」字都是此用法。

「龜筮」即占卜，古代以龜甲獸骨斷禍福曰「卜」，用著草以定吉凶則曰「筮」。《尚書・大禹謨》：「鬼神其依，龜筮協從。」[60]蔡沈《書經集傳》云：「龜，卜；筮，著。」[61]《淮南子・說林訓》：「卜者操龜，筮者端策，以問于數，安所問之哉！」[62]上博四〈曹沫之陣〉簡 52：「及爾龜筮，皆曰勝之。」則是在戰爭過程中進行占卜。

「連改」一詞，原整理者釋為「專改」，指「擅改」，龐壯城從之。暮四郎讀「轉改」，「轉」與「改」義近連用。蚊首讀「斷」或「轉」，訓「棄」；又提出讀「轉」訓更、徙。諸說實大同小異，都有一定道理，但也無法成為定論。筆者從原整理者之說讀為「專改」，《廣雅・釋言》：「專，擅也。」[63]《左傳・桓公十五年》：「祭仲專，鄭伯患之。」[64]此處是說對於占卜後的結果不應任意的否決、更改。《禮記・表記》：「子言之：『昔三代明王皆事天地之神明，無非卜筮之用，不敢以其私，褻事上帝。是故不犯日月，不違卜筮。卜筮不相襲也。大事有時日，小事無時日，有筮。外事用剛日，內事用柔日。不違龜筮。』」[65]即完全接受卜筮的結果，不加以人為主觀的改動。

「女（如）其若」，「如其」從黃國輝之說，訓成至於、至如一類用法。《論語・先進》：「求也為之，比及三年，可使足民。如其禮樂，以俟君子。」

---

[59] 黃懷信：《清華簡〈皇門〉校讀》，武漢網，2011.3.14（2017.6.23 上網）。

[60] 〈大禹謨〉雖屬於偽古文尚書，但是對於古代社會文化的認識，不非全然沒有意義。參李學勤主編，《十三經注疏》整理委員會整理：《尚書正義》，頁 114。

[61] （宋）蔡沈：《書經集傳》，見《景印攡藻堂四庫全書薈要》第十九冊（臺北：世界書局，1969），頁 14。

[62] 何寧：《淮南子集釋》，（北京：中華書局，1998.10），頁 1178-1179。

[63] （清）王念孫：《廣雅疏證》，（上海：上海古籍出版社，1983.6），頁 575。

[64] 李學勤主編、《十三經注疏》整理委員會整理：《春秋左傳正義》，（北京：北京大學出版社，2000.12），頁 236。

[65] 李學勤主編，《十三經注疏》整理委員會整理：《禮記正義》，頁 1745。

66《三國志・蜀志・姜維傳》:「與其兵不過萬人。」裴松之注引晉・習鑿齒《漢晉春秋》云:「費禕謂維曰:『……且不如保國治民,敬守社稷,如其功業,以俟能者,無以為希冀徼倖而決成敗於一舉。』」67此外,黃國輝將「若」讀為「許諾」之「諾」,恐不可信,此處所言的「龜筮」與〈金縢〉許龜之事無關。

筆者認為「若」應訓「順」,《左傳・昭公二十六年》云:「至於幽王,天不吊周,王昏不若,用愆厥位。」杜預注:「若,順也。」68《詩經・大雅・烝民》云:「邦國若否,仲山甫明之。」朱熹集傳:「若,順也。」69簡文的「若龜筮之言,亦勿可專改」,指應順應龜策占卜後的結果,不可任意改動。或謂「若」就以最常見的訓釋「如」、「像」理解即可,整體文義為:「至於像龜策等占卜後的結論,亦不可任意改動。」

〈厚父〉的「其」字如下:70

簡 4	簡 5	簡 6	簡 8	簡 10	簡 11	簡 9

中間的部件類似楷書的「又」。這種寫法應是承襲早期金文而來:

六祀□其卣/集成 05414	王孫遺者鐘/集成 00261	叔向父簋/集成 03849

這類寫法除見於〈厚父〉之外,就筆者所見資料,僅出現於郭店〈緇衣〉簡:

---

66 李學勤主編,《十三經注疏》整理委員會整理:《論語注疏》,(北京:北京大學出版社,2000.12),頁 172。

67 (西晉)陳壽撰,(南朝宋)裴松之注:《三國志》,(北京:中華書局,1971),頁 1064。

68 李學勤主編,《十三經注疏》整理委員會整理:《春秋左傳正義》,(北京:北京大學出版社,2000.12),頁 1696。

69 李學勤主編,《十三經注疏》整理委員會整理:《毛詩正義》,頁 1436。

70 郭倩文:〈《清華五》、《上博九》集釋及新見文字現象整理與研究〉,華東師範大學碩士論文,2016.5,頁 15。

簡 35	簡 37	簡 39	簡 40	簡 35

差別只在〈厚父〉字形下方猶有一橫筆。此外，晉系侯馬盟書「其」字作：

1：1

與〈厚父〉寫法完全一致。依據《侯馬盟書》字表的說法，這種字形共計 112 例[71]，寫法非常普遍。

早期「（字）」字曾糾結在釋「黽」與「龜」二說上，現在學界逐漸取得共識，此類構形都應釋作「龜」。此處文例十分清楚，只能讀為「龜筮」。

〔六〕丝（茲）少（小）人之悥（德）

丝	少	人	之	悥
丝	少	人	之	悥

原整理者：小人，謙稱。《左傳》隱公元年：「小人有母，皆嘗小人之食矣，未嘗君之羹。」[72]

奈我何：此處的「小人」當不是謙稱，而應當是指代不在位的被統治者，即下文的「民」。[73]

子居：奈我何所說甚是。天子似無自己謙稱「小人」的情況，所以整理者所說顯然有誤。由下文厚父的回答內容，也不難看出此篇所稱「小人」即「民」，指臣屬。「小人」一詞，與其對立稱謂「君子」一樣，皆不見於甲骨文與西周金文，傳世文獻始見於約成文於春秋初期的《尚書·康誥》。因此上，《厚父》篇自然也不會是殷商或西周遺文，而只能是春秋時期人們的追

[71] 山西省文物工作委員會，《侯馬盟書》，（北京：文物出版社，1976.12），頁 315。
[72] 李學勤主編：《清華大學藏戰國竹簡（伍）》，頁 114。
[73] 見武漢網「簡帛論壇」〈厚父初讀〉41 樓，2015.4.20（2017.6.23 上網）。

述之作。[74]

王坤鵬：正是由於厚父重點提到了「民」的問題，將王的關注點從天神引到了民事，故接下來王所提的第二個問題：「茲小人之德，惟如何」，王詢問小民之德的內容，與「民」事緊密相關。而厚父亦就民德與民事向夏王進一步闡述其政治觀點。如此看來，《厚父》整篇文獻前抑後揚，重點落在了如何治民上，前後十分連貫，表達的意思亦比較集中。

根據上面的解讀，簡文的意思比較明確。簡文中的該王即是夏後期的某王。從簡文所表現的該王的形象來看，該王對政事不甚了了，不知艱難，認為既然前王的所作所為已經獲得了上帝的認可，上帝已經承諾了「永保夏邦」，後王就可以躺在前王的功勞簿上，只要做好祭祀就可以了。這一形象與文獻中所描述的夏桀的形象有一定相似。《尚書·湯誓》記載：「夏王率遏眾力，率割夏邑，有眾率怠弗協，曰：『時日曷喪，予及汝皆亡。』」《史記·殷本紀》《集解》引《尚書大傳》云：「桀云：『天之有日猶吾之有民，日有亡哉，日亡吾亦亡矣。』」所謂「天之有日猶吾之有民」，即是認為其統治權得之於天，只受天的支配，可以不受民的制約。在先秦書類文獻中，對小民的忽視正是夏王朝衰敗亡國的原因。[75]

黃凌倩：此處的「小人」並非王自稱，下文厚父對王的回答也並非在闡述王之德，而是圍繞著民展開論述，所這個「小人」不從整理者解釋為謙稱，應當是指代「民」，從奈我何先生的說法。[76]

郭倩文：「小人」所指即下文厚父答語中的「民」，從諸家意見改。[77]

姚治中：「小人」不能譯為「百姓」，秦漢之前，貴族才有「姓」，「百姓」指貴族不指民眾。小人與君子相對，《左傳·襄公三十一年》：「君子務知大

---

[74] 子居：〈清華簡〈厚父〉解析〉，清華網，2015.4.28（2017.6.23 上網）。
[75] 王坤鵬：〈簡論清華簡〈厚父〉的相關問題（一）〉，復旦網，2015.6.26（2017.6.23 上網）。
[76] 黃凌倩：《清華伍《厚父》、《封許之命》集釋》，頁 43。
[77] 郭倩文：《《清華五》、《上博九》集釋及新見文字現象整理與研究》，頁 46。

者，遠者；小人務知小者，近者。「小人」可譯為「目光短淺之人」。[78]

　　佑仁謹案：幾位學者都已經指出問題，本處王詢問厚父「小人之德」如何？而厚父答以「民心難測」，可見小人應即「民」，而不是「王」自謙之詞，也沒有需要刻意指「目光短淺之人」。「小人」應泛指庶民百姓而言，《論語·顏淵》：「君子之德風，小人之德草，草上之風，必偃。」[79]《漢書·敘傳下》把論語的「君子之德風，小人之德草」改寫為「我德如風，民應如中」[80]，「小人」正對應「民」。《論語·里仁》：「君子懷德，小人懷土；君子懷刑，小人懷惠。」皇侃疏：「君子，人君也；小人，民下也。」[81]亦用「小人」對應「民」。

　　「茲」應視為連詞，其意涵類似「則」。《左傳·昭公二十八年》：「君而繼之，茲無敵矣。」[82]

〔七〕隹（惟）女（如）𢓊（台）？」厚父曰：「於（嗚）虖（呼），天子！

隹	女	𢓊	厚	父	曰	於
虖	天	子				

　　ee：《厚父》最後幾簡應分段如下所示：

　　厚父曰：「嗚（佑仁案：應作「嗚」）呼，天子！……亦鮮克以誨。」

---

[78] 姚治中：〈《厚父》簡的歷史價值〉，《皖西學院學報》，第 32 卷第 4 期（2016.8），頁 10。
[79] 李學勤主編，《十三經注疏》整理委員會整理：《論語注疏》，頁 188。
[80] （東漢）班固撰，（唐）顏師古注：《漢書》，頁 4237。
[81] （魏）何晏集解，（南朝梁）皇侃義疏：《論語集解義疏》，（上海：商務印書館，1937.6），頁 48。
[82] 李學勤主編，《十三經注疏》整理委員會整理：《春秋左傳正義》，頁 1690。

曰：「民心惟本，……如丹之在朱，廼是惟人。」

曰：「天監司民，……亦惟酒用恒狂。」

「曰」前的主語都是厚父，是分說不同的內容。原整理本脈絡不明。[83]

youren：拙見認為「厚父曰」以下，其實是有三段以「曰」字開頭的話，ee 兄「曰：天監司民，……亦惟酒用恒狂。」一條，還可以再細分出兩條，這兩條都是以「亦惟酒用某某」作結。

厚父曰：「嗚呼，天子！……亦鮮克以謀。」

曰：「民心惟本，……如丹之在漆，廼是惟人。」

曰：「天監司民，……亦惟酒用康樂。」

曰：「酒行食，……亦惟酒用恒狂。」[84]

blackbronze：〈厚父〉一篇，簡9至簡13「厚父」回答云云，應分為四段：

一、厚父曰：「於（嗚）嘑（呼），天子！……亦鮮克以誨（謀）

二、曰民心佳（惟）本……廼是佳（惟）人

三、曰天〔今見〕（監）司民……亦佳（惟）酉（酒）甬（用）庚（康）樂

四、曰酒（酒）行〔食人〕（食）……亦佳（惟）酉（酒）甬（用）〔亙心〕（恒）狂

第四段是針對第三段「民曰佳（惟）酉（酒）甬（用）肆（佑仁按：原缺字）（肆）祀，亦佳（惟）酉（酒）甬（用）庚（康）樂」的回答。是厚父針對「酒之用途」提出的說明，認為「酒只能用於祭祀」，而非如民曰所云用為祭祀與康樂。故應將此段與第三段區別。而二、三、四段開頭之「曰」，

---

[83] 見武漢網「簡帛論壇」〈厚父初讀〉20樓，2015.4.13（2017.6.23上網）。

[84] 見武漢網「簡帛論壇」〈厚父初讀〉59樓，2015.4.25（2017.6.23上網）。

用為發語詞，無義，同《詩經‧豳風‧東山》：「我東曰歸，我心西悲。」並非「說」的意思。[85]

單育辰：《厚父》簡9以後有厚父所說的一大段話：

厚父曰：「嗚呼，天子！天命不可聰斯，民心難測，民式克恭心敬畏，畏不祥，保教明德，【9】慎肆祀，惟所役之司民啓之。民其亡諒（良），廼弗畏不祥，亡顯于民，亦惟禍之攸及，惟司民之所取。今民【10】莫不曰余保教明德，亦鮮克以誨。」

曰：「民心惟本，厥作惟葉，矧其能貞良于友人，廼宣淑厥心。【11】若山厥高，若水厥深，如玉之在石，如丹之在朱，廼是惟人。」

曰：「天監司民，厥徵如肱之服于人。民式克【12】敬德，毋坱于酒。民曰惟酒用肆祀，亦惟酒用康樂。曰酒非食，惟神之饗。民亦惟酒用敗威儀，亦惟酒用恆狂。」

整理者對此處未分段，從簡9「厚父曰」後加冒號及左引號，一直到簡13「用恆狂」後加右引號結束，又於簡11處句逗作：「曰民心惟本」，於簡12處句讀作：「曰天監司民」。今改逗如上。

其實這三個「曰」前的主語都是厚父，是分說不同的內容，其所言第一段是說：天命難測，其引導民衆惟在管理民衆者（司民）之所爲。第二段是說民心是本，訓教之舉措是枝葉，民心如玉之在石，如丹之在朱，乃惟此是人也。第三段是說民衆不要沈湎於酒。若按整理所句逗，則厚父所云這段脈絡不甚明朗。[86]

佑仁謹案：「𠂤」字原整理者隸定作「虜」，可信。「烏（於）」是先秦十分常見的單字，但構形變化極為複雜，本處的「𠂤（於）」構形奇特，與楚簡常見的「𠂤」（天卜）左右部件皆有很大的差異，頗疑是由「𠂤」（新

---

[85] 見武漢網「簡帛論壇」〈厚父初讀〉65樓，2015.4.26（2017.6.23上網）。
[86] 單育辰：〈《清華大學藏戰國竹簡（伍）》釋文訂補〉，《戰國文字研究的回顧與展望國際學術研討會論文集》，頁240。

蔡.甲 3.213）、「」（新蔡.甲 3.368）一類寫法進一步省變而來，也可能是由「」（郭店.五行.1）調換左右偏旁而來，值得進行深入排比研究。

〔八〕 天命不可瀜斯

天	命	不	可	瀜	斯

原整理者：（）此字右邊形體近「息」，可隸作「瀜」，讀為「撞」，指衝撞。也可能是「法」的訛字，「法」常讀為「廢」。《書·大誥》「予惟小子不敢替上帝命」，孔傳：「不敢廢天命。」一說下句「斯」字從上讀，為句末語氣詞。[87]

馬楠：此處將「斯」字上屬為句，瀜讀為聰，〈兔爰〉毛傳「聞也」，《說文》「察也」，謂天命不可知曉察覺。《詩·大明》「天難忱斯」，謂天命不誠，亦以「斯」為句末語氣詞。《詩》、《書》多言天命不誠，上舉〈大明〉之外，又如〈蕩〉「天生烝民，其命匪諶」；〈大誥〉「天棐忱辭」，「亦惟十人，迪知上帝命越天棐忱」；〈康誥〉「天畏棐忱，民情大可見。小人難保，往盡乃心」；〈君奭〉「若天棐忱，我亦不敢知曰，其終出于不祥」。孫詒讓說「棐」字並當為「匪」之假借，謂天命無常，不可信也。〈厚父〉言天命不可知曉察覺，與下「民心難測」相類，與《詩》、《書》習見之天命不誠、小人難保文意稍有別。[88]

程浩：簡文中原釋為「瀜」的字「」，與〈祭公之顧命〉簡 15「」字形體略同。〈祭公之顧命〉中的這個字第一冊整理報告隸作「沁」，訓為「終」，合於傳本〈祭公〉所用的「畢」義。如果我們將〈厚父〉中的這個字也理解為「終結」、「廢止」，那麼簡文這句作「天命不可終（廢）」就很通

---

87 李學勤主編：《清華大學藏戰國竹簡（伍）》，頁 114。
88 馬楠：〈清華簡第五冊補釋六則〉，《出土文獻》第六輯，頁 225-226。

順了。[89]

清華大學出土文獻讀書會：天命不可漗（聰）斯，民心難測。[90]

苦行僧：可能就是「酗」的異體。「悤」與「凶」語音關係密切，「酉（酒）」與「水」亦為同類。「天命不可酗（沉迷）」與《詩經．大雅．大明》「天難忱斯」、《詩經．大雅．蕩》「天生烝民，其命匪諶」、《尚書．大誥》「天棐忱辭」等可合觀。[91]

奈我何：據苦行僧兄所引文獻，字若是與《祭公之顧命》簡 15「沁」字形體略同的話，則字釋「沁」當可信。「沁」當讀爲「忱」，二字古音極近（皆屬於齒音侵部，中古都是開口三等字）。厚父曰：「嗚呼，天子。天命不可沁（忱）斯，民心難測。」【九】=《詩經．大雅．大明》「天難忱斯」。意即，天命無常難測不可信任，與「民心難測」對文。[92]

kaven：據清華大學出土文獻讀書會《清華簡第五冊整理報告補正》，二字字形如下，當有區別。（厚父、祭公）[93]

奈我何：「沁」如字讀似亦可通？「沁」有「以物探水」之義。《韓愈詩》「義泉雖至近，盜索不敢沁」，註：北人以物探水爲沁。「沁」與「探」語源上似有關係？如此，則「天命不可沁斯，民心難測。」意即，天命無常不可探測，亦與「民心難測」對文。[94]

蚊首：所謂「漗」從「悤」無疑，非從「心」（或謂《祭公之顧命》簡 15 之字同，似當存疑）。《宋史．陳亮傳》載其奏疏，對「天命不可漗斯」之理解頗有益。選錄於下：

---

89 清華大學出土文獻讀書會：〈清華簡第五冊整理報告補正〉，清華網，2015.4.8（2017.6.23 上網）。

90 清華大學出土文獻讀書會：〈清華簡第五冊整理報告補正〉，清華網，2015.4.8（2017.6.23 上網）。

91 見武漢網「簡帛論壇」〈厚父初讀〉1 樓，2015.4.9（2017.6.23 上網）。

92 見武漢網「簡帛論壇」〈厚父初讀〉3 樓，2015.4.10（2017.6.23 上網）。

93 見武漢網「簡帛論壇」〈厚父初讀〉4 樓，2015.4.10（2017.6.23 上網）。

94 見武漢網「簡帛論壇」〈厚父初讀〉5 樓，2015.4.10（2017.6.23 上網）。

臣惟中國天地之正氣也，天命所鍾也，人心所會也，衣冠禮樂所萃也，百代帝王之所相承也。挈中國衣冠禮樂而寓之偏方，雖天命人心猶有所係，然豈以是為可久安而無事也！天地之正氣鬱遏而久不得騁，必將有所發洩，而天命人心，固非偏方所可久係也。……（略）苟國家不能起而承之，必將有承之者矣。不可恃衣冠禮樂之舊，祖宗積累之深，以為天命人心可以安坐而久係也。

「皇天無親，惟德是輔；民心無常，惟惠之懷」。自三代聖人皆知其為甚可畏也。以「天命」、「人心」相儷者典籍多見，不煩列舉。

竊謂「淰」當讀為「總」。「總」，繫、統、領、率、攝（或聚、集）之謂（看《故訓匯纂》928、1770、1771頁），引申則有牽制、掌控（或淹滯）之意。「天命不可總」，謂天命不可控繫（或天命不可總集不變，即不會淹滯於某方不變），言外即說天命易變（其後「民心難測」也言「變」），「天命不可總」跟「天難忱斯」、「天生烝民，其命匪諶」、「天棐忱辭」等說法自可會通。[95]

ee：還是如馬楠先生讀為「聰」好，《說文》：「聰，察也。」此以名詞作動詞用。言天命不能聽察，民心也難測天命。故後面說民應敬畏天命諸事。「天命不可淰斯」與「民心難測」並非並列句式，而是承接句式，「難測」後面省略了賓語「天命」。[96]

蚊首：（ee）這樣理解恐怕不妥，厚父曰：「嗚呼，天子！天命不可淰斯，民心難測。民式克恭心敬畏，畏不祥，保教明德【9】，慎禩祀，惟所役之司民啓之。民其亡諒，廼弗畏不祥，亡顯于民，亦惟禍攸及，惟司民之所取。今民【10】莫不曰余保教明德，亦鮮克以誨。」這幾句話脈絡清晰，馬楠先生曾作有分析。厚父曰「嗚呼，天子」，其後顯然是厚父對答王問的話，天

---

[95] 見武漢網「簡帛論壇」〈厚父初讀〉10樓，2015.4.10（2017.6.23 上網）。
[96] 見武漢網「簡帛論壇」〈厚父初讀〉29樓，2015.4.18（2017.6.23 上網）。

命、民心關乎天子，何有於民？「民式克恭心敬畏，畏不祥，保教明德，慎祠祀」，「惟所役之司民啓之」是結括之語，是說民能如何如何，是司民啓之而致，而「民其亡諒」云云，也是司民自取，通過對比，說明司民教化之重要。[97]

　　黃國輝：此句當斷為「天命不可滺斯，民心難測」。「斯」字作為語助詞，一般不放句首，而是置於句末。「斯」字作為虛詞如果放在句首，常表示承接。「天命不可滺斯」之「斯」猶《詩・大雅・大明》：「天難忱斯」之「斯」。滺字，整理者隸作「滺」，甚是。但讀為「撞」雖於古音無礙，然缺乏辭例，且於文意有隔。筆者以為，「滺」當讀為「從」。「滺」字上古音屬清母東部，「從」字上古音屬從母東部。精、從旁紐，韻部相同，可知二字古音近同。究其辭例，《禮記・檀弓上》：「喪事欲其縱縱爾」。鄭玄注：「縱，讀如摠領之摠」。故「滺」可讀為「從」。「天命不可從斯」所表達的觀念其實與《詩・大雅・大明》「天難忱斯」，《尚書・康誥》「天命棐忱」等思想也是非常相近的，大意指天命不可信從。[98]

　　子居：釋該字為「沁」讀為「忱」甚確，雖然這個字與清華簡《祭公》篇的「沁」字稍有差別，但清華簡中的《厚父》篇雖成文於春秋中期，但由字形判斷，當是抄手在戰國後期的抄本，這個情況在《厚父》篇的玉、命、者、是、古、共、為、事、其等字形上體現得非常明顯。所以，由於成文時間與抄寫時間跨度較大，偶有字形上的不一致並不奇怪。至於苦行僧和奈我何先生所引《詩經・大雅・大明》「天難忱斯」、《詩經・大雅・蕩》「天生烝民，其命匪諶」、《尚書・大誥》「天棐忱辭」，還有二位先生未舉的《尚書・君奭》「若天棐忱……天命不易，天難諶，乃其墜命」、《尚書・大誥》「越天

---

[97] 見武漢網「簡帛論壇」〈厚父初讀〉30 樓，2015.4.18（2017.6.23 上網）。
[98] 黃國輝：〈清華簡《厚父》補釋〉，復旦網，2015.4.27（2017.6.23 上網）。黃國輝：〈清華簡《厚父》新探〉，《出土文獻與先秦經史國際學術研討會論文集（上）》，頁 244-245。又見於黃國輝：〈清華簡《厚父》新探——兼談用字和書寫之於古書成篇與流傳的重要性〉，《清華大學學報（哲學社會科學版）》，頁 61-71。

裴忱」、《尚書・康誥》「天畏裴忱」等等，皆是其用例。而《詩》、《書》中的這個「忱」（諶），則不當按《說文》訓為「誠」，也不當依《毛傳》訓為「信」，實當訓為沉溺。「天命不可忱」即是對《尚書・西伯戡黎》中的「我生不有命在天？」觀念的否定。[99]

單育辰：《厚父》簡9＋10：「天命不可㳄（聰）斯，民心難測，民式克恭心敬畏，畏不祥，保教明德，【9】慎肆祀。」「㳄」整理者讀爲「撞」，又認爲或「法」的訛字。還有學者認爲可理解爲「終」、或讀爲「酖」、釋爲「沁」、釋爲「總」。馬楠先生認爲：「㳄讀為聰，《兔爰》毛傳『聞也』，《說文》『察也』，謂天命不可知曉察覺。」我們認爲這是正確的，在典籍中「聰」多用爲名詞，但這裏名詞作動詞用，稍顯特殊。「天命不可聰斯，民心難測」是言天命不能聽察，民心也難測天命，故後面說民應敬畏天命諸事。但應提及的是，「天命不可聰斯」與「民心難測」並非並列句式，而是承接句式，「民心難測」後面省略了賓語「天命」。[100]

黃凌倩：從整理者隸為「㳄」。右旁之「悤」字，金文及璽印文字作「﹙圖﹚」（克鼎・三代4.40）、「﹙圖﹚」（毛公鼎・三代4.46）、「﹙圖﹚」（蔡侯申鐘・集成211）、「﹙圖﹚」（璽彙1108）等形。何琳儀先生解釋「悤」字：「悤，甲骨文作﹙圖﹚（菁一一・四）。從心，從十，會心靈明瞭通徹之意。《漢書・郊祀志下》『悤明上通』，注『師古曰，悤與聰同。』《廣韻》『聰，明也，通也。』心明為悤，耳明為聰。《說文》『聰，察也。從耳，悤聲。』因其從耳為釋。……《說文》『悤，多遽悤悤也。從心、囪，囪亦聲。（倉紅切）』『囪，在牆曰牖，在屋曰囪。象形。（楚江切）窗，或從穴。﹙圖﹚，古文。』（十一下）囪之來源待考。﹙圖﹚睡虎地簡悤，讀聰。《莊子・外物》『耳徹為聰。』」則「悤」即可表示內也明瞭、通曉，從「氵」的「㳄」也用為「悤」。程浩先生認為﹙圖﹚字

99 子居：〈清華簡〈厚父〉解析〉，清華網，2015.4.28（2017.6.23上網）。
100 單育辰：〈《清華大學藏戰國竹簡（伍）》釋文訂補〉，《戰國文字研究的回顧與展望國際學術研討會論文集》，頁236。

與《清華一‧祭公》篇隸為「沁」之「（字形）」字形相同。但「（字形）」右邊形體與「心」略有差別。古文字中隸為「沁」的形體較少見，甲骨文「（字形）」（《殷墟文字甲編》275）、楚竹書「（字形）」（上博六‧用曰 16），字書隸作「沁」，都與《厚父》之「（字形）」差別較大。因此，釋為「沁」不確。認為（字形）是「法」字訛寫的觀點也有問題。《說文》：「灋，刑也。……法，今文省。」「法」是「灋」的省寫。「灋（法）」字在楚簡中都寫作繁體，如「（字形）」（包山 016）、「（字形）」（包山 018）、「（字形）」（上博二‧從政 02）、「（字形）」（上博三‧恒先 11）等形，未見寫作簡體的「法」。「斯」從馬楠、ee、黃國輝先生，作為句末語氣詞從上讀。[101]

　　郭倩文：該字於釋字上存在分歧，主要有釋「漗」、釋「沁」兩說。然釋「沁」無據，楚簡「心」的寫法主要有：（字形）、（字形）、（字形）、（字形）等，未見有如本字右部之寫法。而《封許之命》簡6「璁」字作「（字形）」，其右部所從與「（字形）」右旁同，故從整理者釋作「漗」。通讀方面，亦從整理者讀為「撞」，意即天命不可違。[102]

　　白於藍、吳祺：「漗」當讀作「僭」。上古音「漗」為清母東部字，「僭」為精母侵部字。二字聲母同為齒音，韻部上古音東、冬、侵三部關係密切，例可相通。

　　「僭」字古有差義。《書‧大誥》：「天命不僭，卜陳惟若茲。」偽孔《傳》：「天命不僭差。」孔穎達《疏》：「天命必不僭差。」偽古文《書‧湯誥》：「天命弗僭，賁若草木，兆民允殖。」偽孔《傳》：「僭，差也。」孔穎達《疏》：「是天之福善禍淫之命信而不僭差也。」此「天命不僭」、「天命弗僭」與簡文「天命不可漗（僭）」可以相參，但語義有所不同。前者是說天命不會僭差，後者是說天命不可僭差或不可僭差天命。《晉書‧石季龍載記》：「天命

[101] 黃凌倩：《清華伍《厚父》、《封許之命》集釋》，頁 45-46。
[102] 郭倩文：《《清華五》、《上博九》集釋及新見文字現象整理與研究》，頁 48。

不可違，其敕諸州兵明年悉集。」「天命不可滬（僭）」與此「天命不可違」
語義相仿。需要說明的是，前引整理者注釋中還提到該字「可能是『法』的
訛字」，讀為「廢」，並引《書・大誥》「予惟小子不敢替上帝命」孔《傳》
「不敢廢天命」為證。這也是有問題的。首先，就字形而言，說「䤵」字
是「法」的訛字，缺乏字形依據。楚簡文字中「法」字疊出繁見，未見有與
此字類似的寫法。其次，段玉裁《古文尚書撰異》早已據《書・大誥》篇「天
命不僭，卜陳惟若茲」指出「予惟小子不敢替上帝命」中的「替」當為「晉」
之訛字，應讀為「僭」。[103]

　　佑仁謹案：關於「䤵」字說解甚多，先將學者們的各種說法羅列出來：

A. 原整理者：讀為「撞」，訓衝撞，又認為可能是「法」字之訛。

B. 馬楠：讀為「聰」，訓「聞」。清華大學出土文獻讀書會從之。

C. 程浩：與〈祭公〉簡 15 訓作「終」的「䤵（沁）」略同，此
　　處亦訓為終結、廢止。

D. 苦行僧：可能就是「酖」的異體，訓作「沉迷」。

E. 奈我何：據〈祭公〉簡 15 的「䤵」（沁）改讀成「忱」，意
　　為天命無常難測不可信任。

F. kaven：與〈祭公〉簡 15 的「䤵」（沁）不同字。

G. 蚊首：讀為「總」，訓「控繫」。

H. ee：從馬楠讀「聰」，但訓為「察」。

I. 黃國輝：讀為「從」，指天命不可信從。

J. 子居：釋「沁」讀「忱（諶）」，訓為沉溺。

K. 白於藍：讀「僭」，訓「僭差」。

L. 黃凌倩：讀為「聰」，明瞭、通曉。

---

[103] 白於藍、吳祺：〈清華簡《厚父》校釋四則〉，《紀念于省吾先生誕辰 120 周年、姚孝遂先生誕辰 90 周年學術研討會》，長春：吉林大學，2016.7.10-11，頁 145。又見《簡帛研究二〇一六・秋冬卷》，（桂林：廣西師範大學出版社，2017.1），頁 11-12。

M. 白於藍、吳祺：釋「潵」讀作「僭」，訓差。

N. 郭倩文：釋「潵」。

經過學者們的反覆討論，大致的方向已十分清晰，聯繫〈祭公〉而釋為「沁」的意見（分別是 C、E、J 等說）恐有問題。〈祭公〉有兩個「沁」字（簡 15、19），字從水、心聲，而本處簡文右半從「𢙇」，與〈祭公〉寫法不同，本處的「心」旁上仍有一短橫筆，故二字不應等量齊觀。原整理者釋「法」之訛字，亦不可取。

此字就是裘錫圭先生所釋「凶／𢙇」之字，只是該字要如何訓讀仍是非常複雜的工作。黃國輝認為「潵」應訓為信從、盲從，指天命不能信從。但觀乎〈厚父〉通篇義義，並無任何輕視「犬」的思想，不只沒有鄙視犬，反而是希望君王能敬畏天命、虔誠祭祀。若天威不可信從，則「天」的地位在「人」之下，這與西周時期的天命觀並不相合。

諸說之中最能與古籍用例結合的是白於藍與吳祺的說法。白於藍釋「潵」讀作「僭」，訓差。不過，古籍中的「天命不僭」、「天命弗僭」與簡文「天命不可潵（僭）」就像作者所言「語義有所不同」，前者是說天命運行不會有差錯、差失，主詞是「天」，而後者則指天命不可僭差或不可僭差天命，主詞是「人」，二者不同。此外，必須留意「可」字，「可」表示這是人能夠決定或改變的事，例如「我不可晝寢」，表示人可以睡，也可以不睡，不晝寢是對於自己的要求。但我們不會說「天命不可僭差」，因為天命是否有差錯，根本不是人能決定的，正如同我們不會說「天不可下雨」、「天不可打雷」一樣，除非人可以掌控「天命」，掌控下雨或打雷的能力，才可以用命令的語氣，要求「天命不可僭差」。此外通假的論證由「𢙇」聲通「毚」聲，「毚」聲通「朁」聲，稍嫌曲折一些。

苦行僧釋為「酖」的異體，訓作「沉迷」。「酖」指沉溺，對象一般都是

指「酒」，唐玄應《一切經音義》卷十三引《通俗文》曰：「躭酒曰酖。」[104]
《尚書‧微子》：「我用沈酖于酒，用亂敗厥德于下。」[105]《尚書‧無逸》：
「無若殷王受之迷亂，酖于酒德哉。」孔傳：「言紂心迷政亂，以酖酒為德，
戒嗣王無如之。」[106]可見此處以「天命」作為「酖」的對象，並不符合常例。

蚊首認為「總」是繫、統、領、率、攝（或聚、集）之謂，但它們能否
引申出牽制、掌控（或淹滯）頗有疑義。馬楠讀為「聰」，訓「聞」；黃凌倩
讀為「聰」，明瞭、通曉之義，二說大同小異。

總的來說，簡文「天命不可△斯」，△字如何落實，目前仍有困難，但
這句話應是說，人無法對天命進行「△」這個動作，與後一句的「民心難測」
相對應。

〔九〕民心難測

民	心	難	測

子居：「民心」一詞，甲骨文和西周金文未見，傳世文獻始見於約成文
於春秋後期的《管子‧版法》和《詩經‧小雅‧節南山》；「難測」同樣不見
於甲骨文和西周金文，傳世文獻始見於約成文於春秋後期的《左傳‧莊公十
年》中「曹劌論戰」一節。由此不難判斷，《厚父》篇的成文時間很可能不
早於春秋後期。[107]

佑仁謹案：「民心難測」即是厚父回應前述王對於「小人之德惟如台」
的問題。簡文「難測」，指不容易揣測，即《左傳‧昭公七年》：「民心不壹。」

---

[104]（唐）釋玄應撰：《一切經音義》，《續修四庫全書》編纂委員會編：《續修四庫全書（第
198 冊）‧經部‧小學類》，（上海：上海古籍出版社，2002.3），頁 157。
[105] 李學勤主編，《十三經注疏》整理委員會整理：《尚書正義》，頁 310。
[106] 李學勤主編，《十三經注疏》整理委員會整理：《尚書正義》，頁 513。
[107] 子居：〈清華簡〈厚父〉解析〉，清華網，2015.4.28（2017.6.23 上網）。

108「測」指量度、測量。《周禮・地官・大司徒》：「以土圭之灋測土深。」
鄭玄注：「測，猶度也。」109《荀子・勸學》：「不道禮憲，以《詩》《書》為
之，譬之猶以指測河也，以戈舂黍也，以錐飧壺也，不可以得之矣。」110簡
文是說民心難以揣度，但能透過司民的保教明德、慎肆祀而得以發揮，就如
美玉藏於璞石之中，紅色由漆液中提煉而來一樣，藉此說明司民的重要性。

〔十〕民弋（式）叟（克）共（恭）心艿（敬）愚（畏）

民	弋	叟	共	心	艿	愚

趙平安：〈厚父〉敬作（簡9，簡13近似）。戰國時期敬一般作、
、，變體作，省體作。省體僅見於晉系文字。111

原整理者：弋，通「式」，用在動詞前，表示希冀、盼望的語氣。112

youren：「式」理解為希冀、盼望，文義恐不適切。「式克」一詞已見〈周
公之琴舞〉簡11：「嗚呼！式克其有辟。」暮四郎先生訓「克」為「能夠」，
「式」字〈周公之琴舞〉原整理者解為「句首語助詞」，季旭昇師依循該說
並認為：「其義本來就相當於『用』、『因此』，而將「式克」翻譯成「因此
能夠」。（《清華三・周公之琴舞・成王敬毖》第六篇研究）回到本處，天命
難測，人民「因此能夠」敬德恭心，如此理解，文通字順。113

金宇祥：「民式克恭心敬畏」中的「民」有無可能涉上句「民心能測」

---

108 李學勤主編，《十三經注疏》整理委員會整理：《春秋左傳正義》，頁1443。
109 李學勤主編，《十三經注疏》整理委員會整理：《周禮注疏》，頁295-296。
110 （清）王先謙撰，沈嘯寰、王星賢點校：《荀子集解》，（北京：中華書局，1988），頁16-
17。
111 趙平安：〈談談戰國文字中值得注意的一些現象——以清華簡〈厚父〉為例〉，第一屆漢
字漢語文化國際學術研討會，美國：奧克拉荷馬大學，2014.8.15-17，收入《出土文獻與古
文字研究》第六輯，頁305。
112 李學勤主編：《清華大學藏戰國竹簡（伍）》，頁115。
113 見武漢網「簡帛論壇」《厚父》初讀47樓，2015.4.23（2017.6.23上網）。

而衍，該句作「式克恭心敬畏」。因為此段為厚父勸諫天子所言，天命不可
溷，斯民心難測，因此要天子恭心敬畏，畏不祥，保教明德，慎肆祀。且若
以民為主語，要民慎肆祀，似乎不好理解。[114]

　　子居：民弋（式）克共（恭），心丂（敬）愄（畏），畏不恙（祥），娸
（保）教明悳（德），悠（慎）祧（肆）祀，隹（惟）所役之司民啟之。式
當訓「用」。《詩經・大雅・桑柔》：「維此良人，作為式穀。」鄭箋：「式，
用也。賢者在位，則用其善道。」

　　「克恭」一詞，金文見於西周晚期的《大克鼎》：「肆克恭保厥辟恭王。」
傳世文獻見於春秋初期的《尚書・君奭》：「大弗克恭上下。」《尚書・康誥》：
「乃弗克恭厥兄。」由此判斷，《厚父》篇的成文時間當接近春秋初期，前
文推測《厚父》篇主體形成於春秋前期，今所見清華簡《厚父》則成文於春
秋後期，與此相符。[115]

　　黃凌倩：從整理者意見，「式」是表語氣的虛詞。王輝《古文字通假字
典》：「史牆盤：『剌（烈）且（祖）文考，戈竈受（授）牆爾遝福，裏（懷）
猶（髮）彔（祿），黃耇彌生，龕（堪）事氒辟……』裘錫圭《史牆盤銘解
釋》說戈即《詩經》中常見的虛詞式……」。[116]

　　宋亞雯：目前所能見到的古文字材料中，「苟」、「敬」形體大致作：

字例	齊	燕	三晉	楚	秦
苟、敬	（字）璽彙3655 （字）璽彙0342	（字）燕侯載器（作偏旁）	（字）中山侯鉞 （字）璽彙4143 （字）璽彙4164	（字）帛乙10 （字）郭・五36	（字）秦印編181 （字）睡・為吏1

　　黃德寬在《古文字發展論》一書中指出：

[114] 見武漢網「簡帛論壇」〈《厚父》初讀〉48樓，2015.4.23（2017.6.23上網）。
[115] 子居：〈清華簡〈厚父〉解析〉，清華網，2015.4.28（2017.6.23上網）。
[116] 黃凌倩：《清華伍《厚父》、《封許之命》集釋》，頁46。

晉系文字的「芍」字上部形體好像頭下尾上的魚形，獨具特色：

【芍】（璽彙4254）　　　　（璽彙4227）

【敬】（中山王鼎2840）　　（璽彙4229）

趙平安認爲《厚父》「芍」字形體目前僅見於晉系文字中。[117]

朱歧祥：《清華》（五）敬字10見，其中5見作〈封許〉〈三壽〉，2見作〈命訓〉，1見作〈湯丘〉，2見作、〈厚父〉。字例有从戈，形構奇特。〈厚父〉篇2見字例，核諸金文，竟單獨與戰國中山國器銘相合。敬字〈中山王𧊒鼎〉作，〈中山王𧊒壺〉作，〈蚉壺〉作。[118]

王永昌：〈厚父〉篇簡9-11著重強調了民心的重要性，「司民」要引導民眾有恭敬敬畏之心，「保教明德」，否則「民其亡諒，乃弗畏不祥，亡顯於民，亦惟禍之攸及」（簡10）。簡11明確指出「民心惟本，厥作惟葉」，這種重視民心的思想理念「與夏代末年的觀念則大相徑庭」，因此〈厚父〉篇不可能是《夏書》。綜合以上所論考慮，〈厚父〉篇應該是周代的作者以「夏代孔甲以後某王與其大臣厚父的對話」爲素材，融入了當時的思想觀念進行演繹而成。或者是依託夏代的某位王與其大臣厚父爲對話主體，闡明當時作者的治國理念，〈厚父〉篇當爲《周書》中的一篇。[119]

程浩：《厚父》簡9：民式克恭心敬，不祥，保教明德。簡文中「恭心敬」的字與下句「不祥」的字，差別僅在於「心」旁的有無，可視爲一字之異形。前者作名詞，可讀爲「天威」之「威」；後者作動詞，當讀爲「畏懼」的「畏」。西周金文《大盂鼎》中有「畏天畏」之語，後一「畏」字亦可讀「威」，句意與簡文「恭心敬威，畏不祥」相類。本篇簡文

---

[117] 宋亞雯：《清華簡中的非典型楚文字因素問題研究》，頁111-112。

[118] 朱歧祥：〈質疑《清華簡》的一些特殊字詞〉，第18屆中區文字學學術研討會，臺中：東海大學，2016.5.21，頁12。

[119] 王永昌：〈清華簡〈厚父〉篇的文獻性質研究〉，《魯東大學學報（哲學社會科學版）》，2016年第4期，頁68-69。

的書寫者以「心」旁的有無來區分原皆可寫作形的「威」與「畏」，恐怕也是考慮了它們在本簡中位置相鄰而詞性又有不同。[120]

佑仁謹案：本句主語是「民」，君王敬天，而民是上天所生（簡文「天降下民」），則民亦虔誠敬畏上天並勤於祭祀，此間並無矛盾，若要解為涉上而誤，恐需更多證據。

「式克」為《尚書》習語，又見〈周公之琴舞〉簡11「弌（式）克亓（其）又（有）辟」「式」，屬句首語助詞。「克」訓能、可以。

簡文「恭心敬畏」，「畏」是否可讀「威」？程浩透過簡文「恭心敬畏」的畏字與下句「畏不祥」的畏字，字形不同，而將前者讀「威」，後者讀「畏」，此說不可信。「敬畏」一詞乃習語，如：西周晚期駒父盨蓋（集成04464）「豕不敢不敬畏王命。」《史記・魯世家》云：「嚴恭敬畏天命。」[121]《漢書・王莽傳》：「敬畏上天之戒。」[122]然而「敬威」一詞卻不見，對於「天威」，習慣使用的動詞是「畏」，而非「敬」。「愚」仍以讀「畏」為宜。

本篇兩個「敬」字都作「茍」，不從「攴」，亦不添「口」旁，此種構形確實屬於晉系寫法，參何琳儀《戰國古文字典》（頁781-783）。

〔十一〕　畏不羕（祥）

畏	不	羕

原整理者：畏不羕（祥），見於清華簡〈皇門〉。祥，善也。[123]

---

[120] 程浩：〈清華簡同簡同字異構例〉，《古文字研究》第31輯，古文字研究會第21屆年會論文集，北京：中華書局，2016.10，頁402。

[121] （西漢）司馬遷撰，（南朝宋）裴駰集解，（唐）司馬貞索隱，（唐）張守節正義：《史記》，頁728。

[122] （東漢）班固撰，（唐）顏師古注：《漢書》，頁4063。

[123] 李學勤主編：《清華大學藏戰國竹簡（伍）》，頁115。

子居：「不祥」一詞，甲骨文與西周金文未見，傳世文獻最早可見於約成文於春秋初期的《尚書・君奭》：「其終出於不祥。」與《厚父》篇更為接近的就是整理者所言清華簡《皇門》的「弗畏不祥」，這就意味著《厚父》篇的成文當不早於春秋時期。[124]

馬文增：「不祥」，「不祥之人」，惡人，奸邪之人。[125]

郭倩文：《書・伊訓》：「作善，降之百祥；作不善，降之百殃。」孔傳：「祥，善也。」清華簡《皇門》簡8：「弗畏不恙（祥）」，從整理者意見。[126]

佑仁謹案：馬文增將「不祥」視為奸邪之人，但一般來說，「不祥」是指不吉祥的災禍（包括天災、地變、人禍在內），古人認為這些都是上天降以懲戒的，如《國語・吳語》「畏天之不祥」[127]，清華壹〈皇門〉簡8：「以問求于王臣，弗畏不祥，不肯惠聽亡辜之辭」，都是此種用法。

簡文「民式克恭心敬 ![畏字] （畏）， ![畏字] （畏）不祥」，照文字學理講，此處的「畏」完全可採用重文形態呈現，可見合文或重文在戰國時期並沒有非常嚴格的制約性。

〔十二〕 娜（保）教明悳（德），悉（慎）祋（肆）祀

娜	教	明	悳	悉	祋	祀

原整理者：娜，「保」之異體，保衛、保護之意。教，《釋名》：「效也。」

---

124 子居：〈清華簡〈厚父〉解析〉，清華網，2015.4.28（2017.6.23 上網）。
125 馬文增：〈清華簡〈厚父〉新釋、簡注、白話譯文〉，武漢網，2015.5.12（2017.6.23 上網）。
126 郭倩文：《《清華五》、《上博九》集釋及新見文字現象整理與研究》，頁 49。
127 徐元誥撰，王樹民、沈長雲點校：《國語集解》，頁 561。

明德，完美的德行。[128]

　　海天遊蹤：保字字形很好，說明好、保二字關係很密切。[129]

　　lht：我看到的是「人」、「女」通用，如「幾」、「光」都有從「女」作的。[130]

　　子居：「教」指政教，與下面的「德」對言。保教，即言保守所受到的政教。保政教與明明德並言，也見於《逸周書·本典》：「今朕不知明德所則，政教所行。」慎祀觀念，春秋時期頗為流行，如清華簡《傅說之命》下篇：「昔在大戊，克慎五祀。」辭又作毖祀、恤祀，如《尚書·洛誥》：「予沖子夙夜毖祀。」孔傳：「我童子徒早起夜寐，慎其祭祀而已。」《尚書·召誥》：「其自時配皇天，毖祀於上下。」孔傳：「為治當慎祀於天地。」《尚書·多士》：「自成湯至於帝乙，罔不明德恤祀。」春秋末期的《邾公釛鐘》：「用敬卹盟祀，祈年眉壽。」同為春秋末期的《邾公華鐘》：「以卹其祭祀盟祀，以樂大夫。」由上面所舉內容不難判斷，有同樣觀念的清華簡《厚父》篇，當即作於春秋時期。[131]

　　youren：就原整理者的說明，當是將「保教明德」理解為「VVNN」結構，我懷疑其實當是「VNVN」結構，換言之「保」（保衛）、「明」（彰明）是動詞，「教」（教化）、「德」（道德）是名詞，「保教」、「明德」是古籍習語。前者見《國語·越語下》，後者見《管子·君臣下》。[132]

　　蚊首：「保」，依、怙、循、據之意。[133]

　　劉傳賓：《尚書·召誥》有「保受明德」之類的話語：「拜手稽首曰：予小臣，敢以王之讎民、百君子，越友民，保受王威命明德，王末有成命，王

---

[128] 李學勤主編：《清華大學藏戰國竹簡（伍）》，頁115。

[129] 見武漢網「簡帛論壇」〈厚父初讀〉37樓，2015.4.20（2017.6.23 上網）。

[130] 見武漢網「簡帛論壇」〈厚父初讀〉38樓，2015.4.20（2017.6.23 上網）。

[131] 子居：〈清華簡〈厚父〉解析〉，清華網，2015.4.28（2017.6.23 上網）。

[132] 見武漢網「簡帛論壇」〈厚父初讀〉70樓，2015.5.20（2017.6.23 上網）。

[133] 見武漢網「簡帛論壇」〈厚父初讀〉71樓，2015.5.21（2017.6.23 上網）。

亦顯。」保，孫星衍引《釋詁》文曰：「安也」，並釋此句為「安受王之威命明德。」「安受」一語見於文獻，如：《國語·吳語》曰：「既罷弊其民，而天奪之食，安受其燼，乃無有命矣。」

《國語·周語下》又有「保明德」之語：「單子朝夕不忘成王之德，可謂不忝前哲矣。膺保明德，以佐王室，可謂廣裕民人矣。」韋昭注：「膺，抱也。保，持也。」關於「膺」字的解釋，《文選·東都賦》李善注引賈逵曰：「膺，猶受也。」

此外，文獻亦有「保德」之說，如《晏子春秋·內篇雜下第六》：「廉之謂公正，讓之謂保德。」再如漢賈誼《新書·禮容語下》：「布文陳紀，經制度，設犧牲，使四海之內，懿然葆德，各遵其道，故曰有成。」《新書校注》引朱駿聲曰：「葆，假借為保。」[134]

佑仁謹案：「好」字作「𡥀」（郭店.老甲.8）從「子」（未見從「禾」者），而△字則是從「禾（保）」，「子」旁兩側猶有筆畫，「好」、「娛」二字不同。「保」字本篇共見四次，二例從「女」，二例從「人」，「女」偏旁替換。

从女		
	厚父.9	厚父.11
从人		
	厚父.3	厚父.4

古文字中「人」、「女」偏旁替換的情況非常多，例如：「幾」字從「人」作「𣁋」（𣄰伯歸𢎘簋／集成04331），但亦可以從「女」作「𣁋」（幾𣄰冊瓠／集成07177）。「毓」從「女」作「𣄰」（毓且丁卣／集成05396），但亦可從「人」作「𣄰」（史牆盤／集成10175）。因此，本篇的「娛」字，相較於常

見的「保」，應是「女」、「人」二旁產生偏旁替換的現象。不過必須承認的是，時間邁入戰國時代之後，「女」、「人」偏旁替換的情況已少非常多。總的來說，「保教明德」由於文例清楚，因此首字釋「保」應無太大爭議。

〔十三〕　隹（惟）所役之司民啟之

隹	所	役	之	司	民	啟

之

原整理者：司民，見《酒誥》，孔傳云：「主民之吏。」一說本句當於「啟之」斷讀。[135]

子居：「啟之」斷讀當是。啟，即開導、引發。「司民」一詞，不見於甲骨文與西周金文。虛詞「所」，同樣不見於甲骨文與西周金文，據筆者《先秦文獻分期分域研究之一虛詞篇》的分析，虛詞「所」是出現於春秋前期的，這也就意味著，清華簡《厚父》篇的成文，必不早於春秋前期。[136]

馬文增：「桀」。「王監劫」之「劫」，「吉」聲；「啟之民」（佑仁案：當作「民啟之」）之「民」字形不同於簡文「民」，豎筆貫穿上下，同「桀」之右上。綜合考慮，筆者釋兩簡文皆為「桀」。[137]

郭倩文：將「啟之」屬上讀可從。[138]

佑仁謹案：「司民」一詞在《周禮》中指掌管戶籍登記的官名，《周禮・

---

[135] 李學勤主編：《清華大學藏戰國竹簡（伍）》，頁 115。
[136] 子居：〈清華簡〈厚父〉解析〉，清華網，2015.4.28（2017.6.23 上網）。
[137] 馬文增：〈清華簡〈厚父〉新釋、簡注、白話譯文〉，武漢網，2015.5.12（2017.6.23 上網）。
[138] 郭倩文：《《清華五》、《上博九》集釋及新見文字現象整理與研究》，頁 50。

秋官・司民》：「司民掌登萬民之數。」鄭玄注：「司民，主民數。」[139]《周禮・秋官・小司寇》：「孟冬祀司民，獻民數於王。」[140]《國語・周語上》：「司民協終孤。」韋昭注：「司民，掌登萬民之數，自生齒已上皆書於版。」[141]「司民」一年一次統計人口數目，每三年則大比一次。《周禮・地官・小司徒》：「及三年則大比，大比則受邦國之比要。」鄭玄注：「大比，謂使天下更簡閱民數及其財物也。」[142]不過，簡文的「司民」與人口統計的性質無關。

「司民」在《尚書》中指管理人民的有司，如《尚書・酒誥》：「勿辯乃司民湎于酒。」孔傳：「勿使汝主民之吏湎於酒。」[143]《墨子・天志中》：「以臨司民之善否。」[144]訓為有司比較符合文意的要求。「役」指役使、差遣。《尚書・大誥》：「予造天役，遺大投艱于朕身。」[145]蔡沈《集傳》云：「然我之所為皆天之所役使。」[146]可參。

關於「啟」字，筆者贊同子居之釋，指開導、啟發。《左傳・襄公二十五年》：「天誘其衷，啟敝邑之心。」杜預注：「啟，開也。開道其心，故得勝。」[147]《論語・述而》：「子曰：『不憤不啟，不悱不發。』」鄭玄注：「孔子與人言，必待其人心憤憤、口悱悱，乃後啟發為說之，如此則識思之深也。」[148]

本篇有三例「啟」字：

139 李學勤主編，《十三經注疏》整理委員會整理：《周禮注疏》，頁 1105、1044。
140 李學勤主編，《十三經注疏》整理委員會整理：《周禮注疏》，頁 1078。
141 徐元誥撰，王樹民、沈長雲點校：《國語集解》，頁 24。
142 李學勤主編，《十三經注疏》整理委員會整理：《周禮注疏》，頁 324。
143 李學勤主編，《十三經注疏》整理委員會整理：《尚書正義》，頁 452。
144 （清）孫詒讓撰，孫啟治點校：《墨子閒詁》，（北京：中華書局，2001.4），頁 203。
145 李學勤主編，《十三經注疏》整理委員會整理：《尚書正義》，頁 410。
146 （宋）蔡沈：《書集集傳》，見《景印離摛藻堂四庫全書薈要》第十九冊，卷 4 頁 37。
147 李學勤主編，《十三經注疏》整理委員會整理：《春秋左傳正義》，頁 1175。
148 李學勤主編，《十三經注疏》整理委員會整理：《論語注疏》，頁 96。

A	B	C
簡 02	簡 02	簡 10

A 形是楚簡常見的構形，字從「攴」，B、C 兩種寫法字從「又」，這是承襲甲骨文、金文的早期構形，筆者在楚簡中僅見此二例，十分罕見（在齊、燕的印文上亦可見[149]）。

簡文「惟所役之司民啟之」可翻譯成：需要役使他們的「司民」來啟迪人民。

〔十四〕 民其亡歖（諒）

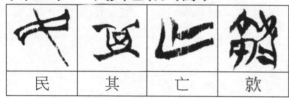

民	其	亡	歖

原整理者：歖，即「㦤」，《說文·旡部》：「㦤，事有不善，言㦤也。」《廣韻·漾韻》或作「就」。此處讀為「諒」，《詩·柏舟》「母也天只，不諒人只」，毛傳：「諒，信也。」[150]

馬楠：厚父言天命不可察覺知曉，民心亦難揣測度量；下面兩句也是對舉，謂民善民惡，皆「司民」教化所致。「恭心敬畏」與「亡諒」相對，謂民恭敬或無信；「畏不祥」與「弗畏不祥」相對；「保教明德」與「亡顯于民」相對，謂民能效德或不能顯德；「慎祭祀」與「惟禍攸及」相對，謂民能慎祀或不能慎祀而取禍。「惟所役之司民啟之」與「惟司民之所取」相對，謂前者為司民所教化，後者亦為司民所招致。下面說「今民莫不曰余保教明德」，屬於前一種情況，可見司民教化得宜，故云「鮮克以誨」，謂司民之教

---

149 何琳儀：《戰國古文字典》，（北京：中華書局，1998.9），頁 743。

150 李學勤主編：《清華大學藏戰國竹簡（伍）》，頁 115。

誨難以更加增益，是褒揚的話。[151]

暮四郎：「諒」當讀爲「良」，二字音近可通。《荀子・修身》：「知慮漸深，則一之以易良。」《韓詩外傳》卷二作「智慮潛深，則一之以易諒」。「亡諒」即「無良」，先秦典籍常見。《詩・小雅・角弓》：「民之無良，相怨一方。」[152]

黃凌倩：「欯」從整理者讀為「諒」，訓「信」。「欯」字又見清華簡《皇門》篇：「句克又欯」，原整理者注釋：「欯，即『㫓』字，讀為『諒』，皆從京得聲，《說文》：『諒，信也。』」此句今本作『茍克有常』。」《厚父》第八至九簡是厚父關於王提出的「小人之德，惟如台？」的回答。疑「民式克恭也敬畏」至「隹所役之司民啟之」為一句，說明民恭心敬畏、保教明德、慎肆祀，乃「司民」之啟發；下文「民其亡欯」以下另為一句，說明民如果無信、弗畏不祥，民則不被上天所光顯而取禍。[153]

佑仁謹案：原整理者讀「諒」，信也，馬楠、黃凌倩從之。暮四郎讀「良」。「諒」古籍中與「良」通，《禮記・樂記》：「致樂以治心，則易、直、子、諒之心，油然生矣。」[154]孫希旦《集解》：「朱子云：『子、諒』，當從《韓詩外傳》作『慈、良』。」[155]可見簡文的「欯」讀「諒」或「良」皆可，無法透過音理做判斷何者較佳。但就楚人用字來看，從不用「諒」表示｛良｝。因此讀「諒」，訓「信」仍是較妥當的意見。簡文「亡良」指（人民）沒有信用。

「欯」即《說文解字》的「㫓（㫓）」[156]，見於西周金文，字形作「𣱏」（五祀衛鼎／集成 02832）、「𣱏」（裘衛盉／集成 09456），左半從「旡」，

[151] 馬楠：〈清華簡第五冊補釋六則〉，《出土文獻》第六輯，頁 226-227。

[152] 見武漢網「簡帛論壇」〈厚父初讀〉7 樓，2015.4.10（2017.6.23 上網）。

[153] 黃凌倩：《清華伍《厚父》、《封許之命》集釋》，頁 48。

[154] 李學勤主編、《十三經注疏》整理委員會整理：《禮記正義》，頁 1328。

[155] （清）孫希旦，沈嘯寰、王星賢點校：《禮記集解》，（北京：中華書局，1989.2），頁 1030。

[156] （東漢）許慎撰，（清）段玉裁注，李添富總校訂：《新添古音說文解字注》（三版），頁 419。

楚簡中又見於清華壹〈皇門〉簡3，作「」，「旡」改作「欠」，並將偏旁移至右半。

〔十五〕 廼弗畏不恙（祥），亡㬎（顯）于民

廼	弗	畏	不	恙	亡	㬎
于	民					

原整理者：《書・康誥》：「威威，顯民。」周秉鈞《尚書易解》：「祗民，光顯其民，謂尊寵之也。」[157]

馬楠：《康誥》「天顯」如孔傳所言，謂天之明道；「顯民」、「天顯民祗」、「民祗」蓋指天道體現於民。所以在〈厚父〉中「保教明德」與「亡顯于民」相對，謂民能效德或不能顯德，正是對周王所問「茲小人之德惟如台」的回應。[158]

子居：整理者所引周秉鈞之說與馬楠之說皆不甚確。《詩》、《書》之「顯」，多訓「明」。常見詞「丕顯」，即是「大明」。《尚書・康誥》：「惟乃丕顯考文王。」孔傳：「惟汝大明父文王。」《尚書・多方》：「天惟時求民主，乃大降顯休命于成湯。」孔傳：「天惟是桀惡，故更求民主以代之，大下明美之命于成湯，使王天下。」《詩經・大雅・抑》：「無曰不顯，莫予云覯。」鄭玄箋：「顯，明也。」《詩經・小雅・采芑》：「顯允方叔，伐鼓淵淵。」孔穎達疏：「顯，明；允，信。」《禮記・祭法》：「是故王立七廟……曰顯考廟。」

---

[157] 李學勤主編：《清華大學藏戰國竹簡（伍）》，頁115。
[158] 馬楠：〈清華簡第五冊補釋六則〉，《出土文獻》第六輯，頁226-227。

孔穎達疏：「曰顯考廟者，高祖也。顯，明。」《國語·周語中》：「更姓改物，以創制天下，自顯庸也。」俞樾《群經平議·春秋外傳國語一》：「顯，明也。」皆是其證。因此，「亡顯於民」即「無明於民」。[159]

黃凌倩：「顯」從整理者訓為「光顯」，「顯」有「明」義，即可引申出「光顯」、「尊寵」義。[160]

郭倩文：從子居先生意見。《書·太甲上》：「先王昧爽，丕顯，坐以待旦。」孔傳：「爽、顯，皆明也。」《詩·大雅·抑》：「無曰不顯，莫予云覯。」鄭玄箋：「顯，明也。」孔穎達疏：「『《釋詁》……又云顯，光也。』是顯得為明也。」[161]

佑仁謹案：「廼」，訓作「若」、「假如」，此處的文義是說，人民沒有信用（無法永遠都「保教明德，慎肆祀」），假若人民弗畏不祥，則災禍立刻就會出現。

「顯民」，原整理者釋作「光顯其民」，子居釋作「無明於民」，都不正確。筆者認為「顯」指上天將天道顯現於民，《尚書·康誥》：「於弟弗念天顯，乃弗克恭厥兄。」孔傳：「於為人弟，不念天之明道，乃不能恭事其兄，是不恭。」[162]《後漢書·郅惲傳》：「且堯舜不以天顯自與，故禪天下，陛下何貪非天顯以自累也？」[163]又有「顯民」一詞，見於《尚書·康誥》：「不敢侮鰥寡，庸庸，祗祗，威威，顯民。」孔傳：「惠恤窮民，不慢鰥夫寡婦，用可用，敬可敬，刑可刑，明此道以示民。」[164]

整體而言，簡文「無顯于民」是指，由於人民已不再畏懼上天的示警（弗畏不羕），因此上天已不願意在人民身上體現天道。

[159] 子居：〈清華簡〈厚父〉解析〉，清華網，2015.4.28（2017.6.23 上網）。
[160] 黃凌倩：《清華伍《厚父》、《封許之命》集釋》，頁 49。
[161] 郭倩文：《《清華五》、《上博九》集釋及新見文字現象整理與研究》，頁 51。
[162] 李學勤主編，《十三經注疏》整理委員會整理：《尚書正義》，頁 433。
[163] （劉宋）范曄撰，（唐）李賢等注：《後漢書》，頁 1025。
[164] 李學勤主編，《十三經注疏》整理委員會整理：《尚書正義》，頁 425。

　　《說文・日部》：「暴，衆微杪也。從日中視絲。古文以爲顯字。」[165]「顯」字本義為「日」下治「絲」，原從「日」，然本簡的構形作「」，「日」旁訛變成「○」形，頗具特色。追本溯源，西周晚期頌簋的「」（集成 04334）即已出現這類寫法。

〔十六〕　亦隹（惟）歈（禍）之卣（倏）及

亦	隹	歈	之	卣	及

　　原整理者：歈，通「禍」。戰國簡帛中從骨聲字與從咼聲字可以通用。卣，通「攸」。[166]

　　子居：無論何種字形之「禍」，字皆不見於甲骨文與西周金文，且也不見於筆者在《先秦分期分域研究之一——虛詞篇》中分析為春秋初期的各篇傳世文獻，因此可知，「禍」這個詞當是出現於春秋前期。這也就決定了，清華簡《厚父》篇的成文時間，不會早於春秋前期。[167]

　　佑仁謹案：簡文「亦隹（惟）歈（禍）之卣及」，文義應是指禍患將迅速地到來。然而古文字中「卣」最常通假成「攸」，但是「攸」字一般訓成「遠」、「長」、「久」等義，套入文例中並不妥當。值得留意的是「攸然」、「攸攸」兩個詞組，它們都有「迅疾」的用法，於義頗為適切，只不過並沒有單字「攸」訓為迅速的用法。筆者認為此字可讀為「倏」，訓為「迅速」，此處是指人民不再敬畏上帝的示警，則憂患將很快來臨。

165　（東漢）許慎撰，（清）段玉裁注，李添富總校訂：《新添古音說文解字注》（三版），頁310。
166　李學勤主編：《清華大學藏戰國竹簡（伍）》，頁115。
167　子居：〈清華簡〈厚父〉解析〉，清華網，2015.4.28（2017.6.23 上網）。

〔十七〕　隹（惟）司民之所取

隹	司	民	之	所	取

子居：「所取」最早的可見辭例即《易經・旅卦》的爻辭：「旅瑣瑣，斯其所取災。」而筆者在《先秦分期分域研究之一——虛詞篇》中分析《周易》的爻辭部分是成文於春秋後期的，於是這也證明了前文分析清華簡《厚父》篇成文於春秋後期之初的推測。[168]

蔡一峰：「取」當是「趣」之假借，「趣」有促使、致使義。《荀子・王制》：「勸教化，趣孝弟」，「趣」之義與之相類。「惟司民之所取」即謂司民所致使的種種負面情況。古書「趣」「趨」習見相假，可知通用條件無礙。[169]

郭倩文：蔡說於通假上無礙，然於義不甚相合。「趨」乃「趨向」義，由己及它；而「招致」爲由它至己，恰相反也，故不可從。仍從整理者讀如本字。[170]

佑仁謹案：「取」，無人提出訓釋。筆者認為當訓為治理。《荀子・王制》：「成侯、嗣公，聚斂計數之君也，未及取民也。」[171]俞樾《諸子平議・荀子二》：「此『取』字，亦當訓治。取民，言治民也。」[172]《老子》：「取天下常以無事，及其有事，不足以取天下。」河上公注：「取，治也。」[173]簡文是說，人民不敬畏鬼神等錯誤的行為，是「司民」應加強管理、治理、約束之處，務必使人民能「保教明德」。

---

[168] 子居：〈清華簡〈厚父〉解析〉，清華網，2015.4.28（2017.6.23 上網）。

[169] 蔡一峰：〈清華五字詞零釋四則〉，第五屆「出土文獻與比較文字學全國博士生論壇」，2015.10.21-22，收入楊振紅、鄔文玲主編《簡帛研究二〇一六春夏卷》，（桂林：廣西師範大學出版社，2016.6）。

[170] 郭倩文：《《清華五》、《上博九》集釋及新見文字現象整理與研究》，頁 51。

[171] （清）王先謙撰，沈嘯寰、王星賢點校：《荀子集解》，頁 153。

[172] 俞樾：《諸子平議》，（北京：中華書局，1954），頁 247。

[173] 朱謙之：《老子校釋》，（北京：中華書局，1984.11），頁 193-194。

〔十八〕　今民莫不曰余娸（保）孝（教）明惪（德）

今	民	莫	不	曰	余	娸

孝	明	惪

佑仁謹案：「余」指人民。「娸（保）教明惪（德）」一詞又見於簡 9，相關釋讀問題統一於該處說明。

〔十九〕　亦鮮宴（克）以譬（誨）

亦	鮮	宴	以	譬

原整理者：誨，通「謀」。[174]

馬楠：「『鮮克以誨』，謂司民之教誨難以更加增益，是褒揚的話。」[175]

子居：今民莫不曰余娸（保）孝（教）明惪（德），亦鮮克以誨（謀）。馬楠說「誨」字讀為原字，當是。但以該句為「褒揚的話」，則不確。《厚父》篇中民後所「曰」的話，都是代擬民言，表達的是臣屬的放任、放縱傾向，本句也當如此理解，「鮮克以誨」是以臣屬的角度說，你很難再教誨我什麼了。「鮮克」未見甲骨文和西周金文用例，傳世文獻則可見於《詩經・大雅・蕩》：「靡不有初，鮮克有終。」《詩經・大雅・烝民》：「德輶如毛，民鮮克舉之。」而《詩經》的《大雅》部分基本都是成文於春秋前期、春秋後期左

---

[174] 李學勤主編：《清華大學藏戰國竹簡（伍）》，頁 115。
[175] 馬楠：〈清華簡第五冊補釋六則〉，《出土文獻》第六輯，頁 226。

右，因此這也就將清華簡《厚父》篇的成文時間，劃定在了春秋前期、春秋後期左右。由筆者《先秦文獻分期分域研究之一虛詞篇》的分析可見，虛詞「莫」約出現於春秋後期，而《厚父》篇中僅見一見虛詞「莫」，同屬春秋後期的「且」、「也」、「者」等高頻虛詞則未見使用。因此上，這也就意味著《厚父》篇的成文，當在春秋後期之初。[176]

黃凌倩：此處的「誨」或可通「悔」。王輝《古文字通假字典》云「謀」與「悔」通。「謀《說文》古文作𢘓、𧧝，可見母聲與某聲通。又古文謀作𢄶，《說文》家皆云上從母，下古文言。其實下𠃓也應是心字之譌，如是則𢘓即悔，悔即悔，亦即悔，是古文以悔通謀。」[177]

郭倩文：「誨」讀如本字，意爲「教導，訓誨」，於此處更合文意，《詩·小雅·緜蠻》：「飲之食之，教之誨之。」而「謀」無此義。所屬文句當是子居先生所說的臣屬之言，否則前文之「余」所指不明。[178]

佑仁謹案：「鮮克」，鮮，少也；克，能也。「鮮克」指很少能夠、很少可以。《詩經·大雅·蕩》：「靡不有初，鮮克有終。」[179]（所有事情都有開頭，但很少能堅持到終了）簡文云：「余保教明德，亦鮮克以△。」「民」自稱自己已經「保教明德」，因此已經不會（或不能）再「△」，毫無疑義「保教明德」是正面肯定的話，那麼△無論該讀成什麼，它只能是負面的意涵。馬楠認為「鮮克以誨」是褒揚的話，這恐怕是有問題的。

△字在楚簡中能讀成「謀」、「悔」、「誨」、「侮」，依據前述「保教明德」的性質，筆者傾向依據本字讀「誨」，指教導、訓誨。《說文·言部》：「誨，曉教也。」段玉裁注：「明曉而教之也……曉之以破其晦，是曰誨。」[180]《玉

---

[176] 子居：〈清華簡〈厚父〉解析〉，清華網，2015.4.28（2017.6.23 上網）。
[177] 黃凌倩：《清華伍〈厚父〉、〈封許之命〉集釋》，頁 50。
[178] 郭倩文：《〈清華五〉、〈上博九〉集釋及新見文字現象整理與研究》，頁 52。
[179] 李學勤主編，《十三經注疏》整理委員會整理：《毛詩正義》，頁 1356。
[180] （東漢）許慎撰，（清）段玉裁注，李添富總校訂：《新添古音說文解字注》（三版），頁 91。

篇·言部》：「誨，教示也。」[181]《廣韻·隊韻》：「誨，教訓也。」[182]《詩經·大雅·抑》：「誨爾諄諄，聽我藐藐。」[183]簡文此處是指，人民無不表示：「我已經保教明德，長官已不能再給予任何教化了。」

〔二十〕　曰：「民心佳（惟）㞢（本），氒（厥）叚（作）佳（惟）枼（葉）

日	民	心	佳	本	氒	叚
佳	枼

趙平安：本作 ![字] （簡11），是在上博四 ![字] （曹沫之陳20）之類寫法基礎上加「屮」而來，是「本」的累增字，為前所未見。[184]

原整理者：這兩句以樹為喻，大意是說人心像樹根，人的所作所為像枝葉。[185]

易泉：民心惟本，厥作惟葉〈厚父〉簡 11 原釋文所作「本」，實當是「桑」字。「民心惟桑，厥作惟葉」亦通。[186]

何有祖：桑，原釋文作「本」，簡文作 ![字] ，與「桑」字下列字形比較，![字] （前一·六·六）![字] （續三·三一·九）![字] （睡虎地簡三二·七）![字] （老

181 （南朝梁）顧野王：《宋本玉篇》，頁 164。
182 （宋）陳彭年等著：《新校互註宋本廣韻》，頁 388。
183 李學勤主編，《十三經注疏》整理委員會整理：《毛詩正義》，頁 1381。
184 趙平安：〈談談戰國文字中值得注意的一些現象——以清華簡〈厚父〉為例〉，第一屆漢字漢語文化國際學術研討會，美國：奧克拉荷馬大學，2014.8.15-17，收入《出土文獻與古文字研究》第六輯，頁 308。
185 李學勤主編：《清華大學藏戰國竹簡（伍）》，頁 115。
186 見武漢網「簡帛論壇」〈厚父初讀〉14 樓，2015.4.11（2017.6.23 上網）。

子甲後一八四）當是一字。「民心惟桑，厥作惟葉」亦通。[187]

明珍：所謂「誠於中，形於外」，由外知中，就像由葉知樹。其心若善，則其所作為亦善，就如其「本」若為松木，則其「葉」不可能長成桑葉。[188]

子居：整理者言：「這兩句以樹為喻，大意是說人心像樹根，人的所作所為像枝葉。」所說是，此句是指當重視民心，而其所作所為皆是基於其本（心）。於先秦時的政教，往往有德、刑兩端，《厚父》這裡明顯是重視德教。[189]

奈我何：簡11：曰民心佳（惟）本，厥作佳（惟）葉（葉）。

其中所謂的「本」字，趙平安先生曾舉出上博四《曹沫之陣》簡20「本」字形為證（傳抄古文中亦見），不可謂無據，然字形並不能密合；或釋「桑」，當是以此字形與「若」字（參《傳抄古文字編》600-601頁）上部寫法極為類似，其說亦可謂有據，然文意上似乎不大好講；若據字形和文意兩方面來考慮，懷疑所謂的「本」字當是「華」字。——字形上，傳抄古文字「華」字下部有作「木」形者；文意上，「本」常與「末」對言，「華」可以與「葉」連言。[190]

黃凌倩：⿰字上部寫法與「若」字上部極為相似。「若」字在前已發表的清華簡中作「⿱」，（清華一‧祭公01）、「⿱」（清華一‧金滕04）、「⿱」（清華三‧芮良夫05）等形，古文異體作「叒」，但據此將該字釋為「桑」，文意有些牽強。整理者說是在上博四⿰之類寫法基礎上增累「屮」部而來，但又前所未見。究竟為何字，尚待進一步考證。[191]

郭倩文：郭店簡《成之聞之》簡12有「杳」作「⿳」，可看做「本」字繁構，此字與之相比，「臼」由下置上而已，故而此字當為「本」字。而「桑」

---

[187] 何有祖：〈讀《清華大學藏戰國竹簡（五）》札記〉，武漢網，2015.4.12（2017.6.23 上網）。

[188] 見武漢網「簡帛論壇」〈厚父初讀〉26 樓，2015.4.16（2017.6.23 上網）。

[189] 子居：〈清華簡〈厚父〉解析〉，清華網，2015.4.28（2017.6.23 上網）。

[190] 見武漢網「簡帛論壇」〈厚父初讀〉79 樓，2015.5.23（2017.6.23 上網）。

[191] 黃凌倩：《清華伍《厚父》、《封許之命》集釋》，頁 51。

字本象桑樹之形，其上與此字上部作「臼」形差距大，故而字形上認定爲「桑」存在一定距離。另從文意看，《說文・木部》：「本，木下曰本。从木，一在其下。」「本」本義爲草木之根，文獻中有「本」、「葉」相對之例，如《詩・大雅・蕩》：「枝葉未有害，本實先撥。」引申用來表示「根本」之義，《書・五子之歌》：「皇祖有訓，民可近，不可下，民爲邦本，本固邦寧。」與簡文「本」、「葉」相對比喻民心民爲正相契合。而《說文・叒部》：「桑，蠶所食葉木。从叒、木。」從整理者意見。[192]

佑仁謹案：原整理者釋作从「屮」、「本」聲，讀「本」，明珍、子居、郭倩文從之。何有祖改釋「桑」，奈我何則釋爲「華」字。

關於奈我何所謂「華」之說，此字與「華」寫法並不相同。至於「桑」字，字形中間的「臼」形部件雖然確實近似，但是釋「桑」的文義並不好講，此處簡文是藉由「𣎴」與「葉」，說明人民的善心善性潛藏在他們心中，「𣎴」爲內，「葉」爲外。既然二者是對比關係，則性質、屬性不可能差異太大，樹葉是植物進行光合作用的重要器官，維管束植物均會有「葉」，但若釋爲「桑」則落實爲特定的植物，很難理解何以要特定選擇桑樹作爲譬喻。

總的來說，此字仍以原整理者之說較爲允當，以下是楚簡中所見諸「本」字：

上博一.孔子詩論.16	清華伍.厚父.11	清華伍.殷高宗問於三壽.27	清華陸.管仲.2	清華陸.管仲.4	清華陸.管仲.5	上博四.曹沫之陳.20
上博一.孔子詩論.5	郭店.六德.42	郭店.六德.41	郭店.成之聞之.15	郭店.成之聞之.14	郭店.成之聞之.12	上博三.仲弓.23

---

[192] 郭倩文：《〈清華五〉、〈上博九〉集釋及新見文字現象整理與研究》，頁52。

除〈孔子詩論〉外，其餘諸字皆增加「臼」旁，古文字中許多偏旁常類化作「臼」形，例如陷、齒、若、鼠、舀、毀、其、沉等字，數量眾多，然而只是文字訛變，與「臼」之取義未必有關聯。「臼」形除了置於「木」（或「本」）之下，如〈六德〉、〈成之聞之〉諸字，亦可置於其上，例如〈曹沫之陣〉簡20 的寫法，而〈厚父〉之「🔲」只是在其上增加「屮」旁而已，可視為「本」的異體字。

「𢼸」左半訛寫成「弓」，讀「作」。「葉」，枝葉、樹葉，是樹木的末端。本處是說：民心是樹木的根本，實際的作為則為樹木的枝葉。人存在善心，但需要透過實際作為去展現，正如樹木都有樹根，但枝葉有可能繁茂結實，亦有可能折枝凋零，茁壯的樹木需要靠枝葉來展現。

〔二十一〕引其能丁（貞）良于𠬝（友）人

引	其	能	丁	良	于	𠬝
人						

趙平安：〈厚父〉友作🔲（簡 11），與晉系文字（如侯馬盟書 300）相同，而與齊、楚文字稍異。[193]

原整理者：引，通「矧」，《書·康誥》：「矧惟不孝不友。」丁，《說文·丁部》：「夏時萬物皆丁實。」丁良，約相當於良實。諸葛亮《出師表》：「侍中侍郎郭攸之、費禕、董允等，此皆良實。」簡文中為形容詞使動用法。友

---

193 趙平安：〈談談戰國文字中值得注意的一些現象——以清華簡〈厚父〉為例〉，第一屆漢字漢語文化國際學術研討會，美國：奧克拉荷馬大學，2014.8.15-17，收入《出土文獻與古文字研究》第六輯，頁 305。

人，朋友。《逸周書・酆保》：「見親所親，勿與深謀，命友人疑。」[194]

王逸清、劉力耘：丁良，讀爲「貞良」，古書有見。[195]

鵬宇：「丁良」一詞典籍稀見，疑當讀為「貞良」。上古音丁、貞皆在端母耕部，同聲疊韻，於例可通。《說文》：「經，赤色也。從赤、巠聲。《詩》曰：『魴魚經尾』。䞓，經或從貞。䞓，或從丁。」又《說文》：「頂，顛也。從頁、丁聲。䪼，籀文從鼎。」古文字中鼎、貞為一字之分化，故丁、貞相通，似無疑義。

貞，有忠貞、誠信之義，良即「溫良恭儉讓」之良，「貞良」並稱，典籍習見。《墨子・明鬼下》：「必擇國之父兄慈孝貞良者，以爲祝宗。」《史記・秦始皇本紀》：「尊卑貴賤，不踰次行；姦邪不容，皆務貞良。」

此外，「貞良」一詞還見於出土文獻。北大秦簡〈善女子之方〉（013）云：「莫（暮）臥蚤（早）起，人婦恒常，絜（潔）身正行，屯（純）貞以（與）良。」

將「丁良」釋為「貞良」，從〈厚父〉文意上看也是很合適的。此簡簡文以樹為喻，前兩句大意是說人心如同樹根，人的所作所為像枝葉。（根深則葉茂，反之亦然。）同理，假如行為上可以貞良，則其善心亦可得以發揚。[196]

明珍：學者皆謂讀為「矧（審／真）」、「引」為喻母字，聲母有距離。故疑此字從弓、丨聲。「丨」又音「囟（心／真）」故可通讀為「矧」。此簡「𦬬」字，上未必從「又」，下亦不似「甘」，疑是「田」旁訛寫為「日」的「苗」字。……

「引」字，金文作（秦公簋）；以往楚簡作（參・祝3／引）、（九・

---

[194] 李學勤主編：《清華大學藏戰國竹簡（伍）》，頁 115。

[195] 清華大學出土文獻讀書會：〈清華簡第五冊整理報告補正〉，清華網，2015.4.8（2017.6.23上網）。

[196] 鵬宇：〈《清華大學藏戰國竹簡（伍）》零識〉，清華網，2015.4.10（2017.6.23 上網）。

M56.71／引），皆从弓、以一小撇表示開弓，小撇不離弓旁。然《厚父》此簡字形作▨，小撇與「弓」斷開，這種形體又見於▨（壹·程6）。▨、▨兩字，學者皆謂讀為「弜（審／真）」，「引」為喻母字，聲母有距離。故疑此字从弓、丨聲。「丨」又音「囟（心／真）」，故可通讀為「弜」。

「苗」字，楚簡作▨，與「友」字作▨（參·說下10）不同，雖然以往楚簡亦見作▨（郭·語一80／友），但「又」形微往左彎，且下部「甘」旁清楚。此簡▨字，上未必从「又」，下亦不似「甘」，疑是「田」旁訛寫為「日」的「苗」字。這種寫法又見於▨（一·孔5／富）、▨（參·琴10／富）。[197]

黃國輝：（整理者）所引諸葛亮《出師表》全文謂：「侍中侍郎郭攸之、費禕、董允等，此皆良實，志慮忠純，是以先帝簡拔以遺陛下。」「良實」當指其人品性之「忠良信實」，故後文緊接「志慮忠純」。而《厚父》簡文中的「丁良」當於此稍有別。丁，《說文》：「夏時，萬物皆丁實」。丁有強、壯之意。《釋名·釋天》：「丁，壯也」。《白虎通·五行》：「丁強猛衛其外」。丁、強同義聯用。良，當是善賢之意，古書多有。「丁良」當是古語，已結合成詞，蓋不宜分解。用在這裡，顯然是在指那些能力強於友人的人。他們之所以能夠強於友人，是由於他們能夠宣淑厥心，這是因爲「民心惟本，厥作惟葉」。[198]

蕭旭：丁讀為貞。《大戴·文王官人》：「省其喪哀，觀其貞良。」《墨子》亦有此詞，是先秦二漢成語。貞、良皆指品格而言。《潛夫論·實邊》：「丁強武猛衛其外。」不知何以引作《白虎通·五行》，又脫「武」字。《白虎通·五行》作「丁者，強也」。《史記·律書》：「丁者，言萬物之丁壯也，故曰丁。」《論衡·無形篇》：「身氣丁強。」丁之言當，言當壯年，因而有強義（參看

---

197 見武漢網「簡帛論壇」〈厚父初讀〉26樓，2015.4.16（2017.6.23上網）。
198 黃國輝：〈清華簡《厚父》補釋〉，復旦網，2015.4.27（2017.6.23上網）。

黃生《義府》）。此指體格而言。則「丁良」成詞，「丁」不訓強壯。[199]

子居：此句當於「丁」字後斷句，而非按整理者的釋文「丁良」連讀。筆者在《清華簡〈芮良夫毖〉解析》和《清華簡〈筮法〉解析》文中皆已提出，「丁」當讀為「顚」，顚即倒。《詩經·齊風·東方未明》：「東方未明，顚倒衣裳。顚之倒之，自公召之。」《楚辭·劉向〈九歎·湣命〉》：「今反表以為裡兮，顚裳以為衣。」王逸注：「顚，倒也。」故《厚父》這裡是以反問句的方式提出本末不能倒置。[200]

子居：「良于友人」當是指司民待民應該比民的友人還親近。[201]

黃凌倩：「丁良」從王逸清、劉力耘及鵬宇先生的說法，讀爲「貞良」。[202]

郭倩文：鵬宇先生意見可從，「貞良」一詞於傳世文獻中多見，《墨子·明鬼下》：「必擇國之父兄慈孝貞良者，以爲祝宗。」《史記·秦始皇本紀》：「尊卑貴賤，不踰次行；姦邪不容，皆務貞良。」「貞良」表忠良、忠正誠信義也。於簡文中，意正合也。而將「丁」、「良」分開解釋，或分置上下句，不若鵬說通達。[203]

宋亞雯：除《厚父》篇外，已整理的六輯清華簡中還有「友」字三例，皆作如下形體：

（清·三壽 10）

目前所能見到的戰國文字材料中，「友」字大致作：

字例	傳抄古文	齊	燕	三晉	楚	秦

---

199 見黃國輝：〈清華簡《厚父》補釋〉，復旦網，2015.4.27，文後「學者評論欄」1 樓，2015.4.27（2017.6.23 上網）。

200 子居：〈清華簡〈厚父〉解析〉，清華網，2015.4.28（2017.6.23 上網）。

201 子居：〈清華簡〈厚父〉解析〉，清華網，2015.4.28（2017.6.23 上網）。

202 黃凌倩：《清華伍《厚父》、《封許之命》集釋》，頁 53。

203 郭倩文：《《清華五》、《上博九》集釋及新見文字現象整理與研究》，頁 54。

友	說	陶錄 3·273	侯馬	信二 19	睡·日甲 65 背

《厚父》字形與其他篇的差異主要在於上部的「又」形，參《保訓》部分「關於字形結構的研究」第 24 條「又」字。[204]

佑仁謹案：先談句讀，子居將文例句讀為「曰民心惟本，厥作惟葉，矧其能丁？良于友人，乃宣淑厥心。」主要差異是在「丁」字後點斷，並添加疑問句。

關於「引」字，原整理者認為通「矧」，並引《尚書・康誥》：「矧惟不孝不友。」[205]但未能申明其意。若依原整理者所引原文，應是將「矧」訓為「亦」（《教育部異體字字典》「矧」訓「亦」一條，即用《尚書・康誥》為例）。這樣的用法亦見於《尚書・君奭》：「矧咸奔走，惟茲惟德稱，用乂厥辟。」[206]王引之《經傳釋詞》卷九：「矧，猶亦也。……『矧咸奔走』，言亦咸奔走也。」[207]（依據林宏佳之研究，「矧」是以「比較」的方式表示強調，訓作「亦」的故訓並不正確。[208]）不過，將此訓置入文中，句義並不妥貼。筆者認為「引」讀如字即可，指引導、牽引。本處是說，若能透過友人而引導出自己內心本有的貞良，則可以宣淑自己的心。

明珍認為「引」字皆從弓、以一小撇表示開弓，小撇不離弓旁，而本處的疑難字小撇與「弓」斷開，且「矧」（審／真），「引」為喻母字，音韻有距離，故懷疑「引」乃從弓、丨（針）聲之字。先將相關諸字羅列如下：

△1	△2	△3	△4

---

204 宋亞雯：《清華簡中的非典型楚文字因素問題研究》，頁 115。

205 李學勤主編，《十三經注疏》整理委員會整理：《尚書正義》，頁 433。

206 李學勤主編，《十三經注疏》整理委員會整理：《尚書正義》，頁 523。

207 （清）王引之：《經傳釋詞》，（長沙：嶽麓書社，1985.4 第 1 版），頁 212。

208 林宏佳：〈訓「矧」〉，《臺大中文學報》第 30 期（2009.6），頁 1-50。

師𣄰鼎／集成 02830	清華參.祝辭.3	本簡	清華壹.程寤.6

「引」，本義為「開弓」，《說文》：「引，開弓也。」[209]《莊子·田子方》：「列御寇為伯昏無人射，引之盈貫。」[210]由上述表格來看，「引」字從「弓」並以一小撇表示開弓，其後小撇加上橫筆，最後撇筆部件與「弓」旁分開，原本的撇筆則訛變成直筆。換言之，從構形演變來看，△1、2 與△3、4 都是同一字無誤。而「引」字撇筆的弧度越來越小，以致最終從「丨」。

此外，△4 有沒有可能是「針」的聲化呢？先將諸字的上古聲紐、韻部羅列如下（依據陳新雄師古聲十九紐、古韻三十二部）：

矤	引	針
透、真	定、真	端、侵

「矤」、「引」韻部相同，聲紐都是舌頭音，二字古音相通，應無疑義。而「針」與「矤」、「引」聲紐相同，韻部屬「真侵旁轉」，因此「引」從「針」聲，確實有其可能。

關於「丁良」一詞，原整理者將「丁良」訓為「良實」。子居將「丁」讀為「顛」。王逸清、劉力耘讀為「貞良」，鵬宇從之，並梳理「丁」、「貞」通假的證據。黃國輝認為「丁」有強、壯之意，「丁良於友人」指能力強於友人。蕭旭認為讀為「貞良」，是指品格而言。就諸家讀法來看，王逸清、劉力耘讀為「貞良」的看法較為允當，而「經」字《說文》一作「𩜍」一作「紅」[211]，也說明「丁」、「貞」通假沒有疑義，在此應是形容詞。再者，諸說之中只有「貞良」能在古籍找到例證：

---

[209] （東漢）許慎撰，（清）段玉裁注，李添富總校訂：《新添古音說文解字注》（三版），頁 646。

[210] （清）王先謙：《莊子集解》／劉武：《莊子集解內篇補正》，（北京：中華書局，1987），頁 182。

[211] （東漢）許慎撰，（清）段玉裁注，（民國）李添富總校訂：《新添古音說文解字注》（三版），（臺北：洪葉文化事業有限公司，2016.10），頁 496。

《說苑・談叢》：「貞良而亡，先人餘殃；猖獗而活，先人餘烈。」[212]

《大戴禮記・文王官人》：「省其喪哀，觀其貞良；省其出入，觀其交友。」[213]

《中論》：「若夫明君之所親任也，皆貞良聰智，其言也。」[214]

《墨子・明鬼下》：「必擇國之父兄慈孝貞良者，以為祝宗。」[215]

綜合古籍所呈現的證據，筆者較贊成讀「貞良」之說。簡文本處是說：民心像是根本，而行為則是枝葉，如果能透過朋友指引出內心的丁良，那麼就可以宣和淑慎自己的心。

關於「🜸」字，原整理者釋「友」，由於有具體文例「朋△」，因此取得多數學者的贊同。明珍將「友」改釋成「苗」，她的理據是一般「友」字下半從「甘」不從「日」，而上半的「双」筆畫應微向左彎。筆者認為這種從「日」類型的「友」字，最早應見於西周早期的「🜸」（夆莫父卣／集成05245），字形下半從「日」，另外，侯馬盟書有「🜸」（85：9）字[216]，依據《楚系簡帛文字編》，天星簡亦有「🜸」字[217]，二字下半寫法都近「日」，與本簡的疑難字正合，更重要的是，本處的文例為「朋友」，實難移易，若改為「朋苗」，則文意不通矣。

如前所述，從「日」的「友」見於西周早期的「🜸」（夆莫父卣／集成05245），而從「甘」的「友」字亦見西周早期的「🜸」（毛公旅方鼎／集成02724），二種構形出現的時間都非常早，究竟是從「甘」者先，還是從「日」者先，值得進一步綜合研究。

---

[212] （西漢）劉向撰，向宗魯校證：《說苑校證》，（北京：中華書局，1987.7），頁387。

[213] （清）王聘珍撰，王文錦點校：《大戴禮記解詁》，（北京：中華書局，1983.3），頁188。

[214] 徐幹：《中論》，《四部叢刊初編》中第337冊，景江安傅氏雙鑑樓藏明嘉靖乙丑刊本，（上海：上海商務印書館景印，1920），卷下頁12。

[215] （清）孫詒讓撰，孫啟治點校：《墨子閒詁》，頁236。

[216] 湯志彪：《三晉文字編》，（北京：作家出版社，2013.10），頁398。

[217] 滕壬生：《楚系簡帛文字編（增訂本）》，（武漢：湖北教育出版社，2008.10），頁286。

〔二十二〕廼洹（宣）弔（淑）叴（厥）心

廼	洹	弔	叴	心

原整理者：洹，通「宣」，《左傳》襄公二十九年：「用而不匱，廣而不宣。」王引之《經義述聞・毛傳中》：「宣與廣義相因。」也可讀為「桓」，《詩・長發》「玄王桓撥，受小國是達，受大國是達」，毛傳：「桓，大。」弔，通「淑」，《爾雅・釋詁》：「淑，善也。」[218]

子居：「洹」（宣）當訓為「和」，《尚書・盤庚》：「汝不憂朕心之攸困，乃咸大不宣乃心。」孫星衍疏：「宣乃心謂和乃心也。」春秋初期的《戎生編鐘》銘文有「既和且淑」句，春秋後期的《秦公鐘》銘文有「作淑和鐘，厥名曰協邦。」皆是其例。《厚父》這裡當是建議司民以親近於民的方式引導民心向善。[219]

黃淩倩：「洹」從趙平安先生，訓為「宣」或「桓」。[220]

郭倩文：從整理者訓為「宣揚」，相關句意為民較其友人貞良，則能發揚其善心，與前文王問如何對待人民的德行恰合。[221]

佑仁謹案：筆者贊成「洹」讀「宣」之說，在金文、楚簡中都有用例，洹子孟姜壺（集成09729-09730）：「洹（宣）子」、有兒簋（春秋晚期）：「陳洹（宣）公」[222]，清華貳〈繫年〉將「周宣王」寫作「周洹王」（簡3 共3例）。關於「宣」字的訓讀，以子居訓「和」之說最有根據，金文中有「宣」與「和」搭配使用的例證，除他所引用的戎生編鐘、秦公鐘外，沇兒鎛（集成00203）：「龢（和）會百姓，淑于威儀」，亦是一證。「宣淑」二字在文例

---

218 李學勤主編：《清華大學藏戰國竹簡（伍）》，頁115。

219 子居：〈清華簡〈厚父〉解析〉，清華網，2015.4.28（2017.6.23 上網）。

220 黃淩倩：《清華伍《厚父》、《封許之命》集釋》，頁53。

221 郭倩文：《《清華五》、《上博九》集釋及新見文字現象整理與研究》，頁55。

222 參黃錦前：〈有兒簋釋讀及相關問題〉，復旦網，2012.6.1（2017.6.23 上網）。

中應屬動詞性質。

〔二十三〕若山坒（厥）高，若水坒（厥）朋（｛深｝）

若	山	坒	高	若	水	坒
朋						

趙平安：〈厚父〉罙作 ![字] （簡 12），與楚帛書 ![字] （乙本）、中山王鼎 ![字] 、〈芮良夫毖〉 ![字] （簡 26）、〈周公之琴舞〉 ![字] （簡 5）寫法相同，實是淵字古文。《說文》訓「回水也」。戰國時期，深字一般作 ![字] 、![字] 之形，所從罙與〈厚父〉寫法有別。![字] 用為罙，屬於所謂的「義同換讀」或「同義換讀」現象，林澐先生則把這種情形叫作轉注。它反映了漢字早期的某些特徵。[223]

原整理者：坒，即「厥」，相當於句中助詞「之」，與《書·無逸》「自時厥後，立王生則逸」之「厥」用法相同。朋，用為「罙」，後世寫作「深」。[224]

暮四郎：此字當讀作「淵」，深之義。[225]

華東師大工作室：〈厚父〉簡 12「朋」字作「![字]」，其中「水」旁平置，上下兩側又多出兩飾筆。其字形構形與中山王鼎「朋」字構形同，彼作「![字]」，亦「水」旁平置，上下有飾筆。此字或又可為此篇字體有三晉風格之一證。

---

[223] 趙平安：〈談談戰國文字中值得注意的一些現象——以清華簡〈厚父〉為例〉，第一屆漢字漢語文化國際學術研討會，美國：奧克拉荷馬大學，2014.8.15-17，收入《出土文獻與古文字研究》第六輯，頁 307。

[224] 李學勤主編：《清華大學藏戰國竹簡（伍）》，頁 115。

[225] 見武漢網「簡帛論壇」〈厚父初讀〉11 樓，2015.4.10（2017.6.23 上網）。

226

子居：若山𡺀（厥）高，若水𡺀（厥）淵（淵），女（如）玉之才（在）石，女（如）丹之才（在）朱。《說文・水部》：「淵，回水也。從水，象形。左右，岸也。中象水皃。淵，淵或省水。」《詩經・邶風・燕燕》：「仲氏任只，其心塞淵。」毛傳：「淵，深也。」《詩經・鄘風・定之方中》：「匪直也人，秉心塞淵。」鄭箋：「淵，深也。」可證。

「若山厥高，若水厥淵」就是指司民所要起到的榜樣作用而言。《詩經・小雅・車舝》：「高山仰止，景行行止。」《晏子春秋・內篇問下》：「景公問晏子曰：『人性有賢不肖，可學乎？』晏子對曰：『詩云：『高山仰止，景行行止。』之者其人也。故諸侯並立，善而不怠者為長；列士並學，終善者為師。』」《管子・九守》：「高山仰之，不可極也，深淵度之，不可測也。」（又見《六韜・文韜・大禮》）《荀子・勸學》：「君子曰：學不可以已。青取之于藍，而青于藍；冰水為之，而寒于水。木直中繩，輮以為輪，其曲中規，雖有槁暴，不復挺者，輮使之然也。故木受繩則直，金就礪則利，君子博學而日參省乎己，則知明而行無過矣。故不登高山，不知天之高也；不臨深溪，不知地之厚也；不聞先王之遺言，不知學問之大也。干越夷貉之子，生而同聲，長而異俗，教使之然也。詩曰：『嗟爾君子，無恒安息。靖共爾位，好是正直。神之聽之，介爾景福。』神莫大於化道，福莫長於無禍。」（又見《大戴禮記・勸學》）皆是用類似比喻。[227]

黃凌倩：「淵」字從暮四郎和子居先生意見，讀為「淵」。何琳儀先生解釋「淵」字說：「《說文》：『淵，回水也。從水，象形，左右岸也，中象水皃。（烏玄切）』淵，淵或省水。……淵、淵為古今字。《小爾雅・廣詁》『淵，深也。』『又淵』讀『有淵』，即『淵淵然』。《廣雅・釋訓》『淵網，深也。』」

---

[226] 華東師範大學中文系出土文獻研究工作室：〈讀《清華大學藏戰國竹簡（伍）》書後（一）〉，武漢網，2015.4.12（2017.6.23 上網）。
[227] 子居：〈清華簡〈厚父〉解析〉，清華網，2015.4.28（2017.6.23 上網）。

《禮記・中庸》『淵淵其淵。』帛書『黃淵』，猶『黃泉』。[228]

郭倩文：「淵」本有「深」義，子居先生已指出，則不必通讀爲「深」。[229]

宋亞雯：目前所能見到的古文字材料中，「淵」字大致作：

字例	傳抄古文	齊	燕	三晉	楚	秦
淵	🅐 說	🅑 子淵戈		🅒 中山王鼎	🅓 楚帛編 84	

在目前條件下還無法進一步斷定「𣶃」這種寫法的域別特徵，有待於未來更多材料的證明。[230]

佑仁謹案：簡文「若山厥高，若水厥△」，「高」與△對應，趙平安已將△字正確釋出乃「淵」字，但他進一步認為「淵」是「深」的同義換讀，一般學者則透過訓讀的方式，將「淵」與「深」聯繫起來。其後，許多學者均不採納趙平安意見，而將△直接改釋作「淵」，並以「淵，深也」之古訓解釋文例。筆者認為原整理者之所以將「淵」和「深」二字以同義換讀的角度聯繫起來，主要是著眼於古文字中此二字的形、義存在複雜且糾葛的現象。

郭店〈五行〉簡 46：「耳目鼻口手足六者，心之役也。心曰唯，莫敢不唯；如（諾），莫敢不如（諾）；進，莫敢不進；後，莫敢不後；🅔，莫敢不🅔；🅕，莫敢不🅖。」🅔，整理者讀作「深」，裘錫圭將「🅕」讀為「淺」[231]，馬王堆帛書〈五行〉154／323 文例正作「心曰深，莫敢不深」[232]，字就寫作・深，但從構形來看，「🅔」分明就是「🅗」（上博五.君子為禮.1）這類寫法的「𣶃（淵）」簡省而來，若不考慮上下文例僅就字論字，字形其

---

[228] 黃凌倩：《清華伍《厚父》、《封許之命》集釋》，頁 55。

[229] 郭倩文：《《清華五》、《上博九》集釋及新見文字現象整理與研究》，頁 55。

[230] 宋亞雯：《清華簡中的非典型楚文字因素問題研究》，頁 116。

[231] 裘錫圭先生指出：「此句首尾各有一從『水』的相同之字，似當讀為『淺』。他們的右旁據帛書本當讀為『察』。『察』、『竊』古通。『竊』、『淺』音近義通。」參荊門市博物館：《郭店楚墓竹簡》，（北京：文物出版社，1998.5），頁 154。

[232] 參裘錫圭主編：《長沙馬王堆漢墓簡帛集成》，第四冊，（北京：中華書局，2014.6），頁 90。

實可以釋作「淵」，但在〈五行〉中，它顯然是用來表示｛深｝。

又如郭店〈性自命出〉簡 62：「身欲靜而毋款，慮欲淵而毋偽」，此處的「慮欲淵」其實可以更直截地理解為「慮欲深」，因為〈性自命出〉此二句話正可與《鬼谷子》「心欲安靜，慮欲深遠」（又見《鄧析子・轉辭篇》）對讀，字作「深」不作「淵」。

大西克也曾於 2016 年 8 月 22 日於成大中文系以「楚國出土文獻用字研究的幾個問題」為題進行演講，其中「楚簡中的訓讀字」一節就以〈武王踐阼〉、〈性自命出〉等篇為例，他認為「『深』是『淵』本來具有的屬性，借用實體的名稱來表示它具有的屬性，是一種轉喻（metonymy）。」[233]他指出上博七〈武王踐阼〉簡 8 云：「與其溺於人，寧溺於淵，溺於淵猶可游，溺於人不可救。」「淵」字作「」，或謂釋作「深」、「泉」，但二字於音皆無法通諧。而郭店〈五行〉的「」與〈武王踐阼〉的「」字形完全一樣，但前者釋「深」，後者釋「淵」，足見淵、深關係之密切。

總的來說，古文字「淵」、「深」是來源不同的兩個字，可是在戰國時期的楚文字中，確實有不少表示｛深｝的詞，都習慣以「淵」字呈現，不宜簡單以誤字解釋，或認為「淵」已有「深」之義，而將字釋作「淵」。

此外，華東師大工作室認為「〈厚父〉簡 12『𤃬』字作『』，其中『水』旁平置，上下兩側又多出兩飾筆。其構形與中山王鼎『𤃬』字相同，彼作『』，亦『水』旁平置，上下有飾筆。此字或又可為此篇字體有三晉風格之一證。」細審中山王器的「」字，不難發現，並非「水」旁「上下有飾筆」，其所謂的飾筆，正是「水」的筆劃。另外，楚帛書「淵」字作「」（楚帛書乙 2.24）、「」（楚帛書乙 7.10），若將此字列為晉系風格的特殊字，實不可從。

---

[233] 此為當日投影片之資料，未正式發表。關於大西克也「訓讀字」的具體見解，可參大西克也：〈上博六《平王》兩篇故事中的幾個問題〉，2009 華語文與華文化教育國際研討會，新竹：玄奘大學中國文學系，2009.12.11，又見復旦網，2010.4.21（2017.6.23 上網）。

〔二十四〕女（如）玉之才（在）石，女（如）丹之才（在）朱（漆）

女	玉	之	才	石	女	丹

之	才	朱

原整理者隸定作「女（如）玉之才（在）石，女（如）丹之才（在）朱」，無具體解釋。[234]

珍伊：「玉」為「石之美」，故玉在石中最為出眾；「丹」為「石之精」，故丹在朱（硃）中最為精良。包括上文，全句文義大概是：人心是「本」，其作為是「葉」。若其尚為幼小之「苗」時便能貞良（據王逸清、劉力耘、鵬宇通讀），則此人便可宣／桓淑其心，進而能夠成為「高山」、「深水」，成為如石中之玉、朱中之丹的人。即鶴立雞群、傑出的佼佼者。[235]

ee：整理者釋為「如丹之在朱」，不好理解，且古文字中朱也未有此種寫法。所謂的朱疑是桼（漆）字，這裡的漆疑指一種紅漆。其字應即在表示在漆木上刻劃以取漆之意。[236]

子居：《說文・玉部》：「玉，石之美。有五德：潤澤以溫，仁之方也；鰓理自外，可以知中，義之方也；其聲舒揚，專以遠聞，智之方也；不撓而折，勇之方也；銳廉而不忮，絜之方也。象三玉之連。｜，其貫也。」故《厚父》這裡是將司民比作玉，將民比作石。《禮記・月令》：「乘朱路，駕赤駵，

---

[234] 李學勤主編：《清華大學藏戰國竹簡（伍）》，頁110。
[235] 見武漢網「簡帛論壇」〈厚父初讀〉26樓，2015.4.16（2017.6.23上網）。
[236] 見武漢網「簡帛論壇」〈厚父初讀〉33樓，2015.4.19（2017.6.23上網）。

載赤旗，衣朱衣。」孔穎達疏：「色淺曰赤，色深曰朱。」《儀禮・鄉射禮》：「凡畫者丹質。」鄭玄注：「丹淺於赤。」相對來說，丹比朱更為鮮明著目，故與上句類似，這裡自然是將司民比作丹，將民比作朱。[237]

佑仁謹案：ee（單育辰）改「朱」為「桼（漆）」，甚是。「朱」作「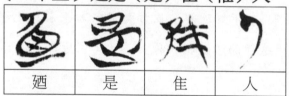」（信陽 2.016），「桼」字作「」（天卜），其差異在於「朱」中間是兩道平行的筆劃，筆勢由左至右，而「桼」則是兩道斜筆，筆勢由右上至左下（斜筆應是表意符號，指在漆樹上以刀所劃出的斜痕，目的是讓漆液自然流出），二字運筆方向截然不同，可作為區別的判準。綜合幾點特徵，釋「桼（漆）」應無疑義。

漢代文獻中常提及「丹漆」（朱紅色的漆），明代黃成《髹飾錄》「水積」條，楊明注云：「漆之為體，其色黑。」[238]色澤偏暗的「漆」，卻能夠提煉出「丹」（朱紅）色。此處簡文是說：美玉潛藏在璞石之中，色澤暗黑的漆能提煉出鮮豔的紅色，就如同人的本質一樣，深藏在人的心中，若透過一定啟發，便能顯現人內心的貞良。

〔二十五〕廼是（寔）隹（惟）人

廼	是	隹	人

原整理者：是，當「寔」講。「惟人」與《詩・雝》「宣哲維人」用法相當。[239]

子居：「乃是惟人」當與「曰」字連讀。是、惟人皆是一般意義上的字詞，並無特殊意味。[240]

---

[237] 子居：〈清華簡〈厚父〉解析〉，清華網，2015.4.28（2017.6.23 上網）。

[238] （明）黃成：《髹飾錄》，民國朱啓鈐刻本，頁 5。

[239] 李學勤主編：《清華大學藏戰國竹簡（伍）》，頁 115。

[240] 子居：〈清華簡〈厚父〉解析〉，清華網，2015.4.28（2017.6.23 上網）。

馬文增：「乃寔惟人」之「惟人」，「無私」、「利他」之意，即「愛人」。
241

郭倩文：「寔」，同「實」。《詩·召南·小星》：「肅肅宵征，夙夜在公，
寔命不同。」朱熹集傳：「寔與實同。」另從整理者句讀，「曰天監司民」與
前文「曰民也惟本」爲兩個話題，句式相似。《詩·周頌·雝》：「宣哲維人，
文武維后」，《史記·燕世家》索隱曰：「人，猶臣也。」文王一身兼盡君臣
之道，故言「維人」、「維后」。如整理者言，簡文「惟人」與之義相同，意
爲：（這樣）才是真正的臣屬。而「惟人」表「愛人」於傳世文獻中未見此
用法。故從整理者。242

佑仁謹案：子居認爲「乃是惟人」當與「曰」字連讀，此不妥，前後幾
段都以「曰」字領頭，不宜連讀。原整理者認爲「是」讀「寔」（即「實」），
可從。筆者頗疑本段中的「民心惟本，厥作惟葉」、「乃是惟人」，其「惟」
字都應訓作「爲」，《尚書·禹貢》：「厥土惟白壤，厥賦惟上上錯，厥田惟中
中。」243此處簡文是說，能夠引貞良於友人，宣淑其心的人，才真算得上是
人。

〔二十六〕曰：「天龠（監）司民

曰	天	龠	司	民

原整理者：龠，從今聲。文獻中「監」與「銜」可以通用，「銜」從金
聲，「金」從今聲，「今」與「監」音近，「龠」可讀爲「監」。《書·高宗肜
日》：「惟天監下民。」一說「龠」讀爲「陰」，《詩·桑柔》「既之陰女」，《經

241 馬文增：〈清華簡〈厚父〉新釋、簡注、白話譯文〉，武漢網，2015.5.12（2017.6.23 上網）。
242 郭倩文：《《清華五》、《上博九》集釋及新見文字現象整理與研究》，頁 56。
243 李學勤主編，《十三經注疏》整理委員會整理：《尚書正義》，頁 162-163。

典釋文》：「謂覆陰也。」〈洪範〉「惟天陰騭下民」，馬注云：「陰，覆也。」
[244]

lht：12 號簡從「今」從「見」之字，整理者以為從「見」聲，讀為「監」。
我倒覺得可能從「見」「今」聲，是「臨」的異體。「臨」、「今」都屬侵部，
「吟」之異體「喥」基本聲符是「林」，與「臨」都是來母，古音相近。「臨」
的本義是視，《爾雅·釋詁下》「臨，視也」，這個字本來就從「見（視）」（後
訛為「臥」），此以「視」為意符正合適。[245]

黃國輝：龠字當以另說為是，讀為「陰」，覆也。拼字從升，則當讀為
「升」，登也。簡文龠……拼，當是《洪範》「陰騭」分別用法。《洪範》：「惟
天陰騭下民」。《史記·宋世家》作：「維天陰定下民」。偽孔傳作：「天不言
而默定下民」。傳統解釋多從此說。然《經典釋文》引馬注云：「陰，覆也」，
「騭，升也」。如今《厚父》的發現足以證明馬融的灼識。[246]

子居：钱即戳，則龠當即覤，也即眈字。《說文·見部》：「覤，內視也。」
《說文·目部》：「眈，視近而志遠。」[247]

明珍：為整理者辯解一下，整理者認為從「今」聲，並沒說從「見」聲。
[248]

劉洪濤：「龠」字原文作「🔲」，應分析為從「視」字初文、「今」聲，
從理論上講它既可能是「監」字的後起形聲字，也可能是「臨」字的後起形
聲字。首先來看意符。古文字「監」作「🔲」（《集成》883），象人對著器皿
照視，本義是照視。《書·酒誥》：「古人有言曰：『人無於水監，當於民監。』」

[244] 李學勤主編：《清華大學藏戰國竹簡（伍）》，頁 116。
[245] 見武漢網「簡帛論壇」〈厚父初讀〉39 樓，2015.4.20（2017.6.23 上網）。
[246] 黃國輝：〈清華簡《厚父》補釋〉，復旦網，2015.4.27（2017.6.23 上網）。黃國輝：〈清
華簡《厚父》新探〉，《出土文獻與先秦經史國際學術研討會論文集（上）》，頁 245-246。又
見於黃國輝：〈清華簡《厚父》新探——兼談用字和書寫之於古書成篇與流傳的重要性〉，
《清華大學學報（哲學社會科學版）》，頁 63-64。
[247] 子居：〈清華簡〈厚父〉解析〉，清華網，2015.4.28（2017.6.23 上網）。
[248] 見武漢網「簡帛論壇」〈厚父初讀〉82 樓，2015.7.7（2017.6.23 上網）。

古文字「臨」作「🅺」（《集成》2837），象人俯視眾物之形，本義是居上視下。《詩・大雅・大明》「上帝臨女，無貳爾心」，鄭玄箋：「臨，視也。」這兩個字都是表意字，且字形上都有「視」字形。當為這兩個字造形聲字異體時，都可以保留其中的「視」旁作意符。因此，單靠意符無法判斷這個字是「監」字的異體，還是「臨」字的異體。

「厷」，整理者釋為「左」字異體，認為特指左手。此從單育辰先生釋（網絡發言）《說文》又部，「厷，臂上也。」或體作「肱」，「厥徵如肱之服於人」，意思是「天龕司民」的效驗就像胳臂服事於人一樣，無不順從。如果把「龕」釋為「監」，訓為監察，說上天監察司民的效驗就像胳臂順從於人一樣，頗為不辭。但把「龕」釋為「臨」，訓為治理，說上天治埋司民的效驗就像胳臂順從於人一樣，就文從字順，本句意為上天的統治沒有不順服的。《詩・大雅・大明》「上帝臨女，無貳爾心」，「無貳爾心」就是順從、服從上帝的臨治。因此，「龕」應為「臨」字的異體。[249]

王寧：「龕司」疑當讀為「陰覗」，《方言》：「凡相竊視，自江而北謂之覗。」所謂「陰覗」意思略同於「竊視」，均謂暗中窺視、監視意。「天陰覗民」當即上天暗中監視下民之義。「陰」與「闇」、「暗」古音亦同，此處「陰」字從見今聲，蓋即古書「陰見」之「陰」的專字。[250]

黃凌倩：「龕」字從趙平安先生，讀為「監」，「天龕司民」意指天監察司民的作為。[251]

郭倩文：取整理者讀為「陰」說，表庇護義，《詩・大雅・桑柔》：「既之陰女，反予來赫。」鄭玄箋：「我恐女見弋獲，既往覆陰女。」陸德明釋

---

[249] 見武漢網「簡帛論壇」〈厚父初讀〉83 樓，2015.8.12，（此論壇貼文已被移除，2017.6.23 上網）但古文字圖片無法顯示，增補過後發表於第二屆古文字學「青年論壇」，今以增補後的意見為據。參劉洪濤：〈讀清華大學藏戰國竹簡第五冊散劄〉，第二屆古文字學「青年論壇」，臺北：中央研究院歷史語言研究所，2016.1.28-29，頁 216。

[250] 見武漢網「簡帛論壇」〈厚父初讀〉91 樓，2016.2.29（2017.6.23 上網）。

[251] 黃凌倩：《清華伍《厚父》、《封許之命》集釋》，頁 56。

文：「陰，鄭音蔭，覆蔭也。」上天庇護君王、下民之說常見。[252]

佑仁謹案：「貪」，原整理者認為从「今」聲，並提出讀「監」與「陰」兩種看法。劉洪濤認為从「今」聲讀「臨」，訓作「視」。黃國輝贊成原整理者讀「陰」訓「覆也」的意見。子居認為「貪」即「覜」，亦即「眈」字。後來劉洪濤認為它可能是「監」或「臨」的後起形聲字。王寧與下句連讀，文例讀作「陰覜」，義同「竊視」。黃凌倩從原整理者讀「監」之說。

「貪」上从「今」下从「視」，就文字學理來看，當然是以从「今」聲為宜。我們先將明顯有問題的說法予以排除：王寧訓作「陰覜」義同「竊視」，但天監下民，是光明正大臨視，訓成「竊視」，是對天莫大污辱。「司」字本篇出現多次，王寧將本處的「司」改讀為「覜」，亦不足取。黃國輝聯繫〈洪範〉的「陰騭」，主張簡文「天貪司民，厥佂如肱之服于人」的「貪」當讀「陰」，而透過馬融「騭，升也」之說，將簡文的「佂」與「騭」聯繫起來，這種毫不考慮文例順序的意見，自然沒有成立的可能。

此外，子居釋「眈」，據筆者考察，釋為「注視貌」的「眈」，先秦文獻僅《易經》「虎視眈眈」一例（今本《周易》誤作「虎視耽耽」，非是[253]），《說文》「眈」字亦引《易經》文句以證[254]。漢代以後「眈眈」的用例日多，如：（晉）陸機〈漢高祖功臣頌〉：「烈烈黥布，眈眈其眄。」[255]先秦兩漢的文獻中，「眈」作「注視」的用法中，都是以複合詞「眈眈」呈現。值得討論的是釋作「監」與「臨」的意見。

今	監	臨
見母侵部	見母談部	來母侵部

---

[252] 郭倩文：《《清華五》、《上博九》集釋及新見文字現象整理與研究》，頁57。

[253] 李學勤主編，《十三經注疏》整理委員會整理：《周易正義》，（北京：北京大學出版社，2000.12），頁146。

[254] （東漢）許慎撰，（清）段玉裁注，李添富總校訂：《新添古音說文解字注》（三版），頁133。

[255] （西晉）陸機著，楊明校箋：《陸機集校箋》（下），（上海：上海古籍出版社，2016.7），頁568。

趙平安與劉洪濤都將之與「監」聯繫，可是古音方面的證據較為曲折。趙平安認為「監」與「銜」通假，而「金」則从「今」聲（此據《說文》之分析）。劉洪濤認為《說文》「監」從「𡶼」省聲，表示二字相近，而《說文》「啗，讀與含同」[256]，則「監」通「𡶼」，「啗」通「含」，便將「監」與「今」的古音聯繫起來。但《說文》「監」从「𡶼」省聲，此說解禁不起古文字的驗證[257]。至於讀成「臨」，劉洪濤則是以「今」通「禁」（「禁」从「林」聲），「林」通「臨」的方式聯繫。總之，「貪」無論是讀「監」或「臨」，古音通假都有可能，但也都缺乏關鍵性的證據。「臨」與「監」其實都具有俯瞰的意象，但是上天「監」民的用例在古籍中甚多：

1.《尚書・高宗肜日》：「惟天監下民。」[258]

2.《尚書・呂刑》：「上帝監民。」[259]

3.《詩經・大明》：「天監在下。」[260]

4.上博八〈成王既邦〉簡16＋上博九〈舉治王天下〉：「昔者有神顧監于下。」

5.《詩經・大雅・皇矣》：「皇矣上帝，臨下有赫，監觀四方，求民之莫（瘼）。」[261]

綜合音理與古籍的用法，筆者比較傾向讀「監」。另外劉洪濤認為本篇簡1已出現「監」字，因此「貪」不應再釋成「監」。筆者認為楚簡用字並沒有嚴格規範，同一個詞卻有不同的呈現方式，這在戰國文字中並不少見，這對釋「貪（監）」之說並未構成殺傷力。

---

[256] （東漢）許慎撰，（清）段玉裁注，李添富總校訂：《新添古音說文解字注》（三版），頁56。

[257] （東漢）許慎撰，（南唐）徐鉉校：《說文解字》，（北京：中華書局，1978.3），頁600。

[258] 李學勤主編，《十三經注疏》整理委員會整理：《尚書正義》，頁304。

[259] 李學勤主編，《十三經注疏》整理委員會整理：《尚書正義》，頁631。

[260] 李學勤主編，《十三經注疏》整理委員會整理：《毛詩正義》，頁1135。

[261] 李學勤主編，《十三經注疏》整理委員會整理：《毛詩正義》，頁1195。

〔二十七〕坒（厥）徎（徵）女（如）𠂇（肱）之服于人

坒	徎	女	𠂇	之	服	于
坒	徎	女	𠂇	之	服	于

人
人

原整理者：徎，讀為「徵」。《荀子·樂論》：「亂世之徵：其服組，其容婦，其俗淫。」《史記·項羽本紀》：「兵未戰而先見敗徵。」徵，跡象。右，疑「左」之異體，特指左手。《詩·君子陽陽》：「君子陽陽，左執簧，右招我由房。」鄭玄箋：「君子祿仕在樂官，左手執笙，右手招我。」[262]

馬楠：「廼是佳惟人（佑仁案：「佳惟」其中一字誤衍）」至「左之服于人」當作一句讀。是承上如能丁良于友人、宣淑厥心，若山厥高，若水厥深，如玉之在石，如丹之在朱，則此人曰天貪司民。另外，「服」字與楚簡中常用「備」表示，而此篇三處皆作「服」，也值得注意。（清華讀書會：〈補正〉）[263]

鵬宇：《逸周書·小開武》：「維人四左。」劉師培云：「《玉海》二引作『四佐』，一百三十四引同。」潘振云：「維人四左，與《武順解》『心有四佐』同，四佐指四枝，謂手足也。」「女（如）左（佐）之服於人」將司民，即管理人民的各級官吏比作人的手足四肢，是極為形象的比喻。李學勤先生曾認為清華簡以人為喻，司民如同人的四肢，天命如同人的心臟。正如四肢受制於心，隨心而動一樣，天命亦需要通過司民來進行發揚。由於道心惟微，

---

[262] 李學勤主編：《清華大學藏戰國竹簡（伍）》，頁 116。

[263] 清華大學出土文獻讀書會：〈清華簡第五冊整理報告補正〉，清華網，2015.4.8（2017.6.23上網）。

人心難測，人性善良所在，正如玉之在石，丹之在朱，所以作為發揚天命者的司民責任重大，不可荒怠。從「曰民心隹（惟）本」至「厥征女（如）左（佐）之服（備）于人」，全是以喻為證。[264]

鵬宇：「左」疑讀如《逸周書》「佐官維明」之「佐」，指身體四肢。《逸周書．成開》：「人有四佐，佐官維明。」陳逢衡云：「人有四佐，謂四枝。佐官維明，官，五官，耳、目、口、鼻、心也。」《逸周書．小開武》：「維人四左」。劉師培云：「《玉海》二引作『四佐』，一百三十四引同。」潘振云：「維人四左，與《武順解》『心有四佐』同，四佐指四枝，謂手足也。」[265]

ee：「厷」整理者誤釋為「左」。[266]

奈我何：好像肱（胳膊）之於人身體被人使用那樣。古人言語之間「近取諸身」，所以以此爲喻。[267]

暮四郎：「乓升女（汝）右（佐）之，服于人」是說「乃升進汝輔佐之，（使之）服從於治民者。」[268]

黃國輝：右字作，整理者疑爲「左」之異文，當是。但認爲特指左手，則可商榷。筆者以爲，從字形上看，右字從左，可讀爲佐。「女右」即「汝佐」，指王之輔佐，即是前文的「司民」。「服」，職事也。簡文大意當言，上天陰庇司民，登舉其職事於人。這顯然是緊扣前文的，因爲前文一直說「司民」的賢良及其重要作用。如此，則文意通曉。[269]

子居：右當即上文友字之省，仍讀為友。這裡是說天視司民，就如同友

[264] 鵬宇：〈《清華大學藏戰國竹簡（五）》文字訓釋三則〉，《管子學刊》，2015 年第 2 期，頁 106。
[265] 鵬宇：〈《清華大學藏戰國竹簡（伍）》零識〉，清華網，2015.4.10（2017.6.23 上網）。
[266] 見武漢網「簡帛論壇」〈厚父初讀〉0 樓，2015.4.10（2017.6.23 上網）。
[267] 見武漢網「簡帛論壇」〈厚父初讀〉2 樓，2015.4.10（2017.6.23 上網）。
[268] 見武漢網「簡帛論壇」〈厚父初讀〉11 樓，2015.4.10（2017.6.23 上網）。
[269] 黃國輝：〈清華簡《厚父》補釋〉，復旦網，2015.4.27（2017.6.23 上網）。黃國輝：〈清華簡《厚父》新探〉，《出土文獻與先秦經史國際學術研討會論文集（上）》，頁 245-246。又見於黃國輝：〈清華簡《厚父》新探——兼談用字和書寫之於古書成篇與流傳的重要性〉，《清華大學學報（哲學社會科學版）》，頁 63-64。

之事於人。所以天與司民的關係，類似於上文司民與民的關係。[270]

馬文增：「徵」，指剛、容、謙、讓等德。[271]

單育辰：上博二《民之父母》簡9「厷」作「」，中間本用圈形表示手臂之肱（圈形實由甲骨文之半環形指示符演化而來），後來又在圈形中加一橫作飾筆，則成「日」形。上博三《周易》簡51「拡」作「」，清華三《良臣》簡2「恘」作「」，它們與《厚父》的「」相較，但左右手不同而已，左臂右臂皆可稱肱，所以《厚父》的這個字也是「厷（肱）」字。簡12相關句意是說：「上天監視下民，他的賞善罰惡就如人使用手臂一樣方便。」[272]

劉洪濤：「徵」，頁116注〔五一〕：「《荀子・樂論》：『亂世之徵：其服組，其容婦，其俗淫。』《史記・項羽本紀》：『兵未戰而先見敗徵。』徵，跡象。」疑應訓為效驗。《淮南子・脩務》「夫謌者，樂之徵也；哭者，悲之效也」，高誘注：「徵，應也。效，驗也。」「厷」，整理者釋為「左」字異體，認為特指左手。此從單育辰先生釋（網絡發言）《說文》又部，「厷，臂上也。」或體作「肱」，「厥徵如肱之服於人」，意思是「天寔司民」的效驗就像胳臂服事於人一樣，無不順從。[273]

黃凌倩：「左」字在楚簡文字中作「」（包山226）、「」（包山228）、「」（郭店・老丙06）、「」（郭店・老丙09）等形，《厚父》「右」字作「」，字形有別。疑從奈我何及單育辰先生說法，讀為「厷（肱）」。[274]

郭倩文：該字釋字方面主要有釋「左」、釋「厷」兩說。釋「厷」說之

[270] 子居：〈清華簡〈厚父〉解析〉，清華網，2015.4.28（2017.6.23 上網）。

[271] 馬文增：〈清華簡〈厚父〉新釋、簡注、白話譯文〉，武漢網，2015.5.12（2017.6.23 上網）。

[272] 單育辰：〈《清華大學藏戰國竹簡（伍）》釋文訂補〉，《戰國文字研究的回顧與展望國際學術研討會論文集》，頁236。

[273] 劉洪濤：〈讀清華大學藏戰國竹簡第五冊散札〉，第二屆古文字學《青年論壇》，臺北：中央研究院歷史語言研究所，2016.1.28-29，頁214-216。

[274] 黃凌倩：《清華伍《厚父》、《封許之命》集釋》，頁58。

依據爲上博二《民之父母》簡 9 之「厷」作「𩒹」，與本字相比寫法差距很大，故此說依據不足。故從釋「左」說，寫法獨特，爲新見字形也。通讀方面，從鵬宇先生讀爲「佐」，指身體四肢。「佐之服于人」，「服」在此爲動詞，非「職事」義。[275]

佑仁謹案：「升」原整理者讀爲「徵」，可信。「徵」字古音端紐蒸部，「升」字透紐蒸部，故兩字音近通假。清華肆〈別卦〉簡 5「揰」，王家臺秦簡本《歸藏》及今本《易經》都做「升」[276]。

簡文的「𢆶」是個疑難字，原整理者認爲是「左」之異體，特指左手。鵬宇釋「左」讀「佐」，指身體四肢。單育辰釋爲「肱」，奈我何、黃凌倩從之。暮四郎釋「左」讀「佐」，子居認爲當即「友」字之省，仍讀爲「友」。

首先，「友」字確實有從「日」旁的寫法，例如「𣎯」（天卜）、「𣎯」（郭店.六德.28）等，但目前所見「友」字幾乎沒有省成「又」旁的例證，例如本篇簡 11「友」字作「�」，與一般寫法無異，所以「𢆶」不應釋成「友」。另外，本處簡文想表達的是，「天監司民」一事雖然抽象，但肯定具體存在，半點虛假也沒有，就如同「△服于人」一樣。但是，就常理來說，朋友關係應是建立在平等對待上，朋友並非永遠都需要替我們效勞，而簡文「△服于人」則是△比「人」的關係更低一等，因此才要永遠臣服。總的來說，釋「友」並不可信。

釋作「左」的意見主要是從上半結構立論，這需要先討論古文字中的「左」、「右」。甲骨文中，「左」以左手的「ナ」表示[277]，到了金文在「ナ」旁下方加「工」或「口」，也有少數加「言」的例子（「言」、「口」偏旁替換的情況很普遍）。基本上，古文字「左」都从「ナ」，偶亦可見誤作「又」（又）

---

275 郭倩文：《《清華五》、《上博九》集釋及新見文字現象整理與研究》，頁 59。

276 關於「徵」、「升」字形解釋，可參看孫偉龍：《《上海博物館藏戰國楚竹書》文字羨符研究》，吉林大學博士論文，2009，頁110-121。

277 劉釗、洪颺、張新俊編纂：《新甲骨文編》，（福州：福建人民出版社，2009.5），頁 175-176。

者，但為數不多 278。

　　甲骨文「又」字本作「ㄔ」279，並以「又」表示 {右}，金文的「右」下部增「口」，戰國文字下部从「口」或「工」（參曾侯乙簡 39），只有少數的資料，例如郘右戈（集成 10969）將「右」寫成「右」，以左手表示。總的來說，古文字的「左」與「右」是以上方的「ㄟ」與「ㄔ」來分辨 280。只不過，無論是「左」還是「右」，其下部從未有从「日」旁的例證，且此處讀「左」或「佐」，文意並不適切。

　　鵬宇讀「左」為「佐」，並以陳逢衡《逸周書・成開》註「佐」為「四枝」（通「四肢」）為例。《逸周書・成開》云：「人有四佐，佐官維明。」281（人有「四佐」，輔弼心官曉明思慮），「四佐」宜指脾、腎、肝、肺等四器官。「四佐」又見《逸周書・武順》：「心有四佐，不和曰廢。」孔晁注：「四佐，脾、腎、肺、肝也。」282輔助「心」思慮的器官，應以脾、腎、肝、肺為當，四肢離心臟較遠，難以輔弼。更重要的是陳逢衡注解《逸周書》的原文是「人有四佐，謂四枝」，而鵬宇則直接認為「佐」指「身體四肢」，忽略了原文中其實存在「四」。

　　暮四郎則是先將文句點斷成「毕升女（汝）有（佐）之，服于人」，然後將「佐」訓為輔佐，這樣的斷句文意不順暢。綜合來說，筆者認為應釋「左（肱）」為宜。先將「肱」字的古文字構形羅列如下：

乙編 7488	合集 13679	合集 01772 正	合集 10419	合集 13678

---

278 參《新金文編》的「左」字，董蓮池：《新金文編》，（北京：作家出版社，2011.10），頁 529-530。

279 劉釗、洪颺、張新俊編纂：《新甲骨文編》，頁 159-161。

280 季旭昇師：《說文新證》，頁 199。

281 黃懷信、張懋鎔、田旭東撰；李學勤審定：《逸周書彙校集注（上）》（修訂本），（上海：上海古籍出版社，2014.12），頁 500。

282 黃懷信、張懋鎔、田旭東撰；李學勤審定：《逸周書彙校集注（上）》（修訂本），頁 310。

合集 5532 正	毛公鼎／集成 02841	多友鼎／集成 02835	番生簋蓋／集成 04326	三年師兌簋／集成 04318
師訇敦／集成 04342	包山.168	郭店.語叢 4.16	郭店.語叢 4.26	曾侯乙 10
上博一.性情論.6	上博一.性情論.6	包山.122	上博六.用曰.4	曾侯乙 10
包山.183	上博二.民之父母.9	璽彙 846	秦印文字彙編 139	

甲骨文時期的「厷」，于省吾釋為「肱」之初文，係於肱之曲折處加「⊂」形以示[283]，李孝定釋為「厷」[284]，何琳儀以為「厷」、「肱」為古今字[285]。戰國文字一般「厷」字都以從「又」加「○」之形表示。楚簡的「尤」作「」（新蔡.甲 3.143／蚘），而楚簡中「又」、「厷」、「尤」偶見偏旁替換的現象。

回到簡文的「」字，當釋「厷」，字從「」（左）從「日」，「厷」字本從「○」形（即「肱」的表意形符），「○」進一步演變成「日」，這在「」（璽彙 846）已經出現。其次，上博三《周易》簡 51「折其右肱」的「肱」字作：

此字的「○」形亦進一步演變成「日」，惟此字的「厷」旁寫成「尤」，

---

[283] 于省吾：〈釋厷〉，《甲骨文字釋林》，（北京：中華書局，1979.6），頁 390-391。
[284] 李孝定：《金文詁林附錄》上 2127 號，（香港：香港中文大學，1977.4），頁 387-388。
[285] 何琳儀：《戰國古文字典》，頁 17。

蘇建洲以「聲化」的角度分析[286]，而簡文的△則是從「x」（左），「肱」字從「x」（左）早在甲骨文中即已出現。綜合上述證據，簡文從「x」（左）、從「日」完全有釋「厷（肱）」的可能。

當然，釋「肱」還有一個無法釐清的環節，那便是固然甲骨文中「肱」從左手、右手皆可，然而時序已進入戰國，所見確定的「肱」都以右手表示，此處△何以用左手表示，這仍是一個無法解釋的地方[287]。

本處簡文的文義諸家學者都已申述得非常好，上天正監視著「司民」（看他們有沒有對人民保教明德），其「徵兆」就如同雙臂隨時可供人操使服役一樣清楚。

〔二十八〕民弋（式）克苟（敬）悳（德）

民	弋	克	苟	悳

佑仁謹案：「敬」字與晉系寫法接近[288]。「式克」，指能夠、可以，參簡9：「民弋（式）克共（恭）心苟（敬）愳（畏）」一句的考釋。本句的「式克」（可以）正與後頭的「毋」（不要）形成對比。

〔二十九〕母（毋）湛于酉（酒）

母	湛	于	酉

趙平安：湛作（簡13），右邊所從「甚」與郭店簡〈語叢四〉25、〈唐

---

286 參蘇建洲：〈釋楚竹書幾個從「尤」的字形〉，武漢網，2008.1.1（2017.6.23上網）。

287 關於「肱」字的考釋可參陳劍：〈釋西周金文中的「厷」字〉《甲骨金文考釋論集》，（北京：線裝書局，2007.4），頁237-238。

288 湯志彪：《三晉文字編》，頁1345-1352。

虞之道〉25 以及《說文》古文甚寫法相同，也與私官鼎偏旁寫法相同，具有晉、齊文字的特點。[289]

原整理者：《書·酒誥》：「罔敢湎于酒」，「勿辯乃司民湎于酒」。[290]

許可：「湛」或可讀爲「耽」。（清華讀書會：〈補正〉）[291]

付強：湛字的寫法與西周懿王時期的倗匜銘文「寁乃可▉（湛）」的湛字寫法完全相同，從尤之字常和從甚之字相通用，如《書·微子》「沈酗于酒」沈，《漢書·霍光傳》引作湛；《詩·大雅·抑》「荒湛於酒」湛，《漢書·五行志》引作沈；《書·無逸》「惟耽樂之從」耽，《論衡·語增篇》引作湛；《詩·小雅·鹿鳴》「和樂且湛」《經典釋文》湛又作耽。所以大盂鼎銘文中的▉字可以隸定爲「醓」是「醓」字的異體與清華簡〈厚父〉中的▉（湛）字是通用關係。倗匜銘文中的「▉（湛）」字應該通「扰」《說文·十二上》下曰「讀若高言不正曰扰」從尤之字可以通扰也有文獻上的依據如《史記·刺客列傳》「右手揕其匈」段玉裁注《說文》扰字說揕即扰字。倗匜銘文中此處的「寁乃可▉（湛）」是你要承擔誣告之罪的意思。[292]

子居：在《尚書》的《酒誥》、《微子》、《無逸》及《詩經》的《大雅·蕩》、《大雅·抑》，乃至《墨子》所引逸《書》皆多有反映，可見此時飲酒之風雖然漸盛，但主流意識形態對此還是持否定態度的。而至春秋後期以後，飲酒作樂就幾乎成爲了常態，如《詩經·唐風·山有樞》：「子有酒食，何不日鼓瑟？且以喜樂，且以永日。」及清華簡《耆夜》中上文所引內容，還有《左傳》等的若干記述，皆可證此。因此不難判斷，《厚父》篇雖成文

---

[289] 趙平安：〈談談戰國文字中值得注意的一些現象——以清華簡〈厚父〉為例〉，第一屆漢字漢語文化國際學術研討會，美國：奧克拉荷馬大學，2014.8.15-17，收入《出土文獻與古文字研究》第六輯，頁304。

[290] 李學勤主編：《清華大學藏戰國竹簡（伍）》，頁116。

[291] 清華大學出土文獻讀書會：〈清華簡第五冊整理報告補正〉，清華網，2015.4.8（2017.6.23上網）。

[292] 付強：〈〈厚父〉與大盂鼎銘文的「湛」字〉，武漢網，2015.4.12（2017.6.23上網）。

於春秋後期之初，但其主體內容，當在春秋前期已然成型。[293]

黃凌倩：「湛」讀如本字。王輝《古文字通假字典》云「甚」通「湛」，並訓為「淫」、「樂」。《國語・周語下》：『虞於湛樂。』韋昭注：『湛，淫也。』按《莊子・天下》：『沐甚雨。』釋文：『崔本甚作湛。』又按《詩・小雅・賓之初筵》：『錫爾純嘏，子孫其湛。』鄭玄：『湛，樂也』。」[294]

郭倩文：從各家讀爲「耽」，沉迷義。[295]

宋亞雯：趙平安認爲《厚父》中「甚」旁的這種寫法具有晉、齊文字的特點，郭永秉則認爲該字形當是沿襲西周金文的寫法，清華簡《繫年》《厚父》以及郭店簡《語叢四》中的「甚」字字形都不是受三晉或齊影響的結果。[296]

佑仁謹案：從出土文獻與傳世文獻來看，「湛」、「沉」、「耽」諸字皆音近可互通，《漢書・游俠傳・陳遵》云：「禮不入寡婦之門，而湛酒溷肴。」顏師古注云：「湛讀曰沈，又音耽。」[297]然而，簡文該字從水、甚聲，因此可直接釋作「湛」。古籍中「湛於酒」用例甚多，如《墨子・非命下》：「昔三代暴王桀紂幽厲，貴爲天子，富有天下，於此乎不矯其耳目之欲，而從其心意之辟。外之歐騁田獵畢弋，內湛於酒樂，而不顧其國家百姓之政，繁爲無用，暴逆百姓，遂失其宗廟。」[298]

字形部分，原整理者認為簡文的「湛」（湛）具有晉、齊文字的特點，郭永秉認為這是沿襲西周金文的寫法，並非受三晉或齊影響的結果（郭說見於宋亞雯碩士論文，應是郭永秉於論文口考時提出的意見）。西周金文從「甚」字如「湛」（諶鼎／集成02680）、「湛」（儝匜／集成10285），寫法確實與

---

[293] 子居：〈清華簡〈厚父〉解析〉，清華網，2015.4.28（2017.6.23上網）。

[294] 黃凌倩：《清華伍〈厚父〉、〈封許之命〉集釋》，頁59。

[295] 郭倩文：《〈清華五〉、〈上博九〉集釋及新見文字現象整理與研究》，頁60。

[296] 宋亞雯：《清華簡中的非典型楚文字因素問題研究》，頁108-109。

[297] （東漢）班固撰，（唐）顏師古注：《漢書》，頁3712。

[298] （清）孫詒讓撰，孫啟治點校：《墨子閒詁》，頁279。

簡文接近。總的來說，本篇確實是受到晉系文字的馴化，這由簡3「夕」字作「夘」可證，但是考慮本文可能有更古老的底本來源，因此與其將本處的「退」（湛）理解為感染了齊、晉文字特點，不如用更宏觀的角度，認為這是保留西周金文字體的特徵。

〔三十〕　民曰隹（惟）酉（酒）甬（用）禒（肆）祀

民	曰	隹	酉	甬	禒	祀

原整理者：《書·酒誥》：「朝夕曰：『祀茲酒。』」孔傳：「惟祭祀而用此酒，不常飲。」[299]

子居：整理者言：「《書·酒誥》：『朝夕曰：祀茲酒。』孔傳：『惟祭祀而用此酒，不常飲。』」所言是，《詩經》的《周頌》、《大雅》等有多篇以酒享神祭祖的內容，皆可證此，而值得注意的是《詩經·小雅·楚茨》的「鼓鐘送尸，神保聿歸。諸宰君婦，廢徹不遲。諸父兄弟，備言燕私。樂具入奏，以綏後祿。爾肴既將，莫怨具慶。既醉既飽，小大稽首。」其所描述的內容揭示了，春秋前期、後期雖然祭祀時飲不及醉，但是在祭祀後的燕私之時，往往是「既醉既飽」，其所反映的，正與《厚父》篇中所述「民曰：惟酒用肆祀，亦惟酒用康樂」一般無二。[300]

佑仁謹案：原整理者引證《尚書·酒誥》「祀茲酒」，子居亦贊同該說。必須說明的是，簡文的說法與《尚書·酒誥》稍有不同。《尚書·酒誥》中的「祀茲酒」、「惟天降命，肇我民，惟元祀」、「越小大邦用喪，亦罔非酒惟辜」[301]，乃文王告誡各諸侯國及官員，只有祭祀時能飲酒，平常不許可，此即孔傳所謂「文王朝夕勑之：『惟祭祀而用此酒，不常飲』」之義[302]。人民認為酒用於祭祀鬼神，也用於宴饗的康樂場合。但厚父不認同這樣的看法，他主張酒是專門用來祭祀或祭獻神明的物品（即簡文「酒非食，惟神之饗」

---

[299] 李學勤主編：《清華大學藏戰國竹簡（伍）》，頁116。

[300] 子居：〈清華簡〈厚父〉解析〉，清華網，2015.4.28（2017.6.23上網）。

[301] 李學勤主編，《十三經注疏》整理委員會整理：《尚書正義》，頁441。

[302] 李學勤主編，《十三經注疏》整理委員會整理：《尚書正義》，頁441。

之義），不只平日不能飲，祭祀一樣也不能飲，對於飲酒的規範，比《尚書·酒誥》還嚴格。

〔三十一〕亦隹（惟）酉（酒）甬（用）庚（康）樂。」

亦	隹	酉	甬	庚	樂

佑仁謹案：康樂，指音樂宴饗的享樂。

〔三十二〕曰：「酉（酒）非飤（食）

曰	酉	非	飤

原整理者：飤，讀為「食」，這裡用法為使動。[303]

暮四郎：這個字應當釋作「行」。這一點，看《清華大學藏戰國竹簡（伍）》書末所附《字形表》第 175 頁「行」、第 214 頁「非」字便可明白。「酒行食」即酒佐食、助食之義。[304]

子居：酒非食的特徵，於先秦用詞方面猶能體現，「酒食」一詞的出現，正在春秋後期。相對的，醉、飽並稱，也只有《酒誥》中「庶士、有正越庶伯、君子，其爾典聽朕教，爾大克羞耉惟君，爾乃飲食醉飽」一例是春秋後期之前用於非神祇非先祖的辭例。因此，「酒非食，惟神之饗」相當準確地反映了春秋後期之前的主流觀念。[305]

呂佩珊：將字形放大來看，可以發現「▨」不是連續筆畫，應該是像「德之非（行）五」（《郭店·五行》【4】）、「故君子顧言而非（行）」（《郭店·

---

303 李學勤主編：《清華大學藏戰國竹簡（伍）》，頁 116。

304 見武漢網「簡帛論壇」〈厚父初讀〉12 樓，2015.4.10（2017.6.23 上網）。

305 子居：〈清華簡〈厚父〉解析〉，清華網，2015.4.28（2017.6.23 上網）。

緇衣》【35】)、「可言而不可㣎（行）」((《上博二・從政（甲）》【11】)) 這些
斜曲筆寫得過近的「行」字。[306]

黃凌倩：「非」字作 ⿰彡乚 為楚簡常見寫法，暮四郎先生觀點有誤。[307]

佑仁謹案：此處問題的糾葛在於，疑難字「 ⿰彡乚 （⿰彡乚）」（後文以△表
示）構形與以下寫法的「非」十分接近：

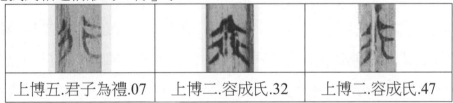		
郭店.窮達以時.9	郭店.窮達以時.9	郭店.魯穆公問子思.7

但是卻與〈厚父〉書手自己所寫的「非」不完全相同：

簡 6	疑難字

因此才有學者另闢蹊徑，將之改釋作「行」。釋「行」的佳處是，楚簡也確
實能找到相近構形的「行」字：

上博五.君子為禮.07	上博二.容成氏.32	上博二.容成氏.47

只是，依據字形而釋作「行食」，雖能通過字形的檢驗，卻會遇到釋義上的
問題。一般而言，「行食」是指借由某事或某物以促進食欲，義與「侑食」、
「助食」近似，但這種用法的「行食」出現的時代非常晚，例如北宋・孔平
仲〈上元作〉詩云：「侍觴行食皆官妓，目眙不言語或偷。」而先秦兩漢文
獻中，「行食」指的都是「邊走邊吃」（參《莊子・外篇・至樂》）[308]與「游
食」（參《管子・君臣》）[309]，置入簡文中，文義並不妥貼。若「行食」訓作

---

306 呂佩珊：〈清華簡飲食觀初探〉，第八屆文字學年會，北京中國人民大學，2015.8.22-23，
頁 28-29。
307 黃凌倩：《清華伍《厚父》、《封許之命》集釋》，頁 59。
308 （清）王先謙：《莊子集解》／劉武：《莊子集解內篇補正》，頁 153。
309 黎翔鳳撰，梁運華整理：《管子校注》，（北京：中華書局，2004.6），頁 924。

「助食」、「侑食」的用法很晚才出現，而先秦又無例證，那麼△字是否能釋「行」，就令人產生根本性的懷疑了。

綜合字形、字義的考慮，筆者認為此字仍以釋「非」為宜（即從原整理者之說），〈窮達以時〉、〈魯穆公問子思〉等「非」字可做為構形佐證。同一位書手的作品卻有多種不同的書寫風格，這在楚簡中已並不算罕見，例如〈命訓〉書手的「而」即有 A、B 兩種形態，二形在最末兩筆的筆勢有很大的差異，但這都是出於同一人之手：

A		B
簡 02	簡 02	簡 14
簡 03	簡 14	

清華陸〈鄭文公問太伯〉共有甲、乙兩種不同版本，但這兩個版本無論是微觀還是宏觀，都看得出來是出自同一人之手。兩個版本雖然都是同一位書手所寫，也仍有部分的明顯差異，例如「郯」、「醓」、「鄍」等字，甲本習慣「邑」在左半，乙本習慣「邑」在右半[310]，可見「一位書手只能有一種書體」的觀念必須修正。

綜上所述，斟酌字形、字義而進行判斷，這個字應當就是「非」，只是寫法和這位書手的另一個「非」字稍有差別，但仍不妨礙其釋「非」的結論。此外，呂佩珊在〈試論《清華（伍）·厚父》「酒行{非}食」〉（未刊稿）中透過先秦大量「非……惟……」的句式結構，論證△應是「非」字，這個觀察非常細膩。簡文此處說酒並非人日常的食物，只有神明才能享用（或是：

---

310 李學勤主編：《清華大學藏戰國竹簡（陸）》，（上海：中西書局，2016.4），頁 118。夏含夷：〈〈鄭文公問太伯〉與中國古代文獻抄寫的問題〉，收入武漢大學簡帛研究中心：《簡帛》第十四輯，（上海：上海古籍出版社，2017.5），頁 11-15。

這是祭祀鬼神所使用的物品），「非」、「惟」前後相對，更說明簡文應該釋作「非」。

〔三十三〕隹（惟）神之卿（饗）

隹	神	之	卿

原整理者：此處用「之」將賓語「神」提前。[311]

youren：此處並無賓語提前的情況，「神之饗」一段是說，「酒」是神之所享用的祭品，人若食用，則將導致敗德、巫狂。[312]

〔三十四〕民亦隹（惟）酉（酒）甬（用）歇（敗）畏（威）義（儀）

民	亦	隹	酉	甬	歇	畏
義						

原整理者：威儀，詞見《書・顧命》。[313]

子居：《顧命》是成文於春秋前期的，所以，筆者以為，若舉「威儀」詞例，不如言西周中期的《癲鐘》和西周晚期的《虢叔旅鐘》、《叔向父禹簋》銘，筆者目前尚未見有證據表明西周早期有「威儀」一詞。「惟酒用敗威儀」的具體描述，可見於《詩經・小雅・賓之初筵》，《賓之初筵》約成文於春秋

---

311 李學勤主編：《清華大學藏戰國竹簡（伍）》，頁 116。

312 見武漢網「簡帛論壇」〈厚父初讀〉54 樓，2015.4.23（2017.6.23 上網）。

313 李學勤主編：《清華大學藏戰國竹簡（伍）》，頁 116。

後期，與《厚父》的成文時間正相接近。

雖然不同的人酒醉後有不同表現，但最常見的當就是俗稱「耍酒瘋」的狂態，而飲酒失政的危害於《酒誥》即可見，《尚書·酒誥》：「在今後嗣王，酗身厥命，罔顯於民祇，保越怨不易。誕惟厥縱淫洪於非彞，用燕喪威儀，民罔不盡傷心。惟荒腆於酒，不惟自息乃逸。厥心疾很，不克畏死。辜在商邑，越殷國滅無罹。弗惟德馨香祀，登聞於天；誕惟民怨，庶群自酒，腥聞在上。故天降喪于殷，罔愛于殷，惟逸。天非虐，惟民自速辜。」周人說商紂飲酒失政，宋人就說夏桀飲酒失政。而成型於春秋前期，成文於春秋後期之初的《厚父》篇，當即是宋襄公稱霸時期為宋文化的前身殷商文化造勢的成品。[314]

佑仁謹案：「用敗」，指因而敗壞。「用」表示結果，相當於「因而」、「於是」。《尚書·益稷》：「（丹朱）朋淫于家，用殄厥世。」[315]《楚辭·離騷》：「不顧難以圖後兮，五子用失乎家巷。」[316]古籍中也有「用敗」之文例，如《漢書·薛宣朱博傳》云：「其趨事待士如是，博以此自立，然終用敗。」[317]「用敗威儀」指飲酒過後，身體無法控制，進而做出脫序的行為。

〔三十五〕　亦隹（惟）酉（酒）甬（用）亟（極）㾓（狂）。」

亦	隹	酉	甬	亟	㾓

趙平安將該句讀作「亦惟酒用恒狂」。[318]

---

[314] 子居：〈清華簡〈厚父〉解析〉，清華網，2015.4.28（2017.6.23 上網）。

[315] 李學勤主編，《十三經注疏》整理委員會整理：《尚書正義》，頁 147。

[316] （東漢）王逸：《楚辭章句十七卷》，《景印文淵閣四庫全書·集部》，（臺北：臺灣商務印書館，1983），卷 1 頁 12。

[317] （東漢）班固撰，（唐）顏師古注：《漢書》，頁 3407。

[318] 趙平安：〈《厚父》的性質及其蘊含的夏代歷史文化〉，《文物》，頁 84。

原整理者：《書‧多方》：「惟聖罔念作狂，惟狂克念作聖。」[319]

暮四郎：惡，整理報告讀爲「恆」。我們認爲當讀作「極」。〈芮良夫毖〉簡1「惡爭于富」，簡13「惡（亞）静（争）獻亓（其）力，威燮方讎，先君以多功」，整理報告讀爲「恆」，簡帛網》簡帛論壇》簡帛研讀》「清華簡三〈芮良夫毖〉初讀」下第26樓2013年1月31日「海天遊蹤」認爲當讀爲「亞」，似可從。楚簡多借「亞」爲「亞」，郭店簡《魯穆公問子思》簡1「惡」用作「亞」。「亞」意爲「急」，「亞爭于富」、「亞爭獻其力」即急爭於富、急爭獻其力。《呂氏春秋‧至忠》「太子與王后急爭之」，《戰國策》趙三「鄂侯爭之急，辨之疾，故脯鄂侯」（《戰國策》卷二十《趙三》，707頁）。「恆」與「爭」並言的例子則罕見。極狂，「極」形容程度之深。[320]

王寧：《厚父》篇最後一段論酒的問題。裡面王、厚父說到了夏代歷史的問題，也說到了夏滅亡的原因，可裡面並沒說到與酒有什麼關係，雖然先秦兩漢文獻中也有不少關於桀酗酒亡國的記載，但王和厚父都沒說。那為什麼會說一段關於酒的話？單從文字上看，這段話會讓人感到很突兀和莫名，現在可以知道這和周初周人禁酒的事情有關。

根據《書‧酒誥》的記載可知，周人認為殷人的滅亡，很大關係就是酗酒無度，荒廢國事，所以周人很怕重蹈這個覆轍，便開始禁酒，周公專門以成王之名發佈過措辭嚴厲的禁酒令，其言均在《酒誥》。——從這些記載看，關於飲酒的事就不是單純是好與不好的問題了，它牽扯到社會治安，或者說牽扯到國家安定，而社會治安正是司空的司職之一，那麼厚父特別要說一段關於酒的話，顯然是以此為背景的，因為當時的情況下，禁酒的工作雖然由康叔封主管，而具體負責的則是管社會治安的厚父（宏父）。所以，程浩先生認為「這種戒酒的思想，在《厚父》篇中有大量論述，與周公作《酒誥》

---

[319] 李學勤主編：《清華大學藏戰國竹簡（伍）》，頁116。
[320] 見武漢網「簡帛論壇」〈厚父初讀〉32樓，2015.4.19（2017.6.23上網）。

的主旨也是一致的。」[321]

馬文增：「很」，暴戾。《尚書・酒誥》：「惟荒腆于酒，不惟自息乃逸，厥心疾很，不克畏死。」《清華釋文》釋之爲「恒」。[322]

黃凌倩：「惡」從暮四郎先生讀爲「極」。裘錫圭先生在〈是「恆先」還是「極先」〉一文中介紹了很多楚簡中「亙」用作「亟」的情況，「亙」和「亟」字形在楚文字中字形相似，如亙字作 亞（包山 201）、亟（郭店・老甲 24），亟字作 （郭店・唐虞 19），二字不僅字形相似且上古音也相近，聲母皆屬見系，韻部有職、蒸對轉的關係，所以楚簡常以「亙」爲「亟」。這裡「惡」讀爲「極」，表示程度之深。[323]

石小力：如網友暮四郎所言，「恒狂」古書罕見，況且人酒後之狂態是暫時性的，用「恒」來形容並不恰當，故「惡」字視作「亟」之訛字可能更合適一些。暮四郎讀爲「極」，視作程度副詞，可備一說。也有可能直接用爲時間副詞「亟」，《爾雅・釋詁》：「亟，疾也。」又：「亟，速也。」《詩・何人斯》：「爾之安行，亦不遑舍；爾之亟行，遑脂爾車。」鄭玄箋：「亟，疾也。」「亟狂」即速狂之意。[324]

郭倩文：該字釋字沒有異議。通讀方面，「惡建（狂）」與上句「敗威儀」應皆指耽於酒的後果，爲貶義之辭，馬文增先生讀爲「很」，義爲狠毒、殘忍（即後世的「狠」），似更合文意。[325]

白於藍、吳祺：楚簡文字中「亙」、「亟」字形有別，整理者釋爲「恆」可信。筆者認爲，此字於此似當讀作「癡」。「癡」從疑聲，「惡」從亙聲。上古音「亙」爲見母蒸部字，「疑」爲疑母之部字。聲母同爲牙音，韻部陰

---

[321] 王寧：〈清華簡五〈厚父〉之「厚父」考〉，武漢網，2015.4.30（2017.6.23 上網）。

[322] 馬文增：〈清華簡〈厚父〉新釋、簡注、白話譯文〉，武漢網，2015.5.12（2017.6.23 上網）。

[323] 黃凌倩：《清華伍〈厚父〉、〈封許之命〉集釋》，頁 60。

[324] 石小力：〈談談清華簡第五輯中的訛字〉，《出土文獻》第八輯，頁 127。

[325] 郭倩文：《〈清華五〉、〈上博九〉集釋及新見文字現象整理與研究》，頁 60。

陽對轉。古音很近，例可相通。筆者曾指出馬王堆漢墓帛書《老子》甲乙本《德經》中的「莄」與「髄」二字均應讀為「骸」，而典籍中從「亥」聲之字與從「疑」聲之字亦可相通。《後漢書・虞詡傳》：「勿令有所拘閡而已。」李賢《注》：「閡與礙同。」《玉篇・門部》：「閡，止也。與礙同。」《玉篇・石部》：「礙，止也。亦作閡。」可見，簡文之「慝」當可讀作「癡」。《廣雅・釋詁三》：「狂，癡也。」《莊子・逍遙遊》：「吾以是狂而不信也。」陸德明《釋文》引李云：「狂，癡也。」《玉篇・犬部》：「狂，癲癡也。」可見「癡」、「狂」同義，「癡狂」當為同義複詞。簡文「慝（癡）痊（狂）」與「庚（康）樂」均為同義複詞，用法對應。[326]

佑仁謹案：趙平安讀「恆」，暮四郎讀「極」訓「急」，表程度之深。馬文增讀「很」，訓暴戾。石小力讀「亟」，認為暮四郎所訓的程度副詞可備一說，但亦可能為時間副詞，表示速狂。白於藍讀為「癡」，與「狂」同義。

楚簡中「恆」、「極」通用不別（由於二字混用情況十分普遍，不必以訛字視之），就「恆狂」與「極狂」來說，「惟」用來限定範圍，後接「酒」字，用以標舉在飲酒後會面臨的情況，此釋「恆」並不恰當。至於「極」字的確切意涵，筆者認為「極」引申為達到頂點、最高限度，表示情況之深，《墨子・七患》：「故曰以其極賞，以賜無功。」[327]

簡文是指，唯有飲酒會使人產生極為瘋狂的行為。酒精為親神經物質，有抑制中樞神經的作用，大量飲酒會產生醉酒狀態，而常見的急性酒精中毒，會有震顫性譫妄，人會變得極端激動、顫抖、出現幻覺並且脫離現實。

---

326 白於藍、吳祺：〈清華簡《厚父》校釋四則〉，《紀念于省吾先生誕辰 120 周年、姚孝遂先生誕辰 90 周年學術研討會》，長春：吉林大學，2016.7.10-11，頁 147。《簡帛研究二○一六・秋冬卷》，（桂林：廣西師範大學出版社，2017.1），頁 13-14。

327 （清）孫詒讓撰，孫啟治點校：《墨子閒詁》，頁 29。

〔三十六〕厚父

| 厚 | 父 |

佑仁謹案：賈連翔認為二篇的正文與篇題非出於同一人 328，可信。

---

328 清華大學出土文獻讀書會：〈清華簡第五冊整理報告補正〉，清華網，2015.4.8（2017.6.23 上網）。

第三章 〈封許之命〉考釋

　　本文為西周初年呂丁受封許國的冊命內容，原整理者為李學勤。全文並無明顯分段，為便利學者檢索閱讀，筆者依性質分為上、中、下三個段落：上段記載成王追述文王、武王的歷史功績，以及呂丁對二王的重要勳勞，其範圍為簡 1 至簡 5（其中簡 1、簡 4 缺）。中、下段皆為冊命時的賞賜品清單，中段主要是蒼圭與鬯酒以及一系列的車馬器，其範圍為簡 5 至簡 6；下段則以薦彝為主，最後以成王對於呂丁的勉勵之語作結，範圍為簡 6 至簡 9。

第一節 題解

　　〈封許之命〉為《清華伍》的第二篇，原由 9 支竹簡組成，雖第 1、4 兩簡缺失，全篇基本格局仍大致完整，其中保留呂丁受賞的完整賞賜物清單，尤為難得。完簡全長約 43.8～44.4 公分 [1]，三道編聯，契口位於編聯右側，簡背竹節處有序號，與正文為同一抄手所寫 [2]。簡 9 背將竹青刮削掉後書寫篇題，與正文為不同抄手 [3]，透過篇題位置可知本篇乃由前往後收卷的型態。簡 9 於最後一句話「世享」右下附有「﹏」形結尾符，以下留白，表示全篇結束。本篇的訊息最早是在 2014 年 5 月 19 日，李學勤於武漢大學簡帛研究中心演講時公布 [4]。

---

[1] 參李學勤主編：《清華大學藏戰國竹簡（伍）》，（上海：中西書局，2015.4），頁 245。

[2] 李松儒：〈清華五字迹研究〉，武漢大學簡帛研究中心：《簡帛》第十三輯，（上海：上海古籍出版社，2016.11），頁 82。

[3] 清華大學出土文獻讀書會：〈清華簡第五冊整理報告補正〉，清華網，2015.4.8（2017.6.23 上網）。李松儒：〈清華五字迹研究〉，武漢大學簡帛研究中心：《簡帛》第十三輯，（上海：上海古籍出版社，2016.11），頁 83。

[4] 與聞：〈李學勤先生在簡帛研究中心作學術報告〉，武漢網，2014.5.21（2017.9.6上網）。

一 關於簡文時代

所謂的「簡文時代」其實是兩個層次的問題：一是文本創作年代，也就是文本最早可以上溯到何時；二是竹簡抄寫年代，在科技發達的今日，已可透過儀器分析，在一定誤差範圍內，驗得竹簡的抄寫時代。〈封許之命〉是許國的開國文獻，其文本創作年代應可推估到西周初年，至於抄寫年代，清華簡經由 AMS 碳 14 年代測定，被推測為西元前 305±30 年的作品，即相當於「戰國中期偏晚」。而〈封許之命〉在西周初寫定後，直到戰國中晚期的竹簡抄本，內容上一定經過後人的增刪或修改。

王輝認為〈封許之命〉的賞賜物在「金文和典籍中都是極為罕見的，只有西周晚期的毛公鼎銘文中宣王賞賜給重臣父厚的器物差可比擬。……周初的分封賞賜是一次巨大的利益分配，『異姓為後』的思想勢必首先在分封賞賜中貫徹執行。許只是周初的一個異姓小諸侯，其地位遠不能與齊、燕等相比，其賞賜物之多不合通例。這只能說明簡文是後人所擬，是以後例前，所以很多器物非周初所能有。」[5]王輝認定本篇為戰國人的追述，因此簡文中呂丁受封於成王的說法仍不足以推翻舊說（舊說呂丁是受封於武王）。

子居則多次利用字詞比對，企圖將本篇簡文的創作時代推遲至春秋時期，對〈封許之命〉的創作年代產生根本性的質疑。我們認為〈封許之命〉的主架構仍宜視為西周初年記錄，不過部分字句或有後人增補或改動的可能（詳下）。子居認為〈封許之命〉的若干寫法與晚近文字相似（例如簡文的「薦」與春秋晚期「昭王之諻簋」相近），因而主張「〈封許之命〉是春秋時期的產物」。筆者認為一篇戰國中晚期的楚簡受到晚近文字影響，這是完全可以理解的事，不能因此將〈封許之命〉視為一篇晚出的作品。

---

[5] 王輝：〈一粟居讀簡記（九）〉，陝西歷史博物館編：《陝西歷史博物館館刊》第 23 輯，2016.11，頁 149-150。

本篇為呂丁受封許國的資料，一般學者認為時代可以上溯到西周早期，而且本文用語，例如「膺受大命」、「允尹四方」、「勿廢朕命」、「余一人」，都體現著濃厚的西周金文風格，這些都是可信的。合文符號的使用也呈現出西周金文的樣貌，例如本篇使用重文符（如簡3「趄＝」），但是「玟（文王）」、「珷（武王）」、「帝（上帝）」、「天（一人）」等詞，均不使用合文符。有學者認為戰國簡帛也有省略合文符號的合文用例，因此認為這不能成為〈封許之命〉為西周早期文獻的佐證[6]。楚簡確實有未寫合文的例證，例如〈君人者何必安哉〉甲簡4「侯子三子，天（一人）杜門而不出」，「天」合文與本篇一樣，都未有合文符。不過，一篇文獻的合文通篇不加合文符號，這在楚簡中確實特殊，而且「玟」、「珷」、「帝」、「天」等專詞，西周金文確實不加合文，因此將〈封許之命〉推為西周早期文獻，有一定根據。

當然本篇也有幾個讓人疑惑的地方，例如賞賜物數量非常豐碩，出土實物中能與之匹敵者大概只有西周末年的毛公鼎（集成02841）、番生簋蓋（集成04326）。依據常理，人類文明的發展往往是「先簡後繁」，西周青銅器銘文的長度，也從早期的簡明扼要，一直到西周晚期的長篇大論。目前所見自名為「鑑」者，最早見於西周末至春秋之際的昶伯庸盤（集成10130）。而目前確定的「鑑」器者，其上限都在春秋。因此，究竟是要依據〈封許之命〉，進而推論「鑑」的使用早在西周初年就已經出現，還是反過來論定文本中的「鑑」是後人所加？又如西周金文賞賜「鸞旂」者多見，例如頌簋（集成04332-04339）、此簋（集成04303-04310）、伊簋（集成04287），但〈封許之命〉則寫作「鑾鈴素旂」，將「鑾」與「旂」的屬性說得更為深入，這些多出的字句，有沒有可能是文本在流傳過程中，後人的踵事增華呢？[7]

另一方面，本篇部分車馬器與薦彝器的名稱，目前無法在西周金文中找

---

[6] 子居：〈清華簡《封許之命》解析〉，清華網，2015.7.16（2017.6.21上網）。
[7] 這是臺南大學鄭憲仁教授給予筆者的提點，第37次成大古文字讀書會，2017.9.17。

到對應的讀法，是否是因為底本文字過於古奧，遂導致清華簡抄手已經無法判別呢？當然，這樣的質疑也可能是肇因於我們見識有限，未能找到適當的詮解，或許在各項條件成熟之後，疑難字詞就能迎刃而解。

綜合各項條伴，我們認為〈封許之命〉基本上是西周初年呂丁的實錄，但是清華簡畢竟是戰國中晚期的抄本，其字句無法完全排除後人羼入、改動的可能性，要將本篇視為百分百的西周原文，這是絕不可能的事。目前能夠代表西周冊封文獻的第一手材料者，唯有青銅器銘文。然而，一份寫成於西周初年的材料，歷經七百餘年傳至戰國中晚期的楚地，要說文句沒有經過任何改動，這也是令人感到可疑之事。

二 「呂丁」的異名問題

本文的受封者「呂丁」，在古籍中存在多種異名，而各條記載彼此也存在著互斥與矛盾。為方便討論，先將各種異名整理如下：

稱呼	出處、文例
呂丁	〈封許之命〉簡2：「惟汝呂丁。」
呂叔	《說文・敘》：「大岳佐夏，呂叔作藩，俾侯于許，世祚遺靈。」[8] 《說文・敘》段注云：「按大嶽姜姓，為禹心呂之臣，故封呂侯，取其地名與心呂義合也。呂侯歷夏殷之季而國微，故周武王封文叔於許，以為周藩屏。……此云呂叔，謂文叔也。文叔出於呂，故謂之呂叔。」[9]
甫侯	《說文・邑部》云：「鄜，炎帝太嶽之胤，甫侯所封。」[10] 段注：「炎帝神農氏之裔子為大嶽。詳呂部下。大嶽封於呂，其

---

[8] （東漢）許慎撰，（清）段玉裁注，李添富總校訂：《新添古音說文解字注》（三版），（臺北：洪葉文化事業有限公司，2016.10），頁790。

[9] （東漢）許慎撰，（清）段玉裁注，李添富總校訂：《新添古音說文解字注》（三版），頁790。

[10] （東漢）許慎撰，（清）段玉裁注，李添富總校訂：《新添古音說文解字注》（三版），頁293。

	裔子甫矦又封於鄦。鄦許古今字。前志曰：潁川郡、許故國，姜姓，四岳後，大叔所封。大叔，《左傳》隱十一年正義作文叔。《說文》敘目云：『呂叔作藩，俾矦於許。』然則封鄦者文叔、非甫矦也。鄭注〈呂荆〉曰：『呂矦受王命入爲三公。』引《尚書・荆德放》云：周穆王以呂矦爲相，古文尚書呂荆、今文尚書作甫荆。且據《國語》、毛傳、《史記》、《潛夫論》諸書，呂甫許皆姜姓封國。《詩經・王風》申甫許三國竝言。武王旣封文叔於許矣，豈待穆王封甫矦於許。叔重言甫矦所封者、甫矦卽謂呂叔，呂叔卽謂文叔，無二人也。」[11] 《論衡・非韓》：「周穆王之世，可謂衰矣，任刑治政，亂而無功。甫侯諫之，穆王存德，享國久長，功傳於世。」[12] 《史記・周本紀》：「諸侯有不睦者，甫侯言於王（指周穆王），作脩刑辟。」[13] 《今本竹書紀年疏證》：「五十一年，作〈呂刑〉。命甫侯于豐。」[14] 《唐律疏議・唐律釋文・名例》：「周穆王末年，耄於用刑，是時甫侯為王之卿士，夏有贖刑之法，甫侯遂訓其贖刑，謂罪疑是而似非，故不忍加誅，慮及無辜，遂使得入金以贖其罪。即今律：過失殺傷，各依其狀以贖論。此是誤而入罪。」[15]
呂他	《逸周書・世俘》：「戊辰，王遂禦，循自祀文王。時日，王立政。呂他命伐越戲方。王申，新荒至，告以馘俘。」[16]
文叔[17]	《左傳》隱公十一年《正義》引杜預云：「許，姜姓，與齊同祖，

---

[11] （東漢）許慎撰，（清）段玉裁注，李添富總校訂：《新添古音說文解字注》（三版），頁293。

[12] 黃暉：《論衡校釋（附劉盼遂集解）》，（北京：中華書局，1990.2），頁441-442。

[13] （西漢）司馬遷撰，（南朝宋）裴駰集解，（唐）司馬貞索隱，（唐）張守節正義：《史記》，（北京：中華書局，2009.2），頁122。

[14] 王國維：《今本竹書紀年疏證》，（臺北：藝文印書館，1971），下卷，頁12。

[15] （唐）長孫無忌等撰：《唐律疏議・名例一・釋文》，見《叢書集成新編》第27冊，（臺北：新文豐出版股份有限公司，1985.1），頁21。

[16] 黃懷信、張懋鎔、田旭東撰，李學勤審定：《逸周書彙校集注（上）》（修訂本），（上海：上海古籍出版社，2014.12），頁417-420。

[17] 王輝指出：「大與文字形近易訛，『大叔』『文叔』必有一訛。春秋人稱大叔者習見，如鄭莊公弟大叔段，段為其名，大叔則其排行；又如鄭臣游吉稱『子大叔』，周王子帶稱『大叔帶』。又《集成》11786-11788『鄎大叔之賷車之斧』，『邵大叔以新金為賷車之斧』。而稱

	堯四嶽伯夷之後也。周武王封其苗裔文叔于許。」[18] 宋代劉恕《通鑒外紀》：「周武王封文叔于許，以奉大嶽之祀。」[19]
許大叔	《漢書・地理志》潁川郡許本注作「許大叔」。[20]
呂侯	《尚書・呂刑》鄭玄注：「呂侯受王命，入為三公。」[21]

此處牽涉到幾個頗為複雜問題，茲分點討論如下：

1、關於「甫侯」

「甫侯」之名，見於《史記》、《說文》、《論衡》等書，會合眾說可知，甫侯是「鄦（許）」的始封君，歷經穆王之亂世，擔任刑法之官，著〈呂刑〉，段注也說：「《尚書・呂刑》即『甫刑』，『呂叔』、『甫侯』皆謂文叔也」，將「呂叔」與「甫侯」畫上等號。可是依據〈封許之命〉的說法，呂叔曾經輔佐過文王，並且留下偉大勳業，也曾在武王伐紂時立下戰功。據「夏商周斷代工程」之推估，武王伐紂後享國4年而卒，之後歷經成王、康王、昭王至少70年的時間。

諡號	享國年數[22] （據「夏商周斷代工程」之推估）
周文王	無
周武王	4年
周成王	22年

『文叔』者幾元一例。由此而論，『文叔』殆為『大叔』之誤。」王輝：〈一粟居讀簡記（九）〉，陝西歷史博物館編：《陝西歷史博物館館刊》第23輯，2016.11，頁148-149。

[18] 李學勤主編，《十三經注疏》整理委員會整理：《春秋左傳正義》，（北京：北京大學出版社，2000.12），頁139。

[19] （宋）劉恕：《資治通鑒外紀》，（上海：上海古籍出版社，1987據世界書局1935年版影印），頁54。

[20] （東漢）班固撰，（唐）顏師古注：《漢書》，（北京：中華書局，1964.11），頁1560。

[21] 李學勤主編，《十三經注疏》整理委員會整理：《尚書正義》，（北京：北京大學出版社，2000.12），頁628。

[22] 夏商周斷代工程專家組編著：《夏商周斷代工程1996～2000年階段成果報告・簡本（夏商周書・研究報告)》，（北京：世界圖書出版公司，2000.10），頁36-37。

周康王	25 年
周昭王	19 年
周穆王	55 年

呂丁在文王、武王時期應已是非常顯赫之人，尤其能在滅商之役立下汗馬功勞，依理年齡至少應是中年或壯年以上，而武王滅商後，呂丁還要再活 70 年才能看到周穆王執政，而《今本竹書紀年疏證》說「（周穆王）五十一年，作〈呂刑〉，命甫侯于豐。」[23] 甫侯在周穆王五十一年才寫出〈呂刑〉，這已遠遠超過一般人類正常的生命極限，必然是哪一個記載或環節存在錯誤。

現在看來，所謂的「甫侯」應屬二人：許國的始封君——呂丁（呂叔、文叔），與周穆王晚年時負責刑法並撰寫〈呂刑〉的「甫侯」；二者應非同一人，而撰寫〈呂刑〉的「甫侯」則是呂丁後裔。

2、關於「呂叔」與「呂他」的聯繫

由於簡文指出呂丁曾經「捭（扞）補（輔）珷（武王），攼（干）敦殷受（紂），咸成商邑」，因此鵬宇將「呂丁」與《逸周書·世俘》中的「呂他」聯繫起來，《逸周書·世俘》指出：「戊辰，王遂禦，循自祀文王。時日，王立政。呂他命伐越戲方；壬申，新荒至，告以馘俘。」[24] 這表示呂他是位具有戰功的將軍，頗符合簡文中呂丁的形象。鵬宇認為「呂他」是「呂丁」的異名，王寧則進一步試圖為「呂他」與「呂丁」找到聯繫的方法，其說有二：前說主張「呂丁之『丁』（端紐耕部）先音轉為支部舌頭音字而寫作音近的『也』，後又轉寫為『他』」，其後放棄此說；後說則認為古文字「他」、「弔（叔）」形近而訛。筆者認為「佗」、「他」（它）古通用，《上博八·李頌》簡 2「悼（違）與（於）佗（它）木」，「佗」即讀「它」，而古籍中「它」

---

[23] 王國維：《今本竹書紀年疏證》，下卷，頁 12。
[24] 黃懷信、張懋鎔、田旭東撰；李學勤審定：《逸周書彙校集注（上）》（修訂本），頁 417-420。

字聲系與「也」字聲系通用情況非常頻繁[25]。戰國文字中，秦人用「叔」表示叔伯之｛叔｝，其餘齊、楚、三晉皆用「弔」[26]。「弔」字作「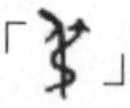」（寡子卣／集成 05392），象人持繳之形[27]，戰國文字作「」（郭店.窮達以時.8）、「」（上博一.緇衣.3）、「」（上博六.用曰.16）、「」（上博六.用曰.20）、「」（清華陸.子儀.7）、「」（清華伍.厚父.11），「人」與繳形結合在一起，但亦有二者分離的寫法，如此一來就容易與「佗」字產生訛混：

弔						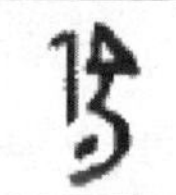
	璽彙 3428	八年㫖令戈／集成 11344	陝西新出土古代璽印（編號 564）[28]	《凝清室所藏周秦璽印》	璽彙 2549	《文物》2005 年第 8 期第 36 頁圖三三
佗（他）				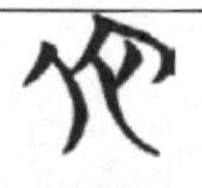		
	望山.1.93	新蔡.甲 3.293	望山.1.93	包山.191	璽彙 968	璽彙 3776

就構形而論，古璽中的「（弔）」（陝西新出土古代璽印．編號 564）與「（佗）」（璽彙 3776），寫法確實非常接近。「呂弔（叔）」被誤釋為「呂他」，是有可能發生的。但是訛混的時間應該很早，因為秦漢以後「叔」字已不再用「弔」字表示，便失去訛混的背景因素。

3、關於呂丁封國的時間

傳統的說法以許文叔為許國之始封君，分封時間為周武王時，《左傳》

[25] 參高亨、董治安編纂：《古字通假會典》，（濟南：齊魯書社，1997.7），頁 676-681。
[26] 周波：《戰國時代各系文字間的用字差異現象研究》，復旦大學博士論文叢刊（第一輯），（北京：線裝書局，2012.12），頁 69。
[27] 季旭昇師：《說文新證》，（臺北：藝文印書館，2014.9），頁 639-640。
[28] 施謝捷：《古璽彙考》，安徽大學博士論文，2006.5，頁 292。

隱公十一年《正義》引杜預云：「許，姜姓，與齊同祖，堯四嶽伯夷之後也。周武王封其苗裔文叔于許。」[29]宋代劉恕的《通鑑外紀》：「周武王封文叔于許，以奉大嶽之祀。」[30]段玉裁注引杜預《世族譜》云：「許國，姜姓，與齊同祖，堯四岳伯夷之後也。周武王封其苗裔文叔于許，以為太嶽胤，今潁川許昌是也。」[31]但從〈封許之命〉來看，「文王」與「武王」都以謚號稱之，且文中簡3提及呂丁對武王的輔弼，文義未完，簡4殘斷，簡5開頭則說「命汝侯于許」，已是冊命之詞；由此可以合理推斷，簡4應有一段成王對呂丁的讚美之詞，呂丁的受封時間肯定是在武王之後。

綜上所述，就現有資料來看，〈封許之命〉的公布在學術史上的意義為：

1、過去僅知許國開國者為「呂叔」，又可稱「甫侯」、「文叔」，現在進一步得知國君之日名為「丁」[32]。

2、過去都認為封國的時間是武王時，透過本文可知，時間肯定在武王之後，最有可能在成王之世。

---

[29] 李學勤主編，《十三經注疏》整理委員會整理：《春秋左傳正義》，頁139。

[30] （宋）劉恕：《資治通鑑外紀》，頁54。

[31] （東漢）許慎撰，（清）段玉裁注，李添富總校訂：《新添古音說文解字注》（三版），頁790。

[32] 許非姬周族，故在周代初期仍依殷商人習慣用日名，故「丁」應是呂丁之日名，參王輝：〈一粟居讀簡記（九）〉，陝西歷史博物館編：《陝西歷史博物館館刊》第23輯，2016.11，頁148。

第二節　總釋文

（上）

（殘失）【一】雩（越）才（在）天下，古（故）天藋（勸）之乍〈亡〉臭（斁），向（尚）脣（祗）乒（厥）悳（德），雁（膺）受大命，㫃（允）尹三（四）方〔六〕。剮（則）隹（惟）女（汝）呂丁，厏（肇）橐（？）玟（文王），詖（毖）光乒（厥）剌（烈）。【二】

　　□珷（武王）司明型（刑），鳖（鳖）乒（厥）猷，脣（祗）事帝（上帝），趄＝（桓桓）不（丕）苟（敬），嚴塱（將）天命。亦隹（惟）女（汝）呂丁，執（扜）楠（輔）珷（武王），玫（干）敦殷受（紂），咸成商邑。【三】

　　王曰：「☑【四】，命女（汝）侯于鄦（許）：「女（汝）隹（惟）塹（壯）耆爾猷，虔（虔）血（恤）王豖（家），柬（簡）胯（乂）三（四）方不斁，以董（勤）余丁（一人）。

（中）

　　易（錫）女（汝）倉（蒼）珪（圭）、巨（秬）恩〈鬯〉一卣，敆（路）【五】車、璁（蔥）玝（衡）、玉𦥑、戀（鸞）鈴（鈴）、索（素）旆、朱竿（竿）、元馬三（四）匹、攸㘣（勒）、毡𣫭、羅緵（纓）、鉤雁（膺）、篹（鑣）、絣（弁）、𠤷（柅）。

（下）

　　贈爾鷹（薦）彝，斸【六】莙豚觘、龍盨（鬲）、繍（璉）、雚（鑵）、鉦（盨）、耆〈旅〉弓（勺）、盤（盤）、監（鑑）、鎀（鋈）、盟（鎧）、周（雕）匿（簠）、鼐、鼗（簋）、釙（觥）、鎆、恪（格）。」王曰：「於（嗚）虖（呼），丁，戒才（哉）！余既監于殷【七】之不若，圅童才（在）慐（憂），杕（靡）念非尚（常）。女（汝）亦佳（惟）臱（淑）章爾桅（慮），臀（祇）敬爾猷，以永厚周邦，勿瀘（廢）朕命，經嗣【八】枽（世）亯（享）✔。」【九】

　　譔（封）郱（許）之命✔【九背】

第三節 〈封許之命〉考釋（上）

一 釋文

（殘失）【一】〔一〕雩（越）才（在）天下〔二〕，古（故）天藋（勸）之乍〈亡〉臭（斁）〔三〕，向（尚）脣（祇）乓（厥）惪（德）〔四〕，雁（膺）受大命〔五〕，晃（允）尹三（四）方〔六〕。勳（則）隹（惟）女（汝）呂丁〔七〕，屖（肇）纂（？）玫（文土）〔八〕，詖（毖）光乓（厥）剌（烈）〔九〕。【二】

【語譯】：……在天下，因此上帝不厭其煩地勉勵，文王的天德崇尚敬誠，承受天命，真正地統治四方。就是你呂丁，肇纂文王，光榮建立偉大勳業。

□珷（武王）司明型（刑）〔十〕，蚝（鼇）乓（厥）猷〔十一〕，觷（祇）事帝（上帝）〔十二〕，趄=（桓桓）不（丕）苟（敬）〔十三〕，嚴塱（將）天命〔十四〕。亦隹（惟）女（汝）呂丁，軷（扞）楠（輔）珷（武王）〔十五〕，玟（干）敦殷受（紂）〔十六〕，咸成商邑〔十七〕。【三】

【語譯】：（到了）武王掌管刑罰，治其謀略，敬慎地侍奉上帝，威武而虔誠，恭敬地奉持天命。又是你呂丁，輔佐武王，討伐商紂，平定商國。

王曰：「☐【四】〔十八〕，命女（汝）侯于鄦（許）〔十九〕：「女（汝）隹（惟）塿（壯）耆爾猷〔二十〕，虔血（恤）王豪（家）〔二十一〕，柬（簡）胯（乂）三（四）方不嫛〔二十二〕，以堇（勤）余又（一人）〔二十三〕。

【語譯】：將許冊封給呂丁，冊命之詞曰：「你要壯大你的謀略，敬慎地為周

王室效勞，大治四方不服從的人，為我效勞。」

二　文字考釋

〔一〕【一】

原整理者：第一簡缺失。[1]

子居：所缺失的內容，應當較可能是冊命儀式的時間、地點、儀式進程及追述文王的事蹟等內容，其中追述文王事蹟部分當與下文述武王事蹟的「武王司明刑，鼇厥猷，祗事上帝，桓桓丕敬，嚴將天命」相似。[2]

佑仁謹案：依據簡 2 內容，一枚竹簡約可容納 34 字，參考西周金文的冊命模式，並斟酌本處的篇幅限制，簡 1 開頭應有成王紀年與冊命地點，以及鋪陳文王的重大事蹟。

〔二〕雪（越）才（在）天下

雪	才	天	下
雪	才	天	下

原整理者：《書·酒誥》有「越在外服」、「越在內服」，均以「越在」起句。[3]

子居：雖然整理者所引《尚書》有「越在」辭例，但有必要補充說明的是，「越在」辭例目前不見於西周金文。「天下」作為先秦時出現頻率最高的實詞，於金文中最早只在《盄公盨》中出現，李學勤先生據《盄公盨》的紋飾和器形推測其成於西周中期晚段，但由於盨直到春秋中期才消失，因此也不能排除《盄公盨》成於春秋初期、前期的可能。故目前尚無確證可以證明

---

[1] 李學勤主編：《清華大學藏戰國竹簡（伍）》，頁 118。
[2] 子居：〈清華簡《封許之命》解析〉，清華網，2015.7.16（2017.6.21 上網）。
[3] 李學勤主編：《清華大學藏戰國竹簡（伍）》，頁 118。

西周時期就已有「天下」一詞。以有「越在天下」句的緣故，清華簡《封許之命》的成文時間當接近於春秋初期。[4]

黃凌倩：「雩」與「越」通。王輝《古文字通假字典》：「雩，文獻作越，雙聲，魚月通轉。中山王嚳大鼎：『昔者，吳人并（併）雩，雩人餃（修）教備恁（信），五年復（覆）吳，克并之。』所述即吳王夫差滅越及越王句踐臥薪嘗膽數年後覆滅吳國之事，雩卽越。」越為句首語氣詞，表莊重語氣。[5]

佑仁謹案：「雩」已見於《說文》[6]，本為古代祈求下雨的祭祀名，亦指彩虹或乾旱。出土文獻中「雩」常假借為「越」，例如毛公鼎（集成02841）：「虢許上下若否，雩（與）四方……王曰：『父厝，雩（越）之庶出入事於外。』」中山王鼎（集成02840）云：「吳人并雩（越），雩（越）人修教備信。」〈良臣〉簡7：「雩（越）王句（踐）又（有）大同」，「雩」（匣紐魚部），「越」（匣紐月部），古音接近，具有通假條件。

《尚書・酒誥》的「越在外服」[7]（在外地的職官）、「越在內服」[8]（在朝中的職官），二處的「越」都當發語詞使用，無義。《尚書・大誥》：「越予沖人，不卬自恤。」[9]清王引之《經傳釋詞・粵越》：「越，猶惟也。《書・大誥》曰『越予小子』，言惟予小子也；又曰『越予沖人』，言惟予沖人也。」[10]《尚書・召誥》：「越若來三月。」[11]王引之《經義述聞》：「越若，語辭。」[12]作為發語詞的「越在」，直到兩漢以後，還是可以在部分擬古作品中看到

---

4 子居：〈清華簡《封許之命》解析〉，清華網，2015.7.16（2017.6.21上網）。
5 黃凌倩：《清華伍《厚父》、《封許之命》集釋》，安徽大學碩士論文，2016.3，頁61。
6 （東漢）許慎撰，（清）段玉裁注，李添富總校訂：《新添古音說文解字注》（三版），頁580。
7 李學勤主編，《十三經注疏》整理委員會整理：《尚書正義》，頁446。
8 李學勤主編，《十三經注疏》整理委員會整理：《尚書正義》，頁446。
9 李學勤主編，《十三經注疏》整理委員會整理：《尚書正義》，頁410。
10 （清）王引之：《經傳釋詞》，（長沙：嶽麓書社，1985.4，第1版），頁28。
11 李學勤主編，《十三經注疏》整理委員會整理：《尚書正義》，頁460。
12 （清）王引之：《經義述聞》，（上海：商務印書館，1935.9），頁1014。

蹤跡，例如唐李白〈天長節使鄂州刺史韋公德政碑〉：「先天文武孝感皇帝，越在明兩，總戎扶風。」[13]必須說的是：由於簡1殘斷，缺乏前半段文義可供參考，因此「越在」做為句首發語詞，只能說是現有條件中最好的解釋。

依據周波的研究，秦文字用「越」為越人、越國之{越}。楚文字用「郕」表示國名、地名和姓氏{越}。齊璽用「郕」字（《璽彙》1147、5646、2218），表示人名和姓氏。比較特別的是三晉文字用「雽」為越國之{越}，見晉璽「孫雽（越）人」（《戰印》1783），此外中山王鼎（集成02840）云：「昔者吳人并雽（越）」、「雽（越）人修教備信」[14]。上博簡中的「雽」，可以讀作「虞」（上博一〈緇衣〉20）或「雨」（上博五〈鮑叔牙與隰朋之諫〉8），但從來不用以表「越」，以「雽」表{越}，則是三晉的用法。因此乍看之下，會依據周波的分類而「雽（越）」將〈封許之命〉與三晉系統聯繫。然而清華柒〈越公其事〉裡越國的{越}，都以「雽」字表示，蘇建洲認為這是楚文字本有的書寫習慣，只是過去受限於資料，尚未發現而已[15]。以「雽」表「越」可能非三晉所獨有，而楚國亦固有之，但〈封許之命〉的用法更可能因為底本來源自金文，故用法與金文相同[16]。

〔三〕古（故）天䩄（勸）之乍〈亡〉臭（斁）

古	天	䩄	之	乍	臭

原整理者：䩄，讀為「勸」，《說文》：「勉也」《廣雅‧釋詁二》：「助也。」

[13] 詹鍈：《李白全集校注匯釋集評》，（天津：百花文藝出版社，1996.12），頁4305。

[14] 周波：《戰國時代各系文字間的用字差異性現象研究》第38條，復旦大學博士論文，2008.4，頁37-38。又見周波：《戰國時代各系文字間的用字差異現象研究》，復旦大學博士論文叢刊（第一輯），第51頁。

[15] 蘇建洲：〈談清華七《越公其事》簡三的幾個字〉，復旦網，2017.5.20（2017.6.21上網）。

[16] 金文「雽」字用法，可參朱力偉：《兩周古文字通假用字習慣時代性初探》，吉林大學博士論文，2013.6，頁35。

「乍」字為「亡」字之誤，「亡臭」見西周師詢簋（《集成》四三四二）「肄皇帝亡臭」，毛公鼎（《集成》二八四一）「肄皇天亡臭」。「亡臭」即「無斁」，《詩・葛覃》「服之無斁」，與簡文句式一致。[17]

子居：可以補充說明的是，西周金文至今似未見可確定釋為「勸」的字，「藿」讀為「勸」的辭例，唯有李學勤先生《元氏銅器與西周的邢國》文中提到的「叔趯父，我們認為同臣諫是一個人。古人名、字相應，『趯』讀為『勸』（『勸』字有『進』義，故從『走』）。名『諫』字『勸』，正相呼應。」李先生所說成立的可能性確實很大，但由於該字是見於人名，因此似仍不能視為確證。日前可以確定的是，「勸」字於《書》系諸篇傳世文獻已可以見到。

西周金文的「亡臭」一詞，似未見西周早期的辭例，傳世文獻中的「無斁」一詞，則見於《尚書・洛誥》、清華簡《周公之琴舞》及《詩經》的《周頌・振鷺》、《魯頌・泮水》、《大雅・思齊》、《周南・葛覃》，諸篇皆屬春秋文獻。故由此可推知，清華簡《封許之命》的成文時間當不會早於西周中期，且不會晚於春秋末期。[18]

石小力：「乍」字原形作 ，乃楚簡典型寫法，此處據文義乃「亡」字之訛，「亡斁」金文常見。楚簡「乍」與「亡」形近，常見訛混，如郭店簡《老子甲》簡 29-30：「以正之邦，以奇用兵，以乍〈亡─無〉事取天下。」上博簡《孔子詩論》簡 6：「《刺（烈）文》曰：乍〈亡─無〉競維人。」[19]

劉成群：如「亡斁」一詞見於師訇簋（《集成》4342）與毛公鼎（《集成》2841）。[20]

---

17 李學勤主編：《清華大學藏戰國竹簡（伍）》，頁 118-119。

18 子居：〈清華簡《封許之命》解析〉，清華網，2015.7.16（2017.6.21 上網）。

19 石小力：〈談談清華簡第五輯中的訛字〉，《出土文獻》第八輯，（上海：中西書局，2016.4），頁 127。

20 劉成群：〈清華簡《封許之命》「侯于許」初探〉，《中原文化研究》，2016 年第 5 期，頁 103。

佑仁謹案：簡文的「乍斁」由於用例清楚，「乍」應是「亡」的誤字。「乍」、「亡」二字從金文時代開始，寫法便十分接近：

乍	亡
伯旂觶／集成 06478	兮甲盤／集成 10174

因此古文字中互訛的情況非常普遍，例如從「乍」的「![字]」（郭店.老子.甲24）、「![字]」（郭店.性自命出.25）等字，其「乍」聲其實皆已訛作「亡」。又如上博一〈孔子詩論〉簡6「![字]競維人，丕顯維德」，首字就構形上看應是「乍」，但今本《詩經・烈文》作「無競維人」[21]，可見該字當是「亡」的誤字[22]。關於「亡」、「乍」訛字問題，可參張峰《楚系簡帛文字訛書研究》[23]。「乍」訛寫成「亡」者，可參郭店〈六德〉簡35-36云：「此六者客（各）行其戠（職），而獄訟蔑由亡也。」該句又見簡24，「亡」則寫成「迮（作）」，就文例上看以「作」為宜，可知簡36的「亡」為訛字。

「無斁」又可作「無射」、「無厭」等，〈厚父〉簡4有「弗臬（斁）」，為金文習語，梁其鐘（集成00187-00188）云：「降余大魯，福亡罤（斁）」、史牆盤（集成10175）銘文云：「昊卲亡罤」、繁卣（集成05430）云：「衣事亡罤，公蔑繁曆」、《毛公鼎》（集成02841）：「肆皇天亡昊（斁），臨保我有周」，「無斁」指無厭（不感到厭倦），本處簡文是說：上天不厭倦地鼓勵文王。

---

[21] 李學勤主編，《十三經注疏》整理委員會整理：《毛詩正義》，（北京：北京大學出版社，2000.12），頁1519。

[22] 李學勤：〈〈詩論〉說〈宛丘〉等七篇釋義〉，參李學勤：《中國古代文明研究》，（上海：華東師範大學出版社，2009.9），頁373。

[23] 張峰：《楚系簡帛文字訛書研究》，吉林大學博士論文，2012.6，頁60-61。張峰指出「亡」訛為「乍」除了〈孔子詩論〉外，未見第2用例，因此對〈孔子詩論〉的「乍」字是否為「亡」字之誤仍有所保留。現在出現〈封許之命〉「亡斁」誤寫成「乍斁」的例子，應可作為〈孔子詩論〉的佐證。

〔四〕 向（尚）脣（祗）畀（厥）惪（德）

向	脣	畀	惪

原整理者：脣，即「晨」字，與「純」同為禪母文部，此指文王之德。《詩·維天之命》：「於乎不顯，文王之德之純。」[24]

馬楠：脣疑當讀為「祗」，訓為敬。《皋陶謨》「日嚴祗敬六德」，《夏本紀》作「日嚴振敬六德」，段玉裁說，《盤庚》「震動萬民以遷」，熹平石經作「祗動」；《無逸》「治民祗懼」，《魯世家》作「震懼」；《費誓》「祗復之」，《魯世家》作「敬復之」，《集解》引徐廣「『敬』一作『振』。」又《內則》「祗見孺子」，鄭注云「祗或作振」；《曲禮》「臨諸侯畛於鬼神」，注云「畛或作祗」。段說之外，又如《毛詩·吉日》「其祁孔有」，《魯詩》「祁」作「麜」；《無將大車》「無思百憂，祗自疧兮」，張衡《思玄賦》作「思百憂以自疹」。又清華四《筮法》之「震」字作「（字形）」，亦疑當從「弔」得聲。[25]

暮四郎：「脣」當讀為「慎」，上古「辰」聲之字可與「慎」通用。《墨子·非命下》：「禹之總德有之曰：……不慎厥德，天命焉葆。」[26]

海天遊蹤：「辰」讀為「振」即可，《夏本紀》作「日嚴振敬六德」、《孟子·滕文公上》：「放勳曰：『勞之來之，匡之直之，輔之翼之，使自得之，又從而振德之。』」。比較麻煩的是「向」如何釋讀。整理者讀為「尚」是有問題的，二者聲紐頗有距離。張富海先生在〈讀清華簡《說命》小識〉一文中有詳細的說明，讀者可以參看。楚簡中「向」字多見，可以確認的讀法有：方向之「向」、「鄉」、「卿」和「嚮」。但這些都不能通讀簡文。我曾想過讀為「廣」，文獻也常見「廣德」的說法，廣、向都是喉音陽部字，但有開合

---

24 李學勤主編：《清華大學藏戰國竹簡（伍）》，頁 119。
25 清華大學出土文獻讀書會：〈清華簡第五冊整理報告補正〉，清華網，2015.4.8（2017.6.21 上網）。
26 武漢網「簡帛論壇」〈清華五《封許之命》初讀〉12 樓，2015.4.10（2017.6.21 上網）。

的問題。或是讀為「響振厥德」。文獻有「響振」的說法，如《後漢書·皇甫嵩朱儁列傳》：「羽檄先馳於前，大軍響振於後」。[27]

　　子居：海天遊蹤先生指出「辰」讀為「振」即可，《夏本紀》作「日嚴振敬六德」、《孟子·滕文公上》：「放勳曰：『勞之來之，匡之直之，輔之翼之，使自得之，又從而振德之。』」所說甚是，「唇」當讀為「振」，郭店簡《五行》「金聲而玉振」的「振」字即書為唇。[28]

　　黃凌倩：「唇」從海天遊蹤和子居先生意見，讀為「振」，這裡應指發揚美德。[29]

　　郭倩文：「唇」與「向（尚）」並提，讀為「祇」，皆為敬義，文合字通，故自清華大學出土文獻讀書會補正意見。[30]

　　張富海：「純厥德、祇厥德」意皆通，「純」或「祇」都是使動用法，言文王使其德純粹或敬慎。從馬楠所舉通假用例來看，讀為「祇」的可能性更大。整理者讀「向」為「尚」，則完全不可信。此「尚」是副詞，相當於庶幾，有祈使義，放在簡文中並不合適。何況「向」與「尚」讀音不相近，亦無由通假。我曾把清華簡〈說命上〉和上博簡〈彭祖〉中的「向」讀為音近之「竟」，疑此「向」字也可以讀為「竟」。「竟」與「純」（或「祇」）並列，跟下文「膺受」和「畯尹」在結構上是一致的。《爾雅·釋言》：「竟，強也。」《詩·大雅·桑柔》：「秉心無竟」，毛傳：「竟，強也。」《左傳·成公九年》：「德則不竟，尋盟何為？」杜預注：「竟，強也。」是「竟」有強義，且德可言竟。先秦古書中有「剛德」之說，如：《逸周書·諡法》：「剛德克就曰肅。」《左傳·文公五年》：「天為剛德，猶不干時，況在人乎？」竟厥德，

---

[27] 武漢網「簡帛論壇」〈清華五《封許之命》初讀〉46、47 樓，2015.4.24。（47 樓意見已刪除，回查時間：2017.6.21）

[28] 子居：〈清華簡《封許之命》解析〉，清華網，2015.7.16（2017.6.21 上網）。

[29] 黃凌倩：《清華伍〈厚父〉、〈封許之命〉集釋》，頁 62。

[30] 郭倩文：《《清華五》、《上博九》集釋及新見文字現象整理與研究》，華東師範大學碩士論文，2016.5，頁 61。

就是使其德剛強的意思。「竟純厥德」或「竟祗厥德」，就是使其德剛強而純粹或剛強而謹慎。《詩·魯頌·泮宮》之「敬明其德」，大克鼎銘文之「盅（淑）慇（慎）氒（厥）德」句式與簡文相同。[31]

　　古容綺：隸作「昬」，讀為「慎」，訓為謹。「慎」為禪母真部，因上古「辰」聲之字可與「慎」通用，在此讀為「慎」較可從。在簡文中，此句話云及文王之德，用謹慎修持來形容，文意可通。[32]

　　佑仁謹案：簡文「向昬」，原整理者讀「尚純」，馬楠認為「昬」應讀為「祗」，訓為「敬」。暮四郎將「昬」讀為「慎」。海天遊蹤認為可讀為「廣振」或「響振」。了居、黃凌倩都贊成海天遊蹤之說。張富海認為「向」疑讀為「竟」，訓「強」，「昬」讀「祗」的可能性更大。郭倩文認為「昬」應讀「祗」。各家說法非常多元，因此列為一表以清眉目：

本字	尚（字形）	純（字形）
原整理者	尚	純
馬楠		祗
暮四郎		慎
海天遊蹤	廣／響	振
子居		振
張富海	竟	祗
郭倩文	尚	祗

原整理者（李學勤）讀「向」為「尚」，無具體說明。「尚」字是在「冂」（「堂」之初文[33]）的上方添加兩筆進一步演變而來，它與「向」（表示在屋子裡用口發出聲音產生回響，為「響」的初文[34]）字並不同。不過，既然《說文》「尚」字从「向」得聲[35]，表示至少二字在漢代音韻非常接近。關於「尚」、

31 張富海：〈清華簡字詞補釋三則〉，《古文字研究》第 31 輯，《古文字研究會第 21 屆年會論文集》，（北京：中華書局，2016.10），頁 353。

32 古容綺：《清華伍〈封許之命〉字詞研究》，臺中教育大學碩士論文，2017.7，頁 43。

33 陳劍：〈金文字詞零釋（四則）〉，復旦網，2008.2.5（2017.6.21 上網）。

34 裘錫圭：《文字學概要》（修訂本），（北京：商務印書館，2013.7），頁146。

35 （東漢）許慎撰，（清）段玉裁注，李添富總校訂：《新添古音說文解字注》（三版），頁

「向」的通假，趙平安認為「向」字的來源是甲骨文的「🐑」，在多數的文例中可讀為「尚」。而「向」、「尚」韻部相同，古書通用。「🐑」字从「羊」，可能兼有表音作用。「向」、「羊」韻部相同，聲紐同為喉音，可以通假。[36]〈彭祖〉簡 7：「毋向（尚）桓（樹）」，季旭昇師《上海博物館藏戰國楚竹書（三）讀本》「向」讀為「尚」[37]。林志鵬亦指出：「『尚』、『向』皆為陽部字，古籍中亦見通假之例。」[38]所以筆者認為簡文「向」讀為「尚」是比較理想的說法，訓為重視、崇尚。《易經·剝》：「君子尚消息盈虛，天行也。」孔穎達疏：「君子通達物理，貴尚消息盈虛。」[39]可參。

蘇建洲指出「振」不須改讀「祗」，逕讀「振」即可。「振」與「德」的聯繫見於《史記·夏本紀》「日嚴振敬六德」[40]，而〈夏本紀〉「日嚴振敬六德」一句，「振」字〈皋陶謨〉作「祗」，[41]而「祗德」在古籍中用例甚多：

1. 《逸周書·銓法》：「敬謀、祗德、親同，三不遠也。」[42]

2. 《白虎通德論》：「《尚書》曰：『以教祗德。』」[43]

3. 《尚書·呂刑》：「士制百姓于刑之中，以教祗德。」[44]

蘇建洲主張或讀為「震響」，用例見於《後漢書·皇甫嵩朱儁列傳》：「羽檄

49。

[36] 趙平安：〈戰國文字🔲的來源考辨〉，《深圳大學學報（人文社會學版）》，第 30 卷第 1 期（2013 年 1 月），頁 60-63。

[37] 季旭昇師主編：《上海博物館藏戰國楚竹書（三）讀本》，（臺北：萬卷樓圖書公司，2005.10），頁 253。亦可參朱力偉：《兩周古文字通假用字習慣時代性初探》，頁 262。

[38] 林志鵬：〈戰國楚竹書《彭祖》考論（一）——兼論《漢志》「小說家」之成立〉，武漢網，2007.08.18（2017.6.21 上網）。

[39] 李學勤主編，《十三經注疏》整理委員會整理：《周易正義》，（北京：北京大學出版社，2000.12），頁 127-128。

[40] （西漢）司馬遷撰，（南朝宋）裴駰集解，（唐）司馬貞索隱，（唐）張守節正義：《史記》，頁 68。

[41] 李學勤主編，《十三經注疏》整理委員會整理：《尚書正義》，頁 127。

[42] 黃懷信、張懋鎔、田旭東撰，李學勤審定：《逸周書彙校集注（下）》（修訂本），（上海：上海古籍出版社，2014.12），頁 1097。

[43] （清）陳立：《白虎通疏證》，（北京：中華書局，1994.8），頁 371。

[44] 李學勤主編，《十三經注疏》整理委員會整理：《尚書正義》，頁 636。

先馳於前，大軍響振於後」，[45]「響振」殆指兵馬鉦鐸所發出的響聲與振動，而本處主要是形容德性的內涵，二者不同。而《孟子·滕文公上》云：「又從而振德之」[46]（語譯：使他們知道政府的德意[47]），此與簡文的句意義亦有別。暮四郎「辰」讀「慎」，但古文字中「慎」字有專屬寫法，本處實在很難說明何以用「辰」表示「慎」。由馬楠所引的證據中顯示，「振」（或「震」）在古籍文例中與「祗」或「敬」有大量異文關係，而「祗」或「敬」都是恭敬之義，因此讀為「祗」可能會是比較適切的說法。簡文「尚祗厥德」是表示文王的道德崇尚敬誠。

〔五〕 雁（膺）受大命

雁	受	大	命

原整理者：膺受大命，語見西周乖伯鼎（《集成》四三三一）、五祀獻鐘（《集成》三五八）、師克盨（《集成》四四六七—四四六八）、毛公鼎等。大盂鼎（《集成》二八三七）「丕顯文王受天有大命」，亦云文王受大命。[48]

子居：「膺受大命」還見於約屬於春秋前期的《逸周書·克殷》及《秦公鎛》銘文，因此該辭的使用時間下限即是春秋前期，清華簡《封許之命》的成文時間下限當也不晚於春秋前期。[49]

程浩：除了上述這些被視作《尚書》的篇目外，一些長篇的西周金文也具有「命」書的屬性。根據陳漢平先生統計，今可得見的西周王室冊命金文，

---

45 （劉宋）范曄撰，（唐）李賢等注：《後漢書》，（北京：中華書局，1973.8，第 2 版），頁 2303。

46 李學勤主編，《十三經注疏》整理委員會整理：《孟子注疏》，（北京：北京大學出版社，2000.12），頁 174。

47 史次耘：《孟子今註今譯》，（臺北：商務印書館，1984.1），頁 129。

48 李學勤主編：《清華大學藏戰國竹簡（伍）》，頁 119。

49 子居：〈清華簡《封許之命》解析〉，清華網，2015.7.16（2017.6.21 上網）。

至少也有 80 例。這其中最為人熟知也最具有代表性的當屬康王時期的大盂鼎，……除了格式相同外，〈封許之命〉的許多語詞與句子也見西周的冊命金文。如簡文有「膺受大命」，語見西周中期乖伯簋（《集成》4331）、西周晚期毛公鼎（《集成》2841），另西周晚期師克盨（《集成》4467）五祀猷鐘（《集成》385）云「雁受大令」，亦與之同。[50]

黃凌倩：「膺」即「受」，「膺受大命」指接受天命。《書・武成》：「誕膺天命，以撫方夏。」[51]

朱歧祥：《清華》（五）受字 5 見，其中 1 見作 ⬚ 〈三壽〉，從楚文的舟形；2 見作 ⬚ 〈湯丘〉，從篆文舟省；2 見作 ⬚ 〈封許〉，從爪，下譌從及形，結構怪異。末一字形明顯不見於一般的楚文字。[52]

蘇建洲：簡 2「受」作 ⬚，字形還在合理的範圍，但是簡 3 寫作 ⬚，下部似從「及」旁，顯然是錯字。[53]

劉成群：「膺受大命」見於師克盨蓋（《集成》4468）和四十二年逨鼎、四十三年逨鼎。[54]

佑仁謹案：「大命」即「天命」，青銅器銘文中大量出現：

出處	用例
西周・乖伯簋／集成 04331	朕丕顯祖文王武王，膺受大命，乃祖克奉先王，異自它邦，又𢼸于大命。
西周・毛公鼎／集成 02841	丕顯文武，皇天引厭厥德，配我有周，膺受大命。
西周・師克盨／集成 04467	丕顯文武，膺受大命，匍有四方。

---

50 程浩：〈〈封許之命〉與冊命「書」〉，《中國典籍與文化》，2016 年第 1 期，頁 6，又見《出土文獻》第七輯，（上海：中西書局，2015.10），頁 143。
51 黃凌倩：《清華伍《厚父》、《封許之命》集釋》，頁 62。
52 朱歧祥：〈質疑《清華簡》的一些特殊字詞〉，第 18 屆中區文字學學術研討會，（臺中：東海大學，2016.5.21），頁 12。
53 蘇建洲：〈談談〈封許之命〉的幾個錯字〉，《古文字研究》第 31 輯，（北京：中華書局，2016.10），頁 374。
54 劉成群：〈清華簡《封許之命》「侯于許」初探〉，《中原文化研究》，2016 年第 5 期，頁 103。

西周・大盂鼎／集成 02837	不顯文王，受天有大命。
西周・何尊／集成 06014	肆文王受茲大命。
西周・師訇簋／集成 04342	不顯文武，膺受天命。
西周・冊三年逨鼎／新收 0747	逨，不顯文武，膺受大命。
西周・四十二年逨鼎／新收 0745	逨，不顯文武，膺受大命，匍有四方。
西周・逨盤／新收 0757	夾䢔文王、武王達殷，膺受天魯命。
春秋早・秦公鎛／集成 00269	秦公曰：我先祖受天命，賞宅受國。
春秋晚・蔡侯申尊／集成 06010	蔡侯申虔恭大命。
春秋晚・蔡侯盤／集成 10171	蔡侯申虔恭大命。
春秋晚・司馬懋鎛	曰古朕皇祖悼公，嚴恭天命。
春秋・晉公盤 [55]	唯王正月初吉丁亥，晉公曰：我皇且（祖）䣄（唐）公雁（膺）受大命。
春秋・晉公盆／集成 10342	我皇且（祖）䣄（唐）公〔雁〕受大命，左右武王

依據《詩經》、《尚書》記載，文王、武王受天之大命，討伐商國。《尚書・康誥》云：「天乃大命文王，殪戎殷，誕受厥命。」[56]《毛傳》云：「受命，受天命而王天下，制立周邦。」[57]《逸周書・克殷解》亦云：「武王再拜稽首，膺受大命革殷，受天明命，武王又再拜稽首，乃出。」[58]西周時期周王室權力鞏固，金文中能受「大命」的人物僅限於周文王、周武王。直到春秋時期，王綱解紐、周文疲弊，因此開始出現僭越現象，諸侯國的領袖亦可受「大命」，此項轉變在青銅器銘文中極為顯著。

　　子居認為「『膺受大命』還見於約屬於春秋前期的《逸周書・克殷》及《秦公鎛》銘文，因此該辭的使用時間之下限即是春秋前期」，故將本篇的文本時代往後推，忽略了西周金文已有相近的文例的事實（參見原整理者意

---

55 謝明文：〈晉公盤銘文補釋〉，《出土文獻與古文字研究（第五輯）》，（上海：上海古籍出版社，2013.9），頁 236-257。吳鎮烽：〈晉公盤與晉公盆銘文對讀〉，復旦網，2014.6.22。（2017.6.21 上網）

56 李學勤主編，《十三經注疏》整理委員會整理：《尚書正義》，頁 425。

57 李學勤主編，《十三經注疏》整理委員會整理：《毛詩正義》，頁 1114。

58 黃懷信、張懋鎔、田旭東撰，李學勤審定：《逸周書彙校集注（上）》（修訂本），頁 355。

見)。朱歧祥、蘇建洲都指出「受」字的寫法十分怪異：

![簡02-16]	![簡03-2]
簡 02-16	簡 03-2

細審字形，這兩個「受」字，上下兩隻手中間都从「兩道斜筆」，這種寫法已見於「![圖]」（新蔡.甲 3.15、60），只是本處的字形在斜筆左側還有若干部件，遂造成一種特殊寫法，不過考量楚簡「受」字的異體寫法變化多端[59]，因此釋「受」仍在可接受之範圍。

〔六〕晃（允）尹三（四）方

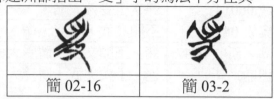

晃	尹	三	方

原整理者：「駿尹四方」，即大克鼎（《集成》二八三六）「畯（駿）尹四方」。[60]

暮四郎：此字當讀為「畯」，與「尹」義近連用，二字在此處均為名詞活用為動詞，意為作⋯⋯之官長。[61]

付強：西周共王時期的史牆盤銘文中有「淵哲康王，![字]尹億疆」一句，「![字]尹」當為「允尹」，![字]字為允字的訛變，「允尹」一詞是西周時期的習語，證據如下，在最近公佈的清華簡《封許之命》簡二中有「![字]尹四方」一句，![字]從日從允可以隸寫為「晄」，整理者已經指出「晄尹四方」一句見於金文，但是對於此字的訓釋是欠妥當的，為了說明問題我們先把金文中與此字相

---

59 參湯志彪：《三晉文字編》，（北京：作家出版社，2013.10），頁 556。湯餘惠：《戰國文字編》，（福州：福建人民出版社，2001.12），頁 251。何琳儀：《戰國古文字典》，（北京：中華書局，1998.9），頁 186。王愛民：《燕文字編》，吉林大學碩士論文，2010.12，頁 65。

60 李學勤主編：《清華大學藏戰國竹簡（伍）》，頁 119。

61 武漢網「簡帛論壇」〈清華五《封許之命》初讀〉16 樓，2015.4.10（2017.6.21 上網）。

關的辭例搜集如下：

    （1）匍有四方，眖正厥民　　大盂鼎

    （2）眖臣天子　　追簋

    （3）達殷眖民　　史牆盤

    （4）眖保四國　　㝬鐘

    （5）眖尹四方　　五祀㝬鐘

    （6）眖在位　　㝬簋

    （7）保乂周邦，眖尹四方　　大克鼎

    （8）眖其孫子　　晉姜鼎

上揭金文中的眖字從田從允，宋人本釋為允，如《考古圖》引北宋太常博士楊南仲釋晉姜鼎銘文云：「眖疑允字，字書所無，而于文勢宜為允」，《康熙字典》卷十九：「眖字下云眖古文允」。然而隨著青銅器的大量發現和金文研究的不斷深入，晚清以來學者們逐漸否定了宋人的舊說，而釋此字為畯，孫詒讓在釋大克鼎時在眖下一字加一畯，其後徐中舒先生從孫氏釋眖為畯之說申論其詳，此後學者們莫不信從，唯有張政烺先生認為是允。最近陳致先生在《允眖畯試釋》一文中詳細論證了此字是允，清華簡《封許之命》的公佈證明了陳先生的這一看法是完全正確的。眖在上揭的金文中當訓為信，金文中常見的「眖臣天子」可以和《詩・小雅・湛露》「顯允君子，莫不令德」合觀，朱熹《詩集傳》對此句的解釋是「信矣君子，誠哉大德」，所以「眖眖臣天子」猶「王之信臣天子」意思就是天子可以信賴的臣。「眖尹四方」「眖保四國」「達殷眖民」「眖正厥民」「眖在位」「眖其孫子」中的眖用為動詞，謂取信之義，實亦隱含保佑的意思。[62]

    明珍：畯，讀為「俊」。《尚書》有「俊乂在官」，與此義近，指俊德治

---

[62] 付強：〈《封許之命》與史牆盤的「允尹」〉，武漢網，2015.4.14（2017.6.21 上網）。

能之士在官。[63]

蘇建洲：「晃」是「昳」之誤，「日」、「田」相混古文字比較常見。陳斯鵬先生曾舉例說明楚文字字形中部圈內「十」省作短橫「一」的現象，可以參看。「昳」可能應該讀為「允」。裴錫圭先生在《「以學術為天下公器」的學者精神》（《中華讀書報》2012 年 05 月 09 日 07 版）提到：

在這裏還想附帶記下先生（佑仁案：這裡指的是張政烺先生）的一個具體的訓詁見解。先生有一次跟我說，他認為大盂鼎「昳正厥民」的「昳」，不應該像一般人那樣讀為「畯」，而應該讀為「允」，用法跟《論語·堯曰》「允執厥中」的「允」相同。我認為先生的這一見解是值得重視的。我想，按照這樣的思路，在先生看來，金文中的其他「昳」字，至少有一部分，如「昳臣天子」、「昳永保四方」、「昳保四或」、「昳保其孫子」等語中的「昳」，也是應該讀為「允」的。

允，誠也、信也。《書·大禹謨》：「人心惟危，道心惟微，惟精惟一，允執厥中。」孔穎達疏：「信執其中正之道。」《古代漢語虛詞辭典》解釋說：「用於動詞前，表示施動者真心實意地發出某一動作行為。可譯為『誠實地』、『誠懇地』。」[64]

月下聽泉：從日允聲之字，亦見春秋時期的宋右師延敦銘文「×恭天嘗」（新收 1713），日形寫在允聲之上之形，亦見齊文字竣字所從（孫剛《齊文字編》第 269 頁；皆參看郭理遠君未刊稿〈金文昳字補說〉一文），故第一條的表述恐亦可再考慮。[65]

海天：我是考量相同文例一般多作「畯」，故認為 𤰝 可能是「畯」字之誤。你（佑仁案：指月下聽泉）所提的「從日從允」的例證似乎對我們的結

---

63 武漢網「簡帛論壇」〈清華五《封許之命》初讀〉39 樓，2015.4.17（2017.6.21 上網）。

64 蘇建洲：《《封許之命》研讀札記（一）》，復旦網，2015.4.18（2017.6.21 上網）。

65 蘇建洲：《《封許之命》研讀札記（一）》，復旦網，2015.4.18，文後「學者評論欄」4 樓，2015.4.18（2017.6.21 上網）。

論沒有太大影響。[66]

程浩：「晃尹三方」與周人習語「敷有四方」意義相近，西周晚期大克鼎（《集成》2836）有「晄尹三方」，屬王時期五祀猷鐘（《集成》385）則作「永晄尹三方」；「勿灋朕命」，相同的用例見西周早期大盂鼎（《集成》2837）與晚期大克鼎（《集成》2836）等。簡2「晃尹三方」、簡5「簡乂三方」與簡6「馬三匹」的「三」字，在清華簡中一般寫作「四」，如《金縢》簡4「𦉥」，《皇門》簡6「𦉥」，《祭公》簡5「𦉥」等均作此形。而本篇「四」字都寫作四個一字疊加的「三」，這種寫法常見於金文，如「彡」（保卣《集成》5415）、「彐」（友簋《集成》4194）等。[67]

黃凌倩：「晃」從付強和蘇建洲先生說法，「晃」即「晄」，讀為「允」。《說文》：「允，信也。從儿㠯聲。」尹，治理。《說文》：「尹，治也。從又丿。握事者也。」《書·多方》：「尹爾多方。」《左傳·定公四年》：「以尹天下。」[68]

郭倩文：字從日允聲，整理者隸定可從。見於春秋時期的宋右師延敦銘文，亦見於齊文字「竣」字所从。該字不見於其他已出土楚簡材料，為《清華伍》所見新字。學者已指出該字與金文中「晄」用法相同，陳致先生在《允晄畯試釋》一文中詳細論證了「晄」是「允」，在金文中常見，訓為信。此處「晃」亦當為「允」也。[69]

張富海：五祀猷鐘（《集成》358）「猷其萬年，永晄（畯）尹四方」，「永」已是長義，「畯」就不可能還是長義。大克鼎銘云：「天子其萬年無疆（疆），保辥（乂）周邦，晄（畯）尹三（四）方。」「畯尹」和「保乂」對舉，簡

66 蘇建洲：《〈封許之命〉研讀札記（一）》，復旦網，2015.4.18，文後「學者評論欄」7樓，2015.4.18（2017.6.21 上網）。
67 程浩：〈〈封許之命〉與冊命「書」〉，《出土文獻》第七輯，（上海：中西書局，2015.10），頁143。又見《中國典籍與文化》，2016年第1期，頁6。
68 黃凌倩：《清華伍《厚父》、《封許之命》集釋》，頁64。
69 郭倩文：《《清華五》、《上博九》集釋及新見文字現象整理與研究》，頁62。

文中「畯尹」和「膺受」亦對舉,「保乂」和「膺受」都是並列結構,「畯尹」也應該是並列結構,則「畯」跟「尹」義近,當可訓為「正」,統治、治理之義。《詩經》中稱田官為田畯,田畯即田正,亦可證「畯」本有正義。王引之《經義述聞》卷二十七「畯農夫也」條:「畯,長也。田畯,農之長。」其所謂「長」即正義。裘錫圭指出,史牆盤之「畂(畯)民」即大盂鼎之「畂(畯)正乓(厥)民」,亦可證「畯」確實有動詞義。[70]

　　古容綺:隸為「晃」,讀為「允」,訓為誠、信。「晃(允)尹三(四)方」整句話可譯為「用誠信來治理四方諸國」。[71]

　　佑仁謹案:付強主張史牆盤中的「尹」即「允尹」,「」字為「允」之訛變,但此字的筆勢、結構與「允」(「」班簋/集成 04341)有一定的距離。

　　金文中與「允尹四方」有關之文例見:「馱其萬/年畂(畯)尹四方」(五祀馱鐘/集成 00358)、「保辥(乂)周邦,畂(畯)尹四方。」(大克鼎/集成 02836),簡文的讀法沒有問題。

　　本條集釋中,蘇建洲與張富海兩人同時都引及裘錫圭的意見,前者是裘錫圭在文章中附記張政烺之說,主張過去部分被讀成「畯」的字,都應改讀作「允」,「允」即誠也、信也(見《裘錫圭學術文集 6:雜著卷》,頁 210-211)。後者是裘錫圭考證史牆盤時,曾提出「達殷畯民」之「畯」,應訓為「改」,「畯民」、「畯正厥民」就是使民改正向善(見《裘錫圭學術文集 3:金文及其他古文字卷》,頁 9-10。不過,張富海將「畯」訓為「長」,他引證裘說的重點是欲論證該字屬動詞性質)。依據上下文例,本處以前說較妥,《說文解字》:「允,信也,從㠯儿。」[72]《爾雅·釋詁》:「允,信也。……

---

[70] 張富海:〈清華簡字詞補釋三則〉,《古文字研究》第 31 輯,《古文字研究會第 21 屆年會論文集》,頁 353。

[71] 古容綺:《清華伍〈封許之命〉字詞研究》,頁 45。

[72] (東漢)許慎撰,(清)段玉裁注,李添富總校訂:《新添古音說文解字注》(三版),頁 409。

允，誠也。」[73]漢・揚雄《方言・卷一》：「允，信也。齊魯之閒曰允」
[74]，簡文讀作「允」，訓作誠、信之說。南宮乎鐘（集成00181）「允永保四
方」之文例，「允」確實以理解為副詞為佳，修飾後頭的動詞。

關於「晃」字，蘇建洲著眼於「眈（畯）」一般都是從「田」，因此本處
的「『晃』是『眈』之誤」，而郭永秉則指出從「日」從「允」之字亦見於春
秋時期的宋右師延敦銘文，而「晃」字亦可見於齊文字「竣」字所從。宋右
師延敦字形作：「」（器銘）「」（蓋銘），器銘從「田」無誤，而蓋銘
的「田」旁，中間原本的「十」已經省變為一道斜筆，要說是「日」也有點
勉強，但它肯定是「田」所訛變。至於所謂齊系文字的證據，孫剛《齊文字
編》第269頁在「竣」字下列「」（祈室銅柱《周金文存》06.132），由於
字形殘泐嚴重，無法判斷是否從「日」。（附記：郭永秉所引「參看郭理遠君
未刊稿〈金文眈字補說〉一文」，筆者未見此文正式發表）就目前的線索來
看，是否存在從「日」、「允」聲的「晃」，仍有疑義（「畯」字晚出，見大徐
本《說文》新附字）。本處簡文的「晃」，最簡易的思路，是將「日」理解為
「田」旁的偏旁替換（即蘇建洲之說），而「眈」一般都是左右結構，這種
上下結構的「眈」仍是日後持續觀察的重點。

數詞「三」早期是以四筆橫線表示，到了春秋早期才出現「四」（由「厶」
所分化[75]），雖然春秋早期已經出現「四」，但戰國時期仍可看到以四筆橫畫
組成的「四」字，包山、望山、郭店、上博、新蔡都曾出現其蹤跡。清華簡
的「四」寫法見：

---

[73] 李學勤主編，《十三經注疏》整理委員會整理：《爾雅注疏》，（北京：北京大學出版社，
2000.12），頁18-19。

[74] 華學誠匯證，王智群、謝榮娥、王彩琴協編：《揚雄方言校釋匯證》，（北京：中華書局，
2006.9），頁65。

[75] 董蓮池：《新金文編》，（北京：作家出版社，2011.10），頁2028。季旭昇師：《說文新證》，
頁948。

清華伍.封鄦之命.2	清華伍.封鄦之命.5	清華伍.封鄦之命.6	清華陸.鄭武夫人規孺子.10	清華陸.子產.17

比較有趣的是〈鄭武夫人規孺子〉、〈子產〉的寫法似乎是寫成从兩個「二」，上下的「二」中間較長。

「尹」字，隸定作「尹」並無疑義，惟字形仍值得進一步說明。楚簡一般的「尹」字作：

上博一.緇衣.3	上博四.昭王毀室與龔之𤳇.6	上博六・天子建州乙.5	上博九.陳公治兵.3	清華壹.尹至.4	清華貳.繫年.43

而本處則作「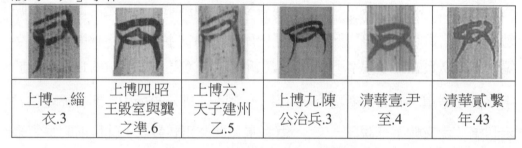」，就「尹」字的演變來看，其脈絡應是：

1 →	2 →	3 →	4 →	5 蓋、 器
商 合集 32054	西周早 史獸鼎／集成 02778	西周早 作冊大方鼎／集成 02760	西周中 尹姞鬲／集成 00755	春秋末戰國初 徐𤾩尹皆鼎／集成 02766

甲骨文「尹」字从又持筆，而後「又」與筆形結合（見第 2、3 形），最後改易解體，將原本从「又」加「｜」的構形改成「」加「」之結構（見第 4 形），第 5 形則是更進一步將第 4 形中的「」拆解成「一」與「八」形。值得留意的是，徐令尹諸稽詧爐盤（集成 10391）其「尹」字作：「」（尹）、「」（君），屬於第 4 形。就字形的演變脈絡來看，第 4 形肯定是比較晚期才出現的寫法。即便我們認為〈封許之命〉是許國開國實錄，且部分內容可能承襲自西周金文。但一篇幾經傳抄的簡文，多數字形皆已馴化成戰國晚期的楚文字。

　　附帶一提，徐[字]尹皆鼎（集成 02766）兩個與「尹」有關的疑難字，分別為「[字]」（器）、「[字]」（蓋），此字左右兩半的結構皆有爭議，石小力依據劉洪濤、郭永秉對「陵」字的研究，主張字的右半是「夌」，楚簡中常見「贅尹」一職，包山簡「贅」作「[字]」（包山.28），故此字當為「贅」之省「攴」[76]。其說有一定道理，不過目前所見的「貝」字中間多做二筆，同屬徐國之器的余購逐兒鐘（集成 00184），「購」字即作「[字]」，「貝」旁中間兩道橫筆。固然如石小力所言，貨幣中「貝」亦可見省成從一橫筆的構形，但是貨幣文字由於書寫草率，筆畫簡省的情況極為普遍。而「[字]」、「[字]」左半構形又與該器「尹」完全相同，且「贅尹」又是職官名，那麼「贅」字「貝」旁受「尹」字影響而產生訛寫，這是完全有可能之事。

〔七〕劓（則）隹（惟）女（汝）呂丁

劓	隹	女	呂	丁
劓	隹	女	呂	丁

　　原整理者：呂丁，呂氏，名丁，據簡文為許國始封之君。許慎《說文·敘》：「呂叔作藩，俾侯於許。」同書「鄦（許）」字下云：「炎帝太嶽之胤，甫侯所封，在潁川。」甫即呂國。《左傳》隱公十一年《正義》引杜預云：「許，姜姓，與齊同祖，堯四嶽伯夷之後也。周武王封其苗裔文叔于許。」文叔，《漢書·地理志》潁川郡許縣本注作「大叔」，簡文「呂丁」當即其人，但據簡文其受封實晚於武王時。[77]

　　鵬宇：據簡文呂丁在受封前曾仕文、武二朝，在文王時擔任司明刑的重要職務，在武王時更親歷伐商之役，建立大功，所以方有受封為周諸侯的榮耀。從呂丁所歷來看，其受封時年齡當不會太小。清華簡整理者推測呂丁與

---

[76] 石小力：《東周金文與楚簡合證》，中山大學博士論文，2015.6，頁 83-84。
[77] 李學勤主編：《清華大學藏戰國竹簡（伍）》，頁 119。

齊同祖，根據其經歷以及賞賜物品的貴重程度來看，完全是有可能的。結合呂丁的年齡及經歷，我們很懷疑其人或即《逸周書》之「呂他」。《逸周書·世俘》「戊辰，呂他命伐越戲方。壬申，新荒至，告以馘、俘。」呂他參與了武王伐紂的戰爭，並立下顯赫功勞，有一定的領導才能和戰爭經驗，加之姬、姜在周初的親密合作關係，若封呂他為諸侯，以為周王朝之藩籬，似乎也很合理。若然，頗疑呂丁、呂他為一人異稱。如呂尚，文獻又稱呂牙、呂望、師尚父、太公望、姜尚、姜子牙即屬其例。[78]

王寧：懷疑即《逸周書·世俘》中的「呂他」，《世俘》言在武王克殷之後，「呂他命伐越、戲方」，孔晁注：「呂他，將也」，已經不能知道他是什麼人，可他是文、武時期呂氏中僅見於載籍的二人之一（另一個是太公呂望），說明他的身份地位不一般。古「他」、「佗」、「它」通用，「也」、「它」亦同字，懷疑「呂他」本作「呂也」，元代的周伯琦《六書證譌》卷一中已經指出：「也，古匜字」、「也，古文以為匜字」，是也。「也」古音余紐歌部，而歌部與支部相近，故《說文》載「鬄」字或作「髢」，「鬄（髢）」《廣韻》他計切，定紐支部，亦可從「也」聲，段玉裁云：「古易聲在十六部，也聲在十七部，合韵最近。此字今音大計切，於也聲得之。」故懷疑呂丁之「丁」（端紐耕部）先音轉為支部舌頭音字而寫作音近的「也」，後又轉寫為「他」。[79]

王寧：筆者曾懷疑這個呂丁可能就是《逸周書·世俘》中的「呂他」，「他」是「丁」的音轉。不過仔細考慮之後，覺得「呂他」即「呂丁」是矣，但音轉的理由恐不充分，很可能是由訛字造成的，「他」當是「弔（叔）」之形訛。先看看清華簡中「弔（叔）」字的寫法：

《耆夜》02　　《金縢》07　　《祭公》18　　《厚父》11

---

78 鵬宇：〈《清華大學藏戰國竹簡（伍）》零識〉，清華網，2015.4.10（2017.6.21 上網）。
79 王寧：〈讀《封許之命》散札〉，復旦網，2015.4.28（2017.6.21 上網）。

這個寫法，是沿襲金文而來的，如金文中的如下字形：

《毛弔盤》　　《干氏弔子盤》　　《鑄子弔黑　匜》

古「佗」、「他」同字，《說文》中有「佗」無「他」，云：「佗，負何也。從人它聲。」段注：「『佗』之俗字為『駝』、為『馱』，隸變『佗』為『他』，用為彼之偁。」段玉裁認為「他」是「佗」字的隸變。《玉篇‧人部》：「他，誰也。本亦作佗。」《集韻‧平聲三‧八戈》：「佗、他：湯何切。彼之稱也。或從也。通作它。」皆認為二者是一字的不同寫法；《廣韻‧下平聲‧七歌》：「佗，非我也。亦虜三字姓。他，俗。今通用」，則是認為「他」為「佗」之俗字。蓋「他」是個晚出的字形，就是「佗」的隸變，二者本為一字。《路史‧國名紀己‧商世侯伯》云：「戲，武王克商，命呂佗伐戲方」，此乃用《世俘》之說，「呂佗」即「呂他」，《路史》蓋用古字。再看楚簡中「佗」字的寫法：

　　　　佗新甲 3.43　　佗新甲 3.293　　佗新零 17

與「弔」字相比可知，二者的寫法很相似，故《世俘》篇中的「呂他」很可能本來是作「呂弔」，即「呂叔」，因為「弔」、「佗」形近而被後人誤釋為「佗」而又轉寫作「他」。《逸周書》中的缺文、錯句、訛字很多，「脫爛難讀」是公認的，所以有這種誤釋也不是奇怪的事情。[80]

　　子居：呂丁始受封為許國之君當在周成王時。據《國語‧周語中》：「昔摯、疇之國也由大任，杞、繒由大姒，齊、許、申、呂由大姜，陳由大姬。」韋昭注：「大姜，太王之妃、王季之母也。」韋注有誤，大姜實當為太公望之女、武王之妻、成王之母邑姜。……。又《逸周書》有「呂他」，馬振理《詩經本事‧何彼穠矣》言：「《齊世家》大公子丁公呂伋，丁公子乙公得。而《周書‧世俘》有呂他，武王成辟，命伐越戲方。他、伋俱從人，疑兄弟

80　王寧：〈再說《封許之命》的「呂丁」與《世俘》的「呂他」〉，武漢網，2015.5.21（2017.6.21上網）。

行，是太公子不止一人。」西周初年，始受封於齊者為呂伋，始受封於許者為呂丁，太公之子或還另有呂他，可能受封於申或呂。李鳳白與周書燦等多位先生以為《世俘》的呂他即呂伋，所說屬於推測，並無證據可以證實。但由這些內容可以推知：西周成王初期，太公呂尚之女、武王之妃大姜曾經對朝政構成非常重大的影響，申、呂、齊、許的受封就是其證。[81]

郭倩文：人名「呂丁」未見於其它已出土古文字材料，於《清華伍》首見，其與《逸周書・世俘》中的「呂他」的關係，王寧先生有論，暫從之。[82]

劉成群：依《封許之命》來看，許國第一代國君其名諱當為呂丁，這個呂丁當來自西方姜戎之呂部。西方姜戎本係羌人，兩周時代衍生出齊、許、申、呂四個大國，並形成「州、甫、向、甘、紀、冀、章、井、怡、戲、露、厲（賴）、封、逢、縉雲、三烏、姜戎、小戎等」諸多國家和部落。這些國家和部落的文明程度高低不一，顧頡剛等人曾指出：

西方戎族中以姜戎一族為最盛。姜戎姓姜，他們自稱是四嶽之後；在他們之中，有已經華化的，有仍停滯在戎的原始狀態中的。華化的姜戎，便是齊、許、申、呂等國，其中尤以呂國為姜姓的大宗。

《國語・周語中》記載說：「齊、許、申、呂由大姜。」《水經注》引《世本》云：「許、州、向、申，姜姓也。」可知許國為姜姓。許慎云：「呂叔作藩，俾侯于許。」我們能隱約感覺許國的始封者與齊、呂一樣源自於呂部。而《封許之命》的出現，使我們的隱約感覺得到了坐實。

據載，呂丁在周文王時代曾「司明刑」，在武王時代曾參與伐紂的戰爭，所謂「干敦殷受，咸成商邑」是也。如前所述，自杜預《春秋釋例》後，傳統文獻皆以為許國為周武王時代所封。《封許之命》中提及呂丁曾輔佐周文

81 子居：〈清華簡《封許之命》解析〉，清華網，2015.7.16（2017.6.21 上網）。
82 郭倩文：《《清華五》、《上博九》集釋及新見文字現象整理與研究》，頁 63。

王與周武王，簡文中「文王」與「武王」皆有出現，「文王」與「武王」為諡號，所以封許必是周武王去世以後的事了。

史牆盤銘文曰：「憲聖成王……用肇徹周邦。」（《集成》10175）意思是說，周成王開始以法度來治理天下。這裡的法度乃是指西周統治的基本制度框架，具體來說，就是進一步推行並完善分封制。許倬雲指出：「成康之世，實是西周建國的成型期……周人封建大致在成康之世完成。」因此，呂丁被封於許，用以「永厚周邦」，這在周成王時代並不屬於突兀的政治事件。[83]

佑仁謹案：「則惟」，《尚書》習語，如今語所謂「那就是」。關於「呂丁」異名的問題，請參題解中的討論。

〔八〕肁（肇）橐（？）玫（文王）

肁	橐	玫

原整理者：「橐」字疑從又聲，讀為「右」，《左傳》襄公十年杜注：「助也。」「文王」二字合文，無合文符號，與大盂鼎同。[84]

蘇建洲：「肇」訓為「敏」，《爾雅·釋言》：「肇，敏也」。《詩·大雅·江漢》：「無曰『予小子』，召公是似，肇敏戎公，用錫爾祉。」毛傳：「肇，謀；敏，疾。」馬瑞辰《通釋》：「肇、敏連言，即訓肇為敏……謀、敏古同聲。」金文中亦有不少例證，請讀者參看。

「橐」字形作，字形從橐，古文字外從橐橐之形者，聲符多在袋形之中。如：「橐」字作：徐太子伯辰鼎（《殷周金文集成》5.2652）、

---

83 劉成群：〈清華簡《封許之命》「侯于許」初探〉，《中原文化研究》，2016 年第 5 期，頁 103-104。
84 李學勤主編：《清華大學藏戰國竹簡（伍）》，頁 119。

【圖】、【圖】《上博（三）·周易》簡 40、41【圖】《上博（二）·容成氏》簡 9【圖】信陽楚簡 2-03 以及《石鼓文·汧沔》「橐」作【圖】、【圖】（摹本）。所以整理者指出此字從「又」得聲是對的。新出肅卣「肅有（佑）王於東征」，「肅佑王」與簡文「（呂丁）又（佑）文王」文例相同。

【圖】上部寫法比較奇特，茲說明如下：

「韔」字楚文字作：

【圖】（《曾侯》01）【圖】（天策）【圖】（《望山》2.8）

裘錫圭、李家浩先生分析說：

「韔」字原文作「【圖】」，此字亦見於望山二號墓竹簡，從「【圖】」從「長」。「【圖】」象囊一類東西之形，「長」是聲符，故釋為訓作弓囊之「韔」。

《望山楚簡》也解釋說：「《說文》：𩏇『韔，弓衣也。』 簡文此字作『【圖】』，『【圖】』象囊形，『長』為聲符，故釋為訓弓囊之『韔』字。」另外，楚文字的「箙」字作：

【圖】（《曾侯》05）【圖】（《曾侯》19）【圖】（《曾侯》62）【圖】（天策）

從「【圖】」（囊形），「葡」聲。跟上面的「橐」、「橐」所從的囊橐之形相比，楚文字「韔」、「箙」的上部由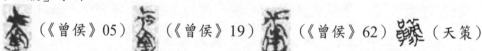變成【圖】或【圖】，陳劍先生指出：「按西周春秋古文字中含有『【圖】』、『【圖】』形的字，到戰國文字中『【圖】』、『【圖】』形演變為『【圖】』、『【圖】』形的情況是屢見不鮮的。值得注意的是【圖】或【圖】與「來」形相似，而《封許之命》簡 3 的「釐（釐）」作【圖】，其上「來」旁作【圖】，正與【圖】𡈼相同，所以這是一種文字類化現象。

至於簡 3「肅𦭭（祗）」作【圖】，其上也作【圖】，但這應該是簡 8【圖】上部的省簡，與「來」形無關。一方面《封許》的書手習慣將「卜」形貫穿為「十」形，除此處的「𦭭（祗）」外，又如簡 7「鼎」作【圖】。另一方面「𦭭」

西周金文作 （六年琱生簋，舊稱召伯簋）、三體石經《尚書‧君奭》作 、《芮良夫》22作 、《三壽》14作 ，皆用為祗敬之「祗」，《郭店‧老子乙》12 則通讀為「希」。郭沫若將其字形解釋為兩「甾」相抵，其說可從。亦可知「畾（祗）」與「來」形無關。[85]

月下聽泉：簡2從「橐」初文之字，內部實從「臤」之初文得聲，上部丁形的墨塊十分清楚，原釋從「又」非是，這句話怎麼讀當待考（我疑或可讀「肇賢文王」，即進獻賢人於文王，此肇字非用一般虛詞義，可參看方稚松先生釋甲骨金文肇字之文。）。」[86]

海天：簡文從「橐」初文之字，我當初只看摹本，剛剛細看圖版，確實有一丁形的墨塊。[87]

陳劍：一方面《封許》的書手習慣將「卜」形貫穿為「十」形，除此處的「畾（祗）」外，又如簡7「鼎」作 。其實此字更可能本就是「鼒」（楚文字作聲符的「才」簡作「十」形於「弋」旁多見）。「鼎、簋」相配固自然，但此係言具體賞賜物，要說其以「鼒」明確講出所賜鼎之具體種類，也是完全說得通的。[88]

鄭公渡：「橐」之初文內部所包之形，「丁」的部分可確定，其餘筆劃跟「又」還是有差別，主要是「又」的下、中手指頭之間是填實而非分離的寫法。比較奇怪的是，如將剩餘筆劃與「橐」之初文底部的筆劃連在一起看，是「不」字，大概是「橐」之初文中下部的變體。如然，「橐」之初文內部有效的筆劃可能只有「丁」。從丁聲的字，可讀作「正」，訓作匡正。《左傳》

---

[85] 蘇建洲：〈《封許之命》研讀札記（一）〉，復旦網，2015.4.18（2017.6.21上網）。

[86] 蘇建洲：〈《封許之命》研讀札記（一）〉，復旦網，2015.4.18，文後「學者評論欄」1樓，2015.4.18（2017.6.21上網）。

[87] 蘇建洲：〈《封許之命》研讀札記（一）〉，復旦網，2015.4.18，文後「學者評論欄」2樓，2015.4.18（2017.6.21上網）。

[88] 蘇建洲：〈《封許之命》研讀札記（一）〉，復旦網，2015.4.18，文後「學者評論欄」3樓，2015.4.18（2017.6.21上網）。

哀公十六年：「王孫若安靖楚國，匡正王室，而後庇焉，啟之願也，敢不聽從？」《周禮・天官塚宰》「以正王及三公六卿大夫群吏之位」。似還可讀作「成」，可指成全，助之使成功。《論語・顏淵》：「君子成人之美，不成人之惡」。《尚書・君奭》：「我咸成文王功於不怠」。[89]

　　王寧：簡2從「橐」初文、從「臤」之字可能即「緊」字的異構。[90]

　　曰古氏：蔡侯尊、盤銘文有「肇佐天子」之語，似可與簡文「肇右文王」對讀？「左（佐）」、「右」皆訓助。[91]

　　王寧：「橐」字，郭先生言此字從「臤」讀為「賢」之說可從，此字疑是「緊」之本字，從橐會意，從臤得聲，蓋即口袋包裹緊束義，此讀為「賢」，《說文》「賢」字下段注：「《小雅》：『大夫不均，我從事獨賢』，《傳》曰：『賢，勞也，謂事多而勞也。』故《孟子》說之曰：『我獨賢勞。』」事多勞為賢，故「肇賢文王」即「始勞文王」，說明了呂丁自文王時已經為周室效力。[92]

　　子居：其（佑仁案：指郭永秉）所說「橐」內丁聲從又的字，當即「牽」字，字又作「掔」。「牽」字原當為從丁從又，後又加「臣」表聲，再複加「手」表意，遂成「掔」字。李學勤先生主編的《字源》對於「臤」即「掔」之初文，手形或作從丁從又之形，皆有相關論述，可參看。《尚書・酒誥》有「肇牽車牛遠服賈」句，即是「肇牽」辭例。牽，當訓為導引，《孟子・告子下》：「君子之事君也，務引其君以當道。」可以參看。[93]

　　蘇建洲：牽字整理者隸定作「橐」讀為「右」，由文例來看很通順，筆

[89] 蘇建洲：〈《封許之命》研讀札記（一）〉，復旦網，2015.4.18，文後「學者評論欄」5樓，2015.4.18（2017.6.21 上網）。

[90] 蘇建洲：〈《封許之命》研讀札記（一）〉，復旦網，2015.4.18，文後「學者評論欄」11樓，2015.4.19（2017.6.21 上網）。

[91] 蘇建洲：〈《封許之命》研讀札記（一）〉，復旦網，2015.4.18，文後「學者評論欄」12樓，2015.4.19（2017.6.21 上網）。

[92] 王寧：〈讀《封許之命》散札〉，復旦網，2015.4.28（2017.6.21 上網）。

[93] 子居：〈清華簡《封許之命》解析〉，清華網，2015.7.16（2017.6.21 上網）。

者贊同這個意見。網友「曰古氏」指出蔡侯尊、盤銘文有「肇佐天子」之語，似可與簡文「肇右文王」對讀。「左（佐）」、「右」皆訓助。其說有理，曾侯與鐘亦有「左右文武」的說法，即輔佐文王、武王的意思。後來郭永秉先生在拙文《〈封許之命〉研讀札記（一）》之後評論指出⬤字當從「臤」不從「又」。按：我們必須承認字形上部確實存在丁形的墨塊，但目前未見贊同這個意見的研究者提出從「臤」的字形如何釋讀，是以筆者目前傾向⬤恐怕也是錯字。[94]

程浩：簡 2「肇右玟」的「玟」、簡 3「扞輔珷」的「珷」，簡 3「祇事帝」的「帝」與簡 5「勤余天」的「天」，在簡文中雖然都沒有加合文符號，但卻應該按兩個字讀，分別作「文王」、「武王」、「上帝」與「一人」。這種用法在戰國竹書中比較罕見而多見於西周金文，例子可以舉出很多：「文王」有大盂鼎「⬤」（《集成》2837）；「武王」有利簋「⬤」（《集成》4131）；「上帝」有天亡簋「⬤」（《集成》4261）；「一人」有毛公鼎「⬤」（《集成》2841）。[95]

黃凌倩：⬤字內部所包之形，應是「又」字，而非從「丁」，從李學勤及蘇建洲先生觀點。肁，即肇，開始。《書‧武成》：「至于太王，肇基王迹。」《楚辭‧離騷》：「皇覽揆余初度兮，肇錫余以嘉名。」肇字金文作「啟」，本義指開門，引申為開始。「肁彔玟」指呂丁開始輔佐文王。[96]

郭倩文：該字外從彔無疑，內之聲符存兩說，一曰從「又」得聲，一曰從「臤」之初文得聲。細審此字，彔內確有一墨點一「又」，而「臤」字在已出土楚簡文字中作：⬤（郭店簡《五行》簡 14、《窮達以時》簡 2、《緇

[94] 蘇建洲：〈清華簡第五冊字詞考釋〉，《出土文獻》第七輯，（上海：中西書局，2015.10），頁 156。

[95] 程浩：〈《封許之命》與冊命「書」〉，《中國典籍與文化》，2016 年（總第 96 期），頁 6。《出土文獻》第七輯，（上海：中西書局，2015.10），頁 143。

[96] 黃凌倩：《清華伍《厚父》、《封許之命》集釋》，頁 67。

衣》簡 17 等），或省「目」形，僅作以手持丸形，如郭店簡中屢見： 字 （《唐虞之道》簡 6、8、20、21、27、28），本字與之相比，僅墨點位置由「又」內移至「又」上，還應為「叜」也，故從網友「月下聽泉」說。該字不見於已有出土文獻，乃《清華伍》所見新字。通讀方面，從王寧先生讀為「賢」，訓為「勞」。《說文·玉部》：「玟，火齊，玟瑰也。一曰石之美者。从玉文聲。」「玟」同「珉」，《集韻·真韻》：「珉，《說文》『石之美者』。或作玟。」《集韻·文韻》：「玟，玉文。」「玟」已見於金文中：西周早期《大盂鼎》之「字」、西周早期《何尊》之「字」、西周晚期《乖伯歸夆簋》之「字」，但不見於已公佈楚簡出土材料，乃《清華伍》所見新字。[97]

劉成群：《封許之命》的文字字形也與西周時代的彝器存在淵源。如「文王」二字合文作「玟」，同於![字]尊（《集成》6014）。[98]

蘇建洲：我們必須承認字形上部確實存在丁形的墨塊，但目前未見贊同從叜之字的研究者提出合理的釋讀意見，或認為「肇賢文王」是進獻賢人於文王；王寧認為「肇賢文王」即「始旁文王」，言呂丁自文王時已經為周室效力；子居釋「△3」為「牽」，訓為導引。這些意見都難以信從。從現有文例來看，「△3」讀為「右」應該還是合理的，「△3」所謂的丁形墨塊應該是誤寫，可能書寫時受到同簡呂丁之「丁」的影響，其後又將錯就錯而不加更改。至於佑助為何寫作從「囊」旁，是否與「傾囊相助」的概念有關，即盡出所有、全力輔助的意思，尚有待檢驗。[99]

許文獻：復考簡文囊袋中之字形，應如子居先生之說，或即「搴」或「擘」之初文，關於此字之考釋，可參陳劍先生之說，據其說，知此類字例從又所持者，殆指一物象而已，並未具表音功能，且陳劍先生亦以為此所謂「搴」

---

[97] 郭倩文：《《清華五》、《上博九》集釋及新見文字現象整理與研究》，頁65。

[98] 劉成群：〈清華簡《封許之命》「侯于許」初探〉，《中原文化研究》，2016 年第 5 期，頁103。

[99] 蘇建洲：〈談談〈封許之命〉的幾個錯字〉，《古文字研究》第 31 輯，頁 375-376。

或「摯」之初文，應與戰國「叝」字非屬同一字，因此，在此論證基礎上，或可推知戰國「叝」字，應是將聲符替換為「搴」或「摯」，而非直接疊加聲符「丁」，惟戰國「叝」字原所從持物之形構，反而較西周時期更近於「丁」形，例如：

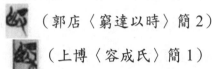（郭店〈窮達以時〉簡2）

（上博〈容成氏〉簡1）

換言之，戰國「叝」字所從丁，或許是「搴」或「摯」之進一步聲化，而具有表音之功能，尤其此若依據古文字與傳世文獻真耕合韻之可能性，則「丁」字確實有作為聲化聲符之條件；再者，傳世文獻從叝之例，亦有與耕部交涉者，即便目前還找不到古文字從叝諸例讀為耕部字之實證，但若假設此字可從丁得聲，則簡文此字應可讀為「刑」或「制」，傳世文獻云「肇刑」或「肇制」於某王之語例習見，例如：《尚書‧文侯之命》云「汝肇刑文武，用會紹乃辟，追孝于前文人」，其「刑」可訓作「師法」，或猶《禮記‧禮運》所云「刑仁講讓，示民有常。」又如《逸周書‧器服》曰「周公肇制文王之諡義以垂于後，作諡法。」其例又作「肇制」，「刑」與「制」上古音相近，二字應可通，故「肇刑」又可作「肇制」，皆謂效法於某王之意，因此，簡文辭例云「肇△1文王」，應指師法文王之謂也。[100]

古容綺：但此字形稍可辨識者，只有上方似「丁」之墨塊，故學者或以為此形當即「叝」字，此應是目前較好之釋形說法，故可從月下聽泉之說，此字從「橐」初文之字，內部實從「叝」之初文得聲。讀音方面從月下聽泉之說，可讀為「肇賢文王」，即進獻賢人於文王。[101]

王輝：按「橐」字書未見，字中間所從疑為「缶」即缶字，而非又字。

---

[100] 許文獻：〈清華《封許之命》簡2從橐之疑例續說〉，復旦網，2017.5.25（2017.6.21上網）。

[101] 古容綺：《清華伍〈封許之命〉字詞研究》，頁48。

缶及从击得声之字可讀為「保」。保，安也。[102]

佑仁謹案：先談「肇」字，蘇建洲「肇」訓「敏」，郭永秉引方稚松之說，指出「肇」不一定當虛詞，王寧、黃凌倩皆訓「肇」為開始。「肇」在金文中已經大量出現，早期多依據楊樹達《積微居小學述林》訓為虛詞，得到不少學者支持[103]，而朱鳳瀚改訓為「始」[104]，與本處 王寧、黃凌倩之說相合。陳劍曾對金文「肇」字進行研究，其云：

> 金文「肇」字大多用於動詞之前，其例不勝枚舉，如「某肇作某器」、「某肇貫」（《尚書·酒誥》：「肇牽車牛，遠服貫，用孝養厥父母。」）、「余小子肇嗣先王」、「肇帥型（先人）」、「惠余小子肇淑先王德」、「王肇遹省文武堇疆土」、「用肇徹周邦」、「今余唯肇申先王命」、「今余唯肇經先王命」、「今余唯肇申乃命」、「肇佐天子」等等。楊樹達說為虛詞，認為「無義可說」，當然勝於釋為「始」、「敏」等舊說。但「肇」字雖然沒有什麼實在意義，總該具有某種語法意義。只不過由於我們對其來源和虛化過程缺乏認識，一時還很難說得清楚而已。仔細體會，「肇」用於動詞之前，似乎都是表示對發出的動作的一種肯定和強調。《金文形義通解》718 頁說：「『肇』當為語氣副詞，用於謂語動詞前，有加重語氣，突出其後之動詞之作用。」[105]

筆者贊成此說，將「肇」理解為語詞，目的是加強後文「棐」字的意義。關於「棐」字，眾說紛紜，先羅列如下：

1. 原整理者：从「又」聲，讀「右」，助也。蘇建洲（前說）、日古氏、黃凌倩從之。

---

[102] 王輝：〈一粟居讀簡記（九）〉，陝西歷史博物館編：《陝西歷史博物館館刊》第 23 輯，2016.11，頁 148。

[103] 方稚松：〈談談甲骨金文中的「肇」字〉，復旦網，2008.1.17（2017.6.21 上網）。

[104] 朱鳳瀚：〈論周金文中「肇」字的字義〉，《北京師範大學學報（人文社會科學版）》，2000 年 2 期，頁 18-24。

[105] 陳劍〈釋造〉，《出土文獻與古文字研究》第一輯，（上海：復旦大學出版社，2006.12），頁 97。

2. 郭永秉：从「臤」聲，讀「賢」。

3. 鄭公渡：从「丁」聲，讀「正」。

4. 王寧：从「臤」聲，讀「賢」，即「緊」字本字。

5. 子居：从「又」、「丁」聲，即「牽」字。

6. 蘇建洲（後說）：贊成郭永秉釋「臤」之說，「又」旁上確實有「丁」形墨塊，然文例讀成「右」十分通順，因此傾向該字為錯字。

7. 許文獻：贊成鄭公渡从「丁」之說，支持子居主張該字為「搴」或「掔」之初文，讀為「刑」或「制」。

原整理者以「又」為聲讀成「佑」，得到不少學者支持。另外蘇建洲指出肅卣的「肅有（佑）王於東征」，曰古氏也指出蔡侯尊、盤的「肇佐天子」，用以證成原整理之說，「肇佐」與「肇佑」確實用法接近。而月下聽泉所謂「『櫜』字中間所从的聲符實為『臤』」之說，有一定的道理。先列表如下：

△	臤			
			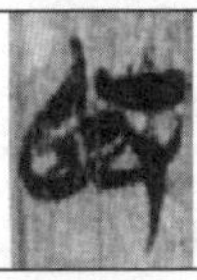	
厚父.2	1.上博一.孔子詩論 10	2.上博三.彭祖 8	3.上博二.容成氏 17	4.郭店.唐虞之道 21

從構形上看，△字比較接近从「臤」，「丁」聲的墨團置於「又」形之上（如編號 1-3），而編號 4 說明「臤」字有省略「臣」的情況，整體而言，月下聽泉的說法是比較合理的解釋。如果這個字是以「臤」為聲，那麼讀為「肇佑」的說法便失去支撐點。此外，肅卣的文例是「肅有（佑）王於東征」[106]，而簡文則作「𠟭（則）隹（惟）女（汝）呂丁，肁（肇）櫜（？）玟（文王）」，由文例上看，「有（佑）」並沒有對應「櫜」的必然性。而且金文「（某人）

106 山西省考古研究所：〈山西絳縣橫水西周墓地〉，《考古》，2006 年第 7 期。山西省考古研究所：〈山西絳縣橫水西周墓發掘簡報〉，《文物》，2006 年第 8 期。宋建忠等：〈山西絳縣橫水西周墓地〉，《2005 中國重要考古發現》，（北京：文物出版社，2006.5），頁 70-77。李學勤：〈絳縣橫北村大墓與鄘國〉，《中國文物報》，2005.12.30。

肇 X（某先王）」的公式中，可套入「X」的字非常多，如「余小子肇嗣先王」、「惠余小子肇淑先王德」、「今余唯肇申先王命」,「嗣」、「淑」、「申」皆可套入文例，且都屬於正面意涵。

王寧認為字从「橐」初文、从「臤」，可能即「緊」字的異構。「橐」字作「」（京津 243），李孝定認為「橐」象橐形，其中一點則為囊中所貯之物，兩端象以繩約括之 [107]（「橐」字相關討論可參裘錫圭《文字學概要》[108]、季旭昇師《說文新證》[109]）。若以△字表示束絲之緊，也有其可能，然需進一步論證，因此王寧之說猜測程度較高。

子居認為△字當即「牽」字，字又作「擎」。「牽」字原當為从丁从又，後又加「臣」表聲，再複加「手」表意，遂成「擎」字。鄭公渡認為字从「丁」，但「丁」字下方構形並非「又」，並認為若將「丁」旁下半筆畫與「橐」底部筆劃連在一起看，那就是「不」字，是「橐」的變體，他便將字讀為「正」。筆者認為此字下半結構與「不」差異較大，而且正如蘇建洲所言「古文字外從囊橐之形者，聲符多在袋形之中」,「又」旁下半的筆劃，不應與上方墨塊分開。此外，若要釋「丁」讀「正」，其實書手就逕寫「丁」即可，實不必以筆畫極繁複的「橐」為其意符。

許文獻認為該字从「橐」還是从「囊」仍無定論，他透過字形上半的構形，比對上博〈緇衣〉簡 1 的「服」字作「」，主張上半寫法與本簡「」之上半相同，而「服」、「橐」古音相近，故該字是「已部分聲化為簡本〈緇衣〉上所從之『』形構」，另一方面他則贊同子居之說，將囊袋中之字釋為「搴」或「擎」之初文。蘇建洲已經指出，這類从「橐」的字皆以橐中之物為聲，也就是說「」字是从「臤」聲，既然本處的「橐」是義符，那麼這裡就沒有理解為聲化成「（服）」（上博一.緇衣.1）的必要性了，筆者

---

[107] 李孝定：（臺北：中央研究院歷史語言研究所，1970.10），頁 2109。《甲骨文字集釋》,
[108] 裘錫圭：《文字學概要》（修訂本），（北京：商務印書館，2013.7），頁 160。
[109] 季旭昇師：《說文新證》，頁 514-515。

曾經指出古文字中的「華」、「差」、「每」、「夌」、「李」、「垂」、「棗」、「嗇」、「素」、「釐」、「圅」常可以類化成「」形，「」亦可作「」、「」、「」等[110]，這是楚文字常見的類化模式，與聲音無關。

總的來說，此字應是從「橐」的象形初文、「臤」聲，關於訓讀，月下聽泉讀作「賢」，王寧認為可從，郭倩文亦表示贊同，並訓為「勞」。「賢」確實有訓「勞」的用例，例如《詩經·小雅·北山》：「大夫不均，我從事獨賢。」毛傳：「賢，勞也。」[111]此暫從讀「賢」之說。

關於「玟」字，應為「文王」合文，「王」字低而「文」字高，構形特殊。郭倩文誤將從玉、文聲的「玟」與「文王」合文的「玟」混為一字，其實古文字階段的「玉」和「王」差異很大，隸變之後「玉」在偏旁中常寫作「王」，訓為石之美玉的「玟」才與「文王」合文的「玟」混同，戰國文字在隸變之前，這個字與《說文》訓為「玉文」的「玟」無關，[112]從「玉」之「玟」見於〈殷高宗問於三壽〉簡25，字作「」，讀為「文」，左半的「玉」旁構形清楚。

〔九〕詖（毖）光㐭（廩）剌（烈）

詖	光	㐭	剌

原整理者：詖，讀為「毖」，《說文》：「慎也。」光，《詩·韓奕》鄭箋：「榮也。」[113]

---

[110] 高佑仁：〈《曹沫之陣》「早」字考釋——從楚系「來」形的一種特殊寫法談起〉，《簡帛》第一輯，（上海：上海古籍出版社，2006.10），頁177-185。

[111] 李學勤主編，《十三經注疏》整理委員會整理：《毛詩正義》，頁931。

[112] （東漢）許慎撰，（清）段玉裁注，（民國）李添富總校訂：《新添古音說文解字注》（三版），（臺北：洪葉文化事業有限公司，2016.10），頁18。

[113] 李學勤主編：《清華大學藏戰國竹簡（伍）》，頁119。

王寧：《爾雅·釋詁》：「烈，光也」，郝懿行《義疏》：「《說文》云：『光，明也，從火在人上，光明意也。』《釋名》云：『光，晃也，晃晃然也。亦言廣也，所照廣遠也。』《詩·南山有臺》傳：『光，明也。』《敬之》傳：『光，廣也。』《皇矣》傳：『光，大也。』三訓不同者，按《說文》『光』古文作『茨』，『廣』從黃聲，『黃』從茨聲，『庶』亦從茨，與『廣』同意，故『光』訓廣也；『廣』與『大』同，故訓大也。」古人以「剌（烈）」代指功業，以「光」形容之，有「明」、「廣」、「大」等義，故有「光烈」之語，《書·洛誥》：「越乃光烈考武王弘朕恭」，孔傳：「於汝大業之父武王，大使我恭奉其道。」「光烈」猶後言「豐功偉績」。「光厥烈」乃使文王的功業更加顯明廣大之意，「榮」非其訓。[114]

子居：筆者在《清華簡〈周公之琴舞〉解析》一文中已指出「先秦傳世文獻中，用到『毖』字的只有《尚書》和《詩經》兩種」，而西周金文中又尚未見可確定釋為「毖」的字。因此，這就決定了使用了「訤（毖）」字的清華簡《封許之命》、《周公之琴舞》及《芮良夫毖》當皆是春秋時期成文的。「訤光毕剌」句還可以與《晉姜鼎》銘文的「揚毕光剌」句對照，而晉姜鼎是春秋初期時器，這也證明《封許之命》的成文時間當接近春秋初期。[115]

黃凌倩：「光」從王寧先生觀點，訓為「發揚廣大」義。此句指呂丁發揚文王的偉大。[116]

郭倩文：光，名詞活用為動詞。[117]

佑仁謹案：原整理者訓「光」為榮，王寧認為「光」與「烈」意思接近故能合併成詞，指豐功偉績，其實二訓相去不遠。〈舉治王天下〉簡2云：「槩（令）䎽（聞）光剌（烈）之燅（族）。」王瑜楨指出：「剌，金文多見，

---

[114] 王寧：〈讀《封許之命》散札〉，復旦網，2015.4.28（2017.6.21 上網）。
[115] 子居：〈清華簡《封許之命》解析〉，清華網，2015.7.16（2017.6.21 上網）。
[116] 黃凌倩：《清華伍〈厚父〉、〈封許之命〉集釋》，頁67。
[117] 郭倩文：《〈清華五〉、〈上博九〉集釋及新見文字現象整理與研究》，頁65。

今作『烈』。光，榮耀、光彩；烈，光明、輝煌。四個形容詞並列。令聞光烈之族，是太公讚美文王所代表的『周宗』。」[118]可見簡文的「光乓剌」就是〈舉治〉篇的「光烈」。「光烈」一詞見於《尚書》與漢代文獻，字面上是指光榮、光彩，意指建立了偉大勳業，《尚書‧洛誥》：「王命予來，承保乃文祖受命民，越乃光烈考武王，弘朕恭。」孔傳：「於汝大業之父武王，大使我恭奉其道。」[119]王符《潛夫論‧贊學》：「凡欲顯勳績揚光烈者，莫良於學矣。」[120]《國語‧楚語下‧昭王問觀射父》：「而後使先聖之後之有光烈」[121]，郭倩文認為「光」是名詞活用為動詞，然而整體看來，比較近於形容詞性質。

出土文獻中亦數見，晉姜鼎（集成 02826）：「敏揚厥光剌，虔不墜，魯覃京師，又我萬民。」〈詛楚文〉亦有「光烈威神」。

〔十〕□斌（武王）司明型（刑）

斌	司	明	型

原整理者：明刑，詞見《詩‧抑》。呂氏與刑法有關，參看《書‧呂刑》。《書‧康誥》「乃其速由文王作罰，刑茲無赦」，是文王時作有刑典。《左傳》昭公七年引「周文王之法曰：『有亡荒閱。』」[122]

松鼠：該殘字左邊所從王尚可見到「工」形殘留。右邊所從「武」尚可見「戈」旁殘留筆劃及「止」旁。再看相關辭例：「則惟汝呂丁，肇右文王，

---

[118] 季旭昇、高佑仁主編：《上海博物館藏戰國楚竹書（九）讀本》，（臺北：萬卷樓圖書公司，2017.5），頁 125。

[119] 李學勤主編，《十三經注疏》整理委員會整理：《尚書正義》，頁 489。

[120] （東漢）王符撰，（清）汪繼培箋，彭鐸校正：《潛夫論箋校正》，（北京：中華書局，1985.9），頁 14。

[121] 徐元誥撰，王樹民、沈長雲點校：《國語集解》，（北京：中華書局，2002.6），頁 513。

[122] 李學勤主編：《清華大學藏戰國竹簡（伍）》，頁119。

毖光厥烈。【2】武王司明刑，釐厥獄，祗事上帝。」可見該字釋為「斌」在文中也是通暢的。引文釋文相關標點亦有改正。[123]

駱珍伊：我認為「司」應該讀為「嗣」，「司」上古音屬心紐之部、「嗣」屬邪紐之部，兩者聲近韻同可通。《說文》「嗣」從「司」聲；《尚書・高宗肜日》：「王司敬民」，《史記・殷本紀》作「王嗣敬民」，都是很明確的例證。嗣，義為繼承，《尚書・舜典》「舜讓於德，弗嗣。」《詩・大雅・思齊》：「太姒嗣徽音，則百斯男。」

「刑」，義為典範，「明型」則應釋為「光明的典範」。陳逢衡注〈皇門〉曰：「罔不用明刑，刑，典型也。」《清華壹・皇門》簡1「肆朕沖人非敢不用明刑」、簡4「恭明祀，敷明刑」、簡7「延弗肯用先王之明刑」，以上「明刑」，李旭昇師於《清華壹讀本》都解釋為「光明的典範」。簡文謂「武王嗣明型」，語譯即「武王繼承（文王）光明的典型」。[124]

子居：整理者因為未辨識出缺文是「斌」，因此解說明刑就仍然以《呂刑》及文王之法為說。《逸周書・皇門》有「恭明祀，敷明刑」、「先王之明刑」等句，所指也是文王、武王之法。「明刑」一辭於西周金文可見於西周晚期的《毛公鼎》和《牧簋》等器，傳世文獻最早所見即約屬春秋前期的《逸周書・皇門》篇，由此可知，清華簡《封許之命》的成文時間，大致不出西周晚期至春秋前期。[125]

黃凌倩：刑訓為典範、典型。《詩・大雅・文王》：「儀刑文王，萬邦作孚。」朱熹《集傳》：「儀，象。刑，法。」又《詩・大雅・蕩》：「雖無老成人，尚有典刑。」朱熹《集傳》：「典刑，舊法也。」[126]

郭倩文：李松儒先生指出該字爲「斌」之殘字，從殘存筆畫看，左旁有

---

[123] 武漢網「簡帛論壇」〈清華五《封許之命》初讀〉26樓，2015.4.14（2017.6.21上網）。

[124] 駱珍伊：〈試說《封許之命》的「武王司明型」〉，復旦網，2015.7.10（2017.6.21上網）。

[125] 子居：〈清華簡《封許之命》解析〉，清華網，2015.7.16（2017.6.21上網）。

[126] 黃凌倩：《清華伍《厚父》、《封許之命》集釋》，頁69。

殘「王」，右旁上有殘「戈」下有「止」，與同篇簡3「斌」字作「」可比較。補「斌」可信。整理者引《書・康誥》曰：「文王時作有刑典」。「司」前一字補爲「斌」，則武王繼承文王時所作的刑典，於理可通，故從網友「youren」通讀爲「嗣」（佑仁案：此有筆誤，讀「嗣」以及後面訓「明刑」為典範之義均為駱珍伊之說）。或曰「明刑」爲光明的典範義，然「刑」表「典範」，見於南朝梁劉勰《文心雕龍・奏啓》：「必使理有典刑，辭有風軌。」未見於先秦典籍，故此處訓爲「典範」仍待商榷。則「明型」仍從整理者意見。[127]

李松儒：簡2-3相關辭例作：

……【1】越在天下，故天勸之亡斁，當慎厥德，膺受大命，允尹四方，則惟汝呂丁，肇右文王，燅光厥烈。【2】斌（武王）司明刑，釐厥獸，祗事上帝，桓桓丕敬，嚴將天命。亦惟汝呂丁，扞輔武王，攺（翦）敦殷受，咸成商邑【3】……

由於簡1和簡4都已缺佚，整理者對簡3首字「斌」也未能識出，所以他們對簡2-3的文義理解有偏差。整理者原在「祗事上帝」後加句號，今改爲逗號；「燅光厥烈」後加逗號，今改爲句號。

簡2「越在天下，古（佑仁案：「古」字衍）故天勸之亡斁，當慎厥德，膺受大命，允尹四方」，雖然簡1缺佚，但從「膺受大命，允尹四方」可知，其前的主語必爲文王，故此句所述應指文王事蹟，亦可知已缺佚的簡1的後半段的辭例也應該是彰顯文王事蹟的。然後簡2說到呂丁輔佐文王如何如何，再之後又開始敘述武王事蹟，繼而說呂丁也輔佐武王如何如何。值得注意的是，簡文在談到文王事蹟後說「惟汝呂丁」；在談到武王事蹟後則說「亦惟汝呂丁」，用「亦」來表示。這些都顯示了簡文的順序是「文王事蹟＋呂丁輔佐、武王事蹟＋呂丁輔佐」這樣的格式，可見把簡3的首字釋爲表

---

127 郭倩文：《《清華五》、《上博九》集釋及新見文字現象整理與研究》，頁67。

「武王」的「珷」，無論在歷史人物的敘述順序上，還是內容銜接上，都是十分順暢的。

在釋出該字前，整理者認為「呂氏與刑法有關」，鵬宇認為「司明刑」的主語是呂丁，現在可以知道「司明刑」的主語是武王，而非呂丁，制刑法的呂氏是否與呂丁有關，在現存簡文中尚未有確切的證據。由於「武王」二字的識出，整段文義豁然開朗了許多。[128]

古容綺：從松鼠及駱珍伊的看法，原釋者把「司明刑」理解為「掌管明刑」，主語為呂丁，這樣解釋似乎不妥。《清華壹・皇門》簡1「肆朕沖人非敢不用明刑」、簡4「恭明祀，敷明刑」、簡7「廼弗肯用先王之明刑」，以上「明刑」，李旭昇都解釋為「光明的典範」。「刑」，常法、典範。通「型」。《詩經・大雅・抑》：「罔敷求先王，克共明刑。」「司」應該讀為「嗣」，義為繼承。故此簡殘字，應為珷，「武王嗣明型」，語譯即「武王繼承（文王）光明的典型」。觀看〈封許之命〉圖版發現簡3殘簡上方區塊，在「珷」字上方似乎尚有一個字的空間，懷疑「珷」上方尚有一字。[129]

佑仁謹案：本篇簡文簡1殘缺，透過簡4成王冊封呂丁的內容來看，王應是先闡揚文王、武王的功勳，並說明呂丁對先王的貢獻。李松儒指出簡文的順序是「文王事蹟＋呂丁輔佐、武王事蹟＋呂丁輔佐」這樣的格式起頭，已將通篇脈絡闡釋得很清楚。

簡文「訟（毖）光串（厥）剌（烈）。□珷司明型（刑）」，首先必須說的是，依據縮小圖版來看，很明顯「珷（武王）」殘字上方仍有一字的補字空間：

---

128 李松儒：〈清華簡殘泐字辨析三則〉，《古文字研究》第三十一輯，古文字研究會第21屆年會論文集，（北京：中華書局，2016.10），頁399。
129 古容綺：《清華伍〈封許之命〉字詞研究》，頁50。

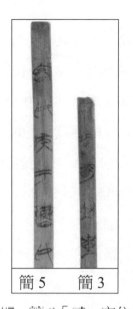

| 簡5 | 簡3 |

透過簡3與簡5比對清楚叮知，簡3「斌」字位於簡5第二字的高度，據此可推論簡3「斌」字之前尚有一字補字空間，另一方面簡3為41.6公分，與完簡（【簡2】44.4公分【簡5】43.9公分【簡6】43.8公分）相比至少殘掉2.2公分，依據縮小圖版，2.2公分絕對可容納至少一個字的補字空間（此說筆者最早是在古容綺的碩士論文口考時指出）。文例當為「詘（惢）光牵（厥）剌（烈）。□斌司明型（刑）」，「斌」前頭究竟要補什麼字，由於字形殘缺，相信很難有共識，筆者認為應是「迨」、「逮」、「到」、「至」、「及」一類的用語，意謂「到了（武王掌管刑罰）」、「等到（武王掌管刑罰）」。簡文本處細數文王懿行，並說就是因為有呂丁的輔佐，文王才能展現偉大的功勳，往下銜接武王的論述。

關於簡文「司明刑」的意涵，李學勤在《清華伍》尚未公布以前就已經指出「呂丁在周文王時已經任職，『司明刑』即法律，隨後又『扞輔武王』，參與了伐紂的戰事，立有大功。」[130]可見是將「明刑」理解為「法律」，駱珍伊則認為：

文王、武王的功烈，是樹立了偉大的聖賢典範、得到人民及各地諸侯

130 李學勤：〈清華簡再現《尚書》佚篇〉，中國教育報，2014.9.5。

的信服，最後推翻了商紂，拯救人民於倒懸。如果《尚書》類的文本敘述武王的偉大，劈頭就說「掌管明刑」，實際上讓人很難接受。武王乃周代開國之君，也是儒家學者心目中「明君」的最佳典範。但若以武王為掌管刑法起頭，似乎不足以概括武王的地位。因此駱珍伊將「司」讀為「嗣」，義為繼承，將「明型」應釋為「光明的典範」，語譯為「武王繼承（文王）光明的典型」。其所舉的例證是《清華壹·皇門》諸「明刑」之文例，季旭昇師在《清華壹讀本》中都翻譯為「光明的典範」[131]。

〈皇門〉簡 4「恭明祀，敷明刑」，整理者認為「敷，讀為『布』」。[132] 汪亞洲認為「敷，宣佈，實行。《書·周官》：『司徒掌邦教，敷五典。』孔傳：『布五常之教，以安和天下眾民。』」[133]可信。〈厚父〉簡 6 云：「弗甬（用）先剫（哲）王孔甲之典刑」，其動詞以「用」字表示採用、施行，與「敷」相同。《尚書·呂刑》云：「故 乃明于刑之中 」[134]，「明刑」指明確的法令。《詩經·大雅·抑》：「罔敷求先王，克共明刑。」毛傳：「刑，法也。」[135]《後漢書·阜陵質王延傳》：「經有正義，律有明刑。」[136]可見〈皇門〉、〈厚父〉乃至於〈封許之命〉中的「典刑」、「明刑」，應依循舊注，與刑罰有關。

筆者認為「濫刑好殺」本是商紂在古籍中的基本印象，各種刑罰之名，可謂琳瑯滿目，例如：脯醢、刳剖、截脛、蠆盆、杖楛等（參胡伯欣《帝辛行狀考述》第四節「關於紂的濫刑好殺」[137]），而暴虐無道、嚴刑重罰的結果，導致失去民心，最終而有武王伐紂。因此，武王在革商之命後，必須重

---

[131] 季旭昇師主編：《清華大學藏戰國竹簡（壹）讀本》，（臺北：藝文印書館，2013.11），頁187-188。

[132] 清華大學出土文獻研究與保護中心編，李學勤主編：《清華大學藏戰國竹簡》（壹），（上海：中西書局，2010.12），第167頁。

[133] 汪亞洲：〈清華簡〈皇門〉集釋〉，復旦網，2011.9.23（2017.6.21 上網）。

[134] 李學勤主編，《十三經注疏》整理委員會整理：《尚書正義》，頁 637。

[135] 李學勤主編，《十三經注疏》整理委員會整理：《毛詩正義》，頁 1368。

[136] （劉宋）范曄撰，（唐）李賢等注：《後漢書》，頁 1445。

[137] 胡伯欣：《帝辛行狀考述》，彰化師範大學碩士論文，2003，頁 38-48。

新制定一套不同的法律制度。此外，武王在滅商之後，以嚴厲的口吻告誡殷
的貴族、舊臣、民眾切莫叛周，否則將得到嚴厲的制裁，《逸周書‧商誓》
云：

> 王曰：「嗟，爾眾！予言若敢顧天命，予來致上帝之威命明罰」（諸位，
> 我順應天命，豈敢隨意違背，我來這裡是為了要彰顯上帝的威嚴與懲
> 罰。）

> 王曰：「今紂棄成湯之典，肆上帝命我小國曰：革商國。肆予明命汝
> 百姓，其斯弗用朕命，其斯爾塚邦君，商庶百姓，予則□劉滅之。」
> （今天商紂背棄成湯的舊典，因此上帝命令我們小國說：格滅商國。
> 所以我明白地告訴你們，不聽從我命令的人，我會全部殺掉。）

> 其斯一話，敢逸僭，予則上帝之明命。予爾拜拜□百姓，越爾庶義、
> 庶刑。子維及西土，我乃其來即刑。乃敬之哉！（我講的話敢有不聽
> 不信的，我就要依照上帝的明命，流放你們，還要加以用刑。我雖然
> 要回到西土，但我還會回到東方用刑，請你們務必記住。）[138]

《說苑‧政理》云：「武王問於太公曰：『為國而數更法令者，何也？』太公
曰：『為國而數更法令者，不法法，以其所善為法者也，故令出而亂，亂則
更為法，是以其法令數更也。』」[139]即武王與太公望針對法律何以朝令夕改
的問題進行討論，可見周武王非常重視法律的穩定性。綜上所述都是武王與
制定刑罰有關地記載，因此簡文中「武王司明刑」（武王掌管刑罰），並不令
人感到意外。

---

[138] 黃懷信、張懋鎔、田旭東撰，李學勤審定：《逸周書彙校集注（上）》（修訂本），頁452、
461、464。

[139] （西漢）劉向撰，向宗魯校證：《說苑校證》，（北京：中華書局，1987.11），頁152。

〔十一〕 釐（釐）乓（厥）猷

釐	乓	猷

原整理者：釐，《書・堯典》孔傳：「治也。」猷，《爾雅・釋詁》：「謀也。」《釋言》：「圖也。」句意是說呂丁司理刑法，作其策劃。[140]

暮四郎：此字當徑讀爲「理」。[141]

子居：同樣因爲整理者沒有識別出缺文是「斌」，所以說「呂丁司理刑法，作其策劃」，實際上該句的主語是武王。「猷」解作「謀」基本是西周晚期至春秋末期的特徵，故本句也說明清華簡《封許之命》的成文時間大致不出西周晚期至春秋時期。[142]

黃凌倩：「釐」字又見上博簡《性情論》簡17：「釐、武樂取。」徐在國師考釋此字說：「釐，從里，『來』聲，『釐』之異體。戰國文字或作 ▨（郭店・太一生水8）、▨（郭店・窮達以時15）、▨（郭店・尊德義33）、▨（郭店・尊德義39）、▨（中原文物1999・3釐戈）。《説文・里部》：『釐，家福也。從里，犛聲。』《上博一・性17》釐讀爲賚，《賚》、《武》都是見於《詩・周頌》的詩篇，本是屬於歌頌武王滅商定天下的《大武》樂的歌詞。」釐卽釐，釐有治義，朱駿聲《説文通訓定聲》頤部：「釐……本義當爲治邑理邑爲釐。」《詩・周頌・臣工》：「王釐爾成，來諮來茹。」鄭箋：「釐，理。」整理者意見可從。[143]

古容綺：此字從原釋者隸爲「釐」，讀爲「釐」，訓爲治。[144]

佑仁謹案：黃凌倩引徐在國之說釋「釐」爲從「里」、「來」聲，恐不精

---

[140] 李學勤主編：《清華大學藏戰國竹簡（伍）》，頁119。
[141] 武漢網「簡帛論壇」〈清華五《封許之命》初讀〉16樓，2015.4.10（2017.6.21上網）。
[142] 子居：〈清華簡《封許之命》解析〉，清華網，2015.7.16（2017.6.21上網）。
[143] 黃凌倩：《清華伍《厚父》、《封許之命》集釋》，頁70。
[144] 古容綺：《清華伍〈封許之命〉字詞研究》，頁52。

確。「來」、「里」都是來紐之部，此字應是二聲字之結構。季旭昇師說「釐（釐）」字象人背負成熟的麥，另一人棒打麥穗，引申有得福之意 [145]，可信。筆者贊成原整理者之說，讀「治」，〈皇門〉簡3「自釐（釐）臣至於又（有）貧（分）厶（私）子」，原整理者指出「釐臣，治國大臣。」[146]甚是。「猷」可訓為謀略、計劃，此為《尚書》慣用的詞。《尚書·盤庚上》：「各長于厥居，勉出乃力，聽予一人之作猷。」孔穎達疏：「聽從遷徙之謀。」[147]可參。

〔十二〕　祟（祇）事帝（上帝）

祟	事	帝

原整理者：「上帝」二字合文，無合文符號。[148]

蘇建洲：至於簡3「祟（祇）」作，其上也作，但這應該是簡8上部的省簡，與「來」形無關。一方面《封許》的書手習慣將「卜」形貫穿為「十」形，除此處的「祟（祇）」外，又如簡7「鼎」作。另一方面「祟」西周金文作（六年琱生簋，舊稱召伯簋）、三體石經《尚書·君奭》作、《芮良夫》22作、《三壽》14作，皆用為祇敬之「祇」，《郭店·老子乙》12則通讀為「希」。郭沫若將其字形解釋為兩「山」相抵，其說可從。亦可知「祟（祇）」與「來」形無關。[149]

子居：「祇事上帝」不見於西周金文，但可以直接與約屬春秋前期的《尚

---

[145] 參季旭昇師〈說釐〉，《甲骨文與文化記憶世界論壇論文集》，臺北：中研院歷史語言研究所主辦，2010.8，頁113-128，又收入《中國文字》新36期，（臺北：藝文印書館，2011.1），頁1-16。

[146] 清華大學出土文獻研究與保護中心編，李學勤主編：《清華大學藏戰國竹簡》（壹），第167頁。

[147] 李學勤主編，《十三經注疏》整理委員會整理：《尚書正義》，頁278。

[148] 李學勤主編：《清華大學藏戰國竹簡（伍）》，頁119。

[149] 蘇建洲：〈《封許之命》研讀札記（一）〉，復旦網，2015.4.18（2017.6.21上網）。

書・立政》:「亦越文王武王,克知三有宅心,灼見三有俊心,以敬事上帝。」及《詩經・商頌・長發》:「昭假遲遲,上帝是祗。」《詩經・大雅・大明》:「維此文王,小心翼翼。昭事上帝,聿懷多福。」等句對應,故該句也意味著清華簡《封許之命》的成文時間最為可能是春秋前期。[150]

郭倩文:又見於清華簡《程寤》簡4「」作「」。[151]

佑仁謹案:一般來說,楚簡中的「上帝」都會加上合文符號,例如〈柬大王泊旱〉簡6、〈繫年〉簡1[152]、〈程寤〉簡4,本處不加合文,疑是受金文底本影響所致。

關於「祗」字,郭沫若《蔡侯盤》銘考釋云:「《三體石經・尚書・君奭》『祗若茲』,祗字古文作。《匽侯簋》銘『祗敬禴祀』,作,字象兩缶相抵。《石鼓文》作,則象兩缶之間有物以墊之。原文當即抵或底之本字。《石經》與《匽侯簋》假為祗。」[153]裘錫圭於《郭店楚墓竹簡・老子乙》的「」(祗)按語裡指出該字「疑是作兩『甾』相抵形的『祗』字古文的訛形」[154]。陳劍也指出「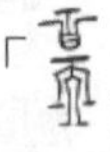」(〈中山王響鼎〉)正是早期金文演變至「」(《郭店・老子乙》簡12)的中間環節。[155]三體石經《尚書・君奭》「祗」字古文字形作「」(石22上),此字應是傳世文獻中「祗」字古文最早的著錄。

「祗」訓作「敬」,古籍用例甚多,《說文》:「祗,敬也。」[156]《爾雅・

---

150 子居:〈清華簡《封許之命》解析〉,清華網,2015.7.16(2017.6.21上網)。

151 郭倩文:《《清華五》、《上博九》集釋及新見文字現象整理與研究》,頁68。

152 簡1另外還有一處過去被釋作「上帝」合文的字,構形作「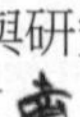」,郭永秉則認為是「土帝」的合文,「土帝」即「黃帝」,可信。參郭永秉:〈清華簡與古史傳說(三題)〉,「《清華大學藏戰國竹簡》與儒家經典專題國際學術研討會」,煙臺:山東省教育廳主辦、煙臺大學和清華大學承辦,2014.12.4-8,頁169-173。

153 郭沫若:〈由壽縣蔡器論到蔡墓的年代〉,《考古學報》,1956年第1期,又收入郭沫若著:《文史論集》,(北京:人民出版社,1961.1),頁300。

154 荊門市博物館編:《郭店楚墓竹簡》,(北京:文物出版社,1998.5),頁119。

155 陳劍:〈上博竹書《周易》異文選釋(六則)〉,《戰國竹書論集》,(上海:上海古籍出版社,2013.12),頁148。

156 (東漢)許慎撰,(清)段玉裁注,李添富總校訂:《新添古音說文解字注》(三版),頁3。

釋詁下》：「祇，敬也。」[157]《楚辭・離騷》：「湯禹儼而祇敬兮。」王逸《注》：
「祇，敬也。」[158]典籍中「祇事」用例甚多，《漢書・宣帝紀》：「朕之不德，
屢獲天福，祇事不怠」[159]《禮記・內則》：「適子庶子，祇事宗子宗婦。」[160]
簡文「事」，指侍奉、供奉。《易經・蠱》：「不事王侯，志可則也。」[161]《孟
子・梁惠王上》：「是故明君制民之產，必使仰足以事父母，俯足以畜妻子。」
[162]《墨子・天志中》：「紂越厥夷居，不肎事上帝，棄厥先神祇不祀」[163]，商
紂因為沒有侍奉上帝，遂導致亡國喪身。

　　另外，成大古文字讀書會有成員認為「𥛜」字隸定下半从「用」不夠妥
當，應予以修正。「𥛜（祇）」在古文字演變過程中，確實未曾訛變成从「用」，
即便像「」（史牆盤／集成 10175）、「」（蔡侯紐鐘／集成 00211）、「」
（六年召伯虎簋／集成 04293）等形，充其量也只是與今日楷書的「用」字
相同，而與古文字的「用」無關，因此隸定嚴格來說確實不夠精確。不過，
早在《兩周金文辭大系 圖錄考釋》（召伯虎簋二，頁 145）中，郭沫若就將
此字隸定作「甫」，下半即从「用」形。可見从「用」形的隸定已是學界慣
例，而且我們很難找到一個更適合且為學界普遍接受的隸定，因此本處仍沿
用舊式的隸定方式。

〔十三〕　趄=（桓桓）不（丕）苟（敬）

---

[157] 李學勤主編，《十三經注疏》整理委員會整理：《爾雅注疏》，頁 38。

[158] （東漢）王逸：《楚辭章句十七卷》，《景印文淵閣四庫全書・集部》，（臺北：臺灣商務
印書館，1983.6），卷一，頁 12。

[159] （東漢）班固撰，（唐）顏師古注：《漢書》，頁 262。

[160] 李學勤主編，《十三經注疏》整理委員會整理：《禮記正義》，（北京：北京大學出版社，
2000.12），頁 979。

[161] 李學勤主編，《十三經注疏》整理委員會整理：《周易正義》，頁 111。

[162] 李學勤主編，《十三經注疏》整理委員會整理：《孟子注疏》，頁 29。

[163] （清）孫詒讓撰，孫啟治點校：《墨子閒詁》，（北京：中華書局，2001.4），頁 206。

趄=	不	苟

　　原整理者：桓桓，《書‧牧誓》孔傳：「武貌。」苟，讀為「敬」。大保簋（《集成》四一四〇）「王降征命於大保，大保克芍（苟），亡譴」，「苟」字亦讀為「敬」。[164]

　　孟蓬生：整理者隸定為「苟」的字，原形如下：

試比較同書《厚父》中兩次出現的「苟」字：

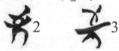

　　不難發現，二者有明顯的不同。一是字形上部不同，「苟」字上部寫作倒矢形，與「至」字所从倒矢形相同，而 1 形是兩弧相切的形狀；二是 1 形腹部有口字，而兩「苟」字均無口字。因此《封許之命》簡 3 所謂「苟」字的隸定和釋讀應當尋求更合理的解決方案。

　　頭部與豕頭或犬頭相似，但尾部下垂而非上卷，因此可以肯定其象獸形的主體部分不是「犬」字。要破解此字，應該在「豕」、「互」兩部中尋找。綜合字形和辭例分析，我們認為該字其實就是金文中常見的「象」字，當讀為「弛（佹）」。

　　「象」字金文中的寫法有繁簡兩系。繁系是在「豕」形的頸部加「糸」或「╲」（象繩索或繩套），表示繫束，其後或變為「ㅂ」、「◡」，後又變為「口」，往往加於「豕」形的腹部。其字形演變序列如下：

---

[164] 李學勤主編：《清華大學藏戰國竹簡（伍）》，頁119。

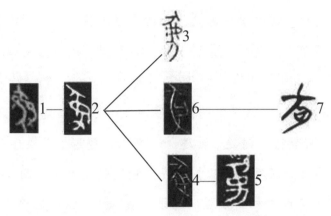

1 保員簋「隊」字所从（西周早期）；2 大簋蓋（西周晚期，《集
成》08.4298）；3 叔尸鎛（春秋早期）；4 復封壺甲（春秋早期）；
5 邿公華鐘（春秋晚期，《集成》01.00245）；6 復封壺乙（春秋
早期）；7 清華簡《封許之命》簡 3（戰國中晚期）

「桓桓」，傳世典籍多訓為「威武貌」，施於此處不太合適，當別尋他解。
金文有「趄」字。秦公鎛：「十又二公，不象上下，嚴龏夤天命。余雖小子，
穆穆帥秉明德，叡專（敷）明刑，虔敬朕祀，以受多福，協龢萬民，唬（疑
虔之訛字或誤摹）夙夕，剌剌趄趄。」復封壺甲（《金文通鑒》12447）：
「戠（翼～禩）龏威（畏）諆（忌），不象（弛）夙（夙）夜，從其政事，
趄乍（將？）聖公命。」簡文「桓桓」與秦公鎛「趄趄」和復封壺之「桓」
用法相近，都是指作器者自己而言，若據傳世文獻解作「威武」，不僅有自
伐之嫌，而且與前文「虔敬」、「勤勉」之語意不相協調。《逸周書·謚法》：
「克敬勤民曰桓。」用這個解釋似乎較「威武」更為合適。

虔敬和勤勉語義相近，故金文中虔敬和勤勉的詞往往可以出現在相同
的語境中。如金文有「虔夙夕」、「敬夙夕」（大克鼎），亦有「圉（劭）
夙夕」。蔡侯龖鎛云：「余雖末少子，余非敢寧荒，有虔不惕，左右楚王，
崔崔為政，天命是遅（將），定均庶邦，休有成慶。」清華簡《封許之命》
云：「桓桓不象（弛），嚴堲（將）天命。」兩處文字可以互參。清華簡《封
許之命》之「桓桓不象（弛）」與蔡侯申器之「有虔不易（弛）」語意略同，

「嚴墮（將）天命」與蔡侯申器之「天命是遅（將）」語意略同。[165]

金宇祥：清華壹《皇門》簡 13「敬」字作■，此形寫法與中山王鼎《集成》2840 的「敬」字■相近。因此■《封許》簡 3、■《厚父》簡 9、■《厚父》簡 13，似可視為《皇門》該字左半部不同程度的省寫。[166]

Lht：我一直覺得「錯誤」地連筆、斷筆（變形）是文字形體發展的最大動力，最近看《古漢字發展論》已提出相近的觀點。這個「敬」字，應是先錯誤連筆，後又改變相對位置的結果。■■→■■[167]

孟蓬生：洪濤兄所說的可能性當然是存在的（整理者的隸定自有其合理性），問題在於目前為止，確定無疑的「苟」字上部似未見一例作兩弧相切者，所以另闢蹊徑求解似無不可，在更多的材料出現之前，不妨數說並存吧。宇祥先生所說似是拿該字（所謂「苟」字）上部與《皇門》的字形之左上部比較，而我認為兩字可以比較的應是右上。[168]

孟蓬生：「象」字所記錄的詞在金文中也常常用其他字來表示。晉姜鼎：「虔不象。」蔡侯鐘：「有虔不惕（易）。」毛公鼎：「敬令王威不睗。」克鐘：「克不敢象。」內史亳同：「弗敢虎。」易（惕睗）和虎古音各家一般歸支錫部。陝西眉縣出土的單叔鬲（西周晚期）自名為「象」，其辭曰：「單弔（叔）乍（作）孟媜尊象，曰（其）萬年子子孫孫永寶用。」董珊先生讀「象」為「鬲」，其說可從。《說文・互部》：「象，豕也。从互，从豕。讀若弛。」弛从也聲。也聲字古音學家或歸支部，或歸歌部。近年劉洪濤先生撰文認為也聲字在較早的時候當歸支部。按，李家浩先生認為「只」、

---

[165] 孟蓬生：〈釋清華簡〈封許之命的「象」字〉——兼論「象」字的古韻歸部〉，復旦網，2015.4.21（2017.6.21上網）。

[166] 孟蓬生：〈釋清華簡《封許之命》的「象」字——兼論「象」字的古韻歸部〉，復旦網，2015.4.21，文後「學者評論欄」7樓，2015.4.23（2017.6.21上網）。

[167] 孟蓬生：〈釋清華簡《封許之命》的「象」字——兼論「象」字的古韻歸部〉，復旦網，2015.4.21，文後「學者評論欄」8樓，2015.4.24（2017.6.21上網）。

[168] 孟蓬生：〈釋清華簡《封許之命》的「象」字——兼論「象」字的古韻歸部〉，復旦網，2015.4.21，文後「學者評論欄」9樓，2015.4.25（2017.6.21上網）。

「也」為一字分化，「只」字古音在支部，則「也」聲字上古音前期歸支部無疑。只聲字歸支部，則也聲字亦當歸支部。「彖」總是跟支錫部字發生關係，其上古音亦應在支部。在「懈怠」、「懶惰」的意義上，彖、易（惕睗）和虒都是假借字，我在十八年前發表的〈釋「彖」〉一文中認為其後出本字為「弛」或「伿」（《說文·人部》：「伿，隋（惰）也。從言，只聲。」以豉切），現在看來，應該距事實不遠。需要指出的是，有資格充當其後出本字還不限於「弛」或「伿」兩字。《說文·臥部》：「䬳，楚謂小兒懶䬳。從臥食。」尼戹切。又《女部》：「嬾，懈也，怠也。一曰䬳也。」《言部》：「儂，待也·從言，伿聲。讀若䬳。」胡禮切。儂從伿聲而讀若䬳，說明在「懈怠」、「懶惰」的意義上，伿、䬳所記錄的也應是同一個詞。[169]

蕭旭：惰也是虒等字的音變。《說文》：「褫，讀若池。」池讀徒多反。[170]

孟蓬生：回蕭旭兄：本文有繁簡兩個版本，發表的是簡本。繁本裡已經就「惰」和「彖（弛、伿）」的關係進行了探討，認為「陸」字最早從「圭」得聲，所以「彖（弛、伿）」和「惰」可以看作同源詞。「陸」由圭聲而變從羍聲（左聲），與「地（墜）」由彖聲、也聲而變從它聲一樣，反映了上古後期支部和歌部的一部分字相混或合流的事實。[171]

來國龍：所謂「䬳」字，似乎不是說小孩懶得躺著吃飯，而可能是一個反切拼音字：（前一字取韻母，後一字取聲母）臥（B-S*ŋˤoj-s／OCM*ŋoih）＋食（＊lək）＝惰（*ʃojʔ／loih）

關於「反切拼音字」，孟兄說「彖」字其後出本字為「弛」或「伿」。

[169] 孟蓬生：〈釋清華簡〈封許之命的「彖」字〉——兼論「彖」字的古韻歸部〉復旦網，2015.4.21（2017.6.21 上網）。

[170] 孟蓬生：〈釋清華簡《封許之命》的「彖」字——兼論「彖」字的古韻歸部〉，復旦網，2015.4.21，文後「學者評論欄」1 樓，2015.4.22（2017.6.21 上網）。

[171] 孟蓬生：〈釋清華簡《封許之命》的「彖」字——兼論「彖」字的古韻歸部〉，復旦網，2015.4.21，文後「學者評論欄」2 樓，2015.4.22（2017.6.21 上網）。

其實還不如說這個字就是後來的「懈」字，同音同義，只是換了一個聲符而已。《說文》「象，讀若弛」的話恐怕不能完全信（要信也只能說漢代的讀音是如此，恐怕不能倒推到先秦）。就像這年頭「小姐把輩份搞亂了」，《說文》的「讀若」如果不好好利用，常常會把字音的時空關係、韻部的時空關係給搞亂了。盼望著讀孟兄大著的「繁本」。[172]

孟蓬生：拙文繁本中有一段話，可以先貼在這裡：

古音解聲與奚聲、圭聲相通。《釋名・釋衣服》：「鞵，解也。著時縮其上如履然，解其上則舒解也。」鞵字或作鞋，從圭聲。《淮南子・俶真》：「於是萬民乃始憜觟離跂。」注：「觟讀傒徑之傒。」《淮南子・主術》：「楚文王好服獬冠，楚國效之。」《太平御覽》卷六百八十四引《淮南子》：「楚莊王好觟冠，楚效之也。」《說文・弓部》：「弛，弓解也。從弓、從也。虒，弛或從虒。」解聲古音在支部，《說文》以「解」訓「弛」實為聲訓。據此，在懈怠的意義上，「解（懈）」、「弛（虒）」、「伿」、「饐」均為同源詞。不把「象」直接讀為「解（懈）」，是根據文字考釋的就近原則。比如「淲」讀為「汻（滸）」，而不是讀為「浦」，也是基於就近原則。[173]

戰國時代：關於「切身字」，前不久在東亞研究型大學協會（AEARU）第三屆漢字文化研討會上，跟湖南師範大學的鄭賢章先生學了點新東西：「切身字」。切身字是翻譯佛經時為求精確表音而出現的一種新的造字法，即用兩個字合寫成一個方塊字，讀音是兩字的合音或反切。西夏文也有類似的造字方法。如果按照來國龍兄對「饐」字的看法，切身字可以起源到先秦文字，這不能不說是文字學研究的一個創造性的觀點。僅現學現賣，供大家

---

[172] 孟蓬生：〈釋清華簡《封許之命》的「象」字——兼論「象」字的古韻歸部〉，復旦網，2015.4.21，文後「學者評論欄」3樓，2015.4.22（2017.6.21 上網）。
[173] 孟蓬生：〈釋清華簡《封許之命》的「象」字——兼論「象」字的古韻歸部〉，復旦網，2015.4.21，文後「學者評論欄」4樓，2015.4.23（2017.6.21 上網）。

參考。[174]

　　蕭旭：關於「反切字」，拙作《敦煌變文校補（二）》有一條注釋，說：《龍龕手鑑》中「反切字」的例子如下：「佷」即丁夜反，「皴」即勾夜反，「皱」即名夜反，「斡」即卑孕反，「馳」即卑也反，「鑲」即名養反，「驰」即名也反，「驒」即亭單反，「靫」即亭夜反，「韽」即亭音反，「胚」即亭匠反，「黠」即寧吉反，「韄」即寧壹反，「馳」即寧也反，「䩯」即寧立反。皆是也，例多不備舉。《玉篇》：「魁，尾孕切，出釋典。」又「戱，微曳切。」亦其例。古字「微」、「尾」通用，「微曳切」即「尾曳切」，此其變例。這種現象，古人稱為「自反」或「自切」，清人俞正燮《癸巳類稿》卷7《反切證義》用大量篇幅專論此種現象；林語堂稱作「漢字中之拼音字」；傅定淼稱作「合音字」；龐光華在其博士論文中曾就此現象作過很好的歸納，並補舉了大量的上古漢語的實例，可參看。鄭賢章據《龍龕手鑑》中的例子，因謂這種現象「僅在佛經音譯中存在」（《〈龍龕手鏡〉研究》第74頁。），顯然是對「反切字」還沒有全面的認識。（《群書校補（續）》1388頁）[175]

　　王寧：《爾雅·釋訓》：「桓桓、烈烈，威也。」《書·牧誓》：「勖哉夫子！尚桓桓。」孔傳：「桓桓，武貌。」威武義。「苟」字原簡文作「冇」，筆者認為此字可能是從犬口聲，即「狗」之或體。「狗」字殷代的《狗寧簋》、西周的《長子狗鼎》中已有，從犬丩聲，清華簡二《繫年》中作「狗」（112簡），從犬句聲。《繫年》「犬」字作「才」（136簡），「獻」字作「歚」（31簡），「犬」的寫法是先寫一個L形豎折筆，再寫下面人形的筆畫，看看上面的放大圖版即可知道，《封許》中的這個字，也是先寫了一個L形

---

174 孟蓬生：〈釋清華簡《封許之命》的「象」字——兼論「象」字的古韻歸部〉，復旦網，2015.4.21，文後「學者評論欄」5樓，2015.4.23（2017.6.21上網）。

175 孟蓬生：〈釋清華簡《封許之命》的「象」字——兼論「象」字的古韻歸部〉，復旦網，2015.4.21，文後「學者評論欄」6樓，2015.4.23（2017.6.21上網）。

的豎折筆，又寫了和它相連的那個つ形的筆畫，因為兩個橫行的筆畫連在了一起，看上去像一個長橫了。相當於犬腹部的那一撇筆，在此字中被聲符「口」取代，故簡文此字很可能即「狗」字的或體，「狗」與「苟」古字通，「不狗」即「不苟」，乃先秦兩漢文獻中常見的詞語，「桓桓不苟」即威武而嚴謹不隨意。[176]

子居：「桓桓」疊稱於金文可見於西周晚期的《禹鼎》、《虢季子白盤》及春秋前期的《秦公鐘》、《秦公簋》等器，於傳世文獻中則可見於春秋前期的《尚書·牧誓》、《周頌·桓》、《魯頌·泮水》各篇，這同樣說明清華簡《封許之命》的成文時間接近於西周晚期，最可能成文於春秋前期。[177]

黃凌倩：**考**字從整理者意見隸為「苟」，讀為「敬」，加「口」為增累部件。[178]

郭倩文：該（佑仁按：「苟」）字釋讀存三說：（一）釋爲「苟」字，讀爲「敬」；（二）釋爲「豕」字，讀為「弛（佖）」；（三）釋爲「狗」字，讀爲「苟」。第三說不能令人信服，因古文字中獨體「犬」與偏旁「犬」之尾皆呈上翹形，如清華二《繫年》第二十二章之「**犬**」、包山簡簡6之「**犬**」等，且同篇簡5「猷」字作「**戟**」，其所從之偏旁「犬」亦是尾巴上翹，而本字呈下垂態勢，故非从犬从口。第二說缺少字形支撐，「豕」字在楚簡文字已有數見，如清華參《說命上》之「**豸**」、包山簡168之「**豸**」等，字形差距還是很大，故此說不可取。該字暫從整理者意見。[179]

蘇建洲：簡3「桓桓丕敬」的「敬」作**考**，恐怕也有寫訛的成分。[180]

佑仁謹案：「趄=」一詞，右下有重文符號。關於訓讀，學界有二說：第一種說法將字讀為「桓桓」，訓為武貌，原整理者主之，王寧、郭倩文從

176 王寧：〈讀《封許之命》散札〉，復旦網，2015.4.28（2017.6.21上網）。
177 子居：〈清華簡《封許之命》解析〉，清華網，2015.7.16（2017.6.21上網）。
178 黃凌倩：《清華伍《厚父》、《封許之命》集釋》，頁73。
179 郭倩文：《《清華五》、《上博九》集釋及新見文字現象整理與研究》，頁68-69。
180 蘇建洲：〈談談〈封許之命〉的幾個錯字〉，《古文字研究》第31輯，頁374。

之。第二種說法亦讀為「桓」，但依《逸周書·謚法》：「克敬勤民曰桓。」為訓，孟蓬生主之。

　　秦公鎛（集成00270）云：「龢協萬民，唬（號）夙夕，剌剌趄趄，萬民是敕。」孟蓬生認為「趄趄」有自伐之嫌，應據《逸周書·謚法》「克敬勤民曰桓。」而改釋。然而銘文中的「剌剌趄趄」即「烈烈桓桓」，依據《爾雅·釋訓》：「桓桓、烈烈，威也。」郭璞注：「皆嚴猛之貌。」[181]可見銘文的「剌剌」、「桓桓」都是威武、勇武、肅穆一類的形容詞。這種用法在古籍中有很多例證，《尚書·牧誓》：「勗哉夫子！尚桓桓。」孔傳：「桓桓，武貌。」[182]《詩經·魯頌·泮水》：「桓桓於征」，毛傳：「桓桓，威武貌。」[183]《詩經·周頌·桓》：「桓桓武王」[184]，可參。

　　另外「桓」還能寫作同聲系的「宣」字，並與「武」結合為詞組「宣武」，如《晏子春秋·外篇上二七》：「仲尼曰：『靈公汙，晏子事之以整齊；莊公壯，晏子事之以宣武；景公奢，晏子事之以恭儉：君子也！……』」吳則虞《集釋》引劉師培《校補》云：「『宣』與『桓』同……《爾雅·釋訓》：『桓桓，威也。』《廣雅·釋訓》：『桓桓，武也。』」[185]

　　董理各家針對「苟」字的理解有以下幾種說法：

1.　釋為「苟」讀為「敬」：原整理者主之。

2.　釋為「苟」的省寫：金宇祥主之。

3.　釋為「苟」的訛字：劉洪濤、蘇建洲主之。

4.　釋為「彖」讀為「弛（佻）」：孟蓬生主之。

5.　釋為「狗」讀為「苟」：王寧主之。

此五種說法裡，第四、五說，都不理解成「苟」，我們先談談這兩種說法。

181　李學勤主編，《十三經注疏》整理委員會整理：《爾雅注疏》，頁105。
182　李學勤主編，《十三經注疏》整理委員會整理：《尚書正義》，頁339。
183　李學勤主編，《十三經注疏》整理委員會整理：《毛詩正義》，頁1649。
184　李學勤主編，《十三經注疏》整理委員會整理：《毛詩正義》，頁1614。
185　吳則虞：《晏子春秋集釋》，（北京：中華書局，1962.1），頁489-490。

第4說主張釋「彖」，孟蓬生認為「彖」有種繁體是在「豕」形的頸部加「糸」或「ㄅ」，而此字就是這類構形的孑遺，不過由其所羅列的演變脈絡來看，春秋早期的復封壺（《商周青銅器銘文暨圖像集成》編號 12447-12448）至本處的疑難字，也就是編號 6 演變至編號 7，中間缺失的環節太多，而且構形差異有段距離，往下又無可以支援此說的證據。

第5說釋「狗」，王寧認為此字先寫一個 L 形的豎折筆，再寫つ形的筆畫，而犬腹部的那一撇筆，則被聲符「口」取代。但這完全不是戰國時期「犬」或「狗」的構形方式（構形、筆勢、筆順無一符合），猜測成分較高，可以排除。

第 1-3 說都是由「茍」入手，然而必須承認，此字寫法與楚簡習見「敬」字所從的「茍」並不相同：

上博一.孔子詩論.5	上博一.緇衣.12	清華參.說命中.6	清華伍.殷高宗問於三壽.9	郭店.緇衣.21	楚帛書.乙篇.行11	郭店.語叢二.3

原整理者僅隸定作「茍」，並無說明。筆者傾向依據文例與難字下方的「句」形，將字理解為「茍」的訛字。此字「句」形上方的寫法，確實如王寧所言，先作「乀」，再寫「つ」，對應「茍」，有可能就是「卝」的誤寫，並且將中間兩橫筆進一步省略。銅器銘文中有大量「茍」讀作「敬」的例證，例多不舉。不過，理解成訛字只是目前最好的選擇，無法排除日後還能有更好的釋讀意見。

另外，「茍」與「苟且」之「苟」不同字，前者從羊角，後者從「艸」，二字有別，宜應區別。王寧將字讀作「茍」，郭倩文誤作「苟」，不確。駱珍伊將此字隸定作「茍（敬）」[186]，同樣都有問題。

[186] 駱珍伊：〈試說《封許之命》的「武王司明型」〉，復旦網，2015.7.10（2017.6.21上網）。

　　至於來國龍、董珊、蕭旭等人所討論的「反切拼音字」或「切身字」或「反切字」，一般來說將反切合為一字，一表聲紐、一表韻部，這種用法在漢字中肯定存在，裘錫圭《文字學概要》稱為「合音字」[187]，但是時間應晚到佛教傳入中國以後，先秦或戰國時代目前看不出有使用合音字的具體例證，「饕」字從「臥」、「食」會意，而「食」與「饕」的聲紐相近，「臥」與「饕」的韻部相近，不能排除只是偶合。

〔十四〕　嚴塱（將）天命

嚴	塱	天	命
嚴	塱	天	命

　　原整理者：嚴，《禮記・學記》鄭注：「尊敬也。」將，《詩・我將》鄭箋：「猶奉也。」[188]

　　蘇建洲：整理者將「塱（將）」訓為「奉」可信。如同金文中「共」與「命」搭配的時候，意思是「奉行」；與「德」搭配的時候，意思為「敬持」，與金文常見的「秉德」類似。《逸周書・祭公》：「用克龕紹成康之業，以將大命」，黃懷信先生將「以將大命」翻譯作「以執行天命」，不妥。[189]

　　孟蓬生：「嚴塱（將）天命」與蔡侯申器之「天命是遷（將）」語意略同。[190]

　　子居：「嚴將天命」明顯可與春秋前期《秦公鐘》、《秦公簋》的「嚴恭夤天命」及同屬春秋前期的《尚書・無逸》的「嚴恭寅畏天命」、清華簡《厚父》的「乃嚴寅畏皇天上帝之命」句對應，故不難知道，「嚴將」即「嚴寅」、

187　裘錫圭：《文字學概要》（修訂本），頁 112。
188　李學勤主編：《清華大學藏戰國竹簡（伍）》，頁119。
189　蘇建洲：〈《封許之命》研讀札記（一）〉，復旦網，2015.4.18（2017.6.21上網）。
190　孟蓬生：〈釋清華簡〈封許之命的「彖」字〉——兼論「彖」字的古韻歸部〉，復旦網，2015.4.21（2017.6.21上網）。

「嚴恭寅」，所以「將」當訓恭敬。而由「嚴將天命」句所能對應的諸材料也可以看出，《封許之命》約成文於春秋前期。[191]

郭倩文：楚文字「將」多用「牂」表示，上博簡、清華簡中多見从爿从酉形，如：上博一《孔子詩論》、上博四《曹沫之陳》、上博七《凡物流形》乙本、上博八《有皇將起》、清華簡《金縢》簡7等，這種構形最為常見。清華二第二十三章有「遁」字作「」，為「牂」上加「辵」形繁化。則為「牂」加「止」旁繁化，此形體為楚簡文字中首見。[192]

佑仁謹案：「嚴」指恭敬應無疑義，然而「將」字，原整理者、蘇建洲都釋作奉持，子居則訓為恭敬，筆者認為訓作奉持較妥。孟蓬生已經指出，安徽壽縣春秋晚期蔡侯墓之蔡侯申編鐘、編鎛（集成00210-00211、00217-00222）的「天命是遁」與簡文語意相近，甚是。「遁」字多見於金文，早期徐同柏認為是古「匡」字，吳大澂則認為是「藏」的古文，高鴻縉認為應讀為「將」，持也，引申為奉[193]。「天命是遁」顯然就是簡文「將天命」的倒裝，指奉行天命。《逸周書·祭公解》：「用克龕紹成康之業，以將天命，用夷居之大商之衆。」孔晁云：「將，行。」[194]用法與蔡侯申諸器相近。

〔十五〕　亦隹（惟）女（汝）呂丁，執（扞）桶（輔）珷（武王）

亦	隹	女	呂	丁	旌	桶

---

[191] 子居：〈清華簡《封許之命》解析〉，清華網，2015.7.16（2017.6.21上網）。

[192] 郭倩文：《《清華五》、《上博九》集釋及新見文字現象整理與研究》，頁70。

[193] 周法高主編：《金文詁林》卷二第0210號字下，（京都：中文出版社，1974-1975）。

[194] 黃懷信、張懋鎔、田旭東撰，李學勤審定：《逸周書彙校集注（下）》（修訂本），頁929-930。

斌

原整理者：「武王」二字合文，仍無合文符號，同於西周利簋（《集成》四一三一）、大盂鼎。[195]

無斁：第 3 號簡中，整理者隸定作𣎳，讀作「輔」的字，從形體上看左邊從「求」是沒有什麼問題的。不過這個字左邊從「求」，未免讓人感到費解。我們認為所謂的「𣎳」字，左邊應該是「木」形之訛。郭店簡《太一生水》中，「𣎳」字多次出現，寫作：

「木」與「求」形體接近，容易混同。這種情況，在傳抄古文中更為常見。如「林」字或者寫作：

林 海 2.26

又「深」本來是從「求」得聲的字，實際上往往把「求」寫作「木」。仍然以傳抄古文為例：

碧　　𣲖 海 2.26　　𣲖 老 2.26

所以，這個所謂的「求＋甫」，可以看作是「𣎳」的誤寫。[196]

子居：整理者這個說法，似乎是有暗示《封許之命》成文於西周早期之意，但由《封許之命》的內容可見，其顯然不會是成文於西周早期，而戰國簡帛也往往可見合文而不書合文符號之例，所以「『武王』二字合文，仍無合文符號」並不能特別證明什麼。由於呂丁曾為文王之臣，又曾為武王之臣，

---

195 李學勤主編：《清華大學藏戰國竹簡（伍）》，頁119。
196 武漢網「簡帛論壇」〈清華五《封許之命》初讀〉43樓，2015.4.22（2017.6.21上網）。

因此頗有可能就是清華簡《程寤》中「祝忻祓王，巫率祓大姒，宗丁祓太子發」的「宗丁」。「扞輔武王」句明顯與《左傳·僖公四年》：「昔召康公命我先君大公曰，五侯九伯，女實征之，以夾輔周室。」《左傳·僖公二十六年》：「昔周公，大公，股肱周室，夾輔成王。」《左傳·宣公十二年》：「昔平王命我先君文侯曰，與鄭夾輔周室。」諸句式類似，因此當也說明《封許之命》成文於春秋時期。[197]

    黃凌倩：無斁先生觀點可從。楚簡文字未見从「朮」的「補」字，但有「補」字，見於《郭店·老丙·一三》：「是能補（輔）璏（萬）物之自朕（然）」。亦讀為「輔」。[198]

    蔣建坤：（ ） 此字宜隸定爲「斁」。[199]

    郭倩文：字左从「朮」，右从「甫」，整理者所釋正確。該字未出現於其他出土材料中，或曰「朮」爲「木」訛，而「補」在郭店簡《太一生水》篇中多次出現作：、 等形，然而楚文字中「朮」與「木」形體差距還是很大的，仍需斟酌。從整理者釋讀，爲《清華五》所見新字。「斌」字見於金文，如西周早期《利簋》：、《宜侯夨簋》：，然尚未見於已有楚簡材料中，此爲首見。此處同金文用法，亦是特指周武王。[200]

    陳美蘭：戰國楚地竹簡習見「斁」字有兩類寫法，茲表列如下：

【表A】

1.《包山》75	2.《包山》85	3.《包山》85（从言）	4.《包山》131	5.《包山》168（从金）

[197] 子居：〈清華簡《封許之命》解析〉，清華網，2015.7.16（2017.6.21上網）。

[198] 黃凌倩：《清華伍《厚父》、《封許之命》集釋》，頁73-74。

[199] 蔣建坤：《清華簡（壹～伍）上古音聲母材料的整理與初步研究》，吉林大學碩士論文，2016.4，頁375。

[200] 郭倩文：《《清華五》、《上博九》集釋及新見文字現象整理與研究》，頁70-71。

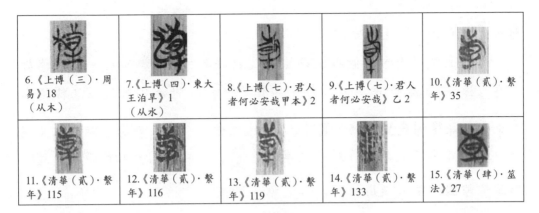

6.《上博（三）·周易》18（從木）	7.《上博（四）·東大王泊旱》1（從水）	8.《上博（七）·君人者何必安哉甲本》2	9.《上博（七）·君人者何必安哉》乙2	10.《清華（貳）·繫年》35
11.《清華（貳）·繫年》115	12.《清華（貳）·繫年》116	13.《清華（貳）·繫年》119	14.《清華（貳）·繫年》133	15.《清華（肆）·筮法》27

【表B】

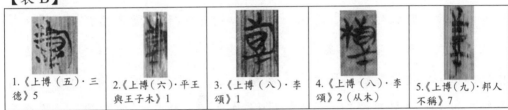

1.《上博（五）·三德》5	2.《上博（六）·平王與王子木》1	3.《上博（八）·李頌》1	4.《上博（八）·李頌》2（從木）	5.《上博（九）·邦人不稱》7

　　【表A】類寫法，何琳儀先生分析為從早、放聲（上博簡、清華簡是《戰國古文字典》出版後才公佈的）。劉洪濤先生則認為：

　　春秋戰國時期的「埶」字或作下引之形：

　　<ruby>埶</ruby>《集成》161　<ruby>埻</ruby>包山楚簡75號

　　有學者把這種寫法的「埶」字釋寫作「埻」，分析為從「放」「早」聲，「早」「埶」音近古通，因而可以用作「埶」或從「埶」聲之字。這種看法是不正確的，沒有充分注意到古文字的形體特點。……這種寫法的「埶」字，顯然是把下部所從的類似「子」字形（已變作近似「早」字，或又誤釋為「早」「旦」等）的筆劃同上部所從的「放」字形筆劃寫斷開的結果，仍應釋寫作「埶」。

從埶字源頭來看，劉先生的看法是可信的，不過楚簡也的確存在從放從早的「埻」形，如【表B】諸形，日形下之形明顯已寫成干，筆者以為【表B】的「埻」形極可能是後來聲化而產生的異寫，徐在國先生《上博楚簡文字聲系（一～八）》把這類寫法都列在「埻（槕、濼）」字頭下，並分析

- 333 -

為从奻、旱聲，這是正確的。

　　透過上文討論，我們再回頭檢視〈封許之命〉「」形。原注釋隸定為「㪬」，本篇簡 3 另有「攼」字作「」，此字不論從原注釋讀為「干」或蘇建洲先生讀為「翰」、「踐」，左旁從「干」毋庸置疑；又〈說命中〉簡 4 旱災之旱寫作从雨从旱的「」形。因此，本篇簡文「」形當依戰國文字習慣用法隸定作「倝」較妥。

　　最後略論簡文「倝」字的讀法。此句上下文為「亦惟汝呂丁，倝輔武王，攼（翰／踐）敦殷紂，咸成商邑」，原注釋讀為「扞」，當是指扞衛之意，筆者認為簡文「倝」字若讀為「翰」，從用字與文意來看，也許是更恰當的。我們知道，東周樂器銘文習語有「終翰且揚」一句，其中「翰」即以「倝」為聲，如〈王孫遺者鐘〉（《新收》419）作「（倝）」，〈沇兒鎛〉（《集成》00203）作「（翰）」，鐘銘「翰」形容鐘聲高揚，「翰」字本从倝聲，通用無疑。《詩經・大雅・江漢》「文武受命，召公維翰」，鄭箋：「昔文王、武王受命，召康公為之楨幹之臣，以正天下。」又如〈晉公盞〉（《集成》10342）「晉邦唯輪（翰）」，謝明文先生以為「晉邦唯翰」即「翰晉邦」，「翰」作動詞用，解為藩翰義，此乃晉公告戒其女，「作楚國國君的適妃，昭顯萬年，藩翰晉國」，筆者以為，此與〈封許之命〉「倝（翰）輔武王」的用法相近，本篇簡文乃指呂丁藩翰輔佐武王。[201]

　　佑仁謹案：先談「楠（輔）」字，「楠」在楚簡中是個十分常見的字，包山、信陽、郭店、上博都有它的蹤跡，可是戰國文字從未見左「尤」右「甫」的寫法，從這個地方推論本處的「輔」，其左半所從的「尤」是「木」的誤寫，這是有一定根據的。先將相關字形羅列如下：

---

[201] 陳美蘭：〈清華簡〈封許之命〉札記三則〉，《中國文字》新 43 期，（臺北：藝文印書館，2017.3），頁 31-43。

本處疑難字〈封許之命〉3		「甫」字文編		
原篆	筆者摹本	上博六.天子建州乙.5	曾侯乙.171	包山.175

不只左半偏旁有問題，就連右半的「甫」，恐怕也存在錯訛的成分：

1、一般楚簡「甫」字已類化作「」，中間三道橫筆（兩長一短，短橫或可省略），而本字下半寫成「」，這種寫法極其罕見。

2、「」小點應是後加（請看圖中圈形部位），這在「甫」字中絕無僅有。右半偏旁應該事先錯寫成某字，而硬是改成「甫」字，才會造成上述兩個怪異現象。蘇建洲曾經指出楚簡中有種特別的訛字情況，即書手在意識到寫錯字後並不加以削除或塗改，將錯就錯在原有的單字上繼續書寫 [202]，筆者認為此字就是這種類型的誤字。

關於「」字，原整理者隸定作「旱」，讀「扞」，無說。陳美蘭對「旱（扞）槫（輔）」一詞有「前說」（發表於「第二屆古文字學青年論壇」）與「後說」（發表於《中國文字》新 43 期），由於前說部分的觀點作者已有若干修正，因此本處的討論以後說為準。陳美蘭區分「倝」（A 類）與「旱」（B 類）的不同，簡文的「」當隸定作「倝」較妥，簡文中若讀為「翰」，訓藩翰義。依據陳美蘭的分判標準，A、B 兩類差異如下：

獨體或偏旁的「早」（A 類）				獨體或偏旁的「旱」（B 類）			
A	B	C	D	E	F	G	H
天卜	上博八.李頌.簡 2	上博八.李頌.簡 1	上博二.魯邦大旱.簡 1	上博二.魯邦大旱.簡 1	上博七.君人者何必安哉.乙簡 2	包山.131	本簡疑難字.簡 3

---

[202] 蘇建洲：〈清華簡第五冊字詞考釋〉，收入《出土文獻（第七輯）》，頁 154-156。

細審構形，A、B 兩類有很多相近之處，請特別留意 D 與 E 兩個寫法，前者屬於 A 類，後者為 B 類，但二字都是〈魯邦大旱〉簡 1 中的「旱」字，同出一人之手，這充分說明 A、B 兩類可以畫上等號。F、G 的寫法只是將 E 豎筆上的肥筆以短橫表示而已，而本處 H 的構形是在 E 的寫法之上，再進一步簡化而來。總的來說，A、B 兩類的區分並不理想，這群字其實都是同一類字，但它們又是什麼字呢？

陳劍在〈早期古文字「表意字一形多用」綜論〉（未刊稿）中認為「『旗』、『㫃／軙』、『游／旒』三詞共用一形；『㫃』形最初應可兼表此三者。」「㫃」是「旗」之初文，金文「祈求」之「祈」即作「𧨾」，从「言」、「㫃」聲。而「㫃／旗」形又可表其中之部分——旗竿、旗旒。徐中舒〈䧹氏編鐘考釋〉講其中用爲韓氏之韓之「軙」字，已謂「所謂旗杆之杆，其本字當如此」。[203]依照劉洪濤〈釋「韓」〉一文的看法，金文「![圖]」（韓𠂤父鼎／集成 02205）、「![圖]」（![圖]作父癸尊／集成 05906）、「![圖]」、「![圖]」（韓伯豐鼎）等字偏旁的「![圖]」、「![圖]」（旅鼎／集成 02347），應該都要釋作「軙」[204]。它們進一步演變成戎生編鐘之「![圖]」，由「![圖]」變成「![圖]」，而前面字表中 A 類寫法的「![圖]（軙）」，應該就是戎生編鐘寫法的進一步演變。既然「軙」本是旗杆之「杆」的初文，那麼聲化成从「旱」（請參前述字表 B 類），則是再合理不過的事。綜上所述，A、B 兩類實即一字，都應隸定作「軙」。

關於將字讀作「翰」之說，《詩經・大雅・板》：「价人維藩，大師維垣，大邦維屏，大宗維翰。」毛傳：「藩，屏也。翰，幹也。」[205]後世以「藩翰」喻捍衛王室的重臣，讀「翰」似乎也無不可。只是比起「翰」，金文中更常以「扞」或「捍」表示捍衛、保護之義，師克盨（集成 04467）：「干（扞）

---

203 徐中舒：〈䧹氏編鐘考釋〉，《歷史論文選輯》，（北京：中華書局，1998.9），頁 205-224。
204 劉洪濤：〈釋「韓」〉，《古文字研究》第三十一輯，（北京：中華書局，2016.10），頁 140-144。
205 李學勤主編，《十三經注疏》整理委員會整理：《毛詩正義》，頁 1352。

御王身」，毛公鼎（集成 02841）：「干（扞）吾（敔）王身」，「扞（捍）」本為西周軍事類動詞中的重要用語，簡文讀為从「干（或旱）」字聲系的「扞（捍）」會比較直截。

〔十六〕　攼（干）敦殷受（紂）

攼	敦	殷	受
攼	敦	殷	受

原整理者：攼，《說文》：「犯也。」敦，殷墟卜辭作「𩰬」，有攻伐之義，參看趙誠《甲骨文簡明詞典》（中華書局，一九八八年，第三二九頁）。殷受，《書·無逸》作「殷王受」，即紂。[206]

鵬宇：整理者意見可從。又《逸周書·世俘》：「武王遂征四方，凡憝國九十有九國。」孔晁云：「憝，惡也。」陳逢衡云：「凡憝國九十有九國，案《孟子·滕文公》下篇『滅國者五十』林氏春溥作《武王克殷日記》欲考實其數，乃兼黎及邘、庸、衛、唐言之，非其實也。」翟氏灝云：「憝國，謂不順服之國。本九十有九，而滅止五十，蓋又宥其半矣。」顧頡剛云：「憝字應作動辭講，憝國謂討伐所惡之國。武王滅國之數，《世俘》自言九十有九，《孟子》自言五十，不必為之調和。」孔晁、翟灝所論之謬不辯自明，陳逢衡將「憝國」與「滅國」相聯繫，啟人思維，而顧頡剛先生認為憝謂討伐所惡，最得其實。簡文「干敦殷受」與《逸周書·世俘》「憝國」句式相同，其義似當相近，疑皆表示攻伐不善之義。[207]

暮四郎：此字或當讀為刊，伐之義。【4 月 14 日補充：「攼」與表示殺義的「虔」（元部群母）是同一個詞，上古干聲、虔聲之字可通。《漢書·地理志》：「驪靬，莽曰揭虜。」顏師古注：「李奇曰：『音遲虔。』如淳曰：『音

---

206 李學勤主編：《清華大學藏戰國竹簡（伍）》，頁120。
207 鵬宇：〈《清華大學藏戰國竹簡（伍）》零識〉，清華網，2015.4.10（2017.6.21上網）。

弓軒。』師古曰：『軒音虔是也。今其土俗人呼驪軒，疾言之曰力虔。』」《左傳》成公十三年：「芟夷我農功，虔劉我邊陲。」杜預注：「虔、劉，皆殺也。」《方言》卷一：「虔，殺也。秦、晉之北鄙，燕之北郊，翟縣之郊謂賊爲虔。」卷三：「虔，殺也。青、徐、淮、楚之間曰虔。」】[208]

ee：《封許之命》簡3「攺敦殷受」，應讀爲「翦（或踐）敦殷受」。[209]

華東師範大學中文系出土文獻研究工作室：《封許之命》簡3有「」字，整理者讀為「攺」，訓為「犯」。按：此說似可通，然「攺敦」連文，不見古書，終嫌生澀。此字不妨視作從干為義符，從攴為聲符。干旁字表征討，例如《多友鼎》（《集成》5.2835）《虢季子白盤》（《集成》16.10173）。此字蓋可讀為「撲伐」之「撲」，「撲」「攴」同為並母屋部字。《癲鐘》：「王敦伐其室，撲伐厥都。」正是「敦」「撲」對文之例。「撲」「鋪」音近，《詩經》有成詞「鋪敦」，即「薄伐」「敦伐」之意，《大雅·常武》：「鋪敦淮濆，仍執醜虜。」「鋪敦」又作「敦搏」，《不娶簋蓋》：「汝及戎大敦搏。」凡此諸詞多用於周人攻伐四方夷狄之戰爭，亦有用於表述武王滅商之戰者，《魯頌·閟宮》「敦商之旅，克咸厥功」是也，正可與此句「撲敦殷紂，咸成商邑」相參證。[210]

蘇建洲：關於「攺敦殷受」的釋讀，網友「ee」（單育辰先生）指出應讀為「翦（或踐）敦殷受」。其說可從。《上博七·吳命》簡5下：「余必攺芒（亡）爾社稷，以廣東海之表」，筆者曾指出「攺」讀為「翦」、「踐」、「殘」、「戩」、「剗」和「淺」等一系列從「戔」得聲或精系元部的字是妥切的，並有詳論。另外，《上博（九）·卜書》簡4與「深」相對之「幵」，學者讀為「淺／餞」，「幵」與「攺」都是見母元部字。……另外，《詩·大雅·韓奕》

---

[208] 武漢網「簡帛論壇」〈清華五《封許之命》初讀〉16樓，2015.4.10（2017.6.21上網）。
[209] 武漢網「簡帛論壇」〈清華五《封許之命》初讀〉22樓，2015.4.12（2017.6.21上網）。
[210] 華東師範大學中文系出土文獻研究工作室：〈讀《清華大學藏戰國竹簡（伍）》書後（一）〉，武漢網，2015.4.12（2017.6.21上網）。

「榦不廷方」，朱熹《集傳》、《廣雅‧釋詁一》曰：「榦，正也」。林義光認為「榦」讀為「扞」，扞者覆被之義。寇占民先生認為「軕／榦」通作「捍」，為「抵禦」義。現在看來「榦」亦可以考慮讀為「翰」等一系列字。[211]

　　曰古氏：簡3「攼敦殷受，咸成商邑」，「攼」疑可讀爲「刊」，訓爲「削、剟」。此義項雖較實，稍加抽象似即與「敦」之「攻伐」義接近。[212]

　　曰古氏：「攼」讀爲「刊」的意見，簡帛網論壇暮四郎先生已經指出。他是將「刊」與「虔」字聯繫，從而引出「殺」義，因「刊」字本身似乎並無「伐」之義。[213]

　　子居：整理者引卜辭說「敦」，取例似乎過遠，《詩經‧魯頌‧閟宮》：「敦商之旅，克咸厥功。」鄭箋：「敦，治；旅，眾……武王克殷而治商之臣民。」《詩經‧大雅‧常武》：「鋪敦淮濆，仍執醜虜。」林義光《詩經通解》言：「鋪讀為搏。見《江漢》篇。敦猶逼迫也。《釋文》引《韓詩》訓敦為迫。敦與追雙聲對轉。凡言敦迫者即追之引申義。搏、敦連文，搏亦逼迫之義也。搏、迫古同音。不嫛敦『我及戎大嫛戁』，嫛戁即敦搏。《閟宮》篇『敦商之旅』，宗周鐘『王嫛伐其至』，敦、嫛皆即搏敦之敦。」可見「敦」有「攻伐」之義在《詩經》中春秋前期諸篇猶然。至於紂王稱「殷受」，類似的例子有《尚書‧牧誓》稱「商王受」，《逸周書‧克殷》稱「殷末孫受」，《逸周書‧度邑》的「殷王紂」於《史記‧周本紀》所引亦作「殷王受」。段玉裁《古文尚書撰異》卷十二言：「凡今文《尚書》作『紂』，凡古文《尚書》作『受』，《史記》、《漢書》無言『受』者。」雖然言「《史記》、《漢書》無言受者」過於絕對，但今可見的出土材料中商王紂皆書為「受」，是段氏

蘇建洲：〈《封許之命》研讀札記（一）〉，復旦網，2015.4.18（2017.6.21上網）。其後增補內容改以〈清華簡第五冊字詞考釋〉，此以後文為據，蘇建洲：〈清華簡第五冊字詞考釋〉，《出土文獻》第七輯，頁148-149。

[212] 蘇建洲：〈《封許之命》研讀札記（一）〉，復旦網，2015.4.18，文後「學者評論欄」12樓，2015.4.19（2017.6.21上網）。

[213] 蘇建洲：〈《封許之命》研讀札記（一）〉，復旦網，2015.4.18，文後「學者評論欄」15樓，2015.4.20（2017.6.21上網）。

以「紂」與「受」為今古文之別甚碻，凡作「受」者皆是有先秦古文的淵源。[214]

單育辰：「攷」字又出現於上博七《吳命》簡 5b：「余必攷亡爾社稷」，復旦讀書會已指出此句可與《國語·越語上》「吾將殘汝社稷，滅汝宗廟」句對讀，並認爲「攷芒」與「殘亡」同義。蘇建洲先生對「攷」與「翦」、「踐」、「殘」相通有過詳細論證。依據以上論斷，《封許之命》的「攷敦殷受」即應讀爲「翦（或踐等）敦殷受」。[215]

黃凌倩：「攷」字從整理者讀為「干」，訓「犯」，文意通順。《左傳·文公四年》：「君辱貺之，其敢干大禮以自取戾。」《國語·晉語四》：「若干二命，以求殺余。」韋昭注：「干，犯也。」[216]

郭倩文：結合上博七《吳命》簡 5b：「余必攷亡爾社稷」一句，讀「翦」說合於文也，從之。《詩·魯頌·閟宮》：「居岐之陽，實始翦商。」鄭玄箋：「翦，斷也。」《左傳·宣公十二年》：「其翦以賜諸侯，使臣妾之，亦唯命。」杜預注：「翦，削也。」「敦」於已有楚簡材料中已見，從言從羊，其形作：

、，另上博四《曹沫之陳》作「![字形]」，增「糸」旁。本簡此字則於「享」外增「攴」旁繁化，與![字形]陳純釜、![字形]璽彙 4033、![字形]雲夢法律 164 構形同。[217]

蘇建洲：簡 2「受」作![字形]，字形還在合理的範圍，但是簡 3 寫作![字形]，下部似從「及」旁，顯然是錯字。[218]

佑仁謹案：本處的「攷敦」一詞由於後頭為「商受」（也就是商紂），因此肯定是具有攻擊性質的軍事動詞。「敦」字相對而言比較容易理解，「敦

---

[214] 子居：〈清華簡《封許之命》解析〉，清華網，2015.7.16（2017.6.21上網）。

[215] 單育辰：〈《清華大學藏戰國竹簡（伍）》釋文訂補〉，《戰國文字研究的回顧與展望國際學術研討會論文集》，（上海：復旦大學，2015.12.12-13），頁236-237。

[216] 黃凌倩：《清華伍《厚父》、《封許之命》集釋〉，安徽大學碩士論文，2016.3，頁76。

[217] 郭倩文：《《清華五》、《上博九》集釋及新見文字現象整理與研究》，頁71-72。

[218] 蘇建洲：〈談談〈封許之命〉的幾個錯字〉，《古文字研究》第31輯，頁374。

伐」、「敦搏」一類用法在金文中已經非常普遍，《詩經・魯頌・閟宮》亦云「敦商之旅」[219]，故「敦伐」乃殺伐、討伐義也。

關於「攼」字，暮四郎讀作「刊」，訓為「伐」，曰古氏則認為讀作「刊」，訓為「削、剗」。「刊」確實可以訓為「伐」或是「砍削」，但問題是這種訓法的「刊」，其砍伐的對象都是「木」而非「人」，例如《尚書・禹貢》：「禹敷土，隨山刊木，奠高山大川。」孔穎達疏：「隨行山林，斬木通道。」[220]可見此說無法成立。後來暮四郎認為表示殺伐義的「攼」，實乃「虔」的假借。因為「虔」古音匣紐諄部，「干」古音見紐元部，二者音韻較遠。而且「虔」本身並不具備「殺」義，但古訓中，「虔」確實有訓作「殺」的用法，《左傳・成公十三年》：「虔劉我邊陲。」杜預注：「虔、劉皆殺也。」[221]《廣雅・釋詁一》：「虔……殺也。」[222]《方言・卷三》「虔、散，殺也。東齊曰散，青徐淮楚之間曰虔。」[223]因此有學者主張訓為「殺」的「虔」（匣紐諄部）是「翦」（精紐元部）的假借。[224]總之讀「虔」的說法尚有許多不確定因素，還需要更多證據支援。

華東師大工作室認為「攼」應該是以「干」為義符，「攴」為聲符，理解方式比較特別。因為「攼」在楚簡中已不算少見，〈仲弓〉簡20、〈芮良夫毖〉簡23、〈曹沫之陣〉簡16、〈子儀〉簡7、楚帛書等都有「攼」字的蹤跡，若要大幅度地全面改釋，困難度很高。〈曹沫之陣〉簡16云：「其食足以食之，其兵足以利之，其城固足以攼（捍）之。」「攼」字原整理者李零已讀「捍」[225]，此處文例清楚，沒有改讀的空間。可見華東師大工作室將

---

[219] 李學勤主編，《十三經注疏》整理委員會整理：《毛詩正義》，頁1660。

[220] 李學勤主編，《十三經注疏》整理委員會整理：《尚書正義》，頁159-160。

[221] 李學勤主編，《十三經注疏》整理委員會整理：《春秋左傳正義》，頁871。

[222] （清）王念孫：《廣雅疏證》，（上海：上海古籍出版社，1983.6），頁141。

[223] 華學誠匯證，王智群、謝榮娥、王彩琴協編：《揚雄方言校釋匯證》，頁226。

[224] 參劉剛：〈說僕及其相關諸字〉，復旦網，2008.12.30（2017.6.21上網）。

[225] 馬承源主編：《上海博物館藏戰國楚竹書（四）》，（上海：上海古籍出版社，2004.12），頁253。

「攼」改釋成从「攴」聲之說，實不可信。「攼」字常見於金文，茲將其用法羅列如下：

〈者汈鎛〉（集成 00129）：「往攼（捍）庶盟。」

〈毛公鼎〉（集成 02841）：「王命毛公以乃族干（捍）吾（敔）王身。」

〈師詢簋〉（集成 04342）：「率以乃友干（捍）吾（敔）王身。」

〈師克盨〉（集成 04467）：「干（捍）害（衛）王身，乍爪牙。」

〈大鼎〉（集成 02807-8）：「召大以厺友入攼（捍）。」

「攼」是金文常見的軍事動詞，一般都讀「捍」[226]，但是簡文前一句已有「𣃟（扞）輔武王」，此處成王讚美呂丁輔佐武王征伐商紂，則「△」顯然不應只是「防禦」而已，而是更為積極意義的「侵犯」。

另外，原整理者引《說文》將「攼」直接讀作「干」訓作「犯」，並以《左傳·文公四年》：「君辱貺之，其敢干大禮以自取戾。」[227]《國語·晉語四》：「若干二命，以求殺余。」[228]等兩處文例為證。必須說明的是，兩個例子與本處文例的用法還是稍有不同，《左傳》、《國語》二處的「干」所訓的「犯」，其實都是觸犯、冒犯之「犯」，而不是帶有攻擊意味的侵犯。比較適合的例子應是《國語·晉語五》：「河曲之役，趙孟使人以其乘車干行，獻子執而戮之。」（秦晉河曲之戰，趙宣子故意派人衝犯韓獻子行軍的隊伍，韓獻子將車夫逮捕處死）韋昭注：「干，犯也；行，軍列。」[229]可見「干」真的有主動攻擊的意涵。

「干」本義是盾牌，盾牌本為防禦性工具，古文字中「古」（「固」之初文）字从「冊」（「盾」之初文），下从「口」用以突顯盾牌堅強、堅固的概念。依據季旭昇師的看法，「干」字是「某種田獵或戰爭用的器具。」[230]許

---

226 莊惠茹：《兩周金文軍事動詞研究》，成功大學博士論文，2010.3，頁148-149。

227 李學勤主編，《十三經注疏》整理委員會整理：《春秋左傳正義》，頁580。

228 徐元誥撰，王樹民、沈長雲點校：《國語集解》，頁346。

229 徐元誥撰，王樹民、沈長雲點校：《國語集解》，頁378。

230 季旭昇師：《說文新證》，頁146。

進雄也認為「干，兼有攻擊及保衛之盾形」[231]，由這個角度切入，若「干」
（盾牌）除防禦性外，也兼具攻擊能力，那麼「干」具有侵犯之意，也可以
說得通。此外，單育辰與蘇建洲將《吳命》與《國語·越語上》聯繫，把「扞」
讀為「翦」或「踐」，此說亦有一定道理，而且可與後文的「敦」聯繫。

綜上所述，筆者支持讀「干」訓「犯」以及讀作「翦」或「踐」之說，
希望日後能有更多關於「干」的用例，可作為參證的依據，以及「干」在出
土文獻能不能有更多存在「攻擊義」的證據，值得持續觀察。

關於「殷」字，古文字中「啟」、「肇」、「殷」的考釋很長一段時間處於
糾葛的階段，方稚松細膩地梳理甲骨文、西周金文中「肇」、「啟」的構形差
異，指出「肇」主要是从「戶」从「戈」（或「攴」），而「啟」則是从「戶」
从「又」，至於从「攴」的「啟」或是在「啟」下方添加「口」旁的「𡂡」，
都是「肇」之異體而非「啟」字。[232]總的來說，可以透過「又」與「攴」來
區分「啟」、「肇」。

「殷」字本來是與「肇」毫無關聯的字，之所以造成混淆，主要是因為
「殷」的左半在時間的推移下，逐漸訛變成「戶」。「殷」本作「」（保卣
／集成 05415）、「」（小臣傳簋／集成 04206）、「」（禹鼎／集成 02833），
于省吾認為字从「𦣝」（反「身」）从攴，字「象人內腑有疾病，用按摩器以
治之」[233]，陳斯鵬認為「字取象於對人之腹身的撫摩，本當即有撫摩之義，
引申之則可有安撫之義。」[234]到了春秋晚期宋公欒簠（集成 04589）已經開
始訛變成「（殷）」，直到戰國文字，已與「戶」字寫法完全相同，再結

---

[231] 許進雄：《古文諧聲字根》，（臺北：臺灣商務印書館，1995.9），頁478。
[232] 方稚松：〈談談甲骨金文中的「肇」字〉，復旦網，2008.1.17（2017.6.21 上網）。又見方
稚松：《殷墟甲骨文五種記事刻辭研究》，（北京：線裝書局，2009.12），頁 57、《中原文物》，
2012 年第 6 期，頁 52-59。
[233] 于省吾：《甲骨文字釋林》，（北京：中華書局，1993.4，第3刷），頁321-323。
[234] 陳斯鵬：〈唐叔虞方鼎銘文新解〉，《古文字學論稿》，（合肥：安徽大學出版社，2008.4），
頁184。

合右半偏旁的「攴」（或「殳」），則與「肇」字金文寫法相同。包山與上博簡中有一種從「啟」從「邑」的字，字形作：

包山.63	包山.63	包山.184	包山.182
包山.186	包山.191	上博二.容成氏.53 正	上博二.容成氏.53 正

早期被視為「啟」字[235]，李零認為上引諸字應分析為從「邑」從「殷」[236]，清華簡公佈之後，我們真正看到獨體的「殷」，如下：

清華貳.繫年.簡 13	清華貳.繫年.簡 17	清華貳.繫年.簡 18	清華伍.封鄦之命.簡 3	清華伍.封鄦之命.簡 7

由於文例全為「殷商」之「殷」，可見李零將從「啟」從「邑」之字改釋為「殷」是非常正確的意見。《璽彙》2581-2582 有兩方以「啟」為姓的私名璽：

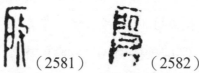

（2581）　　（2582）

早期釋為「肇」（如《璽彙》第 249 頁），或釋「啟」（《〈古璽文編〉校訂》[237]），徐在國改釋為「殷」[238]，張新俊認為釋「殷」之說「目前恐怕還缺少

---

[235] 如劉釗：〈包山楚簡文字考釋〉，《出土簡帛文字叢考》，（臺北：臺灣古籍出版社，2004.3），頁11。劉信芳：《包山楚簡解詁》，（臺北：藝文印書館，2003.1），頁66。李守奎：《楚文字編》，（上海：華東師範大學出版社，2003.12），頁412。

[236] 李零：〈讀《楚系簡帛文字編》〉，《出土文獻研究》第五輯，（北京：科學出版社，1999.8），頁160。

[237] 吳振武：《〈古璽文編〉校訂》，（上海：人民美術出版社，2011.1），頁444-445。

[238] 徐在國：〈上博竹書（二）文字雜考〉，簡帛網，2003.1.14（2017.6.21上網）。又載《學

足夠的證據來支持」[239]，依據清華簡的「殷」字來看，這些當成姓氏使用的私名璽，都應該要釋作「殷」。另外漢印也有「𣶒」字當姓氏用，如 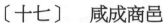 [240]，施謝捷釋為「𣶒（殷）」[241]，也是正確的意見。

〔十七〕　咸成商邑

| 咸 | 成 | 商 | 邑 |

原整理者：咸，《說文》：「悉也。」「成」字从丁聲，《國語・楚語上》韋注：「猶定也。」商邑，見《書・牧誓》、《酒誥》及沐司徒疑簋（《集成》四○五九）。[242]

蘇建洲：「咸成商邑」顯然與《清華壹・祭公》簡6-7「克夾邵（紹）𡏕（成）康，甬（用）臧（畢）𡏕（成）大商」的「臧（畢）𡏕（成）大商」相當。關於後者，陳劍先生指出：

今疑「成」字就可直接解為安定之「定」，「用定大商」與今本「用夷居之大商之眾」意近。「成」、「定」兩字音義皆近、常互訓，作異文者亦多見。「成」字除去舊注訓「定」但仍應係「完成、成就」一類常見義者外，確也有應理解為「固定、安定」一類義的。如《國語・晉語四》：「自子之行，晉無寧歲，民無成君」韋昭注：「成，定也」《書序》「康王命作冊畢，分居里，成周郊，作《畢命》」，偽孔傳釋為「成定東周之郊境」；《風俗通義・皇霸・五伯》謂齊桓公「率成王

術界》，2003年第1期（總第98期），頁101。

[239] 張新俊：《上博楚簡文字研究》，吉林大學博士論文，2005.4，頁13。

[240] 羅隨祖主編：《羅福頤集——增訂漢印文字徵》，（北京：紫禁城出版社，2010.6），頁152。

[241] 施謝捷：〈《漢印文字徵》及其《補遺》校讀記（一）〉《出土文獻與古文字研究》第二輯，（上海：復旦大學出版社，2008.8），頁294。

[242] 李學勤主編：《清華大學藏戰國竹簡（伍）》，頁120。

室」，亦即「率定王室」義（「定王室」之語《左傳》、《國語》數見；《管子·小匡》亦有「定周室」），與簡文此「成」字用法甚近。「畢定」的說法如《史記·周本紀》：「初，管、蔡畔周，周公討之，三年而畢定。」《魯世家》作「寧淮夷東土，二年而畢定」。

其說可從。《封許之命》整理者亦將「成」解為「定」，惟未聯繫《祭公》「畢成大商」。「咸成商邑」即「畢成大商」，「咸」即「畢」，揚雄《法言·重黎》：「或問：六國並其已久矣，一病一瘳，迄始皇三載而咸，時激、地保、人事乎？」于省吾《雙劍誃諸子新證·法言新證》：「咸謂畢也……言至始皇三載而畢也。」北大藏秦簡《魯久次問數於陳起》簡文云：「天下之物，無不用數者。夫天所蓋之大殹（也），地所【04-145】生之眾殹（也），歲四時之至殹（也），日月相代殹（也），星辰之生〈往〉與來殹（也），五音六律生殹（也），畢【04-141】用數。」「畢用數」即「咸用數」，整理者指出「畢」，義為「盡」、「皆」，「成」皆訓為「安定」。「商邑」即「大商」。[243]

　　子居：整理者所說的「『成』字从丁聲」，明顯是宋文化及其影響區域內的蔡、曾諸地的寫法，和包山簡這樣的楚地寫法有著明顯的區別。蘇建洲先生在《〈封許之命〉研讀札記（一）》中已指出有《封許之命》若干文字皆與楚文字不同，「而與齊魯文字寫法相近」，所說頗為近實。筆者以為，準確地說，《封許之命》的若干文字之所以與楚文字不同，當是底本有宋文化及齊文化影響所至。[244]

　　佑仁謹案：蘇建洲將簡文的「咸成商邑」與〈祭公〉的「畢成大商」聯繫起來，甚是。關於「畢成大商」，季旭昇師指出：

　　「『畢成大商』，依原考釋解為『畢畢大商』（佑仁案：原整理者首字

[243] 蘇建洲：〈《封許之命》研讀札記（一）〉，復旦網，2015.4.18（2017.6.21上網）。其後增補內容改以〈清華簡第五冊字詞考釋〉，此以後文為據，見蘇建洲：〈清華簡第五冊字詞考釋〉，《出土文獻》第七輯，頁148-149。
[244] 子居：〈清華簡《封許之命》解析〉，清華網，2015.7.16（2017.6.21上網）。

讀「畢」，第二字「成」則訓作「畢」，因此才說是「畢畢大商」），文義不是很清楚。武王克商，成王初年周公平定三監之亂，接著東征居魯，已經完成掃平殷商勢力的重任。『成』當釋為『平』，見《詩・小雅・天保》『民之質矣，日用飲食』毛傳『質，成也』，鄭箋：『成，平也。民事平，以禮飲食相宴樂而已。』『畢成大商』謂『畢平大商』，完全掃除殷商殘餘勢力。秦漢以後學者不明此義故訛作『用夷居之大商之眾』，義不可通，孔晁注：『言大商，本其初也。』義極勉強。」[245]

「成」字，陳劍讀為「定」，季旭昇師訓為「平」，看似用字不同，然實殊途同歸，「平」與「定」都是平息、平定之義，今日甚至結成同義複詞使用，《詩經・大雅・江漢》：「四方既平，王國庶定。」[246]「平」、「定」對文。依季師之說，「成」字完全可以直接訓釋成「平定」，無須通假或改讀，此解法最為簡易直截。而且《尚書・君奭》云：「我咸成文王功於不怠。」[247]可見「咸成」是周人用語。

　　子居認為「『整理者所說的『成』字從丁聲』，明顯是宋文化及其影響區域內的蔡、曾諸地的寫法，和包山簡這樣的楚地寫法有著明顯的區別。」本簡的「成」字作「」，與其他楚簡的「成」如「」（上博五.三德.15）、「」（上博五.鬼神之明・融師有成氏.5）、「」（清華貳.繫年.17）、「」（新蔡.甲 3.65）、「」（曾侯乙 211）寫法完全相同，這種構形的「成」在楚簡中多次出現，恐無法作為與宋文化聯繫的證據。

---

245 季旭昇主編：《清華大學戰國竹書（壹）讀本》，（臺北：藝文印書館，2013.11），頁255。
246 李學勤主編，《十三經注疏》整理委員會整理：《毛詩正義》，頁 1461。
247 李學勤主編，《十三經注疏》整理委員會整理：《尚書正義》，頁 530。

〔十八〕　【四】（殘缺）

原整理者：第四簡缺失。[248]

子居：所缺失的內容，估計當是成王之政及呂丁對成王的輔佐云云。[249]

佑仁謹案：本簡殘缺，但由簡 5 起始直至簡 7，最後一件賞賜物「悆（格）」，都應是成王的話，因為文中的「錫汝」（簡 5）、「命汝」（簡 5）、「贈爾」（簡 6），很明顯都是成王當面對呂丁的談話。因此下引號，應斷在「悆（格）」之後，但上引號的起始點當在簡 4 殘文之中，而殘文中至少可補「王曰」一詞。

〔十九〕　命女（汝）侯于鄦（許）

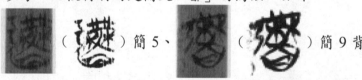				
命	女	侯	于	鄦

原整理者：西周麥方尊（《集成》六〇一五）「王命辟井（邢）侯出坏，侯于井（邢）」，與此句例相似。[250]

蘇建洲：其說可從。覶公簋：「覶公作妻姚簋，邁于王命易（唐）伯侯于晉」亦可參考。比較特別的是簡文「鄦」的寫法，如下：

（）簡5、（）簡9背

其下所從「甘」旁作「」，與楚文字不同。裘錫圭先生曾說：甲骨文的口旁，在較晚的古文字中又往往變作甘形，在《說文》的篆文裡又往往變作曰形。施謝捷先生進一步指出：「春秋以前文字裡『從口』的字，到春秋戰國時期往往可以寫成『從曰（甘）』，而『從曰』在齊系文字又可以變作

248　李學勤主編：《清華大學藏戰國竹簡（伍）》，頁120。
249　子居：〈清華簡《封許之命》解析〉，清華網，2015.7.16（2017.6.21上網）。
250　李學勤主編：《清華大學藏戰國竹簡（伍）》，頁120。

『从』。」其說可從，如：

（1）（甘，《璽彙》1285）　（甘，《璽彙》3590）　（甘，《璽彙》3235）

（2）（壽，《集成》102，邾公鈺鐘）　（壽，《璽彙》3676）　（壽，《陶錄》3.66.2）

（3）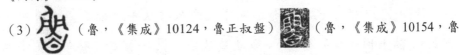（魯，《集成》10124，魯正叔盤）　（魯，《集成》10154，魯少嗣寇盤）

（4）（曹，《圖錄》3.414.6）　（曹，《圖錄》2.738.4）[251]

　　月下聽泉：建洲兄第五條分析許字下部所从非「甘」而是「白（自）」形，似是誤會了「無」形中間的「人」形筆劃。[252]

　　海天：第五條「許」下面內从兩橫，我當時也注意到確實像「自」形，只是一心往齊系的「甘」旁去想，不過目前楚文字確實沒有這種寫法。當然本文那段論及許國與齊國同祖，所以《封許之命》某些文字可能具有齊魯文字的特色的推論是有邏輯上的問題的，應當放棄。這幾個字的寫法比較特殊，可能只是單純的戰國各系之間彼此影響而已，不用牽扯到歷史的因素。[253]

　　曰古氏：《新收殷周青銅器銘文暨器影彙編》1367、1368「令（命）克侯于匽（燕）」，句式與簡文「命女（汝）侯于許」全同。而且二者同是西周早期的分封冊命之辭。[254]

[251] 蘇建洲：〈《封許之命》研讀札記（一）〉，復旦網，2015.4.18（2017.6.21上網）。

[252] 蘇建洲：〈《封許之命》研讀札記（一）〉，復旦網，2015.4.18，文後「學者評論欄」1樓，2015.4.18（2017.6.21上網）。

[253] 蘇建洲：〈《封許之命》研讀札記（一）〉，復旦網，2015.4.18，文後「學者評論欄」2樓，2015.4.18（2017.6.21上網）。

[254] 蘇建洲：〈《封許之命》研讀札記（一）〉，復旦網，2015.4.18，文後「學者評論欄」12

　　子居：西周金文中「侯于」某地的辭例甚多，不過，《詩經‧魯頌‧閟宮》的「建爾元子，俾侯于魯……乃命魯公，俾侯于東」的句例明顯也與此相似，因此即說明這樣的句例至少使用時段的下限在春秋前期左右，故而清華簡《封許之命》的成文時間下限自然也可能是春秋前期。[255]

　　黃凌倩：鄦或作鄦。《説文》：「鄦，炎帝太嶽之胤甫侯所封，在潁川。」鄦為周代諸侯國，故地在今河南許昌市東南。[256]

　　郭倩文：「許」已見於楚簡文字，或从言从午，如：上博四《柬大王泊旱》、上博六《競公瘧》；或从無从曰：清華二《繫年》第十四章，本簡該字於「許」之上累加「邑」旁表意，在此為封地名。[257]

　　劉成群：「命汝侯于鄦」「侯于……」為周王室冊命的固定用語，如《詩‧魯頌‧閟宮》有「俾侯于魯」，麥方尊有「侯于邢」（《集成》6015），克盉有「令克侯于匽」，四十二年逑鼎有「余肇建長父侯于楊」，覲公簋有「命唐伯侯于晉」。「命汝侯于許」的「許」字，簡文作「」，整理者將其隸定為「鄦」，似可商榷。「」字下半部分並非是「邑」字，所以將其隸定為「阝」恐怕不妥。《清華大學藏戰國竹簡（伍）》中的「」「」「」（佑仁案：「」、「」原誤「」、「」）等字均有「邑」字偏旁，所以整理者將其分別隸定為「鄑」「鄩」「鄆」是正確的，而「」字的情況恐怕不是這樣。「」字從字形來看，與包山簡中的「」、江陵望山一號墓楚簡的「」一致，應隸定為「魯」。「」字的楚系風格是很明顯的，但此字並非楚人所獨創，西周盠男鼎中的「」字（《集成》2549）及盠姬鬲中的「」字（《集成》575）都與「」字字形很像，徐少華指出：「『許』字，西周銘文一律作盠。」

樓，2015.4.19（2017.6.21上網）。

[255] 子居：〈清華簡《封許之命》解析〉，清華網，2015.7.16（2017.6.21上網）。

[256] 黃凌倩：《清華伍《厚父》、《封許之命》集釋》，頁78-79。

[257] 郭倩文：《《清華五》、《上博九》集釋及新見文字現象整理與研究》，頁74。

《封許之命》中的「」或許就是「𥃈」字的變體。[258]

佑仁謹案：子居認為「侯于某」的用法確實已見於西周金文，但是《詩經‧魯頌‧閟宮》的「乃命魯公，俾侯于東」的句例明顯也與此相似，因此他把本文的寫作下限擬定在春秋前期左右。既然本篇是周代初年呂丁封許的記錄，而文例、賞賜模式也與西周時期相近，可見〈封許之命〉作為呂丁封國的原始檔案，有一定的可信度（至少有所依據），實在沒有理由單單只因為《詩經‧魯頌‧閟宮》也使用「侯于……」的句法[259]，就把〈命訓〉文本創作年代整個往後拉到春秋。尤其內容還包括呂丁所受封的車馬器和薦彝，這不是後人能向壁虛造得出來的內容。

關於「鄦」字構形應從郭永秉之說，「鄦」字「無」旁下方應从「甘」，與楚簡習見寫法無別，而「甘」形上方的「∧」，實為「大」形的雙腳。劉成群認為簡文原篆作「」，原整理者隸「鄦」可商，因為「」字下方並非从「邑」，並舉「」（許男鼎／集成02549）認為「」字下方的寫法應是「皿」的變體。本字原篆應作「」，劉成群所引的「」顯然不是此處討論的原篆[260]。該字原整理者隸定作「鄦」，嚴格來說確實不妥，因為右下偏旁應為「甘」，嚴式隸定寫成从「日」或「曰」，都不理想。然而劉成群所言的从「邑」，更是不能成立。必須說明的是，目前所見西周金文「許」多寫成「𥃈」[261]，下从「皿」，但是就目前材料而言，沒有證據可說明「甘」旁是由「皿」旁訛變而來。

---

[258] 劉成群：〈清華簡《封許之命》「侯于許」初探〉，《中原文化研究》，2016年第5期，頁103。

[259] 李學勤主編，《十三經注疏》整理委員會整理：《毛詩正義》，頁1661。

[260] 該文的古文字貼圖有問題，例如文章中列舉清華伍从「邑」的字作「」、「」（上下誤置）不一而足

[261] 董蓮池：《新金文編》，頁828。

〔二十〕　女（汝）隹（惟）臷（壯）耆爾猷

女	隹	臷	耆	爾	猷

原整理者：臧，《說文》：「善也。」耆，《左傳》宣公十二年杜注：「致也。」[262]

ee：清華五《封許之命》簡5「臧耆爾猷」應讀爲「壯耆爾猷」，壯、耆都是強的意思。[263]

易泉：簡5「臧耆爾猷」臧，可訓善、好。《書‧盤庚上》：「邦之臧，惟女衆；邦之不臧，惟予一人有佚罰。」《詩‧邶風‧雄雉》：「不忮不求，何用不臧？」毛傳：「臧，善也。」耆指師長，長者。《國語‧周語上》：「瞽、史教誨，耆、艾修之。」韋昭注：「耆、艾，師、傅也。」《荀子‧致士》：「耆、艾而信，可以爲師。」長者的謀略堪稱老成之謀。可見臧、耆應該都是用來修飾「猷」的。猷，謀略；計畫。《書‧盤庚上》：「各長于厥居，勉出乃力，聽予一人之作猷。」孔穎達疏：「聽從我遷徙之謀。」「臧耆爾猷」似指你的謀略又好又老成。[264]

蚊首：《詩‧小雅‧采芑》：「方叔元老，克壯其猷。」《詩集傳》：「言方叔雖老，而謀則壯也。」[265]

奈我何：《封許之命》簡5「臧耆爾猷」，似乎易泉先生的說法更好些。說謀略如何，用「壯」來修飾形容似乎不辭，「臧」如字讀如字解釋（依其常訓「善」）反而更通順。至於《詩‧小雅‧采芑》：「方叔元老，克壯其猷。」《詩集傳》：「言方叔雖老，而謀則壯也。」其中的「壯」很可能亦當讀爲「臧」，

---

262 李學勤主編：《清華大學藏戰國竹簡（伍）》，頁120。
263 武漢網「簡帛論壇」〈清華五《封許之命》初讀〉0樓，2015.4.9（2017.6.21上網）。
264 武漢網「簡帛論壇」〈清華五《封許之命》初讀〉1樓，2015.4.9（2017.6.21上網）。又見何有祖：〈讀《清華大學藏戰國竹簡（五）》箚記〉，武漢網，2015.4.12（2017.6.21上網）。
265 武漢網「簡帛論壇」〈清華五《封許之命》初讀〉2樓，2015.4.10（2017.6.21上網）。

訓爲「善」。[266]

　　蚊首：這句詩曾為《鹽鐵論·未通》所引，由語境知「克壯其猷」意在講極人之用，訓善則不妥。[267]

　　雲間：接蚊首先生的意見，說一意見。《梁惠王下》引書曰有罪無罪惟我在，天下曷敢有越厥志。這個應該是講紂。孟子引書，是解上文中的引詩。所以，李先生文章認為孟子引《書》，原文是到「厥志」。《厚父》助上帝治之後，還有文字，應該是講紂失天命的意思。厚父這段和梁惠王下引書，包括孟子的闡釋，文意都能前後吻合。[268]

　　蘇建洲：裘錫圭先生指出，「者」有「強」義，如《國語·晉語九》「者其股肱」之「者」即其例。鄔可晶先生進一步指出這種意思的「者」如非假借爲「佶」或「劼」，至少所代表的詞也應與「佶」、「劼」音義皆近。《詩·小雅·六月》：「四牡既佶，既佶且閑。」鄭箋：「佶，壯健之貌。」壯健與強力義相因，「劼」有「用力」義是很自然的。而「劼」、「佶」、「者」古音很近。[269]

　　王寧：ee 先生認為「『臧者爾猷』應讀爲『壯者爾猷』，壯、者都是強的意思。」可從。「壓」字當讀為「壯」。者，《左傳·昭公二十三年》：「不懦不者」，杜注：「者，彊也。」《廣雅·釋詁一》：「強也。」「壯者」即漢人言之「壯強」，《論衡·效力》：「此言賢人亦壯強於禮義，故能開賢，其率化民。」又曰：「管仲有力，桓公能舉之，可謂壯強矣。」[270]

　　子居：易泉先生對「臧」訓「善」的補充甚是，對「者」訓「老」的更正也甚確。《禮記·坊記》引《尚書·君陳》有「爾有嘉謀嘉猷」句，上博六《用曰》有「嘉德吉猷」句，皆是謀猷用善來修飾的辭例，《國語·晉語

266　武漢網「簡帛論壇」〈清華五《封許之命》初讀〉5樓，2015.4.10（2017.6.21上網）。
267　武漢網「簡帛論壇」〈清華五《封許之命》初讀〉6樓，2015.4.10（2017.6.21上網）。
268　武漢網「簡帛論壇」〈清華五《封許之命》初讀〉7樓，2015.4.10（2017.6.21上網）。
269　蘇建洲：《《封許之命》研讀札記（一）〉，復旦網，2015.4.18（2017.6.21上網）。
270　王寧：〈讀《封許之命》散札〉，復旦網，2015.4.28（2017.6.21上網）。

一》：「既無老謀，而又無壯事，何以事君。」則同樣是以老來修飾謀。[271]

　　單育辰：整理者把「臧」破讀為「臧」，並認為：臧，善也；耆，致也。按，「臧」應讀為「壯」。《詩・小雅・采芑》：「方叔元老，克壯其猶。」此是「壯」形容「謀猶」之例。而「耆」也有強的意思，《左傳・昭公二十三年》：「不懦不耆」，杜預注：「耆，強也」。睡虎地《秦律十八種・司空》簡141：「耆弱相當」，「耆」與「弱」對文。上博二《從政》甲簡9：「志氣不旨」，王凱博先生把「旨」讀為「耆」，認為也是強的意思，並對「耆」訓強的字義做了疏理，可參看。[272]

　　餘𩜾：「臧」可讀為「莊」，先秦君主諡號多用「莊」，亦有善的意思，且上博簡《魯邦大旱》曾有臧通莊之先例。[273]

　　黃凌倩：臧，從整理者訓為善，在這裡用來修飾謀略。[274]

　　郭倩文：「壯」字从戕从止，整理者隸定可從。通讀方面存兩說：一讀為「臧」；二讀為「壯」。此處取讀「壯」說，與「耆」共表「強」義，修飾「猶」。「耆」字訓釋存三說：一訓為致；二訓為師、長；三訓為強。聯繫其前一字「壯」，從王寧先生訓為「強」。「猶」字從何有祖先生訓為「謀略、計劃」。[275]

　　陳美蘭：學者對於「𢧕」、「耆」二字有異讀。先討論「𢧕」字。簡帛論壇帳號「ee（單育辰）」讀「𢧕」為「壯」：

　　　　清華五《封許之命》簡5「臧耆爾猶」應讀為「壯耆爾猶」，壯、耆
　　　　都是強的意思。

此說或據《小雅・采芑》「克壯其猶」，不過毛傳釋「壯」為「大也」，與上

---

[271] 子居：〈清華簡《封許之命》解析〉，清華網，2015.7.16（2017.6.21上網）。

[272] 單育辰：〈《清華大學藏戰國竹簡（伍）》釋文訂補〉，《戰國文字研究的回顧與展望國際學術研討會論文集》，頁237。

[273] 武漢網「簡帛論壇」〈清華五《封許之命》初讀〉54樓，2016.2.15（2017.6.21上網）。

[274] 黃凌倩：《清華伍《厚父》、《封許之命》集釋》，頁80。

[275] 郭倩文：《《清華五》、《上博九》集釋及新見文字現象整理與研究》，頁75-76。

引釋讀略有所別。何有祖先生從原注釋讀「臧」，並引證《書・盤庚上》「邦之臧，惟女眾；邦之不臧，惟予一人有佚罰」、《詩・邶風・雄雉》「不忮不求，何用不臧？」實際上，我們從《詩・小雅・小旻》即可看出「臧」與「猷」的密切關係，茲引〈小旻〉首二章：

> 旻天疾威，敷於下土。謀猶回遹，何日斯沮？謀臧不從，不臧覆用。
> 我視謀猶，亦孔之邛。
>
> 潝潝訿訿，亦孔之哀。謀之其臧，則具是違。謀之不臧，則具是依。
> 我視謀猶，伊于胡底。

〈小旻〉首章刺在上位者「謀猶回遹」，意即治國之謀邪僻，且善謀不用，不善者反從之，次章再度強調謀之善者背棄，謀之不善者則依從，詩人於是從個人的視角——「我視謀猶」——發出慨嘆，意即我看那些被採用的「不臧」之謀猶，真是「伊于胡底」，無所成就。毛傳並未解釋本詩「猶」字，鄭箋：「猶，道。……今王謀為政之道回辟，不循旻天之德已甚矣。」又：「臧，善也。」釋「猶」為「道」首出毛傳，《小雅・采芑》：「克壯其猶」，毛傳：「猶，道也。」鄭箋：「猶，謀也。謀，兵謀也。」鄭玄對〈采芑〉、〈小旻〉之「猶」看似說解有別，實際上鄭氏所謂「為政之道」，「道」亦猶方法、計策，故孔穎達疏通如下：「毛為猶道，鄭以為猶謀也，軍之道亦謀也。」換言之，〈小旻〉之「謀猶」為同義詞，再看簡文「臧者爾猷」之「臧」，原注釋釋「臧」可從。

其次討論「者」字。筆者認為原注釋解為「致」是對的，不過其用法應該是近於《國語・晉語九》：「及臣之壯也，者其股肱，以從司馬，苟愍不產。」韋昭注：「者，致也。」此處「者」字用法為進獻、致獻義。簡文在成王命呂丁侯於許之後幾句，都是告戒呂丁應做到之事，上引何有祖先生的理解與文意似不相合，因此「臧者爾猷」的句意當是：好好地致

獻你的謀略。[276]

　　古容綺：該字从戕从止，原釋者的隸定可從，但通讀方面有兩派說法，一讀為「臧」，訓為善；二讀為「壯」，訓為強。從原釋者，讀為「臧」，訓為善，謀略如何用「壯」來修飾形容似乎不妥，「臧」訓為「善」反而更通順。「臧者爾猷」似指你的謀略又好又成熟。[277]

　　佑仁謹案：「墼」有兩讀：一讀作「臧」（訓善、好），原整理者、易泉、奈我何、陳美蘭、旅艎、黃凌倩主之。一讀作「壯」（訓強），ee、蚊首、蘇建洲、王寧、郭倩文主之。「墼」即「戕」字下添「止」形飾符，讀書會時有成員認為字當「戈」應與「止」合而為「武」，恐非。「墼」以「丬（即「牀」之初文）」為聲，讀「臧」或「壯」均有聲韻上的理據。

　　關於「墼」字，主張讀「臧」訓作「善」的學者，一般都引用《尚書·盤庚上》：「邦之臧，惟女眾；邦之不臧，惟予一人有佚罰。」[278]為證。而主張「墼」讀「壯」訓作「強」者，則多以《詩經·小雅·采芑》：「方叔元老，克壯其猷。」[279]為例。就文例而言，〈采芑〉「克壯其猷」與本處的「壯者爾猷」無疑是比較接近的，奈我何認為《詩經·小雅·采芑》的「壯」也很可能要讀「臧」，訓為「善」，此說可以排除，因為〈采芑〉的文例中，「壯」與「老」應是對文關係，意思是人雖已老，但所提出的謀略仍有鴻鵠之志。

　　如果「墼」應該要讀「壯」的話，那麼第二字的「者」訓為「強」當為首選，也就是「壯」、「者」為同義複詞，指強壯、壯大。《逸周書·諡法》：「者意大慮曰景。」孔晁注：「者，強也。」[280]《左傳·昭公二十三年》：「不

---

[276] 陳美蘭文章有簡本與繁本之分，簡本見於中研院史語所第二屆古文字學《青年論壇》，繁本見於《中國文字》新 43 期，二者觀點大同小異，只是論證詳略不同而已，集釋中我們以繁本意見為主。陳美蘭：〈清華簡〈封許之命〉小議〉，第二屆古文字學青年論壇，2016.1.28-29，頁 243-245。陳美蘭：〈清華簡〈封許之命〉箚記三則〉，《中國文字》新 43 期，（臺北：藝文印書館，2017.3），頁 35-37。

[277] 古容綺：《清華伍〈封許之命〉字詞研究》，頁 60。

[278] 李學勤主編，《十三經注疏》整理委員會整理：《尚書正義》，頁 278。

[279] 李學勤主編，《十三經注疏》整理委員會整理：《毛詩正義》，頁 755。

[280] 黃懷信、張懋鎔、田旭東撰，李學勤審定：《逸周書彙校集注（上）》（修訂本），頁 661。

僭不貪，不懦不耆。」杜預注：「耆，強也。」[281]「耆」訓作強，在出土文獻中亦可考見。睡虎地秦墓竹簡《秦律十八種‧司空律》：「居貲贖責（債），欲代者，耆弱相當，許之。」原整理者釋作「老」，但裘錫圭認為耆有強義[282]，此處是說凡犯了應繳納贖金之貲罪及積欠官府債務者，均可以用勞役來抵償債，除本人親自服勞役抵債外，法律還准許用自家的奴婢代勞服役，唯代役者之身材與力量的強弱均要與服役者相當才可以。銀雀山漢簡〈曹氏陰陽〉云：「以四時官人，春宜少年，夏宜耆年，秋宜侉年，冬宜□年【簡1646】」以春、夏、秋、冬四季對應人的年紀，「耆」字原考釋無說，連邵名指出：「耆年，當指壯年。《廣雅‧釋詁》一云：『耆，強也。』《左傳‧昭公廿三年》云：『不懦不耆。』杜注：『耆，強也。』」[283]所言甚是。

本處「壯耆爾謀」，指周王期許呂丁能持續提出宏大的謀劃。另一方面，呂丁受封鄦（許）國時已有一定歲數，與〈采芑〉「方叔元老，克壯其猷」的形容近似。

〔二十一〕虔（虔）血（恤）王豪（家）

虔	血	王	豪
虔	血	王	豪

原整理者：恤，《說文》：「憂也。」「虔恤」詞見春秋金文叔尸鐘、鎛（《集成》二七二—二八五）。西周追簋（《集成》四二一九—四二二四）「追虔夙夕恤厥死事」，癲鐘（《集成》二五一—二五六）「今癲夙夕虔敬恤厥死事」，詞意亦同。[284]

281 李學勤主編，《十三經注疏》整理委員會整理：《春秋左傳正義》，頁1657。
282 裘錫圭：〈《睡虎地秦墓竹簡》注釋商榷〉，《裘錫圭學術文集》第二卷《簡牘帛書卷》，（上海：復旦大學出版社，2012.6），頁97；〈讀書劄記四則〉第一條「『耆其股肱』之『耆』當訓『強』」，《裘錫圭學術文集》第四卷《語言文字與古文獻卷》，頁475。
283 連邵名：〈銀雀山漢簡〈曹氏陰陽〉研究〉，《中原文物》，2007年第2期，頁69。
284 李學勤主編：《清華大學藏戰國竹簡（伍）》，頁120。

明珍：，从虍从又，應是「攄」字，《說文》「相援也。」[285]

蘇建洲：「虔（虔）卹（恤）王豪（家）」的「虔」寫作：，「虍」下加「又」與三晉系（東南文化1991·2　□年芒碭守令戈）从「廾」相近。也見於齊系叔尸鐘、鎛，而且辭例同為「虔卹」，何琳儀先生曾將這種寫法釋為「攄」。楚文字目前未見「攄」字，《封許》的「虔」是否與齊系文字有關，似乎也不是不能考慮的。

整理者注釋簡2「呂丁」引《左傳·隱公》十一年《正義》引杜預云：「許，姜姓，與齊同祖，堯四嶽伯夷之後也。周武王封其苗裔文叔于許。」許國與齊國同祖，《封許之命》某些文字具有齊魯文字的特色，這也許不是偶然的。[286]

子居：整理者所說甚是，不過《封許之命》的措辭既然與叔尸鐘、鎛一致，而和追簋、瘐鐘有區別，應該可以說明是《封許之命》的成文時間更接近於叔尸鐘、鎛的緣故。約屬春秋前期的清華簡《皇門》有「勤卹王邦王家」，和《封許之命》此句「虔卹王家」明顯也很接近。西周金文中，尚未見有「卹王家」這樣的句子。「卹王家」這種訴求，明顯也與春秋時期的周王室地位更為吻合。[287]

佑仁謹案：駱珍伊已指出，《說文》有「攄」字，或疑即「虔」字異體，可信。〈皇門〉簡3有「堇（勤）卹王邦王豪（家）」與本處的「虔卹王家」接近。黃懷信認為「卹，憂。王國王家，即國家。」[288]另外金文中有「有虔不易（惕）」（《蔡侯申鐘》）、「虔卹不易（惕）」（《叔尸鐘》）等用法。筆者認為「虔」訓作「敬」，「卹」訓作「慎」，《晏子春秋·問下二

[285] 武漢網「簡帛論壇」〈清華五《封許之命》初讀〉39樓，2015.4.17（2017.6.21上網）。
[286] 蘇建洲：〈《封許之命》研讀札記（一）〉，復旦網，2015.4.18（2017.6.21上網）。
[287] 子居：〈清華簡《封許之命》解析〉，清華網，2015.7.16（2017.6.21上網）。
[288] 黃懷信：《清華簡〈皇門〉校讀》，武漢網，2011.3.14（2017.6.21上網）。

十》：「共恤上令，弟長鄉里」[289]于省吾《雙劍誃諸子新證·晏子春秋新證》卷二：「恤，慎也。『共恤』即敬慎。」[290]《晏子春秋》的「共（恭）恤」與簡文的「虔恤」都是敬慎之意。

〔二十二〕柬（簡）膌（乂）三（四）方不尅

柬	膌	三	方	不	尅

原整理者：簡，《爾雅·釋詁》：「大也。」舒（或作「膌」），金文多用為「辥」，而以「舒」、「辥」讀為「乂」，此處「舒」即讀「乂」，《爾雅·釋詁》：「治也。」尅，《說文》讀若「踝」，此處讀為「果」，《孟子·盡心下》趙注：「侍也。」史牆盤（《集成》一〇一七五）：「方蠻無不尅見。」侍見有朝見之意。[291]

蘇建洲：逨盤（《新收》757）銘云：「天子其萬年無疆，耆黃耈，保奠周邦，諫辥（乂）四方。」其中「諫辥（乂）四方」與簡文「柬（簡）膌（乂）三（四）方」相合。李學勤先生注釋指出：「諫」讀為「簡」，《爾雅·釋詁》「大也」。「辥」即「乂」，乂為治。可見《封許之命》的整理者是沿用李先生的訓釋。但是簡文文例特別之處在於「簡乂四方」之後還有「不尅」。對於「尅」，有學者分析為從卂「戈」聲，如王進鋒先生讀為「貢」。謝明文、廣瀨薰雄先生在徐先生認為「尅」是「獻」的本字的基礎上，結合（祼）字的用法，將從「戈」聲的「尅」讀為「獻」。一說「尅」是「降」的本字，陳劍先生在此基礎上讀為「貢」。但是金文文例對這些不朝貢、不廷的國家所採取的行動從未見是「乂」，蔣玉斌先生曾有歸納，茲引用如下：

---

289 吳則虞：《晏子春秋集釋》，頁278。
290 于省吾：《雙劍誃群經新證·雙劍誃諸子新證》，（上海：上海書店，1999.4），頁 256。
291 李學勤主編：《清華大學藏戰國竹簡（伍）》，頁120。

a、懷：

（1）率懷不廷方。　　　　　　　　　毛公鼎（《集成》2841）

（2）方懷不廷。　　　　　　　　　　逨盤（《新收》757）

b、榦：

（3）榦不庭方，以佐戎辟。　　　　　《詩‧大雅‧韓奕》

（4）榦不廷方。　　　　　　　　　　戎生鐘（《新收》1613）

c、討：

（5）以王命討不庭。　　　　　　　　《左傳》隱公十年

（6）同討不庭。　　　　　　　　　　《左傳》襄公十六年

（7）謀其不協，而討不庭。　　　　　《左傳》成公十二年

d、征：

（8）於是軒轅乃慣用干戈，以征不享。　《史記‧五帝本紀》

（9）賜（賜）用戉，用政（征）蠻方。　虢季子白盤（《集成》
10173）

e、燮：

（10）用燮不廷。　　　　　　　　　朋戈（《新收》469）

f、狄（逖）、遏：

（11）成受大命，方狄不享。　　　　逨盤（《新收》757）

（12）克狄淮夷，印燮繁湯（陽）。　曾伯霏簠（《集成》4631、4632）

（13）桓桓于征，狄彼東南。　　　　《詩‧魯頌‧泮水》

（14）用戒戎作，用遏蠻方。　　　　《詩‧大雅‧抑》

（15）狄虘髟。　　　　　　　　　　史牆盤（《集成》10175）

與簡文「不虣」比較接近的是「以征不享」、「方狄（遏）不享」。李學勤先生解釋逨盤的「方狄不享」說：「狄」讀為「逖」。《詩‧殷武》「莫敢不來享」，「享」訓為獻。盤銘是說將不臣服享獻的國族驅而遠之。逨盤銘文既

有「諌（簡）辤（乂）四方」，又有「方狄不享」，彼此動詞的使用並不混淆，也可見簡文「簡乂四方不𡩋」確實奇怪。另外，金文亦有文例作「遹嗣（司）蠻戎」（戎生編鐘）、「虩事䰠蠻夏」（秦公鎛）、「左右武王，敬□百蠻，廣嗣（司）四方」（晉公𥂴），此處的「嗣（司）」亦為治理、管理的意思，而「乂」也訓為「治」，看似可以對應，但是用「嗣（司）」對應的蠻戎是處於順服的狀態，比對秦公鐘、鎛亦有「討百蠻」可知。筆者目前傾向簡文可能是誤抄，「不𡩋」實為衍字。不過真實情況究竟如何，還有待繼續研究。[292]

　　黃傑：「不𡩋」即「不獻」，意為不進貢獻納。「柬（簡）乂四方不𡩋」即治理四方不肯獻納、不服順的邦國。【順帶提及，整理報告將「柬（簡）」解釋為大，似不準確。「柬（簡）」意為理，與「乂」義近連用。】至於「柬（簡）乂」與「不獻」是否就不能搭配，恐怕難以言必。《江漢考古》2015年第 1 期《湖北隨州文峰塔墓地 M4 發掘簡報》所公佈的 M4：016 號鐘帶有 30 多字的銘文，其中《簡報》釋為「弗討是許」的那句，我們認為實際上是「仇讎是撫」，「左右楚王，仇讎是撫」意為輔佐楚王，撫定曾經與楚為敵的國家。可參《禮記・文王世子》：「西方有九國焉，君王其終撫諸。」彼處「撫」與「仇讎」連用，恰可與此處「柬（簡）乂」與「不獻」搭配對照。[293]

　　海天：這個「撫」就是方懷不廷的「懷」一類的意思，跟「柬（簡）乂」並非一事。您可檢索看看「乂」後面所接的對象，便會明白在下讀不懂此段簡文的原因。[294]

　　黃傑：「用燮不廷」、「懷不廷方」、「方懷不廷」與《封許之命》「柬（簡）乂四方不𡩋（姸貢？獻？）」以及曾侯鐘的「仇讎是撫」，似乎是同一類型的

[292] 蘇建洲：〈《封許之命》研讀札記（一）〉，復旦網，2015.4.18（2017.6.21上網）。

[293] 蘇建洲：〈《封許之命》研讀札記（一）〉，復旦網，2015.4.18，文後「學者評論欄」9 樓，2015.4.19（2017.6.21上網）。

[294] 蘇建洲：〈《封許之命》研讀札記（一）〉，復旦網，2015.4.18，文後「學者評論欄」13 樓，2015.4.19（2017.6.21上網）。

用法，即對不服順的國家或地區用燮和（「用燮不廷」所處辭例不全，「燮」也可能是伐之義）、懷柔、柔撫、治理一類意義比較柔和的動詞。這似可表明「柬（簡）乂」與「不嬰（貢？獻？）」連用，是能夠成立的。[295]

王寧：「娺」應該是格鬥之「格」比較早的寫法，《二祀邲其卣》：「既娺于上下帝」（集成 5412.3）、史牆盤：「方蠻無不娺見」（集成 10175），本文「簡乂四方不娺」，可能都是用為來格之「格」。[296]

王寧：「娺」前人或釋「埶」、「伐」、「踝」等，恐均不確。此字象人捧戈格鬥形，即格鬥之「格」的會意本字，或者說是格鬥之「格」比較早的寫法，亦即《說文》之「挌」，云：「枝挌也。从丰各聲。」這個字應該是雙聲符的字，「丰」古音見紐月部，「各」見紐鐸部，月、鐸二部通轉音近。《說文》言「娺」讀若「踝」，蓋與「丰」聲為歌月對轉；而「格」古或通作「假」，古音見紐魚部，與匣紐歌部的「踝」旁紐雙聲、魚歌通轉音近。在金文中此字多用為人名，而《二祀邲其卣》：「既娺于上下帝」（集成 5412.3）、史牆盤：「方蠻無不娺見」（集成 10175），及本文「簡乂四方不娺」，應都是用為來格之「格」，「不娺（格）」即不來。《說文》中雖收「娺」字，然典籍中無用之者，蓋均以「格」為之。[297]

lht：簡文四方不娺，其中「不娺」大家都往「不廷」方向考慮，是把它當作賓語，我倒認為很可能是補語。如是，則應讀為「不券（倦）」。古書恆見此類語，如「不惰」、「匪懈」等。[298]

子居：整理者所說「娺」字，實从戈从丮从女，筆者以為當即「嫛」字，《說文·女部》：「嫛，至也。从女埶聲。《周書》曰：『大命不嫛。』讀若摯

295 蘇建洲：〈《封許之命》研讀札記（一）〉，復旦網，2015.4.18，文後「學者評論欄」14樓，2015.4.20（2017.6.21上網）。
296 蘇建洲：〈《封許之命》研讀札記（一）〉，復旦網，2015.4.18，文後「學者評論欄」16樓，2015.4.20（2017.6.21上網）。
297 王寧：〈讀《封許之命》散札〉，復旦網，2015.4.28（2017.6.21上網）。
298 武漢網「簡帛論壇」〈清華五《封許之命》初讀〉49樓，2015.4.29（2017.6.21上網）。

同。一曰《虞書》『雉摯』。」而《說文》的「𢼄」字，吳世昌先生在《說文形義商兌》中即言：「疑此本『埶』字，象執戈之形。」故「𢼄」似即「埶」字的異體，「四方不摯」也即「四方不至」。同樣，整理者所引《史牆盤》銘文似也當讀為「方蠻無不至見」，《乖伯簋》即有「唯九年九月甲寅，王命益公征眉敖，益公告至，二月眉敖至見」句。[299]

劉洪濤：我們所提供的解讀方案是把「不𢼄」看作補語，讀為「不倦」。上古音「倦」屬群母元部，「𢼄」屬匣母歌部，「獻」屬曉母元部，三字聲母都屬牙喉音，韻母是嚴格的陰陽對轉關係，古音極近，可以通用。《左傳》襄公二十六年「恤民不倦」，《論語‧述而》「誨人不倦」《孟子‧告子上》「樂善不倦」，結構全同。

古人認為勤勞公事是從政者必須具備的一種品質，常以此來要求和衡量各級官吏。下面舉幾個跟〈封許之命〉情形相似的例子。

（1）夙夜匪解（懈），以事一人。（《詩‧大雅‧烝民》）

（2）夙夜不解（懈），以譯（引）道（導）寡人。（《集成》2840 中山王鼎）

（3）王曰：盂，迺召（紹）夾死（尸）嗣（司）戎，敏諫罰訟，夙夕召（紹）我一人烝（烝）四方。（《集成》2837 盂鼎）

（4）女（汝）毋（毋）敢妄（荒）寧，虔夙夕惠我一人，擁我邦小大猷。（《集成》2841 毛公鼎）

（5）女（汝）小心畏忌，女（汝）不彖（惰）夙夜，宦執而政事……女（汝）尃（搏）余于艱恤，虔恤不易，左右余一人。（《集成》285 叔弓鎛）

（6）蔡侯申曰：余唯末少（小）子，余非敢寧忘（荒），有虔不惕（易），佐右（佑）楚王。（《集成》210-222 蔡侯申鐘）

---

[299] 子居：〈清華簡《封許之命》解析〉，清華網，2015.7.16（2017.6.21上網）。

這幾個例子中，例（2）和例（6）都是自述，其他則為王對大臣的話，與〈封許之命〉情形完全相同。例（2）和例（6）雖為自述，但因都涉及王，所以用語也相似。這些例子都是先講勤勞公事，如「夙夜匪解」、「不惰」、「不易」（不怠慢）等，跟「簡乂四方不倦」相近；後講用以輔助君王，如「以事一人」、「左右余一人」等，跟「以勤余一人」相近。此可證明我們把「不𢦏」釋讀為「不倦」是正確的。[300]

黃凌倩：「𢦏」字，王輝《古文字通假字典》云讀若踝，或説讀為果。史牆盤：「上帝司夒尤保，受（授）天子𪊨令、厚福、豐年，方繺（蠻）亡（無）不𢦏見。」李學勤《論史牆盤及其意義》一文認為這個「𢦏」當讀為「果」，此句説遠方的方國部落無不前來侍見。于省吾先生讀踝，訓踵，謂「方蠻無不接踵來見」。裘錫圭先生云「似可讀為誠」，訓為急。徐中舒先生認為𢦏為獻之本字，唐蘭先生認為讀持。「𢦏」究竟為何字，尚未有定論，從文意來看，應為朝見義。[301]

郭倩文：該字釋讀存在兩說：一釋爲「𢦏」；二釋爲「挌」。字左從「戈」，右從「丮」，整理者釋爲「𢦏」是也。甲骨文中已見「𢦏」作：𢦏合集7018、𢦏合集8445等，金文中「𢦏」作：𢦏𢦏父乙尊、𢦏牆盤等。與「執」（如清華簡《尹至》「𫝅」）之右旁一樣，「女」乃「丮」旁左趾之譌變，後與「丮」分離而成「妾」。王寧先生認爲此字象人持捧戈格鬥形，《說文·丰部》：「挌，枝挌也。從丰各聲。」段玉裁注：「枝挌者、遮禦之意。《玉篇》曰：『挌、枝柯也。』《釋名》：『戟、格也。旁有枝格也。』《庾信賦》：『草樹涓潄，枝格相交。』格行而挌廢矣。」則「挌」即樹的枝條，後該義爲「格」所承擔，並非格鬥之「格」的本字，故該說不可從。《說文·丮部》：「𢦏，擊踝也。從丮從戈。讀若踝。」甲骨文中該字或以爲用「擊伐」本義，或以爲用「進

---

[300] 劉洪濤：〈讀清華大學藏戰國竹簡第五冊散札〉，第二屆古文字學《青年論壇》，2016.1.28-29，頁216-219。
[301] 黃凌倩：《清華伍《厚父》、《封許之命》集釋》，頁84。

賢」義，待考。金文《牆盤》「釓見」讀爲「踝見」，接踵而見；《參尊》「釓臣」讀爲「媒臣」，侍臣也。疑簡文該字讀爲「媒」，《說文·女部》：「媒，娓也。一曰女侍曰媒。讀若騧，或若委。从女果聲。孟軻曰：『舜爲天子，二女媒。』」相關句意爲：大力治理全國不侍君之事，如果這樣理解不差，則剛好與後句「以勤余一人」意通。[302]

佑仁謹案：青銅器中與本處相近的文例，除蘇建洲所引述盤（新收 757）的：「諫辥（乂）四方。」之外，尚有屬王時期作冊封鬲的「虔夙夕卹周邦，保王身，諫乂四或（國）」[303]，西周晚期〈克鼎〉（集成 02836）「肆克恭保氒辟恭王，諫乂王家」，〈番生簋〉（集成 04326）：「虔夙夜溥求不朁德，用諫四方，柔遠能邇。」均可作爲釋字的參考。

簡文「簡胯四方」，「簡」原整理者訓作「大」，黃傑認爲應訓爲「理」，與後面的「乂」同義。此處的「柬（簡）」金文中常寫成「諫」，林宏佳在〈兩周金文君臣字詞疏解四則〉將「諫乂」之「諫」理解爲勸諫[304]。訓「諫」爲「勸諫」之說，並非完全沒有理據，因爲〈克鼎〉：「諫乂王家」、〈逨盤〉：「諫乂四方」等，字形就作「諫」，然而「諫王家」還能理解是對於君王的諫諍，但能做爲「諫乂」的對象者還有「四方」、「四國」、「天下」等，三者均爲空間概念，實無由而「諫」也。筆者認爲「簡」當訓作大、多之義。《爾雅·釋詁上》：「簡，……大也。」[305]又《釋訓》：「簡簡，大也。」郭璞注：「皆多大。」[306]《詩經·邶風·簡兮》：「簡兮簡兮，方將萬舞。」毛傳：「簡，大也。」[307]又《詩經·周頌·執競》：「降福簡簡。」毛傳：「簡簡，大也。」

---

302 郭倩文：《〈清華五〉、〈上博九〉集釋及新見文字現象整理與研究》，頁76-77。

303 鍾柏生、陳昭容、黃崇銘、袁國華編：《新收殷周青銅器銘文暨器影彙編》，（臺北：藝文印書館，2006.4），頁1556-1557。

304 林宏佳：〈兩周金文君臣字詞疏解四則〉，《第二十七屆中國文字學國際學術研討會論文集》，（臺中：臺中教育大學，2016.5.13-14），頁263-287。

305 李學勤主編，《十三經注疏》整理委員會整理：《爾雅注疏》，頁10。

306 李學勤主編，《十三經注疏》整理委員會整理：《爾雅注疏》，頁107。

307 李學勤主編，《十三經注疏》整理委員會整理：《毛詩正義》，頁190。

308或亦可作「閑」，《詩經・商頌・殷武》「旅楹有閑。」孔穎達疏：「閑，為楹之大貌。」309楚簡常用「柬」表示「簡」字，例如「楚簡王」在簡文中常就作「柬大王」。而「柬」有大之義，《爾雅・釋訓》：「丕丕、簡簡，大也。」310「柬」、「大」義近，因此以「簡大」二字為諡，可能是有關聯性的。結合下文的「乂」字，「簡乂」當訓為「大治」。

再談第二字的「脖」，「脖」，學者均釋作「乂」，訓「治」。簡文的「脖」，金文或用為「薛」，王國維認為即文獻之「乂」字311，裘錫圭認為「㝅」是「乂」的初文，本義乃「刈禾」312，學者們讀「治」之說可信。關於「四方」一詞，作冊封鼎（《新收1556》）銘文云：「作冊封式刑秉明德，虔夙夕卹周邦，保王身，諫乂四國。」文例中將「周邦」與「四國」相對，而「諫乂四國」一詞，〈封許之命〉則作「諫乂四方」，可見「四方」即「四國」之意，也就是四方的鄰國，亦可泛指天下。《詩經・大雅・崧高》：「揉此萬邦，聞於四國。」鄭玄箋：「四國，猶言四方也。」313可參。

「不妠」原整理者讀為「不果」，並引《孟子・盡心下》趙注「果」訓為「侍」，又說「不侍見」是不朝見的意思。《孟子・盡心下》原文作：「（舜）被袗衣，鼓琴，二女果。」趙岐注：「果，侍也。」314指女侍，《說文・女部》「婐」字下引《孟子》作「婐」，並云：「女侍曰婐。」315《孟子》原文的「二女果」是指服侍舜的兩位侍女，「果」屬名詞性質，無論套入銘文還是簡文則顯得不辭。學者或言「不妠」為衍文，或是「不妠」之前有脫文，都難以指實，「妠」確切的讀法仍需再考慮。

308　李學勤主編，《十三經注疏》整理委員會整理：《毛詩正義》，頁1537。
309　李學勤主編，《十三經注疏》整理委員會整理：《毛詩正義》，頁1725-1726。
310　李學勤主編，《十三經注疏》整理委員會整理：《爾雅注疏》，頁107。
311　王國維：《觀堂集林》，（北京：中華書局，1959），頁279。
312　裘錫圭：〈釋「㝅」、「稆」〉，見《古文字論集》，（北京：中華書局，1992.8），頁35-37。
313　李學勤主編，《十三經注疏》整理委員會整理：《毛詩正義》，頁1430。
314　李學勤主編，《十三經注疏》整理委員會整理：《孟子注疏》，頁452。
315　（東漢）許慎撰，（清）段玉裁注，李添富總校訂：《新添古音說文解字注》（三版），頁625。

〔二十三〕以菫（勤）余兲（一人）

以	菫	余	兲

原整理者：勤，《國語・晉語》韋注：「助我也。」「一人」，合文。[316]

子居：這句及上句明顯與《逸周書・嘗麥》的「敬恤爾執，以屏助予一人」有相似之處，筆者在《先秦文獻分期分域研究之一虛詞篇》中的分析中已指出，《逸周書》的《嘗麥》篇約成文於春秋前期，這正與前文分析的清華簡《封許之命》大致成文於春秋前期相合。[317]

佑仁謹案：先秦文獻中「勤」字後若接「人」（如：人名、人物、對象），則多指為某人某事盡力協助，例如《左傳・僖公三年》：「楚人伐鄭，鄭伯欲成，孔叔不可。曰：『齊方勤我，棄德不祥。』」[318]《國語・晉語二》：「秦人勤我矣。」[319]用法十分常見。「余一人」為商周天子常用的自稱，又可作「予一人」、「我一人」，《禮記・曲禮下》云：「君天下，曰『天子』；朝諸侯、分職、授政、任功，曰『予一人』」[320]，段玉裁《說文解字注》：「『余』、『予』古今字」[321]。胡厚宣認為「余一人」的用法最早見於甲骨文，或可省作「一人」，為國君專用的稱號[322]，「余」、「予」古音接近，和「我」一樣都是先秦常用的第一人稱代名詞，直至漢代依然沿用「予一人」（參《漢書・文帝

---

316 李學勤主編：《清華大學藏戰國竹簡（伍）》，頁120。

317 子居：〈清華簡《封許之命》解析〉，清華網，2015.7.16（2017.6.21上網）。

318 李學勤主編，《十三經注疏》整理委員會整理：《春秋左傳正義》，頁374。

319 徐元誥撰，王樹民、沈長雲點校：《國語集解》，頁295。

320 李學勤主編，《十三經注疏》整理委員會整理：《禮記正義》，頁143。

321 （東漢）許慎撰，（清）段玉裁注，李添富總校訂：《新添古音說文解字注》（三版），頁50。

322 胡厚宣云：「由甲骨卜辭看來，自殷武丁以迄帝辛，『余一人』與『一人』者，已為國王一人所專用的稱號。」胡厚宣：〈釋「余一人」〉，《歷史研究》，1957年1期，頁75。

紀》:「天下治亂,在予一人」)[323]。

早期金文中國君除自稱「余一人」(參〈叔尸鎛〉、〈毛公鼎〉、〈寅簋〉)外,或稱「我一人」(見〈大盂鼎〉、〈寅簋〉),另外還有「余子(一子)」的用法,十分特殊,見於冄鼎、冄簋[324]。

簡文的一人未用合文,與金文用法一致,顯然是受到金文來源的影響。然而必須指出的是,其實楚簡的「天」(一人)其合文符「＝」也有省略的例證,如〈君人者何必安哉〉甲簡 4 云:「君王有楚,侯子三子,天(一人)杜門而不出。」其中甲本的「天」沒有合文符,乙本將之分作「一」、「人」二字書寫。可見,楚簡「一人」亦有不作合文者,只不過,本篇的性質是許國冊命文獻,「玟(文王)」、「珷(武王)」、「帝(上帝)」、「天(一人)」等處皆不採用合文符,應是受到西周金文用法所影響。

---

[323] (東漢)班固撰,(唐)顏師古注:《漢書》,頁 116。

[324] 吳振武:〈新見西周冄簋銘文釋讀〉,《史學集刊》,2006年2期,頁86,鄧佩玲:〈新見冄器銘文小議〉,「紀念中國古文字學研究會成立三十周年國際學術研討會」會議論文,(吉林:長春大學古籍研究所,2008.10)。

第四節　〈封許之命〉考釋（中）

一　釋文

易（錫）女（汝）倉（蒼）珪（圭）、巨（秬）鬯〈鬯〉一卣〔一〕，敉（路）【五】車〔二〕、瑰（蔥）珩（衡）、玉鑾〔三〕、戀（鸞）鉫（鈴）、索（素）旂、朱筓（竿）〔四〕、元馬三（四）匹〔五〕、攸肳（勒）〔六〕、毢毦〔七〕、羅綏（緌）〔八〕、鉤雁（膺）〔九〕、纂（鑣）、絣（弁）〔十〕、匲（梐）〔十一〕。

【語譯】：賞賜給你綠色的圭、秬鬯一卣、路車、瑰衡、玉鑾、鸞鈴、白色的旂、紅色的旂竿、大馬四匹、攸勒、毢毦、羅緌、鉤膺、鑣、弁、梐。

二　文字考釋

〔一〕易（錫）女（汝）倉（蒼）珪（圭）、巨（秬）鬯〈鬯〉一卣

易	女	倉	珪	巨	鬯	一
易	女	倉	珪	巨	鬯	一

卣
卣

原整理者：《詩‧江漢》「釐爾圭瓚，秬鬯一卣」，毛公鼎「錫汝秬鬯一卣，祼圭瓚寶」，都與此相似。《詩‧崧高》封申，也是「賜爾介圭，以作爾寶」。[1]

---

1 李學勤主編：《清華大學藏戰國竹簡（伍）》，頁 120。

ee：簡5「巨（秬）鬯一卣」「鬯」實是「兇」字，但「兇」應是「鬯」的訛誤。[2]

　　子居：這裡賜給呂丁的蒼珪即是所謂命圭，《周禮·考工記·玉人》:「命圭九寸，謂之桓圭，公守之；命圭七寸，謂之信圭，侯守之；命圭七寸，謂之躬圭，伯守之。」鄭玄注:「命圭者，王所命之圭也。朝覲執焉，居則守之。子守穀璧，男守蒲璧。不言之者，闕耳。」自此句以下，賞賜物全部都是公侯級別的，包括諸侯級的路車、鸞鈴、乘馬。整理者提到的《詩經·大雅·崧高》中封申諸物即有「四牡蹻蹻，鉤膺濯濯……路車乘馬……錫爾介圭，以作爾寶」皆可與《封許之命》比對。《封許之命》中賞賜物的顯著特點在於，封許並未賜予戎器。《禮記·王制》稱「諸侯，賜弓矢然後征，賜鈇鉞然後殺，賜圭瓚然後為鬯。未賜圭瓚，則資鬯於天子。」《封許之命》中未賜呂丁武器，很可能就是因為呂丁不以武功著稱的緣故。[3]

　　蘇建洲：《封許之命》的錯字，尚可補充簡5「巨（秬）鬯一卣」的「鬯」作**[字形]**，研究者據此將**[字形]**（《上博一·孔子詩論》簡11）、**[字形]**《上博一·孔子詩論》簡13）、**[字形]**（《上博一·孔子詩論》簡27）、**[字形]**（《上博五·鬼神之明》簡6）等字也改釋為「鬯」。謹案：裘錫圭先生釋《上博一·孔子詩論》等字為從「恖」，於字形、文義都甚好，目前來看這個結論還是可信的。《封許之命》「鬯」作**[字形]**恐怕也是書手個人的錯字，不能輕易改釋已識字。關於這一點，陳劍、鄔可晶先生都有相同的意見。[4]

　　單育辰：「鬯」字在楚簡中尚未見到，但 A 與金文中的「鬯」作「**[字形]**」（《集成》5421.1）、「**[字形]**」（《集成》4132.1）等形並不一樣，它是楚簡中常見的「兇」字，如郭店《五行》簡15「**[字形]**」、簡23「**[字形]**」的「聰」（簡文從兇聲讀爲「聰」）的右旁，但於上端加了「十」形作裝飾而已。這種加十作裝

---

[2] 武漢網「簡帛論壇」〈清華五《封許之命》初讀〉0樓，2015.4.9（2017.7.4 上網）。
[3] 子居：〈清華簡《封許之命》解析〉，清華網，2015.7.16（2017.7.4 上網）。
[4] 蘇建洲：〈清華簡第五冊字詞考釋〉，《出土文獻》第七輯，頁158。

飾的「兇」古文字亦多見，如上博五《融師有成氏》簡6「」（簡文用爲「兇」）、上博一《孔子詩論》簡13「」（簡文从兇聲讀爲「寵」）。從文義看，此簡的「兇」應讀爲「鬯」，「兇」曉紐東部，「鬯」透紐陽部，二字古音很近。程燕先生把上揭《融師有成氏》、《孔子詩論》的「兇」字直接釋爲「鬯」，從字形和文義上看是有問題的。[5]

　　黃凌倩：從程燕及金宇祥先生說法，爲「鬯」字。《說文》：「鬯，以秬釀鬱艸，芬芳攸服，以降神也。」《詩‧大雅‧江漢》：「釐爾圭瓚，秬鬯一卣」，鄭箋：「秬鬯，黑麥酒也。」[6]

　　郭倩文：從簡文上下文看，該字釋爲「鬯」是無疑的。然而其寫法獨特，鬯，甲骨文作：合集13868、合集15970、合集30976、合集4366等，金文作：毛公鼎、叔卣等，本簡該字寫法與之相比，甚爲獨特，省去器中之米形，並加「十」形爲飾，爲楚簡帛材料中「鬯」字首見。[7]

　　金宇祥：從字形上來看，「鬯」字甲骨作（《合》01506正），金文作（大盂鼎《集成》2837）。戰國時期的寫法，比較明確的是《清華五‧封許之命》簡5，如果再加上前文程燕先生所列：《上博五‧鬼神之明》簡6、《上博一‧孔子詩論》簡11、《上博一‧孔子詩論》簡13、《上博一‧孔子詩論》簡27等可能釋作「鬯」的寫法，那麼「鬯」字的變化或可推論如下，甲骨金文下半部作，到楚簡則作、、。同樣的演變過程可以參考「皀（簋）」字，「皀」字甲骨作（《合》06990正甲），金文作（作希商簋《集成》3453），楚簡（「既」字所从）作《上博六‧用曰》簡12、《上博三‧彭祖》簡8、《上博二‧民之父母》簡7，

5　單育辰：〈《清華大學藏戰國竹簡（伍）》釋文訂補〉，《戰國文字研究的回顧與展望國際學術研討會論文集》，頁237。
6　黃凌倩：《清華伍《厚父》、《封許之命》集釋》，頁87。
7　郭倩文：《《清華五》、《上博九》集釋及新見文字現象整理與研究》，頁78。

其下半部同樣有、、的演變。

至於「鬯」字上半部的豎筆或十字之形，原先筆者懷疑可能是由甲骨「鬯」字的另一種寫法而來：（《英》0199 正），……但之後「鬯」字金文、楚簡中卻未見此種寫法，因為楚簡的「匕」或訛作「止」，或與「瓜」形近，皆未作豎筆或十字的，這樣的情況有可能後世沒有繼承這種从匕从鬯的「」字寫法，而此寫法僅存於甲骨中。但是也從甲骨的「」字得知，楚簡「鬯」字上加豎筆或十字的字形可能是到戰國時才出現。而這一豎筆可能是為了區別「兇」字而來的，楚簡「兇」字作：《九店》56.28、《清華參．芮良夫毖》簡 20、《上博六．用曰》簡 13，可以發現「凶」形下半部作、、等形，與前面提到「鬯」字或「皀」字的下半部演變十分接近，而且若不看那一豎筆或十字，「鬯」與「兇」幾乎同字，故「鬯」字上的豎筆或十字可能是作為區別符號使用的。[8]

程燕：李學勤先生釋為「鬯」。從辭例來看，「巨鬯一卣」金文習見，所以將此字釋為「鬯」無疑是正確的。古文字中的「鬯」字有如下形體：

甲骨文：《合集》30975 《合集》35153 《合集》33350 《合集》15790 《花東》34 《花東》26

金文：《集成》2837 大盂鼎 《新收》1439 《集成》4302 彔伯𢦚簋蓋

《通鑒》06229 霸伯盂 《通鑒》2501 卌三年逑鼎 《通鑒》2503 卌三年逑鼎

《通鑒》2509 卌三年逑鼎

[8] 金宇祥文章有簡本與繁本之分，觀點大同小異，只是論證之詳略不同而已。簡本參金宇祥〈《清華五．封許之命》的「鬯」字〉，復旦網，2015.8.5（2017.7.4 上網）。繁本參金宇祥：〈據清華伍釋讀楚文字二則〉，《第二十七屆中國文字學國際學術研討會論文集》，（臺中：臺中教育大學，2016.5.13-14），頁 3-10。（本文為散發論文，未收入正式論文集）

楚簡：上博五〈鬼神之明〉6

《說文》：「鬯，以秬釀鬱艸，芬芳攸服，以降神也。从凵，凵，器也。中象米。匕，所以扱之。《易》曰：『不喪匕鬯。』」鬯，本為酒名，象盛酒器內有米粒、香艸之形。上列甲骨文的第二行字形，上部增加了兩個三角形的部分，或認為此形表示有物遮蓋，不使鬯酒香氣外散。西周金文承襲甲骨前一種形體，或有點，或省點。其中，卅三年逑鼎銘尤為簡省，甚至將盛鬯酒的器底座都省略了，若沒有同銘器作比，此「鬯」字辨認起來的確有一定困難。

學術界對戰國楚簡中有關「鬯」的字形存在著很大的爭議，裘錫圭曾撰文對上博一的三個字形做了詳細的考釋：

> 簡文從「辵」之字的三個「鬯」旁，形狀稍有出入。其上部有 三種寫法。這三種寫法在本文篇首所舉的那些「鬯」字中皆有相類之例（邵鐘「鬯」字直豎上原來可能也有點，但難以確定）。上舉最後一例「鬯」旁的下端變「」為「」，這與古文字「心」字的演變情況相合。

裘先生文中所討論的三個字形分別是：

上博一《詩論》11　　上博一《詩論》13　　上博一《詩論》27

清華簡出現的這個形體讓我們對戰國時期的「鬯」字又有了新的認識：戰國文字「鬯」上部有 ，與甲骨、金文的字形多有不同。何琳儀曾懷疑上面所從「十」形可能是飾筆，類似於戰國文字「玉」所從的兩斜畫。戰國文字「鬯」及从「鬯」之字，上部雖然也有圓點或十字形，但下部一定是從「心」的，如：

鬯　清華三〈琴舞〉14　《璽彙》1108　雲夢〈日甲〉158反

蒽 雲夢〈秦律〉179 〈關沮〉316

綜上，上述上博簡三個字右部所從，何琳儀認為是「邕」應無問題。前兩個形體「邕」旁下部所從和甲骨、金文字形一樣，乃盛邕酒的器底器。第三個字形「邕」旁下部和上博五、清華五形體相類，可能是底座的一種訛體。[9]

　　蘇建洲：如同裘錫圭所說「『邕』字從來不作上加一直豎之形」。上述諸字皆應釋為「蒽」。從辵、蒽聲之字，應該是「送」字的異構。具體簡文釋讀，簡11「《鵲巢》之歸，則者⋯⋯」，簡13「《鵲巢》出以百兩，不亦有乎」，裘先生讀為「送」或「媵」文意都很妥帖。程燕依照何琳儀的意見讀為「蕩」，寬大之義。《詩經・南山》與《詩經・載驅》都有「魯道有蕩」的說法，「有蕩」即「蕩蕩」，平坦的樣子。《左傳・襄公二十九年》：「為之歌齒，曰，美哉，蕩乎！」「蕩乎」猶《論語・泰伯》之「蕩蕩乎」，博大貌。這兩個解釋都與《召南・鵲巢》詠嫁女的主旨不合。至於簡27「其所愛，必曰吾奚舍之？賓贈是已」《詩・秦風・渭陽》「我送舅氏，曰至渭陽。何以贈之？路車乘黃」相合，可知應讀為「送其所愛」。若讀為「蕩其所愛」則不知所云了。《融師有成》「戔帀（師）見，毀折鹿（离）炎（散）」，程燕釋為「見邕」，讀為「見殃」，以為即《史記・扁鵲倉公列傳》「扁鵲以其伎見殃」的「見殃」。但《融師有成》那段簡文意思不大清楚，不能肯定此字究竟表示哪一個詞，恐怕不能讀為「見殃」。「見殃」即「被害」，主詞是名詞，但是「戔師」應該是動賓結構，是「消滅融師」的意思，「見」也應該如此理解。與《上博五・融師有成》簡6寫法相同，裘錫圭分析為「蒽」和「凶」揉合在一起，目前看來應該是可信的，也就是說讀為「邕」的△2

---

[9] 程燕文章有簡本與繁本之分，但觀點大同小異，只是論證之詳略不同而已。簡本參程燕：〈清華五箚記〉，武漢網，2015.4.10（2017.7.4上網）。程燕：〈清華五札記二則〉，《古文字研究》第31輯，《古文字研究會第21屆年會論文集》，（北京：中華書局，2016.10），頁366-369。

只能理解為書手的誤寫。[10]

　　劉成群：周王冊命時所賜之物也多見於傳世文獻與出土資料，如「秬鬯一卣」見於《詩·大雅·江漢》、三年師兌簋（《集成》4318-4319）、毛公鼎（《集成》2841）、吳方彝蓋（《集成》9898）。[11]

　　佑仁謹案：「倉珪」原整理者讀「蒼圭」，可信。夏鼐指出「圭」的形制為「扁平長條形，下端平直，上端作等邊三角形」[12]。出土或傳世文獻中特別指出圭的顏色者，如「玄圭」（《尚書·禹貢》[13]、花東甲骨286[14]、武梁祠屋頂後坡榜題「玄圭」）、「白圭」（《詩經·大雅·抑》[15]、《禮記·緇衣》[16]）、「小白圭」（花東甲骨359）、「青圭」（《周禮·春官·大宗伯》[17]）。「蒼圭」殆近乎古籍中的「青圭」或「綠圭」。

　　傳世文獻與西周金文中，「圭」（或「圭瓚」）常與「秬鬯」並列，孰前孰後皆可。此處的「蒼圭」，是指以綠圭作為勺柄的一種挹酒禮器。《禮記·王制》云：「賜圭瓚，然後為鬯。」鄭玄注：「圭瓚，鬯爵也。鬯，秬酒也。」[18]《尚書·文侯之命》云：「平王錫晉文侯秬鬯圭瓚。」《孔氏傳》云：「以圭為杓柄，謂之圭瓚。」孔穎達正義云：「賜其秬鬯之酒，以圭瓚副焉」、「『圭瓚』者，酌鬱鬯之杓，杓下有槃，『瓚』即槃之名也；是以圭為杓之柄，故謂之『圭瓚』。」[19]

---

10 蘇建洲：〈談談〈封許之命〉的幾個錯字〉，《古文字研究》第 31 輯，頁 375。

11 劉成群：〈清華簡《封許之命》「侯于許」初探〉，《中原文化研究》，2016 年第 5 期，頁 103。

12 夏鼐：〈商代玉器的分類、定名和用途〉，《考古》，1983 年第 5 期，頁 458。

13 李學勤主編，《十三經注疏》整理委員會整理：《尚書正義》，頁 204。

14 花東 286 原整理者釋作「紭」，姚萱改釋作「玄」，可信。姚萱：《殷墟花園莊東地甲骨卜辭的初步研究》，首都師範大學博士論文，2005，頁 13。

15 李學勤主編，《十三經注疏》整理委員會整理：《毛詩正義》，頁 1371。

16 李學勤主編，《十三經注疏》整理委員會整理：《禮記正義》，頁 1771。

17 李學勤主編，《十三經注疏》整理委員會整理：《周禮注疏》，（北京：北京大學出版社，2000.12），頁 562。

18 李學勤主編，《十三經注疏》整理委員會整理：《禮記正義》，頁 432。

19 李學勤主編，《十三經注疏》整理委員會整理：《尚書正義》，頁 653。

簡文的「⿺乚凶」是個具有爭議的字，先將相關諸字羅列如下：

	上博一.孔子詩論.11	〈鵲巢〉之歸，則△（送）者。
	上博一.孔子詩論.13	〈鵲巢〉出以百兩，不亦有△（送、媵）乎？
	上博一.孔子詩論.27	△（送）其所愛，必曰吾奚舍之？賓贈是已。
	上博七.武王踐阼.4	欲勝義則△（凶）。
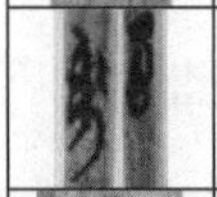	上博九.舉治王天下.9	物有所△（總）。
	上博五.鬼神之明.6	蔑市見△（凶）。
	左塚漆棋局方框第三欄 A 邊	吁（虛）△（聽）。
	清華伍.厚父.9	嗚呼，天子！天命不可（總）。
	郭店.尊德義.24	△（劬）勞之究。

裘錫圭在 1988 年發表〈說字小記〉其中〈說『悤』、『聽』〉一條[20]，首先將「」釋為悤，並將過去被誤認為「耳」的「」（耳尊／集成 06007）一類字都改釋為「聽」之初文。後來出土文獻材料日增之後，裘錫圭進一步發表〈釋古文字中的有些「悤」字和从「悤」、从「兇」之字〉一文[21]，討論部分尚未被釋出的「悤」字。文末以「補記」的形式羅列出陳劍對該文的幾點糾正，裘錫圭並指出他對於陳劍的指正「基本上都同意」，因此放棄或改變文中的部分觀點，但是基於某些原因，裘先生並沒有全文改寫，只在「補記」

[20] 裘錫圭：〈說字小記〉「說悤、聰」一則，收入裘錫圭：《古文字論集》，頁 642-643、《裘錫圭學術文集 3：金文及其他古文字卷》，（上海：復旦大學出版社，2012.6），頁 415-416。

[21] 裘錫圭：〈釋古文字中的有些「悤」字和从「悤」、从「兇」之字〉，《出土文獻與古文字研究》第 2 輯，（上海：復旦大學出版社，2008.8），又載復旦網，2008.12.15（2017.7.4 上網），以及裘錫圭：《裘錫圭學術文集 3：金文及其他古文字卷》，（上海：復旦大學出版社，2012.6），頁 451-463。

提出他的修正意見，這使得該文複雜而難懂。筆者融通此文，將裘先生與陳劍對於「㥁」、「邕」二字的主要看法整理如下：

1. 古文字的「㥁」字形作▢、▢、▢、▢、▢。

2. 〈孔子詩論〉三例從「▢」或「▢」的字不能夠釋作「邕」，因為「邕」字從來不作上加一直豎之形，而它們與前述的「㥁」字皆有相類之例。「㥁」字從「心」，古文字「心」作「▢」（克罍器），後來，演變作「▢」、「▢」，亦即「∪」演變成「乀」，套入這個公式，〈孔子詩論〉的「▢」與「▢」二字「與古文字『心』字的演變情況相合」。因此前述字表中的單字，都應由「兇」或「㥁」字聲系尋找適合的訓讀。

3. 透過楚簡的「聰」字，可以知道「兇」字作「▢」，字從「卩」。「兇」字除了從「卩」外，也可以有從「乀」的寫法，例如「▢」（左塚楚墓棋局方框第二欄十六組）、「▢」（阜陽雙古堆《周易》），這種從「乀」的寫法，不是由從「卩」簡化而來。

4. 左塚楚墓棋局的「㥁」作「▢」，它是在「心（㥁）」字上加注「凶」聲而成的繁體。〈孔子詩論〉的「㥁」作「▢」與「▢」，則是將「▢」（凶）聲與▢或▢（「心」之省形）的合體，二者合用中間的弧線，楚文字「心」寫作▢、▢，省去冒出橫弧線的尖端，就成▢、▢了。

5. 陳劍在文末的「補記」指出，郭店《語叢二》簡 11 的「悁」字作「▢」，上博〈孔子詩論〉簡 26 則寫作「▢」，「口」形與「心」形的弧筆合而爲一，可作爲前述「凶」與「心」合體的旁證。

6. 〈孔子詩論〉簡 11 讀作「《鵲巢》之歸，則△（送）者」，簡 13 讀作「《鵲巢》出以百兩，不亦有△（送／媵）乎？」，簡 27 讀作「△（送）其所愛，必曰吾奚舍之？賓贈是已。」郭店簡〈尊德義〉簡 24 讀「劮勞之究」，左塚漆棋局方框第三欄 A 邊讀「吁（虛）㥁（聰）。」

過去「」與「」有釋作「离」、「邕」、「惠」、「叀」等多種說法 [22]，但自從裘錫圭釋「𢝬」之後，諸說逐漸消失，直到〈封許之命〉簡 5 的「邕」字出現，其文例為：

巨（秬）一卣

原整理者釋作「邕」，並沒有對字形多作討論。ee（單育辰）認為△字是「兒」，乃「邕」的訛字，但後來他在〈《清華大學藏戰國竹簡（伍）》釋文訂補〉一文中，已不再解為訛字，而是透過「『兒』曉紐東部，『邕』透紐陽部，二字古音很近」，試圖以通假的方式將「兒」讀為「邕」。程燕贊同原整理者釋「邕」之說，並將上博〈孔子詩論〉、〈融師有成氏〉等處的用例都改釋成「邕」，金宇祥亦釋成「邕」，他最初懷疑「邕」是從甲骨文的「」（《英》0199 正）一系演變而來，後來則認為「邕」字的豎筆可能是為了區別「兒」字。蘇建洲認為△是「𢝬」，為「邕」的訛字。黃凌倩、郭倩文都依據原整理者之說將字釋為「邕」。

可以發現主要的觀點有三種：1.依循原來裘錫圭先生釋「𢝬」的舊釋，將△字理解為「𢝬」，為「邕」之誤寫。2.依據〈封許之命〉的文例，當成將△釋作「邕」的硬證，並將過去〈孔子詩論〉、〈鬼神之明〉等諸字通通予以改釋。3.將字釋為「兒」，並依據古音通假的方式，將「兒」通為「邕」。由於〈封許之命〉文例「秬邕一卣」十分清楚，因此△在文例中就是指｛邕｝，這是學界普遍的共識，其中的爭論則在於，究竟△就是「邕」字，還是△應是指「𢝬」，而「𢝬」是「邕」的誤字。

先談第 3 種說法，該說由單育辰所提出，他將自己對該字的解釋分為前說與後說：前說將字釋為「兒」，而「兒」是「邕」的訛字；後說亦釋為「兒」，但通假成「邕」。首先，單育辰認為△字是從「兒」，只是「兒」字

---

[22] 參劉信芳：《孔子詩論述學》，（合肥：安徽大學出版社，2003.1），頁 183-185、243-246。

「上端加了『十』形作裝飾而已」，將「十」形視為單純的飾筆，此說法與裘錫圭不同，戰國三晉文字「恖」字作「𢨋」（璽彙 1108），若在其中加上「凶」聲，便是「𢨋」，這會比起將「十」形理解為飾筆要來得允當。關於後說所主張的「兇」、「邑」通假問題，「邑」（透紐陽部），依王力之擬音為 tʰĭaŋ，「兇」曉紐東部，擬音為 xĭwoŋ，聲紐韻部皆不同，這樣的通假似乎較於寬泛。

再看第 2 說，該說主要是依據「秬邑一卣」之文例，希望△能成為釋為「邑」最直接的證據。自從原整理者（李學勤）釋「邑」後，程燕、金宇祥、黃凌倩、郭倩文等學者都紛紛支持此說。依據這樣的觀點當然有其理論依據，可是綜合各項條件來看，筆者認為不宜將「𢨋」隸定為「邑」。可以從釋形與釋義兩方面來分析：

（一）釋義方面：過去裘錫圭基於「恖」所釋讀的字，已能順利通讀文例，但將字改讀為「邑」後，能否找到適當的讀法呢？這是個重要問題。程燕〈孔子詩論〉依循何琳儀的看法讀成「蕩」，指寬大之義[23]。〈孔子詩論〉簡 11、13 兩句，都是講《詩經・召南・鵲巢》，第二章云：「之子于歸，百兩將之。」毛傳：「將，送也。」[24]所以簡文說「《鵲巢》出以百兩，不亦有𢩠（送／媵）乎？」文通字順，正如蘇建洲所言，讀作「蕩」與《詩經・召南・鵲巢》詠嫁女的主旨不合。當然，尚未找到適宜的讀法，可能只是還沒出現，不能作為否決釋「邑」的證據，所以主要的理由還是由字形上來衡量。

（二）釋形方面：

1. 對於釋「邑」而言，一個難以解決的問題是：其上所從的「丨」（或丨、十）究竟怎麼來的？裘錫圭之所以反對「𢨋」與「𢨋」釋「邑」字，其中重要判斷就是，構形上「『邑』字從來不作上加一直豎之形」（參〈釋古文

---

[23] 何琳儀：〈滬簡詩論選釋〉，簡帛研究站，2002.1.17。
[24] 李學勤主編，《十三經注疏》整理委員會整理：《毛詩正義》，頁 77。

字中的有些「㒸」字和從「㒸」、從「兒」之字〉)。綜合各家釋「邕」之說，可以將「邕」與「↑」(或↑、十) 產生聯繫的字形證據，不外乎：

1.	2.
邵鐘 (《金文編》摹本)	《英》0199 正

先談第 1 形，「↑」見於《金文編》(編號 830「邕」字頭)[25]，邵鐘是 1862 年出土於山西省榮河縣后土祠旁河岸，時代為春秋晚期，《集成》編號 00225-00234。很多學者都依據「↑」字，作為將「↑」釋作「邕」的例證，但現在可以知道《金文編》的「↑」是個誤摹字，不足為證。邵鐘的「邕」字位於左鼓，字形殘泐非常嚴重，我們儘量挑選字形相對清楚的寫法，如下：

1.集成 00228	2.集成 00229	3.集成 00230	4.集成 00231
5.集成 00233	6.集成 00234	7.集成 00235	8.集成 00236

陳劍曾經指出「《集成》231、233、234、236 等號拓本上，可以看得相當清楚，其上部作形，似『匕』字。230 號此字上部似直豎，恐是鑄壞的，不足為憑。」(見裘錫圭〈釋古文字中的有些「㒸」字和從「㒸」、從「兒」之字〉之陳劍「補記」)，編號 3 (集成 00230) 字形乍看直豎，由於無法目驗原器，是否如陳劍所言「鑄壞」，我們無法斷言，但該字肯定不能摹作「↑」。參酌各拓本，整體看來，上半的偏旁以從「匕」為可能性之最高。

結合前述春秋晚期邵鐘的構形，「↑」這種加「匕」的「邕」字異體，很可能延續到春秋晚期。可是，「匕」是古文字十分常見的字，無論單字或偏旁用例都很多，在歷時的演變脈絡中，「匕」從來沒有演變成從「↑」(或

---

[25] 容庚編著，張振林、馬國權摹補：《金文編》，(北京：中華書局，2004.8)，頁 355。

（⺅、十）的平行證據，無法論證〈孔子詩論〉諸字是由「⺊」所演化過來。至於金宇祥所謂从「⎸」（或⺅、十）的寫法是為了要與「兇」作區隔，在評議此觀點以前，我們有必要先談談「卣」字的演變脈絡。

「卣」本義為祭祀之香酒，甲骨文作「⻈」（合集 30979）、「⻈」（合集 301）、「⻈」（合集 22227）、「⻈」（京都 1364），象裝「卣」之容器，容器中有小點表示香酒，小點可有可無，下半部作常用以表示圈足的「ᵁ」，小篆「卣」作「⻈」，「匕」顯然是由「ᵁ」所演變而來，許慎所謂「匕所以扱之」並不可信。附帶一提，非王卜辭中的「卣」字構形較為特殊，寫成「⻈」（花東 4）、「⻈」（合集 22293）、「⻈」（合集 22060）等，與卜辭中的「禽」（如「⻈」合集 22062）相近，花東甲骨研究的學者已多人討論過此現象 26。

由於「卣」是西周金文常見的賞賜物，因此可以看到大量字形，例如「⻈」（大盂鼎／集成 02837）、「⻈」（叔簋／集成 04132）、「⻈」（智壺蓋／集成 09728）、「⻈」（上士壺／集成 05421），寫法與一般王卜辭的甲骨文構形無別。由上述字形可知，「卣」字古文字都有幾乎都有「ᵁ」形（指器的圈足底部）。筆者在眾多「卣」字中，僅在四十三年逨鼎（庚器／新收 0755）找到一例未有「ᵁ」形者（見庚器）：

庚器	丙器（新收 0748）	己器（新收 0750）	丁器（新收 0751）	戊器（新收 0753）

26 朱歧祥：〈論由系聯的方法擴張研治花東甲骨的材料〉，《古文字研究》第 27 輯，頁 148。王子揚：《甲骨文字形類組差異現象研究》，首都師範大學博士論文，2011，頁 68。葉玉英：〈論甲骨文中飾筆產生的原因及其演變趨勢和性質〉，「紀念中山大學古文字學研究室成立60 週年學術研討會」（散發論文），廣州：中山大學，2016.12.2-5，頁 40。

文例為「秬鬯一卣」，又見於同文異範的各器之中，比對字形，會發現庚器的「鬯」寫作「」，下半沒有「」形構件，很可能只是一時誤寫，而庚器「秬」字作「」，其「鬯」旁亦是典型寫法。

可惜的是，戰國文字的「鬯」僅見於〈封許之命〉，而這個字本身就是個待考字。不過，雖然出土文獻無法提供戰國「鬯」字的結構，但傳抄古文或許可以間接提供一些線索。《傳抄古文字編》「鬯」字共收錄六例[27]，可依構形區分為三組：

1	（506.2.4）、（506.3.1）
2	（506.2.3）
3	（506.2.1）、（506.2.2）、（506.3.2）

此三種寫法的差異主要在下半，第一種寫法下半保留早期金文的構形，第二種寫法下半可在「皀」字中找到相同的演變模式，第三種寫法下半與小篆相同[28]。

換言之，從甲骨文、金文一路到戰國、秦漢文字，沒有任何資料可供印證，「鬯」字存在從「」（或、）的構形。因此，依現有的條件來看，△仍宜釋為「恖」，而它是「鬯」的誤字。「恖」金文作「」（大克鼎／集成02836），可以依形隸定作「忄」，與「心」上加點表示「心」的一點靈明處，這種寫法的「恖」，在春秋戰國文字中仍可看到，如「」（蔡侯盤／集成10171）、「」（蔡侯紐鐘／集成00211）、「」（〈厚父〉簡9）、「」（〈舉治王天下〉簡9）。為了表示讀音，戰國文字還可以看到加「凶」的「恖」字，例如「」（左塚楚墓棋局）、「」（郭店.尊德義.24），是將「凶」加注在「」與「心」之間，如果共用「凶」與「心」的弧線，就會變成「」、「」。

27　徐在國：《傳抄古文字編》，（北京：線裝書局，2006.11），頁506。
28　林聖峯：《傳抄古文構形研究》，中興大學博士論文，2013，頁217-218。

關於「心」旁共用筆畫現象，目前有兩個證據：第一個是陳劍在裘錫圭先生文末「補記」所指出，楚文字「悟」可作「🔲」（郭店.語叢二.11），亦可作「🔲」（上博一.孔子詩論.26），後者顯然就是「口」與「心」共用弧線。第二個是〈武王踐阼〉簡 4 的「🔲」（惱），今本作「凶」，「心」旁弧筆之上的直豎已被省略，該字如果共用「凶」與「心」的弧筆，就會變成「🔲」（上博五.鬼神之明.6），只是該字上半有「🔲」或「🔲」形，應是從「心」、「㣺（慁）」聲，與〈武王踐阼〉簡 4 從「心」、「凶」聲稍稍不同而已。

平情而論，戰國文字之所以會有「㣺（慁）」與「邕」的爭議，主要原因是戰國文字的「邕」字材料實在太少，若假以時日「邕」字的資料漸增，或許對於「邕」字的演變脈絡能有更為清晰的了解。

〔二〕敂（路）車

敂	車

原整理者：《詩・崧高》：「王遣申伯，路車乘馬。」《公羊傳》僖公二十五年何注「天子大路，諸侯路車。」《藝文類聚》舟車部引《白虎通義》說同。[29]

子居：自「路車」以下至「馬四匹」之前所列舉的諸物皆為車具。西周早期賞賜品中未見言及具體的車具，且西周金文無「路車」之稱，而《詩經》多見稱「路車」者，春秋前期《子犯編鐘》銘文更有「王賜子犯輅車、四馬、衣、裳、帶、市、佩」的內容可與《封許之命》對應，因此可知該稱謂是標準的春秋詞彙，所以清華簡《封許之命》的成文當不早於春秋時期。……西周金文但見稱「車」或「某車」者，未見稱「路」者。春秋稱「車」為「路」，

---

29 李學勤主編：《清華大學藏戰國竹簡（伍）》，頁 120。

屬於魚鐸通轉,是中原地區及西部、北部地方的方音特徵。因此上,「大路」實際上就是「大車」,並非別有深意。[30]

　　劉成群:「路車」、「鉤膺」見於《詩‧大雅‧崧高》。[31]

　　佑仁謹案:「路車」是古代天子或諸侯所乘的車。《詩經‧大雅‧韓奕》云:「其贈維何?乘馬路車。」鄭玄箋:「人君之車曰『路車』。」[32]鄭玄注《儀禮‧覲禮》云:「路謂車也。凡君所乘車曰路。」[33]《詩經‧小雅‧采菽》云:「君子來朝,何錫予之?雖無予之,路車乘馬。又何予之?玄袞及黼。」毛傳云:「君子,謂諸侯也。」、「玄袞,卷龍也。白與黑謂之黼。」[34]諸侯前來朝見,天子賞賜「路車」,足見西周時期「路車」是等級非常高的物品,而且只有天子或諸侯才能使用。

　　不過,春秋以後,《左傳》襄公 19 年周王賜晉侯、襄公 24 年周王賜穆叔、襄公 26 年鄭伯賞子展、子產,其賞賜物中皆有「路車」之賜,[35]出土文獻中,子犯編鐘亦云:「王賜子犯輅車、四馬、衣常、帶、市、佩」,戰國曾侯乙墓竹簡中「迻車」一詞更是大量出現,可知「路車」的使用,在春秋之後已不再專屬於國君、諸侯。

　　〈封許之命〉(中)主要為呂丁受賞時的車馬器清單,劉永華《中國古代車輿馬具》曾以圖繪方式呈現西周時期的車馬器各項專稱,查考頗為便利,參考如下:

---

30 子居:〈清華簡《封許之命》解析〉,清華網,2015.7.16(2017.7.4 上網)。
31 劉成群:〈清華簡《封許之命》「侯于許」初探〉,《中原文化研究》,2016 年第 5 期,頁103。
32 李學勤主編,《十三經注疏》整理委員會整理:《毛詩正義》,頁 1449。
33 李學勤主編,《十三經注疏》整理委員會整理:《儀禮注疏》,(北京:北京大學出版社,2000.12),頁 604。
34 李學勤主編,《十三經注疏》整理委員會整理:《毛詩正義》,頁 1048。
35 李學勤主編,《十三經注疏》整理委員會整理:《春秋左傳正義》,頁 1102、1158、1190。

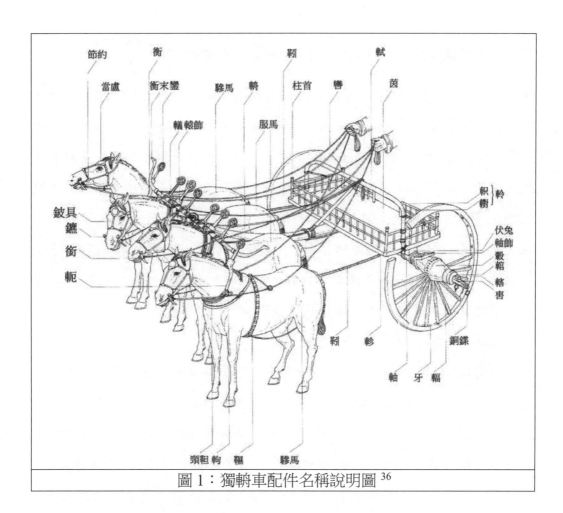

圖 1：獨輈車配件名稱說明圖 [36]

〔三〕璁（蔥）玧（衡）、玉𣊡

璁	玧	玉	𣊡

　　原整理者：蔥衡，巿上玉飾，見《禮記・玉藻》。「玉」下一字疑係「睘（環）」字之訛。毛公鼎、番生簋（《集成》四三二六）均有「蔥黃（衡）」和「玉環」。[37]

　　許可：𣊡字疑「早」之異體。楚簡文字中「早」字或體甚多，尤其字形

---

36 劉永華：《中國古代車輿馬具》，（北京：清華大學出版社，2013.11），頁 IX。

37 李學勤主編：《清華大學藏戰國竹簡（伍）》，頁 120。

下半訛變情況複雜。有時訛從口形，如 （語叢四 12）、（繫年 100）等。「早」屬精母幽部字，可讀爲精母宵部的「瑤」。《說文》：「瑤，車蓋玉瑤。從玉、蚤聲。」段注：「他家云『華瑤』、『金瑤』者，謂金華飾之。許云『玉瑤』者，謂玉飾之，故字從玉也。」李家浩先生提出，瑤就是現在人們所說的「蓋弓帽」，並說：「從考古發現的實物看，瑤是裝在車蓋蓋弓末端之物，多是銅製造的，其中部有一向前突起的棘爪，用來鉤住蓋帷的邊緣……『瑤』是爲玉瑤而造的專字。」據此，李先生把望山楚簡遣册 12 簡「皀鉤」讀爲「芭瑤」。故此處《封許之命》中所賜之物當爲「玉瑤」，與前後所言之蔥衡、鑾鈴、素旂等車馬器並舉。[38]

邊城古文字：簡 6 玉□可能是玉藻。[39]

何有祖：「玉」下一字，似可析爲上中下三部分，上爲日，中爲亦，下爲否，其中「亦」分叉的兩筆和「否」上的橫筆爲同一筆。從日從亦，見於上博《緇衣》18 簡的「塵」。如此字上中二部分可看成塵的省寫，似可讀作盞或盞（佑仁案：原文及如此，但二「盞」字中必有一誤），玉飾的酒杯。《禮記・明堂位》：「爵用玉盞乃雕。」孔穎達疏：「琖，夏后氏之爵名也。以玉飾之，故曰玉琖。」也可能以「否」爲聲，讀作「杯」。不過從上下文與車馬以及旗有關的情形看，此字的釋讀還可進一步考慮。[40]

蚊首：A 是否跟 B（有關情況看陳劍先生《清華簡〈皇門〉「朙爾」字補說》）有關？A 中間部分與 B 兩貝下的部分相似。如果可能，則 A 讀爲「鞙鞙佩璲」之「璲」，係一種佩玉。「黃（衡）」又即「珩」，舊認爲是佩玉，唐蘭先生認爲指衣帶，可取。玉佩以組綬繫於帶，關係密切。

---

[38] 清華大學出土文獻讀書會：〈清華簡第五冊整理報告補正〉，清華網，2015.4.8（2017.7.4 上網）。

[39] 武漢網「簡帛論壇」〈清華五《封許之命》初讀〉8 樓，2015.4.10（2017.7.4 上網）。

[40] 何有祖：〈讀《清華大學藏戰國竹簡（五）》箚記〉，武漢網，2015.4.12（2017.7.4 上網）。

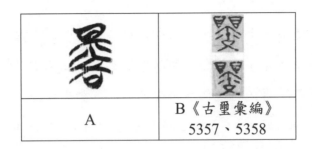

A	B《古璽彙編》 5357、5358

王寧：毛公鼎、番生簋銘文中「蔥黃」後跟的是「玉環」和「玉玲（璪）」兩種玉器。「玲」所從「余」的寫法是上下兩個「余」重疊的「𠓛」，《說文》言「讀與余同。」傳世典籍中「玲」或作「璪」，《玉篇・玉部》：「《廣雅》云：『璪、班，並笏也。』又美玉。」「玉玲」當即玉笏，《廣雅・釋器》：「璪、班，笏也」，王念孫《疏證》：「笏，《說文》作𥄂，《穆天子傳》作㗊，《士喪禮》注云：『今文笏作忽』，并字異而義同。」《說文》：「班，大圭。長三尺，抒上，終葵首」，段注：「見《玉人》，注曰：『王所搢大圭也，或謂之班。終葵，椎也，爲椎於其杼上，明無所屈也。杼，殺也。』按《玉藻》謂之『班』，注云：『此亦笏也。斑之言挺然無所屈也。』《典瑞》曰：『王晉大圭以朝日』，《魯語》曰：『天子大采朝日』，《管子》曰：『天子執玉笏以朝日』，皆謂此。」由此可知，金文中的「玉玲」實即一種玉圭，亦即玉笏。簡文中的這個字作「」，易泉先生認為：「上為日，中為亦，下為否，其中『亦』分叉的兩筆和『否』上的橫筆為同一筆。從日從亦，見於上博《緇衣》18 簡的『𡄹』。如此字上中二部分可看成𡄹的省寫。」易泉先生的看法很給人啟發，不過，此字如果中間是從「亦」，那麼下面的「╳」和「口」實在無法分析。故竊意此字當從日、介、咎，清華簡「介」字作為單字用時皆在中間的豎筆上加橫筆，而在用為「爾」上部的構件時則多不加，清華簡《繫年》中的「爾」多如是。「咎」是聲符。「咎」這個字今讀良刃切，但在這裡很可能是「吶」的異構，是為了構形方便將口

41 武漢網「簡帛論壇」〈清華五《封許之命》初讀〉37 樓，2015.4.15（2017.7.4 上網）。

放在最下面。《集韻·上聲五·十八吻》以為「吺」是「吻」的或體，那麼簡文的這個字除去「介」的部分，可以分析為從日吺（吻）聲，很可能就是「智」的異體，那麼簡文的這個字所從的「介」當是義符，其本為尖銳義，表示笏的「杼上」或「殺上」，謂其上部尖窄也，故此字當是用為笏板之「智」的專字。「笏」在《集韻》中有呼骨切（曉紐物部）、武粉切（明紐文部）、文拂切（明紐物部）三種讀音；「智」字或作「吻」，《集韻》中也有呼骨切（曉紐物部）、文拂切（明紐物部）兩種讀音。「笏（智）」在古音中很可能是也讀明紐物部或明紐文部字，故簡文此字從「吺（吻）」得聲，當釋作「智」而讀為「笏」，「玉笏」即金文中的「玉琮」，亦即《廣雅·釋器》所說的「瑹」，《左傳·桓公二年》：「袞冕黻瑹」，杜注：「瑹，玉笏也。」《管子·輕重己》：「天子東出其國四十六里而壇，服青而絻青，搢玉笏。」此亦玉器（《說文》訓「瑹」為「大圭」），故與玉類的蔥衡（珩）同列。[42]

15044087348：此字從日從爾，即金文中「女／爾」、「彌」之所從，當從「爾」得聲，可讀為「弭」。[43]

子居：需要說明的是，西周金文之「亢（衡）」未見從玉者，至《詩經·小雅·采芑》才見「朱芾斯皇，有瑲蔥珩」句。唐蘭先生《毛公鼎「朱韍、蔥衡、玉環、玉瑹」新解——駁漢人「蔥珩佩玉」說》指出「『蔥衡』就是『大帶』或『腰帶』」，所說當是，但據此就否定漢時「蔥珩佩玉」說似屬可商，大帶上並不妨礙有玉飾，因此通稱為「亢（衡）」或「黃」與《采芑》稱「珩」並不矛盾。並且，由於《采芑》中言「有瑲蔥珩」，毛傳稱「瑲，珩聲也。」《說文·玉部》：「瑲，玉聲也。從玉倉聲。《詩》曰：僮革有瑲。」故可知帶上必有玉飾才能有玉聲，那麼因為有玉飾而稱「蔥珩」自然

---

[42] 王寧：〈讀《封許之命》散札〉，復旦網，2015.4.28（2017.7.4 上網）。
[43] 武漢網「簡帛論壇」〈清華五《封許之命》初讀〉52 樓，2015.6.28（2017.7.4 上網）。

沒有問題。不過，由於清華簡《封許之命》中「璁衡」之前並未言「巿」，而且自「路車」以下至「馬四匹」之前所列舉的諸物當皆為車具，因此筆者以為，清華簡《封許之命》的「璁衡」似並非是對應於《采芑》的「蔥珩」，而是與西周金文中的「鋚衡」及先秦傳世文獻中的「錯衡」為同類物品，《莊子・馬蹄》：「加之以衡扼。」釋文：「衡，轅前橫木縛軶者也。」「璁衡」當是指玉飾的車轅前橫木。

「玉𣊻」的「𣊻」字，易泉於簡帛論壇《清華五〈封許之命〉初讀》帖第 10 樓指出：「『玉』下一字，從賈連翔《清華簡第五冊整理報告補正》所附圖片看，似可析為上中下三部分，上為日，中為亦，下為否，其中『亦』分叉的兩筆和『否』上的橫筆為同一筆。從日從亦，見於上博《緇衣》18 簡的『麀』。如此字上中二部分可看成麀的省寫。此處與車馬等有關，讀作何字待考。」蚊首先生繼之提出「A 是否跟 B 有關？A 中間部分與 B 兩貝下的部分相似。如果可能，則 A 讀為『鞙鞙佩璲』之『璲』，係一種佩玉。『黃（衡）』又即『珩』，舊認為是佩玉，唐蘭先生認為指衣帶，可取。玉佩以組綬繫於帶，關係密切。」所言的字形 A 就是「𣊻」字。筆者受其啟發，認為「𣊻」字上部似即「晵」字的變形，下部所從的「各」當為聲符，該字當讀為「軫」，「軫」字又作「軨」、「𨍵」、「輪」等形可見於《玉篇》、《龍龕手鏡》、《四聲篇海》等書。《周禮・考工記序》：「車軫四尺。」鄭注：「軫，輿後橫木。」《周禮・考工記・輈人》：「軫之方也，以象地也。」賈疏：「云『軫之方也，以象地也』者，據輿方而言，不言輿言軫者，軫是輿之本，故舉以言之。」故軫即車後橫木，又可指為車廂底部四面的橫木。「玉軫」當即玉飾的車軫，與前文「璁衡」正相對應。西周金文賞賜物中有「電軫」，當即與這裡的「玉軫」類似，「電軫」估計就是有雷電紋飾的車軫，取車速迅如雷電之意。《六韜・虎韜・軍用》：「輕車騎寇，一名

電車，兵法謂之電擊。陷堅陣，敗步騎。」即以快速的輕車稱電車。[44]

　　許學仁師：眾說之中許可之說或較合理，……惟楚地所見「早」字構形，與此上從日、中從尒、下從吝，亟待聯繫形構之字際關係，尚難驟定。[45]

　　黃凌倩：◆字整理者疑為「睘」的訛寫，不確。「睘」在楚文字中作「◆」（清華二‧繫年019）、「◆」（望山M2‧50）、「◆」（望山M2‧50）等形，與簡文的「◆」字形差異較大。或可從許可先生說法，視為「早」字異體，讀為「瑶」。[46]

　　石小力：「◆」字原簡作◆，整理者認為係「睘（環）」字之訛，根據是毛公鼎（《集成》2841）、番生簋（《集成》4326）賞賜物有「蔥黃（衡）」和「玉環」（頁120注26）。但楚簡中的「睘」字（旁）多作◆（《繫年》簡19），兩者差距還是比較大的，故整理者之說並未得到大家的認可。如許可先生疑為「早」字異體，讀為「瑶」。網友蚊首猜測此字中間部分與◆（《璽彙》5357）、◆（《璽彙》5358）下部有關，讀為「鞙鞙佩璲」之「璲」。何有祖先生認為該字下從「否」得聲，讀作「杯」。王寧先生則認為下從「吝」讀作「笭」。子居先生認為上部是「昣」之變形，下部「吝」為聲符，讀為「軫」。眾說紛紜，莫衷一是。該字寫法較怪，目前還無法確釋，如果從文義來看，整理者的說法無疑是最為合理的。此暫從之。[47]

　　郭倩文：該字釋讀存四說：一釋為睘（環）字之譌；二釋為「壐」，讀作盞；三釋為「早」之異體，讀為「瑶」；四釋為「智」的專字，讀為「笭」。從該字字形看，釋為「早」之異體更有楚文字「早」的支持，楚簡文字中「早」字寫法多樣，如：包山簡63作「◆」、郭店簡《語叢四》簡13作「◆」、上博三《曹沫之陳》作「◆」、清華二《繫年》第十八章作「◆」等。「早」本

---

[44] 子居：〈清華簡《封許之命》解析〉，清華網，2015.7.16（2017.7.4 上網）。

[45] 許學仁師：〈《清華五‧封許之命》所載賞賜名物箚記〉，中國文字學會第三屆學術年會，（北京：中國人民大學文學院，2015.8.22-23），頁4（本文為會議散發文稿）。

[46] 黃凌倩：《清華伍《厚父》、《封許之命》集釋》，頁90

[47] 石小力：〈談談清華簡第五輯中的訛字〉，《出土文獻》第八輯，頁128。

從日從甲，會日始出之意，上舉諸例爲「早」之繁文，從「早」，「棗（或省作束）」聲，棗爲疊加音符。簡文字形與郭店簡《語叢四》簡 12 之「」頗為接近，差別僅在於將「口」形移至整個字形下而已。故從清華大學出土文獻讀書會的補正意見，則該字爲「早」之新見形體。[48]

蘇建洲：這些說法大都牽強不可信。根據辭例來看，筆者贊同整理者的意見。推測書手看到的「睘」字大概類似（陳伯睘簋）、（伯睘卣）、（睘簋）一類的寫法，帶有「又」旁。書手可能一開始確如何有祖所說錯寫為「廛」，請比對（上博一《緇衣》18）、（《湯處於湯丘》07），後來發現有誤時，遂將剩下的「又」旁寫作「╳」。「○」寫作「口」形。[49]

劉成群：「蔥衡」即「恩黃」，見於番生簋蓋（《集成》4326）等。綜之，我們可以判斷：《封許之命》當係西周時代的簡策流傳至戰國者，因此以之印證西周初期的許國初封之事，無疑是絕好的材料。[50]

謝明文：簡文的「璁玩」與毛公鼎、番生簋銘文中的「蔥衡」，辭例完全不同，它們不可能是同一物。清華的《封許之命》的文例與冊命金文類似，我們認為其賞賜品亦當同類相從。「璁玩」前面是「路車」，後面的「鑾鈴」、「素旂」等亦是車器，因此「璁玩」當屬車器無疑，它與金文中屬於服飾類的叫「蔥衡」不可能是同一種東西，「玩」不可能讀為服飾類的「衡」。根據「璁玩」屬於車器，「玩」最直接的讀法當如子居所言讀為車轅前橫木之「衡」。

內史差編鐘七有屬於服飾類的「蔥衡」，原作「忩𫃷」，上引內史差編鐘四銘文中「鋚勒」後面的「鎗衡」原𥶶作「衡」。而內史差九件編鐘銘文能連讀，也就是說「忩𫃷」、「𥶶衡」實際上是出現在同一篇銘文中。因此根據「忩𫃷」、「𥶶衡」的寫法，我們認為書寫者實際上應該是在有意識地區分在

---

[48] 郭倩文：《《清華五》、《上博九》集釋及新見文字現象整理與研究》，頁 79。

[49] 蘇建洲：〈談談〈封許之命〉的幾個錯字〉，《古文字研究》第 31 輯，頁 374-375。

[50] 劉成群：〈清華簡《封許之命》「侯于許」初探〉，《中原文化研究》，2016 年第 5 期，頁 103。

語音上可能會發生混淆的兩個詞，前者添加義符「市」，表示它與市（韍）有關，後者添加義符的「金」表示它與銅有關。「術」顯然當分析為從市、行聲，它應該就是服飾類之「衡」的專字。據「ヒ市術」我們認為「ヒ4銜」之「銜」極可能是一個從金行聲的字，它與「馬勒口中」的「銜」只不過是同形字關系而已。如果「ヒ4（鎗）銜」不是馬器而是車器，那麼它與《封許之命》「瑒玩」表示的應該是同一個詞。清華簡《封許之命》的「瑒玩」應讀作「瑒衡」，它確實當如子居所言指玉飾的車轅前橫木。[51]

古容綺：該字可從許可的觀點，釋為「早」之異體，「早」本從日從甲，會日始出之意。《說文》：「車蓋玉瑵。从玉，蚤聲。」瑵就是現在人們所說的「蓋弓帽」，是古代車蓋弓頭伸出像爪的部分，多用金玉做裝飾，為車馬器的裝飾物，故此處《封許之命》中所賜之物當為「玉瑵」，與前後所言之蔥衡、鑾鈴、素旂等車馬器並舉，甚為合理。[52]

佑仁謹案：先談「瑒（蔥）玩（衡）」一詞，原整理者讀作「蔥衡」，指市上玉飾。子居認為「瑒衡」是車馬器，與〈采芑〉的「蔥珩」性質不類，應即西周金文中的「遣衡」，以及先秦傳世文獻中稱為的「錯衡」物品，指玉飾的車轅前橫木。謝明文贊同子居之說，他以賞賜物往往「同類相從」的原則，認為「蔥衡」是服飾類賞賜物，與簡文車馬器的屬性不同。他引內史差編鏄鐘銘文「蔥玩」作「鎗銜」，認為與〈封許之命〉的「蔥玩」都是表示同樣的詞，即是「蔥衡」，指玉飾的車轅前橫木。

西周賞賜物中所謂的「衡」，其實是兩種不同屬性的物品：

1.服飾類：西周冊命中賞賜貴族的服飾也有等級之別，代表官服之賜，稱之「命服」。「衡」是「命服」中繫韍的帶，金文中常以「黃」（頌鼎、南

---

[51] 謝明文：〈《封許之命》「瑒玩」補釋〉，《首屆古文字與出土文獻語言研究國際學術研討會會議論文集》，（廣州：華南師範大學出土文獻語言研究中心，2016.12.16-19），頁 357-360。

[52] 古容綺：《清華伍〈封許之命〉字詞研究》，頁 66。

宮柳鼎）或「亣」（參矢尊、矢方彝）表示。《說文》云：「市，韠也；上古衣蔽前而已，市以象之。天子朱市，諸侯赤市，大夫蔥衡。從巾，象連帶之形。」[53]《禮記‧玉藻》云：「一命縕紱幽衡，再命赤紱幽衡，三命赤紱蔥衡」，鄭玄注：「衡，佩玉之衡也。」[54]它是古代遮圍下身的服飾，是身分地位的象徵，今日稱其為「蔽膝」。

在西周金文的命服賞賜物中有「幽黃」、「蔥黃」、「冋黃」、「朱黃」、「赤黃」等，「黃」字前的形容詞都指顏色，早期郭沫若依據「黃」字構形，主張認為「黃」是佩玉[55]，唐蘭則認為「黃」是繫韍的帶而非佩玉，「黃」通「衡」，指衣帶[56]。陳夢家從唐蘭的論說，進一步論述其義，他指出西周金文與「市」相隨的「黃」字皆不從「玉」旁，而且西周冊命中的賞賜品，命服與玉器是分開敘述的。陳夢家經過字形、字義的分析，論證「黃」並非佩玉，而是命服。[57]

2.車馬類：在車馬器中，「衡」為轅（今言車柄）端之橫木，《論語‧衛靈公》云：「在輿，則見其倚於衡也。」[58]唐‧陸德明《經典釋文‧卷二十七‧莊子音義》中：「衡，轅前橫木，縛軛者也。」[59]

文獻中有「錯衡」，《詩經‧小雅‧采芑》：「約軝錯衡，八鸞瑲瑲。」毛傳：「錯衡，文衡也。」[60]指有文飾的衡。《荀子‧正論》云：「前有錯衡以養

---

[53] （東漢）許慎撰，（清）段玉裁注，李添富總校訂：《新添古音說文解字注》（三版），頁366。

[54] 李學勤主編，《十三經注疏》整理委員會整理：《禮記正義》，頁1057。

[55] 郭沫若：《郭沫若全集‧考古編》（第五卷），（北京：科學出版社，2002.10），頁162-175。

[56] 唐蘭：《唐蘭先生金文論集》，（北京：紫禁城出版社，1995.10），頁86-93。

[57] 陳夢家：《西周銅器斷代》，（北京：中華書局，2004.4），頁434。

[58] 李學勤主編，《十三經注疏》整理委員會整理：《論語注疏》，（北京：北京大學出版社，2000.12），頁236-237。

[59] （唐）陸德明撰：《經典釋文》，（北京：中華書局，1983.9），頁374。

[60] 李學勤主編，《十三經注疏》整理委員會整理：《毛詩正義》，頁752。

目。」[61]梁啟雄《荀子柬釋》云：「錯衡蓋以金涂輈且有文也。」[62]《史記‧禮書》云：「人體安駕乘，為之金輿錯衡以繁其飾」[63]，《詩經‧大雅‧韓奕》云：「王錫韓侯，淑旂綏章，簟茀錯衡。」毛亨傳：「錯衡，文衡也。」孔穎達正義：「錯置文采為車之衡。」[64]〈采芑〉篇孔疏云：「言方叔為將，即率戎車，將率而行，乃乘金車，以朱纏約其轂之輈，錯置文彩於車之上。衡車行動，其四馬八鸞之聲瑲瑲然；其身則服其受王命之服，黃朱之茀於此煌煌然鮮美；又有瑲瑲然之聲，所佩蒼玉之珩。」[65]可參。

「錯衡」一詞，毛公鼎、番生簋都作「造衡」。天星簡「車，蠅衡、軛」[66]，宋華強認為「蠅」表示顏色，讀為「縹」，可能是指有縹色紋飾的衡、軛[67]。毛公鼎（集成02841）的賞賜物中既有「蔥衡」，也有「錯衡」，前者置於服飾類，後者則屬車馬器。《詩經‧小雅‧采芑》云：「方叔率止，約軝錯衡，八鸞瑲瑲。服其命服，朱茀斯皇，有瑲蔥珩。」[68]情況與毛公鼎一致，可見這兩種性質的「衡」並不相同。

總之，「衡」實可分成命服與車馬器兩種，二者乃不同物品，原整理者所引毛公鼎、番生簋的「蔥黃（衡）」，都是命服。但由簡文後方的「戀（鸞）鋪（鈴）索（素）旂」來看，此處的「衡」應當依子居與謝明文之說，理解成車馬器。依據陳夢家的研究，「鸞」正是安放在車衡之上[69]，這與簡文賞賜物的羅列順序相符。鸞鈴置車衡和馬軛上的部件，隨著車行發出聲響。因

---

[61] （清）王先謙撰，沈嘯寰、王星賢點校：《荀子集解》，（北京：中華書局，1988.9），頁335。

[62] 梁啟雄：《荀子柬釋》，（上海：上海書局，1936），頁248。

[63] （西漢）司馬遷撰，（南朝宋）裴駰集解，（唐）司馬貞索隱，（唐）張守節正義：《史記》，頁461。

[64] 李學勤主編，《十三經注疏》整理委員會整理：《毛詩正義》，頁1444-1446。

[65] 李學勤主編，《十三經注疏》整理委員會整理：《毛詩正義》，頁752。

[66] 滕壬生：《楚系簡帛文字編》，（武漢：湖北教育出版社，1995.7），頁950。

[67] 宋華強：〈楚簡中從「黽」從「甘」之字新考〉，武漢網，2006.12.30（2017.7.4上網）。

[68] 李學勤主編，《十三經注疏》整理委員會整理：《毛詩正義》，頁752。

[69] 陳夢家：《西周銅器斷代》，頁442。

此韓《詩》云：「鑾在衡，升車則馬動，馬動則鑾鳴」[70]。《左傳・桓公二年》亦云：「錫鸞和鈴，昭其聲也。」[71]杜預《注》云：「錫在馬額，鸞在鑣，和在衡，鈴在旂，動皆有鳴聲。」[72]而且，依據《說文》[73]、《白虎通》[74]的說法，「蔥衡」是大夫等級的命服，這並不符合呂丁的身分地位。

另外，金文命服中的「蔥衡」與簡文屬車馬器的「瑽衡」，「蔥」與「瑽」雖都是「悤」字聲系之字，但前者的「蔥」指蔽膝的顏色，《詩經・小雅・采芑》云：「朱芾斯皇，有瑲蔥珩。」毛傳：「蔥，蒼也。」[75]指青綠色。關於〈封許之命〉的「瑽」，子居將「瑽衡」理解為「指玉飾的車轅前橫木。」謝明文從之。

《史記》「為之金輿錯衡以繁其飾」之「錯」，張守節《正義》云：「錯作『鏓』，七公反。」[76]江淹《恨賦》云：「別艷姬與美女，喪金輿及玉乘。」李善注：「《史記》曰：『為之金輿鏓衡以繁其飾。』」[77]《史記》「金輿錯衡」之「錯衡」，有異文或作「鏓衡」。這一條線索謝明文已經指出，他並進一步推論：「『錯』、『鏓』，讀音不近，因此《史記》『錯衡』與其異文『鏓衡』肯定不會是通假關係。」其說可信。「錯」清紐鐸部，「鏓」清紐東部，韻部有別，可見此異文並非通假關係。「錯衡」的「錯」指紋飾交錯，「鏓衡」指在衡上嵌入銅飾，簡文的「瑽玩」二字都从「玉」，應是在衡上嵌入玉器。

關於「玉畏」，第二字為疑難者，原整理者認為是「畏（環）」字之訛，並指出毛公鼎、番生簋賞賜物中均有「蔥黃（衡）」和「玉環」。許可認為「畏」

---

[70] 王先謙撰、吳格點校：《詩三家義集疏》，（北京：中華書局點校本，1987），頁599-600。

[71] 李學勤主編，《十三經注疏》整理委員會整理：《春秋左傳正義》，頁170。

[72] 李學勤主編，《十三經注疏》整理委員會整理：《春秋左傳正義》，頁170。

[73] 《說文》云：「市，韠也。上古衣蔽前而已，市以象之。天子朱市，諸侯赤市，大夫蔥衡。」

[74] 《白虎通・紱冕》：「大夫蔥衡，別於君矣。天子大夫赤紱蔥衡，士韎韐。」

[75] 李學勤主編，《十三經注疏》整理委員會整理：《毛詩正義》，頁752。

[76] （西漢）司馬遷撰，（南朝宋）裴駰集解，（唐）司馬貞索隱，（唐）張守節正義：《史記》，頁461。

[77] （南朝梁）蕭統編，（唐）李善注：《文選》，（北京：中華書局，1977.11），頁236。

是「早」字或體，惟下半寫法訛變複雜，「玉早」讀作「玉瑤」，瑤是裝在車蓋蓋弓末端之物，黃凌倩、郭倩文都贊同許可之說。邊城古文字（付強）讀作「玉藻」，無說。何有祖分析結構為上爲「日」、中爲「亦」、下爲「否」。從「日」從「亦」，乃「靁」之省寫，讀作「盞」，指玉飾的酒杯。蚊首將字與「瓃」聯繫，認為字當讀為「璿」，是一種佩玉。王寧認為字從日、从亦、吝聲，亦可以分析為从日吷（吻）聲，可能即「曶」之異體，讀為「笏」。「玉笏」即金文中的「玉琒」。15044087348 認為字從「爾」聲，讀為「弭」。子居認為字以「吝」為聲符，當讀為「軫」，「玉軫」當即玉飾的車軫，與前文「璁衡」正相對應。蘇建洲支持原整理者之說，理解成「睘」之誤字，推論書手最早是誤寫成「靁」，後來將錯就錯遂將「又」旁寫作「╳」，「○」寫作「口」形。

由於毛公鼎賞賜物中「蔥黃（橫、衡）、玉環」，番生簋也有「鞥黃（衡）、鞞鞍、玉環」，因此原整理者認為字是「睘（環）」之誤，這應是依文例而得出的推論，但「睘」字金文作「彖」（作冊睘卣／集成 05407）、「彖」（駒父盨蓋／集成 04464），楚文字則作「彖」（新蔡.乙 4.102）、「彖」（望山 2.50），幾乎沒有任何與本疑難字相似的偏旁結構（疑難字上半從「日」，與「睘」之从「目」亦不相同）。蘇建洲亦朝誤字思考，認為書手最初是誤寫成「靁」，乃金文从「又」旁的「睘」字之誤寫。不過，「靁」與「睘」仍有一定距離，更重要的是，「玉環」在賞賜物中，歸屬於玉器或祭器 [78]，與本處車馬器的屬性不符，此外簡文的「璁衡」也非毛公鼎、番生簋的「蔥黃」，那麼釋為「玉環」之說，在理論上便失去根據。

許可認為字是「早」字或體，但楚簡「棗（早）」字所從的「棘」早已類化成「屮」形 [79]，由許可所引諸例亦可清楚看到這種現象，但是本處的

---

[78] 鄭憲仁：《西周銅器銘文所載賞賜物之研究——器物與身份的詮釋》，臺灣師範大學博士論文，2004.6，頁 150。

[79] 高佑仁：〈《曹沫之陣》「早」字考——從楚系「來」形的一種特殊寫法談起〉，武漢大學

「![圖]」中間與「![圖]」形寫法差異很大。邊城古文字（付強）僅讀作「玉藻」，無具體訓讀依據。推論應是據許可所釋之「早」假借而來，藻（精紐宵部）、「早」（精紐幽部），通假或有可能成立，但此處斷無可能是「玉藻」，因為「玉藻」是天子冠冕上的垂飾，《禮記・玉藻》云：「天子玉藻，十有二旒，前後邃延，龍卷以祭。」孔穎達疏：「天子玉藻者，藻，謂雜采之絲繩，以貫於玉，以玉飾藻，故云玉藻也。」[80]與本處車馬器的性質迥然不同。

何有祖分析為「廛」之省寫，讀作「盞」或「琖」，指玉飾的酒杯，蚊首將字與「嚻」聯繫，認為字當讀為「璗」，何有祖與蚊首之說無論釋字是否適合，所訓讀的結論都無法符合車馬器的性質。

綜上所述，通讀上唯一能與車馬器對應的是釋「早」讀「瑵」之說，《說文・玉部》云：「瑵，瑵車蓋玉瑵。」[81]王筠《說文句讀》：「（瑵）謂蓋弓之末，曲如叉形，以玉飾之也。」[82]可知「瑵」古代車蓋弓端伸出的爪形部分，常以玉為飾（請參圖 2）。但這個字除上半的「日」旁與「早」相同外，整體結構仍看不出能與「早」字聯繫的地方。

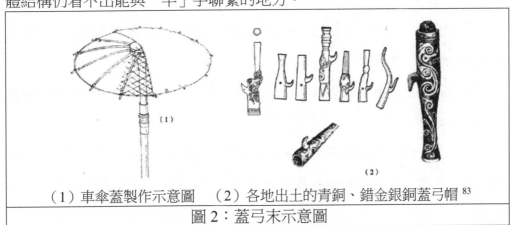

（1）車傘蓋製作示意圖　　（2）各地出土的青銅、錯金銀銅蓋弓帽 [83]

圖 2：蓋弓末示意圖

簡帛研究中心主編：《簡帛》第一輯，2006.10，頁 177-185。

[80] 李學勤主編，《十三經注疏》整理委員會整理：《禮記正義》，頁 1016。

[81] （東漢）許慎撰，（清）段玉裁注，李添富總校訂：《新添古音說文解字注》（三版），頁 14。

[82] （清）王筠撰集：《說文句讀》，（北京：中國書店，1983.11 影印四川尊經書局本），頁 70。

[83] 劉永華：《中國古代車輿馬具》，頁 90。

　　總體來說，依據目前的條件，我們仍無法具體判斷「鬲」到底是什麼字。蘇建洲在釋字時曾提出，推測書手在抄寫這個字時，看到的是接近金文的寫法，因而產生誤寫。這是一個具有啟發性的觀點，由於本篇是許國的冊封文獻，因此保留較多金文構形的樣貌，由西周金文傳至戰國文字過程中，書手已逐漸不認得該字的結構，只能依據上一代的底本依樣畫葫蘆，造成字形的失真。因此本篇不少帶有誤字成分的字，或是現階段判讀存在爭議的單字，例如「𠂤」（簡3）、「𣲖」（簡3）、「𡿧」（簡5）、「鬲」（簡6）、「𤋲」（簡6）、「𣎴」（簡7），當然也有可能是我們能看到的材料有限，但更可能與底本古奧、書手已無法辨識有關。

〔四〕 䜌（𪔠）鈴（鈴）、索（素）旃、朱笄（竿）

䜌	鈴	索	旃	朱	笄
䜌	鈴	索	旃	朱	笄

　　原整理者：《周禮・司常》：「諸侯建旃。」笄，《釋名》：「係也。」朱笄當為軛部所繫紅色裝飾。[84]

　　暮四郎：上引簡文疑當斷讀作「素旃，朱笄。元馬四匹」。「朱笄」疑為素旃的一部分。[85]

　　石小力：網友暮四郎先生之斷讀可從，但視為素旃之一部分則非。「朱笄」與「素旃」並列，亦當為旗幟之一種。望山2號墓遣策簡記有如下之物：

　　鼀旌，白市，翡翠之首。彤杆，黃末，翠胸，翡羸，冢毛之首。（望山2.13）

---

[84] 李學勤主編：《清華大學藏戰國竹簡（伍）》，頁120。
[85] 武漢網「簡帛論壇」〈清華五《封許之命》初讀〉16樓，2015.4.10（2017.7.4上網）。

簡文「扞」字，原形作「」，因圖版不清晰，過去多誤釋為「关」，范常喜先生改釋為「扞」，讀為「膻／斾」，「彤膻／斾」指一面紅色的斾旗。按之文例，甚為允恰。清華簡「筭」字原形作「」，從竹，扞聲。「筭」字據范先生之說，亦當讀為「斾／膻」，「朱斾／膻」與望山簡所記「彤斾／膻」相同，指紅色的斾旗。「朱斾」又見於曾侯乙簡，「朱斾」無疑就是清華簡之「朱筭」，皆指紅色的斾旗。曾侯乙簡又有「鳧斾、紫斾」，「紫斾」即紫色之斾旗，「鳧斾」可能是飾鳧羽於斾旗。[86]

　　ee：《封許之命》簡 6 相關諸字應讀爲：「索（素）斿，朱筭（漆）元（干或杆）」，「朱漆下」是說素斿的附屬物的。望山、包山等遣策都有「中干（杆）」。[87]

　　海天遊蹤：簡 6「繺（鸞）鈴（鈴）索（素）斿」的「鸞」應讀為「鑾」，即金文常見的「繺（鑾）斿」。《爾雅·釋器》：「鑾，鈴也。」《爾雅·釋天》：「有鈴曰斾。」毛公鼎「朱斾二鈴」、頌鼎「赤市、朱黃（衡）、繺（鑾）斿、攸勒」等可以比對。雖然「鸞」與「鑾」可以相通，如《詩·小雅·信南山》：「執其鸞刀，以啟其毛，取其血膋。」毛傳：「鸞刀，刀有鸞者，言割中節也。」孔穎達疏：「鸞即鈴也。謂刀環有鈴，其聲中節。」不過寫作本字「鑾」較好。還有一種可能是鸞鈴是刻有鸞鳥圖案的鈴，不過這種文物似乎沒聽說過。[88]

　　子居：海天遊蹤先生在《清華五〈封許之命〉初讀》帖第 48 樓提出：「簡 6『繺（鸞）鈴（鈴）索（素）斿』的『鸞』應讀為『鑾』，即金文常見的『繺（鑾）斿』。《爾雅·釋器》：『鑾，鈴也。』《爾雅·釋天》：『有鈴曰斾。』毛公鼎『朱斾二鈴』、頌鼎『赤市、朱黃（衡）、繺（鑾）斿、攸勒』

86　石小力：〈清華簡（伍）《封許之命》所載「朱斾」考〉，武漢網，2015.4.12（2017.7.4 上網）。
87　武漢網「簡帛論壇」〈清華五《封許之命》初讀〉24 樓，2015.4.13（2017.7.4 上網）。
88　武漢網「簡帛論壇」〈清華五《封許之命》初讀〉48 樓，2015.4.25（2017.7.4 上網）。

等可以比對。雖然『鸞』與『鑾』可以相通，如《詩・小雅・信南山》:『執其鸞刀，以啟其毛，取其血膋。』毛傳:『鸞刀，刀有鸞者，言割中節也。』孔穎達疏:『鸞即鈴也。謂刀環有鈴，其聲中節。』不過寫作本字『鑾』較好。」所說似不可從，先秦傳世文獻稱鑾鈴為「鸞」者，《詩經》、《禮記》及《左傳》多見，此不繁舉，書為「鑾」者今不見一例，而《封許之命》既屬先秦文獻，故當仍從整理者釋為「鸞」。《說文・金部》:「鑾，人君乘車，四馬鑣，八鑾鈴，象鸞鳥聲，和則敬也。」西周金文未見「鸞鈴」之稱，且普遍稱「繺旂」，其「旂」多數恐怕也非「素旂」，故非如清華簡《封許之命》這樣析為「鸞鈴素旂」，因此當可判斷，清華簡《封許之命》的成文時間要晚於西周金文。

這裡整理者的意思似是有承襲舊說以「旂」為諸侯等級才能有的意思，實際上《周禮》是戰國整理的材料，其中各種等級記述往往出於人為規劃，與實際情況多有不符。「旂」就是「旗」的初文，泛指旗幟，而不是諸侯特有之物。甲骨文及西周金文皆未見「旗」字，金文中凡賞賜旗幟也多是稱「旂」，至春秋時期的傳世材料，《詩經・商頌・玄鳥》:「武丁孫子，武王靡不勝。龍旂十乘，大糦是承。」《逸周書・世俘》:「甲寅，謁戎殷於牧野，王佩赤白旂。」戰國材料中以旌旂或旂鼓並稱的情況更多，此不繁舉。《封許之命》這裡的「旂」也並非是「諸侯建旂」之意，而只是普通的旗幟義。真正有等級意味的，是「鸞鈴素旂」連稱，西周金文中往往可以見到賜「繺旂」的情況，這顯然比單賜「繺」或「旂」等級更高。

筆者則以為，「笲」當讀為「軓」，《周禮・夏官司馬・大馭》:「及祭，酌僕，僕左執轡，右祭兩軹，祭軌，乃飲。」鄭玄注:「故書軹為軨，軌為範。杜子春云:……軨當作軹，軹謂兩轊也。……或讀軨為簪笲之笲。」是「軹」即「轊」，《說文・車部》:「轊，車軸端也。從車，象形。杜林說。轊，軹或從彗。」《說文・車部》:「軓，車轅端持衡者。」故「朱笲元」當是指

朱漆的車軸端和車轅端。[89]

羅小華：此處的「筭」作「」，可分析爲從「竹」「开」聲，讀爲「竿」。「朱竿」，應該就是「素旂」的紅色旗杆。《文選·揚雄〈羽獵賦〉》：「靡日月之朱竿，曳彗星之飛旗。」李善注：「朱竿，太常之竿也。《周禮》：日月爲太常，王建太常。……清華簡《封許之命》中的「素旂」，基本上沒有裝飾。[90]

許學仁師：西周之冊命賞賜多見纞、旂之賜，彝銘文多「纞旂」並稱，或單稱「旂」或「纞」者。纞，經傳從金作「鑾」，鑾即鈴。《爾雅·釋器》：「鑾，鈴也。」占之旂有鈴，故《爾雅·釋天》：「有鈴曰旂。」〈毛公鼎〉（《集成》02841）「朱旂二鈴（鈴）」、〈頌鼎〉（《集成》02827）「赤巿、朱黃（衡）、纞（鑾）旂、攸（鋚）勒」等辭例可以參驗。金文之單稱「纞」者，由獨舉「旂」，以賅「旂」。簡文「纞」、「旂」並舉。《說文》載「旂」之繫鈴，作用在「旗有眾鈴，以令眾也。」足見旂與鈴之關係。而纞旂之用，〈善鼎〉記王賞賜善曰「賜乃且旂，用事。」西周金文曾見記述，如〈大盂鼎〉記王賞賜盂曰「賜乃且旂，南公旂，用遷（狩）。」西周周王冊命其臣屬多賜以旂，以為行事施政之標誌，故稱「用事」。第六簡簡文記封呂丁以許國，勉其虔恤周室王家，賞賜受冊者以：「纞（鑾）鈴（鈴），索（素）旂，朱筭，元（軏）」「纞鈴、素旂、朱筭，元馬四匹」，其寓義昭然若揭，而於名物之描述，猶為細緻。然「朱筭」與「素旂」並列，亦當為旗幟之一種。猶望山二號墓遣策所記之「旃旂」有：「鳧旃，白巿，翡翠之首。彤开，黃末，翠胸，翡贏，豩毛之首。（望山2.13）」，清華簡簡文「筭」字原形作「」，從竹、开聲。其下所從之「开」字，原形作「」，過去因圖版漫漶，多誤釋為「关」，今從范常喜說改釋為「开」，讀為「爐／旛」，「彤爐／旛」指一面

89　子居：〈清華簡《封許之命》解析〉，清華網，2015.7.16（2017.7.4 上網）。
90　羅小華：〈也說望山簡中的「彤开」〉，武漢網，2015.7.26（2017.7.4 上網）。

紅色的旒旗。清華簡之「朱笄」,無疑就是曾侯乙墓楚簡之「朱旆」,與李學勤之考釋「朱笄」當為軹部所繫紅色裝飾,正相呼應。按之文例,可解為「在馬車的軹部上有:鑾鈴、白色旗幟,和紅色旒旗」。[91]

黃凌倩:可從暮四郎先生斷為「素旆,朱笄。元馬四匹。」笄具體為何物各家說法不同,從上下文看應是與車馬有關的器物。[92]

郭倩文:《說文·㫃部》:「旆,旗有眾鈴,以令眾也。从㫃斤聲。」「素旆」,從羅說為沒有裝飾的旗子。「笄」字見於天星觀楚簡,作「𥬒」,《說文·竹部》:「笄,簪也。从竹幵聲。」《釋名·釋首飾》:「笄,係也,所以係冠使不墜也。」此處從羅說讀為「竿」。[93]

佑仁謹案:先談「鑾鈴」,原整理者讀作「鸞鈴」,海天遊蹤認為「鸞」應讀為「鑾」,雖然二字可相通,但是寫作本字「鑾」較為理想。子居則認為先秦傳世文獻稱鑾鈴為「鸞」,不見寫作「鑾」者。

在車馬器中的「鑾」有兩個概念:一是指軹首或車衡上方的鈴,二是指馬車上附於旗幟上的鈴,兩個都是行車時會發出聲響的鈴鐺,但位置不同。更重要的是,前者的「鑾」是後人給予它的名稱,青銅器中從未見其自名。而後者常見於西周賞賜物中,往往與「旂」連稱為「鑾旂」。

先談第一種「鑾」。在西周車馬類出土文物中,有一種被學界稱為「鑾鈴」或「鑾」的車馬器,它是指裝在車子的軹首或車衡上方的銅鈴,上部為扁球形,內有銅丸的鈴,中空下有一柱,正面開有放射形孔,柱下有梯形的套管為方銎,以便於固定在車衡或車軹[94]。鈴內的銅丸會因車行震動而作響,聲似鸞鳥,今成語猶有「鸞鳳和鳴」一語(新婚吉語)。如子居所言,先

---

[91] 許學仁師:〈《清華五·封許之命》所載賞賜名物箚記〉,頁 4-5。
[92] 黃凌倩:《清華伍《厚父》、《封許之命》集釋》,頁 92
[93] 郭倩文:《《清華五》、《上博九》集釋及新見文字現象整理與研究》,頁 80。
[94] 黃銘崇:〈商代的鑾及其相關問題〉,《古今論衡》,第 17 期(2007.12),頁 9。吳曉筠:〈君子鑾音:鑾鈴在周文化中的意義與轉化〉,《金玉交輝——商周考古、藝術與文化論文集》,(臺北:中央研究院歷史語言研究所,2013.11),頁 399-433。

秦傳世文獻多稱「鸞」（見《毛詩》[95]、《周禮》[96]、《禮記》[97]、《春秋左氏傳》[98]、《荀子》[99]用例甚多），不過漢代也已出現「鑾」的用法，《說文》云：「鑾，人君乘車，四馬鑣，八鑾鈴，象鸞鳥聲，和則敬也。从金，从鸞省。」[100]漢・張衡《東京賦》云：「鑾聲噦噦，和鈴鉠鉠。」[101]《左傳・桓公二年》云：「錫、鸞、和、鈴，昭其聲也。」杜預注：「錫在馬額，鸞在鑣，和在衡，鈴在旂，動皆有鳴聲。」[102]晉崔豹《古今注・輿服》云：「五輅衡上金爵者，朱雀也。口銜鈴，鈴謂鑾。所謂和、鑾也。《禮記》云：『行，前朱鳥，鸞也。前有鸞鳥，故謂之鸞；鸞口銜鈴，故謂之鑾鈴。』今或為鑾，或為鸞，事一而義異也。」[103]可見「鑾」、「鸞」皆通。不過，「鸞」之用字乃象鸞鳥之聲或鸞鳥之形[104]，那麼用「鸞」會比較符合本義，不過「鑾鈴」的用法亦歷史悠久，今日學界與考古學報中亦多作「鑾鈴」，則「鸞」與「鑾」只是用法習慣上的差異，並無對錯之問題。

陳夢家指出「出土之鑾鈴屬於軛首，乃車器之在衡者。」[105]與簡文「巒（鸞）鈴（鈴）」次於「璁玩（衡）」之後說法吻合。「鑾」常見於車衡和車

---

[95] 李學勤主編，《十三經注疏》整理委員會整理：《毛詩正義》，頁 483、725、752、777、778、969、1051、1438、1439、1452、1643、1692。

[96] 李學勤主編，《十三經注疏》整理委員會整理：《周禮注疏》，頁 670、1005。

[97] 李學勤主編，《十三經注疏》整理委員會整理：《禮記正義》，頁 533、552、565、874、942、1056、1100、1198、1541、1575、1599、1619。

[98] 李學勤主編，《十三經注疏》整理委員會整理：《春秋左傳正義》，頁 170。

[99] （清）王先謙撰，沈嘯寰、王星賢點校：《荀子集解》，頁 335、347。

[100] （東漢）許慎撰，（清）段玉裁注，李添富總校訂：《新添古音說文解字注》（三版），頁 719。

[101] （南朝梁）蕭統編，（唐）李善注：《文選》，頁 58-59。

[102] 李學勤主編，《十三經注疏》整理委員會整理：《春秋左傳正義》，頁 170。

[103] （晉）崔豹：《古今注》，（臺北：臺灣商務印書館，1966.10），頁 2-3。

[104] 黃銘崇在〈商代的鑾及其相關問題〉「商代的鳥形鑾」乙節中，羅列商代鳥類造型鑾，腹部鏤空，他認為「從以上鳥形鑾的例子看來，鑾被寫成鸞，不只是音韻上的理由，而是有形制上的因素的。」這種鳥形鑾剛好能呼應《禮記》：「前有鸞鳥，故謂之鸞」之說。參黃銘崇：〈商代的鑾及其相關問題〉，《古今論衡》，頁 9。吳曉筠：〈君子蠻音：鑾鈴在周文化中的意義與轉化〉，《金玉交輝──商周考古、藝術與文化論文集》，頁 399-433。

[105] 陳夢家：〈西周銅器斷代〉，《燕京學報》新 1 期，1995.8，頁 287。

軛，二處的鈴形制大抵相同。各地出土所見青銅鑾之形制如下：

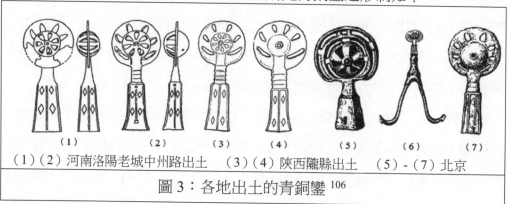

（1）（2）河南洛陽老城中州路出土　　（3）（4）陝西隴縣出土　　（5）-（7）北京

圖3：各地出土的青銅鑾 [106]

鄭憲仁指出：「『鑾鈴』在車馬器中的突出的地位，是由西周中晚期一直延續到春秋時代，也可以說鑾鈴是車馬禮器中等級最高的禮器。」[107]可見呂丁在封國時地位已非常崇高。今青銅器中保存西周早期康侯車鑾鈴（集成12020）實物 [108]，銘文上有「康侯」二字。長安張家坡168號車馬坑，出土時「鑾」還插在車衡之上，保留使用原貌。（請參羅永華《中國古代車輿馬具》（2013年版【圖2-26】）與呂丁受賞時代接近的西周早期灃西張家坡的車馬坑曾出土兩輛馬車，其中第一號車有四匹馬，出土時鑾鈴是安裝在車軛頂端 [109]。不過，上面這種考古界所謂的「鑾鈴」，卻不是〈封許之命〉所談的「鑾鈴」，簡文的「鑾鈴」其實是第二種用法的「鑾」。

　　第二種「鑾」是附於旌旗上能發出聲響的鈴，這類「鑾」的用法有兩種：一是作器物的專名，單獨賞賜，例如「載、朱黃、鑾」（柞鐘／集成00133-00139）、「載市、冋衡、鑾」（七年趞曹鼎／集成02783）、「赤⊛市、鑾」（望簋／集成04272），二是與「旂」或「旆」結合成旗幟的專名，應指旗幟上

---

[106] 劉永華：《中國古代車輿馬具》，頁41。

[107] 鄭憲仁：〈銅器銘文「金甬」與文獻「鑾和」之探究〉，《東海中文學報》，第18期（2006.7），頁11-24。

[108] 鄭憲仁教授在第37次成大古文字讀書會（2017.9.17）上指出，目前尚未看到自稱「鑾鈴」者，今所謂「鑾鈴」其實是後代給予的稱呼，因此配置於車衡或旗幟上，隨著車馬的晃動發出聲響的鈴鐺，西周時期是否稱為「鑾鈴」，目前無法落實。

[109] 參見中國科學院考古研究所：《灃西發掘報告：1955-1957年陝西長安縣灃西鄉考古發掘資料》，（北京：文物出版社，1963.3），圖94。

附有鈴，例如：「玄衣黹純、赤市、朱衡、鑾旂」（此簋／集成 04308）、「玄衣黹純、赤市、朱衡、鑾旂、攸勒」（袁盤／集成 10172）、「秬鬯一卣、玄袞衣、赤市、幽黃、赤舃、攸勒、鑾旂」（智壺蓋／集成 09728）、「玄衣黹純、赤市、朱衡、鑾旂」（頌壺／新收 1962）、「載市、素黃、綴旂」（輔師嫠簋／集成 04286）。此外，毛公鼎（集成 02841）有「朱旂二鈴」，番生簋蓋（集成 04326）也有「朱旂旜金芳二鈴」，可見部分旗幟確實會附上鈴鐺[110]。「鑾旂」應是一種「附有鈴的旂」，整體而言是旗幟類的物品，與前述插於車軛上的「鑾」不同。

綜上所述，裝置在軛首的「鑾鈴」（古籍文獻所載、考古報告所稱）與旂上附鈴的「鑾」（見於銅器銘文所載），雖然都是會發出聲響的鈴鐺，但是安放的位置並不同。西周金文中，賞賜「鑾」或「鑾旂」已大量出現，但所指的都是第二種用法。雖然我們認為「鑾」的由來，與它所發出的聲音與造型應有緊密關係，可是目前為止，那種置於軛首的「鑾鈴」，尚未見到有自稱為「鑾」的例證，西周時人究竟如何稱呼它，目前仍無法確定。而簡文的「鑾鈴」雖與古籍文獻與考古報告所習慣使用的「鑾鈴」稱呼方式一樣，但卻是不同的東西：〈封許之命〉的「鑾鈴」應是指旗幟上的鈴（也就是第二種用法），簡文的「鑾鈴素旂」，是金文常見「鑾旂」的繁文。不過，歷史的演變往往是「先簡後繁」，何以西周早期呂丁時已寫成「鑾鈴素旂」，但今日所見西周中晚期普遍只作「鑾旂」？有沒有可能〈封許之命〉最初也只作「鑾旂」，在演變過程中後人增補成「鑾鈴素旂」，這個可能性恐無法排除。

關於「索（素）旂」，羅小華認為「清華簡《封許之命》中的『素旂』，基本上沒有裝飾」。郭倩文則認為「『素旂』，從羅說爲沒有裝飾的旗子。」羅小華依據包山、望山、曾侯乙等簡文旗杆的記載進行分析，發現在「杆首飾」都有翠羽裝飾，而《封許之命》中的「素旂」之後沒有列裝飾物，因此

---

[110] 此段可參考鄭憲仁：〈銅器銘文「金甬」與文獻「鸞和」之探究〉，頁 18-20。

才說「『素旂』，基本上沒有裝飾」。「素旂」的「素」可以有兩種理解方式：一是樸素，二是指白色，前述羅小華、郭倩文的看法即採用第一說。出土或傳世文獻中「旂」這類賞賜物中，過去已看過的有：「赤旂」（《國語·齊語》[111]）、「朱旂」（毛公鼎、番生簋蓋、師克盨）等，「旂」字前的形容詞都是指顏色。而賞賜物中「素黃（衡）」（輔師嫠簋／集成 04286），就是指白色的衡，所以整體看來，簡文的「素」以訓為白色為尚。望山遣策簡 2.13 有「白市（韍）」，或與「索（素）旂」有關。

《詩經·大雅·韓奕》云：「王錫韓侯，淑旂綏章。」毛傳：「淑，善也。交龍為旂。」鄭玄箋：「善旂，旂之善色者也。」[112]將「淑旂」訓為「善旂」頗不知所云，鄭憲仁在引用到〈韓奕〉時，曾註解說：「金文中淑（叔、俶）用為顏色字，所以不排除這裏的淑是顏色字。」[113]筆者認為「淑旂」可依據前述「素」、「叔（淑）」通假關係，將文例讀成「素旂」，指白色之旗。《逸周書·世俘》云：「甲寅，謁我殷于牧野，王佩赤白旂。」[114]亦為白色之旗。

「朱笄」，原整理者認為當為軝部所繫紅色裝飾，暮四郎認為「朱笄」疑為素旂的一部分，並將「元」字下讀。羅小華認為應讀為「朱竿」，是「素旂」的紅色旗杆，郭倩文從之。子居認為「笄」當讀為「軓」，「軓」即「轛」，「朱笄（轛）元」是指朱漆的車軸端和車轅端。石小力認為「朱笄」與「素旂」為旗幟之一種，他並引望山簡 2.13「彤扞」，范常喜讀為「彤旝／旂」，指一面紅色的旝旗，又引曾侯乙簡 115 之「朱旝（旂）」，認為即簡文之「朱笄」。

子居認為「朱笄（轛）元」是指朱漆的車軸端和車轅端，但暮四郎已指出「元」應下讀，而且由「素旂」一語來看，本處應屬「鑾旂」類的賞賜物，

---

[111] 徐元誥撰，王樹民、沈長雲點校：《國語集解》，頁 238。
[112] 李學勤主編，《十三經注疏》整理委員會整理：《毛詩正義》，頁 1444-1445。
[113] 鄭憲仁：《西周銅器銘文所載賞賜物之研究——器物與身份的詮釋》，頁 36。
[114] 黃懷信、張懋鎔、田旭東撰；李學勤審定：《逸周書彙校集注（上）》（修訂本），頁 427。

與車馬配件無關。筆者贊同將簡文的「朱筊」與望山簡 2.13「彤杆」聯繫起來，羅小華曾考釋「彤杆」一詞，他認為「杆」過去有讀「旆」、「旛」等說，三字雖然都是元部字，但「杆」與「旆」、「旛」二字並無通假例證，其云：

> 「杆」可讀爲「杆」，指旗杆。《書・禹貢》：「隨山刊木。」「刊」，《漢書・地理志上》作「桑」。顏師古注：「桑，古刊字也。」又：「九山刊旅。」「刊」，《漢書・地理志》作「桑」。「杆」、「干」二字雙聲疊韻，故可通假。《論衡・變動》：「旌旗垂旒，旒綴於杆。杆東則旒隨而西。」「杆」，或作「竿」。《後漢書・袁紹傳》「遂到瓚營，拔其牙門」，李賢注：「牙門旗竿，軍之精也。」「彤杆」，即紅色的旗杆。[115]

在包山、望山簡牘中，旗杆記爲「干」：

1. 絑旂，一百仮四十緇旂之首，旂中干，絑縞七翣。（包山.269）
2. 絑旂，百絛四十攸翠之首，旂中干，絑縞七翣。（包山.牘 1）
3. 靈光之中干。（望山 2-13）
4. 秦高（縞）之中干。（望山 2-13）

「中干」就是「中莖」，也就是「中竿」，指去掉皮的麻杆。天星觀「中竿」之「竿」從竹，也說明「中干」是一種「杆」類物[116]。上博九〈陳公治兵〉簡 16 云：「女（如）開（扞）阦（術），女（如）戈（攻）阦（術）」，「開」字作「𢦏」，林清源師認為「應隸定作『開』，可分析作從門、干聲。杆、干二聲，古音同屬見紐元部，可以互作。簡 16『開』字，可讀為『扞』，訓作『護衛』。」[117]甚是。

「旂」是旗幟，目前在出土或傳世文獻出現過的有「龍旂」（〈詩經・魯

---

115 羅小華：〈也說望山簡中的「彤杆」〉，武漢網，2015.7.26（2017.7.4 上網）。
116 田河：《出土戰國遣冊所記名物分類匯釋》，吉林大學博士論文，2007.6，頁 148-149。亦可參陳劍：〈早期古文字「一形多用」綜論資料長編〉，未刊稿。
117 林清源師：〈《上博九・陳公治兵》通釋〉，「第四屆古文字與古代史國際學術研討會——紀念董作賓先生逝世五十周年」（會議用論文），頁 140-141。後收入《古文字與古代史》第四輯，（臺北：中央研究院歷史語言研究所，2015.2），頁 431-432。

頌・閟宮〉[118]）、「赤旆」（《國語・齊語》[119]）、「朱旆」（毛公鼎、番生簋蓋、師克盨）。「龍」指花紋圖飾，「赤」、「朱」則是顏色，「竿（竿）」是旗桿，羅小華將「朱竿」釋為「素旆」（白色旗幟）的紅色旗杆，比較符合事實。暮四郎認為「朱竿」疑為素旆的一部分，恐有語病（竿是旗桿，旆是旗幟二者當為二物）。總的來說，「索（素）旆、朱竿（竿）」指賞賜白色的旗幟、紅色的旗桿。

〔五〕 元馬三（四）匹

元	馬	三	匹

原整理者：元，試讀為「軏」，《說文》「車轅耑持衡者，从車，元聲。」《論語・為政》「大車無輗，小車無軏」，字作「軏」，從「兀」，與「元」字對轉。「馬四匹」即〈崧高〉「乘馬」。[120]

明珍：黃傑斷句為「素旆，朱竿。元馬四匹」。珍伊案：余意亦是將「元」下讀。「元馬」，應即「騵馬」。《詩經・大明》「檀車煌煌，駟騵彭彭。」毛傳：「騵馬白腹曰騵。」[121]

子居：西周金文賞賜物中習見「馬四匹」或「乘馬」之辭，《尚書・文侯之命》中也有「用賚爾秬鬯一卣、彤弓一、彤矢百、盧弓一、盧矢百、馬四匹。」所賜正當一車之用。《後漢書・輿服志》劉昭注：「逸禮《王度記》曰『天子駕六馬，諸侯駕四，大夫三，士二，庶人一』；《周禮》四馬為乘；《毛詩》天子至大夫同駕四，士駕二；《易》京氏、《春秋》公羊說皆云：天子駕六。許慎以為天子駕六，諸侯及卿駕四，大夫駕三，士駕二，庶人駕一，

---

118 李學勤主編，《十三經注疏》整理委員會整理：《毛詩正義》，頁 1661。

119 徐元誥撰，王樹民、沈長雲點校：《國語集解》，頁 238。

120 李學勤主編：《清華大學藏戰國竹簡（伍）》，頁 120-121。

121 武漢網「簡帛論壇」〈清華五《封許之命》初讀〉39 樓，2015.4.17（2017.7.4 上網）。

《史記》曰秦始皇以水數制乘六馬。鄭玄以為天子四馬，《周禮》乘馬有四圉，各養一馬也，諸侯亦四馬，《顧命》時諸侯皆獻乘馬，黃朱乘，亦四馬。」今洛陽東周王城車馬坑考古出土了六馬一車的「天子駕六」遺存可證舊制，而《封許之命》所賜「馬四匹」正與《文侯之命》所記相當。[122]

許學仁師：車馬為西周諸王賞其諸侯「九賜」之一，賞賜之車馬，或同賜，或分別賞賜，其賜馬通稱賜馬若干匹，偶或有記載其顏色，或指其種類不一，如「白馬」、「樸馬」、「騄騧」。賜馬之數，標注數量記載者必為雙數，如「馬兩」、「馬十」、「馬三十二匹」，其中又以賞賜「四匹」者最為常見。簡文言賜「馬四匹」，與〈毛公鼎〉、〈番生簋〉同，「元」字義車馬器，無須下屬與馬連讀。整理者讀「元」為「軏」，《說文》：「軏，車轅耑持衡者，從車，元聲。」《論語・為政》：「大車無輗，小車無軏」，字作「軏」，從「兀」，與「元」字對轉。暮四郎疑簡文當斷讀作「素旂，朱笄。元馬四匹」，參照西周禮制賞賜「四匹」者最為常見，李學勤釋讀為「馬四匹」，直截了當，怡然理順，無勞調整句讀。[123]

黃凌倩：可從暮四郎先生斷為「素旂，朱笄。元馬四匹。」元馬，卽大馬。[124]

石小力：「戶」字原簡作 ，據文義當是「匹」字之訛，整理者逕釋作「匹」（118 頁）。但該字已經訛變成「戶」字，故應隸定作「戶」，尖括號括注「匹」。古文字中的匹字本從石，乙聲，到了楚簡或作 （郭店簡《唐虞之道》簡 18），猶存古意，或作 （曾侯乙簡 179）、 （曾侯乙簡 187），《封許之命》之「匹」字應最後一類寫法進一步訛變的結果。「匹」字作為偏旁也有訛作「戶」之例，如曾侯乙簡中的「碼」字，或作 （簡 129）、

122 子居：〈清華簡《封許之命》解析〉，清華網，2015.7.16（2017.7.4 上網）。
123 許學仁師：〈《清華五・封許之命》所載賞賜名物箚記〉，頁 5。
124 黃凌倩：《清華伍《厚父》、《封許之命》集釋》，頁 92

（簡 130），所從「匹」旁亦訛作「戶」形。[125]

郭倩文：從網友「暮四郎」將「元」屬下讀，在此用爲形容詞表「大」義，修飾「馬」。[126]

蘇建洲：簡 6「馬四匹」的「匹」作，與楚簡「匹」字作、、（《曾侯》179、187、189）不同，書手誤寫為類似「勿」形而與「戶」作（上博三《周易》簡5）接近。[127]

佑仁謹案：先談句讀，本句的問題在於「元」究竟是下讀，還是可以成為一個獨立的賞賜物。許學仁師認為「馬四匹」直截了當，沒有必要在前頭綴加「元」字，而西周金文賞賜物「馬四匹」也確實前頭都不再特別標註出馬的屬性。只不過「軏」（車轅端曲木）從未作為賞賜物使用，而「元」讀如字，修飾「馬」亦感文通字順，因此筆者贊成暮四郎訓成「大」之說，《廣韻·元韻》云：「元，大也。」[128]《詩經·小雅·六月》云：「元戎十乘，以先啟行。」毛傳：「元，大也。」[129]《史記·魯周公世家》云：「今我其即命於元龜。」裴駰集解引馬融曰：「元龜，大龜也。」[130]《漢書·哀帝紀》云：「夫基事之元命，必與天下自新。」顏師古注：「元，大也。」[131]九年衛鼎（集成 02831）：「我舍（予）顏陳大馬兩」（我給予顏陳兩匹大馬），可參。「元馬」訓為「大馬」，簡易直截，但是珍伊釋「騵」之說，也有一定道理，尤其《詩經·大明》「駟騵」的「駟」還能對應簡文的「四馬」。

「」是楚簡中常見的類化結構，例如：「」（新蔡.零 442／戶）、

---

[125] 石小力：〈談談清華簡第五輯中的訛字〉，《出土文獻》第八輯，頁 128。

[126] 郭倩文：《《清華五》、《上博九》集釋及新見文字現象整理與研究》，頁 81。

[127] 蘇建洲：〈談談〈封許之命〉的幾個錯字〉，《古文字研究》第 31 輯，頁 374。

[128] （宋）陳彭年等：《新校互註宋本廣韻》，（臺北：洪葉文化事業有限公司，2001.9），頁 113。

[129] 李學勤主編，《十三經注疏》整理委員會整理：《毛詩正義》，頁 744。

[130] （西漢）司馬遷撰，（南朝宋）裴駰集解，（唐）司馬貞索隱，（唐）張守節正義：《史記》，頁 724-725。

[131] （東漢）班固撰，（唐）顏師古注：《漢書》，（北京：中華書局，1964.11），頁 340。

「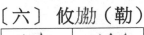」（曾侯乙 129／匹／鴜之所從），「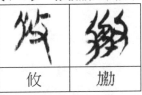」（清華壹.金縢.1／殷之所從），無須以訛字或誤字的角度聯繫「匹」與「戶」的關係。所謂「訛字」是書手一時不察將原本要寫的 A 誤寫成 B，這與簡文「匹」字的情況不同，正如同我們不會將「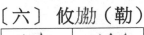」隸定「鴜〈鴜〉」，也不會將從反「身」的「殷」視為「戶」之訛，因為楚簡的「戶」、反「身」、「匹」的部分寫法都已經類化成「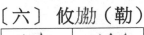」。越來越多資料顯示，「匹」字「厂」形右下角，作兩筆、三筆、四筆都可以：

> 兩筆：「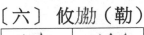」（曾侯乙.179）
>
> 三筆：「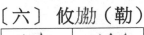」（曾侯乙.129）
>
> 四筆：「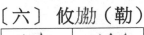」（本處）

這些新出資料增進我們對於「匹」字的了解。

〔六〕 攸㔜（勒）

攸	㔜

　　原整理者：《詩・蓼蕭》有「鞗革」，毛傳云：「鞗，轡也；革，轡首也。」西周金文多作「攸勒」等，詳見王念孫《廣雅疏證》卷七下。此處「攸㔜」的「㔜」難與「勒」通，試讀為「脅」，《廣雅・釋器》：「馬鞅謂之脅。」鞅，據《說文》為馬的「頸靼」。[132]

　　吳振武：我認為假如從「同義換讀」的角度去考慮，「㔜」跟「勒」是可以通的。「㔜」字從「豕」，本當是指「豕脅」，也就是為「豕脅」而造的字。胸脅的「脅」跟肋骨的「肋」，無論在胸肋義上，還是肋骨義上，都是可以互指的。「脅」本是指胸的兩側，但也可以指肋骨，如《左傳・僖公二

十三年》的「駢脅」，是指肋骨長在一起；《史記·范雎蔡澤列傳》中的「折脅」，就是肋骨被打折的意思。而肋骨的「肋」，也可指胸脅，我們常聽見的「為朋友兩肋插刀」，便是其例。肋骨的「肋」跟「勒」不但同音，還構成聲調關係。《釋名·釋形體》：「肋，勒也，檢勒五臟也」所以，「攸勒」雖然寫作「攸𥄂」，還是可讀成「攸勒」，其過程就是拿因同義而換讀成「肋」的「𥄂」來記錄攸勒之「勒」。[133]

暮四郎：此字實際上是從四個「力」形，中間二「力」因部分重疊而有所省簡，並不從「豖」。此字當是從「力」聲，當讀爲「勒」。楚簡中有這種寫成某個字、但實際上不是這個字的例子，這種現象多與由某個偏旁重疊數次構成的字有關。如上博七《凡物流形》甲本簡12、13、乙本簡9「卉」用作「艸」，又如郭店簡《唐虞之道》簡9、24「𡠖」（這個字原來一般釋作寞）用為「叟」。[134]

易泉：贊同釋勒的意見，毛公鼎有「馬四匹，攸勒，金鋈、金膺」，與本篇簡文在文例上很接近。[135]

病書生：劦，整理報告原釋作「𥄂」形，云：「《詩·蓼蕭》有『鞗革』，西周金文多作『攸勒』。𥄂難與『勒』通，試讀爲『脅』。《廣雅·釋器》：『馬鞅謂之脅。』」我以前也這麼想的，但是，先秦馬車與漢代不同，前者是單轅，後者是雙轅，致使鞅的部位不同，前者在馬頸，後者在馬胸。另外，馬脅部位的帶子一般稱「鞦」。[136]

王寧：暮四郎先生認為：「此字實際上是从四個『力』形，中間二『力』因部分重疊而有所省簡，並不从『豖』。此字當是从『力』聲，當讀爲『勒』。」

[133] 依據黃凌倩《清華伍《厚父》、《封許之命》集釋》的說法，這是吳振武在《清華大學藏戰國竹簡》（伍）成果發佈會（2015年4月9日，清華大學主樓接待廳）的發言內容。參黃凌倩：《清華伍《厚父》、《封許之命》集釋》，頁92-93。

[134] 武漢網「簡帛論壇」〈清華五《封許之命》初讀〉27樓，2015.4.14（2017.7.4上網）。

[135] 武漢網「簡帛論壇」〈清華五《封許之命》初讀〉28樓，2015.4.14（2017.7.4上網）。

[136] 武漢網「簡帛論壇」〈清華五《封許之命》初讀〉36樓，2015.4.15（2017.7.4上網）。

按：此說可從。這個字當即「劦」字，「劦」古有二讀，一為胡頰切音協，一為力制切音戾，《說文》「劦」字下段注：「按此字本音戾，力制切，十五部。」此字在此應音戾，與「勒」同來紐雙聲、質職通轉音近。《廣雅·釋器》：「羈、鞿，勒也」，即此。[137]

子居：暮四郎先生在簡帛論壇《清華五〈封許之命〉初讀》帖第27樓指出：「此字實際上是從四個『力』形，中間二『力』因部分重疊而有所省簡，並不從『豕』。此字當是從『力』聲，當讀為『勒』。」所說當是。《說文·革部》：「勒，馬頭絡銜也。」《說文·金部》：「鋚，鐵也。一曰轡首銅。」段玉裁注：「《小雅》：『鞗革衝衝』，毛傳曰：『鞗，轡也。革，轡首也。』按：『鞗，轡也』當作『鞗，轡首飾也』。轉寫奪去二字耳。下文云『沖沖，垂飾兒』，正承轡首飾而言。許釋鋚為轡首銅，鋚即鞗字，詩本作攸，轉寫誤作鞗。攸革皆古文叚借字也，古金石文字作攸勒，或作鋚勒。轡首銅者，以銅飾轡首也。革部勒下云『馬頭絡銜也』，即毛傳所謂轡首也。《周頌·載見》箋云：『鞗謂金飾』，正與轡首銅之訓合。《大雅·韓奕》韠以為韍，淺以為幦，鋚以飾勒，金以飾軛，四事文意一例。鋚勒謂以銅飾轡之近馬頭處，垂之沖沖然也。」故鞗即馬絡頭上的飾物，勒即馬絡頭及銜。自「馬四匹」以下至「贈爾」之前皆為馬具，而西周早期很少賞賜馬具和旗幟，結合前文提到的西周早期未見賞賜車具，當說明《封許之命》基本不存在成文於西周早期的可能性。[138]

許學仁師：李學勤先生將簡文「」隸寫為「攸」，讀為「攸攸」。惟簡文「攸」字，難與「勒」字相通，因將「」讀為「脅」，參酌《廣雅·釋器》：「馬鞅謂之脅。」「攸攸」解作「馬鞅」。《詩·小雅·南有嘉魚之什·蓼蕭》、《詩·小雅·南有嘉魚之什·采芑》和《詩·大雅·蕩之什·韓奕》並

---

137 王寧：〈讀《封許之命》散札〉，復旦網，2015.4.28（2017.7.4 上網）。
138 子居：〈清華簡《封許之命》解析〉，清華網，2015.7.16（2017.7.4 上網）。

見「鞗革」，毛傳云：「鞗，轡也；革，轡首也。」即西周金文〈毛公鼎〉、〈吳彝〉等所記之「攸勒」（詳見王念孫《廣雅疏證》卷七下）。「革」、「勒」相通之例《經典釋文》注《毛詩》「如鳥斯革」謂《韓詩》作「勒」，可證革、勒古通。勒，來母職部；革，見母職部，疊韻通假。漢石經殘字及唐石經「革」卦，馬王堆帛書〈六十四卦〉作「勒卦」，初九爻辭：「共（鞏）用黃牛之勒」，勒讀為革，即牛皮。銀雀山漢簡〈唐勒賦〉篇題「唐勒」作「唐革」。暮四郎諦審字形，指出「此字實際上是從四個『力』形，中間二『力』因部分重疊而有所省簡，並不從『豕』。此字當是從『力』聲，當讀爲『勒』」。其說可參，然未必為省簡筆畫。而中下「力」下復有短橫羨符。

《說文·金部》：「鋚，鐵也；一曰轡首銅。」段注：「轡首銅者，以銅飾轡首也。革部『勒』下云：『馬頭落銜也。』即毛傳為轡首也。」字亦作「鞗」。「攸勒」者，絡於馬首之馬銜，用以控馬，以皮革為之，其上有銅飾或以貝為飾者。《說文·革部》：「勒，馬頭落銜也。」段注：「落銜者，為落其頭而銜其口，可控制也。」曾侯乙墓楚簡簡文所記之「勒」有「紫勒」與「黃金之勒」兩種，如第 66 簡、第 80 簡所記「兩馬之轡，黃金之勒」，「黃金之勒」當指以青銅為飾之馬銜，正《說文》之「鋚（攸）勒」之所指。又第 64 簡簡文字形繁化為「鞪」，是「勒」字異體。簡文之「攸鑾（勒）」，可與近年出土之車馬坑中頗見馬轡首飾物，其中有飾以長條銅泡者，當即《說文》所謂之「轡首銅」，西周銅器銘文之「鞗革」。[139]

黃凌倩：字下部形體有一橫畫，不應看做從四個「力」，應從整理者隸定為鑾。該字左右兩邊從力，中間形體疑為「力」與「豕」共用部分筆畫。該字從吳振武先生所說，與「勒」同義換讀，因此相通。[140]

蔣建坤：此字中間並不似「力」，暫從整理者隸定，但可依黃說（暮四

[139] 許學仁師：〈《清華五·封許之命》所載賞賜名物箚記〉，頁 5-6。
[140] 黃凌倩：《清華伍《厚父》、《封許之命》集釋》，頁 93。

郎（黃傑））以「力」為聲旁讀「勒」。[141]

郭倩文：該字釋讀存兩說：一釋爲「象」，讀爲「脅」；二釋爲「劦」，讀爲「勒」。從字形上看，該字左右兩側皆爲「力」形，中間部分當如網友「暮四郎」所說，因兩「力」重疊而有所省簡。「劦」字甲骨文從三力，會協力之義，如 劦 合集 27448、劦 合集 20283、劦 合集 1210、劦 合集 4283，亦見於陶文 劦 陶彙 3·837、璽文 劦 璽彙 0460。而未見於已有楚簡帛材料，此爲首見。《說文·劦部》：「劦，同力也。从三力。《山海經》曰：「惟號之山，其風若劦。」凡為劦之屬皆从劦。」此處讀爲「勒」，西周金文多作「攸勒」，簡文此虎與之相合。[142]

陳美蘭：它（佑仁案：指「象」字）可能指的是另一種車馬器──「脅驅」，此於傳世文獻與出土文物均可找到印證。《詩·秦風·小戎》「游環脅驅」，毛傳：「慎駕具，所以止入也。」鄭箋：「脅驅者，著服馬之外脅以止驂之入。」至於「脅驅」的構詞，「脅」乃指其部位在服馬內脅，「驅」乃指其功能為驅驂馬之入，其意當指著於（服馬）外脅而驅之（驂馬）。

至於〈封許之命〉之「象／勞（脅）」，比較〈小戎〉「脅驅」，簡文只記錄了該物所在部位「脅」，這種稱名方式也在本篇找到用例，如簡 6 的「鉤雁（膺）」，原注釋雖斷為一句，但在注文下疑指兩物，石小力先生結合吳振武先生對〈燮戒鼎〉的考證，指出簡文「鉤雁（膺）」當為二物無誤，所謂「雁（膺）」，乃指「一種繫在馬頸或馬胸上的裝飾品」，顯然是取其物當「膺」為名，此與簡文名「脅」是相同的命名方式，本篇乃記錄周初封許的文書，如果這段賞賜物的記載未雜入後世的用法，則可能是先有「脅」，後來才出現「脅驅」，而後者更能說明此物之功能。從目前所見的各種賞賜記錄來看，雖然猶未見脅驅的記載，不過對於四馬乘車來說，脅驅的功能是重要的，它

---

[141] 蔣建坤：《清華簡（壹～伍）上古音聲母材料的整理與初步研究》，吉林大學碩士論文，2016.4，頁 375。
[142] 郭倩文：《《清華五》、《上博九》集釋及新見文字現象整理與研究》，頁 81-82。

可使內側兩服馬與外側兩驂馬保持適當的距離，因此在賞賜物中出現脅驅（或單稱脅），應該是可能存在的。[143]

古容綺：⿰字下部形體有一橫畫，不應看作从四個力，故從原釋者隸定為𤙃，此字左右兩邊从力，中間形體疑「力」與「豕」共用部分筆畫。此處讀為「勒」，西周金文多作「攸勒」。[144]

羅小華：清華簡《封許之命》簡6中的「攸」，就是馬鑾，是御者駕馬車時控制馬的韁索；「𤙃」則應讀為「脅」，可能指的是「韅」，在馬的脅部，也就是腋部，用於固定靳的。[145]

佑仁謹案：吳振武在《清華大學藏戰國竹簡》（伍）成果發佈會當天（2015年4月9日於清華大學主樓接待廳），已將「攸𤙃」改釋為「攸勒」，該賞賜物的內涵已得到實質上的解決。攸勒是冊命賞賜車馬器中最常見的賞賜物，在賞賜物的順序中，它常置於馬匹之後：

1.魚箙、馬四匹、攸勒。（毛公鼎／集成02841）

2.朱旂、馬四匹、攸勒。（師克盨／集成04467）

3.金甬、馬四匹、攸勒。（吳方彝蓋／集成09898、四十三年逨鼎／新收0747-0756、三年師兌簋／集成04318）

4.畫轉、馬四匹，攸（僷）勒。（录伯𣪘簋蓋／集成04302）

簡文中「元馬三（四）匹，攸△」，△字从「力」（字形分析詳後），應以「攸勒」為第一優先。那什麼又是「攸勒」呢？古代罩住馬首以控制馬匹的鞍具稱為絡頭，《莊子‧秋水》說控制馬牛之法為「落馬首，穿牛鼻」，[146]「落」即「絡」的假借字，《玉臺新詠‧日出東南隅行》亦云：「青絲繫馬尾，黃金

---

[143] 陳美蘭：〈清華簡〈封許之命〉札記三則〉，《中國文字》新43期，（臺北：藝文印書館，2017.3），頁31-43。

[144] 古容綺：《清華伍〈封許之命〉字詞研究》，頁70。

[145] 羅小華：〈清華簡《封許之命》簡6中的攸𤙃〉，《出土文獻綜合研究集刊》（第六輯），（成都：巴蜀書舍，2017.6），頁110。

[146] （清）王先謙：《莊子集解》／劉武：《莊子集解內篇補正》，（北京：中華書局，1987.10），頁144。

絡馬頭。」[147]「落馬首」（或「絡馬頭」）由於常以皮條編結而成，形狀如籠，因而又稱為「籠頭」。「勒」指帶有馬銜的絡頭，《說文》：「勒，馬頭落銜也。」[148]它是在絡頭上裝置馭馬用的「銜」，部分個性暴烈的馬僅使用馬絡頭還是以駕馭，必須在口中加上「銜」加強控制。

「攸（鋚）勒」實為兩種鞍具的合稱。《詩經・小雅・蓼蕭》毛傳云：「鋚，轡也」[149]，指駕馭馬匹的轡繩，《詩經・邶風・簡兮》云：「有力如虎，執轡如組。」[150]朱熹集傳：「轡，今之繮也。」[151]「鋚」字從革、攸聲，表示以皮革製成。「鋚」（轡繩）繫於「勒」（含銜的馬絡頭）的銜環上，二者結合才是一套完整馭馬器。[152]段玉裁《詩經小學》指出：「轡，革也，勒，馬頭絡銜也……，絡頭，銜口，統謂之勒，所以繫轡，故曰轡首。」[153]黃然偉謂：「攸勒者，用以絡馬首之具也，以皮革為之，其上有銅飾或以貝為飾者。近世出土之車馬坑中，頗有馬轡首飾出土，其中有飾以長條銅泡者（《灃西》頁 149），蓋即《說文》所謂之轡首銅者也。」[154]具體形制如下：

---

[147] （陳）徐陵編，（清）吳兆宜注：《玉臺新詠箋注》，（北京：中華書局，1999.11），頁 8。
[148] （東漢）許慎撰，（清）段玉裁注，李添富總校訂：《新添古音說文解字注》（三版），頁 111。
[149] 李學勤主編，《十三經注疏》整理委員會整理：《毛詩正義》，頁 724-725。
[150] 李學勤主編，《十三經注疏》整理委員會整理：《毛詩正義》，頁 192。
[151] （宋）朱熹集注，趙長征點校：《詩集傳》，（北京：中華書局，2011.1），頁 31。
[152] 楊英傑：〈先秦古車挽馬部分鞍具與馬飾考辨〉，《文物》，1988 年第 2 期，頁 75-80。
[153] 段玉裁：《詩經小學》，收入《續修四庫全書》第 64 冊，（上海：上海古籍出版社，2002.3），頁 220。
[154] 黃然偉：《殷周青銅器賞賜銘文研究》，（香港：龍門書店，1978.9），頁 182。

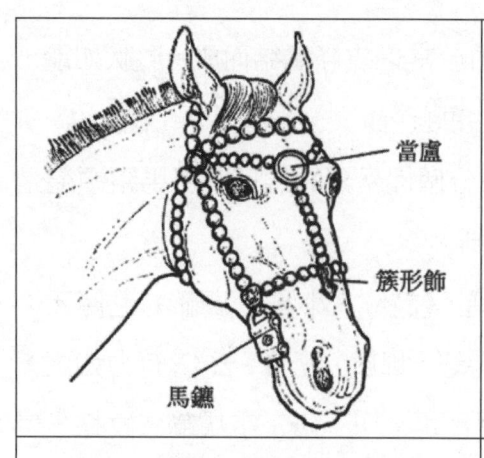

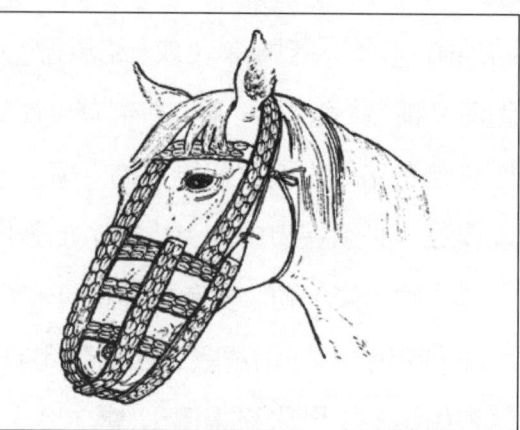

圖4：西周馬彎頭示意圖 155 ｜ 圖5：張家坡2號車馬坑馬籠頭復原圖 156

陳美蘭認為「攸（鋚）、豢（脅）」是兩件物品，她引用吳紅松之說，認為「攸」可為革製之彎。「豢（脅）」字，陳美蘭認為就是《詩經‧秦風‧小戎》「游環脅驅」中的「脅驅」，「脅」指其部位在服馬內脅，「驅」指其功能為驅驂馬之入，「脅驅」可使內側兩服馬與外側兩驂馬保持適當的距離。換言之，「脅」指部位，「驅」為功能，這個說法首先要面臨的挑戰是：「脅」、「驅」既指不同的兩種東西，何以簡文的「脅」可以釋讀成「脅驅」。陳美蘭的解釋是：

> 本篇乃記錄周初封許的文書，如果這段賞賜物的記載未雜入後世的用法，則可能是先有「脅」，後來才出現「脅驅」。

但這樣解釋的不確定因素仍非常高，如何證明「脅驅」最早作「脅」？又如何能作為賞賜物使用？恐怕是需要再進一步補證的地方。「脅驅」形制請參圖6：

---

155 劉永華：《中國古代車輿馬具》，頁109。
156 劉永華：《中國古代車輿馬具》，頁110。

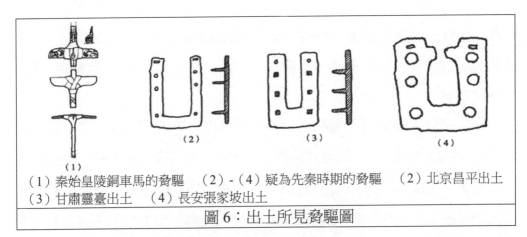

（1）秦始皇陵銅車馬的脅驅　（2）-（4）疑為先秦時期的脅驅　（2）北京昌平出土
（3）甘肅靈臺出土　（4）長安張家坡出土

圖6：出土所見脅驅圖

「攸勒」是車馬器中最為常見的賞賜物，清代學者錢大昕、段玉裁、阮元等人都曾針對「攸勒」進行研究[157]，依據何樹環的統計，「攸勒」是專屬錫命的賞賜物[158]。就筆者所見，西周賞賜物中從來沒有只單獨賞賜「攸（鋚）」。依據鄭憲仁的研究，西周冊命賞賜車馬器的銘文共計四十例，其中只有賞賜「攸勒」者二十五例，超過六成。而這四十例中，只有五例未賞賜「攸勒」，所以他指出「攸勒是冊命賞賜車馬器中最常見的賞賜物」，在這四十例西周冊命賞賜車馬器的銘文中，依據筆者的檢索，「攸勒」還可以替換成「金勒」（麥方尊、師㝨簋蓋、親簋）或「鈴勒」（班簋），或只賞賜「勒」（諫簋）而缺「攸」，但就是沒有單獨以「攸」作為賞賜物使用，這說明西周時期可以賞賜成套的「攸勒」，或是只賞賜「勒」（含銜的馬絡頭），但就是沒有單獨賞賜「攸」（韁繩）的情況。「攸勒」既然是最常見的賞賜物，這樣的統計

---

[157] 錢大昕考證銅器銘文中「鋚勒」為《詩》「鞗革有鶬」之「鞗革」：「《詩》：『如鳥斯革』。《韓詩》作『勒』，明乎『勒』之即『革』也。」段玉裁更進一步指出：「《毛詩》『鞗革』皆當依古金石文作『攸勒』、『鋚勒』。」阮元也指出無叀鼎「鋚勒」即《詩經》之「鞗革」。錢大昕：〈焦山鼎銘〉，收入錢大昕：《潛研堂金石文字跋尾》，卷1，參見陳文和主編：《嘉定錢大昕全集》，（南京：鳳凰出版社，2016.3），第6冊，頁4-5。參阮元：《積古齋鐘鼎彝器款識》，清刻本，卷4頁40「無叀鼎」。（東漢）許慎撰，（清）段玉裁注，李添富總校訂：《新添古音說文解字注》（三版），頁709。「鞗革」一詞，《詩經》中見於〈蓼蕭〉「鞗革沖沖」、〈韓奕〉「鞗革金厄」、〈載見〉「鞗革有鶬」、〈采芑〉「鉤膺鞗革」，可參。李學勤主編，《十三經注疏》整理委員會整理：《毛詩正義》，頁724、750、1445、1571。

[158] 何樹環：《西周錫命銘文新研》，（臺北：文津出版社，2007.7），頁149。亦可參曹雅荃：《西周冊命金文試探》，臺灣大學碩士論文，2014.7，頁142。

結果，應有一定的代表性。承前所述，西周冊命銘文中沒有單獨賞賜「攸」（韁繩）的情況，因此若將「攸勒」的「勒」改釋成「脅」，這會讓「攸」字無法落實。

關於字形，簡文的「　」（取自《清華伍》原書文字編）字筆者摹成「　」，是以從四「力」的方式呈現，左、右「力」旁無甚可疑，中間的寫法則是上、下兩個「力」，並且部分字形重疊（從彩色圖片中還可以看到墨跡深淺重疊）[159]，因為部分筆畫重疊的關係，使得中間的構形不易分析，下方的「力」旁也寫成「　」，將最後一筆以短橫筆呈現，這種寫法在楚文字中也不算少見，例如「　」（新蔡.乙 1.15／勮）、「　」（清華壹.皇門.9／鬲）。

那麼「勰」又要如何與「勒」聯繫呢？陳劍在〈早期古文字「表意字一形多用」綜論〉（未刊稿）中云：「音『荔』、『珕』之『劦』，亦即『力』之繁體；與三力『劦作』之『劦』造字方法亦不同；二者應看作同形字。」那麼「勰」可能是「力」的繁體寫法，與「劦」無關。（不過，吳振武以「脅」通「肋」來聯繫「劦」與「力」的聯繫，也有一定道理，古籍中「脅」確實指肋骨。《儀禮・特牲饋食禮》云：「長脅二骨，短脅。」胡培翬正義：「脊兩旁之肋，謂之脅。」[160]《左傳・僖公二十三年》云：「曹共公聞其駢脅，欲觀其裸。」孔穎達疏：「脅是腋下之名，其骨謂之肋。」[161]可參。重複「力」旁的「劦」、「勰」是否與獨體的「力」有音義上的關係，值得全面地探索。）「力」與「勒」的假借關係，出土文獻亦有證據，馬王堆帛書《春秋事語・魯桓公與文姜會齊侯於樂章》云：「又勒成吾君之過」，「勒」字《管子》作「力」。[162]

---

[159] 暮四郎認為「二『力』因部分重疊而有所省簡」，筆者支持字形重疊之說，但不認為有「減省」。

[160] （清）胡培翬：《儀禮正義》，（江蘇：江蘇古籍出版社，1993.7），頁 2216。

[161] 李學勤主編，《十三經注疏》整理委員會整理：《春秋左傳正義》，頁 471。

[162] 黎翔鳳撰，梁運華整理：《管子校注》，（北京：中華書局，2004.6），頁 336。

〔七〕 毦毯

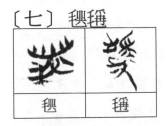

| 毦 | 毯 |

原整理者：二字從毛，當係毛織品名。[163]

馬楠：下一字或非從爰，當從冄。[164]

許可：從毛從冄之字見於曾侯乙簡 4「貖（貂）毯」，字作▇。由「貂毯」推斷「毦」字或可讀爲「麞」。《說文》：「麞，似鹿而大也。從鹿與聲。」麞字從毛，屬於字形感染，涉下文「毯」字類化。麞毯，或爲鹿類動物的皮毛製品，裹覆於馬身。[165]

余小真：鄙意以爲可能是「萬」字，左下從虫。[166]

明珍：🐾左從毛，右從萬，或許是「䮵」字；🐾左上從「毛」，右上從「𢆉（卒）」，相同的字又見於🐾（包95），左上從「𢆉」，右上從「手」，下從「毛」，或許是「𣯩／𣯵」字。[167]

付強：我們推測此字（佑仁案：指首字）很有可能是見於大盂鼎銘文中的「▨」字，隸定爲「𦥑」是一種有木底的鞋子。[168]

奈我何：從《殷高宗問於三壽》簡 26「兒」字的寫法來看，我們懷疑此字當是從毛、從兒得聲之字。若是如此，則字或可釋「輗」，《說文》：「輗，大車轅耑持衡者。」附於車馬器類的「攸劷（勒）」之後，應該很好理解；

163 李學勤主編：《清華大學藏戰國竹簡（伍）》，頁 121。
164 清華大學出土文獻讀書會：〈清華簡第五冊整理報告補正〉，清華網，2015.4.8（2017.7.4 上網）。
165 清華大學出土文獻讀書會：〈清華簡第五冊整理報告補正〉，清華網，2015.4.8（2017.7.4 上網）。
166 武漢網「簡帛論壇」〈清華五《封許之命》初讀〉11 樓，2015.4.10（2017.7.4 上網）。
167 武漢網「簡帛論壇」〈清華五《封許之命》初讀〉18 樓，2015.4.11（2017.7.4 上網）。
168 付強：〈《封許之命》推測兩則〉，武漢網，2015.4.12（2017.7.4 上網）。

此字之後的字或當是從「爰」得聲，則據此推測，或可讀爲「轅」？當然，也有可能讀爲「祝」？《爾雅·釋器》：「衣梳謂之祝。」或曰袘衣之飾。此字用來修飾第二字，從毛，當如原整理者所說是毛織品名。[169]

lht：根據您（佑仁案：指明珍）的說法，也許應該讀爲「翡翠」。[170]

明珍：第一個字形，我原本認爲從毛、萬，但一直覺得不太妥當，畢竟楚簡「萬」字都是有加凵形飾筆的，想說這會不會是《清華伍》新出的字形，今見 41 樓奈我何說從「兒」，似乎字形上比較說得過去。「兒」上訛爲臼，下從卪。[171]

王寧：此二字從所處的位置看，當是車馬用器無疑。第一字從「萬」的可能性很大，因爲「萬」所從的「九」與左下的「毛」共用了交叉形筆畫，同時右邊的短斜筆本當與相鄰的橫長筆連續，因爲抄手轉折時行筆太快寫斷了，所以才寫作如此奇怪的形狀。在此疑讀爲「幔」，亦即《說文》所說的「幠」，訓「車幔也」，又稱「幨」，可能相當於《毛公鼎》、《番生簋》裡的「虎㡀（幦）」。第二字字形作「𣎴」，馬楠先生在《補正》中指出「或非從爰，當從再」，是也。此字除去「毛」的部分，應該是「再」字，楚簡文字如「𠕅」（郭.成.22）、「𠕅」（郭.魯.5）、「𠕅」（上博 2.子.9），均與此形略同，此字「又」上那個類似「大」形的一撇寫得甚長，與「又」上面的橫筆重疊了。故此字當分析爲從毛再聲，疑即「繩」或「縢」字之異構或假借，蓋絆、紖之類，也可能是《詩·閟宮》：「公車千乘，朱英綠縢，二矛重弓」的「縢」，古傳注以爲車上束弓的繩子。此幔、繩（縢）均車馬所用之物，以毛編織而成，故字從毛。[172]

子居：「𣎴」當讀爲「氉」，「𣎴」當讀爲「氈」，《周禮·天官·掌皮》：

---

[169] 武漢網「簡帛論壇」〈清華五《封許之命》初讀〉41 樓，2015.4.20（2017.7.4 上網）。
[170] 武漢網「簡帛論壇」〈清華五《封許之命》初讀〉44 樓，2015.4.22（2017.7.4 上網）。
[171] 武漢網「簡帛論壇」〈清華五《封許之命》初讀〉45 樓，2015.4.23（2017.7.4 上網）。
[172] 王寧：〈讀《封許之命》散札〉，復旦網，2015.4.28（2017.7.4 上網）。

「秋斂皮，冬斂革，共其毳毛為氈。」《說文·毛部》：「氍毹、氈毹，皆氈緂之屬，蓋方言也。」這裡的毛織品「」當即馬衣，又稱馬毯，披綁在馬的身上用以保護馬匹。《左傳·定公八年》：「主人焚衝，或濡馬褐以救之。」晉杜預注：「馬褐，馬衣。」《淮南子·覽冥訓》：「短褐不完。」高誘注：「短褐，毛布，如今之馬衣。」清代翟灝《通俗編》卷二十五言：「《孟子》：『許子衣褐。』趙岐注：『以毳織之，若今馬衣。』按：世俗以袍為馬，衣制雖不同，而其名古。」可證先秦至兩漢馬衣多為毛織品。《戰國策·齊策四·魯仲連謂孟嘗》：「君之廄馬百乘，無不被繡衣而食菽粟者。」《史記·滑稽列傳》：「楚莊王之時，有所愛馬，衣以文繡。」則明顯就是非常奢華高級的馬衣了。[173]

許學仁師：整理者以 二字均從「毛」，「當係毛織品名。」未加考定，首字許可比勘曾侯乙墓楚簡第4簡「貙（貊）毾」之相關辭例，推源首字宜為後者製作之材料……王寧推衍其說，改從「萬」得聲，讀為「幔」，亦即《說文》所說的「幰」，訓讀為「車幔也」，金文習見「虎冟熏裏」一詞，〈毛公鼎〉、〈番生簋〉裡的「虎冟（幦）」，郭沫若謂「即車之覆蓋。『虎冟熏裏』，即覆羽輿之車罩畫以虎紋，而其裏則黑色者。」曾侯乙墓楚簡「冟」字從「革」作「鞤」，有「貍（狸）鞤」、「豣鞤」王寧以從毛萬聲，可通讀為「幔」，可能相當於金文「虎冟」。第二字……此字當分析為從毛、再聲，疑即「繩」或「縢」字之異構或假借，蓋絆、紖之類，也可能是《詩·魯頌·閟宮》：「公車千乘，朱英綠縢，二矛重弓」的「縢」，古傳注以為車上纏弓的繩子。此「幔」、「繩（縢）」均車馬所用之物，故字雖從毛，卻未必為毛之編織物，曾侯乙墓楚簡馬鞍之「鞍」作從毛作「毿」。[174]

173　子居：〈清華簡《封許之命》解析〉，清華網，2015.7.16（2017.7.4上網）。
174　許學仁師：〈《清華五·封許之命》所載賞賜名物箚記〉，頁6-7。

黃凌倩：字從字形上看應從「再」，「再」上博簡多見，作（上博四・曹沫之陳 09）、（上博五・君子為禮 06）、（上博六・用日 02）等形，所以此字除去「毛」的部分，應該是「再」字，從許可及王寧先生說法。「毵」應如整理者言，為毛織品名。[175]

郭倩文：當以清華大學出土文獻讀書會意見為優，字合意通，該字不見於其他出土古文字材料，為《清華五》之新見字。字從毛從再，學者已指出整理者隸定之誤。「再」楚文字常見，如：清華參《芮良夫毖》「」、包山簡 224「」、郭店簡《成之聞之》簡 22「」等，本簡字右即為「再」也。則改隸定為「毵」。許可先生已指出「毵」字見於《曾侯乙墓》簡 4，表繫車馬所用的絲帶。於此處也可通。[176]

蘇建洲：簡 6 整理者釋為「毷毵」的兩字作 ，文字結構無法準確分析。可能書手抄寫所依據的底本依然有西周文字的蹤跡，而尚未被全面改寫為戰國文字或楚文字，以致書手不識字而只是依樣畫葫蘆導致字不成字。[177]

王輝：疑毷可讀為氈，毵可讀為氈，「毷毵」是一種毛麻混織的毛布、地氈類物。[178]

佑仁謹案：「」字，原整理認為從「毛」，屬絲織品名。許可認為字應釋「廬」，字從「毛」，涉下文「毵」字類化。余小真認為字從「萬」從「虫」。明珍前說認為從「毛」從「萬」，或許是「魔」字，後說認為這是新見字，右半乃「兒」，上訛為「臼」，下從卩。付強認為即大盂鼎銘文中的「」

---

[175] 黃凌倩：《清華伍《厚父》、《封許之命》集釋》，頁 95。
[176] 郭倩文：《《清華五》、《上博九》集釋及新見文字現象整理與研究》，頁 83。
[177] 蘇建洲：〈談談〈封許之命〉的幾個錯字〉，《古文字研究》第 31 輯，頁 374。
[178] 王輝：〈一粟居讀簡記（九）〉，陝西歷史博物館編：《陝西歷史博物館館刊》第 23 輯，2016.11，頁 149。

（舄）。奈我何認為是从毛、兒聲之字，讀「輗」，《說文》：「輗，大車轅耑持衡者也。」或讀「毳」，為毛織品名。劉洪濤讀「翡翠」（翡翠是一種鳥名，羽毛可作為裝飾）。王寧認為从「萬」的可能性很大，疑讀為「幔」，亦即《說文》「幠」，訓作「車幔也」。子居、王輝皆隸定作「毿」讀為「毿」。筆者認為以上諸說就字形上看，猜測性強，均難成立。蘇建洲認為此字由金文轉寫而來，書手已無法辨識，有一定道理。因此我們必須承認，依現有條件已無法辨別此字。

「　」字原整理認為从「毛」，屬絲織品名。馬楠認為當从「禺」。許可補充說明該字見於曾侯乙簡4，並將二字釋為「　　」。奈我何認為从「爰」聲，讀「轅」。明珍認為从字从「毛」从「夅（卒）」，又見於包山簡的「　」（包山.95）。劉洪濤認為根據明珍之說應讀為「翡翠」。王寧認為字从毛、禺聲，乃「繩」或「縢」字之異構或假借，蓋絆、紖之類，也可能是「縢」（古傳注以為車上束弓的繩子）。子居隸定作「　」當讀為「毿」，「毿　」當即馬衣，又稱馬毯，披綁在馬的身上用以保護馬匹。黃凌倩認為从「禺」，為毛織品名。蘇建洲認為此字由金文轉寫而來，書手已無法辨識。王輝讀為「毿毿」認為屬毛布、地毯類物。

筆者贊同釋「毿」之說，已數次見曾侯乙墓竹簡，字形作「　」（曾侯乙.51）、「　」（曾侯乙.28），許可認為可讀為「麕」，或為鹿類動物的皮毛製品，裹覆於馬身。西周金文的賞賜物中有一種覆蓋於車的動物皮革製品，其文例為「虎冟」，但目前所見都是使用虎皮，以虎皮彰顯車馬的勇猛，此甚好理解，但以鹿類動物之皮覆蓋在馬的身上，此意義較難理解。曾侯乙竹簡的原整理者說「毿」是指「緣飾」一類的東西 [179]。曾侯乙墓竹簡云：「紫黃紡之繁，　　，尾之毿。」（簡4），「毿」是車器，不過〈封許之命〉的「毿」

---

179 裘錫圭、李家浩：〈曾侯乙墓竹簡釋文與考釋〉，見湖北省博物館編：《曾侯乙墓》，（北京：文物出版社，1989.7），頁507。

則應屬於馬身上的配件，二者是否相同，尚待研究，而「」在句子中也可能是用以修飾「錘」。

〔八〕羅綏（纓）

羅	綏

原整理者：羅，即縠，見《淮南子・齊俗》高注。羅纓，應即樊纓。[180]

子居：筆者以為，羅纓之羅當是指纓下垂飾如網羅，樊纓（繁纓）之樊當是指纓下垂飾如藩籬，二者形制上並沒有多少差別，因此整理者所說「羅纓，應即樊纓」當是，但整理者言「羅，即縠」則不確。《說文・系部》：「纓，冠系也。」因此無論是羅纓還是樊纓（繁纓），皆是用於繫馬冠的，《後漢書・輿服志上》：「金鍐方釳，插翟尾。」劉昭注引《獨斷》：「金鍐者，馬冠也。高廣各五寸，上如玉華形，在馬髦前。」羅纓（樊纓）所繫即此馬冠，也即下文的「弁」，故羅纓（樊纓）之羅當綴於馬領之後馬頸之前，其纓繞過馬耳後繫馬冠於兩耳之間，關於此點舊注皆誤，如《周禮・巾車》：「王之五路：一曰玉路，錫，樊纓，十有再就，建大常，十有二斿，以祀；金路，鉤，樊纓九就，建大旂，以賓，同姓以封；象路，朱，樊纓七就，建大赤，以朝，異姓以封；革路，龍勒，條纓五就，建大白，以即戎，以封四衛；木路，前樊鵠纓，建大麾，以田，以封蕃國。」鄭玄云：「樊讀如鞶帶之鞶，謂今馬大帶也。鄭司農云：『纓謂當胸，《士喪禮下篇》曰馬纓三就。禮家說曰：纓，當胸，以削革為之；三就，三重三匝也。』玄謂纓，今馬鞅。」但《左傳・桓公二年》：「鞶、厲、游、纓。」杜注：「纓，在馬膺前，如索裙。」孔疏：「服虔云：纓如索裙，今乘輿大駕有之。」《左傳》原文已別鞶與纓，故鄭

---

[180] 李學勤主編：《清華大學藏戰國竹簡（伍）》，頁121。

玄以「樊讀如鞶帶之鞶，謂今馬大帶也」明顯不確，雖然如此，杜預注以纓在馬膺前同樣不確，只有「如索裙」的描述有助於對「羅纓」、「樊纓」形制的理解。《左傳·成公元年（佑仁案：應是「成公二年」之筆誤）》：「請曲縣、繁纓以朝，許之。」杜預注：「繁纓，馬飾。皆諸侯之服。」所說繁纓為諸侯之服正與《封許之命》以「羅纓」賜呂丁相合。另，西周金文未見賜「纓」的記錄，因此這明顯有利於說明《封許之命》當是成文於春秋時期。[181]

　　蔣建坤：整理者隸定爲从晏，不確。此字右當从晏（癭）聲，讀爲「纓」。馮勝君師曾指出「（楚文字中）與『晏』形體相近、用作『嬰』或从『嬰』聲字聲符的偏旁，不能釋爲『晏』。」[182]

　　佑仁謹案：戰國文字中，部分讀為「嬰」或从「嬰」之字常常以「旻（晏）」表示，馮勝君指出「旻（晏）」是元部字，還有一類屬於耕部字的「𣅦」（旻）應由「旻（晏）」字中獨立出來，判準有二：

　　1.韻腳：「旻（晏）」是元部，與之通假的字也往往是元部字，如「郾」、「燕」、「筵」等。而「𣅦」是耕部字，與之通假的對象也常是耕部字，如「嬰」、「癭」、「纓」等。

　　2.字形：「旻（晏）」字从「日」，「旻」則是从「○」形。
馮勝君更進一步將戰國文字的「旻」上溯至甲骨文中的「」（合集00190），認為此字就是「癭」的初文（「」釋作「癭」，更早之前林澐、張亞初亦曾指出[183]），以圈形象人頸部有肉瘤之形，即今日醫學術語之「甲狀腺腫大」，尤其好發於女性，故字从「女」。馮勝君認為耕、元二部相通，主要是使用在齊方言，特別是鄒魯方言，三晉、燕系、楚系等文字，基本上都能透過字

---

181 子居：〈清華簡《封許之命》解析〉，清華網，2015.7.16（2017.7.4 上網）。

182 蔣建坤：《清華簡（壹～伍）上古音聲母材料的整理與初步研究》，吉林大學碩士論文，2016.4，頁 375。

183 馮勝君〈試說東周文字中部分「嬰」及从「嬰」之字的聲符－－兼釋甲骨文中的「癭」和「頸」〉一文注 34 與文末「補記」。見《出土文獻與傳世典籍的詮釋－－紀念譚樸森先生逝世兩周年國際學術研討會論文集》，（上海：上海古籍出版社，2010.10），頁 67-80。

形區分「晏」與「晏」，或是在同一批材料中，書手總是由寫法上刻意區分「晏」與「晏」的不同。[184]

馮勝君將戰國文字的「晏」與甲骨文的「」聯繫起來，並釋為「瘦」，皆是非常正確的意見，惟戰國時期「晏」與「晏」二字已逐漸混同，無法再由上古音屬「元部」或「耕部」，或字形從「日」或從「〇」區分「晏」與「晏」。例如清華一〈金縢〉簡9「禾斯　」字形是「晏」（耕部），今本作「偃」（元部）。本處「　」確實應如蔣建坤所言，改作從「晏」。

「羅纓」即繫馬冠的革帶，是一種以繩子纏繞出來的網子。劉永華《中國古代車輿馬具》有羅纓底座圖（圖7）可供參考，關於「樊纓」，古人有多種不同解釋，孫詒讓《周禮正義》引述甚詳[185]。

圖7：羅纓底座 [186]

蔡邕《獨斷》卷下曰：「繁纓在馬膺前，如索裙者是也」[187]，繁纓即樊纓，這類樊纓的底座在河南信陽1號楚墓出土兩件，以木材雕刻而成的，表面髹紅、黑色漆，紋飾部分貼有金葉，獸面底座的上部是一短圓柱，柱頂端有小

---

[184] 馮勝君：〈試說東周文字中部分「嬰」及從「嬰」之字的聲符──兼釋甲骨文中的「瘦」和「頸」〉，復旦網，2009.7.30（2017.7.4上網）。又見「出土文獻與傳世典籍的詮釋──紀念譚樸森先生逝世兩周念國際研討會」論文，復旦網，2009.7.30（2017.7.4上網）。以及《出土文獻與傳世典籍的詮釋──紀念譚樸森先生逝世兩周年國際學術研討會論文集》，頁67-80。

[185] 孫詒讓：《周禮正義》，（北京：中華書局，1987.12），頁2928。

[186] 劉永華：《中國古代車輿馬具》，頁118。

[187] （東漢）蔡邕：《獨斷·卷下》，參《欽定四庫全書》，（臺北：商務印書館，1966），頁12。

孔，出土時小孔內還殘留有朽麻，可見這兩件樊纓是用麻做成的。

〔九〕鉤雁（膺）

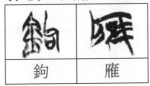

| 鉤 | 雁 |

　　原整理者：鉤膺，見《詩‧崧高》，毛傳云：「鉤膺，樊纓也。」由簡文看恐實係兩物。[188]

　　付強：簡六賞賜物品的「[圖]膺」整理報告認為見於《詩‧大雅‧崧高》毛傳云鉤膺樊纓也，又說由簡文看恐實係兩物。上海博物館2003年入藏了一件伯弘父盨，器物的自名作「[圖]」形，可以隸定為「籵」。從句之字和從丩可通，我們推測[圖]和[圖]應該可以通，從丩之字可以通篡，如《廣雅‧釋詁》「攎，材也」王念孫疏證攎與赳聲義並同。所以我們認為[圖]應該為篡，有些學者可能會說後面不是賞賜有篡嗎，我們認為此處的篡與後面薦彝裡面的篡是不一樣的，薦彝是祭祀獻神的禮器，這裡的[圖]篡應該為賞賜給呂丁的食用器，當然這只是我們的一個猜想。[189]

　　石小力：整理者因解釋「鉤膺」前之「羅纓」為「樊纓」，故懷疑毛傳之說。「鉤膺」除見於《崧高》篇外，還見於《詩經》的《韓奕》、《采芑》兩篇，「鉤膺」，毛傳、鄭箋皆釋為「樊纓」。其實，毛傳之說，已有學者指出其不可信，如清代的馬瑞辰曾對此詳加辨析：

　　　　傳意蓋以樊纓釋膺字。纓之為言膺也。《周官‧巾車》注：「鄭司農曰：
　　　　『纓謂當胷』。《士喪禮》下篇曰：『馬纓三就』禮家說曰：『纓當胷，
　　　　以削革為之。三就，三重三帀也。』」賈疏引賈、馬亦云：「鞶纓，馬
　　　　飾，在膺前，十有二帀，以毛牛尾，金塗十二重。」說與毛傳以樊纓

---

[188] 李學勤主編：《清華大學藏戰國竹簡（伍）》，頁121。
[189] 付強：《〈封許之命〉推測兩則》，武漢網，2015.4.12（2017.7.4上網）。

釋膺合。樊者，鞶之假借。鞶字從革，蓋以削革為之，所以懸纓，形如鞶帶。纓則毛牛尾為之，《韓奕》鄭箋云：「鉤膺，樊纓也」義本毛傳。至注《周官》又云：「樊讀鞶帶之鞶，謂今馬大帶也。纓，今馬鞅。」按《説文》：「鞅，頸靼也。」《釋名》：「鞅，嬰也。喉下稱嬰，言嬰絡之也。」鞅、纓聲近，故鄭知纓即馬鞅。鞅懸於頸，其毛牛尾下懸則當膺，今俗所云馬踢胷者，其遺象也。《周官·巾車》：「玉路，錫樊纓。金路，鉤樊纓。」樊纓為五路所同，而言「錫」言「鉤」各異，則鉤與樊纓不得為一。蓋錫當面，最上；鉤當領，次之；樊纓當胷，又次之。據正義釋傳「故曰『鉤樊纓也』」，是知傳原作「鉤膺，鉤樊纓也」今本脱去下鉤字耳。又按《巾車》鄭注，金路有鉤無錫，而《韓奕》詩云「鉤膺鏤錫」，則金路未始無錫。《周官》錫、鉤，蓋隨舉一以言之，因知革路亦宜有鉤。此詩兵事，宜用革路。正義因「鉤膺」一句，遂定為金路，非也。

據馬瑞辰之説，「鉤、膺」應為兩種馬飾。「鉤、雁」亦見於西周金文：

（1）㣺戒鼎：𪉗伯慶賜㣺戒簟弻、劃（鉤）、雁（膺）、虎裘、豹裘。（《新收》1454）

（2）毛公鼎：賜汝……馬四匹：攸（鋚）勒、金、金雁（膺）、朱旂二鈴。（《集成》2841）

㣺戒鼎「劃」字原形作，此從吳振武先生釋，他認為「劃雁」即屢見於《詩經》的「鉤膺」，吳先生還聯繫毛公鼎銘文「金嘆（鉤）、金雁（膺）」之「」，指出、為一字異體，將毛公鼎「」字隸定為「嘆」，認為「嘆」字從翼，從口，會翼護馬嘴之意，又指出「翼」旁上部的「𠙴」可以兼表「翼」字的讀音。田煒先生則進一步指出「嘆」字所從之「口」也可能兼有表聲的作用。這些意見皆可信從，由毛公鼎銘文「金嘆（鉤）、金雁（膺）」知「鉤」、「膺」為兩種物品，可證馬瑞辰之說甚確。據上引吳文，

「膺」指繁纓，是一種繫在馬頸或馬胸上的裝飾品。「鈎」即出土西周車馬中所見繫在馬嘴上的兩根長條形鈎狀銅飾。除上引二器外，「鈎、膺」還見於以下金文：

（3）七年師兌簋蓋：王呼內史尹冊易賜汝師兌噂（鈎）、雁（膺），用事。（《銘圖》5302）

（4）師毃鼎：賜汝玄袞、黼純、赤市（韍）、朱橫（衡）、縊（鑾）旂（鈎）、大師金雁（膺）、攸（鋚）勒。（《集成》02830）

（5）寏盤：賜寏玄衣、黹純、戲（緇）市（韍）、幽黃（衡）、縊（鑾）赤旂五日、雁（膺）、膣，用事。（《首陽吉金》第105頁）

（6）召簋：賜汝玄衣、滰純、戴市（韍）、幽黃（衡）、金雁（膺）。」曰：「用事。」（《銘圖》5230）

「鈎」，可單稱「鈎」，因其用青銅作製作，可稱「金鈎」，又因其上附有鑾鈴，可稱「鑾鈎」。「膺」，可單稱「膺」，亦因其材質稱「金膺」，又可稱「大師金膺」。「鈎、膺」，作為馬飾，可一併賞賜，如上引毛公鼎、伆戒鼎、七年師兌簋蓋等，亦可單獨賞賜，如召簋。從目前資料看，單獨賞賜只賞賜「膺」，而未見單獨賞賜「鈎」的。[190]

松鼠：石小力先生有關《封許之命》「鈎、膺」為兩物的觀點，吳振武先生已在發佈會前提出，發佈會上有散發文稿。[191]

子居：整理者據《封許之命》指出鈎膺與樊纓為兩物，甚是，舊說往往於此致誤。《詩經》：「蒙伐有苑，虎韔鏤膺。」毛傳：「膺，馬帶也。」鄭箋：「鏤膺，有刻金飾也。」孔疏：「鏤膺，謂膺上有鏤，明是以金飾帶，故知膺是馬帶，若今之妾胸也。」其以「膺」為馬帶當是，但《詩經·小雅·采芑》：「路車有奭，簟茀魚服，鈎膺鞗革。」毛傳：「鈎膺，樊纓也。」孔疏：

---

[190] 石小力：〈清華簡（伍）《封許之命》「鈎、膺」補說〉，武漢網，2015.4.12（2017.7.4 上網）。

[191] 武漢網「簡帛論壇」〈清華五《封許之命》初讀〉23 樓，2015.4.13（2017.7.4 上網）。

「馬髦領有鉤，在膺有樊纓之飾……在膺之飾，唯有樊纓，故云『鉤，樊纓也』。《巾車》注云：『鉤，髦領之鉤也。』金路無錫有鉤，亦以金為之，是鉤用金，在領之飾也。彼注又曰：『樊，讀如鞶帶之鞶，謂今馬大帶。纓，今馬鞅。金路其樊及纓，以五采罽飾之而九成。』是帶鞅在膺，故言膺以表之也。」毛傳以鉤膺即樊纓、孔疏以「鉤」為馬領處的鉤，則當皆誤。試想，若鉤在馬領，膺在馬胸，二者何故連言？因此，筆者以為，鉤膺當與鏤膺相似。鉤，當即是膺上的鉤，先秦時期諸侯級別者所乘之馬胸帶上有鉤，就好像人的衣帶有帶鉤一樣。

另外，馬胸帶上的飾物往往會和馬纓帶上的飾物一樣，有的時候僅馬纓帶上有飾物，有的時候僅馬胸帶上有飾物，更有馬胸帶與馬纓帶上飾有同一類飾物的情況，這也許就是前人將樊纓與鉤膺混同的緣故。[192]

許學仁師：「鉤」即出土西周車馬具中所見繫在馬嘴上的兩根長條形鉤狀銅飾，可單稱「鉤」，因其用青銅作製作，可稱「金鉤」，又因其上附有鑾鈴，可稱「鑾鉤」。「雁」經傳作「膺」，舊指當馬胸之大帶。「膺」指「繁纓」，是一種繫在馬頸或馬胸上的裝飾品，可單稱「膺」，「鉤」、「膺」，作為馬飾，可用以賞賜，如〈毛公鼎〉、〈㝬戒鼎〉、〈七年師兌簋蓋〉等，亦可單獨賞賜，如〈召簋〉。從目前資料看，單獨賞賜只賞賜「膺」，而未見單獨賞賜「鉤」的。吳振武曾指出「膺」是繁纓，從《左傳》成公二年記衛侯允許新築大父仲叔于奚用「曲縣、繁纓以朝」，而引出孔子的一番感歎來看，在先秦時這種馬飾絕不是一般人所能享用的。從目前所見的金文來看，被賞賜以「膺」的，似乎只有〈師𩁹鼎〉〈毛公鼎〉。三器器主的地位都較高，〈毛公鼎〉的毛公自不用說；〈師𩁹鼎〉中的師𩁹為兩朝元老，裘錫圭認為其大概承接了伯太師的職務，至少是一部分職務，因被賞以「大師金膺」、「攸勒」。而被賞賜以「鉤膺」的，金文只有〈㝬戒鼎〉，㝬戒為斡伯擔負校比民數、土地、

財產，暨監察考核治下官吏的政績和過失，被賞賜篳弨、鉤膺、和虎裘、豹裘；清華簡〈封許之命〉中之呂丁，因夾輔文王、武王有功，冊封於許，而受賞賜路車、乘馬、繼旂和「鉤膺」等車馬器。[193]

郭倩文：該字當表示車馬用品，釋爲「篋」恐不合於文意。《說文・句部》：「鉤，曲也。从金从句，句亦聲。」《周禮・春官・巾車》：「金路，鉤，樊纓九就，建大旂。」孫詒讓正義：「凡馬領間亦皆有革絡，更以金飾之，則謂之鉤也。」簡文此處「鉤」即金飾的馬領鉤絡帶，一說金飾的馬胸帶。[194]

郭倩文：「膺」，馬胸帶也。與「鉤」連用，表示馬的飾帶。「鉤、雁」亦見於西周金文。[195]

劉成群：「路車」「鉤膺」見於《詩・大雅・崧高》。[196]

佑仁謹案：西周晚期的㣦戒鼎銘文中有個名為「剽雁」的賞賜物，吳振武認為「剽雁」就是毛公鼎（集成02841）的「金□（嘆）金雁」，而且他懷疑「嘆」就是屢見於《詩經》「鉤膺」的「鉤」。「鉤膺」是馬飾，「鉤」指「妻頜之鉤」，即見於西周車馬中，一種繫在馬嘴上的兩根長條形狀銅飾，其功用為翼護馬嘴。「膺」則是繫在馬頸或馬胸上的裝飾品，這種裝飾品在秦始皇陵銅車馬和出土的漢晉陶馬上都曾出現過。[197]

「鉤」是繫綴於馬頜的鉤狀金屬飾物，西安灃西（今西安市 灃西 新城馬王街道 張家坡 村東村）西周初年車馬坑便出現「鉤」器兩件，在其籠嘴中線的皮條上，串有兩件帶獸面裝飾的長條鉤狀飾物。一長一短，長者覆於

---

[193] 許學仁師：〈《清華五・封許之命》所載賞賜名物箚記〉，頁8。

[194] 郭倩文：《《清華五》、《上博九》集釋及新見文字現象整理與研究》，頁84。

[195] 郭倩文：《《清華五》、《上博九》集釋及新見文字現象整理與研究》，頁85。

[196] 劉成群：〈清華簡《封許之命》「侯于許」初探〉，《中原文化研究》，2016年第5期，頁103。

[197] 吳振武：〈㣦戒鼎補釋〉，《史學集刊》1998年第1期，頁4-5。

馬鼻前，短者在下，鉤於馬嘴前 [198]，外型如下：

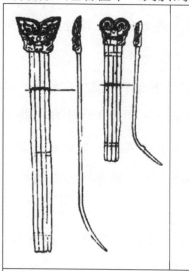	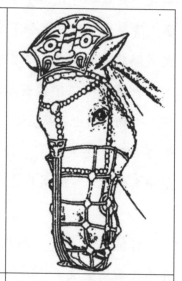
中國科學院考古研究所《灃西發掘報告——1955～1957年陝西長安縣灃西鄉考古發掘資料》，文物出版社，1963年3月，圖版壹零柒。	朱鳳瀚：《中國青銅器綜論》（上冊），上海古籍出版社，2009年12月，圖4.47，頁497。
圖8：西周鉤器示意圖	

劉永華《中國古代車輿馬具》指出籠嘴式馬彎頭有時又分為二層（如長安張家坡2號車馬坑一號車的馬彎），裡層是用皮革串聯銅泡組成的絡頭，外層是用皮條編成的籠嘴，籠嘴成網狀，十字相交處有銅節約串聯，在籠嘴正面，下起馬口，上至雙目中間眉心處，裝有一大小兩件上端獸面、下端微彎的鉤形銅飾，大的在上，小的在下，這種鉤形飾稱「鉤」。「婁頷之鉤」即繫在馬嘴上下的曲鉤，以銅鉤豎貫馬口，肯定是用來制止馬嘶咬或攝食的。[199]山東臨淄中國古車博物館曾展出灃西張家坡出土馬車的複製模型，馬嘴上即配戴「鉤」器，劉永華《中國古代車輿馬具》附有作者所攝之彩色照片 [200]，但

---

[198] 楊英傑：〈先秦古車挽馬部分鞍具與馬飾考辨〉，《文物》，1988年第2期，頁79-80。朱鳳瀚：〈簡論與西周年代學有關的幾件銅器〉，收入《新出金文與西周歷史》，（上海：上海古籍出版社，2011.5），頁41。
[199] 劉永華：《中國古代車輿馬具》，頁77-78。
[200] 劉永華：《中國古代車輿馬具》，頁78。

由於照片解析度不佳，轉引效果不良，請讀者自行參酌。劉永華《中國古代車輿馬具》有作者所繪彩色「西周車綜合復原圖」，馬嘴上所配戴的「鉤」，顯然也是參考灃西張家坡出土物所出土的「鉤」器。

河南省浚縣辛村西周衛國貴族墓地亦出土「鉤」器，出土報告定名為「馬籠嘴」，銅條兩件，一長一短，出土時已彎曲，當時誤以為是因擠壓而彎曲，後來因張家坡亦出土此類馬籠嘴，始知為自然彎曲[201]，外型相對樸素許多，如下：

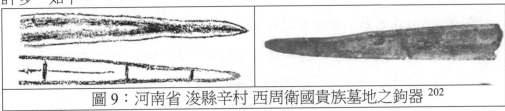

圖9：河南省 浚縣辛村 西周衛國貴族墓地之鉤器 [202]

關於「膺」字，《詩經・秦風・小戎》云：「虎韔鏤膺，交韔二弓」，毛傳：「膺，馬帶也。」[203]毛公鼎中又稱「金膺」，「膺」是馬胸前的大帶，「金」可以理解為綴以銅飾的物件。「鉤膺」除見前述詨戒鼎外，亦可見於「七年師兌簋蓋」[204]。由毛公鼎的「金 （嘆／鉤）金雁」來看，「鉤」與「膺」應是兩種物品，但因性質或配戴的位置接近，因此能夠接連出現。

〔十〕纂、（鑣）絣

纂	絣

原整理者：纂，《說文》：「似組而赤。」弁，《文選・張衡〈西京賦〉》

---

201 郭寶鈞：《浚縣辛村》，（北京：科學出版社，1964.10），頁57。
202 郭寶鈞：《浚縣辛村》，圖版5。
203 李學勤主編，《十三經注疏》整理委員會整理：《毛詩正義》，頁491。
204 朱鳳瀚：〈簡論與西周年代學有關的幾件銅器〉，收入《新出金文與西周歷史》，頁38-41。

薛注：「馬冠也。」[205]

馬楠：字或從「本」。[206]

華東師範大學中文系出土文獻研究工作室：《厚父》簡11「本」字作「」，確與此字下部形似。然而《厚父》「本」字是特殊寫法，且此字若從本，於義無取。此字仍當依整理者說，從木從算，唯「算」之「廾」形特殊，卻亦不乏例證，如上博簡《恒先》簡3「異」字作「　」，其兩手形即作此，楚簡「若」字之兩手形亦皆與此字「廾」之寫法相同。馬說實難從。[207]

陳劍：《封許之命》所記賞賜物品中，簡6原釋讀爲「纂（纂）」之字，可與《清華簡（三）‧芮良夫毖》簡11原釋爲「曑（親）」之字對比：

蘇建洲先生曾在我中心網站論壇發表《左塚楚墓漆梮的暴字》一帖，在提到我說後續有補論：「左塚楚墓漆梮方框第一欄D邊文字『虐　』，陳偉武先生釋爲『虐暴』，現在看來是正確的，過去我們的懷疑實在是沒有必要的。　字上部與《芮良夫毖》相同，下部可比對　（《尹至》02）。至於　的下部可能與　（《包山》102）有關，只是省掉『廾』旁。」《封許之命》之形，除去「竹頭」後的下方的部分，既可以看作又是一個從「木」從「暴」（　類字形）省聲之字，也可能就是由　類字形變來的（將其最下部分寫作「木」變爲成字偏旁）。之所以敢於確定　所從基本部分爲「暴」，除了與《芮良夫毖》之形互證之外，更重要者還在於，此處據從「暴」之釋則

---

[205] 李學勤主編：《清華大學藏戰國竹簡（伍）》，頁 121。

[206] 清華大學出土文獻讀書會：〈清華簡第五冊整理報告補正〉，清華網，2015.4.8（2017.7.4上網）。

[207] 華東師範大學中文系出土文獻研究工作室：〈讀《清華大學藏戰國竹簡（伍）》書後（一）〉，武漢網，2015.4.12（2017.7.4 上網）。

顯可逕讀為「鑣」（《說文·七上·日部》「暴（暴）」下收「麞」，謂「古文暴從日、麃聲」），辭例甚為切合。其下之字為「絣」（其形原作，所從「皀」形跟「弁」旁來源本不同，但多通用無別），原讀為「弁」，注謂「弁」為「馬冠」。按「絣」即《說文·十三上·系部》「鯀」字或體，訓為「馬髦飾」，本可不必另外作解。簡文「、絣」次於「鉤、膺」兩物之後，分別說為「鑣、鯀」即馬銜、馬髦飾兩物，也是很合適的。[208]

瑜小楨：至於《芮良夫毖》引陳老師提點我「暴」讀為「貌」的意見，已收入新出版《出土文獻》（第六輯）。[209]

陳劍：承蒙范常喜先生來信指示，郭店《唐虞之道》簡12「辠（罪）淫〈淫〉暴」之「暴」字作（施謝捷先生釋；參看《楚地出土戰國簡冊合集（一）：郭店楚墓竹書》第66頁注〔35〕），可為本文所論「暴」字字形提供參證。如其說，下所從「木」形的來源當以本文所說第二種推測為是，即其「竹頭」下所從即「暴」字異體，而非另一從「木」從「暴省聲」之字。[210]

子居：陳劍先生言整理者釋為「纂」的字「所從基本部分為『暴』」，當是，但陳劍先生據此認為「顯可逕讀為『鑣』」，筆者則不能認同。鑣即馬銜，前文的「攸勒」已包括馬銜，應該不會再單獨專門提及。筆者以為，既然該字從「暴」，或可讀為「豹」。「豹弁」指的就是馬頭上的獸面冠飾。馬冠也稱「弁」，見《左傳·僖公二十八年》「楚子玉自為瓊弁、玉纓。」《禮記·王制》疏引服虔注云：「謂馬飾。」《左傳》楊伯峻注：「瓊弁，馬冠，在馬

---

208 陳劍：〈《清華簡（伍）》與舊說互證兩則〉，復旦網，2015.4.14（2017.7.4 上網）。

209 陳劍：〈《清華簡（伍）》與舊說互證兩則〉，復旦網，2015.4.14，文後「學者評論欄」1樓，2015.4.14（2017.7.4 上網）。

210 陳劍：〈《清華簡（伍）》與舊說互證兩則〉，復旦網，2015.4.14，文後「學者評論欄」2樓，2015.4.14（2017.7.4 上網）。

鬣毛前，其弁飾之以瓊玉，故謂之瓊弁；纓，即馬鞅，馬頸之革，飾之以玉，故謂之玉纓。兩物漢人皆解為馬飾，杜注解為皮弁，則為子玉所自戴者，不知何據。說參沈欽韓《補注》、張聰咸《杜注辨證》、李貽德《輯述》。」而魯僖公二十八年正屬春秋前期，與前文分析清華簡《封許之命》當成文於春秋前期恰相吻合。[211]

許學仁師：「」字則顯可逕讀為「鑣」（《說文‧七上‧日部》「暴（暴）」下收），辭例甚為切合。其下之「」字為「絣」，原讀為「弁」，注謂「弁」為「馬冠」。按「絣」即《說文‧十三上‧系部》「緜」字或體，訓為「馬髦飾」。[212]

黃凌倩：字可從陳劍先生讀法，竹頭下部形體視為從「木」從「暴」之字，「暴」字除上舉《清華三‧芮良夫毖》的「」和左塚楚墓漆桐的「」，還見於上博簡，作「」（上博五‧鬼神01）、「」（上博五‧鬼神03）等形。[213]

郭倩文：陳劍先生將該字與清華參《芮良夫毖》簡11之「」字聯繫，可從。《說文‧金部》：「鑣，馬銜也。从金麃聲。」《詩‧秦風‧駟鐵》：「輶車鑾鑣，載獫載（佑仁案：「載」當「歇」之誤）驕。」朱熹集傳：「鑣，馬銜也。」簡文此處賞賜皆為車馬用品，「鑣」義正合。[214]

王輝：（）即樟字之省，或簟字之繁化。《說文》：「簟，竹席也。」在西周金文材料中，冊命賜物甚多，但只有少數重要的冊命才賜以「弼」，如毛公鼎、番生簋所記冊命有「金簟弼」之賜。曾侯乙簡省稱「弼」，《封許之命》簡省稱「簟」，應該都指車蔽。[215]

---

[211] 子居：〈清華簡《封許之命》解析〉，清華網，2015.7.16（2017.7.4 上網）。

[212] 許學仁師：〈《清華五‧封許之命》所載賞賜名物箚記〉，頁9。

[213] 黃凌倩：《清華伍《厚父》、《封許之命》集釋》，頁101。

[214] 郭倩文：《《清華五》、《上博九》集釋及新見文字現象整理與研究》，頁86。

[215] 王輝：〈一粟居讀簡記（九）〉，陝西歷史博物館編：《陝西歷史博物館館刊》第23輯，2016.11，頁151。

佑仁謹案：「」字原整理者釋「纂」，馬楠認為字或从「本」，華東師大工作室認為字與〈厚父〉的「本」字形似，但〈厚父〉構形乃特殊寫法，且文意不適當，因此支持原整理者之說。陳劍釋作从竹暴聲，讀作鑣。往後的學者多半支持陳劍之隸定與釋讀，惟子居認為本篇已見「攸勒」，而其內涵已包括「鑣」，故將簡文的「暴」改讀為「豹」，結合後面的「弁」，文例「豹弁」指馬頭上的獸面冠飾。

馬楠釋从「本」，華東師大工作室認為確實與「本」形似，但於義無取，因此不採納。此字確實不宜釋「本」，但以「於義無取」作為判準，亦不理想；華東師大工作室所謂的「本」字原篆作「」（〈厚父〉11），嚴格而言應隸定作「」，上半从「中」，若扣除「中」旁，寫法與「」下半構形，並不相同。

筆者也贊成陳劍釋「暴」之說，他將「」字與《清華簡（三）・芮良夫毖》簡11的「」聯繫，十分正確。至於范常喜所指出的「」（〈唐虞之道〉簡12），則充分說明「暴」字下半確實有訛變成「木」形的例證。

自從周鳳五釋出郭店簡〈性自命出〉簡64的「暴」後[216]，陳劍[217]、陳偉武[218]、蘇建洲[219]、何有祖[220]、張新俊[221]等學者，又陸續正確地釋出更多地「暴」字，第二十八屆中國文字學研討會上，駱珍伊曾系統性地討論「暴」字，依其整理，「暴」字異體竟然多達十三種[222]：

---

[216] 周鳳五：〈郭店《性自命出》「怒欲盈而毋暴」說〉，《新出土文獻與古代文明研究》，（上海：上海大學出版社，2004.4），頁185-190。

[217] 陳劍：〈上博簡《容成氏》的拼合與編連問題〉，簡帛網，2003.1.9（2017.7.4上網）。陳劍：〈上博簡《子羔》、《從政》篇的拼合與編連問題小議〉，簡帛網，2003.1.8（2017.7.4上網）。

[218] 陳偉武：〈荊門左塚楚墓漆梮文字釋補〉，復旦網，2009.7.21（2017.7.4上網）。

[219] 蘇建洲：〈荊門左塚楚墓漆梮字詞考釋四則〉，復旦網，2009.7.26（2017.7.4上網）。

[220] 何有祖：〈讀《上博六》札記〉，武漢網，2007.7.9（2017.7.4上網）。何有祖：〈包山楚簡試釋九則〉，武漢網，2005.12.15（2017.7.4上網）。

[221] 張新俊：《上博楚簡文字研究》，吉林大學博士論文，2005.4，頁15。

[222] 駱珍伊：〈談楚簡中的「（暴）」字〉，《第28屆中國文字學國際學術研討會論文集》，

1	2	3
4	5	6
7	8	9
10.a	10.b	11
12	13	

透過字表可知，楚簡中的「暴」字各異體間的訛變情況十分嚴重，但其結構可分成上、中、下三個部分，上半從「〇」或「目」形，中間往往以「🙂」為體，下半從「廾」或「火」或「木」或「卩」等，寫法眾多。不過，整體而言，亂中有序，尤其以「🙂」為重要特徵。

目前金文所見賞賜物中亦無見「鑣」，但《九年衛鼎》（集成02831）銘文記載裘衛用車和各種皮革向矩伯交換土地，其中有「金麃（鑣）」一項，馬承源《商周青銅器銘文選》（三）認為「麃」即「鑣」，闌住馬銜口旁兩側的部件，用以繫轡[223]。不過，陳劍讀「暴」為「鑣」，固然能夠符合歸屬於車馬器的要求，但如同子居所言，前列的「攸勒」性質已包含「鑣」，實不應重複。因此，「暴」字的讀法我們仍稍稍保留，亦不能排除尚有其他解釋的空間。

「綼」乃《說文》「緐」字或體，《說文》云：「緐，馬髦飾也。」段玉裁《說文解字注》云：「馬髦謂馬鬣也，飾亦妝飾之飾。蓋集絲條下垂為飾曰緐。」[224]原整理者將「綼」讀為「弁」，指馬冠。陳劍則依據《說文》，解為「馬髦飾」，不假改讀。《說文》訓作「馬髦飾」的「緐／綼」很有可能與「弁」（馬冠）是同一物，《文選・張衡〈西京賦〉》云：「天子乃駕雕軫，六

臺北：國立臺灣大學中國文學系、中國文字學會，2017.5.12-13，頁249-264。

[223] 馬承源主編：《商周青銅器銘文選》（三），（北京：文物出版社，1988.4），頁138。

[224] （東漢）許慎撰，（清）段玉裁注，李添富總校訂：《新添古音說文解字注》（三版），頁664。

駿駮，戴翠帽，倚金較，璿弁玉纓，遺光儵爚。」薛綜注云：「弁，馬冠也，叉髦，以璿玉作之。」[225]新蔡.甲三.237-1有「一觓玉（絲系）」，徐在國引《說文》釋為「絲系」，讀「絲系」，認為整句話意思是「一件粉白色的飾玉的馬冠」。[226]天策「二馬之筭」的「筭」亦應讀為「絲系」[227]。總而言之，「弁」是馬的頭冠，若此，前述的「纂」亦有可能是用以修飾「弁」的詞。

〔十一〕 匿（柅）

匿

原整理者：《說文》「暱」字或作「昵」，此處「匿」疑讀為「柅」。《易‧姤卦》「繫于金柅」，《正義》：「馬云：柅者，在車之下，所以止輪令不動者也。」柅附屬於車馬，故簡文列於車馬之下。[228]

奈我何：將「匿」讀爲「柅」當是，然所引的印證文獻不確。所謂的「金柅」，即考古發現的「弓形器」（參林澐、孫機等先生之文論述），而非馬融所謂的「止輪令不動」的東西。——因爻辭謂「繫于金柅」，「止輪令不動」者絕非可繫之物，而「柅（弜）」作爲「可以解轡紛」的車馬器，其作用正是用來繫掛繮繩。[229]

子居：自「馬四匹」以下至此，皆當為馬具，故筆者以為，「匿」當讀如原字，或是指馬的眼罩，一般為皮製。據《動物知識百科》：「為了防止馬受驚，養馬人一般會用馬眼罩罩住馬眼睛上方的部位，以限制馬的視野範

---

225 （南朝梁）蕭統編，（唐）李善注：《文選》，頁 45。

226 徐在國：〈談新蔡葛陵楚簡中的幾支車馬簡〉，簡帛網，2003.12.13（2017.7.4 上網）。又見《簡帛》（第二輯），（上海古籍出版社，2007.11），頁 355。

227 張峰：《楚系簡帛文字訛書研究》，吉林大學博士論文，2012.6，頁 149。

228 李學勤主編：《清華大學藏戰國竹簡（伍）》，頁 121。

229 武漢網「簡帛論壇」〈清華五《封許之命》初讀〉42 樓，2015.4.21（2017.7.4 上網）。

圍。」[230]

許學仁師：「柅」附屬於車馬，故簡文列於車馬器。宜非馬融所指置於車下，阻止車子行進的止車器，《玉篇·木部》：「柅，木名。又絡絲具。」《玉篇·金部》：「鈮，古文欄。」欄為絡絲柎，乃絡絲之具。〈封許之命〉簡文作爲「解彎紛」的「匿（柅）」，是指用來繫掛繮繩之掛韁鈎，即考古發現的「弓形器」，《玉篇·木部》「柅」有二義，曰：「木名。又絡絲具。」所謂「木名」，止車器之稱。而爻辭稱「繫于金柅」，既可繫物，絕非「止輪令不動」者，當為掛韁鈎之弓形器。[231]

黃凌倩：從整理者說法讀為「柅」，仍是與車馬有關的器物。[232]

佑仁謹案：原整理者認為「匿」當讀為「柅」，並引馬融說法表示「柅」的功能是「止輪令不動」。奈我何贊成讀「柅」，但不贊成馬融的古訓，主張「柅」就是林澐、孫機等人所謂的「弓形器」。子居將「匿」讀如字，訓為眼罩。許學仁師也認為「匿（柅）」即考古發現的「弓形器」。

「弓形器」的說法得到兩位學者的贊同，因此先談談這個問題。出土文物中有種所謂的「弓形器」，學界對其功用大抵可分成兩種看法：

1.指掛繮鈎[233]。

2.指弝的裝飾及具有功能性的附件[234]。

第一種說法在學界的影響力很大，最早提出者為林澐。林澐認為「弓形器」是駕車者繫在腰帶上，駕車時若雙手需要進行其他動作時，可暫將韁繩

---

[230] 子居：〈清華簡《封許之命》解析〉，清華網，2015.7.16（2017.7.4 上網）。

[231] 許學仁師：〈《清華五·封許之命》所載賞賜名物箚記〉，頁 7。

[232] 黃凌倩：《清華伍〈厚父〉、〈封許之命〉集釋》，頁 101。

[233] 林澐：〈關於青銅弓形器的若干問題〉，《社會科學論叢（2）歷史專輯》，（長春：吉林大學社會科學學報編輯部，1980.4），又收入《林澐學術文集》，（北京：中國大百科全書出版社，1998.12），頁 257。林澐：〈再論掛繮勾〉，《林澐學術文集》，（北京：中國大百科全書出版社，1998.12），頁 302-310。楊寶成：《殷墟文化研究》，（武漢：武漢大學出版社，2002.2），頁 141-144。

[234] 黃銘崇：〈弓末器及其相關問題〉，《故宮學術季刊》，第20卷第4期，2003年夏季號，頁 56。

佩掛在「弓形器」上，以免甩盪纏繞。林澐並為這種「繫於腰帶正前方的掛
韁鉤」繪製一示意圖，如下：

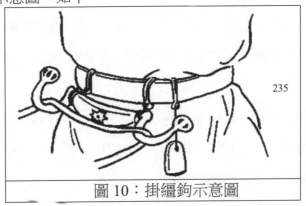

圖 10：掛韁鉤示意圖

孫機進一步將這類「弓形器」與古籍中訓為「弓反末」且用來「解彎紛」的
「弭」聯繫起來。《詩經・采薇》：「四牡翼翼，象弭魚服。」傳統認為「象
弭」是兩端用象牙裝飾的弓，「魚服」以魚皮做成的箭袋。孫機則認為「象
弭魚服」並非弓與箭袋，他引證鄭玄箋：「弭，弓反末。弣者，以象骨為之，
以助御者解轡也」之說，主張「弭」不是一種弓箭，因為弓箭沒有「解彎紛」
的功能。並認為毛公鼎的賞賜物中也有「魚箙」，但「卻不曾與弓矢之屬並
列」，因此「魚服（箙）」不是傳統學者所謂的箭箙，而是裝在車上以海獸皮
做成的籠服，是車馬器而非弓矢類武器。最後，他還進一步論證《左傳・僖
公二十三年》記重耳之語云：「左執鞭、弭，右屬櫜、鞬」，文中的「弭」正
是此種弓形器。[236]

　　侯乃峰認為傳統釋「柅」為止車馬之器是有問題的，他主張解為弓形器
的「弭」，與本處的「柅」古音相通，亦即「柅」就是此類「弓形器」[237]。
本篇集釋裡，奈我何與許學仁師的意見，基本上與侯乃峰的思路是一致的。

235　林澐：〈關於青銅弓形器的若干問題〉，收入《林澐學術文集》，頁 257。
236　孫機：〈商周的「弓形器」〉，《中國古輿服論叢》，（北京：文物出版社，2001.12），頁 71-81。
237　侯乃峰：〈《周易・姤卦》「金柅」考辨〉，《周易研究》，2010 年第 6 期，頁 21-27。

　　從上述的討論可知,「弓形器」的問題屬兩個層次,一是這種所謂的「弓形器」是否如林澐所言,其功用是「繫於腰帶正前方的掛繮鉤」?二是古書中的「弜」是否即「弓形器」?並且,如果第一個問題的答案是否定的,則第二個問題亦直接推翻。只有第一個問題的答案是肯定的,第二個問題才有考察的必要。

　　黃銘崇在〈弓末器及其相關問題〉一文中以八十餘頁的專文,全面而細膩的討論先秦到漢代「弓末器」(裝設在弓末用以繫弦,又稱「距末」、「弜」)的歷史演變。黃銘崇反對孫機的看法,他認為「魚箙」作為箭袋,是戰車上的武器配備,因此與車馬器並列,並無矛盾[238]。黃銘崇的論證有理有據,孫機將弓形器理解為「弜」,破綻很多,例如《詩經·采薇》「象弜魚服」一語,早已標舉出「弜」的材質是象牙[239],但林澐所舉的「弓形器」都是以青銅器鑄成,二者兜不攏。另外,假設「弓形器」是「掛繮鉤」,我們很難相信在重耳與楚莊王的談判場合,何必將原本繫於腰間的掛繮鉤拿於手上。進一步說,手中持著「掛繮鉤」,這要如何展現將與楚國決一死戰的態度與氣魄?

　　經過黃銘崇的研究,「弓形器」是固定在弓上的青銅具,其目的是固定弓的弧度以增加其彈性。他指出小屯M20出土的一件人形紋弓形器(史語所文物館登錄號R01766)中尚有朽木,可見弓形器是弓弣上的輔助器,絕非綁在腰帶上的器具[240],這件文物對於弓形器等問題無疑具有廓清的作用。

　　綜上所述,「弓形器」的兩個問題:這種所謂的「弓形器」是否如林澐所言,其功用是「繫於腰帶正前方的掛繮鉤」?二是古書中有種爭議的「弜」是否即「弓形器」?現在可以知道答案均是否定的。既然「弓形器」不是掛繮鉤,那麼幾位學者將「弜」或「柲」理解為「掛繮鉤」,便失去立論依據。

---

[238] 黃銘崇:〈弓末器及其相關問題〉,《故宮學術季刊》,第20卷第4期,2003年夏季號,頁56。

[239] 李學勤主編,《十三經注疏》整理委員會整理:《毛詩正義》,頁694。

[240] 黃銘崇:〈弓末器及其相關問題〉,《故宮學術季刊》,第20卷第4期,2003年夏季號,頁57。

子居認為「匰」應讀如原字，為馬之眼罩。現代養馬人士常為馬匹戴上眼罩（尤其是賽馬），其目的是遮蔽馬匹兩旁的視線，令其專心衝刺，不因外在事物而分心，也能防止塵土吹進眼睛，使馬匹順利完成比賽。不過，出土文物中尚未看到「馬眼罩」，而且「匰」並沒有「馬眼罩」一類之義，因此子居之說，可以排除。

最後談原整理者所主張的「柅」字，《說文·木部》云：「柅，柅木也。」[241]《類篇》云：「一曰止車木」。[242]《周易注疏》王弼注：「金者，堅剛之物；柅者，制動之主。」正義：「柅之為物，眾說不同。王肅之徒皆為織績之器，婦人所用。惟馬云：『柅者，在車之下，所以止輪令不動者也。』王注云『柅制動之主』，蓋與馬同。」[243]由《周易注疏》可知，訓「柅」為止車木是馬融、王弼之說，而王肅則認為是「織績之器」。侯乃峰曾撰〈《周易·姤卦》「金柅」考辨〉一文[244]，他認為馬融、王弼訓「柅」止車馬之器並不正確，理由如下：

1.古代用在車輪下阻止車輪轉動的木塊稱為「軔」，注疏中從來沒有提到「軔」還有別名叫「柅」。

2.「止車木」並非可繫之物，作為放在車輪下阻止車輪轉動的一塊木頭，隨時可以搬移抽走，是個連安放位置都不固定的東西，古人恐不會將繩索之類的繫在上面的。

3.本來一塊木頭或石頭就可以勝任的工作卻要用青銅製作的器物來擔當，此種事情實在不可理喻。

4.《周易》的卦象及其取象原則是「近取諸身，遠取諸物」，在當時的物質生產條件下，恐怕沒有人會這麼奢侈，用青銅來製作一個作用不大的止

---

241 （東漢）許慎撰，（清）段玉裁注，李添富總校訂：《新添古音說文解字注》（三版），頁247。

242 （宋）司馬光等編：《類篇》，（北京：中華書局，2003.12），頁198。

243 李學勤主編，《十三經注疏》整理委員會整理：《周易正義》，頁217。

244 侯乃峰：〈《周易·姤卦》「金柅」考辨〉，《周易研究》，2010年第6期，頁21-27。

車之物的。

　　綜觀這四點主張，並未能有效證明「桄」無法釋為「止車木」。「桄」若以木作為主要材質，完全有可能繫於車上，以供隨停隨用。而且《周易·姤卦》「金桄」的「金」是指它以金屬裝飾，並非指整件器都以青銅鑄成。至於原本一塊木頭或石頭便能勝任的工作，何以如此精心鑄造，鑲上青銅配件，這當大概是欲利用配件之精美，突顯主人的身分地位。

　　筆者認為「桄」與「軔」很可能是同一物，「桄」泥紐陽部，「軔」泥紐諄部，聲紐相同，韻部屬「諄陽旁轉」[245]，朱駿聲指出：「又桄在車下，止輪之動者，所謂『軔』也。」[246]聞一多亦指出「桄即軔」[247]，馬王堆帛書〈五行〉云：「簡之為言猶賀（駕）衡也，大而顯者也。匿之為言也猶匿=（桄軔）也，小而隱者也。」周鳳五指出：

> 馬王堆帛書「小而軫者」讀為「小而隱者」，與上文「大而顯者」相反為義。「大而顯者」讀為「賀」或「衡」，指車輿或衡軛，則相對「小而隱者」的「匿」當可考慮讀為止輪的「桄」或「軔」。匿，古音泥紐職部；桄、軔二字泥紐脂部，三字聲同韻近可通。……古人當車輛不用時，以楔形木塊塞在輪下防止車輪滾動。秦始皇陵陪葬坑出土銅鑄車軔，用銅條構成四方框架與低矮足，框條中部鑄出凹缺，車輪置於凹缺處，比楔形木塊穩妥得多。[248]

認為〈五行〉的「匿」可讀為「軔」或「桄」，三者古音皆近，由此可見簡文的「匿」應是指車之器「桄」，又可作「軔」。

---

[245] 陳新雄師：《古音研究》，（臺北：五南圖書出版股份有限公司，2000.11），頁469。

[246] 朱駿聲著，胡雙寶點校：《六十四卦經解》，（北京：國家圖書館出版社，2008.11），頁187。

[247] 聞一多：〈周易義證類纂〉，《聞一多全集·古典新義》，（北京：三聯書店，1982.8），頁15。

[248] 周鳳五：〈簡帛〈五行〉引《詩》小議（大綱）〉，見《清華簡與《詩經》研究國際學術研討會論文集》，2013.11.1-3，頁14。又收入清華大學出土文獻研究與保護中心編：《清華簡研究》（第二輯），（上海：中西書局，2015.8）。又見周鳳五：《朋齋學術文集【戰國竹書卷】》，（臺北：臺灣大學出版中心，2016.12），頁192-193。

第五節　〈封許之命〉考釋（下）

一　釋文

贈爾鳶（薦）彝〔一〕，斷【六】䒼豚牝〔二〕、龍盨（鬲）〔三〕、緐（璉）〔四〕、雚（鑵）〔五〕、鉦（鐳）〔六〕、斉〈旅〉弖（勺）〔七〕、盤（盤）、監（鑑）〔八〕、鎵（鑒）〔九〕、眲（鐳）〔十〕、周（雕）匚（鹽）〔十一〕、鼏〔十二〕、盬（簋）、釙（觥）〔十三〕、鎆〔十四〕、恪（格）〔十五〕。」王曰：「於（嗚）唐（呼），丁，戒才（哉）〔十六〕！余既監于殷【七】之不若〔十七〕，囿童才（在）惥（憂）〔十八〕，林（靡）念非尚（常）〔十九〕。女（汝）亦佳（惟）裹（淑）章爾梄（慮）〔二十〕，礕（祗）敬爾猷，以永厚周邦〔二十一〕，勿瀘（廢）朕命〔二十二〕，經嗣【八】枼（世）亯（享）✓〔二十三〕。」【九】

【語譯】：贈送你祭祖獻神用的禮器：斷䒼豚牝、龍鬲、璉、鑵、鉦、斉弖、盤、鑑、鑒、眲、雕匚、鼏、簋、觥、卤、格。周王說：「啊呀，呂丁！戒慎恐懼，我將商朝逆天而亡作為借鑑，稚童處於憂患之中，時常掛念現在的局勢。你一定要彰顯自身的謀慮，恭敬執行你的計劃，永遠做為周王室的屏障，不要廢棄我的命令，長久地承繼，世世代代享有。」

譁（封）鄦（許）之命●【九背】〔二十四〕

二 文字考釋

〔一〕 贈爾廌（薦）彝

贈	爾	廌	彝

原整理者：贈，《左傳》僖公二十三年杜注：「送也。」指送行的禮贈。「廌」字形與楚器昭王之諲簋（《集成》三六三四─三六三五）「盧（薦）」字所從相似，在此亦讀為「薦」。《爾雅·釋詁》：「薦，進也」，又「陳也」。薦彝即祭祖獻神的禮器。[1]

孟蓬生：楚簡中「豕」字或「犬」字頭部往往兩筆斜交，略如「X」形，但也有寫作兩個弧筆相對，略如「Ⅺ」形，且左側弧筆往往偏下。兩個弧筆挨得較近時（相切），很接近兩筆交的形狀（這實際上也是今人寫 X 時的兩種方法），但個別字形有分得很開的形狀。清華簡出現的兩個「彝」字，其頭部就採用了兩弧筆相切的寫法：

〈厚父〉6	〈封許之命〉6

「彝」字上部的「𠃜」本象豕頭，但因為豕頭和犬頭筆形相似，〈封許之命〉的「彝」字所从居然被乾脆寫成了「犬」。頭部與豕頭或犬頭相似，但尾部下垂，而不是上卷，可以肯定其象獸形的主體部分不是「犬」字。所以要破解此字，應該在「豕」、「𠃜」兩部中尋找。綜合字形和辭例分析，我們認為該字其實就是金文中常見的「象」字，當讀為「弛（㐱）」。[2]

金宇祥：清華壹《皇門》簡13「（敬）」字作，此形寫法與中山王鼎

---

[1] 李學勤主編：《清華大學藏戰國竹簡（伍）》，頁 121。

[2] 孟蓬生：〈釋清華簡〈封許之命的「象」字〉──兼論「象」字的古韻歸部〉，復旦網，2015.4.21（2017.7.4 上網）。

《集成》2840 的「敬」字 相近。因此 《封許》簡 3、《厚父》簡 9、《厚父》簡 13，似可視為《皇門》該字左半部不同程度的省寫。而《厚父》簡 6 的「彝」字 ，上半部的 形，或可與《皇門》簡 7 的彝字 上半合觀。故清華五此三例似從原考釋較佳。[3]

lht：我一直覺得「錯誤」的連筆、斷筆（變形）是文字形體發展的最大動力，最近看《古漢字發展論》已提出相近的觀點。這個「敬」字，應是先錯誤連筆，後又改變相對位置的結果。 [4]

孟蓬生：洪濤兄所說的可能性當然存在（整理者的隸定自有其合理性），問題在於目前為止，確定無疑的「苟」字上部似未見一例作兩弧相切者，所以另闢蹊徑求解似無不可，在更多的材料出現之前，不妨數說並存吧。宇祥先生所說似是拿該字（所謂「苟」字）上部與《皇門》的字形之左上部比較（不知我是否誤會），而我認為兩字可以比較的應是右上。正如拙文所說，「彝」字本從豕（嚴格說是象雙手反縛的豕頭人），後豕或變為犬，所以可資比較的應是「犬」字的頭部。《皇門》字形左上部當是由「糸（絲）」發展而來的「索（素）」字（兩者都可以表示束縛），可參看王存乂《切韻》「彝」字（從「素」）的寫法。[5]

子居：西周金文未見「贈」字用例，故賞賜也不言「贈」，傳世文獻中「贈」字最早見於《詩經》的《大雅・韓奕》和《大雅・崧高》及《秦風・渭陽》，三篇皆為春秋前期作品，因此同樣用到了「贈」字的清華簡《封許之命》，其成文時間上限當也是春秋前期。昭王之諆簋是春秋晚期器物，《封

---

[3] 孟蓬生：〈釋清華簡《封許之命》的「象」字——兼論「象」字的古韻歸部〉，復旦網，2015.4.21，文後「學者評論欄」7 樓，2015.4.23（2017.7.4 上網）。
[4] 孟蓬生：〈釋清華簡《封許之命》的「象」字——兼論「象」字的古韻歸部〉，復旦網，2015.4.21，文後「學者評論欄」8 樓，2015.4.24（2017.7.4 上網）。
[5] 孟蓬生：〈釋清華簡《封許之命》的「象」字——兼論「象」字的古韻歸部〉，復旦網，2015.4.21，文後「學者評論欄」9 樓，2015.4.25（2017.7.4 上網）。

許之命》的「薦」字形與昭王之諶簋「鷹（薦）」字所從相似，自然是二者時間比較接近的緣故。西周晚期至春秋晚期的金文中習見稱「薦鬲」、「薦匜」、「薦壺」、「薦鑒」、「薦毁」者，故《封許之命》稱「薦彝」也表明該文的成文時間當不出西周晚期至春秋晚期之間。

自「贈爾」以下至「王曰」之前，所贈物品大致屬於彝器類，西周時期關於彝器的記載多數皆是言自作，關於賞賜彝器的記述很少，且所賞賜者基本就是泛稱「宗彝」或「鐘」、「鼎」、「爵」三種，完全看不到像《封許之命》中這樣羅列十幾種的情況。後世所說九錫，除了樂器外並不單列彝器。但《左傳·莊公二十一年》：「鄭伯享王，王以後之鞶鑒與之。虢公請器，王予之爵。」《左傳·昭公十五年》：「夫有勳而不廢，有績而載，奉之以土田，撫之以彝器，旌之以車服，明之以文章，子孫不忘，所謂福也。」可證春秋時人多有賜予彝器的情況，故《封許之命》羅列彝器如此詳細的情況與春秋時期相符，而和西周時期不合。[6]

付強：清華簡《封許之命》是周初分封許國時所作的一篇誥命，簡文詳細記載了周王贈賜給呂丁就國時的「薦彝」一套，我們先把這套成組的薦彝與最近考古發現的石鼓山 M3 成組銅器、葉家山 M28 成組銅器以及之前的端方成組銅器和黨玉崐成組銅器再加上《儀禮·特牲饋食禮》所記的成組銅器比較列表如下，再做分析。

器類／來源	封許之命薦彝	端方	黨玉崐	石鼓山M3	葉家山M28	特牲饋食禮
水器	盤、監、鋈	盉	盉	盉、盤	盉、盤	匜、盤
裸祭用器	觶、爵、瓚、勺	觶、爵、角、觚、斗	觶、爵、角、觚	觶、爵、斗	爵、觚、觶	爵、觚、觶、角
禁與盛酒器	觥、卣、壺	禁、尊、卣、罍	禁、尊、觥、卣、罍、罍	禁、尊、卣、方、彝、罍、壺	禁、尊、卣、罍、壺	禁、散（斝）、壺
炊煮與盛食器	鬲、鼎、鍸、簠、簋	鼎、簋	鬲、鼎、甗、簋	鼎、甗、簋	鬲、鼎、甗、簋	鼎、豆、敦（簋）、籩

---

[6] 子居：〈清華簡《封許之命》解析〉，清華網，2015.7.16（2017.7.4 上網）。

由上面的分析我們可以看到清華簡《封許之命》裡面的「薦彝」包括石鼓山
M3 和葉家山 M28 出土的成組銅器幾乎全部是祼祭用器，由於文獻對於祼
祭（禮）的具體操作記載不是很詳細，我們可以結合《儀禮·特牲饋食禮》
來想在進行祼祭時這些器物一定是相互配合使用的。所以周初周王分封諸
侯時所賞賜的成套器物一定是以祭祀（並不一定都是祼祭）這個標準為核心
來進行挑選組合器物的，並不像我們現在有些學者在研究西周早期墓葬出
土銅器時通過統計食器和酒器所占的比重而得出周人重食商人重酒這種結
論。（佑仁案：文中的「祼」均作「裸」，今正。）[7]

佑仁謹案：先談「贈」字，子居認為「西周金文未見『贈』字用例，故
賞賜也不言『贈』，傳世文獻中『贈』字最早見於《詩經》的《大雅·韓奕》
和《大雅·崧高》及《秦風·渭陽》，三篇皆為春秋前期作品。」依據筆者
的檢索，金文「贈」字見於以下銅器：

1.段簋：「唯王十又四祀，十又一月丁卯，王鼎畢登（烝）。戊辰，曾（贈）
[8]。王蔑段曆，念畢仲孫子，令龏俎饋大則于段。」（集成 04208，西周
中期）

2.匍盉：「隹（唯）四月既生霸戊申，匍即于氏，青公使司使夓贈匍于
柬：麀韋、禅兩，赤金一鈞」（新收 62、《文物》1998 年第 4 期，西周）

3.蔡侯殘鐘「吳王光穆曾（贈）辟金。」（集成00224，春秋）

前二例為西周用例，第三例則屬春秋用例。當然，無可否認，比起「賜」（西
周金文共見480器[9]）字，使用「贈」的數量極少。不過數量雖少，但至少西
周金文還是存在以「贈」作為賞賜動詞使用的例證。

---

[7] 付強：〈由清華簡《封許之命》看周初分器的標準〉，武漢網，2015.11.26（2017.7.4 上網）。

[8] 「贈」字釋讀參陳劍：〈甲骨金文舊釋「𧼐」之字及相關諸字新釋〉（中），復旦網，2007.12.29
（2017.7.4 上網）。葉玉英：〈中古精母來源之古文字學證據〉，《中國文字》新三十五期，
（臺北：藝文印書館，2010.6），頁 89。

[9] 這是依據中研院史語所的「殷周金文暨青銅器資料庫」所作的搜尋結果，網址：
https://db1.sinica.edu.tw/~textdb/test/rubbing/query.php（2017.7.4 上網）。

再談「廌」字，「廌」甲骨文構形作：「」（合集05658反）、「」（合集28420）、「」（屯南.附1）、「」（花東.34）、「」（花東.132），何琳儀認為「廌」本「象野牛之形」[10]，季旭昇師則認為「廌，形似山牛，唯當有兩角，《說文》以為一角，恐非。」[11]可見雙角是「廌」的重要特徵，楚簡「廌」字一般作「」（包山.265）、「」（上博四.曹沫之陣.42）、「」（上博二.容成氏.4）、「」（上博六.天子建州乙.8），可知楚系寫法將「廌」角訛變為「」形，而其上半所從的「」形，剛好就是「牛」（／望山2.45）字角部的寫法。而本處「」（廌）與楚系寫法最大的差異在於省略「」形，寫法見於郭店〈緇衣〉的「」（簡9/灋）、「」（簡27/灋）。這類寫法的「廌」與楚簡「民」字非常接近，比對如下：

廌		民	
郭店.成之聞之.5	郭店.成之聞之.9	上博六.孔子見季桓子.12	上博八.顏淵問於孔子.7

〈成之聞之〉簡5「是故亡乎其身而△乎其詞」，簡9云：「唯然，其△也不厚，其重也弗多矣」。學界一般都將△隸定為「廌」，讀為「存」。而〈成之聞之〉的「廌」寫法與部分的「民」寫法近似，鄧佩玲利用通假的方式，主張〈成之聞之〉的△其實是「民」，讀作「存」。[12]這樣的改釋似乎沒有很大的必要性，因為郭店〈緇衣〉的「灋（法）」字作「」（簡9）、「」（簡27），右上角與〈成之聞之〉的△寫法接近，「灋」與「民」聲或「存」聲並無關連，

---

[10] 何琳儀：《戰國古文字典》，（北京：中華書局，1998.9），頁758。

[11] 季旭昇師：《說文新證》，頁742。

[12] 鄧佩玲：〈古文字中「廌」及其相關諸字——從金文「用作」文例中的「薦」談起〉，發表於北京大學出土文獻與中國古代文明研究協同創新中心：《「青銅器與金文」學術研討會論文集》，2016.5.28-29。

「」、「」應是「廌」字的簡省訛變，並不是「民」字。

這種缺角的「廌」也值得進一步追索，單育辰在〈說「麋」「廌」——「甲骨文所見的動物」之五〉一文中列出這樣的兩個「慶」字：

（合集24474） （合集24474）

並在第二個字形下注云：「據同片的『慶』（參第一字）可知此字缺『廌』角，是訛字。」[13]由於兩個字形同見於一片甲骨，視作訛字可以理解，但若仔細搜尋這樣的寫法，應可找到不少例子。請看以下證據：

慶	法
五祀衛鼎／集成02832	晉姜鼎／集成02826

將二字與師酉簋的「法」字「」（集成04288）對比，可知確實省略兩角。此外，「」（柞伯簋／新收0076），雙角則有縮筆情況，「」（逆鐘／集成00063）雙角訛變作單角。由於戰國文字的「廌」字幾乎都有「角」，因此無角廌字並不被重視。總的來說，古文字中的「廌」可以有角，也可以不特別寫出角，而簡文本處的「」，可能就是這種不特別寫出角部的「廌」，因此無需以訛字解釋。（關於「廌」字，王瑜楨《上海博物館藏戰國楚竹書（一）～（六）》字根研究》有整理[14]，讀者可自行參考）

「廌」在古代常被視為異獸，「法」字從「廌」，《說文》認為「古者決訟，令觸不直。」更增添其神秘色彩。然而在花東甲骨以「廌」和「牛」、「豕」等牲畜一同用來祭祀祖先，可見它並非神話中的動物。

此處要順道談談子居的說法，原整理者認為「『廌』字形與楚器昭王之

---

13 單育辰：〈甲骨文所見的動物「麋」和「廌」〉，見復旦網，2009.09.23（2017.7.4 上網），後收入《甲骨文與殷商史》新二輯，（上海：上海古籍出版社，2011.11），頁 177 註解 4。
14 王瑜楨：《上海博物館藏戰國楚竹書（一）～（六）》字根研究》，淡江大學碩士論文，2011，頁 376-377。

諲簋『盧（薦）』字所從相似」，子居更進一步推論，認為二者字形相似「自然是二者時間比較接近的緣故」，並作〈封許之命〉晚出的理由，先將兩個字形羅列如下：

本篇	邵王之諲簋／集成03634

正如前文所述，本篇的「鹰」省略常見的「 」（角形），而邵王之諲簋正有此角形，因此說二字接近，並不適當。另外他依據邵王之諲簋進一步將〈封許之命〉擬為春秋初之產物，亦無法成立。

再談「彝」字，簡文「鹰彝」讀「薦彝」應無疑義。原整理者認為「薦彝即祭祖獻神的禮器」，甚是。此處「薦」應是「進」、「獻」之義，《廣雅・釋詁一》：「薦，至也。」[15]《玉篇・薦部》：「薦，進獻也。」[16]《儀禮・士昏禮》云：「贊者薦脯醢。」鄭玄注：「薦，進也。」[17]《左傳・昭公十五年》：「故能薦彝器於王。」杜預注：「薦，獻也。」[18]換言之，「薦彝」是成王賜給呂丁，做為日後祭祀祖先鬼神時所使用的彝器。

付強認為〈封許之命〉中的薦彝「幾乎全部是裸祭用器」，從整理的圖表來看，歸屬裸祭之器只居其中少部分。「彝」字是金文常見用字，但楚簡中所見僅下列幾種：

A	B	C
清華壹.皇門.7	清華伍.厚父.6	清華伍.封許之命.6

孟蓬生認為 B、C 兩個「彝」字分別是從「豕」與從「犬」，C 的「犬」是由「豕」之訛，並且 B、C 二形中「豕」與「犬」，是將原有的「✕」形（交

---

15 （清）王念孫：《廣雅疏證》，頁13。
16 （南朝梁）顧野王：《宋本玉篇》，（北京：中國書店，1983.9 影印張氏澤存堂本），頁438。
17 李學勤主編，《十三經注疏》整理委員會整理：《儀禮注疏》，頁76。
18 李學勤主編，《十三經注疏》整理委員會整理：《春秋左傳正義》，頁1548。

叉的斜筆）改易為「＞＜」。筆者認為，細審字形〈厚父〉簡 6 的「憲」起始二筆的筆勢確實是作「＞＜」，構形特殊。但〈封許之命〉簡 6 的「𤟴」其「犬」旁字跡清楚，字與「＞＜」不類，應是楚簡一般寫法的「犬」字。

〔二〕 𣂪箬㒼豚㱿

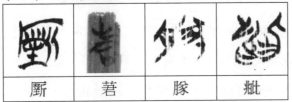

𣂪	箬	豚	㱿

原整理者：「𣂪」字所從即𠂤甲盤（《集成》一〇一七四）「𣂪」字，於盤銘讀為「翦」或「踐」（劉釗《古文字考釋叢稿》，嶽麓書社，二〇〇五年，第一四三—一四五頁），在此試讀為「戩」，《詩·天保》毛傳：「戩，福。」下一字殘損，似從艸從右，或疑從君。其下「豚㱿」試讀為「遂兆」，《國語·晉語三》韋注：「兆，見也。」[19]

明珍：應是从艸从君，即「㒼」字，讀為「箘」。《尚書》「惟箘簬、楛，三邦厎貢厥名。」蔡沈集傳「箘簬，竹名……蓋竹之堅者，其材中矢之笴。」……𣂪㒼，或許可讀為「箭箘」。[20]

王寧：從此二字（佑仁案：指豚㱿）所處的位置看當是器名，釋為他義均非是。「豚」上博簡《周易》用為「遯」（定紐文部），帛書《周易》作「掾」（餘紐元部）、「椽」（定紐元部），故又懷疑簡文此字當釋「腞」，《集韻·上聲五·二十一混》：「腞、𦜼、豚：行曳踵。或作𦜼、豚。」其注音與「遯」、「遁」並杜本切，定紐文部；而《上聲六·二十八獮》云：「腞，篆也」，注音陟兗切，定紐元部。「㱿」當分析為從此兆聲，「此」《說文》訓「止也」，則此字很可能是「到」的異構，《爾雅·釋詁》、《說文》均曰：「到，至也」，

---

19 李學勤主編：《清華大學藏戰國竹簡（伍）》，頁 121。
20 武漢網「簡帛論壇」〈清華五《封許之命》初讀〉39 樓，2015.4.17（2017.7.4 上網）。

至此則止，故從「此」會意，與「到」從至刀聲之取意略同。首先是此二字可以是兩種器物，前者可能是「敦」，《爾雅・釋丘》孫炎注：「敦器似盂」，《廣雅・釋器》作「盩」，亦云「盂也」。後者當是「銚」，「到」、「銚」端定旁紐雙聲、同宵部疊韻，《廣雅・釋器》：「銅謂之銚」，王念孫《疏證》：「《說文》：『銚，溫器也。』《眾經音義》卷十四云：『銚似鬲，上有鐶釜也』」，是一種釜。也有可能是「銚銳」的簡稱，亦即盂，《方言》五：「盂，宋、楚、魏之閒或謂之盌，盌謂之盂，或謂之銚銳。」《廣雅・釋器》：「盩、銚銳，盂也」，兩種均是盂類器物。還有一種可能是此二字為一種器物名，「朕到」讀為「銳銚」，「銳」、「朕」同定紐雙聲、月元對轉音近。「銳銚」即「銚銳」的倒文，是指「盂」這一種器物。[21]

程浩：「厛」或當讀為「琖」，《說文・玉部》：「琖，玉爵也。夏曰琖，殷曰斝，周曰爵。從玉戔聲。盞，或從皿。」《禮記・明堂位》：「爵用玉琖仍雕。」孔穎達疏：「琖，夏后氏之爵名也。以玉飾之，故曰玉琖。」《方言》卷五：「盞，杯也。自關而東，趙魏之間曰械，或曰盞。」郭璞注：「盞，最小杯也。」朕當讀為「燧」，即陽燧，《古今注・雜注第七》：「陽燧以銅為之，形如鏡，向日則火生，以艾承之則得火也。」妣當讀為「珧」，即陰燧，《說文・玉部》：「珧，蜃甲也。所以飾物也。從玉兆聲。《禮》云：佩刀，天子玉琫而珧珌。」《周禮・秋官・司烜氏》：「司烜氏掌以夫遂取明火於日，以鑒取明水於月，以共祭祀之明齍、明燭，共明水。」《淮南子・天文訓》：「故陽燧見日，則燃而為火；方諸見月，則津而為水。」高誘注：「方諸，陰燧，大蛤也。」可見古人以「鑒」取水之前，曾以方諸取水，而方諸即蜃珧，因此「朕妣」或正是祭祀所用取明火、明水之器。[22]

程浩：《封許之命》後半篇所載王對呂丁的賞賜中，有的器名用字字形

[21] 王寧：〈讀《封許之命》散札〉，復旦網，2015.4.28（2017.7.4 上網）。
[22] 子居：〈清華簡《封許之命》解析〉，清華網，2015.7.16（2017.7.4 上網）。

很奇特，可能連竹簡的抄寫者也不認識。如簡6「」字就很不像楚文字，而是類似於兮甲盤（《集成》10174）中「」字的依樣隸定。凡此種種，都昭示著清華簡裡的這篇《封許之命》與西周金文的密切關聯。我們或可以猜想呂丁受封於許之後曾將成王對他的冊命「鏤于金石」，鑄成了類似大盂鼎之類的器物（或可稱之為「呂丁鼎」）。後人將這篇重要的銅器銘文轉寫到竹簡上之後，由於該篇流傳不廣，傳抄次數不多，就保留了較多的西周金文的文字特徵，也就是我們現在看到的《封許之命》中這樣的情況。[23]

郭倩文：該字（佑仁案：指「豚」）釋讀存兩說：一說釋爲「豚」，讀爲「遂」；二說釋爲「豚」。該字右旁上部明顯爲「八」形，與「豕」形不合，而恰為「㒸」也。故從整理者說。「豚」已數見於上博三《周易》：、，本簡此字與之相比，惟「㒸」旁寫法不同而已，該字所從「㒸」與望山簡二·四九「」、包山簡149「滚（）」右旁所從同。……該字（佑仁案：指「」）未見於其他已出土古文字材料，爲《清華伍》新見字。[24]

佑仁謹案：先談「斷」字，原整理者認為讀為「戩」，訓作「福」。子居認為當讀為「盞」。程浩認為此字為器名，但構形特別「不像楚文字」，應是依據金文「依樣隸定」。

先談字形，楚簡中有一類與「」有關的字，其讀音往往與「察」、「竊」、「淺」、「質」、「辨」相通，可分類如下：

A. 郭店.語叢一.68　 包山183　上博六.用曰.20

B. 郭店.五行.13　 郭店.五行.8

C. 郭店.窮達以時.1

D. 郭店.尊德義.17

[23] 程浩：〈《封許之命》與冊命「書」〉，《中國典籍與文化》，2016年（總第96期），頁6-7。又收入《出土文獻》第七輯，（上海：中西書局，2015.10），頁143。

[24] 郭倩文：《《清華五》、《上博九》集釋及新見文字現象整理與研究》，頁87-88。

E. 包山.19　　　　 包山.43

F. 包山.22　　　　 包山.27

G. 郭店.性自命出.38

H. 郭店.語叢四.8　　 上博二.容成氏.30

早期對這類字的用法並不清楚，有「對」、「羑」、「嵜」、「業」、「举」等不同釋法[25]，直到《郭店楚墓竹簡》發表以後，人們才知道其讀音與「察」、「淺」、「竊」等字相近，學者們的討論資料非常豐富[26]，其中影響力最大的莫過於劉釗之說，他指出這群字應當從「辛」得聲，其云：

> 這個可用爲「察」、「淺」、「竊」三個字聲旁的，究竟是什麼字呢？因爲其形體與「察」、「淺」、「竊」三個字都無關係，所以顯然只是一個用作聲符的借音字。從這一角度出發，我們推測這個字有可能就是「辛」字的變體。「辛」本爲「辛」字的分化字。……「辛」字古音在溪紐元部，與精紐元部的「淺」和清紐月部的「察」音都不遠，而「竊」字在典籍中又分別可與「察」和「淺」相通。正因為「辛」與「察」、「淺」、「竊」三字音都可通，所以「辛」字的變體也就自然可以用為「察」、「淺」、「竊」的聲旁。[27]

除此之外，劉釗認爲甲骨文的「」（嚳）就是這類金文的來源，戰國文字

---

[25] 李運富：〈楚簡「讟」字及相關諸字考辨〉，收入《漢字漢語論稿》，（北京：學苑出版社，2008.1），頁 405-430。原載日本《中國出土資料研究》第七號，2003.3 月，又見簡帛網，2003.1.24（2017.7.4 上網）。

[26] 陳昭容認為「辛」、「举」同為鑿具，古文字從「辛」與從「举」多可通，但「『辛』字多用為名詞，與鎬、鐵等字同源；讀若『泥』的『举』字則多與手形結合成『举』（『举』亦聲），用為動詞，古音讀與『泥』音同（或音近）者往往有擊義。」陳昭容：〈釋古文字中的「举」及從「举」諸字〉，《中國文字》新 22 期（李陸琦教授逝世紀念特刊），（臺北：藝文印書館，1997.12），頁 121-149。季旭昇師認為：「字多作動詞用，似象鑿擊時有碎屑之形。古文字中未見單獨出現的『举』字，只有在偏旁中出現，如『對』字左旁狀『举』。因為此字從『辛』，意義、用法與『辛』又非常接近，所以在偏旁中往往與『辛』字混用，金文中多見。」季旭昇師：《說文新證》，頁 168。

[27] 劉釗：〈利用郭店楚簡字形考釋金文一例〉，《古文字研究》第二十四輯，（北京：中華書局，2002.7），頁 277-281。

「辛」旁下半常常添加「又」或「廾」之羨符，不影響字義。針對劉釗的意見，劉洪濤認為其說有幾個缺點：

1.劉釗認為△所从之「又」或「収」有時是作為可以累增的「羨符」出現的，多數情況下並不影響字的字音和字義。按古文字「又」的確有時可以作為累增的羨符，但「収」字基本上沒有作羨符來用的。從甲骨文、金文一直到戰國文字△的下部都有「収」旁，恐怕並不是可有可無的羨符能解釋。

2.上古音「辛」屬溪母元部，聲母屬牙喉音，牙喉音雖與齒音偶有關係，但並不十分密合。因此，△不大可能是以「辛」為聲符的一個字。

劉洪濤更進一步將楚簡字形與下列金文聯繫起來：

A1		～伐荊楚	逑盤（《文物》2003年第6期頁33）
A2		則即刑～伐	兮甲盤（《集成》10173）
A3		～伐南夷	應侯視工簋（《首陽吉金》39）
A4		～伐厥都	胡鐘（《集成》00260）
A5		～伐鄂侯馭方	禹鼎（《集成》02833）
A6		～伐鄂侯馭方	禹鼎（《集成》02834）
A7		用吳～散邑	散氏盤（《集成》10176）

並進一步指出：

> 根據時代最早的甲骨文的形體，可知△象兩手持一工具在崖洞中剗削玉石之形，應該就是剗削之「剗」的本字。《廣雅·釋詁三》、《玉篇》刀部：「剗，削也。」甲骨文「剗」字所从的「」，象崖洞之形，這是金文「厂」旁的形體來源；所从「」象剗削工具之形，後來變作金文的「」旁；所从的「玉」、「甾」兩個偏旁，象所剗削掉的玉石掉落於盛裝工具「甾」中之形，這是表明在崖洞中雙手持一工具所進行的動作行為不是寇伐，而是剗削玉石。……它們又都以

劅削之「劅」的表意字作爲聲符，應該都是剗伐之「剗」的異體。劉洪濤認為這類字，最早應以從厂、從収、從「※」三個偏旁組成。A5兩（集成02833）形體是省掉「収」旁的寫法，A4※（集成00260）形體是省掉「厂」旁的寫法，A2※（集成10176）形體是既省掉「厂」旁又省掉「収」旁的寫法。劉洪濤認為由於它們有多種簡省的異體「只保留了其中的一個偏旁『※』，因而才導致劉釗先生誤把『※』作X形體的全部，以爲單獨一個『※』就可以有齒音歌月元部的讀音。」[28]

劉洪濤的解析頗為深入，聲音方面，劉釗主張字從「辛」聲，古音溪紐元部，與「淺」（精紐元部）、「察」（清紐月部）、「竊」（精紐質部）古音並不近，改釋為「剗」之初文，聲音上當然是比較接近。

回到本簡的「※」字，程浩之所以用兮甲盤的「※」比對△字，主要應該是△字從「厂」旁。依據劉洪濤的分析，這類寫法應由甲骨文的「※」演變而來，而本字從「※」，山巖省變為從「厂」，省略「廾」旁並於「※」旁下方增「土」形而結合為「坣」（即「對」字的左半），「對」字曾有一種特殊寫法作「※」（無㤉簋蓋／集成04228）、「※」（亳鼎／集成02654），構形與「※」字所從已十分接近。右側從「斤」可能是由「※」（㹜鐘／集成00260）的「戈」旁，進一步產生偏旁替換演變而來。

訓讀方面，「斵」要怎麼訓讀目前仍難以回答。但原整理者讀「戬」訓「福」顯然有問題，此處段落應為賞賜名單，「斵」作為器物之名比較合理。

關於「菩」字，原整理者提出兩個可能性：1.從艸從右，2.從艸從君。駱珍伊認為以後者為妥，字當讀為「箘」，訓為竹名。就字論字，當以釋作「菩」為是。駱珍伊進一步認為應讀作「箘」，可商。「箘」是一種細長無節的竹子，可作箭桿。《說文解字》云：「箘，箘簬。」段玉裁注云：「箘簬二

---

28 劉洪濤：《論掌握形體特點對古文字考釋的重要性》，北京大學博士論文，2012.6，頁136-138。劉洪濤：〈叔弓鐘及鎛銘文「劅」字考釋〉，復旦網，2010.5.29（2017.7.4 上網），又收入《中國文字》新三十五期，（臺北：藝文印書館，2010.6），頁179-188。

字，一竹名。」[29]可見「箘簬」是可以作為弓箭的美竹。然而本處是成王對於呂丁所封賞的薦彝清單，一來「矢」並不合乎「薦彝」的要求，而且「箘簬」是作矢的原物料，不宜作為賞賜物。

「菳」字《說文》云：「菳，讀若威」[30]，《集篆古文韻海》1.17「葷」字之下收「」，依形應隸定作「菳」，分析作從艸、君聲，《說文》訓作「牛藻也」[31]，指水藻名。《集篆古文韻海》3.16另有「菳」字作（0044.4.4），結構與△字相同，而形體略有差異。

關於「豚妣」，原整理者將「豚妣」讀為「遂兆」。王寧提出兩看法，第一說認為二字應為器名，讀為「敦銚」。第二說認為可能是「銚銳」的簡稱，亦即「盂」。子居認為「豚」當讀為「燧」，即陽燧，「妣」當讀為「珧」，即陰燧，「豚妣」是祭祀所用取明火、明水之器。

筆者認為以上的「菳」、「豚」、「妣」等諸字，隸定無誤，然具體讀法目前無法確考。另外，不少學者都將「豚妣」視為一名詞組——這其實沒有太多證據，亦有可能是兩種器物之名。王寧認為「妣」當分析為從此、兆聲，「此」《說文》訓「止也」，此字很可能是「到」的異構。王寧這個說法的猜測性質較高，「妣」字中的「兆」與「此」偏旁都常作為形聲字的聲符，在還沒有更多文例與字形可供參酌以前，這些說法都只能是猜測。

〔三〕　龍盉（鬲）

龍	盉

[29] （東漢）許慎撰，（清）段玉裁注，李添富總校訂：《新添古音說文解字注》（三版），頁191。

[30] （東漢）許慎撰，（清）段玉裁注，李添富總校訂：《新添古音說文解字注》（三版），頁29。

[31] （東漢）許慎撰，（清）段玉裁注，李添富總校訂：《新添古音說文解字注》（三版），頁28。

　　原整理者：「鬹」字從圭聲，讀為同屬見母支部的「鬹」，《說文》：「三足釜也。」龍鬹可能是指器上有龍形紋飾。或說字即「鬲」，參見郭永秉《釋三晉銘刻「鬲」字異體》(《簡帛》第六輯，上海古籍出版社，二〇一一年)。[32]

　　謝明文：「鬺」，整理者括注爲「鬹」，我們認爲有待商榷。東周古文字中的「羹」字，徐王糧鼎(《集成》02675)作「▨」，《曹沫之陳》簡11作「▨」，後者下部省變作「皿」。乃孫鼎(《集成》02431)「鬺」作「▨」，賢簋(《集成》04104)銘文中有以之爲偏旁的字作「▨」，後者下部作「皿」形。「煮」字，子湯鼎(《銘圖》02039、《新收》1310)作「▨」，叔夜鼎(《集成》02646)則作「▨」。「湯鼎」之「湯」，彭子射鼎(《文物》2011年3期8頁圖6.2-3，《銘圖》01667)作「▨」，彭公之孫無所鼎(《中原文物》2004年2期47頁，《銘圖》02158)作「▨」。「▨」(叔原父甗，《集成》00947)字異體或從皿作「▨」(王孫叔譁甗，《銘圖》03362)。因此據以上諸形，可知簡文「鬺」與樊君鬲(《集成》00626)「▨」當是一字異體，即從圭從鬺(鬲)之字異體，可釋作「鬺／鼄」。「鼄」，古文字資料中多次出現，研究者或認爲它是在鬲上加注「圭」聲，或認爲它是「鬲」的別稱。我們認爲簡文中的「鬺」當與樊君鬲的「鼄」用法相同，亦是指鬲而言。周成王賞賜呂丁的這一組薦彞，其內部排列大體依類相從。如「鬺(鼄)」、「樂(璉)」皆是食器。[33]

　　子居：此字也當參考施謝捷先生《首陽齋藏子犯鬲銘補釋》文釋「鬺」為「鼄」例，同樣釋為「鼄，為「鬲」的別稱。[34]

[32] 李學勤主編：《清華大學藏戰國竹簡（伍）》，頁121。
[33] 謝明文：〈談談青銅酒器中所謂三足爵形器的一種別稱〉，復旦網，2015.4.1（2017.7.4上網）。又見於謝明文：〈談談青銅酒器中所謂三足爵形器的一種別稱〉，《出土文獻》第7輯，（上海：中西書局，2015.10），頁8-9。
[34] 子居：〈清華簡《封許之命》解析〉，清華網，2015.7.16（2017.7.4上網）。

黃凌倩：■字從或說讀為「鬲」。郭永秉先生在《釋三晉銘刻「鬲」字異體》一文中考釋十七年相邦春平侯邦左伐器鈹銘的「■」字，舊或釋「雚」或認為是從隹的「雤（鳳）」字，郭先生認為與三晉文字中「隹」或從「隹」之字形體不合，並與珍秦齋藏宅陽令矛刻的「■」字作比較，認為是同一字，皆釋為「鬲（鬲）」字異體。他說：「現在看來，三晉的『鬲』字，經常寫作加『圭』聲之形。……楚系文字也有加『圭』聲的『鬲』字，只是構型有所不同。」《封許之命》的■字，「皿」上部中間所從的「圭」形也是「鬲」，該字可讀為「鬲」。[35]

郭倩文：從付強先生釋。樊君鬲銘文「樊君乍（作）弔（叔）嬴鬲媵器鎬（寶）■」，■作■。■從皿，為「鬲」新字形。[36]

佑仁謹案：「龍」字無疑義，「鹽」字則需要進一步分析，先將相關諸字列出如下：

樊夫人龍嬴鬲（西周晚期）／集成00676	樊夫人龍嬴鬲（西周晚期）／集成00675	芮太子白鬲／新收0795（西周晚期至春秋初期）	芮太子白鬲／新收0797（西周晚期至春秋初期）	樊君鬲／集成00626
自作薦鬲37／淅川下寺春秋楚墓	君子之弄鬲／《故宮青銅器》頁269	珍秦齋藏宅令矛	《中國璽印集粹》109號	

關於「鹽」字的「圭」旁，陳英傑指出樊君鬲的「鹽」是以「圭」為聲，「圭」

---

[35] 黃凌倩：《清華伍《厚父》、《封許之命》集釋》，頁104。

[36] 郭倩文：《《清華五》、《上博九》集釋及新見文字現象整理與研究》，頁88。

[37] 見《近出殷周金文集錄》第1冊，頁309-310，《新收殷周青銅器銘文暨器影彙編》，頁330，458號，亦可參看高明、涂白奎《古文字類編（增訂本）》，（上海：上海古籍出版社，2008.8），頁1388。

古音見紐支部，「鬲」為來紐錫部，陰入對轉[38]。郭永秉進一步指出：「『鬲』
雖是來母字，但《廣韻》『鬲』有『郎擊切』與『古核切』兩讀，從『鬲』
的「隔」、『膈』等都是見母字，與『圭』字相同。可見『圭』字有條件作爲
『鬲』的聲符。如此則 ![字] 應即在 ![字] 一類形體上加注聲旁而成的後起形聲字。
若上述推測可以成立，則可説明 ![字] 與鬵（鬲）確實就是一字之異體。」另
外還認為西周時期「樊夫人龍嬴鬲」從「土」的寫法，從「土」無從取義，
應是由「圭」「譌脱省變」而來[39]。郭永秉認為「樊夫人龍嬴鬲」的「土」是
由「圭」省訛而來，確實有可能，但「土」也可以視為意符（古代鬲多為陶
製），最後由「土」進一步聲化為「圭」。字表中，楚系寫法「圭」在「鬲」
之上（樊君鬲、自作薦鬲），而晉系寫法則「圭」在「鬲」之下（芮太子白
鬲、君子之弄鬲），郭永秉認為不同國別的「䰗」字，構形有所差異，就現
有的材料來看，這個說法是可信的。〈封許之命〉的「䰗」字「圭」聲居於
上半，與楚系寫法較為接近。

　　依照郭永秉的看法，將「䰗」看成是「鬲」的異體字，不過施謝捷則認
為從「鬲」、「圭」聲的「䰗」已見於《玉篇》，它是「鬲」的別稱，而非「鬲」
的異體字[40]，子居從之。這問題牽涉到「圭」聲是否與「鬲」能有聯繫？筆
者比較贊成郭永秉之說，「䰗」字的「圭」（見紐支部）與「鬲」（來紐錫部）
韻部接近，聲紐看似有異，但從「鬲」聲的「隔」也是見紐，古籍中「鬲」
與「革」可假借，《國語・晉語》「膠鬲」[41]，《路史》作「膠革」[42]。又《荀

---

[38] 陳英傑：《西周金文作器用途銘辭研究》，（北京：線裝書局，2008.10），頁 134 注 3。
[39] 郭永秉：《釋三晉銘刻「鬲」字異體》，《簡帛》第六輯，（上海：上海古籍出版社，2011.11），頁 217-223。郭永秉：〈釋上博藏西周寓鼎銘文中的「羹」字〉，復旦網，2009.10.3（2017.7.4 上網）。
[40] 郭永秉：〈釋上博藏西周寓鼎銘文中的「羹」字〉文末施謝捷的跟帖。可參施謝捷：《首陽齋藏子犯鬲銘補釋》，《中國古代青銅器國際研討會論文集》，（上海：香港中文大學文物館，2010.11），頁 283-290。
[41] 徐元誥撰，王樹民、沈長雲點校：《國語集解》，頁 250。
[42] （宋）羅泌撰，（宋）羅苹注：《路史》，陳力、段志洪主編：《中國野史集成・續編》，（成

子・禮論》「尚拊之膈」[43]，《荀子・樂論》「膈」作「鞷」[44]。从「虎」、「𣪘」聲的「虪」，《說文》云：「讀若隔」[45]。以上與「鬲」字聲系產生聯繫的「革」、「鞷」、「𣪘」均為見紐字。可見「圭」、「鬲」音韻接近，那麼將「鬹」的「圭」當成是後加聲符，自是比較理想的說法。

「鬲」的侈口在小篆中演變成「弜」，如「鬲」之古文「䰛」即是。在實際出土文獻中，則常以以下幾種型態出現：

1、「㔾弓」，例如：「（）」（徐王糧鼎／集成02675）、「」（上博二.容成氏.21）

2、「弓㔾」，例如：「」、「」（庚兒鼎／集成02715-02716）、「」（樊君鬲／集成00626）、「」（叔夜鼎／集成02646）、「」（叔夜鼎／集成02646）、（邅邟之妻鼎／近出354）、「」（上博四.曹沫之陳.11）

古文字中「弓」與「人」、「尸」常見訛混，因此上述字表中，也有不少偏旁其實已不純粹从「弓」，所有寫法「弓」、「㔾」兩偏旁都已各自獨立成為一偏旁，然而回到本篇的「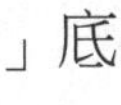」，顯然「弓」、「㔾」底部的筆劃相連，這是繼承「」（仲子觥／集成09298）、「」（弓作文父丁鼎／集成02318）一類寫法而來。相較於〈曹沫之陣〉的「鬲」作「」（簡11／「羹」之偏旁），無疑是保留更早古體。

至於「鬹」與「鬹」是否為一器之異體寫法（即原整理者之說），《說文・鬲部》：「鬹，三足釜也。有柄喙。讀若嫣。从鬲規聲。居隨切。」段玉裁云：「《廣雅》『鬹、鬴也。』有柄可持，有喙可寫（瀉）物，此其別於鬲者也。」

都：巴蜀書社，2001.1），頁374、565。

43 （清）王先謙撰，沈嘯寰、王星賢點校：《荀子集解》，頁354。

44 （清）王先謙撰，沈嘯寰、王星賢點校：《荀子集解》，頁384。

45 （東漢）許慎撰，（清）段玉裁注，李添富總校訂：《新添古音說文解字注》（三版），頁212。

[46]《說文解字繫傳》云：「鬹，三足釜也，有柄喙，讀如嬀，从鬲規聲，臣鍇曰：『今見有古銅器如此。』」[47]可見「鬹」是有「柄」可以手持，並且有流。陶「鬹」在新石器時代至商代早期使用非常普遍，高廣仁、邵望平曾提到陶鬹形器出土地點，東起海濱，西至陝西、北至遼東，南達嶺南，揭示其分布十分廣泛，其器形如下：[48]

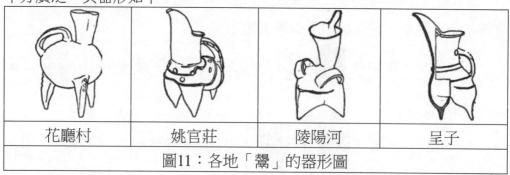

花廳村	姚官莊	陵陽河	呈子
圖11：各地「鬹」的器形圖			

器物上部前有上仰的流口，後有斜翹的鋬（把手）。腹部鼓起，有兩道凸弦紋，下部為三袋足，功用為裝酒水或炊事。〈封許之命〉時代背景定為西周早期，而「鬹」在商代中期以後已很少見。總之，就時代與形制來看，原整理者讀成「鬹」並不可信，而「鬹」、「䰞」也不可能是一物之異名。

那麼簡文「龍鬲」在出土文物中有沒有可以參證的器物呢？在前述的「䰞」字中，特別值得留意的是淅川下寺春秋楚墓M2：59的自作薦鬲，該器為三蹄足，鬲內附匕，器表鑄有突出的夔龍紋，鬲口周圍攀附六隻透雕夔龍，十分生動，故又稱「蟠龍紋鬲」。[49]器影如下：

[46] （東漢）許慎撰，（清）段玉裁注，李添富總校訂：《新添古音說文解字注》（三版），頁112。

[47] （南唐）徐鍇：《說文解字繫傳》，（北京：中華書局，1987.10），頁54。

[48] 高廣仁、邵望平：〈史前陶鬹初論〉，《考古學報》，1981年第4期，頁427-459。張宇衛：〈甲骨卜辭「祼」字句型研究〉，第二十七屆中國文字學國際學術研討會，臺中教育大學，2016.5.13-14，頁434。

[49] 參李衛：〈楚國青銅器精品——蟠龍紋鬲〉，《人民日報》（海外版），第7版「文藝副刊」，2004.12.1。

圖 12：淅川下寺春秋楚墓（M2：59）蟠龍紋鬲

陳麗年《商周青銅禮器龍紋形式與分期研究》（中正大學碩士論文）專門整理商周時期青銅禮器上的龍紋圖式，可作為簡文的「龍鬲」的佐證。

〔四〕 繡（璉）

繡

原整理者：「繡」字在清華簡《楚居》讀為「季連」之「連」，在此讀為「璉」。《論語·公冶長》有「瑚連」，《集解》引包咸曰：「瑚璉，黍稷之器。夏曰瑚，殷曰璉」，即簠。二〇一三年陝西寶雞石鼓山四號墓出土有周初的青銅簠，見《中國文物報》二〇一四年一月三日陝西石鼓山考古隊報導《我國商周考古的又一重大發現》。[50]

謝明文：周成王賞賜呂丁的這一組薦彝，其內部排列大體依類相從。如「盨（鼄）」、「繡（璉）」皆是食器。[51]

子居：直接讀為「連」亦無礙。《禮記·明堂位》：「有虞氏之兩敦，夏后氏之四連，殷之六瑚，周之八簋。」孔穎達疏：「簋是黍稷之器，敦與瑚璉共簠簋連文，故云黍稷器也。按鄭注《周禮·舍人》云：『方曰簠，圓曰簋。』此云未聞者，謂瑚璉之器，與簠簋異同未聞也。鄭注《論語》云：『夏

---

50 李學勤主編：《清華大學藏戰國竹簡（伍）》，頁 121。
51 謝明文：〈談談青銅酒器中所謂三足爵形器的一種別稱〉，復旦網，2015.4.1（2017.7.4 上網）。又見於謝明文：〈談談青銅酒器中所謂三足爵形器的一種別稱〉，《出土文獻》第 7 輯，頁 10。

曰瑚，殷曰璉。』不同者，皇氏云：『鄭注《論語》誤也。此言兩敦、四璉、六瑚、八簋者，言魯之所得唯此耳。』」即「連」與「敦」、「瑚」、「簋」對舉，字或又從木，《說文‧木部》：「槤，胡槤也。」蔡運章先生《釋聯》一文即涉及瑚璉的考證，可參看。[52]

佑仁謹案：黃錫全、何琳儀指出1964年洛陽龐家溝西周墓地410號墓出土一組銅器（即今所謂考母諸器，見《集成》03346、09527、09801），其內容有簋、壺、罍、鬲等，諸器均自稱「作医（瑚）聯（璉）」，他們主張「瑚璉」原本是兩種器物的名稱，最後演變成「飲食之器」的泛稱，這與「尊彝」（最早二器是專稱，後來演變為泛稱）的情況近似[53]。蔡運章〈釋聯〉認為「瑚」是「簋」，但「璉」是何物已不可考，二者日後演變成「商周時期青銅禮器的通用名稱」[54]。原整理者引用古籍認為「瑚璉」乃「黍稷之器」，但從黃錫全、何琳儀所言龐家溝西周墓地所見壺、罍、鬲自稱「瑚璉」來看，「瑚璉」並非僅限於「黍稷之器」，謝明文稱為「食器」比較沒有問題。就本文獨言「璉」字，以及本篇的文本年代來看，〈封許之命〉的「璉」很有可能是器物的專稱。但究竟是指何器，仍有待日後的考察。

西周早期考母諸器，其「瑚璉」之寫法作「🔲」（罍）、「🔲」（壺）、「🔲」（壺）、「🔲」（簋），其中「璉」字以「聯（聯）」聲表示[55]，簡文則從「車」、「絲」（「聯」之初文[56]）聲，二者構形不同。本處「繛」字所從「車」

---

[52] 子居：〈清華簡《封許之命》解析〉，清華網，2015.7.16（2017.7.4 上網）。

[53] 參何琳儀、黃錫全：〈「瑚璉」探源〉，《史學集刊》1983 年第 1 期。又見收入黃錫全：《古文字論叢》，（臺北：藝文印書館，1999.10），頁 103-109。亦可參李伯謙：〈叔矢方鼎銘文考釋〉，《文物》2001 年第 8 期，頁 39-42。

[54] 蔡運章：〈釋聯〉，《甲骨金文與古史研究》，（鄭州：中州古籍出版社，1993.12），頁 100-101。

[55] 袁倫強、李發認為「瑚」字是從「扶」聲，參袁倫強、李發：〈釋「扶」〉，「第六屆出土文獻研究與比較字學全國博士生學術論壇」會議論文，重慶：西南大學研究生院，2016.10.25-28，頁 154。

[56] 裘錫圭：〈戰國璽印文字考釋三篇〉，《古文字研究》第十輯，（北京：中華書局，1983.7）頁 84-93。

旁，象車輪的二橫筆寫成兩短橫，此種構形常見於金文，但卻與楚簡的「車」（如本篇簡6的「」）有別，值得留意。

〔五〕 雘（鑵）

雘

　　鵬宇：自名為「鑵」的銅器，今天的學者多習慣稱之為觶。觶，先秦文獻中習見。《禮記・鄉飲酒禮》云「一人洗舉觶」。《禮記・禮器》曰：「尊者舉觶，卑者舉角。」鄭玄注：「凡觴一升曰爵，二升曰觚，三升曰觶，四升曰角，五升曰散。」許慎《說文解字》：「觶，鄉飲酒角也。《禮》曰：一人洗舉觶，觶受四升。從角、單聲。觶。觶或從辰。觶，《禮經》觶。」寫法頗多，但漢代以前，古人將觶視為酒器之義，並無歧出。

　　不過，觶的具體情況大概比較複雜。現在一般稱為觶的那一類青銅器，其命名實來自於宋人王黼的《宣和博古圖》（卷16），王氏在書中將那些橫截面為圓形或橢圓形，侈口，束頸、鼓腹，圈足，有的有蓋器物稱之為觶。尚若依此標準，呂大臨所作的《考古圖》中其實已有收有銅觶，但是呂氏將之全命名為卣，如戈父癸卣、父孔卣等。而即便是王黼，雖首立觶屬，卻也沒有將蚌觶從尊中分離出來。可見，宋人對觶的認識也並不統一。

　　對此，朱鳳瀚先生曾有一個很好的意見。他說：「宋人所名之觶出現於殷代中期，通行至西周早期，西周早期以後即罕見，所以東周禮書中經常出現作為飲酒禮器的觶似不大可能即是宋人名其為觶的銅器。」這是極為重要的創見。「鑵」、「觶」古音相去較遠，將「鑵」讀作「觶」比較困難，兩者關係還有待於進一步研究。但是，這並不妨礙我們將宋人所謂銅觶中的部分器物，稱之為「鑵」。換言之，鑵也有可能是觶屬的某一小類，其因其功能，使用場合的不同而專名曰鑵。我們之所以這樣說，是考慮到在西周時代，這

一類橫截面為橢圓形，侈口，束頸、鼓腹，圈足，有蓋器的器物除自名為「鑵」外，有時還自名為「壺」（集成06511），這是不能不綜合起來考慮的。[57]

原整理者：《商周青銅器銘文暨圖像集成》（上海古籍出版社，二〇一二年）一〇八五五有觶，自名為「飲鑵」。[58]

謝明文：青銅器中有自名「鑵」、「鑵」者，我們曾專門予以討論，認為「鑵」應是西周當時用來稱呼宋人所謂觶的那類器物的專名。上引《封許之命》簡文中的「鑵」，整理者認為即金文中自名為「鑵」的那一類器皿，並將之與古代的觶聯繫起來，鵬宇先生讚同此說並對相關問題作了補充。我們認為整理者關於簡文「鑵」的意見基本可信。[59]

子居：除整理者所舉外，尚有仲作旅鑵蓋（《殷周金文集成》〇九九八六），約屬西周中期時器。據容庚先生《商周彝器通考》介紹，該蓋「高一寸二分，圈頂橢圓，形如觶蓋，口緣飾雷文一道，銘『仲作旅鑵』在腹內。」故整理者讀「鑵」為「觶」當是。由於西周時期反對酗酒，因此極少能見到賜予酒器的情況，目前可見僅兩例賜「爵」者，所賜之「爵」似也非實用型酒器，這與《封許之命》所贈物品中多有酒器的情況形成鮮明對比，由此也可判斷，《封許之命》當成文於春秋時期。[60]

黃凌倩：「鑵」，「罐」的異體，一種盛物或汲水用的圓形器皿，《集韻·換韻》：「罐，汲器。或從金。」[61]

佑仁謹案：目前所見自名為「鑵」的器物有：

A、 中作旅罐蓋（集成09986）

---

[57] 鵬宇：〈清華簡《封許之命》「荐彝」與商周觶形器再探討〉，《《清華大學藏戰國竹簡》與儒家經典專題國際學術研討會論文集》，（山東：煙臺大學，2014.12），頁 222-227。

[58] 李學勤主編：《清華大學藏戰國竹簡（伍）》，頁 121。

[59] 謝明文：〈談談青銅酒器中所謂三足爵形器的一種別稱〉，復旦網，2015.4.1（2017.7.4 上網）。又見於謝明文：〈談談青銅酒器中所謂三足爵形器的一種別稱〉，《出土文獻》第 7 輯，頁 10。

[60] 子居：〈清華簡《封許之命》解析〉，清華網，2015.7.16（2017.7.4 上網）。

[61] 黃凌倩：《清華伍《厚父》、《封許之命》集釋》，頁 106。

B、 伯飲鑼（《商周青銅器銘文暨圖像集成》10855）

C、 作寶裸鑼（湖北隨州市淅河鎮蔣寨村葉家山西周墓地）

A	B	C

圖 13：自名為鑼之器

黃凌倩釋為「罐」的異體，為汲水器，但「罐」的時代太晚，而且等級太低，不符合簡文的屬性。筆者認為「鼀」字應從鵬宇、謝明文之說，讀作「鑼」，功用為酒器。西周時期自名為「鑼」的物品，即宋人所謂的「觶」。子居主張「由於西周時期反對酗酒，因此極少能見到賜予酒器的情況」，可作為〈封許之命〉應成文於春秋時期的依據。朱鳳瀚指出「宋人所名之觶出現於殷代中期，通行至西周早期，西周早期以後即罕見」[62]，酒類器作為賞賜物使用，在西周時期不算罕見，最常見的莫過於「秬鬯一卣」，例如毛公鼎、大盂鼎、師克盨等，吳紅松在其博士論文《西周金文賞賜物品及其相關問題研究》中，曾對於酒類器賞賜物進行輯錄[63]，讀者可自行參考。由朱鳳瀚的說明可知，「鑼」的時代非常早，因此將〈封許之命〉的主架構看成是西周初年的記錄，基本上是可信的。

〔六〕鉦

---

[62] 參朱鳳瀚：《中國青銅器綜論》，（上海：上海古籍出版社，2009.12），頁 251。

[63] 吳紅松：《西周金文賞賜物品及其相關問題研究》，安徽大學博士論文，2006.5，頁 50-52

```
┌─────────┐
│   鉦    │
└─────────┘
```

原整理者：鉦，據上下文恐不應為軍用樂器，疑讀為同屬耕部的「䀇」。青銅器自名為「䀇」的有春秋時的晉公䀇（《集成》一〇三四二），係一種盆形容器。[64]

謝明文：「巂（鑴）」是宋人所謂觶這一類酒器，「鉦」排列於其後，再結合它是「薦彝」之屬來看，簡文「鉦」應當是酒器之屬而非樂器「鉦」。「鉦」從「正」聲，「䀇」亦從「正」聲，又它們皆為酒器之屬，因此我們認為簡文的「鉦」即金文中的「䀇」。青銅器器名用字常可以「金」旁作義符，如「鐘」、「鎛」、「鐸」、「鑴」、「鉈」、「錢」、「鋆」、「錳」、「頏」、「鏾」、「鍋」、「鑒」、「鈚」、「錢」、「鈒」等，簡文的「鉦」很可能就是「䀇」字異體，如是，則它與樂器之「鉦」只是同形字關係。

朱鳳瀚先生曾指出：「觶自殷代中期始出現迄殷代晚期，其並未成為銅禮器組合中的主要成分，與卣、罍、壺等皆為觚爵等基本組合中的輔助成分，但至西周早期，觶成為重要組合成分，有一爵者往往配有一觶，有二爵者則配以一觚一觶，表明有以觶取代觚的趨勢……」《封許之命》所記是西周早期之事，按我們的理解，「巂（鑴）」實指宋人所謂觶這一類青銅酒器，而「鉦（䀇）」是「爵」的別稱，故它實指青銅爵這一類酒器。因此「巂（鑴）」、「鉦（䀇）」相配，其實就是「觶」、「爵」相配，這與考古發現所揭示出的西周早期的用器制度是比較吻合的，這也有助於說明我們關於簡文「鉦」的意見應可信，而這亦可反證《封許之命》應有較早的來源。[65]

王寧：謝先生之說當是。金文從爵正聲的字可能就是「觴」字一種或體寫法，古人用爵盛酒而飲曰觴，故「觴」亦可為「爵」之異稱，《國語・吳語》：「觴酒豆肉簞食」，韋注：「觴，爵名。」《呂氏春秋・當務》：「觴數行」，

---

[64] 李學勤主編：《清華大學藏戰國竹簡（伍）》，頁 122。

[65] 謝明文：〈談談青銅酒器中所謂三足爵形器的一種別稱〉，復旦網，2015.4.1（2017.7.4 上網）。又見於謝明文：〈談談青銅酒器中所謂三足爵形器的一種別稱〉，《出土文獻》第 7 輯，頁 10-11。

高注：「觴，爵也。」《戰國策・秦策》：「王觴將軍」，鮑注：「觴，酒爵也。」其字從「正」者，當是會意兼形聲，取爵有足可征行義，所謂「行觴」、「行爵」者也。「正」古音章紐耕部，「觴」書紐陽部，章、書旁紐雙聲、耕陽旁轉疊韻，讀音相近。故此文中之「鉦」疑當視為「觴」的通假字，指爵。[66]

子居：「鉦」當讀為「錠」，《說文・金部》：「錠，鐙也。」《爾雅・釋器》：「瓦豆謂之登。」《儀禮・公食大夫禮》：「大羹涪不和，實於鐙。宰右執鐙，左執蓋。」鄭玄注：「瓦豆謂之鐙。」《藝文類聚》卷八十引《韻集》曰：「無足曰燈，有足曰錠。」《說文・金部》：「鐙，錠也。」注：「臣鉉等曰：錠中置燭，故謂之鐙。今俗別作燈，非是。」段玉裁注：「《祭統》曰：『夫人薦豆執校。執醴授之執鐙。』注曰：『校，豆中央直者也。鐙，豆下跗也。執醴者以豆授夫人，執其下跗。夫人受之，執其中央直者。』按：跗，說文作柎，闌足也。鐙有柎，則無足曰鐙之說未可信。豆之遺制為今俗用燈盞，徐氏兄弟遂以膏鐙解《說文》，誤矣。《生民》傳曰：『木曰豆，瓦曰登。豆薦菹醢，登薦大羹。』箋云：『祀天用瓦豆，陶器質也。』然則瓦登用於祭天。廟中之鐙，范金為之，故其字從金。」是「錠」即「鐙」，可用於祭祀，有足無足之別或為後世所起之說。[67]

黃凌倩：鉦，《說文》：「鐃也。似鈴，柄中，上下通，從金，正聲。」鉦是一種古樂器，但在這裡與鑵並舉，應是祭祀用的一種酒器。整理者說不應為軍用樂器，疑讀為同屬耕部的「蠶」，可從。[68]

佑仁謹案：原整理者讀「蠶」，指一種盆形容器。謝明文將「鉦」讀作「鼒」，二者皆以「正」為聲，「鼒」作為爵器的自名，它應是「爵」的另一種別名。王寧贊同謝明文之釋字，但認為應通讀為「觴」，子居主張「鉦」當讀為「錠」，並引鄭玄注云：「瓦豆謂之鐙。」黃凌倩贊同原整理者之說，

[66] 王寧：〈讀《封許之命》散札〉，復旦網，2015.4.28（2017.7.4 上網）。
[67] 子居：〈清華簡《封許之命》解析〉，清華網，2015.7.16（2017.7.4 上網）。
[68] 黃凌倩：《清華伍《厚父》、《封許之命》集釋》，頁106。

認為文例中△與「鑵」並舉，應是祭祀用的一種酒器。

首先，子居讀「錠」不可信，《說文·金部》：「錠，鐙也。」[69]「鐙」是古代陶製的食器，形似高足盤，或有蓋，不符合本處的器類屬性（前後文例都是酒器，中間不應安插食器）。目前所見「錠」字，時代皆已晚至秦漢之際（參《甲金篆隸大字典》頁977），與本篇年代相去甚遠。筆者認為謝明文之說可從，金文中有幾個與本處「鉦」字有關的字：

史獸鼎／集成02778	燕侯旨器A[71]

此外山西翼城縣大河口西周墓地M1燕侯旨銅爵亦見此字，目前僅知釋文，字形尚未公布。前述二字可嚴式隸定為「𤾓」，過去金文學家多將「𤾓」與

「爵」畫上等號（參謝明文〈談談青銅酒器中所謂三足爵形器的一種別稱〉一文的整理），只有唐蘭認為「從止，止是足形，代表人在行走。古代舉行飲酒的典禮時，用爵來酌酒，依次序來使人飲，稱為『行爵』。本義當是行爵，此處仍當酒器的爵講。」[72]從上述字表來看，「爵」旁下方的「正」構形十分清楚，「正」應是其聲，謝明文認為「𤾓」是爵器一種別稱，非常有道理。不過，將「三足器」稱為「爵」是始於宋人呂大臨[73]，朱鳳瀚認為東周文獻中的「爵」，不會是商、周時期的三足器[74]。李春桃依據秦以後確定的

---

[69] （東漢）許慎撰，（清）段玉裁注，李添富總校訂：《新添古音說文解字注》（三版），頁712。

[70] 謝明文將燕侯旨器分為A器與B器，經過李春桃的研究，謝明文所謂的A器與B器都是同一器的照片，燕侯旨器確實有A、B兩器，但B器尚未公布，本處所使用的是李春桃的摹本。參李春桃：〈從斗形爵的稱謂談到三足爵的命名〉，「出土文獻與中國古代文明再認識」青年學術論壇，中國河南開封，2016.10.28-30，頁23-25。

[71] 參山西翼城縣大河口西周墓地M1，《呦呦鹿鳴：燕國公主眼裡的霸國》A器、首都博物館「千古探秘——考古與發現」展，2009.8.18-11.30。

[72] 唐蘭：《西周青銅器銘文分代史徵》，（北京：中華書局，1986.12），頁141。

[73] 呂大臨：《考古圖·續考古圖·考古圖釋文》，（北京：中華書局，1987.2），頁109。

[74] 朱鳳瀚：《中國青銅器綜論》，頁157。

「爵」字寫法，認為過去釋為「爵」的「」（合集2863）字，其實都不是「爵」。他主張「」（史獸鼎）、「」（燕侯旨器A）是個雙聲字，扣除掉「正」之外的構形，就是這種三足器的象形寫法，而其音與「正」接近[75]，這個說法有一定道理。

原整理者認為應讀「鑒」，係一種盆形容器，黃凌倩從之。「鑒」字見於〈晉公盆〉銘文云：「否（丕）作元女……塍鑒四酉。」（集成10342），「酉」為「鑒」的量詞。郭沫若從器類考察，指出：「晉邦鑒與吳王夫差鑑毫無二致，……鑒、鑑之別，蓋方言之不同耳。」尤其晉邦鑒銘文有「整齊爾容」，可見它與「鑑」的功能近似[76]。《說文》云「鑑，大盆也」，林宛蓉認為「鑒」其實就是較小的「盆」[77]。無論是「鑑」還是「盆」，都是裝水的容器，徐灝箋《說文解字注箋》：「鑑，古通作濫。《莊子‧則陽篇》：『衛靈公有妻三人，同濫而浴。』……皆盛水器，即許所謂大盆也。」[78]《儀禮‧士喪禮》鄭玄注：「盆以盛水。」[79]但是〈封許之命〉文例作「鏖（鐘）、鉦、觷弓」，「鉦」夾於兩種酒器中間，「勺」是挹酒的器具，有柄，古代多用以從樽中舀酒，可見「鉦」絕不可能是水器，因此釋「鑒」說不可信。

王寧認為「金文從爵正聲的字可能就是『觴』字一種或體寫法」，「觴」（透／陽）、「正」（端／耕）音韻確實接近，但是「鉦／鑒」是否即「觴」，實在無法單從聲音得到定論。「觴（觴）」字見於西周時期的觴仲鼎（新收707）、觴姬簋蓋（集成03945）、觴仲多壺（集成09572）等諸器，然都作人名使用，對於考察形制沒有助益。從王寧所引《國語‧吳語》、《呂氏春秋‧

---

[75] 李春桃：〈從斗形爵的稱謂談到三足爵的命名〉，「出土文獻與中國古代文明再認識」青年學術論壇，中國河南開封，2016.10.28-30，頁 23-25。

[76] 參周法高主編：《金文詁林》，（香港：香港中文大學，1974-1975），頁 3243-3244。

[77] 參林宛蓉：《殷周金文數量詞研究》，東吳大學碩士論文，2006，頁 76。

[78] （清）段玉裁注，（清）徐灝箋：《說文解字注箋》，李學勤主編：《中華漢語工具書書庫》，（第叁拾柒冊），（合肥：安徽教育出版社，2002.1），頁 442。

[79] （東漢）許慎撰，（清）段玉裁注，李添富總校訂：《新添古音說文解字注》（三版），頁 772。

當務》、《戰國策・秦策》等文獻的說法，並配合西周時期從「爵」的「𤔲」字構形來看，西周時期可能確實有「觴」器的存在，但是其外貌為何，是否如王寧的推論與「𥁕」為一物，都需要更多地下出土實物才能解決。

〔七〕耂〈旅〉弓（勺）

| 耂 | 弓 |

原整理者：「耂」字上部與常見「老」旁有些不同，疑此字係「旅」字誤寫。「弓」即「勺」字，與楚文字「家」作「𤯔」、「卒」作「𦏧」同例。《說文》：「勺，枓也，所以挹取也。」或說「勺」音禪母藥部，在此讀為精母藥部的「爵」。西周晚期伯公父勺（《集成》九九三五—九九三六）即以「爵」字假為「勺」。[80]

謝明文：簡文「耂弓」疑讀爲「瓚（？）勺」，是指與「𨾲（鑵）」、「鉦（𥁕）」相配的長柄斗、勺一類的器物。此外，M27 中與作寶瓚鑵同出者亦有銅爵（《文物》2011 年 11 期第 8 頁），這與簡文「𨾲（鑵）」、「鉦（𥁕）」同賜可合觀。[81]

秉太一者：竊以為當可聯繫包山簡 266「二勺（毛＋斗）、二祈」來進行解讀。「二祈」之「祈」，李家浩先生曾讀作「卺」，可從。清華簡「耂」字，從形體上分析，當從「斤」得聲，亦可讀作「卺」。如是，則整理者將「耂弓」二字進行連讀可能有誤。[82]

---

[80] 李學勤主編：《清華大學藏戰國竹簡（伍）》，頁 122。

[81] 謝明文：〈談談青銅酒器中所謂三足爵形器的一種別稱〉，復旦網，2015.4.1（2017.7.4 上網）。又見於謝明文：〈談談青銅酒器中所謂三足爵形器的一種別稱〉，《出土文獻》第 7 輯，頁 11 注 3。

[82] 見謝明文：〈談談青銅酒器中所謂三足爵形器的一種別稱〉，復旦網，2015.4.1，文後「學者評論欄」1 樓，2015.4.2（2017.7.4 上網）。

　　王寧：𣂪，秉太一者先生認為「當可聯繫包山簡 266『二勺（毛＋斗）、二祈』來進行解讀。『二祈』之『祈』，李家浩先生曾讀作『卺』，可從。清華簡『𣂪』字，從形體上分析，當從『斤』得聲，亦可讀作『卺』。」按：此說可從。「𣂪」從老斤聲，可能是「耆」之或體，「祈」從斤聲而與群紐脂部的「祁」通假，而「祁」、「耆」古音同通用，如《禮記‧郊特牲》：「伊耆氏始為蜡」，鄭注：「伊耆氏，古天子號也。」《釋文》：「或云即帝堯是也。」而《太平御覽》卷八〇引《帝王世紀》言帝堯「祁姓也」，又曰「或從母姓伊祁氏」，「伊祁氏」即「伊耆氏」，可見「祈」、「祁」、「耆」古都是音近可通的。「𣂪」從斤聲讀為「卺」固當，正字作「𦋐」，《說文》訓「蠡也」，即瓢，《禮記‧昏義》：「合卺而酳」，鄭注：「破瓢為巵也。」《廣韻》：「卺，以瓢為酒器，婚禮用之也。」又曰：「耆」古通「黎」（《書‧西伯戡黎》「黎」或作「耆」），與「蠡」雙聲音近，《太平御覽》卷七六二引《通俗文》曰：「瓠瓢為蠡」，《古今韻會舉要》卷四《平聲上‧八齊》下「蠡」與「黎」同憐題切，訓「瓠瓢」。《方言》五：「櫨，陳、楚、宋、魏之間或謂之簞，或謂之櫨，或謂之瓢。」郭璞注：「櫨，瓠勺也。」「櫨」即「蠡」之後起專字。𠃨，原整理者注：「『𠃨』即『勺』字。」按：字從爪從勺、勺亦聲，當即「酌」本字，會手持勺斠酌意。「酌」、「勺」通用，《禮記‧內則》：「十三舞《勺》」，鄭注：「勺與酌同。」此用為「勺（杓）」。「耆（𦋐、蠡）」、「勺」均挹取之器，故同列。[83]

　　子居：「𠃨」即「勺」是，「𣂪」則似當讀為「希」，即「稀」字，借為「瓻」。《說文‧瓦部》：「瓻，酒器。」高似孫《緯略》卷四引孫愐《唐韻》：「瓻，醜饑切，酒器。大者一石，小者五斗。」[84]

---

[83] 見謝明文：〈談談青銅酒器中所謂三足爵形器的一種別稱〉，復旦網，2015.4.1，文後「學者評論欄」2 樓，2015.4.3（該發言已刪除，2017.7.4 上網）。王寧：〈讀《封許之命》散札〉，復旦網，2015.4.28（2017.7.4 上網）。

[84] 子居：〈清華簡《封許之命》解析〉，清華網，2015.7.16（2017.7.4 上網）。

付強：薦彝中的「耆𠂤」，謝明文先生疑為瓚勺，我們認為是可信的。通過比較我們發現這些成組的銅器之間有著驚人的相似性。由此我們推測《封許之命》裡面所載的「薦彝」一套應該是周初分器的一個常態標準，而且這套常態標準是以祼祭用器為核心的。觚（同）為祼器由內史亳同的出現大家都承認了。爵為祼器也有證據，如《圖像集成》卷 16 第 08274 號著錄的一件爵，銘文作「王祼彝」。西周早期的史獸鼎《集成》02778「尹賞史獸祼賜豕鼎一爵一」。角與爵形制相似，唐蘭先生認為其應唸觴，由於角沒有自名又與爵的形制大小相仿，所以我們認為其功能應該與爵相同，所以也將其歸入祼祭用器。觶用於祼器也有證據，2011 年隨州葉家山 M27 號墓出土了一件青銅觶，觶內附有斗，觶上鑄有銘文「作寶祼彝」。斗勺這類器物屬於祼器除了上面所舉的葉家山 M27 號墓斗與觶爵同出外還有一個證據就是伯公父勺「伯公父作金祼用獻用酌」。[85]（佑仁案：付強文章中的「祼」都誤寫成「裸」，今正之。）

黃凌倩：「耆」原字形作 [字]。清華簡從「老」旁的字如「[字]（老）」（清華二·繫年 073）、「[字]（老）」（清華二·繫年 076）、「[字]（耆）」（清華一·皇門 01）、「[字]（耆）」（清華一·皇門 01）等。從字形看 [字] 字應該還是從「老」旁。王寧先生說「耆」可能是「耆」的或體，「耆」從斤聲，「祈」與「耆」音近可通，「祈」可讀作「卺」。聯繫包山簡 266「二勺（毊）、二祈。」之「勺（毊）」李家浩先生讀作「卺」來看，「耆」讀作「卺」可從。「耆」與「勺」均為挹取之器。[86]

佑仁謹案：先談「耆」字，古文字中「𣫇」與「老」確實許多寫法十分近似 [87]：

[85] 付強：〈由清華簡《封許之命》看周初分器的標準〉，武漢網，2015.11.26（2017.7.4 上網）。
[86] 黃凌倩：《清華伍《厚父》、《封許之命》集釋》，頁 107-108。
[87] 王瑜楨：〈談古文字中老旁與𣫇旁的訛混現象〉，《孔壁遺文論集》，（臺北：藝文印書館，2013.8），頁 291-304。

老或从「老」	从「𠈌」
［字形］（宭鼎／集成 02755）、［字形］（叔角父□／集成 03959）、［字形］（宭鼎／集成 02755）	［字形］（王孫遺者鐘／集成 00261）、［字形］（頌□／集成 04333）
［字形］（黃君□蓋／集成 04039）	［字形］（晉.陶彙.6.222）、［字形］（璽彙 3439）、［字形］（曾侯乙 213）
［字形］（宭鼎／集成 02755）	［字形］（斐攸鼎／集成 02201）

由字表來看，「𠈌」要訛寫成「耂」，絕對有其可能性。除此之外，金文中有大量「［字形］（旅）」（旅鼎／集成 02555）和「［字形］（旅）」（此鼎／集成 02821）訛誤的例證，例如西周金文中重要的賞賜物「鑾旂」，「旂」本從「斤」，但有「旂」字作：「［字形］」（庚季鼎／集成 02781）、「［字形］」（姬鼎／集成 02819）、「［字形］」（此鼎／集成 02821）、「［字形］」（此簋／集成 04303）等形，若不看文例，其實就是「旅」字，可見「斤」、「从」偏旁的訛誤確實存在於西周金文。因此，原整理者主張「耂」可能是「旅」的訛字，而將整個文例讀成「旅弓」，筆者認為可能性很高。

　　子居認為「耂」似當讀為「希」，「耂」古音見紐諄部，「希」字上古音曉紐微部，「希」見於楚簡，字從爻從巾，「巾」見紐諄部，從古音上考察，「耂」、「巾」古音都是見紐諄部，可以通假，但問題是「希」並非以「巾」為聲，因此子居的假借推論，並沒有理據。此外，他認為「希」應讀為「瓶」，指陶製的酒器。古人借書以瓶盛酒酬之，宋張世南《游宦紀聞》卷四：「前輩謂借書還書，皆以一瓶。《禮部韻》云：『瓶，盛酒器也。』」[88]宋邵博《聞

---

[88] （宋）張世南撰，張茂鵬點校：《游宦記聞》，（北京：中華書局，1997.12），頁 37。

見後錄》卷二七：「古語：『借書一瓻，還書一瓻』」，清梁紹壬《兩般秋雨盦隨筆·借書》：「『借人書一癡，還人書一癡』。見杜征南與兒書。後人作借書一瓻。孫愐《唐韻》瓻字注云：瓻，酒器也。大者容一石，小者五斗，古借書盛酒器也。」[89]目前所見「瓻」字用例時間都已非常晚，不可能在西周初年作為薦彝使用。

楚簡中「斤」字聲系的「近」或「祈」可以讀成「巹」[90]。「斤」見紐諄部，「巹」則為見母蒸部，聲紐相同，韻部屬蒸、諄旁轉。古音通假沒有問題，但「巹」是古代飲用的酒器，常作為婚禮用的禮器，其制破瓠為瓢，夫婦各執一瓢飲，稱「合巹」。《禮記·昏義》：「共牢而食，合巹而酳」陸德明釋文：「巹，徐音謹。破瓢為卮也。」孔穎達疏：「巹為半瓢，以一瓠分為兩瓢，謂之巹。婿之與婦各執一片以酳，故曰『合巹而酳』。」[91]簡文的「荠」為呂丁冊封的彝器，與屬於婚禮所用的「巹」性質不合。

關於「弓(勺)」字。原整理者認為「勺」字有二說，前者釋「勺」，後者讀「爵」。一般我們所謂的「爵」，即前端有流、後端有尾，與流接近處有柱，器腹中間有鋬、器下承三足，此類器在宋代被定名成「爵」，一直沿用至今。然而青銅器中自名為「爵」者，與前述宋人定名的「爵」不同，其特徵為：整體呈斗形，器首為杯狀（與簋形制近似），杯體鼓腹、斂口、下有圈足，杯體一側有較長的寬柄，李春桃在〈從斗形爵的稱謂談到三足爵的命名〉簡稱為「寬柄形器」[92]，很長一段時間，它們被誤稱為「勺」。原整理者所引的西周晚期「伯公父勺」（參集成 09935-09936），其銘文作「伯公父作金爵，用獻用酌，用享用孝」，該器自名為「爵」，其形制即前述李春桃所謂

89 （清）梁紹壬：《兩般秋雨盦隨筆》，（上海：上海古籍出版社，1982.8），頁 52。
90 李家浩：〈包山 266 號簡所記木器研究〉，《著名中年語言學家自選集·李家浩卷》，合肥：安徽教育出版社，2002 年 4 月，頁 244-246。
91 李學勤主編，《十三經注疏》整理委員會整理：《禮記正義》，頁 1889-1890。
92 李春桃：〈從斗形爵的稱謂談到三足爵的命名〉，「出土文獻與中國古代文明再認識」青年學術論壇，中國河南開封，2016.10.28-30，頁 23-25。

的「寬柄形器」，也就是說將這類器定名為「勺」，是完全沒有根據的。原整理者對於「勺」、「爵」的通假依據，是站立在「伯公父勺」一器自稱「爵」之上，既然「伯公父勺」是「爵」而非「勺」，那麼將「勺」讀「爵」的主張連帶便失去立足點。「弓」讀如「勺」即可，勺器於商代已見[93]。

綜上所述，筆者認為「𣥺」字以原整理者所主張的「疑為『旅』字誤寫」之說最為理想。「弓」即「勺」，戰國文字常以「爪」旁作為飾符，例如「豿（家）」、「窣（卒）」均是其例。

〔八〕盤（盤）、監（鑑）

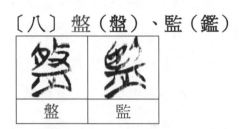

盤	監

原整理者：此處盤、鑑皆為水器，與《左傳》莊公二十一年的「鞏鑑」無關。參看楊伯峻《春秋左傳注》（中華書局，一九九〇年，第二一八頁）。[94]

付強：山西曲沃天馬曲村遺址 M6384：5 出土過一件西周早期的家父盤，銘文如下「家父作寶 ![字],其萬年子子孫孫永保用」，對於銘文中的 ![字] 字發掘報告釋為盂，何琳儀先生釋為盅讀為盂，陳英傑先生認為從 聲讀為盤，鄔可晶先生認為此字即卜辭中習見的「盍」，鞠煥文先生釋為監，證據是監祖定觶（《集成》6207）中的監作 ![字] 形，![字] 字左下所從與 ![字] 字完全一樣，我們認為鞠先生的這一發現是非常卓識的，監字的本義是象人俯就於皿而鑒照其面之形，![字] 字表現的正是象人俯就於皿而鑒照其面之形，其中的 ![字] 就是其上俯身人形在水中的倒影，圓圈對應著人的腦袋，「尾巴」對應著探出的人身，而且它和其上的人形正是以水面為界作對稱形，將「鑒照」意

---

[93] 朱鳳瀚：《中國青銅器綜論》，頁 274-276。
[94] 李學勤主編：《清華大學藏戰國竹簡（伍）》，頁 122。

表現地淋漓盡致。明白了監字的構形本義我們再來看字就明白此字是省掉上面的俯身人形的監字，所以把釋為監是極其正確的。所以這件銅器按照命名的慣例應該稱為家父監，家父監是我們現在可以看到的西周早期自名為監的銅器，清華簡《封許之命》中賞賜給呂丁的監應該就是這種器物。[95]

薛後生：所謂的金文中監字中間或當是從〇（圓）得聲。中間一〇筆或點筆也可能從丁得聲，或可與賢字所從的一點合觀。[96]

子居：據馬承源先生《中國青銅器》一書介紹：「盤：承水器，商周時期宴饗用之，宴前飯後要行沃盥之禮，《禮記・內則》載『進盥，少者奉槃，長者奉水，請沃盥，盥卒授巾。』沃盥時盤匜（或盤、鎣）相需為用，即用匜（或盉或鎣）澆水於手，以盤承接棄水。西周中期前段流行盤、盉相配，或盤、鎣相配，西周晚期到春秋戰國則多為盤、匜相配。戰國後，沃盥之禮漸廢，盤亦被『洗』替代。」、「匜是盥手注水之器，《左傳》有『奉匜沃盥』之語，意思是持匜澆水於手洗沫。《儀禮・公食大夫禮》：『小臣具槃匜，在東堂下。』《國語・吳語》：『一介（佑仁案：原誤「个」）嫡男，奉槃匜以隨諸御。』盤匜皆同用，故傳世和出土之器如宗仲匜、史頌匜、樊夫人龍嬴匜、奚子宿車匜、番昶伯者君匜等皆與盤同出。匜最早出現於西周中期後段，流行於西周晚期和春秋時期。」、「《說文》金部：『鑒，大盆也』。用以盛水。在銅鏡沒有盛行的時候，古人常以盤皿盛水照容貌。監、鑒為古今字。……鑒初為陶質，也就是陶盆，春秋中期出現青銅鑒。春秋晚期和戰國時期最為流行，西漢時仍有鑄造。」朱鳳瀚先生在《中國青銅器綜論》中也指出「銅盂始見於殷代晚期，盛行於西周中晚期，鑒則約始出現於春秋中期，從二器同功用角度看，有以鑒取代盂的可能。」筆者於前文已指出清華簡《封許之

---

[95] 付強：〈《封許之命》與青銅監的自名〉，武漢網，2015.4.14（2017.7.4 上網）。
[96] 武漢網「簡帛論壇」〈清華五《封許之命》初讀〉33 樓，2015.4.14（2017.7.4 上網）。

- 482 -

命》當約成文於春秋前期，這與「鑑」的出現時期正相接近，而水器「盤」、「鑑」的配套也說明《封許之命》不會是成文於西周時期的。[97]

佑仁謹案：原整理者認為簡文的「盤監」與《左傳》莊公二十一年的「鞶鑑」無關，依據楊伯峻的說法，「鞶」是大帶，也就是紳帶，「鑑」則是「鏡」，可見「鞶鑑」是指皮帶上裝飾的鏡子。就器物的性質而論，本處的「盤監」確實應與《左傳》的「鞶鑑」無關。

付強與家父盤的「」聯繫，不確。家父盤銘文云：「家父作寶△，其萬年子子孫孫永保用」，其中△字原篆作「」，付強釋為「監」，然而「監」字省略人俯瞰之形，亦甚可疑，且「就是其上俯身人形在水中的倒影」之說，在現有確定的「監」字中找不到相同的例證。此字何琳儀認為從「皿」從「虫」，即「蠱」之省文，在盤銘中讀為「盉」。[98]陳英傑將此字分析為從「皿」、「巳」聲，這裡讀為「盤」。[99]鄔可晶認為「皿」旁中的部件是「○」形，圈形下半的筆劃疑是泐痕或是鑄範不善造成的，若把中間的泐筆去掉，其形可復原為「」，就是甲骨卜辭屢見的「盅」字，與甲骨文、最為接近，在此讀為「皿」[100]。薛後生認為「從○（圓）得聲。中間一○筆或點筆也可能從丁得聲」，筆者贊同鄔可晶之說，「」能與「盅（血）」之構形聯繫，而鞠煥文所指的「」（監祖丁觶／集成06207），左下所從應為「血」，「皿」旁中的「」，「○」形上的線條應是殘泐筆畫，「監」字從「血」可參「」（雁監瓿／集成00883）、「」（善鼎／集成02820）。薛後生認為從「○（圓）」或「丁」得聲，然而「監」（見紐添部）與「圓」

---

[97] 子居：〈清華簡《封許之命》解析〉，清華網，2015.7.16（2017.7.4 上網）。

[98] 何琳儀：〈說「盤」〉，《中國歷史文物》，2004 年第 5 期，頁 31。

[99] 陳英傑：《西周金文作器用途銘辭研究》上冊，（北京：線裝書局，2008.10），頁 198 注【5】。

[100] 鄔可晶：〈釋青銅器銘文中處於自名位置的「盅」、「盟」等字〉，《出土文獻與古文字研究》第四輯，（上海：上海古籍出版社，2011.12），頁 59-67。

（匣紐諄部）、「丁」（端紐耕部）古音聲韻皆有異，顯然沒有任何依據。

目前所見自名為「鑑」者，應為昶伯庸盤（集成 10130），殷周金文暨青銅器資料庫將時間定為「春秋早期」[101]，但亦有學者認為當屬「西周」之器 [102]。盤、鑑皆為水器，屬性接近，〈封許之命〉中「盤」、「鑑」二器相從，亦可見其關係之密切，此或即昶伯庸盤可自言為「鑑」的原因 [103]。而春秋晚期的攻吳王夫差鑑（新收 1476-1477）、吳王光鑑（集成 10298-10299）、吳王夫差鑑（集成 10294-10295），則留下大量自名為「鑑」的用例。「鑑」器的使用在春秋時期已經十分興盛，若〈封許之命〉的「鑑」字為冊命之原文，未經後人改動，那麼「鑑」的歷史至少可往前上溯到西周初期。

〔九〕鑠（鋬）

鑠

原整理者：《說文》：「鋬，器也。」現見西周青銅器自名為「鋬」者是一種盉。參看馬承源主編《中國青銅器》（修訂本，上海古籍出版社，二〇〇三年）第二四四頁。[104]

子居：由於「盉」、「匜」往往互名，如整理者所舉「盉」又有名「鋬」者，而據前引《中國青銅器》一書所言「西周晚期到春秋戰國則多為盤、匜相配」，故筆者推測，清華簡《封許之命》的「鋬」實際上指的很可能是「匜」。

---

[101] 中央研究院歷史語言研究所：「中研院殷周金文暨青銅器資料庫」，網址：http://bronze.asdc.sinica.edu.tw/qry_bronze.php

[102] 黃鶴：《西周有銘銅器斷代綜覽》，吉林大學博士論文，2013.6，頁 920。陶曲勇：〈戰國文字源於西周俗體之疏證〉，中國古文字研究會第二十一屆年會散發論文集，2016.10.18，頁 123。又見《長沙大學學報》2017 年第 3 期，頁 101。

[103] 陳劍認為「盤鑑互稱可以說是由他們在功用、器形上的共通之處所決定的。」陳劍：〈青銅器自名代稱、連稱研究〉，《中國文字研究》第一輯，（廣西：廣西教育出版，1999），頁 353。

[104] 李學勤主編：《清華大學藏戰國竹簡（伍）》，頁 122。

「盤」、「匜」、「鑒」作為成套的水器，其介紹已見前引《中國青銅器》一書。[105]

付強：《封許之命》「薦彝」中的「鎣」見於西周晚期的伯百父盉，可知鎣是盉的一種別稱。盉與匜在用途上非常相似，這個可以由二者的自名互稱得到證明，匜可以稱盉像�匜宗仲匜等，盉也可以稱匜如嘉仲盉，另外從商代晚期和兩周的考古發現來看盉盤常常配套出現，凡出盉盤者即無匜，凡出匜盤者即無盉。……水器盉（匜）盤在祼祭的作用我們可以結合《儀禮·特牲饋食禮》的記載進行理解，「沃尸盥者一人，奉槃者東面，執匜者西面，淳沃；執巾者在匜北。宗人東面取巾，振之三，南面授尸；卒，執巾者受。」《儀禮·特牲饋食禮》中還透露出這些祭祀的器物每用一次就要洗一次如「主人洗角；主婦洗爵于房；主人洗觶；長兄弟洗觚為加爵；利洗散（斝）」。（佑仁案：文中的「祼」祭寫成「裸」，今正之。）[106]

佑仁謹案：先將西周青銅器中以「鎣」為自名的器，有：（西周早）作公丹鎣（集成09393）、（西周中）師轉鎣（集成09401）、（西周中）強伯盤（集成10064）、（西周中）強伯鎣（集成09409）、（西周中）伯百父鎣（集成09425）等。《說文》云：「鎣，器也。」[107]許慎的解釋十分籠統，郭沫若〈長安縣張家坡銅器群銘文彙釋·伯百父鎣〉：「鎣與罃同，以銅鑄之故從金，以陶為之故從缶耳。……今以此器按之，器不甚大，僅如今之中等茶壺，類盉而非盉，頸確長。則《說文》解為『備火長頸瓶』者，乃油壺耳。」[108]從前述自名為「鎣」的西周諸器之器型來看，其實就是今所謂的「盉」，器腹有把手，並附有長流（「作公丹鎣」除外）。此外又有「盤」自名為「鎣」的情況，「盤」

105 子居：〈清華簡《封許之命》解析〉，清華網，2015.7.16（2017.7.4 上網）。
106 付強：〈由清華簡《封許之命》看周初分器的標準〉，武漢網，2015.11.26（2017.7.4 上網）。
107 （東漢）許慎撰，（清）段玉裁注，李添富總校訂：《新添古音說文解字注》（三版），頁712。
108 郭沫若：〈長安縣張家坡銅器群銘文彙釋〉，《考古學報》，1962 年第 1 期，頁 11。

為承水器，西周時期宴饗前後需進行沃盥之禮，為客人洗手、洗臉。《禮記‧內則》云：「進盥，少者奉槃，長者奉水，請沃盥，盥卒受巾。」[109]行禮時以盉、鑑、匜裝水注入清水，盤則承接汙水，可見「鑑」、「盤」是相配的水器，此即「盤」自名為「鑑」之故。

「鑑」最早作「炏」，象火炬之形，後加「金」而為「鑑」，簡文的「」則是進一步聲化為「紫」。

〔十〕 塂（鎣）

塂

原整理者：塂，《說文》「鎣」字或體：「酒器也。」[110]

暮四郎：此字上從卯，下從豆，當是從「卯」聲，似可讀作「鏊」，上古「卯」聲、「矛」聲字多通用。「鏊」是戰國時秦人使用的一種炊食器（馬承源主編《中國青銅器》修訂本第 153 頁）。[111]

蘇建洲：簡 6-7 記載周王對呂丁的賞賜物，其中「塂」，整理者釋為「塂」，可從。研究者有持不同意見者，實不必。華母壺「塂」作，與簡文極為相近，可以證明。虞晨陽先生指出《近二》850 號可壺的，與華母壺「塂」為一字，舊釋為「盂」，不確。並指出秦漢簡帛的「斲」字作「」（《睡虎地秦簡‧法律答問》簡 66），其左旁的寫法便是由演變而來。另外北大《老子》簡 102「斲」作、，這些秦漢文字上面的寫法便類似「卯」形。簡文塂寫法正好扮演中間演變的關鍵。至於《湯在啻門》14「澀」作

[109] 李學勤主編，《十三經注疏》整理委員會整理：《禮記正義》，頁 969。
[110] 李學勤主編：《清華大學藏戰國竹簡（伍）》，頁 122。
[111] 武漢網「簡帛論壇」〈清華五《封許之命》初讀〉29 樓，2015.4.14（2017.7.4 上網）。

（），其「亞」上部由兩筆交會完成，書寫比較隨意。[112]

曹金華：金文中「亞」字似乎還可增加一例，隨州文峰塔墓地出土的痕多壺的自名作「」，整理者原釋為「壺」，其實字從卯從豆從廾，亦應改釋為「亞」。[113]

王寧：單就字形而言，言首字從卯從豆是對的，但是上面的「卯」形實「亞」上面筆畫的演變，這一點蘇建洲先生已經明言之，並肯定了原整理者釋「亞」的說法，應該是對的。而將此字形誤解為從卯實自漢代亦然，《史記·秦始皇本紀》：「堯舜采椽不刮，茅茨不翦，飯土增」，《索隱》：「如字，一音鏤。一作『簋』。」《集解》引徐廣曰：「呂靜云：『飯器謂之簋。』」《李斯列傳》作「飯土匭」，《漢書·司馬遷傳》作「飯土簋」。《廣韻·去聲·四十九宥》：「增，瓦飯器也。」《集韻·去聲八·四十九宥》：「增，瓦器，堯舜飯土增。通作溜。」然先秦實無器物名「增」者，故或改作「匭」或「簋」。今按其字本當作「留」，蓋即從卯從豆的「亞」字之誤讀，「亞」則「豆」之假借字，「土豆」即瓦豆，今所謂陶豆者，古人用以盛食之器。秦漢人以為其從「卯」當與「留」同，故誤讀為「留」而又書作「增」，《索隱》言「一音鏤」，「豆」、「鏤」定來旁紐雙聲、同侯部疊韻，明系一音之轉。漢人以訛傳訛，遂以「留」為豆矣。《文選·張平子〈南都賦〉》：「楉棗若留」，李注：「《廣雅》曰：『若留，石榴也。』」石榴的果實形狀若闔蓋之豆，故名「若留」，實即若豆矣。後二字讀為「舟」、「禁」，可從，「舟」是承器的托盤，「禁」是梜禁，如案無足，亦用以承器，二者同類器，故同列。[114]

子居：王筠《說文釋例》卷六：「壺有蓋有頸有腹，亞則無蓋也。」李

[112] 蘇建洲：〈《封許之命》研讀箚記（一）〉，復旦網，2015.4.18（2017.7.4 上網）。又見蘇建洲：〈清華簡第五冊字詞考釋〉，《出土文獻》第七輯，（上海：中西書局，2015.10），頁150。

[113] 蘇建洲：〈《封許之命》研讀箚記（一）〉，復旦網，2015.4.18，文後「學者評論欄」6樓，2015.4.18（2017.7.4 上網）。

[114] 王寧：〈讀《封許之命》散札〉，復旦網，2015.4.28（2017.7.4 上網）。

家浩先生《談古代的酒器鎺》詳證該說，可參看。因此清華簡《封許之命》此處的「登」，當即是無蓋壺，讀音與「豆」同。[115]

　　黃凌倩：從整理者讀為「亞」。李家浩先生曾在《談古代的酒器鎺》一文考釋此字，亞乃一種酒器，其字形似篆文「壺」的下半，是一種無蓋壺，「亞」像圓壺器身、頸部有雙耳之形。「亞」是「鎺」的古文，「鎺」乃「亞」的後起加旁字。[116]

　　郭倩文：《說文‧金部》：「鎺，酒器也。从金，亞象器形。亞，亞或省金。」未見於已有楚簡文字材料，爲新見字。[117]

　　佑仁謹案：王筠《說文釋例》云：「『亞』象形，必古文，其形似壺之下半。壺有蓋有頸有腹，『亞』則無蓋也。」[118]其後章太炎、于省吾、李家浩等學者都曾依據王筠之說，對「亞」的形制有進一步的發揮[119]。

壺			亞		
合集 18561	合集 18560	滌叔壺／集成 09625	多壺／《隨州文峰塔墓地》（120）	可壺／《近出殷周金文集錄二編》850、新收 0547[121]	曾侯乙 212
番匊生壺／集成 09705	洹子孟姜壺／集成 09729	長佳壺爵／集成 08816	華母壺／集成 09638（春秋早期）	庚壺／集成 09733（春秋晚期）	清華伍.封許之命.7

---

[115] 子居：〈清華簡《封許之命》解析〉，清華網，2015.7.16（2017.7.4 上網）。

[116] 黃凌倩：《清華伍《厚父》、《封許之命》集釋》，頁 110。

[117] 郭倩文：《《清華五》、《上博九》集釋及新見文字現象整理與研究》，頁 90。

[118] （清）王筠：《說文釋例》，（北京：中華書局，1987.12 影印道光三十年刻本），頁 150。

[119] 李家浩：〈談古代的酒器鎺〉，《古文字研究》第 24 輯，（北京：中華書局，2002.6），頁 454-458。

[120] 此字一般都釋「壺」，曹金華認為應改釋為「亞」，但「亞」目前尚未見從「廾」者，而「壺」則有，例如 壺（同壺／集成 09618），因此多壺此字是否為「亞」，仍有討論空間。

[121] 虞晨陽：《《近出殷周金文集錄二編》校訂》，復旦大學碩士論文，2013.5，頁 117。

「壺」的形制一般而言為窄口，上有蓋，蓋上有紐，頸部兩側有貫耳，中有腰，下部為寬腹，帶有圈足，有些亦附有提梁。金文蓋漸訛為「大」（或「立」形）。觀察「壺」字，左右雙「耳」之形，十分明顯，而扣除蓋形，確實就是「豆」字。湖北省隨州市義地崗東風油庫出土春秋晚期M2：8出土的可壺，其雙耳非常明顯，與「壺」、「豆」相比，表意特徵仍十分明顯。附帶一提，湖北省隨州市文峰塔墓地M36：30痘多壺所出土的「」字，若以「『豆』是無蓋的『壺』」這個判準檢驗，該字應是「豆」字，但是目前所見「豆」字皆未贅加「廾」旁，今暫列於「豆」字之下，結論為何有待日後考證。

劉釗曾經指出「豆」字是在「豆」字上累加「卯」聲，就是「豆」字的異體，因為「卯」、「豆」兩個偏旁連寫，才出現了小篆「豆」這種形體。字書中從「豆」諸字往往又可寫作從「豆」[122]。就現有材料來看，「斫」字時代晚出，而「毀」字則早見於庚壺，因此「豆」字不是增「卯」為「豎」，而是「豎」省卯「殳」為「豆」。另外，劉釗認為「卯」，屬於聲旁，但「斫」端侯、「卯」明幽，聲母不能算近，缺乏通假例證。「豆」本象「豆」之形，其後上半雙耳形逐漸訛變成「卯」，下半則從「豆」聲，「豆」、「豆」二字上古音都是定紐侯部。「豆」（盛食器）與「豆」（酒器）本是不同兩種禮器，「豆」之所以從「豆」，完全是基於聲韻上的聯繫。

回到本簡，暮四郎認為「豆」從「卯」聲，讀作「鎣」，是一種炊食器。既然「豆」本即青銅酒器，且與前頭盛水的「鎣」性質接近，不必考慮改讀。再者，依暮四郎的說法，「鎣」是戰國時秦人使用的一種炊食器，這與西周初年呂丁受封的時代背景有所不同。

蘇建洲認為《睡虎地秦簡·法律答問》簡66的「斫」字作「」，其寫法是由演變而來，而簡文的「」則是北大《老子》簡102、的中間演變過渡。說法可信，「豆」本是象物的表意字，但演變到後來，器

---

122 劉釗：《古文字構形學》，（福州：福建人民出版社，2006.1），頁215-216。

頸與附耳逐漸訛變為「卯」，器腹與底座則聲化作「豆」聲。

王寧認為《史記・秦始皇本紀》「飯土塯」一語，過去注釋學家都理解為「簋」是有問題的，「塯」應是「𥂖」字之誤讀，「𥂖」則「豆」之假借字，「土豆」即瓦豆，今所謂陶豆者，古人用以盛食之器。此說有問題，《史記・秦始皇本紀》「飯土塯」[123]一詞見於上博四〈曹沫之陣〉簡2，其云：「飯於土」，原考釋者李零云：「飯於土𨍏讀『飯於土𨍏』或『飯於土簋』。『簋』是見母幽部字，『𨍏』或『塯』是來母幽部字，讀音相近。『塯』同『簋』，是食器。」陳劍、李銳、白於藍均讀作「簋」[124]。《墨子・節用》：「飯於土塯」[125]，《韓非子・十過》寫作「飯於土簋」[126]，《太平御覽》引用《墨子》文句時，「塯」作「軌」[127]。又《說文》「簋」古文作「𠤿」[128]，可見簡文「𨍏」讀「簋」毫無問題。「飯土簋」指以陶製的簋作為烹飪的器物，這是強調生活飲食上的簡約。

〔十一〕 周（雕）匚（盪）

周	匚

原整理者：「匚」字從匚，《說文》：「受物之器，讀若方。」雕匚應指器

---

[123] （西漢）司馬遷撰，（南朝宋）裴駰集解，（唐）司馬貞索隱，（唐）張守節正義：《史記》，頁238。

[124] 參高佑仁：《上海博物館藏戰國楚竹書（四）曹沫之陣研究》，（臺北：花木蘭文化出版社，2008.3），頁54-55。

[125] （清）孫詒讓撰，孫啟治點校：《墨子閒詁》，（北京：中華書局，2001.4），頁165。

[126] （清）王先慎撰，鍾哲點校：《韓非子集解》，（北京：中華書局，1998），頁70。

[127] （宋）李昉等撰：《太平御覽・器物部四》（十七），《四部叢刊三編》，（上海：上海書店，1985.12），第759卷頁5。

[128] （東漢）許慎撰，（清）段玉裁注，李添富總校訂：《新添古音說文解字注》（三版），頁195-196。

上有雕鏤紋飾。[129]

　　謝明文：「匚」，整理者括注爲「匚」。我們認爲它應讀爲「匩」或「匩（簠）」（「匩」、「匩」音義皆近）。《說文》：「匚，受物之器。象形。凡匚之屬皆从匚。讀若方。匚，籀文匚。」甲骨、金文中的「匚」，主要有兩種用法，一種用法是用作「報」，一種用法是用作器名「匩」或「匩（簠）」。這兩種用法的「匚」最初可能就是共用一形，也可能彼此來源不同，後來才混同爲一，我們傾向後者。西周早期的徥爵（《集成》09058）有人名或族名用字作「▨」，研究者或釋作「徥」。如果此說可信，再結合金文中多見的「遟」字來看，我們認爲後者所從的「匚」實即前者所從「▨」之省。而「▨」正是簠類器的象形，它即簠類器正視與側視之結合。仲妃衛簠（《近出》525，《新收》400，《銘圖》05927）自名作「匚」，我們認爲它應是比較原始的「▨」類形省略右邊一豎演變而來，銘文中用的正是其本義。從上古漢語看，不少唇音字與牙音字關係密切。因此我們認爲《說文》匚讀若方，該音應該就是源於用作「匩」的「匚」。讀若方的「匚」最初應該就是表示簠類器自名的「匩」的初文「▨」類形之省，「匩」則是在「匚」上加注「生」聲而產生的形聲字。「匩」應分析爲從金、匚（匚）聲，金文中作爲器物自名見於京叔姬簠（《集成》04504）、仲其父簠（《集成》04482）、仲其父簠（《集成》04483），它指的就是青銅器中習見的那類作長方形、斗狀、器蓋同形的簠類器。匩、簠因爲皆可作爲盛黍稷的器皿，功能有相近之處，故金文中兩者可以器名連稱，如宰獸簠（《新收》663、《銘圖》05377）、宰獸簠（《新收》664、《銘圖》05376）「用作朕烈祖幽仲益姜寶匩簠」之「匩簠」即其例。簡文匩與鼎、簠並列，它顯然與金文中的匩用法相同，指的亦應是青銅器中習見的簠類器。[130]

---

129 李學勤主編：《清華大學藏戰國竹簡（伍）》，頁 122。

130 謝明文：〈談談青銅酒器中所謂三足爵形器的一種別稱〉，復旦網，2015.4.1（2017.7.4 上網）。又見於謝明文：〈談談青銅酒器中所謂三足爵形器的一種別稱〉，《出土文獻》第 7 輯，頁 9-10。

鵬宇：整理者意見可從，此外也不排除「周」字或可徑讀為「舟」。舟與周上古音皆在章鈕幽部，聲韻皆同，文獻中通用之例極多。舟是古代祭祀中常用之器。《周禮·鬱人》：「鬱人掌裸器。凡祭祀、賓客之裸事，和鬱鬯，以實彝而陳之。」鄭玄注：「裸器，謂彝及舟與瓚。」《周禮·司尊彝》：「春祠夏禴，裸用雞彝、鳥彝，皆有舟，……，秋嘗冬烝，裸用斝彝、黃彝，皆有舟，……，凡四時之間祀，追享朝享裸（引者按：原誤「裸」）用虎彝、蜼彝，皆有舟。」鄭玄注引鄭司農曰：「舟，尊下臺，若今時承槃。」考古實物中常有尊盤同出的現象，李學勤師曾有討論，並指出湖北隨縣曾侯乙墓中出土的尊盤及安徽壽縣蔡侯墓出土的尊盤，相當於《周禮》所載用作裸器的彝和舟，所謂舟乃是盛放尊的一種盤形器。從簡文所記薦彝組合來看，將「周」讀為「舟」也是很合適的。[131]

華東師範大學中文系出土文獻研究工作室：此字罕見，亦可理解為從匸金聲，讀為「禁」。「禁」可用以奠置酒器，《儀禮》多見。此字從金，且上下文詞彙皆為銅器，疑此字即為銅禁之本字。[132]

暮四郎：周（舟），今依鵬宇《〈清華大學藏戰國竹簡（伍）〉零識》讀爲「舟」。匸，今依華東師範大學中文系出土文獻研究工作室讀爲「禁」，爲承尊之器。[133]

蚊首：代師兄發：注46：雕匸應指器上有雕鏤紋飾。按：或讀為「禁」，甚是，但「周」仍可讀「雕」，石鼓山墓地出土西周初年銅禁如圖，雕紋清晰可見。[134]

蘇建洲：出土文物是否有表示承槃的「舟」是很值得懷疑的，所謂「舟」

---

[131] 鵬宇：〈《清華大學藏戰國竹簡（伍）》零識〉，清華網，2015.4.10（2017.7.4 上網）。

[132] 華東師範大學中文系出土文獻研究工作室：〈讀《清華大學藏戰國竹簡（伍）》書後（一）〉，武漢網，2015.4.12（2017.7.4 上網）。

[133] 武漢網「簡帛論壇」〈清華五《封許之命》初讀〉29 樓，2015.4.14（2017.7.4 上網）。

[134] 武漢網「簡帛論壇」〈清華五《封許之命》初讀〉38 樓，2015.4.15（2017.7.4 上網）。

恐怕不少是「盤」的初文。簡文此處讀為「舟」恐怕不妥。[135]

王寧：讀為「舟」、「禁」，可從，「舟」是承器的托盤，「禁」是棜禁，如案無足，亦用以承器，二者同類器，故同列。[136]

子居：《儀禮·士冠禮》：「尊于房戶之間，兩甒，有禁。」鄭玄注：「禁，承尊之器也。名之為禁者，因為酒戒也。」筆者以為，《封許之命》這裡讀為「禁」的「匫」字，也許就是後世的「𠤏」字，《集韻·覃韻》：「𠤏，胡南切，音含。受物器。」[137]

付強：《儀禮·特牲饋食禮》中的「散」王國維先生在《說觥》一文中立五證來證明「散」是「觷」的錯字，現在大家都已經認同了。葉家山M28出土的酒器集中擺放在一個長方形的漆案上，這條漆案几鞠煥文先生認為是木禁，我們認為其說可從。[138]

黃凌倩：子居先生說「匫」讀為「𠤏」，可從。「周」仍從整理者讀「雕」，「周匫」指有雕鏤紋飾的盛物之器。[139]

佑仁謹案：「周」，原整理者讀「雕」指器物雕鏤的紋飾，郭倩文從之。鵬宇主張字或可逕讀為「舟」，「舟」器常見於古代祭祀中，是盛放尊的一種盤形器，暮四郎、王寧從之。蚊首主張讀「雕」。蘇建洲反對讀「舟」之說，他認為許多所謂的「舟」恐怕不少是「盤」的誤釋。

「匫」，原整理者認為就是「匚」，《說文》讀若「方」，郭倩文從之。謝明文認為應讀「匡」或「𠤎（簠）」。華東師大工作室主張从匚金聲，讀為「禁」，可用以奠置酒器，暮四郎、蚊首、王寧、付強從之。子居讀「𠤏」，指受物

---

135 蘇建洲：〈《封許之命》研讀札記（一）〉，復旦網，2015.4.18（2017.7.4 上網）。又見蘇建洲：〈清華簡第五冊字詞考釋〉，《出土文獻》第七輯，（上海：中西書局，2015.10），頁150。

136 王寧：〈讀《封許之命》散札〉，復旦網，2015.4.28（2017.7.4 上網）。

137 子居：〈清華簡《封許之命》解析〉，清華網，2015.7.16（2017.7.4 上網）。

138 付強：〈由清華簡《封許之命》看周初分器的標準〉，武漢網，2015.11.26（2017.7.4 上網）。

139 黃凌倩：《清華伍《厚父》、《封許之命》集釋》，頁111。

器，黃凌倩從之。

依據上述的整理，「周」字多數學者贊同鵬宇讀「舟」，「匬」字多數學者則贊同華東師大工作室讀「禁」之說。然而，這兩種主流說法均有一些問題。

先談「匬」字，「匬」字在《金文編》中已置入「簠」字[140]。而華東師範大學中文系出土文獻研究工作室認為「此字罕見，亦可理解為從匚金聲，讀為『禁』。『禁』可用以奠置酒器，《儀禮》多見。此字從金，且上下文詞彙皆為銅器，疑此字即為銅禁之本字」。其實「匬」字不算罕見，依據筆者所見將金文的「匬」字羅列如下：

宰獸簋（器）／新收 0663	宰獸簋（蓋）／新收 0663	宰獸簋（蓋）／新收 0664	仲其父簠／集成 04483	仲其父簠／集成 04482	京叔姬簠／集成 04504
用作朕烈祖幽仲、益姜寶匬簋		仲其父作旅匬		京叔姬作寶匬，其永用	

仲其父簠、京叔姬簠等兩件簠都以「匬」為自名，可見「匬」性質與「簠」應十分接近，「簠」、「簋」都是盛黍稷稻粱的禮器，故宰獸簋亦以「匬」為自名。（這裡所謂的「簠」是沿襲宋人的用法，但現在可知「簠」乃是一種原形器，實改稱「盨」，詳後。）

華東師大工作室、暮四郎、蚊首將字主張「匬」讀作「禁」，「匬」字早見於青銅器之自名，此處簡文的「匬」與青銅器自名的「匬」毫無疑問是同一物。子居將字讀作「匧」，認為「匬」就是後世的「匧」字，《集韻·覃韻》：「匧，胡南切，音含。受物器。」黃凌倩從之。「匧」字，《正字通》云：「與『函』通，俗從『含』省作『今』」[141]，「匧」已見於古文字，望山簡2.9作

---

[140] 容庚編著、張振林、馬國權摹補：《金文編》，頁 847。

[141] （明）張自烈，（清）廖文英合著：《正字通》，李學勤主編：《中華漢語工具書書庫》（第叁冊），（合肥：安徽教育出版社，2002.1），頁 136。

「盫」。「金」、「今」古音皆為見紐侵部，然而「盫」能讀作「匼」必須建立在「盫」是以「金」為聲的基礎上，但是現在我們知道，「盫」是以「匚」為聲，「金」是意符，那麼子居「盫」讀作「匼」之說，不攻自破。

宋代以來學者將青銅器中一種長方形、斗狀、器蓋同形的器物定名為「簋」，但從清代開始，逐漸有人對於宋人的說法產生懷疑，例如強運開即認為這類器物應改稱為「盨」[142]，而「簋」則是一種似「豆」的圓形器。所謂的「盨」常以下列幾種方式自名：

編號1	臣、匝、盬、盫、鈷	見	魚
編號2	㝬	疑	魚
編號3	匡、匱、匯	匣	陽
編號4	盦	並	陽

就古音來看，「古」、「夫」、「五」有相通的例證，因此編號1、2為一組，郭店《老子》甲本云：「萬物旁作，居已顧復也」，「居」字今本與馬王堆帛書本「居」作「吾」，「古」與「吾」音近，故編號1與編號3通。

編號3从「王」或「黃」聲為一組[143]，孫稚雛依據音韻結構，認為「盫」所从的「匚」與「匡」古音接近[144]，那麼第3組與第4組也有音韻上的關係，將「盫」的「匚」理解為聲符會比較妥當。

「盫」字从「匚」，《說文》讀若「方」[145]，「方」是並紐、陽部，與「幫」紐的「敊」十分接近，而編號1、2組字都是魚部字，「魚陽對轉」是聲韻學理論的通則[146]，因此1-2與3-4兩組，音韻應夠相通，那麼編號1的「盬、盫」，與編號4的「盦」，其「金」旁都應當做表意功能。

「匚」本為象物字，「匡」、「臣」、「匱」中的「王」、「古」、「黃」都是後

[142] 強運開：《說文古籀三補》，（北京：中華書局，1986.6），頁24。

[143] 朱鳳瀚：《中國青銅器綜論》，頁191-194。

[144] 孫稚雛：〈金文釋讀中一些問題的探討〉，《古文字研究》第九輯，（北京：中華書局，1984.1），頁415-417。

[145] （東漢）許慎撰，（清）段玉裁注，李添富總校訂：《新添古音說文解字注》（三版），頁461。

[146] 陳新雄師：《古音研究》，（臺北：五南圖書出版股份有限公司，1999.4），頁443。

加的聲符，「匫」則是象物字「𦥛」的基礎上加上意符，使得表意初文「𦥛」成為全字的聲符。另外由編號1「匫」、「鈷」、「盠」等字的「金」也都是當意符使用。以「匫」為自名的「盠」器形如下：

仲其父簠／集成 04482	京叔姬簠／集成 04504
文例：中（仲）其父作旅匫	文例：京叔姬作寶匫，其永用

圖 14：自名為「匫」的盠

關於「周」字，有學者釋作「舟」，先秦並無自名為「舟」的器皿，從鵬宇的說法來看，「舟」當承盤用是漢之後才給予的稱呼，但是後代學者的稱呼常有失誤，因此除非有確切的自名例證，否則很難落實，此現象由簡文的「鉦」、「鑪」等字皆可見一斑。蘇建洲認為所謂的「舟」其實是「盤」的初文，也就是說字應是「盤」的初文，而被誤視為「舟」，遂給予了錯誤的稱呼。綜合考慮，「周」字筆者贊成讀為「雕」，「周（雕）匫（盠）」是說雕有花紋的「盠」。

〔十二〕 鼑

鼑

原整理者將字隸定作「鼑」讀作「鼑」。[147]

蘇建洲：《封許》的書手習慣將「卜」形貫穿為「十」形，除此處（佑仁案：指簡3）的「鼑（祇）」外，又如簡7「鼑」作 ![字形]。[148]

---

[147] 李學勤主編：《清華大學藏戰國竹簡（伍）》，頁 122。
[148] 蘇建洲：〈《封許之命》研讀札記（一）〉，復旦網，2015.4.18（2017.7.4 上網）。

陳劍：其實此字更可能本就是「𣄰」（楚文字作聲符的「才」簡作「十」形於「戈」旁多見）。「鼎、簋」相配固自然，但此係言具體賞賜物，要說其以「𣄰」明確講出所賜鼎之具體種類，也是完全可以的啊。[149]

海天：簡7 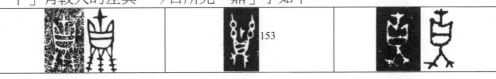 釋為鼎，並做「卜」形貫穿為「十」形的說明，我是依照整理者的意見作分析。另有番昶伯者君鼎（2617）「鼎」作 為例證。我的能力大概只能想到這裡，陳劍兄眼光與眾不同，我無言以對。[150]

付強：炊煮與盛食器當然也一定是祼祭時要用到的，這個我們可以由西周早期的史獸鼎《集成》02778「尹賞史獸祼賜豕鼎一爵一」可以看出，金文中除了出現有「豕鼎」還有牛鼎（《集成》2838智鼎）兔鼎（《集成》2548函皇父鼎）羊鼎（《集成》2535麀鼎）這類鼎是在祭祀中專門用於盛放這種動物。[151]（佑仁案：文中的「祼」祭寫成「裸」，今正之）

佑仁謹案：原整理者隸定為「鼎」，「鼎（貞）」在甲骨文中作「 」（周原甲骨112）、「 」（周原甲骨13），「貞」字甲骨文時期借用「鼎」字表示，並在其上增加表意偏旁「卜」，原整理者將「鼎」讀作「鼎」。過去很長一段時間，「貞」常被誤置入「𣄰」，例如《古籀彙編》「𣄰」字下所收十六例金文字形[152]，其實全數都是「鼎（貞）」字，然而「鼎（貞）」字從「卜」，而「𣄰」從「才」，古文字「才」時常以「十」（免卣／集成05418）表示，與「卜」有較大的差異。今日所見「𣄰」字如下：

[149] 蘇建洲：〈《封許之命》研讀箚記（一）〉，復旦網，2015.4.18，文後「學者評論欄」3 樓，2015.4.18（2017.7.4 上網）。

[150] 蘇建洲：〈《封許之命》研讀札記（一）〉，復旦網，2015.4.18，文後「學者評論欄」7 樓，2015.4.18（2017.7.4 上網）。

[151] 付強：〈由清華簡《封許之命》看周初分器的標準〉，武漢網，2015.11.26（2017.7.4 上網）。

[152] 徐文鏡：《古籀彙編》，（上海：上海出版社，1998.4），頁 249。

[153] 該字董蓮池已置於「𣄰」字，此字看似從「卜」，但偏旁從「口」來看（與《說文》「𣄰」

嬕作父庚鼒／集成 02578	鄭臧句父鼒／集成 02520	番昶伯者君鼒／集成 02520
王作康季鼒／集成 02617	王作康季鼎／集成 02261	叔左鼎／新收 0210

對於「鼒」器的外形特徵，歷代學者看法並不相同，《說文》云：「鼒，鼎之圜掩上者。從鼎才聲。《詩》曰：『鼐鼎及鼒。』鎡，俗鼒，從金茲聲。」[154]《五經文字》、《玉篇》、《廣韻》均訓「鼒」為「小鼎」[155]。《詩經‧周頌‧絲衣》云：「鼐鼎及鼒，兕觥其觩。」毛《傳》：「小鼎謂之鼒。」[156]亦解釋「鼒」為小鼎。

就字形上說，當然與從「才」聲的「鼒」較為相近，就字義上說，釋作「鼒」也能將對象限定在某種器物上。

〔十三〕　鹽（簋）、釦（觥）

鹽	釦

原整理者：「釦」字所從之「卝」為《說文》「礦」字古文，「觥」字《說文》正體作「觵」，都是見母陽部字。[157]

石小力：整理者隸定作從金從卝，讀作「觥」之字，當隸定作從金從卯。[158]

俗體從茲聲相同），釋「鼒」應是正確的。董蓮池：《新金文編》，頁 931。

[154] （東漢）許慎撰，（清）段玉裁注，李添富總校訂：《新添古音說文解字注》（三版），頁 322。

[155] 李鍌等編：教育部《異體字字典》網路版（正式五版），2004.1，網址：http://140.111.1.40/yitib/frb/frb06270.htm（2017.7.4 上網）。

[156] 李學勤主編，《十三經注疏》整理委員會整理：《毛詩正義》，頁 1606-1608。

[157] 李學勤主編：《清華大學藏戰國竹簡（伍）》，頁 122。

[158] 武漢網「簡帛論壇」〈清華五《封許之命》初讀〉17 樓，2015.4.11（2017.7.4 上網）。

　　邊城古文字：從金從卯的字當為盥字見於包山簡265。[159]

　　王寧：石小力先生已指出「當隸定作從金從卯」，其說甚是。「卯」後音轉為「蛋」（來、定旁紐雙聲），而古實無用為「卯」義的「蛋」字，只稱「卵」。在此可能是指「觛」這種器物，《說文》：「觛，小觶也。」段本改作「卮也」，注云：「各本作『小觶也』，《廣韻》同，《玉篇》作『小卮也』，《御覽》引《說文》亦作『小卮也』。今按『卮』下云：『圜器也。一名觛。』則此當作『卮也』無疑。」《說文》言「卮」為「圜器也」，《急就篇》顏注云「飲酒圓器也」，《字略》云「圓酒器也」，疑觛之器腹形如卵（爵腹亦有如卵者），故亦稱「卵」，音轉為「觛」，「觛」、「蛋」音同。簡文此器為銅鑄，故加「金」旁。[160]

　　子居：「𠦶」、「𡳞」、「卵」本即為一字，可參看《古文字詁林》「卵」字條。「鈪」即「礦」字，也可參看《古文字詁林》「礦」字條。元部與陽部的關係，就正如真部與耕部的關係，故整理者所說當可從。《說文·角部》：「觥，兕牛角可以飲者也。从角黃聲。其狀觥觥，故謂之觥。」殷商、西周時期雖有角爵，但未見「觥」稱，稱「觥」現知最早的即約為春秋前期的《詩經·周頌·絲衣》：「兕觥其觩，旨酒思柔。」故《封許之命》的成文時間上限自然也最可能是春秋前期。[161]

　　黃凌倩：「鈪」原字形作，右邊所從的本像「卵」形。《說文》以為「𠦑」是「礦」的古文。段玉裁注：「𠦑，本《說文》卵字。古音如關，亦如鯤。引申為總角𠦑兮之𠦑，又假借為金玉樸之礦。」徐在國師認為段說可從。所以「𠦑」與「卵」本是同一字，「𠦑」可假借為「礦」。整理者說法可從。[162]

159 武漢網「簡帛論壇」〈清華五《封許之命》初讀〉40樓，2015.4.17（2017.7.4上網）。

160 王寧：〈讀《封許之命》散札〉，復旦網，2015.4.28（2017.7.4上網）。

161 子居：〈清華簡《封許之命》解析〉，清華網，2015.7.16（2017.7.4上網）。

162 黃凌倩：《清華伍《厚父》、《封許之命》集釋》，頁112。

　　郭倩文：該字右部所從，或以爲「丱」，或以爲「卯」。丱，最早見於商代金文：父己簋，象少年束髮爲兩總角之形，截其頭上部分即爲丱形。璽印文字中偏旁丱有見，如「關」所從：璽彙0172、陶彙3.380、璽彙0340，又「釦」：陶彙5.444。右部與已見偏旁丱並不同，而與楚簡帛中所見「卯」字同，如上博二《子羔》「」、包山簡265「」等，由於易與「卯」形相混，故而作填實之筆。因而從網友「石小力」改隸定。通讀方面，從王說。該字未見於其他出土古文字材料，爲新見字也。[163]

　　佑仁謹案：「簋」字甲骨文作「」（合集30499）、「」（合集09498反），象簋之形，但在青銅器銘文中，常借用《說文》訓作「揉屈」的「㲃」字表示，例如：「」（頌簋蓋／集成04338）、「」（不嬰簋蓋／集成04329），右半往往從「殳」。古文字中「殳」、「攴」時常偏旁替換，因此亦可見從「攴」的「簋」，本處的「」即是這種寫法。古文字偏旁中的「（簋）」經常能與「食」旁替換，因此「簋」字也可以寫作（請參圖表中的「簋」字）：

簋			飯			
邵王之諻簋／集成03635	包山.189	包山.167	上博四.曹沫之陳.2	上博五.弟子問.8	上博二.魯邦大旱.6	公子土折壺／集成09709

而楚簡中「飯」字的「反」旁，照理講應寫作從「又」從「厂」（請參圖表中的「飯」字），但常有書手喜歡將「厂」寫成「𠂆」，「反」便與「攴」十分近似，遂導致「飯」與「簋（㲃）」產生異字同形的形況：

（簋）　　　　（飯）

總的來說，本處的「」應是「簋」字無誤，不過原整理者將首字的「盤」

---

163 郭倩文：《〈清華五〉、〈上博九〉集釋及新見文字現象整理與研究》，頁92。

隸定作「盨」，稍有失真，右上角實從「攴」，不從「殳」。「簋」字下添「皿」
已見於西周中期□作鼄伯殷的「盨」（集成03588），以及春秋晚期蔡侯▨殷
的「盨」（集成03592）。

關於「釧」，原整理者認為字右半的「卅」即《說文》「礦」字古文，字
應讀「觥（觵）」，黃凌倩從之。石小力認為字當分析成從「金」從「卵」。
王寧依據石小力釋為從「卵」之說，讀為「酮」。子居讀作「觵（觥）」，並
推論「觵（觥）」出現的時間最早不會超過春秋早期。邊城認為此字右半當
是「卵」字，讀作「盥」。郭倩文從石小力隸定，認為此字是新見字。

先談字形，「釧」原整理者認為即《說文》「礦」字古文「卅」，段玉
裁認為該字應是「卵」字古文[164]，上博四〈逸詩〉有兩相關的字作：

（簡4）　　（簡3）

其文例為：「間卵（關）謀治，皆上皆下。」（簡3）、「間卅悔（誨）辭，皆
小皆大。」（簡4），董珊指出：「間卅，『卅』字即《說文》所錄『礦』字古
文，『關』字從此聲。整理者已經指出『間卅』讀為『間關』，詞見《詩・小
雅・車舝》『間關之車舝兮』，毛傳：『間關，設舝（貌）也』。舝即轄，是車
軸兩端的金屬鍵，用以擋住車輪，不使脫落。車行則設轄，無事則脫。此以
『間關』形容『悔（誨）辭（原從台、司）』，是以轄制車輪的車轄譬喻君子
的教誨。《書・酒誥》：『乃不用我教辭』，誨辭即教辭。」[165]季旭昇師則認為
字「實當隸『卵』。『閒卵』讀為『間關』」[166]，筆者認為是正確的。〈逸詩〉

---

[164] （東漢）許慎撰，（清）段玉裁注，李添富總校訂：《新添古音說文解字注》（三版），頁
687。

[165] 參董珊：〈讀〈上博藏戰國楚竹書（四）〉雜記〉，簡帛研究網，2005.2.20（2017.7.4 上
網）。

[166] 季師旭昇：《〈上博四・逸詩・交交鳴烏〉新詮〉，第一屆古文字與古代史學術研討會，
中央研究院歷史語言所，2006.9.22-24。

這兩個字形應該就是《說文》「礦」字古文「屮」[167]，文例中讀成「關」，此部分應無疑義。仍待討論的是，段玉裁將「屮」與「卵」二字畫上等號，是否可信？

周波以戰國文字的「卵」字作「）し」（上博二.子羔.11），而「屮」字作「」（上博四.逸詩.3），二者文字有別，因此「段玉裁改『屮』為『卵』字古文，不一定對。」[168]周波從構形將二字分開，但古文字中肥筆常進一步演變為短橫筆，因此由字形很難完全否定「卵」與「屮」的關係。《中國古印——程訓義古璽印集存》編號1-17著錄一方璽印，印蛻作「屮人鄭」，如下[169]：

施謝捷《古璽彙考》認為：「《周禮・地官・屮人》：『屮人，中士二人，下士四人，府二人，史二人，胥四人，徒四十人。』又：『屮人，掌金玉錫石之地，而爲之厲禁以守之。若以時取之，則物其地圖而授之，巡其禁令。』『屮人』氏當是以官爲氏。」[170]《周禮・地官・屮（礦）人》鄭玄注：「物地，占其形色，知鹹淡也。授之，教取者之處。」[171]孫詒讓《正義》：「屮人既物地，而知金玉錫石所生之處，乃以圖授其徒，教使取之。」[172]「屮人」能透過土壤顏色的觀察，預測礦石的屬性。此處是以職官為姓，所謂的「屮」在印文中與一般「卵」字寫法無異，如果這方璽印的釋讀無誤，這是「屮」、「卵」相通的最佳例證。

---

[167] （東漢）許慎撰，（清）段玉裁注，李添富總校訂：《新添古音說文解字注》（三版），頁453。

[168] 周波：《戰國時代各系文字間的用字差異現象研究》，頁292。

[169] 程訓義：《中國古印——程訓義古璽印集存》，（石家莊：河北美術社，2007.2），編號1-17，頁6。

[170] 施謝捷：《古璽彙考》，頁335。

[171] 李學勤主編，《十三經注疏》整理委員會整理：《周禮注疏》，頁495。541

[172] （清）孫詒讓：《周禮正義》，（北京：中華書局，1987.12），頁1211。

　　總的來說，《說文》「磺」字古文的「屮」，其實就是「卯」，「卯」、「屮」實為一字。古音方面，「磺」（見紐陽部）、「關」（見紐元部）、「卯」（來紐元部），三字音韻皆近，金俊秀在其博士論文《古文字特殊諧聲研究》裡指出：「『屮』被誤認為『礦』之古文，似是音近之故。」[173]他對於「卯」、「磺」、「屮」三字的古音問題有非常仔細的梳理，讀者可自行參看，此不贅言。

　　回到簡文用例，王寧認為字即從「卯」聲，讀「觛」，《說文》：「觛，小觶也。」[174]並疑觛之器腹形如卵（爵腹亦有如卵者），故亦稱「卵」，音轉為「觛」，「觛」、「蛋」音同。上海博物館近來從香港古玩市場收購一件西周早期青銅器〈亢鼎〉，在賞賜物清單中有「钻觛（觛）」，李學勤將後一字釋為「觛」，認為「大概是指秬钻一觛」[175]，若李說可信，則「觛」應是作為量詞使用。青銅器中未見自名為「觛」者，因此不確定因素很高，雖無法完全排除，但也缺乏可供支持的證據。

　　郭倩文認為「屮」、「卯」不同，而「鈕」字未見於其他出土古文字材料，為新見字。事實上如前所述，「屮」、「卯」應是一字，「鈕」早見於《陶彙》5.444的「鈕」，其「屮」旁與簡文的「鈕」相較，只有肥筆與短筆的差別。這個字例不僅說明「鈕」並非首次出現，也證明「卯」就是《說文》「磺」字古文「屮」。

　　筆者贊同原整理者將「鈕」讀作「觥」之說。「觥」或作「觵」，是古代一種外型類似牛角的飲酒器，因此又稱為「兕觥」。《說文‧角部》：「觵，兕牛角，可以飲者也。從角，黃聲。其狀觵觵，故謂之觵。觥，觵俗從光」[176]，

---

[173] 金俊秀：《古文字特殊諧聲研究》，臺灣師範大學博士論文，2011.6，頁 109。

[174] （東漢）許慎撰，（清）段玉裁注，李添富總校訂：《新添古音說文解字注》（三版），頁 188。

[175] 李學勤，〈亢鼎賜品試說〉，《南開學報》，2001 年增刊，又見《中國古代文明研究》（上海：華東師範大學出版社，2005.4），頁 87-89。

[176] （東漢）許慎撰，（清）段玉裁注，李添富總校訂：《新添古音說文解字注》（三版），頁 188-189。

徐鍇《說文解字繫傳》：「觥，曲起之皃。」[177]所謂「其狀觵觵，故謂之觵」，是對飲器「觵」得名緣由的說明。《說文‧角部》云：「觵，兕牛角可以飲者也。觥，俗觵從光。」[178]《詩經‧卷耳》：「我姑酌彼兕觥。」傳云：「角爵也。」[179]可見漢人非常清楚「兕觥」是可以直接拿在手上飲用的酒器。

時至宋代，器物出土，蔚為大觀。《續考古圖》最早懷疑「兕觥」並非以兕角做成，而是一種類似獸形的酒器。王國維在《觀堂集林‧卷三‧說觥》一文贊成宋代《續考古圖》的意見，主張自宋以來所謂的「匜」其實有兩種：一種是「匜」，另一種實為「兕觥」，他認為這類「兕觥」不可稱為匜，因為匜有銘者往往自名為「匜」，而兕觥卻無字名為「匜」之例。另外，「匜」為宴飲時盥洗的燕器，而兕觥並非沃盥之器。「匜」為盥洗器，盥洗之器不必有「蓋」，但兕觥皆有「蓋」[180]。由於王國維的身分地位，導致此說在學界具有莫大的影響力。

現在看來，王國維由宋人以來的「匜」裏頭，獨立出獸形的酒器，是正確的。例如〈守宮作父辛觥〉中藏一勺，說明其為酒器[181]，不應與盛水的「匜」相混。但是王國維將這類獨立出來的器改稱呼為「兕觥」，卻是錯誤的意見。古器物中的「兕觥」，當如漢人所說，外型類似牛角的飲酒器。它是一種流行於商代的飲酒器[182]，初用天然兕（水牛）角做成，後又有青銅仿製品。由於兕角碩大堅實，孔武有力，故古人以「觵觵」狀之，而以兕角為之的飲器亦因此得名為「觥」。不過，雖然王國維所謂的「兕觥」（即獸形酒器），已經確定不是「兕觥」，但目前也找不到一個更適合的稱呼，因此學界仍多沿

---

177 （南唐）徐鍇：《說文解字繫傳》，頁85。
178 （東漢）許慎撰，（南唐）徐鉉校：《說文解字》，（北京：中華書局，1978.3），頁94。
179 李學勤主編，《十三經注疏》整理委員會整理：《毛詩正義》，頁47。
180 王國維：《觀堂集林》，（石家莊：河北教育出版社，2001.11），頁70-72。
181 朱鳳瀚：《中國青銅器綜論》，頁194。
182 屈萬里：〈兕觥問題重探〉，《中央研究院歷史語言研究所集刊》第四十三本四分，（臺北：中央研究院歷史語言研究所，1971.12），又收入《中研院歷史語言研究所集刊論文類編（語言文字編‧文字卷）》，（北京：中華書局，2009.4），頁1737-1746。

用王國維的稱呼方式，把這類獸形的酒器歸於「觥」。學界對「兕觥」的討論成果已非常豐厚，讀者可自行參閱[183]。

劉釗《新甲骨文編》附錄1018有「𢆶」（合2279），該字蔡哲茂釋為「觥」的象形字，其云：「𢆶字的字形象觥的角形器，中間一橫畫大概表示觥的一圈花紋。」[184]能否成立仍留待學界檢驗。

〔十四〕 鎦

鎦

原整理者：「鎦」字從臽聲，與「卣」同屬喻母幽部。[185]

王寧：《方言》十三：「篝、籯、籅、䈱，籅也。江、沔之間謂之籅，趙、代之間謂之籯。」郭璞注：「籅，古筥字。」「䈱」即「筥」，盛糧食的筐子。蓋「鎦」、「䰞」即「籅」、「筥」，均盛物之筐，前者盛食，後者盛器，其物同類，故並列於後。[186]

子居：古文字中「卣」字習見，《封許之命》前文即有「秬鬯一卣」，而與此處「鎦」的寫法完全不同，故「鎦」當非「卣」，似可讀為「鐈」或「銚」。《集韻・宵部》：「鐈，酒器。」《說文・金部》：「銚，溫器也。一曰田器。」以前所言「觥」為酒器的緣故，這裡的「鎦」讀為「鐈」的可能性當較大一

---

183 屈萬里：〈兕觥問題重探〉，《中央研究歷史語言研究所集刊》第四十三本四分，（臺北：中央研究院歷史語言研究所，1971.12），頁533-542，又收入《中研院歷史語言研究所集刊論文類編（語言文字編・文字卷）》，（北京：中華書局，2009.4），頁1737-1746。周聰俊：〈兕觥辨〉，發表於第十三屆全國暨海峽兩岸中國文字學學術研討會（花蓮師範學院，2002.4.24-25），參《第十三屆全國暨海峽兩岸中國文字學學術研討會論文集》，（臺北：萬卷樓圖書公司，2002.4），頁45-54。朱鳳瀚：《中國青銅器綜論》，頁191-194。冀小軍：〈「觥飯不及壺飧」舊說辨正〉，《中國文字》新三十八期，（臺北：藝文印書館，2012.12）。

184 蔡哲茂：〈甲骨文字考釋兩則〉，收入謝維揚、朱淵清主編：《新出土文獻與古代文明研究》，（上海：上海大學出版社，2004.4），頁333-335。

185 李學勤主編：《清華大學藏戰國竹簡（伍）》，頁122。

186 王寧：〈讀《封許之命》散札〉，復旦網，2015.4.28（2017.7.4 上網）。

些。[187]

黃凌倩：鎇，《玉篇·金部》：「函也。」是一種盛放物品的容器。[188]

王輝：鎇疑可讀為鎬。滔與夲通用。上古音舀宵部喻紐，鎬宵部匣紐，二字疊韻。《說文》：「鎬，溫器也。」實際上是溫食器。20世紀30年代，安徽壽縣朱家集李三孤雄（佑仁案：「雄」為「堆」之誤字）楚王墓出土二器。深腹，折腹，上腹壁豎直，斜折之下腹略圓曲內收成小平底，上腹有四小耳銜環，近似於鑒。二器一銘：「秦客王子齊之歲，大賡（府）為王飤（食）晉鎬。」另一件銘：「鑄客為王后六室為之。」器之時代，朱鳳瀚先生定為楚國戰國青銅器第五期；劉彬徽先生定為楚青銅器東周第七期，具體時間為楚幽王熊悍（前237－前228）時，已是戰國末。如果以上所說不誤，則可以說明《封許之命》的最後寫定，已到戰國末年。[189]

佑仁謹案：原整理者認為「鎇」讀為「卣」，王寧認為字讀為「筥」，乃盛食之筐。子居認為本篇已出現過「卣」字，故將此字改讀為「鎐」或「銚」。黃凌倩主張「鎇」字見於《玉篇·金部》，訓作「函」，屬盛放物品的容器。關於王寧讀「筥」之說，筆者認為呂丁所受贈的薦彝清單中，許多單字偏旁都从「金」，已說明其為青銅器的屬性，此處王寧釋成「筐」，層級過低，且不屬於薦彝，尤其前後相屬之字亦皆為青銅器名，突然冒出竹製品尤為不妥。

至於子居將字改讀作「鎐」或「銚」，「鎐」見於《集韻·平聲·宵韻》，時代太晚，不足為據。而「銚」《廣雅·釋器》云：「鋗謂之銚」，王念孫《疏證》：「《說文》：『銚，溫器也。』《眾經音義》卷十四云：『銚似鬲，上有鐶，釜也』。」[190]「銚」是一種小型炊具，有柄及出水口，用來燒開水或熬煮藥

---

[187] 子居：〈清華簡《封許之命》解析〉，清華網，2015.7.16（2017.7.4上網）。
[188] 黃凌倩：《清華伍〈厚父〉、〈封許之命〉集釋》，頁113。
[189] 王輝：〈一粟居讀簡記（九）〉，陝西歷史博物館編：《陝西歷史博物館館刊》第23輯，2016.11，頁151-152。
[190] （清）王念孫：《廣雅疏證》，頁860。

物的器皿。《說文解字・金部》：「銚，溫器也。」段玉裁注：「今煮物瓦器，謂之銚子。」[191]張自烈《正字通・金部》：「銚，今釜之小而有柄有流者亦曰銚。」[192]如：「瓦銚」、「茶銚」、「酒銚」、「藥銚」，也稱為「銚子」。今臺灣坊間中藥行亦常見以「銚」煎藥，此種器皿層級太低、時代太晚，不符合西周薦彝的要求。

「銘」字於字書中最早見於《玉篇》，訓作「函也」[193]，黃凌倩將簡文字形與《玉篇》字形聯繫起來。《正字通》認為「銘」字「通作『韜』」，「韜」是箭袋、弓袋。《詩經・小雅・彤弓》：「彤弓弨兮，受言櫜之」毛傳：「櫜，韜也。」[194]陸德明《釋文》：「韜，本又作弢。弓衣也。」可見《玉篇》所收的「銘」是「韜」的異體字，與簡文的「銘」無關，而此處的賞賜物應屬薦彝，並非指箭袋。

子居認為既然本篇已出現過「卣」字，那麼何以還要借「銘」為「卣」，這雖然不是釋「卣」的致命缺點，但確實說明讀「卣」不一定是最終的選項（讀為「卣」的優點是與前述的「觥」都屬於酒器）。總的來說，筆者暫從讀「卣」之說，但亦不排除其他可能性。

〔十五〕 恪（格）

恪

原整理者：急，即「恪」字，疑讀為「格」，指置放器物的庋架，故列

[191] （東漢）許慎撰，（清）段玉裁注，李添富總校訂：《新添古音說文解字注》（三版），頁711。

[192] （明）張自烈，（明）廖文英合著：《正字通》，李學勤主編：《中華漢語工具書書庫》（第伍冊），（合肥：安徽教育出版社，2002.1），頁9。

[193] （南朝梁）顧野王：《宋本玉篇》，（北京：中國社科院，1983），頁329。

[194] 李學勤主編，《十三經注疏》整理委員會整理：《毛詩正義》，頁734。

於諸器之下。[195]

鵬宇：整理者意見可從。悆，亦可徑讀為「閣」，是古代存放東西的一種木頭架子。《禮記·內則》：「大夫七十而有閣。」鄭玄注：「閣，以板爲之，庋食物也。」《禮記·內則》又云：「天子之閣，左達五，右達五，公侯伯於房中五，大夫於閣三，士於坫一。」故天子與諸侯、大夫皆有閣，惟數量多少不同。簡文中的閣作為薦彞之一，大概是祭祀時放置食物或放置上述彞器用的。[196]

王寧：「格」或作「閣」，《禮記·內則》：「大夫七十而有閣」，鄭注：「閣以板爲之，庋食物也。」但這種東西與前述諸器不類，疑「悆」當讀為「答」，《說文》：「栜答也」。又作「落」，《方言》五：「栜落，陳、楚、宋、魏之間謂之栜落，又謂之豆筥，自關東西謂之栜落。」郭璞注：「盛栜器籠也。」又作「簵」，音與「恪」同，《集韻·入聲十·十九鐸》：「簵，籠也」，實即「答（落）」。蓋「鎐」、「悆」即「簹」、「答」，均盛物之筐，前者盛食，後者盛器，其物同類，故並列於後。[197]

子居：整理者所言「格」及鵬宇所言「閣」即今天所說的「櫥櫃」，顯然不會是被賜之物。筆者以為，這裡當是以「恪」字結束王命，「恪」當讀如原字，即命呂丁恭敬受命，相當於說「敬哉」。[198]

黃凌倩：悆，同「恪」，可從整理者讀為「格」，或如鵬宇先生所說「亦可徑讀為『閣』」。[199]

郭倩文：釋字無疑，通讀存三說：一讀爲「格」，支架。《周禮·地官·牛人》：「凡祭祀共其牛牲之互」，漢鄭玄注：「互，若今屠家縣肉格。」二讀爲「閣」，擱置食物等的櫥櫃。《禮記·內則》：「大夫七十而有閣。」鄭玄注：

---

[195] 李學勤主編：《清華大學藏戰國竹簡（伍）》，頁 122。

[196] 鵬宇：〈《清華大學藏戰國竹簡（伍）》零識〉，清華網，2015.4.10（2017.7.4 上網）。

[197] 王寧：〈讀《封許之命》散札〉，復旦網，2015.4.28（2017.7.4 上網）。

[198] 子居：〈清華簡《封許之命》解析〉，清華網，2015.7.16（2017.7.4 上網）。

[199] 黃凌倩：《清華伍《厚父》、《封許之命》集釋》，頁 113。

「閣，以板爲之，庋食物也。」三讀爲「筶」，用以盛杯盤。《說文·竹部》：「筶，梧筶也。从竹各聲。」段玉裁注：「《方言》：『梧落，陳楚宋衛之閒謂之梧落，又謂之豆筥，自關東西謂之梧落。』郭云：『盛梧器，籠也。』」三說於簡文皆可通，暫從鵬說。[200]

佑仁謹案：原整理者將「恪」讀爲「格」，指放置器物的庋架。鵬宇認爲可逕讀「閣」，是存放東西的木架，郭倩文從之。王寧讀「筶」，指盛器之筐。子居的說法最爲特別，他認爲「恪」不是賞賜物的名稱，應據本字訓作「敬」。

對照簡5「路車」之「路」作「**敇**」，本處「**⻌**（恪）」字「各」旁筆勢與結構十分特殊。「筶」指竹筐，江陵鳳凰山漢墓簡牘編號簡147記載「卵筶一」，表示陪葬品中有一籠竹筐，裡頭裝滿卵（蛋）[201]。竹筐這樣的物品層級太低，不應做為賞賜物。

子居認爲字應讀「恪」，是以「恪」字結束王命，即命呂丁恭敬受命，相當於說「敬哉」。依據子居的看法，「恪」即便不是呂丁的話，至少也是修飾呂丁情貌的形容詞。然而問題是：「**⻌**」字之前都是賞賜物的專名，往後則接「王曰」云云，是周王對呂丁的期勉之語，以至於句終。用一個「恪」字用來修飾呂丁，這讓人感到有點唐突。總之，此字是呂丁賞賜清單中的最後一項物品，應對應什麼器物，目前仍難以言說。

〔十六〕 王曰：「於（嗚）唐（呼），丁，戒才（哉）！

王	曰	於	唐	丁	戒	才

---

[200] 郭倩文：《《清華五》、《上博九》集釋及新見文字現象整理與研究》，頁93-94。
[201] 章水根：《江陵鳳凰山漢墓簡牘集釋》，吉林大學碩士論文，2013.5，頁92-93。

原整理者：戒，《說文》：「警也。」[202]

子居：虛詞「於」出現於春秋前期，此點筆者在《先秦文獻分期分域研究之一虛詞篇》所列《〈尚書〉統計表》中已指出，《封許之命》中用到「於呼」，自然同樣說明該篇的成文時間，當不會早於春秋前期。「戒哉」不見於西周金文，傳世文獻最早可見於約屬於春秋後期的《逸周書·文傳》：「戒之哉！弗思弗行，禍至無日矣。」其成文時間恰與筆者推定的《封許之命》的成文時間春秋前期銜接。[203]

佑仁謹案：《說文》：「烏，孝鳥也。象形。孔子曰：『烏，盱呼也。』取其助气，故以爲烏呼。𩿩，古文烏，象形。𠙻，象古文烏省。」[204]「於」是《說文》「烏」字古文，應是由「烏」所分化出來的字。子居認為當虛詞的「於」出現在春秋時期，因此將〈封許之命〉的成書年代往後拉至春秋。其實竹簡有分創作年代與抄寫年代，清華簡是戰國中晚期的材料，使用「於」字是再合理不過的事，對創作年代影響不大。

子居認為「『於』出現於春秋前期」，我們知道「於」是由「烏」分化出來，西周時期的「於」幾乎都以「烏」字表示，而「烏（嗚）虖（呼）」一詞在西周時期已大量出現，見於𣄰鼎（集成02824）、禹鼎（集成02833）、毛公鼎（集成02841）、班簋（集成04341）等，用例甚多。就出土材料考察，確切的「於」字最早見於「𠂤」（師詢簋／集成04342，西周晚期），文例云：「亦則於女（汝）乃聖且（祖）考克左右先王」，這應該是目前所見最早的「於」字，已由「烏」字分化出來。〈封許之命〉「於（嗚）呼」一詞的｛嗚｝，在西周早期有可能是寫成「烏」，後來在輾轉傳抄中改作「於」。

本篇「才」字作「┿」，一般楚簡的「才」則寫作「才」（信陽1.019）、

---

[202] 李學勤主編：《清華大學藏戰國竹簡（伍）》，頁122。

[203] 子居：〈清華簡《封許之命》解析〉，清華網，2015.7.16（2017.7.4上網）。

[204] （東漢）許慎撰，（清）段玉裁注，李添富總校訂：《新添古音說文解字注》（三版），頁158。

「中」（上博二.魯邦大旱.6）、「中」（上博二.魯邦大旱.3）、「半」（九店.56-67）、「半」（郭店.老子.甲.4）、「中」（包山.8），本篇寫法的「才」於筆畫交叉處以肥筆呈現，與金文寫法如：「中」（大盂鼎／集成 02837）、「中」（旂鼎／集成 02670）、「中」（曶鼎／集成 02838）相同。〈封許之命〉是許國的開國文獻，也是周王賞賜呂丁的冊命內容，最早應是寫於青銅器上，簡文「才」字與金文寫法較為接近，這與本篇簡文的來源自是脫離不了關係。

〔十七〕　余既監于殷之不若

余	既	監	于	殷	之	不
若						

　　原整理者：《書·高宗肜日》「民有不若德」，屈萬里《尚書集釋》云：「若，順也。若德，謂順從美德行事。」（第一〇〇頁）《左傳》昭公二十六年「王昏不若」，義同。[205]

　　blackbronze：「監」字，為借鑒、參考之意。與「鑑」相同。《廣韻·鑑韻》：「鑑，誡也，亦作監。」簡文「余既監于殷之不若」，意即同於《尚書·召誥》「我不可不監于有夏，亦不可不監于有殷。」又同於清華簡〈厚父〉「王監嘉績」之「監」字。[206]

　　子居：「監于」云云，西周金文未見，傳世文獻可見於《尚書》的《君奭》、《召誥》，《逸周書》的《皇門》《祭公》等多篇，因此大致可以確定是

---

[205] 李學勤主編：《清華大學藏戰國竹簡（伍）》，頁 122。
[206] 武漢網「簡帛論壇」〈清華五《封許之命》初讀〉51 樓，2015.5.7（2017.7.4 上網）。

春秋時期出現的措辭方式。訓為「不順」的「不若」也不是周文化的習慣措辭。因此，清華簡《封許之命》所體現的，明顯是春秋時期受宋、齊影響的特徵，而不具備西周初年的行文特點。[207]

佑仁謹案：「不若」指不順於天。言下之意，周王既以殷之滅亡為鑑，自知應克勤克儉、順天敬德，不應沉湎於酒色。「既」字所從「旡」旁特殊，這樣的寫法見於〈用曰〉「(簡 11／慨)、「(簡 10／概)，「旡」旁的開口向左[208]，寫法與小篆的「（旡）」為同形異字。

〔十八〕 囿童才（在）慐（憂）

囿	童	才	慐

原整理者：囿，字內似從帀，即「師」，為心母脂部字，疑讀為「稚」。「稚」字或從屖，也在心母脂部。「稚童」為謙詞，《書·顧命》成王自稱「在後之侗」，孔傳以「侗」為「侗（僮）稚」。才，讀為「茲」，「茲憂」即「憂茲」倒文。[209]

blackbronze：「囿童」，原整理者所釋「稚童」可從。然「才憂」不必解為倒文。「才」字可讀為「茲」，「才」、「茲」二字皆為從母之部，應可通假。「才」若讀為「茲」，可訓為益，更加。從「茲」之字，皆有「更加」之意，如《左傳·襄公八年》「謀之多族，民之多違，事滋無成」，杜注：「茲，益也。」或如《漢書·五行志》「賦斂茲重，而百姓屈竭。」又清華簡〈尹至〉「唯截（滋）虐德，暴動，亡典」句，李旭昇師便疑「截」可讀為「滋」，

---

[207] 子居：〈清華簡《封許之命》解析〉，清華網，2015.7.16（2017.7.4 上網）。

[208] 參季旭昇師：〈談《上博九·成王為城濮之行》「究敗師已」的「究（口）」字〉，《第 28 屆中國文字學國際學術研討會論文集》，臺北：國立臺灣大學中國文學系、中國文字學會，2017.5.12-13，頁 135。

[209] 李學勤主編：《清華大學藏戰國竹簡（伍）》，頁 122。

訓為更加。簡文「余既監于殷之不若，囲童才（滋）悥（憂）」，意為：我因為借鑑於殷商之不順於天，但（我）年幼無知，所以更加憂慮。[210]

華東師範大學中文系出土文獻研究工作室：此句當讀為「稺童在憂」，「在憂」者，服喪也。《禮記‧檀弓下》：「晉獻公之喪，秦穆公使人弔公子重耳，且曰：『寡人聞之：亡國恒於斯，得國恒於斯。雖吾子儼然在憂服之中，喪亦不可久也，時亦不可失也，孺子其圖之。』」又《左傳‧僖公九年》：「凡在喪，王曰小童，公侯曰子。」成王自稱「稺童」，即《左傳》所謂王在喪稱小童；在憂，即《檀弓下》所謂「在憂服之中」。成王服喪期間之自稱，猶不止「稺童」，如《尚書‧大誥》：「弗弔天降割于我家，不少延。洪惟我幼沖人，嗣無疆大歷服。」所謂「天降割于我家」，即包括武王崩殂。又如《詩經‧周頌‧閔予小子》：「閔予小子，遭家不造，嬛嬛在疚。」亦謂成王服武王之喪，自稱「小子」。

《封許之命》此段曰「余既監于殷之不若，稺童在憂，靡念非常，汝亦唯就彰爾慮，祗敬爾猷，以永厚周邦」，乃謂殷鑒不遠，王正服喪，無法顧及非常事變，故而需要呂丁思慮謀劃，幫助周邦渡過難關。[211]

王寧：字從構形上看，「囲」從口帀聲，當即周匝之「匝」的或體，《說文》：「囗，回也。象回帀（匝）之形」，從囗與從匚會意本同而以從「囗」義更勝。「匝」本字作「帀」，《說文》：「周也。」徐注：「一歲往反而周帀也。」段注：「按古多假『褨』為『帀』。」《文選‧班孟堅〈西都賦〉》：「列卒周匝」，《藝文類聚》卷六十一引作「周迊」。由此而言，「匝童」疑當讀為「慴憽」，只是在先秦「慴憽」並非固定詞語。那麼，「才憂」當讀為「在憂」，是「在憂服」的簡稱，「在憂服」、「在憂」均服喪之意。簡文載周王對呂丁說：「余既監于殷之不若，慴憽在服，靡念非尚（常）」【8-9簡】，「不若」當即「上

---

[210] 武漢網「簡帛論壇」〈清華五《封許之命》初讀〉51樓，2015.5.7（2017.7.4上網）。
[211] 華東師範大學中文系出土文獻研究工作室：〈讀《清華大學藏戰國竹簡（伍）》書後（一）〉，武漢網，2015.4.12（2017.7.4上網）。

帝不若」之省語,「若」即「順」,謂上帝不認可;靡,《爾雅‧釋言》「無也」,「靡念」即「無念」,《詩‧文王》:「無念爾祖」,毛傳:「無念,念也」,《小爾雅‧廣訓》:「無念,念也。」「靡」與「無」在此均為加強語氣的虛詞,無義。這是王說我鑒於殷人不受上天的認可〔而滅亡〕,即使是在極度悲傷的服喪期間,仍然擔心會發生非常之事。讀通了該句即可知道,這位「王」必定是周成王,此時武王剛死,天下未定,周王室亦人心不穩,故成王在憂服之中仍然「靡念非常」。由此而言,呂丁從文王至於成王,已經是三朝老臣,資歷不亞於周公、召公、太公等人;其之封許,則距克殷不遠,且在武王死後不久,成王尚「在服」之時也。《史記‧周本紀》、《封禪書》並言武王克殷後二年就死了,大概近乎事實。[212]

子 　王寧:第16條下引【8-9】「慅懰在服」及下言「成王尚『在服』之時也」,二「服」字均當作「憂」。特更正如上。[213]

子 　子居:該句所反映的內容,與約成文於春秋前期的《逸周書‧度邑》:「維天建殷,厥征天民名三百六十夫,弗顧,亦不賓威,用戾於今。嗚呼!予憂茲難。」是非常接近的。兩文作者以武王、成王兩代憂慮殷鑒不遠,故有此感歎,其行文思路也是接近的。由此即推測《封許之命》的成文時間和《逸周書‧度邑》的成文時間比較接近雖然必然不確,但應該可以成為前文判斷《封許之命》最有可能成文於春秋前期之若干證據的輔證。[214]

子 　王寧:我們認為 實際上是「因」的訛變,「才」從第51樓之說讀為「茲」,這句話應當讀為「因踵茲憂」。「因踵」,見於上博六《平王問鄭壽》簡1「禍敗因童(踵)於楚邦」。「因童(踵)」為凡國棟先生釋讀,他解釋為前後相接、連續不斷,是正確的。[215]

[212] 王寧:〈讀《封許之命》散札〉,復旦網,2015.4.28(2017.7.4 上網)。
[213] 王寧:〈讀《封許之命》散札〉,復旦網,2015.4.28,文後「學者評論欄」1 樓,2015.4.28（2017.7.4 上網）。
[214] 子居:〈清華簡《封許之命》解析〉,清華網,2015.7.16（2017.7.4 上網）。
[215] 武漢網「簡帛論壇」〈清華五《封許之命》初讀〉53 樓,2016.2.10（2017.7.4 上網）。

郭倩文：字從口從帀，楚文字中「帀」多讀爲「師」，此處從「帀」之一般用法，故從整理者說。該字未見於其他出土古文字材料，爲新見字。[216]

佑仁謹案：「」字原整理者認為「似從帀」，楚文字「帀（師）」作「」（天卜）、「」（包山.103）、「」（包山.159）、「」（清華參.周公之琴舞.16）、「」（上博九.史蒥問於夫子.2），與本處「」字內部構形特徵相符，因此該字應分析成从「口」、「帀（師）」聲。王寧進一步推論認為當即周匝之「匝」的或體，因為从「口」與从「匚」本同。該說毫無證據，「匝」字是個晚出之字。依據筆者的考察，「匝」最早見於《字學三正》（明代）、《字彙》（明代）等書，《正字通‧匚部》將「匝」定為「俗字」[217]，可見「匝」是一個由「帀」演變過來的新俗字，將「帀」的首筆演變成「匚」即是「匝」。王寧以晚出的俗體字比附戰國時期的「」，其所謂「从『口』與从『匚』會意本同」，無法通過學理的檢驗。

筆者贊成原整理者將「囤童」讀成「稚童」之說，這種用法與「孺子」接近。清華簡中有幾處成王被稱為「孺子」的用例，例如清華參〈周公之琴舞〉簡7-8云：「需（孺）子王矣，丕寧其有心。悆=（慈慈）其在位，顯于上下。」此為成王親政之初，周公警之之辭也。又如清華壹〈金縢〉簡7云：「公將不利于需（孺）子」，今本《尚書‧金縢》亦作「孺子」[218]，《史記‧魯周公世家》則作「成王」。清華簡〈金縢〉之整理者注釋說：「需讀為『孺』，《書‧立政》：『嗚呼，孺子王矣。』」[219]關於「孺子」的意涵，過去爭議很大。《尚書‧金縢》云：「公將不利于孺子」，孫氏正義引鄭玄云：「孺子，幼少之稱，謂成王也。」屈萬里引《禮記‧檀弓下》：「舅犯謂公子重耳曰：『孺

---

216 郭倩文：《〈清華五〉、〈上博九〉集釋及新見文字現象整理與研究》，頁95。
217 參（明）張自烈撰，清廖文英續《正字通》，《續修四庫全書‧經部》，（上海：上海古籍出版社，1995），頁136。
218 李學勤主編，《十三經注疏》整理委員會整理：《尚書正義》，頁399。
219 清華大學出土文獻研究與保護中心編，李學勤主編：《清華大學藏戰國竹簡（壹）》，（上海：中西書局，2010.12），頁160。

子其辭焉。』是年逾弱冠，亦可稱孺子。」[220]主張年紀超過「弱冠」亦可稱「孺子」。

李學勤曾在〈何尊新釋〉指出：「『小子』、『末小子』、『沖子』、『幼子』等不一定指年齡的幼小。……實際『小子』等詞如係自稱，是表示謙卑；如稱他人，則是長上的口吻」[221]，清華簡發表之後，他進一步認為古代所說的「幼」，其年齡概念與今天不同，他主張成王繼位之時極有可能已行冠禮。[222]

舊說對於成王繼位的年齡，可謂眾說紛紜，說法從襁褓中的孩提至十三歲等不一而足[223]，顧頡剛、劉起釪《尚書校釋譯論》認為「周公稱成王為『孺子王』與〈康誥〉中周公稱其弟康叔為『小子封』類似，都是一種『親暱』的叫法。」[224]清人錢大昕《十駕齋養新錄》卷二「孺子」條下指出「孺子」有「天子以下嫡長爲后者、童稚之稱、婦人之稱」三種意義[225]。值得留意的是，清華壹〈金縢〉簡6-7云「武王力（陟），成王猶幼，在位」，可見依楚地文獻的記載，武王去世，成王即位時年紀還很小。

總的來說，成王執政時年紀幼小，確實符合「孺子」。至於王寧認為文獻中「無自稱為『稚童』者」，這也是一問題，有待更多資料的補足。

關於「在憂」一詞，王寧所引《呂氏春秋・開春》云：「吾聞小人得位，不爭不祥；君子在憂，不救不祥」（我聽說小人得到官位時，不去諫爭是不義的；當君子處於憂患時，不援救是不善的）[226]，「在憂」與「得位」對文，

---

[220] 屈萬里：《尚書集釋》，（臺北：聯經出版社，2010.10），頁182，注釋16。

[221] 李學勤：《何尊新釋》，《中原文物》，1981年第1期，頁35-39、45。

[222] 李學勤：〈由清華簡〈金縢〉看周初史事〉，《中國經學》第8輯（桂林：廣西師範大學出版社，2011.6），頁3-4。

[223] （清）孫星衍撰：《尚書今古文注疏》，（臺北：文津出版社，1987.9），卷13，頁331。

[224] 顧頡剛、劉起釪：《尚書校釋譯論》第三冊，（北京：中華書局，2005.4），頁1687，注釋1。

[225] （清）錢大昕：《十駕齋養新錄》，（上海：上海書店，1983.12據1937年商務印書館版複印），頁27。

[226] 許維遹撰，梁運華整理：《呂氏春秋集釋》，（北京：中華書局，2009.9），頁585。

可見「在憂」與服喪毫無關係。

　　華東師大工作室引《禮記・檀弓下》：「雖吾子儼然在憂服之中，喪亦不可久也」，認為「在憂」即「在憂服之中」（指服喪）的簡稱，王寧贊同此說，並引《呂氏春秋・開春》：「吾聞小人得位，不爭不祥；君子在憂，不救不祥」，認為此處的「在憂」即是服喪。《呂氏春秋・開春》這段話前述王寧之說已引，華東師大工作室將「在憂」理解成「在憂服之中」（父母死而居憂服喪）似不理想，因為〈開春〉一段與喪服制度無關。綜上所述，「才（在）囦（憂）」一詞已見甲骨 [227]，指人處在憂慮的情緒當中。

〔十九〕　柿（靡）念非尚（常）

柿	念	非	尚

　　原整理者：靡，《爾雅・釋言》：「無也。」「非常」即《書・呂刑》「明明棐常」之「棐常」，《墨子・尚賢中》引「棐」作「不」，與孔傳等釋「棐」為「輔」不同。孫詒讓《墨子閒詁》已指出「棐」即「非」，由簡文知其說甚確。[228]

　　暮四郎：「麻（靡）念非尚（常）」，雙重否定句，意為所思所念皆是典常。[229]

　　王寧：靡，《爾雅・釋言》「無也」，「靡念」即「無念」，《詩・文王》：「無念爾祖」，毛傳：「無念，念也」，《小爾雅・廣訓》：「無念，念也。」「靡」與「無」在此均為加強語氣的虛詞，無義。這是王說我鑒於殷人不受上天的

---

[227] 「囦」字的考釋參裘錫圭〈說「囦」〉一文，收入《裘錫圭學術文集 1：甲骨文卷》，（上海：復旦大學出版社，2012.6），頁 377。

[228] 李學勤主編：《清華大學藏戰國竹簡（伍）》，頁 122-123。

[229] 武漢網「簡帛論壇」〈清華五《封許之命》初讀〉30 樓，2015.4.14（2017.7.4 上網）。

認可〔而滅亡〕，即使是在極度悲傷的服喪期間，仍然擔心會發生非常之事。讀通了該句即可知道，這位「王」必定是周成王，此時武王剛死，天下未定，周王室亦人心不穩，故成王在憂服之中仍然「靡念非常」。由此而言，呂丁從文王至於成王，已經是三朝老臣，資歷不亞於周公、召公、太公等人；其之封許，則距克殷不遠，且在武王死後不久，成王尚「在服」之時也。《史記·周本紀》、《封禪書》並言武王克殷後二年就死了，大概近乎事實。[230]

子居：殷商、西周時期未見虛詞「靡」的用例，傳世文獻最早可見於《詩經》的《頌》和《大雅》部分，由此自可推定虛詞「靡」很可能就是出現於春秋前期，現在清華簡《封許之命》用到了虛詞「靡」，自然說明其成文時間上限當不出春秋前期。整理者引孫詒讓《墨子閒詁》指出「裴」即「非」，實際上並非要「由簡文知其說甚確」的，《逸周書·小開》言：「余聞在昔曰：明明非常。」所言的在昔自然指的就是《呂刑》，《小開》的下句「維德日為明」就是目前可見的最早的關於「明明非常」句中「明」字的解說。筆者《先秦文獻分期分域研究之一虛詞篇》中的「《尚書》統計表」已清楚顯示《尚書·呂刑》是成文於春秋前期的，同用到「非常」一詞的《封許之命》的成文時間自然也以不早於春秋前期為最可能。[231]

郭倩文：「無」可表加強語氣，然非「靡」用法，此處「靡」乃副詞「不、沒」之義，表示否定。《詩·衛風·氓》：「三歲為婦，靡室勞矣。」朱熹集傳：「靡，不。言我三歲為婦，盡心竭力，不以室家之務為勞。」[232]

佑仁謹案：原整理者讀作「靡」，訓「無」，「非尚」即「非常」。暮四郎讀作「麻（靡）念非尚（常）」認為全句是雙重否定，王寧認為「靡念」即「無念」，「靡」與「無」均為虛詞無義。郭倩文認為「靡」乃副詞「不、沒」之義，表示否定。

---

230 王寧：〈讀《封許之命》散札〉，復旦網，2015.4.28（2017.7.4 上網）。
231 子居：〈清華簡《封許之命》解析〉，清華網，2015.7.16（2017.7.4 上網）。
232 郭倩文：《《清華五》、《上博九》集釋及新見文字現象整理與研究》，頁96。

　　首先，「麻（靡）念非尚（常）」一語，不可能如暮四郎所言是「雙重否定」，因為「非常」這詞組本身就是肯定句，不能把「非」獨立成否定詞看待。郭倩文認為「靡」表示否定，這麼一來「靡念」的意思會變成「不念」，但是從整體文意來看，周王在封賞呂丁之後，勸勉呂丁殷鑑不遠，憂勞為國，可見簡文的「林（靡）念非尚（常）」，絕對是肯定意涵，故理解為否定的「無念」，並不恰當。

　　筆者認為簡文「麻（靡）念」就是「無念」，「靡」、「無」古多相通，《爾雅・釋言》云：「靡，罔，無也」[233]，朱駿聲云：「靡，本訓當為無」[234]。《詩經・大雅・雲漢》鄭玄箋云：「靡、莫，皆無也。」[235]《詩經・小雅・采薇》云：「靡室靡家」，《鄭箋》云：「靡，無。」[236]《詩經・大雅・抑》云：「人亦有言：『靡哲不愚。』」[237]王先謙《詩三家義集疏》云：「《魯》，靡作無。」[238]可證。

　　「無念」的「無」不能理解為否定詞，而要當成無義的語詞，這種用法在古籍中早已出現過，《詩經・大雅・文王》云：「王之藎臣，無念爾祖！無念爾祖，聿脩厥德。」毛傳：「無念，念也。」[239]馬瑞辰《毛詩傳箋通釋》云：「傳以『無』為語詞，但據《爾雅・釋訓》：『勿念，勿忘也。』……則當訓『念』為『忘』。《孝經》釋文引鄭注：『無念，無忘也。』」[240]單育辰依據《展敔簋蓋》（集成04213）銘文中的「母（汝）念哉」，以及《詩・大雅・文王》的「無念」，《左傳・文公二年》引作「毋念」，因而主張「《詩經》中的『無（毋）念』似亦為『女（汝）念』輾轉傳抄之訛。」[241]恐不可信。

233　李學勤主編，《十三經注疏》整理委員會整理：《爾雅注疏》，頁69。
234　（清）朱駿聲：《說文通訓定聲》，（北京：中華書局，1986），頁34。
235　李學勤主編，《十三經注疏》整理委員會整理：《毛詩正義》，頁1403。
236　李學勤主編，《十三經注疏》整理委員會整理：《毛詩正義》，頁689。
237　李學勤主編，《十三經注疏》整理委員會整理：《毛詩正義》，頁1366。
238　（清）王先謙撰，吳格點校：《詩三家義集疏》，（北京：中華書局，1987），頁929。
239　李學勤主編，《十三經注疏》整理委員會整理：《毛詩正義》，頁1128-1129。
240　（清）馬瑞辰撰：《毛詩傳箋通釋》，（北京：中華書局，1989），頁799。
241　單育辰：〈作冊嗌卣初探〉，《出土文獻研究》第十一輯，（上海：中西書局，2012.12），

　　「無」字置於句首時，常可做為語詞，並非否定詞，清王引之《經傳釋詞》卷十云：「孟康注《漢書·貨殖傳》曰：『無，發聲助也。』」[242] 又如《詩·大雅·文王》的「無念」，《左傳·文公二年》引作「毋念」，[243] 顏師古曰：「大雅文王之詩也。無念，念也。言當念爾先祖之道，修其德，則長配天命，此乃所以自求多福。」關於古籍中大量「不／無 A，A 也」的句法，鄧佩玲曾經作系統性的整理 [244]，讀者可自行參酌。簡文「林（靡）念非尚（常）」指非常掛念現在的局勢。

〔二十〕　女（汝）亦隹（惟）𠭯章爾梌（慮）

女	亦	隹	𠭯	章	爾	梌

　　原整理者：𠭯，三體石經「戚」字古文作「遠」，在此讀為「淑」，《爾雅·釋詁》：「善也。」章，訓明，今作「彰」。「遽」字所從之「虖」，見《古璽彙編》三一五九三晉璽，其「虖丘」應讀作「閭丘」，齊陶文作「闆丘」（王恩田《陶文字典》，齊魯書社，二〇〇七年，第三〇五頁），故此處「虖」當讀為「慮」，《說文》：「謀思也。」[245]

　　暮四郎：「女（汝）亦隹（惟）𠭯（淑）章爾𧆜（慮），祇敬爾猷。」整理報告將「𧆜」釋寫作「遽」，不確。此字與清華簡《皇門》簡1「𧆜」是同一個字，「虎」下部有所訛變，所以也應當隸定爲「虖」。《皇門》的字辭

頁 24-31。又見於復旦網，2012.3.3（2017.7.4 上網）。

242　（清）王引之：《經傳釋詞》，（長沙：嶽麓書社，1985.4，第 1 版），231。

243　李學勤主編，《十三經注疏》整理委員會整理：《春秋左傳正義》，頁 567。

244　鄧佩玲：〈歷代經學家對《詩經》所見語助詞「不」、「無」的訓釋——兼談《詩經》與金文的「遐不」、「不遐」〉，見「承繼與拓新：漢語語言文字學國際研討會」，2012.12.17-18，香港中文大學中國語言及文學系，收入香港中文大學中國語言及文學系何志華、馮勝利主編，《承繼與拓新：漢語語言文字學研究》，（香港：香港商務印書館，2014.12），頁 100-139。

245　李學勤主編：《清華大學藏戰國竹簡（伍）》，頁 123。

例爲「蔑又（有）耆耇～事㸒（屏）朕立（位）」，整理報告讀作「慮」，可信。[246]

薛後生：四郎兄說慮可信，此慮字下部亦不訛，只因人形匍伏也。還有一種可能是人形與虎頭形共用一撇也，最後一捺筆或許為木字的連筆，有書法迂曲之意乎？[247]

袁金平：四郎兄對簡8「虡」形體的分析十分可信。其實該字應當就是澤虞之「虞」，簡文中讀作「慮」。此前已見於甲骨文、上博簡等（寫法上有一定差異）等。[248]

薛後生：先生所說有理，郭店楚簡從水之 對應上博簡的膚今本對應御的字乃澤虞之虞，膚或為山虞之虞。[249]（佑仁案：圖形原文缺，今補）

吳雪飛：「臬章爾慮」的「臬」仍當讀為「戚」。《毛詩·小明》：「心之憂矣，自詒伊戚。」毛傳：「戚，憂也。」「戚」訓為「憂」，「憂」有「憂患」之義，「憂爾慮」與後文的「祗敬爾猷」對文，兩者均為慎重思考、謀略之義。《封許之命》「戚章爾慮」的「章」即文獻中的「商」，訓為度量、計度、裁量。又《爾雅·釋詁》：「度，謀也。」「度量」亦為「謀慮」之義，因此「章」和「慮」的含義有密切關係。「章爾慮」即指揣度、計度你的謀慮，而「戚章爾慮」，指憂戚而反覆揣度你的謀慮，其與下句的「祗敬爾猷」含義接近，均表示要慎重地去思考、謀慮。[250]

蘇建洲：「膚」還見於《用曰》14「強君 政，揚武於外」，李銳先生已讀為「慮」。《新蔡》有地名「下彤𦰌」，「𦰌」字形作 （甲三312）、 （甲三325-1）整理者將 釋讀為「慮」是很對的，惟隸定作「𧂄」尚可斟酌。

246 武漢網「簡帛論壇」〈清華五《封許之命》初讀〉30樓，2015.4.14（2017.7.4上網）。
247 武漢網「簡帛論壇」〈清華五《封許之命》初讀〉31、32樓，2015.4.14（2017.7.4上網）。
248 武漢網「簡帛論壇」〈清華五《封許之命》初讀〉34樓，2015.4.14（2017.7.4上網）。
249 武漢網「簡帛論壇」〈清華五《封許之命》初讀〉35樓，2015.4.15（2017.7.4上網）。
250 吳雪飛：〈清華簡（五）《封許之命》「戚章爾慮」句詁〉，復旦網，2015.4.17（2017.7.4上網）。

網友「暮四郎」已經注意到此字與《皇門》11 的關係，他說「釋寫為遞不確。此字與清華簡《皇門》簡1是同一個字，『虎』下部有所訛變，所以也應當隸定爲『虡』。」（《論壇》30樓）整理者之所以認為此字從「辵」很大原因是「虡」字底下有一橫筆，加上左邊類似「彳」旁。但是「止」旁從未見省作一條線者，除非解釋為與「木」旁共筆，但是這個寫法也很不自然，況且「虡」為何一定要從「辵」旁恐怕也很難說得清楚。暮四郎先生認為整個字形當隸定作「虡」，此說沒顧到「虡」字底下有一橫筆，恐怕還不能取信於人。筆者曾認為此字的書寫方式與漢簡帛文字的「虒」作可以對照，但既然文例確定是「慮」，此說自然該放棄。也曾考慮《民之父母》簡8「夙夜基命」的「夙」字原文，研究者分析為從「辵」從「佪」，認爲「佪」旁的「人」旁與「辵」旁借筆。但是如同前面所說「止」旁從未見省作一條線者，此說亦應該放棄。也曾考慮下面是一「人」形，但是仔細觀察（）筆畫是斷開的，並非「人」形。從虎頭起筆較為粗獷，此字左邊是虎頭筆畫與「人」形共筆，至於木下的一筆可能只是單純的飾筆。總之，《封許》與《皇門》的字形應該隸定作「傈」，至於為何要在「虡」旁加「人」形，則不能確知。一種推測是用來表示「人思慮」的專字，以與本字「虡」的用法相區別，施謝捷先生曾認為「從虎從木的字其實應該是『虞』的異構，字形演變的理據可參看『樂』字字形的相關變化。說文：『樂，五聲八音總名。象鼓鞞。木，虡也。』〔唐寫本木部殘卷作『象鼓鞞之形。木，其（虛）[虞]也。』〕《逸周書》本作『據』，說明當時還是識得此字的。」有趣的是目前清華簡未見楚簡常用的「慮」字作（郭店老子甲簡1），會不會清華簡的「慮」都寫作「傈」，還需要繼續關注。[251]

子居：整理者讀為「淑」的「熹」當即讀如「申就乃命」之「就」，義為成就。殷商、西周未見用為「慮」的字，金文最早可見用為「慮」的字即《殷

---

[251] 蘇建洲：〈《封許之命》研讀箚記（一）〉，復旦網，2015.4.18（2017.7.4 上網）。

周金文集成》定為春秋早期《上曾大子鼎》（集成2750）的「心聖若憸」的「憸」字（需要說明的是，這裡的春秋早期是《殷周金文集成》按「早期」、「中期」、「晚期」三分法所定，其所說「春秋早期」是對應著筆者在《先秦文獻分期分域研究之一虛詞篇》按「初期」、「前期」、「後期」、「末期」四分法所分的春秋初期及春秋前期的多半段的）。出土簡帛材料中，約屬春秋前期的清華簡《皇門》也有「蔑有耆耇慮事」句。由《上曾大子鼎》及清華簡《皇門》皆出現了「慮」字可見，「慮」若非出現於春秋初期，即是出現於春秋前期。因此這就再一次將《封許之命》的成文時間上限定在了春秋初期、前期階段。[252]

黃凌倩：從整理者隸為「遽」，猜測該字所從的辵旁借用了虎頭起筆的筆畫，與「虍」下的橫畫而構成。[253]

蔣建坤：（）此字並不从「辶」，具體隸定存疑，黃傑認為此字與《皇門》篇簡1的「![]」是同一個字，唯「虎」下部有所訛變，暫從之。[254]

佑仁謹案：花東甲骨有這樣的字形：

、

原整理者釋作「樓」，原整理者認為「![]」（懷1509）是其省體[255]。姚萱把此字隸定作「櫨」，讀作「虞」，其云：

> 從讀音來看，「櫨」的聲符「盧」跟「虞」都是魚部字，聲母分別為曉母和疑母，也很接近。「虞」字一般分析為從「吳」聲，其實它跟「盧」字一樣，「虍」也應該是聲旁，是雙聲字。……「櫨」的意符為兩個或三個「木」形，其造字本意當與林木有關。按周代有「虞人」，

---

252 子居：〈清華簡《封許之命》解析〉，清華網，2015.7.16（2017.7.4 上網）。

253 黃凌倩：《清華伍《厚父》、《封許之命》集釋》，頁117。

254 蔣建坤：《清華簡（壹～伍）上古音聲母材料的整理與初步研究》，吉林大學碩士論文，2016.4，頁376。

255 中國社會科學院考古研究所編：《殷墟花園莊東地甲骨》，（昆明：雲南人民出版社，2003.12），第六分冊，頁1557。

舊注多就說為掌山澤之官，山澤當然與林木有關。《呂氏春秋‧季夏》「乃命虞人」高誘注：「虞人，掌山林之官。」《禮記‧喪大記》「則虞人設階」鄭玄注：「虞人，主林麓之官也。」《禮記‧曲禮下》「司木」鄭玄注：「司木山虞也。」不知商代晚期是否也有類似職官，「槸」字是否就是為「虞人」之「虞」而造。[256]

說法有一定的道理，字以「林」為義符，與虞人的職掌相符，「虞」、「樓」都是以「虍」為聲旁。袁金平、薛後生等人都將本簡的△與「虞」字聯繫，很有道理。不過，△字的構形分析仍有多種歧異，原整理者隸定作「遽」，暮四郎認為應隸定作「𧆨」，蘇建洲提出許多設想，最後認為「《封許》與《皇門》的字形應該隸定作「𠍟」，至於為何要在『𧆨』旁加『人』形，則不能確知。」黃凌倩則認為是「辵旁借用了虎頭起筆的筆畫，與『𧆨』下的橫畫而構成」，說法眾說紛紜。

甲骨文的「　」，到了西周金文、戰國文字則進一步演變成：

　（伯槸盧簋／集成 04093）、　（伯槸段／集成 04073）、　（宰槸角／集成 09105）、　（本處疑難字）、「　」（清華壹.皇門.1）、「　」（新蔡.甲三 325-1）、「　」（新蔡.甲三 312）「　」（上博六.用曰.14）

新蔡簡原整理者將這兩個字隸定作「藁」[257]，宋華強《新蔡楚簡的初步研究》改作「蒢」，並指出「『蒢』有可能是『薦』字異體，也有可能是『槸』字異體。」[258] 甚是。〈用曰〉字形，原整理者已隸定作「𧆨」[259]，新蔡簡的兩例

---

[256] 姚萱：《殷墟花園莊東地甲骨卜辭的初步研究》，首都師範大學博士論文，2005，頁 171～181。

[257] 河南省文物考古研究所編著：《新蔡葛陵楚墓》（鄭州：大象出版社，2003.10），頁 198。

[258] 宋華強：《新蔡楚簡的初步研究》之「新蔡簡釋文分類新編」一節，武漢大學博士論文，2007，頁 50。

[259] 馬承源主編：《上海博物館藏戰國楚竹書（六）》，（上海：上海古籍出版社，2007.7），頁 301。

字形，扣除「屮」旁不論，實為一個「虎」上「木」下的結構，寫法與〈用曰〉的「（圖）」完全相同，而〈皇門〉的寫法，只是將「木」旁安放於右下角，至於〈封許之命〉的「（圖）」，則是將「木」旁置於「虍」與「人」之間而已，全字仍是从木、虎聲。「虎」字「人」旁的這種寫法可參：「（圖）」（包山.149）、「（圖）」（天策），沒有必要與象人形趴伏的「勹（伏）」聯繫。

〔二十一〕 朁（祇）敬爾猷，以永厚周邦

（圖）	（圖）	（圖）	（圖）	（圖）	（圖）	（圖）
朁	敬	爾	猷	以	永	厚
（圖）	（圖）					
周	邦					

原整理者：清華簡《繫年》第四章述周初分封事云：「旁設出宗子，以作周厚屏。」「厚」似有藩蔽之意。[260]

蘇建洲：《封許》簡 8「厚」作（圖），與楚文字作（圖）（《孔子詩論》15）、（圖）（《郭店·語叢一》7），以及（圖）、（圖）、（圖）、（圖）、（圖）、（圖）、（圖）、（圖）等形寫法不同。而與齊魯文字寫法相近，如：（圖）（4690.2，魯大嗣徒厚氏元簠）（圖）（4691.2，魯大嗣徒厚氏元簠）[261]

youren：《封許》簡 8「厚」作（圖），左塚楚墓漆梮方框第三欄 D 邊有個向來百思不得其解的字（圖），（圖）顯然就是从（圖），如果（圖）是厚，那（圖）恐怕就是《說文》訓為「厚也」的「昪」，相關字形請參《說文新證》2014

---

260 李學勤主編：《清華大學藏戰國竹簡（伍）》，頁 123。

261 蘇建洲：〈《封許之命》研讀箚記（一）〉，復旦網，2015.4.18（2017.7.4 上網）。

年版 457 頁。[262]

子居：「祇敬」不見於西周金文，傳世文獻中始見於約成文於春秋前期的《尚書·皋陶謨》：「祇敬六德」，因此《封許之命》的「祇敬爾猷」句再次將其成文時間上限圈定在了春秋前期左右。

厚當為加厚、加固義。「永厚」又見於清華簡《祭公之顧命》「不惟后稷之受命是永厚」，故二者成文時間當相去不遠。「周邦」之稱習見於西周中晚期金文及傳世文獻中的《尚書·大誥》、《尚書·顧命》、《詩經·大雅·崧高》等篇，清華簡可見於《祭公之顧命》及《芮良夫毖》，故「周邦」當是西周至春秋時期的習慣稱謂，這就說明清華簡《封許之命》的成文時間下限應不出春秋時期。[263]

朱歧祥：《清華》（五）厚字 6 見，其中 5 見於〈厚父〉，作 厚、厚、厚；1 見於〈封許〉，作 厚。字下半有譌从子、从本，很可怪異。字金文作 厚〈牆盤〉、厚〈趩鼎〉、厚〈厚氏匜〉，篆文作 厚；都不从子。从子部件恐是書手抄寫時取法隸楷書體的靈感逆推而來。……《清華》（五）敬字 10 見，其中 5 見作 敬〈封許〉〈三壽〉，2 見作 敬〈命訓〉，1 見作 敬〈湯丘〉，2 見作 敬、敬〈厚父〉。字例有从戈，形構奇特。〈厚父〉篇 2 見字例，核諸金文，竟單獨與戰國中山國器銘相合。敬字〈中山王嚳鼎〉作 敬，〈中山王嚳壺〉作 敬，〈蛮壺〉作 敬。[264]

佑仁謹案：「嚳」，依據正始石經是古「祇」字，本篇中已數次出現。蘇建洲認為本處「厚」字寫法與齊魯文字寫法接近。他更進一步指出「整理者注釋簡 2『呂丁』引《左傳》隱公〉十一年《正義》引杜預云：『許，姜姓，

---

[262] 蘇建洲：〈《封許之命》研讀箚記（一）〉，復旦網，2015.4.18。文後「學者評論欄」18 樓，2015.4.23（2017.7.4 上網）。

[263] 子居：〈清華簡《封許之命》解析〉，清華網，2015.7.16（2017.7.4 上網）。

[264] 朱歧祥：〈質疑《清華簡》的一些特殊字詞〉，第 18 屆中區文字學學術研討會，臺中：東海大學，2016.5.21，頁 12。

與齊同祖，堯四嶽伯夷之後也。周武王封其苗裔文叔于許。」許國與齊國同祖，《封許之命》某些文字具有齊魯文字的特色，這也許不是偶然的。」不過在論文發表後，他對這個問題有了修正，其云：「《封許之命》某些文字可能具有齊魯文字的特色的推論是有邏輯上的問題的，應當放棄。這幾個字的寫法比較特殊，可能只是單純的戰國各系之間彼此影響而已，不需牽扯到歷史的因素」[265]。

首先，「齊魯文字」本身是個統稱，春秋中期以後，由於政治分立，各國之間在文字上也產生很大的不同特色，可區分為以下幾種系統：晉系（包含中山國）、楚系（包含吳、越）、齊系（包含魯）、燕系、秦系，魯國文字由於附屬於齊系文字，因此又統稱為「齊魯文字」。值得留意的是，與「」寫法接近的構形，都集中在 春秋時期 魯國 大司徒厚氏所鑄諸器，其「厚」字如下：

魯大嗣徒厚氏元簠（春秋早期）／集成04689	魯大嗣徒厚氏元簠（春秋早期）／集成04690.1	魯大嗣徒厚氏元簠（春秋早期）／集成04690.2	魯大嗣徒厚氏元簠（春秋早期）／集成04691.1	魯大嗣徒厚氏元簠（春秋早期）／集成04691.2
魯伯厚父盤（春秋早期）／集成10086	魯伯厚父盤（春秋早期）／山東672	叔尸鐘（春秋晚期）／集嗣成00274	叔尸鎛（春秋晚期／集成00285	

上述諸字全屬於齊魯系的文字，可以發現魯伯厚父盤以及齊國叔尸鐘的寫法與一般常見的「厚」字無別，也就是說「」只是魯國「厚」字寫法的其中一體，而魯司徒厚氏諸器又是春秋早期器物。目前材料有限，我們無法保證「」這種寫法僅見於魯國。例如，左塚楚墓出土漆梮方框第三欄

---

[265] 蘇建洲：〈《封許之命》研讀箚記（一）〉，復旦網，2015.4.18，文後「學者評論欄」2樓，2015.4.18（2017.7.4上網）。

D 邊有個單字作：

它與「」最主要的差異在於「厂」旁的有無（還有棋局寫法在下方的豎筆上，有增加肥筆的情況）。《說文》「𠪚（厚）」字從「厂」從「𣆪（㫗）」，其實「𣆪（㫗）」本即「厚」，因此「𠪚（厚）」應要視為從「𣆪（㫗）」得聲[266]。在西周金文的賞賜物中常見「厚柲」一物：

（訇簋／集成 04321）（宗人簋【甲】）[267]

訇簋作「歑」，從「𣆪（㫗）」聲，「𣆪（㫗）」宗人簋作「𠪚（厚）」，可見「厚」字是否有「厂」旁皆不妨礙。由左塚楚墓出土漆桐的字形可知，簡文的「」在楚文字中也可以找到類似的形體。整體看來，〈封許之命〉已經馴化得非常徹底，全篇仍是以楚文字書體的竹書。

「永厚」一詞已見清華簡，〈祭公之顧命〉簡 13-14 記載祭公對畢𦅫、井利、毛班等三公說：「丕惟周之旁，丕惟后稷之受命是永厚。惟我後嗣，方建宗子，丕惟周之厚屏。」（這才顯示后稷受命深厚綿長。我們這些後嗣，也要廣立宗子為諸侯，這才是周的堅實屏障。[268]）「厚」有增益、加深、鞏固之義。《國語・晉語一》云：「彼得其情以厚其欲。」韋昭注：「厚，益也。」[269]《史記・樗里子甘茂列傳》云：「王不若重其贄，厚其祿以迎之」。[270]筆者認為，周成王將「許」封賞給呂丁，並連同賜予豐碩的車馬器與薦彝，希望呂丁能鞏固周朝的勢力，永遠作為周王室的堅實後盾。

---

[266] 季旭昇師：《說文新證》，頁 456-459。

[267] 曹錦炎：《宗人鼎銘文與西周時期的燕禮》，《古文字研究》第31輯，，古文字研究會第21屆年會論文集，（北京：中華書局，2016.10），頁101-109。

[268] 季旭昇師主編：《清華大學戰國竹書（壹）讀本》，（臺北：藝文印書館出版，2013.11），頁 243。

[269] 徐元誥撰；王樹民、沈長雲點校：《國語集解》，頁 256。

[270]（西漢）司馬遷撰，（南朝宋）裴駰集解，（唐）司馬貞索隱，（唐）張守節正義：《史記》，頁 1333。

〔二十二〕勿灋（廢）朕命

勿	灋	朕	命

原整理者：「勿」字下一字應即「灋（法）」字，右側因受當時「暂（智）」字寫法影響而誤寫，在此讀為「廢」。「勿廢朕命」，語見大盂鼎。[271]

子居：《尚書・盤庚》有「無荒失朕命」句，《詩經・大雅・韓奕》及《左傳・襄公十四年》皆有「無廢朕命」句，《左傳・宣公十二年》有「毋廢王命」句，《左傳・哀公十一年》有「敬無廢命」句，可證此習慣用語一直使用到春秋末期，這同樣說明清華簡《封許之命》的成文時間下限應不出春秋時期。[272]

蘇建洲：《封許之命》的書手有將一些常見的楚文字寫錯的現象，如簡8「灋」作，其「廌」旁寫作「可」形。[273]

佑仁謹案：原整理者與蘇建洲都認為「灋」為訛字，這個說法毫無疑問是正確的。另外還有一個值得觀察的地方，正如原整理者所言，「」可能是受到「智」的影響，楚簡「智」字作「」（包山.137）、「」（包山.135）、「」（上博一.孔子詩論.13），楚簡的「智」右半都從「于」，似乎未見從「可」的寫法。

「勿廢朕命」常見於金文，例如：「用事，夙夕勿廢朕命。」（恒簋蓋／集成 04200）、「用事，夙夜勿廢朕命」（師嫠簋／集成 04324）、「敬夙夜用事，勿廢朕命」（大克鼎／集成 02836）、「用夙夜事，勿廢朕令」（伯晨鼎／

---

[271] 李學勤主編：《清華大學藏戰國竹簡（伍）》，頁 123。

[272] 子居：〈清華簡《封許之命》解析〉，清華網，2015.7.16（2017.7.4 上網）。

[273] 蘇建洲：〈談談〈封許之命〉的幾個錯字〉，《古文字研究》第 31 輯，古文字研究會第 21 屆年會論文集，（北京：中華書局，2016.10），頁 374。

集成 02816)、「若敬乃正，勿廢朕令」（大盂鼎／集成 02837），用例甚多，難以全引，金文中「勿廢朕命」一語，多半作為冊命文書中的結束期勉語使用，與〈封許之命〉的用法相同。

〔二十三〕經嗣枼（世）亯（享）

經	嗣	枼	亯

原整理者：經，《爾雅・釋詁》：「繼也。」《書・康誥》末云：「乃以殷民世享。」屈萬里《尚書集釋》：「世享，世世祭享，意謂永保其國也。」（第一五九頁）[274]

子居：《爾雅・釋詁》好像沒有「經」訓「繼」的內容，只有「嗣，繼也。」筆者以為，「經」訓「常」即可，常繼世享並言，很好理解。除整理者所舉外，《尚書・洛誥》也有「四方其世享」句，《康誥》、《洛誥》都是約成文於春秋初期的，與約成文於春秋前期的清華簡《封許之命》在時間上正相銜接。[275]

佑仁謹案：原整理者指出：「經，《爾雅・釋詁》：『繼也。』」回查《爾雅・釋詁》云：「紹，胤，嗣，續，纂，綏，績，武，係，繼也。」[276]如同子居所言「《爾雅・釋詁》好像沒有『經』訓『繼』的內容，只有『嗣，繼也。』」因此原整理者所謂的「《爾雅・釋詁》：『繼也。』」應是對於簡文第二字「嗣」的解釋，此處的敘述有筆誤。

「經」有常久、經常。《玉篇・糸部》云：「經，常也。」[277]《淮南子・

---

[274] 李學勤主編：《清華大學藏戰國竹簡（伍）》，頁 123。

[275] 子居：〈清華簡《封許之命》解析〉，清華網，2015.7.16（2017.7.4 上網）。

[276] 李學勤主編，《十三經注疏》整理委員會整理：《爾雅注疏》，頁 21。

[277]（南朝梁）顧野王：《宋本玉篇》，頁 288。

齊俗》云：「其事經而不擾，其器完而不飾。」[278]「嗣」訓為繼承、繼續。《爾雅·釋詁上》云：「嗣、續……繼也。」[279]段玉裁《說文解字注》云：「嗣，引伸為凡繼嗣之稱。」[280]《詩經·大雅·思齊》云：「大姒嗣徽音，則百斯男。」毛傳：「嗣太任之美音，謂續行其善教令。」[281]《左傳·襄公三十年》云：「子產而死，誰其嗣之？」[282]可參。

子居認為簡文本句同於《尚書·洛誥》「四方其世享」一句，並作為本篇晚出的依據。其實「世享」一詞已見西周晚期的五年琱生尊（新收 0744、新收 0743）銘文為：「子孫永保用世享」與本處的取義相近，不應據此而推遲本篇的時間。「經嗣世享」指長久地承繼，世世代代保有政權。

〔二十四〕譯（封）鄅（許）之命

譯	鄅	之	命
譯	鄅	之	命

佑仁謹案：由文字風格來看，書寫篇題與內文的書手並非同一人。

---

278 （清）王先慎撰，鍾哲點校：《韓非子集解》，頁 820。

279 李學勤主編，《十三經注疏》整理委員會整理：《爾雅注疏》，頁 21。

280 （東漢）許慎撰，（清）段玉裁注，李添富總校訂：《新添古音說文解字注》（三版），頁 86。

281 李學勤主編，《十三經注疏》整理委員會整理：《毛詩正義》，頁 1183。

282 李學勤主編，《十三經注疏》整理委員會整理：《春秋左傳正義》，頁 1291。

第四章 〈命訓〉考釋

〈命訓〉主要探討「六極」（命、福、禍、恥、賞、罰）的內容與運用，「極」是指施政的最高標準，雖然「六極」的運用有其巧妙之處，但亦不可過度濫用。〈命訓〉透過「極命」、「極福」、「極禍」、「極恥」等觀念，說明施政過猶不及之理，太過反而招致弊病。〈命訓〉全文脈絡以兩大段訓教內容組合而成，其範圍分別為：

1.天生民而成大命，命司德，正以禍福，立明王以訓之，曰：「大命有常，小命日成。……凡此六者，政之所殆乚」。【簡 1-11】

2.天故昭命以命力〈之〉曰：「大命世罰，小命命身。……法以知權，權以知微，微以知始，始以知終乚」。【簡 11-15】

兩段訓教的末尾皆有「乚」標點符號，第一條說「立明王以『訓』之」，第二條則說「昭命以『命』之」。前者的重點在「訓」，後者的重點在「命」，二者相合，正是篇題「命訓」之旨。為了讓〈命訓〉文意更為清晰，筆者將第一段的內容歸於「《命訓》（上）」，第二段內容歸於「《命訓》（下）」。

第一節 題解

今本〈命訓〉是《逸周書》的第二篇，它與首篇的〈度訓〉以及第三篇的〈常訓〉合稱為「三〈訓〉」，其用語、性質、思想體系皆緊密相連，在《逸周書》中可視為一組。

簡本〈命訓〉是《清華伍》的第三篇，原整理者與注釋者為劉國忠，據筆者所見資料來看，《清華伍》收錄〈命訓〉的消息，最早是在2014年5月19日，李學勤於武漢大學簡帛研究中心進行學術報告時所公布，當時武漢網發布消息指出：「第三篇即見於《逸周書》的《命訓》，通過對勘，可知今本有

脫落及抄重之處」[1]，直到2015年4月，〈命訓〉內容才正式呈現於世人面前。

〈命訓〉全篇共計15簡，三道編聯，無完簡，各簡均有一定殘損，不過簡1、2、3、11、12、14、15的缺字，均可據今本補足。依據原整理者的測量，完簡長度約49公分[2]。除簡15（最末簡）外，簡背竹節處附有各簡序號[3]，與正文為同一人所寫[4]。本篇的句讀符號有「┗」與「━」兩種形態，皆用於語句點斷處，二者用法並無差別。簡15末使用「┗」結尾符，之後留白以示全文結束。除簡6-7「夫天┗道三，人道三」標點有誤外，使用大致得宜。

全篇無篇題，因內容與《逸周書》的〈命訓〉篇相合，故原整理者以「命訓」名篇。〈命訓〉全文（包括簡背序號）基本上以典型的楚文字書寫，傳統認為《逸周書》乃成書於（春秋）晉人或（戰國）魏人之手，清華簡〈命訓〉由三晉地區南傳至楚，並改寫為楚文字，需要經歷一段長時間的馴化過程。過去許多學者將《逸周書》視為戰國時代的作品（詳後），但在簡本〈命訓〉正式公布之後，這個可能性已可完全排除。《逸周書》在學術史上長期不受重視，甚至被視為偽書，故久無善本。若以簡本校正今本，很容易便能發現今本存有眾多文字錯訛的問題。當然，也必須承認，簡本並非百分百完善無誤的版本，透過今本亦可發現簡本存在字句錯訛之處。

〈命訓〉通篇大意是：天生萬民並成就其大命，命令以「德」為依歸，選立明王以「六極」（六種「最高標準」[5]）作為訓民的方法。然而「六極」（命、福、禍、恥、賞、罰）雖有其妙用，國君亦不可操之過「極」（極至、過度），否則物極必反、盛極而衰，過猶不及終將成為施政之「殆」。其後說

---

[1] 與聞：〈李學勤先生在簡帛研究中心作學術報告〉，武漢網，2014.5.21（2017.6.23 上網）。

[2] 本篇沒有任何完整無缺的簡，此數值是比參各簡所得的推測值。

[3] 簡 4 於簡序書寫處殘斷，故無法判斷是否存在序號，但依常理推斷，存在的可能性很高。

[4] 李松儒：〈清華五字迹研究〉，武漢大學簡帛研究中心：《簡帛》第十三輯，（上海：上海古籍出版社，2016.11），頁 84。

[5] 季旭昇師：〈談〈洪範〉「皇極」與〈命訓〉「六極」——兼談〈逸周書‧命訓〉的著成時代〉，「出土文獻與中國古典學」國際學術研討會，2016.4.7-9，耶魯—新加坡國立大學學院，頁 9。

明「惠」、「均」、「哀」、「樂」、「禮」、「藝」、「政」、「事」、「賞」、「罰」、「中」、「權」等十二種施政要點，以及各種注意事項。其中，「權」（權變）扮演最關鍵的角色，最終由「權」知「微」（施政之機微處），由「微」知施政之「始」，由「始」知施政之「終」。簡文詳細討論上述十二種施政要點的內容，並說明其注意事項與理由，部分段落是以倒敘的方式介紹，可參本節‧六【思想脈絡表三】。

王連龍依據今本〈命訓〉「民生而醜不明」之語，並連繫「醜」古訓為「惡」之說，主張三〈訓〉具有「性惡論」思想，乃荀子性惡論的早期發展階段。其實「醜」字當訓「恥」而不應訓「惡」，此說陳逢衡已經指出，而在簡本發表後，發現該原字就寫作「伹」，讀作「恥」，與今本文異字同義，可見〈命訓〉主張「性惡說」應當予以修正。

一　關於《逸周書》

《逸周書》是重要古籍，首先談談它的著錄歷史。《漢書‧藝文志》著錄「《周書》七十一篇」，列於《尚書》諸家之後，並稱為「周史記」，顏師古注引劉向之語云：「周時誥誓號令也。蓋孔子所論百篇之餘也。」[6]由於劉向認定它是孔子編纂《尚書》時所剔除的篇章，為此《逸周書》受到很長一段時間的冷落。

《逸周書》自古無定名，或稱「書」（《左傳‧襄公十一年》[7]、《左傳‧襄公二十五年》[8]）、「周書」（《左傳‧僖公五年》[9]、《墨子‧七患》[10]、《戰

---

[6] （東漢）班固撰，（唐）顏師古注：《漢書》，（北京：中華書局，1964.11），頁 1705-1706。

[7] 李學勤主編，《十三經注疏》整理委員會整理：《春秋左傳正義》，（北京：北京大學出版社，2000.12），頁 1036。

[8] 李學勤主編，《十三經注疏》整理委員會整理：《春秋左傳正義》，頁 1181。

[9] 李學勤主編，《十三經注疏》整理委員會整理：《春秋左傳正義》，頁 393-394。

[10] （清）孫詒讓撰，孫啟治點校：《墨子閒詁》，（北京：中華書局，2001.4），頁 30。

國策・魏策一》[11]、《韓非子・難勢》[12]、《呂氏春秋・適威》[13]、《呂氏春秋・貴信》[14]、《漢書・藝文志》[15]）、「逸周書」（許慎《說文解字》[16]、郭璞《爾雅》注[17]）、「周志」（《左傳・文公二年》[18]）、「汲冢周書」（《宋史・藝文志》[19]）等，不一而足。《漢書・藝文志》中稱為「周書」（《漢書》約成書於西元82年），許慎《說文解字》（約成書於西元100-121年）為區隔《逸周書》與《尚書・周書》的差異，在「周書」前增「逸」字[20]，並七次具名徵引[21]，此為「逸周書」之名首次出現，因此朱右曾《逸周書集訓校釋序》指出「《周書》儷『逸』昉《說文》」[22]，自清代《四庫全書》定名為「逸周書」後，後世沿用迄今。

二 〈命訓〉的寫成時代

〈命訓〉寫作時代所牽涉的問題十分複雜，有些學者特別針對〈命訓〉（或三〈訓〉）的年代進行研究，有些則僅就《逸周書》全書進行擬測。我

---

[11] （西漢）劉向：《戰國策》，（上海：上海古籍出版社，1985.8），頁 775。

[12] （清）王先慎撰、鍾哲點校：《韓非子集解》，（北京：中華書局，1998.7），頁 390。

[13] 許維遹撰，梁運華整理：《呂氏春秋集釋》，（北京：中華書局，2009.9），頁 527。

[14] 許維遹撰，梁運華整理：《呂氏春秋集釋》，頁 535。

[15] （東漢）班固撰，（唐）顏師古注：《漢書》，頁 1705。

[16] （東漢）許慎撰，（南唐）徐鉉校：《說文解字》，（北京：中華書局，1978.3），頁 9、75、119、165、207、216、268。

[17] 李學勤主編，《十三經注疏》整理委員會整理：《爾雅注疏》，（北京：北京大學出版社，2000.12），頁 343。

[18] 李學勤主編，《十三經注疏》整理委員會整理：《春秋左傳正義》，頁 566。

[19] （元）脫脫等撰：《宋史》第 15 冊，卷 203，（北京：中華書局，1977.11），頁 5094。

[20] 參段注在「祿」下注云：「許君謂之《逸周書》，亦以別於稱《尚書》之《周書》，免學者惑也。」（東漢）許慎撰，（清）段玉裁注，李添富總校訂：《新添古音說文解字注》（三版），（臺北：洪葉文化事業有限公司，2016.10），頁 8。

[21] 《說文》於「祿」、「翰」、「矗」、「俒」、「繆」、「呴」、「匪」等七字下，具體引用「逸周書」之內容。「逸周書」一名始見於《說文》，相關問題可參馬承玉：〈《逸周書》之名始於《說文》〉，《江漢論壇》，1985 年第 5 期，頁 76。

[22] 這裡的「昉」是始之意。朱右曾：《逸周書集訓校釋》，（臺北：商務印書館，1937.12），頁 10。

們以「時間先後」為序，將相關意見羅列如下：

（一）、　　西周時期

1. 《逸周書·序》云：「昔在文王，商紂並立，困於虐政，將弘道以
   弼無道，作《度訓》。殷人作教，民不知極，將明道極，以移其俗，
   作《命訓》。紂作淫亂，民散無性習常，文王惠和化服之，作《常
   訓》。」[23]認為此三「訓」皆是文王為牧民訓教而作。

2. 《漢書·藝文志》唐顏師古注云：「劉向云：『周時誥誓號令也，蓋
   孔子所論百篇之餘也。』今之存者四十五篇矣。」[24]

3. 楊朝明透過與《郭店·性自命出》人性論的比較，主張「周訓各篇
   出於周文王應當沒有什麼問題」。[25]

4. 季旭昇師由〈命訓〉「極」字入手，認為文中的「極」可以分成兩
   類用法，分別為「最高準則」與「極至」。《尚書·洪範》說「天乃
   錫禹洪範九疇，彝倫攸敘」，而「九疇」則是「次五曰建用皇極」。
   季旭昇師認為「皇極」即「王極」，訓作「大極」，即君王治國的「最
   高準則」。古籍中將「極」字用指君王治國的「最高準則」，除了《尚
   書·洪範》及《逸周書·命訓》外，其他典籍都沒有見到，可做為
   判斷〈命訓〉時代的依據。〈洪範〉著成於周初，在流傳的過程有
   一些改動，或羼入了一些較晚出的字詞應為定論。而〈洪範〉中的
   「皇（王）極」不見於後世，應是西周初年的用法，既然〈洪範〉
   是周初的文獻，那麼〈命訓〉也應該是同時期的文獻。前引《逸周
   書·周書序》以為〈度訓〉、〈命訓〉、〈常訓〉都是周文王所作的舊

---

[23] 黃懷信、張懋鎔、田旭東撰，李學勤審定：《逸周書彙校集注（下）》（修訂本），（上海：
上海古籍出版社，2014.12），頁 1117-1118。

[24] （東漢）班固撰，（唐）顏師古注：《漢書》，頁 1706。

[25] 楊朝明：〈《逸周書》「周訓」與儒家的人性學說——從《逸周書·度訓》等篇到郭店楚簡
《性自命出》〉，《國學學刊》，2009 年第 3 期。又見孔子 2000 網，2010.4.8。

說，應該是可以接受的，縱然三〈訓〉有經過史官的潤色、後世傳鈔時屬入的字詞，其基本材料應來自周初。[26]

（二）、　　春秋時期

1. 羅家湘認為「從《左傳・襄公二十五年》引〈常訓〉文『慎始而敬終，終以不困』看，三《訓》作於春秋是有道理的」。[27]

2. 劉國忠認為「至遲在春秋中期，《命訓》及其他一批過去認為較晚的《逸周書》篇章已經出現」。[28]

3. 黃懷信認為「三《訓》有可能出自西周。不過以文字觀之，似當為春秋早期的作品」，理由有三：（1）三篇〈序〉均以為文王時作，但文辭不古。（2）儘管今本文字經漢人解過，但其原作亦必不早至文王。明顯的證據，如〈度訓解〉言「明王□爵以明等極」，而「爵」，則是西周政權建立以後始有的東西。（3）《逸周書》多數數（即以「一、二、三、四」之類分陳）之篇，而此篇尤為典型。此一文體，與《尚書・洪範》完全相同。後世論《洪範》，則多以為是春秋中期的作品。那麼，此篇之作，亦必不晚於春秋中期。因而，有可能本亦在《書》，屬刪《書》之餘。」[29]黃懷信認為〈常訓〉、〈度訓〉諸篇的若干文字，已為《左傳》、《國語》所化用，因此三〈訓〉之作「以文字觀之，似當為春秋早期的作品。」[30]

---

[26] 季旭昇師：〈談〈洪範〉「皇極」與〈命訓〉「六極」——兼談〈逸周書・命訓〉的著成時代〉，頁 20。

[27] 羅家湘：《《逸周書》研究》，西北師範大學博士論文，2002.5，頁 17。

[28] 劉國忠：〈清華簡《命訓》初探〉，《深圳大學學報（人文社會科學版）》，2015 年第 3 期（第 32 卷），頁 37-41。

[29] 第一、二點參見黃懷信：《逸周書源流考辨》，（西安：西北大學出版社，1992.1），頁 91、2；第三點見頁 94。

[30] 黃懷信：《逸周書源流考辨》，頁 92-94。

（三）、　　　戰國時代

1. （宋）王應麟《漢藝文志考證》指出「書多駁辭，宜孔子所不取，抑戰國之士私相綴續，託周為名」。[31]

2. （元）黃玠主張為戰國人所作，其云：「觀其屬辭成章，體制絕不與百篇相似，亦不類西京文字，是蓋戰國之世逸民處士之所纂輯，以備私藏者。」[32]

3. 周玉秀由句末語氣詞「乎」入手，認為「乎」字「西周以前尚未產生，春秋時期也未普遍使用」，「《詩經》中『乎』的用例較少，且只見於《小雅》和《國風》的事實，也說明春秋中期當是『乎』產生的初期。」並進一步羅列〈度訓〉（2例）、〈命訓〉（5例）、〈官人〉（1例）、〈太子晉〉（1例）、〈周祝〉（2例）等篇，以「乎」作為句末語氣詞的用例共計11條，主張上述諸篇「作時當在戰國以後」[33]，又說「《度訓》、《命訓》、《常訓》3篇肯定是戰國時代的作品」。[34]

4. 張洪波認為〈命訓〉的天人關係似荀子，本篇之天命具有倫理道德義，時代較晚，不當成於春秋時代，因為春秋時代人格神的天命論仍很盛行。[35]

5. 屈萬里《先秦文史資料考辨》認為〈常訓〉已有陰陽五行的色彩，當是戰國時代的作品。[36]

6. 黃沛榮《周書研究》由文章特色（連珠句法、紀數字、用韻等）和思想內容（陰陽五行）著手，確定《逸周書》中主體的32篇文章，

---

[31] （宋）王應麟：《漢藝文志考證》，清文淵閣四庫全書本，中國基本古籍庫。

[32] 黃懷信、張懋鎔、田旭東撰，李學勤審定：《逸周書彙校集注（上）》（修訂本），頁1188。

[33] 周玉秀：《〈逸周書〉的語言特點及其文獻學價值》，西北師範大學博士論文，2004，頁86、92。

[34] 周玉秀：《〈逸周書〉的語言特點及其文獻學價值》，頁ii、92。

[35] 張洪波：〈《逸周書》各篇章的思想與著作時代質疑〉，《三峽大學學報（人文社會科學版）》，2009年第2期，頁89。

[36] 屈萬里：《先秦文史資料考辨》，（臺北：聯經出版事業公司，1985.3），頁398。

其創作年代應在戰國。[37]

7. 程浩在其博士論文指出：「第五輯整理報告收錄的〈命訓〉篇，雖見於今傳《逸周書》，但從內容與思想來看，已近似於戰國子書的風格。」[38]

8. 唐元發指出，「無論是從史料和書的內容還是詞彙上考察，我們都可以初步推斷《逸周書》的成書年代宜大致在戰國初期」。[39]

9. 王連龍認為三〈訓〉脈絡相連，義理貫通，其人性論主張為性惡論發展初期，與荀子相銜接「成文於戰國中晚期應無疑義」[40]。他在《《逸周書》研究》一書中，以「性為『醜』」為標題，利用今本三〈訓〉將其與荀子「性惡說」聯繫起來。〈命訓〉云：「夫民生而醜不明」，王連龍認為「醜」的本義是「惡」，《說文》云「醜，可惡也」，因此將〈命訓〉「夫民生而醜不明」理解為「民生而不知性惡，如不施行教化，將不能去其惡」[41]。另外，在「《逸周書》篇章講義」開闢「三〈訓〉」一章，依據「分次」、「犯法」、「胥役」、「仁德」、「氣血」、「群居」、「奉法」、「廢法」、「悔過」、「絣緥」、「詐」、「莫大於」等關鍵字（其中後四例為〈命訓〉用字）的時代考察，認為「我們有理由斷定三〈訓〉大體成書於戰國中晚期。」[42]

---

[37] 黃沛榮：《周書研究》，臺灣大學博士論文，1976，頁 141-225。

[38] 程浩：《「書」類文獻先秦流傳考——以清華藏戰國竹簡為中心》，清華大學歷史學博士論文，2015.6，頁 7。

[39] 唐元發：〈《逸周書》成書於戰國初期〉，《南昌大學學報（人文社會科學版）》，第 37 卷第 6 期，2006.11，頁 178。

[40] 王連龍：〈《周書》三《訓》人性觀考論〉，《遼東學院學報（社會科學版）》，第 11 卷第 1 期，2009.2，頁 80。

[41] 王連龍這一段應是對〈命訓〉的詮解，但原文誤寫作「〈常訓〉」。參王連龍：《《逸周書》研究》，（北京：社會科學文獻出版社，2010.11），頁 101-103。此說法曾經單獨發表，參王連龍：〈《周書》三《訓》人性觀考論〉，頁 81。

[42] 王連龍：《《逸周書》研究》，頁 101。

除上述說法外，還有幾位學者雖未指實創作時間，但都認為不宜將《逸周書》視為晚出作品。例如，朱右曾《逸周書集訓校釋・周書序》云：「（逸周書）雖未必果出文武周召之手，要亦非戰國秦漢人所能偽託」[43]，李學勤則指出「《度訓》、《命訓》等好多篇……它們的年代也不一定晚」[44]。

綜上所述，針對文本創作時代的問題，學者們各引一端，選用特定的關鍵字進行分析，都有一定的理據基礎，但是所得出的結論，卻往往大相逕庭，難有定論。〈命訓〉（或《逸周書》）的寫作時代，以「戰國時代」之說，獲得最多學者的贊同，但這種主流意見，在戰國楚簡本的〈命訓〉公布之後，已可證明是錯的。

例如周玉秀利用「哉」、「乎」、「也」等虛詞做為判斷《逸周書》年代的依據，就方法論而言，不確定性因素非常高，因為這是以今本《逸周書》為考察對象，但是今本文字早已經過眾人之手，絕非原貌，而且部分虛詞在文句中可有可無，不妨礙文義。周玉秀認為「也」作為語氣詞使用是產生於春秋中期，普遍使用則當在春秋晚期以後，而今本〈命訓〉有三例「也」字，因此〈命訓〉應為晚出作品。今本的三個「也」字，簡本只見一處，其餘二處皆省略，即使省略「也」字，仍文通字順。而簡本中所見的一例「也」字，很難證明什麼，亦無法成為時間斷代的依據。反過來說，今本〈命訓〉出現三例「也」字，難道就可以稱為普遍使用嗎？怎樣的使用比例才謂「普遍使用」，怎樣才叫「較少使用」，難有一定標準。此外，周玉秀認為楚簡「也」、「它」同形，亦不可盡信。

又如張洪波認為〈命訓〉的天人關係與荀子相似，王連龍則進一步主張〈命訓〉的人性論為「性惡論」發展初期，並利用〈命訓〉云：「夫民生而醜不明」，將「醜」訓為「惡」，主張其與荀子「性惡」的觀點相銜接。清華

---

[43] 朱右曾：《逸周書集訓校釋》，（上海：商務印書館，1937.12），頁11。

[44] 李學勤：〈《逸周書源流考辨》序〉，見黃懷信：《逸周書源流考辨》，（西安：西北大學出版社，1992.1），頁2。

伍〈命訓〉出版以後，劉國忠在〈清華簡《命訓》初探〉指出：「從清華簡《命訓》中可以看出，傳世本《命訓》中的『醜』都應當訓為『恥』，才符合原義。而以往有些學者把『醜』訓為『惡』，並進而從人性為惡的角度來總結相關的討論，顯然是不正確的。可見，《命訓》篇並沒有人性惡的觀點，更不能據此來討論《命訓》篇的寫作年代。」[45]其說甚是。三〈訓〉的重點是訓教，而不是人性論的闡述。「恥」是國君施政的「六極」之一，簡文說「民生而恥不明，上以明之，能無恥乎？如有恥而恆行，則度至于極」（人民生下來後如果不知恥，明王讓他們明白恥，人民能不懂得恥嗎？如果人民都懂得恥而敬謹遵行，則治理天下的法度就能達到最高的標準。）人出生後理應有羞惡之心，若無羞惡之心，則國君應透過訓教以明之，此處並無性惡的概念。更重要的是，今本的「醜」字，楚簡本作「聭（恥）」，可見今本的「醜」字當訓「恥」而不應訓「惡」（陳逢衡早已指出）。據此，性惡云云，皆失去立論之根基。

筆者認為〈命訓〉以及〈常訓〉、〈度訓〉應寫於同一時期，三篇經過創作、改寫，最後收入《逸周書》中，又歷經漫長的傳寫，文獻不足徵，〈命訓〉確切的創作時間，已難指實。不過，由於簡本〈命訓〉的出現，可以證明它不會是晚出的文獻。

三 《逸周書》的國別問題

探討《逸周書》的寫成時代，離不開國別問題。《逸周書》的成書國別，主要有「晉人」、「魏人」、「周人」三種說法。主張為晉人所編的意見，是基於在孔子以前，《逸周書》只被徵引過三次，分別是：荀息引《周書》（《戰

國策・秦策》⁴⁶）、狼瞫引《周志》（《左傳・文公二年》⁴⁷）、魏絳引《書》（《左傳・襄公十一年》⁴⁸）等，而且這三個人都是晉人。⁴⁹

主張為魏人所編的意見，主要著眼汲塚《周書》乃出於魏襄王墓（或言魏安釐王塚），地屬於魏國⁵⁰。另外，王連龍認為戰國魏人尉繚所著的《尉繚子》多處遣詞用字與《逸周書》接近，可見《逸周書》與晉、魏的密切關係⁵¹。

「周人說」則為黃懷信所提出，他認為《周書》當是周人取孔子刪《書》之餘，以及其他周室文獻，又益當時所作，其時代應在晉平公卒後的周景公之世。⁵²

首先，早在春秋時期〈常訓〉已被徵引過，《左傳・襄公二十五年》載大叔文子（即世叔儀）之語云：「書曰：『慎始而敬終，終以不困。』」⁵³今本〈常訓〉云：「慎微以始而敬終，終乃不困。」除此之外，還有不少引文見於今本《逸周書》的其他篇章，如：《左傳・文公二年》引《周志》，文見今本《逸周書・大匡解》；《左傳・襄公十一年》引《書》，文見今本《逸周書・程典解》；《韓非子・難勢》引《周書》，文見今本《逸周書・寤儆解》；《戰國策・魏策一》引《周書》，文見今《逸周書・和寤解》；《呂氏春秋・適威》引《周書》，文見今《逸周書・芮良夫解》；《呂氏春秋・貴信》引《周書》，

---

46 （西漢）劉向：《戰國策》，頁125。
47 李學勤主編，《十三經注疏》整理委員會整理：《春秋左傳正義》，頁566。
48 李學勤主編，《十三經注疏》整理委員會整理：《春秋左傳正義》，頁948。
49 蒙文通：「就我看來，在孔子以前引此書的只有荀息、狼瞫、魏絳，都是晉人，說這部書（佑仁案：指《逸周書》）出自晉國，應很可信。」朱右曾《逸周書集訓校釋》指出：「觀〈太史晉篇〉末云：『師曠歸，未及三年，告死者至』。亦似晉史之詞。」蒙文通：《經學抉原》，（上海：上海人民出版社，2006.7），頁20。朱右曾：《逸周書集訓校釋》，頁12。
50 陳夢家指出：「汲塚《周書》，當屬戰國時魏人編綴而成。」參陳夢家：《尚書通論》，（石家莊：河北教育出版社，2000.12），頁331。
51 王連龍：《《逸周書》源流及其所見經濟問題研究》，吉林大學博士論文，2005，頁16-17。
52 黃懷信：《逸周書源流考辨》，頁89。
53 李學勤主編：《春秋左傳正義》，頁1181。

文見今本《逸周書・大戒解》。[54]

　　傳統認為《逸周書》是孔子刪《書》之餘（參顏師古《漢書・藝文志》注引劉向之說），而在孔子以前曾引用過《逸周書》原文的荀息、狼瞫、魏絳都是晉人，那麼其來源與晉人自脫離不了關係。但是，這並不代表今本《逸周書》的所有作品都寫成於晉地。〈常訓〉在《左傳・襄公二十五年》已為大叔文子徵引，可見三〈訓〉各篇在魯襄公二十五年（西元前548年）以前就已經完成，而大叔文子是衛人，則三〈訓〉亦曾流傳至衛國[55]。現在看來，《逸周書》在尚未成書以前，可能以單行本（指單篇流傳的版本）形式在各國間流傳，經過後人的編纂而成為一有機體。但在成書之後，仍有單行本的流傳，因此清華簡中只見〈命訓〉而不見其餘的二〈訓〉。三〈訓〉的內容思想相互聯繫，應創作於同一時間。春秋中晚期的衛國大叔文子已見過〈常訓〉，並加以引用，雖然無法將今本〈常訓〉與世叔儀所見的版本完全畫上等號，但是其內容基本架構應已完成。

　　由簡本〈命訓〉來看，〈命訓〉流傳到楚國的時間絕對不會太晚。依據科學檢測，清華簡寫成於西元前305±30年[56]（戰國中期偏後），然而簡本〈命

---

[54] 詳細情況可參考王連龍《〈逸周書〉源流及其所見經濟問題研究》的統計。王連龍：《〈逸周書〉源流及其所見經濟問題研究》，頁3-8。

[55] 衛國與晉國比鄰而居，城濮之戰就在衛地，今河南陳留縣。就古文字的字體來看，李學勤認為戰國的衛國應該附於三晉，何琳儀在《戰國文字通論（訂補）》中沿襲此說，將衛國器物置於三晉文字的魏國下說明，不過由於資料甚少，劉剛在其博士論文「衛國的文字資料問題」一節中認為：「由於沒有明確可靠的資料，只能暫時闕疑。」李學勤：〈戰國時代的秦國銅器〉，《文物參考資料》，1957年第8期。又見《李學勤早期文集》，（石家莊：河北教育出版社，2008.1），頁42。何琳儀：《戰國文字通論（訂補）》，（南京：江蘇教育出版社，2003.1），頁127-130。劉剛：《晉系文字的範圍及內部差異研究》，復旦大學博士論文，2013，頁81。

[56] 經北京大學「第四紀年代測定實驗室」對竹簡殘片做AMS碳14年代測定，清華簡的時代為西元前305±30年，相當戰國中晚期之際。參李學勤：〈清華簡整理工作的第一年〉，《清華大學學報》（哲學社會科學版），2009年第5期，頁6。程浩：《「書」類文獻先秦流傳考——以清華藏戰國竹簡為中心》，清華大學博士論文，2015.6，頁177。李學勤主編《清華大學藏戰國竹簡（壹）》，（上海：中西書局，2010.12），頁3。李學勤：〈論清華簡〈保訓〉的幾個問題〉，《文物》，2009年第6期，頁77。

訓〉基本上已是純粹的楚文字[57]，〈命訓〉由完稿、流傳到楚國，至馴化成通篇楚文字[58]，勢必需要經歷一段漫長的時間，可見成書年代肯定可推之更早。

由前述春秋中期偏晚的衛國大叔文子已引過〈常訓〉來看，三〈訓〉非常有可能在春秋時期即已傳入楚國。現在看來，朱右曾所謂「（逸周書）雖未必果出文武周召之手，要亦非戰國秦漢人所能偽託」，李學勤所謂「〈度訓〉、〈命訓〉等好多篇……它們的年代也不一定晚」，皆頗有遠見。此外，透過簡本與今本比較研究可以發現，二者文字的差異只有一成左右（凡是誤字、脫字、衍字均視為差異）[59]，可見簡本已是完成度非常高的作品。

另外，唐大沛曾謂三〈訓〉「脈絡相連，義理貫通，疑本係一篇，而後人分為三篇耳。」[60]就三〈訓〉的性質、用語而言，確實高度相近。但就目前來看，清華簡中估計只有〈命訓〉而無〈常訓〉與〈度訓〉（若有，則整

---

[57] 郭倩文指出，簡9、簡10的「瘍」字見於侯馬盟書與三晉璽印，楚簡則未見。就目前材料來看，楚簡「傷」字確實都用「剔」或「敭」，而不用「瘍」，此為本篇少數能與三晉文字聯繫的例證。不過，〈命訓〉基本上還是純粹的楚文字。郭倩文：〈《清華五》、《上博九》集釋及新見文字現象整理與研究〉，華東師範大學碩士論文，2016.5，頁102。

[58] 周鳳五提出「馴化」之說，認為郭店簡〈性自命出〉、〈成之聞之〉、〈尊德義〉、〈六德〉是齊魯儒家經典抄本，但已被楚國馴化。馮勝君則指出：「在他國文字抄本被『馴化』為楚文字抄本的過程中，那些不具有國別特點的文字形體往往被『馴化』得較為徹底，而具有國別特點的用字習慣則相對容易被保留下來。」參周鳳五：〈郭店竹簡的形式特徵及其分類意義〉，《郭店楚簡國際學術研討會論文集》，（武漢：湖北人民出版社，2000.5），頁53-63。周鳳五：〈楚簡文字的書法史意義〉，《古文字與商周文明——第三屆國際漢學會議論文集文字學組》，（臺北：中央研究院歷史語言研究所，2002.6），頁203-209。馮勝君：〈從出土文獻看抄手在先秦文獻傳佈過程中所產生的影響〉，收入《簡帛》第四輯，（上海：上海古籍出版社，2009.10），頁411-424。

[59] 依據筆者統計簡本〈命訓〉共計約656字，並採用較為嚴格的區分標準，其中無法與今本對應者約78處，占11.8%。張連航曾經比對簡本〈皇門〉與今本《逸周書·皇門解》的差異，其結論為「相同者約占百分之九十五；不同的地方（25/515，4.8%），我們認為是釋讀古文字時的差異所導致的。從上述校讀的結果，我們認為《逸周書·皇門解》古文字的原稿，應該與清華簡是同一抄本，兩者的文字非常接近。」雖然我們無法知道張連航比對的判準為何，但由結論來看，清華簡的〈皇門〉與〈命訓〉的內容，都已和今本非常接近。張連航：〈從《清華簡》〈皇門〉、〈傅說之命〉、〈命訓〉等篇看《逸周書》編撰成書的過程〉，《出土文獻與先秦經史國際學術研討會論文集（下）》，2015.10.16-17，頁1-13。

[60] 黃懷信、張懋鎔、田旭東撰；李學勤審定：《逸周書彙校集注（上）》（修訂本），頁41。

理出版時應會置於同冊），且〈命訓〉簡15末端「🎵」形結尾符之後全數留白，表示它是獨立文章並無與它篇相綴。若三〈訓〉本為一篇，而後世傳本割裂為三篇，時代至晚應在清華簡以前。

四　簡本〈命訓〉的學術意義

綜觀〈命訓〉的學術意義，大抵可分成以下數點：

1.　簡本〈命訓〉可校正今本在文字上「脫、衍、誤、倒」等問題。

2.　簡本文字已是標準的楚文字，〈命訓〉由撰寫到傳入楚國，並馴化為楚文字，需要歷經一段長時間的過程，這對探討三〈訓〉乃至於《逸周書》的斷代，有莫大的助益。

3.　簡本〈命訓〉字數共計約656字（合文以二字計），其中無法與今本對應者約占11.8%，可見今本與簡本的〈命訓〉，實已相去不遠，且《逸周書》的來源應有一定依據，並非偽書。

4.　簡本〈命訓〉部分虛詞的使用（例如「則」、「而」等）並不整齊，秦漢以後，歷代經師肯定曾對〈命訓〉內容做過更進一步的整理。

五　今本《逸周書》

雖然《逸周書》與《尚書》的關係十分密切，但學界對《逸周書》的關注程度實無法與《尚書》相提並論。長期以來，其價值未能得到重視，使得歷代研究者並不算多。《逸周書》現存最早的注本是晉代孔晁注，而較為全面的注釋工作，則遲至清代學者盧文弨（《汲塚周書十卷校證補遺》）、陳逢衡（《逸周書補注》二十二卷）、丁宗洛（《逸周書管箋》）、朱右曾（《逸周書集訓校釋》十卷）等人才真正進行，其中尤以乾隆年間盧文弨的注本最為精善。民國時期重要著作有：陳漢章《周書後案三卷》、劉師培《周書補正四

卷》，近三十年對《逸周書》研究最有貢獻者，則首推黃懷信，他先後出版《逸周書源流考辨》（1992年）、《逸周書彙校集注》（1995年）、《逸周書校補注譯》（1996年）及《逸周書校補注譯》（修訂本，2006年）、《逸周書彙校集注》（修訂版，2014年[61]），對《逸周書》有非常全面的關注。

筆者討論今本〈命訓〉時，是以《四部叢刊》影印明嘉靖二十二年四明章檗校刊本為底本。各條首列簡本原文切圖，並於字頭表格中羅列黃懷信的【彙校】[62]與【集注】[63]之成果，後附有「對勘」，以字表方式比對「簡本」（《清華伍》楚簡）與「今本」（傳世本）文字上的差異，並於「佑仁謹案」下提供個人考釋意見，若有援及古人諸家注釋者，皆出黃懷信《逸周書彙校集注》（修訂本），為免繁瑣，各說不再一一加注。

六　思想脈絡表

〈命訓〉是一篇內容嚴謹紮實的思想類作品，其論證綿密、層層深入，單就文字閱讀不易呈現其中的脈絡，因此筆者試圖以表格方式羅列，以利讀者理解，如下：

---

[61] 《逸周書匯校集注》（修訂版）首刷為 2007 年 3 月出版，筆者使用的是 2014 年 12 月第 5 次印刷的版本。

[62] 〈命訓〉【彙校】所引用到的材料有：元至正十四年嘉興路學宮刊本（簡稱「元刊本」）、明萬曆間新安程榮輯刊之《漢魏叢書》本（簡稱「程本」）、明萬曆二十二年河東趙標輯刊之《三代遺書》本（簡稱「趙本」）、明吳琯輯刊之《古今逸史》本（簡稱「吳本」）、明鍾惺輯刊附評之《秘書九種》本（簡稱「鍾本」）、清乾隆間王謨輯刊之《增訂漢魏叢書》本（簡稱「王本」）、宋高似孫《史略》。

[63] 〈命訓〉【集注】所引用到的材料有：盧文弨校定《逸周書》、潘振《周書解義》、郝懿行《汲塚周書輯要》附注、陳逢衡《逸周書補注》、丁宗洛《逸周書管箋》、唐大沛《逸周書分編句釋》、朱右曾《逸周書集訓校釋》、俞樾《周書平議》、孫詒讓《周書斠補》、于鬯《香草校書‧逸周書》、劉師培《周書補注》、陳漢章《周書後案》。

【思想脈絡表一】（六極內涵表）

條目	1. 六極內涵	2. 政之所殆	3. 注意事項
命	大命有常，小命日成。日成則敬，有常則廣，廣以敬命，則度至於極。	極命則民墮乏，乃曠命以代其上，殆於亂矣。	大命世罰，小命命身。
福	夫司德司義，而賜之福，福祿在人，人能居乎？如不居而守義，則度至于極。	極福則民民祿，民祿干善，干善違則不行。	福莫大於行。
禍	或司不義而降之禍，禍過在人，人能毋懲乎？如懲而悔過，則度至于極。	極禍則民畏，民畏則淫祭，淫祭罷家。	禍莫大於淫祭。
恥	夫民生而恥不明，上以明之，能無恥乎？如有恥而恆行，則度至于極。	極恥則民枳，民枳則傷人，傷人則不義。	恥莫大於傷人。
賞	夫民生而樂生穀，上以穀之，能毋勸乎？如勸以忠信，則度至于極。	極賞則民賈其上，賈其上則無讓，無讓則不順。	賞莫大於讓。
罰	夫民生而痛死喪，上以畏之，能毋恐乎？如恐而承教，則度至于極。	極罰則民多詐，多詐則不忠，不忠則無復。	罰莫大於多詐。

【思想脈絡表二】（簡本今本「政之所殆」句法表）

	條目	A 則 B ，	B 則 C ，	C 則 D
簡本	命	極命則民墮乏，乃曠命以代其上，殆於亂矣。		

	福	極福則民民祿，		民祿	干善，	干善違則不行。
	禍	極禍則民畏，		民畏則淫祭，	淫祭	罷家。
	恥	極恥則民凶，		民凶則傷人，	傷人則不義。	
	賞	極賞則民賈其上，	賈其上則無讓，	無讓則不順。		
	罰	極罰則民多詐，		多詐則不忠，	不忠則無復。	
今本	命	極命則民墮，民墮則曠命，曠命以誡其上，則殆於亂；				
	福	極福則民祿，		民祿則干善，	干善則不行；	
	禍	極禍則民鬼，		民鬼則淫祭，	淫祭則罷家；	
	恥	極醜則民叛，		民叛則傷人，	傷人則不義；	
	賞	極賞則民賈其上，	賈其上則民無讓，	無讓則不順；		
	罰	極罰則民多詐，		多詐則不忠，	不忠則無報。	

【思想脈絡表三】（各條下方附有語譯，方便比參。）

	【A行】正面表述	【B行】注意事項	【C行】說明理由
第1列	1.撫之以惠 以恩惠撫恤人民	24.惠必忍人 有恩惠但也該苛刻	25.惠而不忍人，人不勝害，害不知死 有恩惠卻無法苛刻，百姓會犯上作亂，不知死亡為何物
第2列	2.和之以均 平等待人，使人民和睦	23.均不一 平等對待但不是齊頭式平等	26.均一不和 齊頭式平等人民就無法和睦
第3列	3.斂之以哀 利用悲傷的情緒讓人民有所節制	22.哀不至 悲傷不可過度	27.哀至則匱 悲傷太甚就會匱乏
第4列	4.娛之以樂 利用歡樂讓人民感到愉快	21.樂不伸 歡樂不能放恣	28.樂伸則荒 歡樂極盡就會荒怠
第5列	5.訓之以禮 以禮節訓教百姓	20.禮有時 禮的使用有一定的時機、時節	29.禮無時則不貴 過於浮濫的禮則不顯尊貴

第6列	6.教之以藝 教導百姓才藝	19.藝不淫 不應將心力浪費在過度精巧而無益的技藝上	30.藝淫則害於才 追求技藝的精巧對於「才」是一種傷害
第7列	7.正之以政 以政治端正人民的行為	18.政不盛 政令不可過多	31.政盛則不長 政令繁多則無法長治久安
第8列	8.動之以事 以役事勞動人民	17.事不震 役事不應震動（影響）到人民生活	32.事震則不功 役事震動（影響）人民生活就會徒勞無功
第9列	9.勸之以賞 用「賞」獎勵勸勉人民	16.賞不從勞 獎賞不以是否有功勞為判準	33.以賞從勞，勞而不至 用獎賞勸勉人民勞動，人民只會貪功求賞但不會主動前來歸附
第10列	10.畏之以罰 用刑罰恐嚇人民	15.罰不服 懲罰不服從的人	34.以罰從服，服而不釱 懲罰可以讓人民屈服，但卻無法讓人民愛戴
第11列	11.臨之以中 面對人民應以「中」	14.中不忠 對於不忠之人也要「中」	35.以中從忠則賞，賞不必中 忠誠者必定獎賞，而獎賞未必需要「中」
第12列	12.行之以權 應事時則因時制宜可以權變	13.權不法 「權」沒有固定的標準	36.以權從法則不行，行不必法。 「權」如果有固定標準就無法施行，應事時可以不必有固定標準

※說明：本表以橫「列」直「行」的方式排列，共計3行12列三十六條，各條前的編號是簡文中的順序，可知B行（編號13～24）是以倒敘方式陳述，十分特別。

第二節　總釋文

（上）

天生民而成大令=（命，命）司悳（德），正以禣（禍）福，立明王以懲（訓）之，曰：大令（命）又（有）棠（常），少（小）令（命）日=成=（日成。日成）則敬，又（有）尚（常）則宔=（廣，廣）以敬命，則尼（度）【一】至于亟（極）。夫司悳（德）司義，而易（賜）之福=（福，福）彔（祿）才（在）人_（人，人）能居乎？女（如）不居而圣（守）義，則尼（度）至于亟（極）。或司不義而陸（降）之禣=（禍，禍）㤎（過）才（在）人=（人，人）【二】能母（毋）誋（懲）啻（乎）？女（如）誋（懲）而慐（悔）㤎（過），則尼（度）至于亟（極）𠃉。夫民生而俚（恥）不明，屴（上）以明之，能亡（無）俚（恥）啻（乎）？女（如）又（有）俚（恥）而亙（恆）行，則尼（度）至于【三】亟（極）𠃉。夫民生而樂生敄（穀），上以敄（穀）之，能母（毋）懽（勸）啻（乎）？女（如）懽（勸）以忠訐（信），則尼（度）至于亟（極）𠃉。夫民生而痌（痛）死喪，上以櫐（畏）之，能母（毋）志（恐）【四】啻（乎）？女（如）志（恐）而承孝（教），則尼（度）至于亟（極）。

六亟（極）既達，九迁（奸）具（俱）宾（塞）。達道=（道導）天以正=人=（正人，正人）莫女（如）又（有）亟（極），道天莫女（如）亡（無）亟（極）。道天又（有）亟（極）則不=櫐

=（不威，不威）【五】則不卲（昭），正人亡（無）亟（極）則不=鄩=（不信，不信）則不行。夫明王卲（昭）天訐（信）人以厇（度）攻=（功，功）墬（地）以利之，事（使）身=（信人）畏（畏）天，則厇（度）至于亟（極）。

夫天╰道三，【六】人道三。天又（有）令（命），又（有）福，又（有）禣（禍）〜。人又（有）佴（恥），又（有）市冒（冕），又（有）鈙（斧）戉（鉞）。以人之佴（恥）尚（當）天之令（命）╰，以亓（其）市冒（冕）尚（當）天之福╰，以亓（其）斧戉（鉞）尚（當）天之禣（禍）╰。六【七】方三述，亓（其）亟（極）鼠（一）╰，弗智（知）則不行。

亟（極）令（命）則民陵〈陵─墮〉乏，乃宧（曠）令（命）以弋（代）亓（其）上，忩（殆）於𩔰（亂）矣。亟（極）福則民彔=（民祿，民祿）迁=善=（干善，干善）韋（違）則不行。亟（極）禣（禍）【八】則民=畏=（民畏，民畏）則迳=祭=（淫祭，淫祭）皮（罷）豕（家）╰。亟（極）佴（恥）則民=叛=（民叛？，民叛？）則瘍=人=（傷人，傷人）則不罰（義）。亟（極）賞則民賈=亓=上=（賈其上，賈其上）則亡=壤=（無讓，無讓）則不川（順）。亟（極）罰則民多=虞=（多詐，多詐）則【九】不=忠=（不忠，不忠）則亡（無）邆（復）╰。凡氏（此）六者，正（政）之所彳（殆）╰」。

（下）

天古（故）邵（昭）命以命力〈之〉曰：大令（命）殜（世）罰，少（小）令=（命命）身。福莫大於行，禍（禍）莫大於泜（淫）祭，佴（恥）莫大於【十】瘍（傷）人，賞莫大於壞（讓），罰莫大於多虞（詐）。是古（故）明王奉此六者，以牧蔓（萬）民=（民，民）甬（用）不逵（失）。

杜（撫）之以季（惠），和之以均，斡（斂）之以哀，吳（娛）之以樂，【十一】俙（訓）之以豐（禮），教之以致（藝），正之以政，童（動）之以事，懽（勸）之以賞，纍（畏）之以罰，霝（臨）之以中，行之以耑=（權。權）不讎（法），中不忠，罰不服，賞【十二】不從裘（勞），事不蠿（震），正（政）不成（盛），致（藝）不泜（淫），豐（禮）又（有）眚（時），樂不繡（伸），哀不至，均不肌（一），季（惠）必仞=（忍人）。凡此，勿（物）氏（是）耑（權）之欘（屬）也。

季（惠）而不仞=（忍人），人不飛（勝）【十三】害=（害，害）不智（知）死，均一不和，哀至則貴（匱），樂繡（伸）則亡（荒）。豐（禮）無時則不貴，致（藝）泜（淫）則割（害）於材（才），正（政）成（盛）則不長，事蠿（震）則不攻（功），以賞從裘（勞，勞）而不至，以【十四】罰從備=（服，服）而不釛（戴），以中從忠則尚=（賞，賞）不朼（必）中，以耑（權）從讎（法）則不行=（行，行）不必讎=（法。法）以智（知）耑=（權，

權）以智（知）敚=（微，微）以智（知）㕯=（始，始）以智（知）
夂（終）ㄟ。」【十五】

第三節　〈命訓〉考釋（上）

一　釋文

天生民而成大令=（命〔一〕，命）司悳（德），正以禍（禍）福〔二〕，立明王以𢝊（訓）之〔三〕，曰：大令（命）又（有）棠（常），少（小）令（命）日=成=（日成。〔四〕日成）則敬，又（有）尚（常）則葦=（廣，廣）以敬命，則庀（度）【一】至丁亟（極）〔五〕。夫司悳（德）司義，而易（賜）之福=（福〔六〕，福）彔（祿）才（在）人=（人，人）能居乎？女（如）不居而圣（守）義，則庀（度）至于亟（極）〔七〕。或司不義而隆（降）之禍=（禍，禍）𢝊（過）才（在）人=（人，人）【二】能母（毋）誈（懲）唇（乎）？女（如）誈（懲）而愍（悔）𢝊（過），則庀（度）至于亟（極）𠃊〔八〕。夫民生而俚（恥）不明，𡵤（上）以明之，能亡（無）俚（恥）唇（乎）？女（如）又（有）俚（恥）而互（恆）行，則庀（度）至于【三】亟（極）𠃊〔九〕。夫民生而樂生敎（穀），上以敎（穀）之，能母（毋）懽（勸）唇（乎）？女（如）懽（勸）以忠訐（信），則庀（度）至于亟（極）𠃊〔十〕。夫民生而痌（痛）死喪，上以𢍰（畏）之，能母（毋）忑（恐）【四】唇（乎）？女（如）忑（恐）而承孝（教），則庀（度）至于亟（極）〔十一〕。

【語譯】上天誕生人民並成就其大命，命令以「德」作為賜福降禍的判準，選立明君以訓教百姓，其曰：「大命」有常道，難以改變，「小命」則隨著日日行事，有所增損減益。小命每日增損，人民便懂得敬慎，天命普施，人民就會因此敬畏天命，治理天下的法度就能達到最高的標準。上天依據

德義的多寡而賜福，福祿在人身上，但人能占據福祿嗎？若不占據而守護道義，則治理天下的法度就能達到最高的標準。或是悖禮犯義而上天降下禍患，禍患應驗在人身上，人能夠不接受懲罰嗎？如果人民接受懲罰而後悔犯錯，則此施政之法可成為最高標準。人出生後不明白「恥」，明王就設法讓他知「恥」，人民會無恥嗎？若人民都知「恥」又能敬謹遵行，則治理天下的法度就能達到最高的標準。人天生喜歡生養，國君就讓他們生養，人民能不受到鼓勵嗎？如果能以忠信勸勉人民，則治理天下的法度就能達到最高的標準。人民天生害怕死喪，國君就用死喪來讓他們感到害怕，人民能不害怕嗎？如果人民因為害怕而接受國君的教化，則治理天下的法度就能達到最高的標準。

六亟（極）既達，九迁（奸）具（俱）宾（塞）〔十二〕。達道＝（道導）天以正＝人＝（正人，正人）莫女（如）又（有）亟（極），道天莫女（如）亡（無）亟（極）〔十三〕。道天又（有）亟（極）則不＝槑＝（不威，不威）【五】則不卲（昭），正人亡（無）亟（極）則不＝唕＝（不信，不信）則不行〔十四〕。夫明王卲（昭）天訐（信）人以庀（度）攻＝（功，功）墬（地）以利之，事（使）身＝（信人）槑（畏）天，則庀（度）至于亟（極）〔十五〕。

【語譯】若「六極」達成，則「九姦」便能塞止。通達天道而督正人民，通達天道以督正人民，督正人民最好的方法是「有極」（有最高標準），通達天命最好的方法則是「無極」（沒有最高標準）。通達天命如果「有極」（有最高標準），則上位者就會失去威嚴（好惡被揣摩得知），君威不存則天命難以彰顯。督正人民不能「無極」（沒有最高標準），「無極」則人民將不再信任國君，不信任國君則政令將難以施行。明王彰顯天道、獎賞有信，致力於開墾讓人民獲益，使人民感到有信用而敬畏天道，則治理天下的法度

就能達到最高的標準。

　　夫天🮲道三，【六】人道三。天又（有）令（命），又（有）福，又（有）禑（禍）🮲。人又（有）俚（恥），又（有）市冒（冕），又（有）鈘（斧）戉（鉞）〔十六〕。以人之俚（恥）尚（當）天之令（命）🮲，以亓（其）市冒（冕）尚（當）天之福🮲，以亓（其）斧戉（鉞）尚（當）天之禑（禍）🮲〔十七〕。六【七】方三述，亓（其）亟（極）𦣻（一）🮲，弗智（知）則不行〔十八〕。

【語譯】天道有三種，人道有三種。天道有命、有福、有禍。人道有恥、有市冕、有斧鉞。以人道的「恥」對應天道的「命」，以人道的「市冕」對應天道的「福」，人道的「斧鉞」對應天道的「禍」。這六種方法其實只有三種手段，它的「極（最高標準）」都是相同的，明王如果不知天道、人道是相通的，政令就無法施行。

　　亟（極）令（命）則民陵〈陵一墮〉乏，乃宔（曠）令（命）以弋（代）亓（其）上，忩（殆）於𤔔（亂）矣〔十九〕。亟（極）福則民彔=（民祿，民祿）迀=善=（干善，干善）韋（違）則不行〔二十〕。亟（極）禑（禍）【八】則民=槀=（民畏，民畏）則迋=祭=（淫祭，淫祭）皮（罷）豖（家）🮲〔二十一〕。亟（極）俚（恥）則民=屮=（民叛？，民叛？）則瘍=人=（傷人，傷人）則不刅（義）〔二十二〕。亟（極）賞則民賈=亓=上=（賈其上，賈其上）則亡=壤=（無讓，無讓）則不川（順）〔二十三〕。亟（極）罰則民多=虘=（多詐，多詐）則【九】不=忠=（不忠，不忠）則亡（無）遑（復）🮲〔二十四〕。凡氏（此）六者，正（政）之

所旬（殆）〰」〔二十五〕。

【語譯】國君過度聽任天命，人民就會偷懶怠惰，於是廢弛政令進而取代君上，國家就會瀕臨危亂。國君過度使用「福」，人民就會重視俸祿，重視俸祿就會為求讚譽而行善，為求讚譽而行善就會違背天道，政治就會無法施行。國君過度使用「禍」，人民就會害怕，害怕就會頻繁祭祀，頻繁祭祀就會耗盡家產。國君過度使用「恥」，人民就會反叛，反叛就會傷人，傷人就不合於理義。國君過度地使用「賞」，人民就會迎合而求賞，迎合求賞就不會禮讓，不相禮讓就不會和順。國君過度使用「罰」，百姓就會多欺詐，多欺詐就會不忠，不忠就會不知道要報恩。這六種情況是導致施政危殆的原因。

二　文字考釋

〔一〕　天生民而成大令=（命）

圖版	坐	中	叐	戕	大	令=
釋文	生	民	而	成	大	令=
今本	天生民而成大命， 黃懷信語譯：老天爺生下人並且成就了他的大命。[1]					
校注	【集注】孔晁云：賢愚自然之性命也。○潘振云：人受天地之中以生，所謂命也。○陳逢衡云：言生殺之大命皆成於天，即下文禍福是也。○唐大沛云：承上篇賞罰言。命，天命也。[2]					
對勘 簡	天	生	民	而	成	大	命	，
今	天	生	民	而	成	大	命	，

原整理者：簡本首字殘缺，據今本補「天」。《左傳》成公十三年：「民

---

[1] 本篇今本〈命訓〉翻譯均引自黃懷信：《逸周書校補注譯》，（西安：三秦出版社，2006.9），後文恕不加注說明。

[2] 黃懷信、張懋鎔、田旭東撰，李學勤審定：《逸周書彙校集注（上）》（修訂本），頁20。

受天地之中以生，所謂命也。」郭店簡《性自命出》云：「性自命出，命自天降。」[3]

　　佑仁謹案：簡 1 頂端殘約一字，對照今本，應補「天」字無誤。原整理者在首句的「命」字下加句號，然句意未終，應以逗號為宜。

　　古人認為上天創生萬物，選立國君以統治人民，上博九〈舉治王天下〉云：「昔者有神，顧監于下，乃語周之先祖曰：『天之所向，若或與之；天之所背，若拒之。』」（〈成王既邦〉簡 16＋〈舉治王天下〉簡 7）[4]，上天所崇尚的法則，國君應接受並效法，上天所背棄的事，國君亦應嚴拒。《詩經‧大雅‧烝民》亦云：「天生烝民，有物有則。」[5]《左傳‧襄公十四年》云：「天生民而立之君，使司牧之，勿使失性。」[6]《左傳‧文公十二年》云：「天生民而樹之君，以利之也。」[7]都是認為人民為上天所生，並在人間選立國君以治理百姓。

　　「生民」即養民，《荀子‧致士》云：「凡節奏欲陵，生民欲寬。」楊倞注：「生民，謂以德教生養民也。」[8]《呂氏春秋‧先識覽》云：「天生民而令有別。」[9]可參。而《度訓》則開宗明義曰：「天生民而制其度。」[10]都以「天生民」起頭，句式與〈命訓〉相同。

---

[3] 李學勤主編：《清華大學藏戰國竹簡（伍）》，（上海：中西書局，2015.4），頁 126。

[4] 季旭昇師、高佑仁主編：《〈上海博物館藏戰國楚竹書（九）〉讀本》，（臺北：萬卷樓圖書公司，2017.5），頁 114。

[5] 李學勤主編，《十三經注疏》整理委員會整理：《毛詩正義》，（北京：北京大學出版社，2000.12），頁 1432。

[6] 李學勤主編，《十三經注疏》整理委員會整理：《春秋左傳正義》，頁 1063。

[7] 李學勤主編，《十三經注疏》整理委員會整理：《春秋左傳正義》，頁 628。

[8] （清）王先謙撰，沈嘯寰、王星賢點校：《荀子集解》，（北京：中華書局，1988.9），頁 263。

[9] 許維遹撰，梁運華整理：《呂氏春秋集釋》，頁 397。

[10] 黃懷信、張懋鎔、田旭東撰，李學勤審定：《逸周書彙校集注（上）》（修訂本），頁 2。

〔二〕 命司悳（德），正以禍（禍）福

圖版							
釋文	令=	司	悳	正	以	禍	福
今本	命司德，正之以禍福。 黃懷信語譯：命令司德用禍福修正他的行為。						
校注	【集注】孔晁云：司，主也。以德為主，有德正以福，無德正以禍。（按：諸本「以禍」下有「然」字。盧文弨云：「然」字衍，卜本無。）○潘振云：德，兼凶德吉德。司，主也。主之者鬼神也。天命之以正人，福善禍淫，天之道也。○陳逢衡云：命，天命也。司德，天神，如司命、司中之類。○唐大沛云：命主於德。[11]						
對	簡	命	司	德	正	/	以	禍	福	。
勘	今	命	司	德	正	之	以	禍	福	。

　　原整理者：今本作「正之以禍福」，比簡本多「之」字。孔晁云：「司，主也。以德為主，有德正以福，無德正以禍。」[12]

　　劉國忠：清華簡《命訓》篇開頭就說：「【天】生民而成大命，命司德正以禍福」，現在看來，這句話中的「命」才是全句的動詞，它所缺的主語正是前一句的「天」；「司德」當如陳逢衡所說，是天神，「如司命、司中之類」，全句的意思是：「（上天）命令司德用禍福來加以修正」。天生民而成就的是「大命」，而司德「正以禍福」的則是小命。大命的特點是「有常」，始終如一；而小命的特點則是「日成」，日有所成。「司德」這一神靈能夠根據民眾的行為而分別賜之以福或者是降之以禍。[13]

　　佑仁謹案：從古代注疏學家的意見可知，「司德」有兩種解法：一是將

---

[11] 黃懷信、張懋鎔、田旭東撰，李學勤審定：《逸周書彙校集注（上）》（修訂本），頁21。

[12] 李學勤主編：《清華大學藏戰國竹簡（伍）》，頁126。

[13] 劉國忠：〈清華大學清華簡《命訓》中的命論補正〉，《出土文獻與先秦經史國際學術研討會論文集（上）》，香港：香港大學，2015.10.16-17，頁260。又見《中國史研究》，2016年第1期，頁25-26。

之視為神名（陳逢衡主之），二是理解為動賓結構（潘振主之）。而本篇原整理者劉國忠教授於《清華伍》原書注釋中持第二種意見，但後來改變看法接受第一種說法。本處兩種說法單看本句文例頗難判斷，應進行擴大觀察。本篇有三條「司△」文例，分別是：

　　1.天生民而成大命，命司德正以禍福，立明王以訓之。（簡1）

　　2.夫司德司義，而賜之福，福祿在人，人能居乎？（簡2）

　　3.或司不義而降之禍，禍過在人，人能毋懲乎？（簡2）

第1條文例為「司德」，第二條文例為「司德司義」，第三條「司不義」則屬否定用法。這幾條「司△」都是出現在〈命訓〉開頭，因此「司」字詞性的判斷應該有一致的推論。筆者認為，第2、3例中的「司」顯然是動詞訓成「主」，而第1條的「司德」與第2條的「司德」都應該是同樣的意義與屬性，因此我們可以將「司德」理解為「神名」的說法予以排除。整體而論，「天生民而成大命，命司德正以禍福」是指上天生民而成就他們大命，並且以「德」作為賜福降禍的判斷標準。（本文初稿將「司德」理解為「神名」，此據季旭昇師、許學仁師的賜正而修改，在此向兩位師長致謝。）

　　《銀雀山漢簡‧陰陽之十二》：「帝之司德，監觀於下。」與本處的「司德」同名。陳偉武認為：「義近於馬王堆帛書《刑德》中的『德』，也是指據下方德政以定刑罰慶賞之神」、「『司德』當即《甘氏歲星法》所稱的『監德』」[14]此說恐有疑義。銀雀山漢簡的文例與本處相近，上帝主德而監觀百姓，「司德」亦應理解為動賓結構。簡文「正以禍福」，「正」指端正、糾正，上天以「德」為判準，利用吉凶禍福糾正人民的行為。

---

[14] 陳偉武：〈簡帛兵學文獻軍術考述〉，《華學》第一輯，（廣州：中山大學出版社，1995.8），頁128。

〔三〕 立明王以愻（訓）之

圖版						
釋文	立	明	王	以	愻	之
今本		立明王以順之， 黃懷信語譯：又置立英明的君王以訓教他們。				
校注		【集注】孔晁云：順天作故。（作故，盧改「作政」，各家從。丁宗洛云：「作」當是「行」。）○潘振云：順，順天。○陳逢衡云：《書》曰：「惟辟奉天，惟聖時憲。」順謂順命。立者，天所立也。○丁宗洛云：此當即「作君作師，其助上帝」意。○唐大沛云：天立明王，奉天命以順天命。○劉師培云：順、訓古通，順當讀訓。猶言立明王以教誡之也。「曰」下蓋皆訓詞。下節「昭命以命之」，與此語例符，命猶訓也。[15]				
對勘	簡	立	明	王	以	愻	之	，
對勘	今	立	明	王	以	順	之	，

原整理者：愻，讀作「訓」，今本作「順」。「愻」字從心俙聲，《說文》云俙「古文以為『訓』字」。劉師培云：「順、訓古通，順當讀訓，猶言立明王以教誡之也。『曰』下蓋皆訓詞。下節『昭命以命之』，與此語例符，命猶訓也。」[16]

劉國忠：在人世間，民眾受自身的局限，往往無法認識天道，因此上天給人間設置了「明王」來加以訓誡和治理，普通的民眾並不知道他們自己的大命是由上天所成就，因此沒有羞恥之心，而明王所要做的一個重要工作，就是要讓民眾「明恥」，關於「明恥」的重要性，《逸周書·常訓》有詳細的說明：「明王自血氣耳目之習以明之醜，醜明乃樂義，樂義乃至上，上賢而不窮」。如果沒有恥，則會「輕其行」。因此，簡文強調要「有恥而恒行」，正是從這個意義上強調了「明恥」對於民眾行為的約束作用。[17]

---

[15] 黃懷信、張懋鎔、田旭東撰，李學勤審定：《逸周書彙校集注（上）》（修訂本），頁21。
[16] 李學勤主編：《清華大學藏戰國竹簡（伍）》，頁126。
[17] 劉國忠：〈清華大學清華簡《命訓》中的命論補正〉，《出土文獻與先秦經史國際學術研

郭倩文：該字未見於其他出土古文字材料，乃《清華伍》新見字。[18]

黃甜甜：「僊」今本《逸周書·命訓》作「順」。整理者參考劉師培對《逸周書》的研究意見，破讀為「訓」。由後文訓誡之言來看，簡文確實當讀為「訓」。《命訓》簡 12「僊之以禮，教之以藝」，「僊」讀為「訓」當無疑義。簡文中「僊」與「訓」構成借用與本用的關係，佐證《說文》「古文呂為訓字」的說法淵源有自。這說明｛訓｝在文獻中可分別由「訓」和「僊」表示。[19]

佑仁謹案：「僊」字於古文字中僅見本處，確實如郭倩文所言為新見字。原整理者隸定作「僊」，當是參考《說文》「僊」字而隸定，《說文》云：「僊，送也。从人癸聲。呂不韋曰：『有侁氏以伊尹僊女。』古文以爲訓字。」段注指出：「侁，今之『媵』字。《釋言》曰：『媵、將，送也。』」[20]「媵」字的聲符「朕」（或「侁」）與「送」二字都从「癸」聲。《說文·二下·辵部》且以「送」為从「侁」省聲，所收籀文从「侁」不省。[21]不過，必須說明的是，該字右上即「針」的初文（字形訛作「十」形，並於兩側添加「八」形飾符）[22]，篆文的「火」，則是這類楚簡寫法的更進一步訛變，其聲系與「順」、「慎」、「信」有關 [23]。

討會論文集（上）》，頁 260。又見《中國史研究》，2016 年第 1 期，頁 26。

[18] 郭倩文：《《清華五》、《上博九》集釋及新見文字現象整理與研究》，華東師範大學碩士論文，2016.5，頁 98。

[19] 黃甜甜：〈以出土文獻疏證《說文解字》揭示的漢語字詞關係〉，第二十七屆中國文字學國際學術研討會，臺中：臺中教育大學，2016.5.13-14，頁 502。

[20] （東漢）許慎撰，（清）段玉裁注，李添富總校訂：《新添古音說文解字注》（三版），頁 381。

[21] 參裘錫圭：〈釋古文字中的有些「恩」字和从「恩」、从「兜」之字〉，《出土文獻與古文字研究》第 2 輯，（上海：復旦大學出版社，2008.8），頁 1-12；又載復旦網，2008.12.15（2017.7.4 上網）。（東漢）許慎撰，（清）段玉裁注，李添富總校訂：《新添古音說文解字注》（三版），頁 73。

[22] 參裘錫圭：〈釋郭店〈緇衣〉「出言有｜，黎民所訂」——兼說「｜」為「針」之初文〉，《中國出土古文獻十講》，（上海：復旦大學出版社，2004.12），頁 296-299。又見《裘錫圭學術文集 2：簡牘帛書卷》，（上海：復旦大學出版社，2012.6），頁 389-394。

[23] 裘錫圭：〈釋郭店〈緇衣〉「出言有｜，黎民所訂」——兼說「｜」為「針」之初文〉，《古墓新知——紀念郭店楚簡出土十周年論文專輯》，（香港：國際炎黃文化出版社，2003.12），

句義方面,「立明王以慫之」一句,陳逢衡引《尚書》認為「順」謂順命,唐大沛認為「天立明王,奉天命以順天命」,二人都是將字讀作「順」。然而簡文「立明王以慫之」的受詞「之」,以及傳本「正之以禍福」的「之」,指的是前文的「生民」,可見陳逢衡讀「慫」為「順」,理解為順命,並不貼合文義。劉師培認為「順、訓古通,順當讀訓。猶言立明王以教誠之也。」甚是,「慫(訓)」指教誨、訓教之義。《逸周書》開頭前三篇:〈度訓〉、〈命訓〉、〈常訓〉,都是在討論為治民之法,乃為王者立法。簡文此處的「訓」,正與篇名「命訓」互為表裡。尤其本篇的「順」乃假「川」為之(參簡 10 「無讓則不順」一條),也是一旁證。

〔四〕曰:大令(命)又(有)常(常),少(小)令(命) 日=成=(日成)

圖版	![]	![]	![]	![]	![]	![]	![]
釋文	曰	大	令	又	常	少	令

圖版	![]	![]
釋文	日=	成=

今本	曰:大命有常,小命日成。 黃懷信語譯:就是說:大命固定不變,小命隨日而成。
校注	【集注】孔晁云:日成,日進也。(按:此注原在下文「則度至於極」下,今移此。)○潘振云:命,王命。有常,始終如一也。日成,日有成就也。○陳逢衡云:大命有常,作君作師由天付也。小命日成,積德累功當自致也。○唐大沛云:明王言:福善禍淫,天之常道。舉大綱,故曰大命。日成者,日更變而成。禍福無端,即天難諶,命靡常之意。詳細目,故曰小命。○朱右曾云:有常,言否泰循環,天定勝人也。日成,言惠吉逆凶,由於積累,人定勝天也。

頁 3。又見《裘錫圭學術文集 2:簡牘帛書卷》,頁 391。

- 564 -

	○孫詒讓云：日成，謂日計其善惡而降之禍福也。與大命有常終身不易異也。《周禮・宰夫》云：「旬終則令正日成。」與此事異而義同。《楚辭・九歌》有大司命、小司命，即司大命司小命之神。孔訓成為進，未確。[24]									
對 簡	曰	：	大	命	有	常	，	小	命	日	成	。
勘 今	曰	：	大	命	有	常	，	小	命	日	成	。

原整理者：潘振云：「命，王命。有常，始終如一也。日成，日有成就也。」孫詒讓云：「日成，謂日計其善惡而降之禍福也。與大命有常、終身不易異也。」[25]

劉國忠：《命訓》把「命」區分為「大命」和「小命」，其中既表明了「大命有常」不可改變的一方面，同時也強調了人的具體行為對「小命」的直接影響和作用，強調了人的主觀能動性。《命訓》已經指出，由於小命直接與人的日常行為息息相關，必然會迫使民眾要注意自己的所作所為，對自己的行為懷有敬畏之心，即所謂的「日成則敬」，對此孫詒讓曾解釋說：「日成，謂日計其善惡而降之禍福也，與大命有常終身不易異也。」因此，小命完全可以通過人的積德累功而改變。這種認識相對於傳統的宿命論來說，無疑是一個很大的進步。

另外，《命訓》中關於大命、小命的論述，也是我們瞭解《莊子》中一句話的鑰匙。《莊子・列禦寇》言：「達大命者隨，達小命者遭。」以往的注釋和研究者對於這句話的解釋和理解甚多，但似乎還沒有學者將它與《命訓》篇聯繫起來。如果我們按照《命訓》的大命有常、小命日成的論述，再來體味《莊子・列禦寇》中的這句話，應該說還是很容易理解的，正因為大命有常，所以通曉大命者能夠曠達；而由於小命日成，因此通曉小命者自然會留意自己的所作所為。這裡的「遭」應當訓為「遇」，指平日的遇。這樣來理解，有可能更為合乎原文的含義。我們推測，《列禦寇》篇的作者

[24] 黃懷信、張懋鎔、田旭東撰，李學勤審定：《逸周書彙校集注（上）》（修訂本），頁21-22。
[25] 李學勤主編：《清華大學藏戰國竹簡（伍）》，頁127。

應該是讀過了《命訓》篇，所以才會在文中有關於大命和小命的相關論述。
26

　　佑仁謹案：「大命有常，小命日成」，「大命」指人天生之命限（如生死、福禍、窮達、壽夭），受制於天，人難以自脫，只能隨順。「小命」指日常行為所帶來的福禍，即《周易》所謂：「積善之家，必有餘慶；積不善之家，必有餘殃。」27人的吉凶禍福會因每日的行為而有所改變，是人可以決定之事。〈曹沫之陣〉簡8下、9云：「臣聞之曰：『君子以賢稱而失之，天命；以無道稱而沒身就世，亦天命。』」28賢能的君子亡國戮身，這是天命，無德之人卻能壽終正寢，這也是天命，可見人的健康壽命、四肢的健全與否，都與生俱來，屬於「大命」，人力無法改變。而「以賢稱」或「無道」則取決於自己的生命累積，此即「小命」。整體來說是「大命 由天，小命 由己」的思想。「大命」為天之所加，人無法改變。「小命」日積月累，隨著每日的積善行惡而有增損。

　　「大命」一詞於西周金文中已十分普遍，可知其起源甚早，西周早期的〈何尊〉（集成06014）云：「昔在爾考公氏，克逑文王，肆文王受茲大命。」古文字「大」、「天」同源，〈保訓〉簡9：「祇服不懈，用受大命。」簡11：「及爾身受大命。」「大命」即「天命」29。因此〈命訓〉本處的「大命」亦可理解為「天命」，思想家賦予它哲學意涵後，進一步創造出與「大命」相對的「小命」，具有哲學意涵的「小命」，先秦典籍中見於〈命訓〉以及《莊子‧列禦寇》，前者時代應要比後者更早。

---

26 劉國忠：〈清華大學清華簡《命訓》中的命論補正〉，《出土文獻與先秦經史國際學術研討會論文集（上）》，頁261-263。又見《中國史研究》，2016年第1期，頁27-28。
27 李學勤主編，《十三經注疏》整理委員會整理：《周易正義》，（北京：北京大學出版社，2000.12），頁36。
28 高佑仁：《上海博物館藏戰國楚竹書（四）曹沫之陣研究》（上），（臺北：花木蘭文化事業有限公司，2008.3），頁39。
29 另外傳抄古文中亦有「天」作「大」的證據，《古文四聲韻》2.2「天」字大，參林清源師：《傳抄古文疏正》（待刊稿）。

《莊子‧列禦寇》：「達生之情者傀，達於知者肖；達大命者隨，達小命者遭。」[30]劉國忠將之與簡文的「大命」、「小命」聯繫起來，《莊子‧列禦寇》王先謙《集解》云：「大命，謂天命之精微，達之則委隨於自然而已；小命，謂人各有命，達之則安於所遭，亦無怨懟。」[31]就思想脈絡與語句使用的情況來看，〈列禦寇〉的作者應是採用〈命訓〉中「大命」與「小命」的概念，並進一步區分出「隨」與「遭」的差異，筆者贊成劉國忠之說，該作者肯定對〈命訓〉有一定的熟悉度。

〔五〕 日成則敬，又（有）尚（常）則宝=（廣，廣）以敬命，則庀（度）【一】至于亟（極）

圖版							
釋文	日=	成=	則	敬	又	尚	則
圖版							
釋文	宝=	以	敬	命	則	庀	亟
今本	成則敬，有常則廣，廣以敬命，則度至于極。 黃懷信語譯：小命隨日而成，百姓就會重視；大命固定不變，君王的權範就會廣博。如果君王能在廣博的範圍裡行使權力，百姓能夠日日敬命，那麼禮儀法度就不會遭到破壞而達到中正。							
校注	【彙校】于，陳、丁二家作「於」，下並同。○潘振云：以，當作「與」。 【集注】孔晁云：如有，則其人法度至中正也。（按：「有」下盧增「常」字，丁又增「日成」二字。）○潘振云：敬，不怠也。廣，不狹也。廣事業，敬王命，斯可已矣。此命民之法度至於至善也。○陳逢衡云：成則敬，本諸身也；有常則廣，保天下也。至於極，謂至於至善也。○唐大沛云：禍與福相倚，惟							

---

[30] （清）郭慶藩撰，王孝魚點校：《莊子集釋》，（北京：中華書局，1961.7），頁1059。
[31] （清）王先謙：《莊子集解》／劉武：《莊子集解內篇補正》，（北京：中華書局，1987.10），頁285。

	人自召，敢不敬乎？自古迄今，命有常道，何其廣遠乎！王者知天命之廣，日明日旦，日監在茲，小心昭事，無時不敬。○朱右曾云：廣，大也。知其有常，故不敢以小善責報於天；知其日成，故不敢懈其修省。如是，則法度至於中正也。32											

對勘	簡	日	成	則	敬	，	有	常	則	廣	，	廣	以
	今	/	成	則	敬	，	有	常	則	廣	，	廣	以
	簡	敬	命	，	則	度	至	于	極	。			
	今	敬	命	，	則	度	至	于	極	。			

原整理者：簡本「日」、「成」下各有重文符號，連下讀作「日成則敬」，今本作「成則敬」，丁宗洛本已補「日」字，與簡本同。窐，呈聲，宜從今本，讀如「廣」。郭店簡《老子乙》11 有「呈（廣）德女（如）不足」，其中「呈」字在今本和馬王堆帛書乙本中皆作「廣」。又見上博簡《孔子詩論》：「《灘（漢）呈（廣）》之智，則智（知）不可得也。」《逸周書‧度訓》：「天生民而制其度，度小大以正，權輕重以極，明本末以立中。簡本第二支簡首殘缺兩字，當依今本補作「至于」。33

朱歧祥：《清華》（五）敬字 10 見，其中 5 見作 ![敬]〈封許〉〈三壽〉，2 見作 ![敬]〈命訓〉，1 見作 ![敬]〈湯丘〉，2 見作 ![敬]、![敬]〈厚父〉。字例有从戈，形構奇特。〈厚父〉篇 2 見字例，核諸金文，竟單獨與戰國中山國器銘相合。敬字〈中山王嚳鼎〉作 ![敬]，〈中山王嚳壺〉作 ![敬]，〈蚉壺〉作 ![敬]。34

劉國忠：傳世本《命訓》的開頭有：「大命有常，小命日成。成則敬，有常則廣，廣以敬命，則度至於極」的論述，這段話的前幾句多為四字一句，只有「成則敬」是三字一句，顯得非常突兀，以往已經有一些學者懷疑此處有脫字，但苦於沒有版本方面的證據。現在我們看清華簡的抄寫本，在「日」、「成」二字下各有重文符號，因此「成則敬」一句顯然本應該作

---

32 黃懷信、張懋鎔、田旭東撰，李學勤審定：《逸周書彙校集注（上）》（修訂本），頁 22。
33 李學勤主編：《清華大學藏戰國竹簡（伍）》，頁 127。
34 朱歧祥：〈質疑《清華簡》的一些特殊字詞〉，第 18 屆中區文字學學術研討會，臺中：東海大學，2016.5.21，頁 12。

「日成則敬」，這樣正好也是四字一句，與前後文句式一致，而且內容銜接非常緊密，顯然要優於傳世本。[35]

佑仁謹案：簡文「日成則敬」，傳本作「成則敬」，句子前漏「日」字，丁宗洛本《逸周書 管箋》已補上，核諸簡本，若合符節。劉國忠認為以四字一句的規律，「成則敬」顯然少一字，確實如此。本篇的兩個「敬」字寫法如下：

| 簡1 | 簡1 |

整體構形與清華簡的「敬」無甚差別，獨左下增一橫筆，依據筆者考察，這種多一橫筆的寫法僅見於本篇，究竟是有特別的深義，或只是單純的飾筆，值得留意。

簡文「日成則敬，有常則廣」，前者對應「『小命』日成」，後者對應「『大命』有常」。「日成則敬」，指「小命」因日行而增損，人民因此敬慎行事。「大命有常」一句中的「大命」，指天命有其常道，非人力所能超越。黃懷信將「有常則廣，廣以敬命」，翻譯成「君王的權範就會廣博。如果君王能在廣博的範圍裡行使權力」，將「廣」理解為君王權力的廣博，就文義的轉折而言，比較不妥貼。唐大沛云：「自古迄今，命有常道，何其廣遠乎！王者知天命之廣，曰明曰旦，日監在茲，小心昭事，無時不敬。」朱右曾云：「廣，大也。知其有常，故不敢以小善責報於天」說法較佳。天監在下，人知曉天道的普遍存在，無法逃脫於天地宇宙間，便以虔敬之心面對天命，故曰「廣以敬命」。

簡文「廣以敬命」，「廣」字簡文作「𡧱」，原整理者依今本讀「廣」，可信。潘振認為「以，當作『與』」，不可信。「以」當訓作「而」，「以」古

35 劉國忠：〈清華簡《命訓》初探〉，《深圳大學學報（人文社會科學版）》，2015年第3期，頁38。

漢語可當連詞使用，表承接之關係，相當於「而」。如《尚書·金縢》云：「秋，大熟，未獲，天大雷電以風」[36]，《禮記·樂記》云：「是故治世之音安以樂，其政和。亂世之音怨以怒，其政乖。」[37]皆為此類用法。

「則度至于極」簡 1 下半殘缺，原整理者補「至于」二字，可信。「度」字之義即《逸周書》篇首〈度訓〉之「度」，其云：「天生民而制其度，度小大以正」[38]，「度」指法度、等級，「則度至于極」是說，人人皆因天命普施而敬慎行事，治理天下的法度就能達到最高的標準，世間任何事物亦皆據此可得而治。

此外，本處「則」字相較一般寫法，稍有不同。原篆作「」，右半「勿」旁較其他的「則」字明顯多了一撇。該撇頭粗尾細，顯然是筆劃，而且並非反印文，本處的「則」字在原書字形表中作「」，該筆畫顯然已被消除，殆不視為筆畫。〈命訓〉一文共見 36 例「則」字，僅本處的「」於「勿」旁右上多一筆劃，筆畫清晰可見，不應忽視，此種寫法的「勿」已見於「」（上博二.容成氏.46）。

〔六〕　夫司悳（德）司義，而易（賜）之福=（福）

圖版							
釋文	夫	司	悳	司	義	而	易
圖版							
釋文	之	福=					

---

[36] 李學勤主編，《十三經注疏》整理委員會整理：《尚書正義》，（北京：北京大學出版社，2000.12），頁 400。

[37] 李學勤主編，《十三經注疏》整理委員會整理：《禮記正義》，（北京：北京大學出版社，2000.12），頁 1254。

[38] 黃懷信、張懋鎔、田旭東撰，李學勤審定：《逸周書彙校集注（上）》（修訂本），頁 2。

今本	夫司德司義，而賜之福祿。 黃懷信語譯：司德探察到義，就把福祿賜給他。									
校注	【集注】潘振云：此司德指人君。○陳逢衡云：司義，猶司德。○唐大沛云：主乎德義，賜以福祿。○朱右曾云：得於己曰德，處物曰義。[39]									
對勘	簡	夫	司	德	司	義	而	賜	之	福	／	。
	今	夫	司	德	司	義	而	賜	之	福	祿	。

　　原整理者：今本作「夫司德司義，而賜之福祿」，與簡文相比，多一「祿」字。對比後文的「夫或司不義，而降之禍」句，可知今本此處的「祿」字確為衍文。潘振云：「此司德指人君。」[40]

　　劉國忠：傳世本《命訓》有「夫司德司義，而賜之福祿。福祿在人，能無懲乎？若懲而悔過，則度至於極」之說，接著又言：「夫或司不義，而降之禍；在人，能無懲乎？若懲而悔過，則度至於極。」兩句話內容一正一反，然而句式之間也是不太對應，而正反二者都是「若懲而悔過，則度至於極」，更為奇怪。現在我們看到竹簡本後，對於其中的疑問就可釋然了。原來，傳世本的「夫司德司義，而賜之福祿」一句，在清華簡《命訓》中作「夫司德司義，而賜之福」，少了一個「祿」字。對比後文的「或司不義，而降之禍」句，一為賜福，一為降禍，二者對應緊密，句式整飭，可知傳世本此處的「祿」字當為衍文。再如傳世本前一句說是「福祿在人」，而與之對應的後一句僅有「在人」二字，在清華簡《命訓》中，前一句內容相同，後一句則作「禍過在人」，二者完全對應，顯然也優於今本。至於傳世本有兩句相同的「若懲而悔過，則度至於極」之論，學者們早已指出，第一句與福祿對應的「若懲而悔過」有誤，但對原句的內容，大家猜測不一，丁宗洛懷疑「悔過」二字當為「遷善」之誤；唐大沛也主張「懲而悔過」一句系涉下文而誤，但認為原句應當是「勸而為善」，這些學者的懷疑是很有道理的，但由於他們沒有更好的版本，所以無法獲知原句的真實情況，

---

39 黃懷信、張懋鎔、田旭東撰，李學勤審定：《逸周書彙校集注（上）》（修訂本），頁22。
40 李學勤主編：《清華大學藏戰國竹簡（伍）》，頁127。

現在我們在清華簡中終於可以瞭解這句話的原始面貌，簡文此句全文是：「福祿在人，人能居，如不居而義，則度至於極」。[41]

　　佑仁謹案：黃懷信將本句翻譯成「司德探察到義，就把福祿賜給他。」是將「司德司義」中兩個「司」字的意義分開來理解，第一個「司」字結合「德」而成一神職名，後一個「司」則是動詞。筆者認為「司德司義」應是「VNVN」結構，兩個「司」字都是動詞。朱右曾云：「得於己曰『德』，處物曰『義』。」因此，「司德司義」意即上天秉持「德」與「義」之多寡，降福予人。簡文「而賜之福」，今本作「而賜之福祿」，「福」後綴加「祿」字，劉國忠認為「祿」字是衍文，甚是。

〔七〕福=（福）彔（祿）才（在）人=（人，人）能居乎？女（如）不居而聖（守）義，則庀（度）至于亟（極）

圖版						
釋文	福=	彔	才	人=	能	居	女
圖版						
釋文	不	居	而	肘	義	則	庀
圖版			
釋文	至	于	亟
今本	福祿在人，能無懲乎？若懲而悔過，則度至于極。 黃懷信語譯：福祿加在身上，人能不受到鼓勵嗎？如果受到鼓勵而以身居德，那麼禮儀法度就不會遭到破壞而達到中正。
校注	【彙校】丁宗洛云：此「福祿」疑衍。「悔過」，當作「遷善」。○唐大沛云：

---

[41] 劉國忠：〈清華簡《命訓》初探〉，《深圳大學學報（人文社會科學版）》，頁38。

「懲」，當作「勸」，涉下文而誤。懲而悔過，案文義擬改「勸而為善」。

【集注】孔晁云：懲，正也。以德居身，深術息其義。（正，鍾本、王本作「王」，餘諸本作「止」，盧校從。丁宗洛云：「當作『正』，玩上文正以禍福自明，若訓作止，祇貼禍而不貼福。」陳逢衡云：「『深』字疑衍。『術息』，當作『行習』，一形誤一聲誤。」丁宗洛改「深術息」為「自深得」，云：「注意以上言德不言義，上言義不言德，而本段兼言德義，故為之劃清。茲因形似改正。」）○盧文弨云：「能無懲乎」三句又見下。謝墉云：「悔過，即所以召福。懲其不德不義，即福祿在人矣。」○潘振云：在人，言其自取之也。懲，創也。言主義而賜之福，福皆自取，司德者能無懲創其不義而使之主義乎？福之，所以懲創之也，人能悔不義而主於義，斯已矣。此福民之法度至於至善矣。下言禍民。○陳逢衡云：司命益年，司祿益食，司金益富，皆視其人之所受而加焉，故曰在人。言禍祿雖賜於大，而實準乎人，若能懲而悔過，以求合於德義，則福祿至矣。○唐大沛云：勸，謂因得福而相勸勉。相勸勉以善，孳孳為之，民日遷善，則治法大行，故度至於極。○朱右曾云：懲，艾也。[42]

對勘	簡	福	祿	在	人	，	人	能	居	/	/	？	若
	今	福	祿	在	人	，	/	能	無	懲	乎	？	若
	簡	不	居	而	守	義	，	則	度	至	于	極	。
	今	/	懲	而	悔	過	，	則	度	至	于	極	。

原整理者：今本作「福祿在人，能無懲乎？若懲而悔過，則度至于極」，與簡文不同。丁宗洛認為「福祿」疑衍，不可信。唐大沛疑「懲而悔過」一句係涉下文而誤，與簡文對照，其說可信。居，《莊子・齊物論》成玄英疏：「安處也。」𡘬，從又，主聲，屬章母侯部字，可讀為定母東部之「重」字。重義，詞例見郭店簡《尊德義》三九：「童（重）義𧝑（集）鼇，言此章也。[43]

kaven：《命訓》簡2：「富貴在人，人能居，女（如）不居而A義，則度之于極。」據劉國忠先生《清華簡〈命訓〉初探》一文，整理者認為其字從又，主聲，屬章母侯部，可讀為定母東部之「重」字。看到《命訓》

---

[42] 黃懷信、張懋鎔、田旭東撰，李學勤審定：《逸周書彙校集注（上）》（修訂本），頁22-23。
[43] 李學勤主編：《清華大學藏戰國竹簡（伍）》，頁127。

部分圖版後，同窗蔡一峰認為 A（附圖 1）可能與新蔡簡之 B（附圖 2、3）有關，B 在彼處用作干支之「丑」。在他說法的基礎上，我猜想 A 可能讀「好」，考慮到上博《緇衣》「好」寫作〔丑女〕，從丑聲；「好義」與「重義」類似，可讀通簡文。一峰則懷疑「A、B 均從丂聲」（關於 B 從丂聲，一峰兄有另文詳述），「A」可分析為從又，丂聲，再讀「好」，「丂」、「好」音更近。

　　文獻中有富、貴、利、財與「義」並舉者，似可與此句言及「福祿」與「義」相參看：《論語・述而》：「不義而富且貴，於我如浮雲。」《荀子・大略》：「上好義，則民闇飾矣；上好富，則民死利矣。二者，治亂之衢也。」《荀子・大略》：「義與利者，人之所兩有也。雖堯、舜不能去民之欲利，然而能使其欲利不克其好義也。雖桀、紂亦不能去民之好義，然而能使其好義不勝其欲利也。故義勝利者為治世，利克義者為亂世。上重義則義克利，上重利則利克義。」《漢書・公孫劉田王楊蔡陳鄭傳》：「初，惲受父財五百萬，及身封侯，皆以分宗族。後母無子，財亦數百萬，死皆予惲，惲盡復分後母昆弟。再受訾千餘萬，皆以分施。其輕財好義如此。」

清華《命訓》簡 2	新蔡・甲三・22	新蔡・零・271

（未睹清華伍真容，以上僅就所見猜測，或許書中有可以判別此釋讀的用字現象。）[44]

　　紫竹道人：此字既然在新蔡簡中用為「丑」，《命訓》簡 2 中似可讀為「守」（「守」、「丑」音頗近），「守義」古書屢見；而且「守」與「居」的意思也配合得較好。」[45]

　　無痕：紫竹道人先生所言是。《命訓》此字似可釋為「肘」字之異體。新蔡簡除上舉 2 字外，「丑」還有 9 字（已排除殘泐 2 字），例舉如下。徐

---

[44] 見武漢網「簡帛論壇」〈清華五《命訓》初讀〉2 樓，2015.4.10（2017.7.4 上網）。
[45] 見武漢網「簡帛論壇」〈清華五《命訓》初讀〉14 樓，2015.4.13（2017.7.4 上網）。

在國先生曾認為是肘與丑共用又旁，肘是加注的聲符（《新蔡葛陵楚簡劄記》，簡帛研究網，2003 年 12 月 7 日，又載《中國文字研究》第五輯，廣西教育出版社 2004 年），可從。新蔡簡 B 字為丑加丂聲，《命訓》之字則為紂（佑仁案：應為「肘」之筆誤）聲化從丂聲，可相合觀。雖然「紂」（佑仁案：應為「肘」之筆誤）的聲紐與「丂」的聲紐關係並不是很直接，但無礙其聲化表音。聲化產生的構件囿於原有字形，表音的精確度上往往不如真正的聲符，如趙彤先生就稱因訛變而形成的形聲字作「準形聲字」或「假形聲字」（見《戰國楚方言音系》，第 9 頁）。從學者考釋古文字的經驗看，對諧聲通假及變形聲化在音韻地位上都力求聲韻皆同，如次之，則往往對韻部相似度的要求要比聲紐高。從這個角度看，釋為從丂聲亦比從主聲為優。[46]

海天遊蹤：紫竹道人先生所揭示的讀法非常重要，正好說明此字就是肘字，郭店肘字常讀為守。《新蔡葛陵楚簡文字編》220 頁所列的「丑」字本來就是寫作肘，以往研究者認為「從『丑』從『肘』，『肘』與『丑』共用『又』旁，比較曲折。其實只是將肘的又聲化為丑。金文也有不少「又」旁寫作形義皆近的「丑」，陳劍先生〈甲金文尤字〉舉了不少例證可以參看。至於甲三 22、59 以及命訓這個字，其下部亦可能是由成之聞之 03 那個字形變來的，可以比對用日 03 與吳命 02 的亢旁。就像亢旁的字以往被看做主或丂一樣。再仔細觀察命訓這個字形，其上似爪非爪的，若比對其下所謂「主」形的橫筆呈現粗頭銳尾的寫法，這種筆法也見於清華簡的「人」字，筆者曾經集中舉例，則命訓此字上面恐怕不能釋為爪，而應該就是又形，也就是「肘」字。[47]

薛後生：如果上揭幾位先生所認為的肘字可信的話，那麼金文鑄及楚

---

46 見武漢網「簡帛論壇」〈清華五《命訓》初讀〉15 樓，2015.4.13（2017.7.4 上網）。
47 見武漢網「簡帛論壇」〈清華五《命訓》初讀〉16 樓，2015.4.14（2017.7.4 上網）。

簡守從丨或者十形並非指示之形，或當為聲符，但也不排除有聲化的因素。另，董珊先生以為尤為肘之初文。（出土文獻與古文字研究第三輯）[48]

蔡一峰：《命訓》簡2「如不居而A義」。整理者注云：「圣」，從又，主聲，屬章母侯部，可讀為定母東部之「重」字。重義，詞例見郭店簡《尊德義》三九：「童（重）義蕉（集）釐，言此章也。」

A：清華《命訓》·2

B：郭店《成之聞之》·3

C：新蔡·甲三·22；新蔡·零·271

D：新蔡·甲三·217；新蔡·零·423

竊以為A是「肘」字之異體，此字可與新蔡簡用作地支之「丑」字的C相比照。楊鵬樺先生（kaven）疑讀為「好」，紫竹道人先生讀為「守」。「好義」和「守義」於古書均有其證，結合字形以及郭店簡已見有讀「守」之「肘（B）」字，《命訓》A字當以讀「守」為是。

就字形來看，A上從「又」可無疑，下當是從「丂」，可視為在B的基礎上進一步聲化而來，和新蔡簡C字一樣，均為從「丂」聲而非「主」聲。「肘」古為端母幽部，「丑」透母幽部，「丂」溪母幽部，三者韻部相同，聲紐也有聯繫，如郭店簡《語叢一》、《語叢二》及上博簡《緇衣》「好（曉母幽部）」字均從「丑」聲，與《汗簡》、《古文四聲韻》所收「好」字異體亦合，說明「丑」聲字與牙音字有一定關聯。不少學者也曾論及古舌音端組與牙音見組存有糾葛。雖然目前材料顯示「丂」與「肘」、「丑」的聲紐的關係並不非常直接，但無礙其可表音。聲化產生的構件囿於原有字形，表音的精確度上往往不如真正的聲符，如趙彤先生就稱這類因訛變而形成的形聲字作「準形聲字」或「假形聲字」。從學者考釋古文字的經驗看，對

諧聲通假及變形聲化在音韻地位上都力求聲韻皆同，如次之，則往往對韻部相似度的要求要比聲紐高。從這個角度講，釋為从丂亦比从主為優。[49]

劉國忠：與傳世本對照，內容有較大的不同，整理報告指出，「居」應當訓為安處；「圣」字從又，主聲，屬章母侯部字，可讀為定母東部之「重」字，其說可從。簡文的大意是說，當福祿降臨到人的身上，人都會安處於其中。如果能不安處於福祿之中而去重視道義，則法度就能夠中正。[50]

蘇建洲：鄔可晶先生在簡帛論壇上指出此字既然在新蔡簡中用為「丑」，《命訓》簡2中似可讀為「守」（「守」、「丑」音頗近），「守義」古書屢見；而且「守」與「居」的意思也配合得較好。謹案：此說正確可從。這個讀法非常重要，正好說明「△」字就是「肘」字。六國文字中的「守」字或作：

（《上博‧緇衣》簡19）（《上博‧子羔》簡6）（《上博‧彭祖》簡8）

（《上博‧競公瘧》簡8）（《侯馬》1.6）

形體下部作，也見於《郭店‧成之聞之》簡3，與常見的「寸」旁不同，乃「肘」的本字。《新蔡》的「丑」字還可作「」（甲三‧217）、（零‧423），徐在國先生認為應分析為「從『丑』從『肘』，『肘』與『丑』，共用『又』旁，『肘』是加注的聲符。」筆者認為字可以直接釋為「肘」，讀為「丑」，只是「又」旁聲化為「丑」。《新蔡葛陵楚簡文字編》將這些字形歸在「丑」下，不妥。另外，陳劍先生指出西周金文作偏旁的「又」常常可以寫作形義皆近的「丑」，例子極多。如叔卣、叔鼎的「叔」字（《金文編》第191頁0463號），叔卣、麻鼎、井侯簋、競卣等的「對」字（《金文編》第155頁0396號），矢尊、矢方彝的「敢」字（《金文編》第277頁0659號），

---

49 蔡一峰：〈讀清華伍《命訓》札記二則〉，武漢網，2015.4.14（2017.7.4 上網）。
50 劉國忠：〈清華簡《命訓》初探〉，《深圳大學學報（人文社會科學版）》，頁38。

散盤的「付」字（《金文編》第563頁1331號），何尊的「叙」字（《金文編》第210頁0505號），䔒簋的「䔒」字（《金文編》第201頁0474號，又第812頁2017號从䔒从女之字同），呂壺蓋的「祭」字等，其中的「又」都寫作「丑」形。以此觀之，則「肘」寫作 也是完全可以理解的。

李天虹教授分析上述《新蔡》甲三22「丑」字「從『丑』從『主』，『主』可能是附加聲符」。蔡一峰先生則認為从「丂」得聲而非「主」聲。以字形及聲音來看，二說皆有可能。《金縢》04「丂」作 ；《祭公》08「宝」作 、《皇門》13「舡」作 ，均可見楚文字中「丂」與「主」形體相近。丁山、李孝定、趙誠等皆已指出，「九」與「肘」之初文本一字分化，卜辭「九」形亦多用為「肘」，如《合集》13677正「疾肘」之「肘」字作 。用來表示數字「九」是假借用法。「九」是見組幽部，「丂」是溪組幽部，二者聲音相近。另外，三晉文字的「鑄」可作从金从「肘」聲，而「注」與「鑄」古籍有相通的例證，可見「主」可作「肘」的聲符。若比對底下「兀」字的演變，所謂的「丂」或「主」形可能仍是由「肘」訛變而來，請看：

（矢令方彝）→ （包山簡180）→ （《封許之命》06）→ （《上博·三德》簡10）→ （《上博·用曰》簡3）→ （《上博·吳命》簡2）

可以看出「兀」字下半由「十」演變為「丅」，後者便與「丂」及「主」形體相近。總之，「肘」由 寫作 應該是有形、音兩方面的因素。

回頭來看《命訓》「」字，上部似爪非爪，若比對其下所謂「主／丂」形的橫筆呈現粗頭銳尾的寫法，則《命訓》此字上面應該就是「又」形，也就是說「」，與「」實為一字，皆可直接釋為「肘」。[51]

蘇建洲：「肘」由 寫作 應該是有形、音兩方面的因素。如同「密」字古文字寫作「窞」或「宻」，前者如上博楚簡《容成氏》簡46 ，後者如

---

[51] 蘇建洲：〈清華簡第五冊字詞考釋〉，《出土文獻》第七輯，（上海：中西書局，2015.10），頁156-158。

《馬王堆‧一號遣冊》114「」。比對馬王堆一號墓356號竹笥「密」字作（密），中間所從的「米」與「必」的變化也是兼有形、音二因素。[52]

蔣建坤：「肘」甲骨文作「」（《合集》4899），像以一曲筆指示手臂之肘部，與「九」字初文爲一字分化。在古文字中多作爲「守」、「鑄」等字的聲符。在戰國文字中，上部「九」形類化爲「又」形，而下部曲筆則作「十」形，與「寸」字逐漸相混。侯馬盟書「守」字有作「」，其下部與「寸」無異，但還有一類字形作「」、「」、「」、「」、「」，這一支逐漸變形音化並獨立出聲符「主」或「丂」。在楚文字中，郭店簡《成之聞之》簡3有「肘」字作「」，左下似先寫一橫點再寫一豎筆，與「主（或丂）」字之形稍稍靠攏。清華五《命訓》簡2作「」，則完全變形音化出「主（或丂）」聲。戰國文字中的「主」、「丂」二字字形相混，如楚文字「丂」字作「」（清華五《殷高宗問於三壽》簡18）與常見的「宔」字作「」（清華一《祭公》簡8），在字形上沒有明顯的區別。上古音「主」（王力系統：章母侯部）、「丂」（王力系統：溪母幽部）與「肘」（王力系統：端母幽部）均音近可通。「肘」字甲骨文與「九」關係密切，讀音相近，則上古早期「肘」字聲母當爲舌根音一類。而在中古《切韻》音系中，「肘」字已經讀爲知母，爲舌音聲母。此字聲母應在這兩個時期之間經歷了由舌根音到舌音的演變。鄭張以t<t-k/kl'擬音表示其上古早期讀音爲t-冠k-聲母或流音塞化的*kl-聲母，並在上古晚期演變爲舌聲母*t-。若「」字下部所從確爲「主」字，則這一構擬是合適的。但考慮到此字下部也可能是「丂」字，則「肘」聲母舌音化的時代則要更加推後。此外，從肘得聲的「守」字在李方桂、鄭張尚芳系統中已歸入與舌根音諧聲的中古章母字，分別被擬爲*hrj-、*qhlj-聲母，「肘」字聲母在上古早期當以流音塞化的*kl-聲母爲

52 蘇建洲：〈清華簡第五冊字詞考釋〉，《出土文獻》第七輯，頁158。

優。[53]

郭倩文：新蔡簡甲三22「癸丑」之「丑」作「」（2601_15），與本字字形甚爲接近。本字如蔡先生所說上從「又」，下從「丂」，「丂」可對比清華簡《金縢》「」，僅豎筆彎直之別。故從蔡說讀爲「守」。[54]

夏含夷：但簡文的讀法也有一點問題，在《命訓》這一部分裡，這些句子都是問句，如下一段的「人□毋懲乎？」（簡文）或「能無懲乎？」（傳世本）以及下下句的「能亡恥乎？」（簡文）或「能無醜乎？」（傳世本）等，簡文此處似乎漏了一個「乎」字。《逸周書‧度訓》正好含有相同的句子「民能居乎」，也說明《命訓》簡文漏了「乎」字。[55]

佑仁謹案：先談漏字問題，〈命訓〉篇中有幾處以「而……，能……，如……，則度至於極」爲句法的段落，分別羅列如下：

1.夫司德司義而賜之福，福祿在人，<u>人能居</u>，如不居而守義，則度至于極。

2.或司不義而降之禍，禍過在人，<u>人能毋懲乎</u>？如懲而悔過，則度至于極。

3.夫民生而恥不明，上以明之，<u>能無恥乎</u>？如有恥而恆行，則度至于極。

4.夫民生而樂生穀，上以穀之，<u>能毋勸乎</u>？如勸以忠信，則度至于極。

5.夫民生而痛死喪，上以畏之，<u>能毋恐乎</u>？如恐而承教，則度至于極。

排比參看時，不難發現句法有高度的一致性。筆者認爲第一條的「人能居」乍看是肯定句，且文義上「福祿在人，人能居」也完全是肯定用語，但是細審原文，若人已能居福祿，則又何必有下文「如不居」云云的說法呢？此處顯然有問題。

與本句相對應的其餘四條文例，都是作「……人能……乎？」或「上以△之，能……乎」的疑問句法，今本的「能無懲乎？」也是一樣有「乎」

---

[53] 蔣建坤：《清華簡（壹～伍）上古音聲母材料的整理與初步研究》，吉林大學碩士論文，2016.4，頁90-91。

[54] 郭倩文：《《清華五》、《上博九》集釋及新見文字現象整理與研究》，頁99。

[55] 夏含夷：〈清華五〈命訓〉簡、傳本異文考〉，《古文字研究》第31輯，《古文字研究會第21屆年會論文集》，（北京：中華書局，2016.10），頁379。

字。因此，合理推斷，本處的「人能居」之後，脫漏了「乎」字，正因為是疑問語氣的「人能居乎？」，才有後文的「如不居而守義」云云。（關於「乎」字的補字問題，可參筆者〈清華伍〈命訓〉考釋〉一文，發表於2016年5月的「第27屆中國文字學會」，該年10月夏含夷先生在中國古文字年會發表〈清華五〈命訓〉簡、傳本異文考〉一文，也有同樣的看法。）

　　「居」字原整理者訓作「安處」，恐不適切。筆者認為「居」應訓作佔有、佔據，《廣雅・釋言》：「居，據也。」[56]《商君書・算地》：「故為國任地者，山林居什一，藪澤居什一，溪谷流水居什一，都邑蹊道居什四。此先王之正律也。」[57]本簡「福祿在人，人能居？如不居而守義，則度至於極」，可翻譯作：福祿在人身上，但人能佔有嗎？若不能佔有，毋寧放棄福祿而守護道義，則施政之法則將可放諸四海皆準。

　　簡文「女（如）不居而守義」，今本作「若懲而悔過」，二者完全無法對應。關於「𢒆」字，除了原整理者讀作「重」，kaven 讀作「好」之外，學者們多認為此字就是「肘」。李天虹曾發表過多篇關於「肘」字考釋的論文[58]，「𢒆」字釋作「肘」應無可疑，只是這個「肘」字下半所從的結構，究竟應是「主」聲還是「丂」聲，可分成兩種看法：

　　　1. 認為字從「主」聲：劉國忠主之。
　　　2. 認為字從「丂」聲：蔡一峰、無痕主之。
首先，「主」與「丂」在戰國時期都可以寫成「𠀉」，它們已產生類化的現象，完全無法單從字形上判斷是「丂」還是「主」。那麼，我們可以試著從古音分析上著手，出土文獻中「肘」字多讀為「鑄」、「丑」、「守」等字，先將相關的古音羅列如下：

56　（清）王念孫：《廣雅疏證》，（上海：上海古籍出版社，1983.6），頁602。
57　蔣禮鴻：《商君書錐指》，（北京：中華書局，1986.4），頁43。
58　李天虹：〈釋郭店楚簡〈成之聞之〉篇中的「肘」〉，《古文字研究》第22輯，2000.7，頁262-266。又見《郭店竹簡〈性自命出〉研究》，（武漢：湖北教育出版社，2003.1），頁236-245。

單字	與「肘」相關之字					待考察	
	肘	壽	鑄	丑	守	主	丂
古音	端/幽	定/幽	端/幽	透/幽	透/幽	端/侯	溪/幽

依據前表可以清楚知道，與「肘」相關之字，聲紐都是舌頭音，韻部則為幽部，與待考的「主」與「丂」相比，前者聲紐相符，後者韻部相同，皆未能完全達到通假時音理上要求。無痕也看到了這個情況，他表示古文字考釋韻部比聲紐來得重要，因此「釋為从丂聲亦比从主聲為優」，但這個說法顯然沒有什麼說服力。

既然就聲韻學理還是無法判斷「主」與「丂」二字，何者的古音與「肘」較為接近，那麼我們改由觀察古籍實際的通假現象來判斷，這或許比純音理的考察來得更加直接。

「丂」與「肘」古籍並無相關通假現象。而「主」與「肘」的聯繫，則可以古文字的「𤏩」字來說明，陳夢家在《中國文字學》裡指出「甲骨文這個字乃是『注』的象形文，金文假借為『鑄』」[59]。裘錫圭在〈殷墟甲骨文字考釋（七篇）〉的「釋『注』」一條中更進一步申說，認為其字象用手將一個器皿向另一器皿中注水之形，就是「注」的表意初文，在文例中讀「鑄」，並引用《史記‧魏世家》：「敗秦於注。」《正義》：「注或作鑄。」作為「注」、「鑄」音通的證據。[60]（另外還言及「注」、「祝」音通，「祝」、「鑄」音通等旁證）[61]陳劍在〈甲骨金文舊釋「𤏩」之字及相關諸字新釋〉則補充說明，認為「注」與「鑄」在語源上也有密切關係。二者古音相近，鑄器時的主要工作就是把熔化的金屬注入器範，「鑄」應該就是由「注」孳生的一個詞[62]。關於「𤏩」（鑄）就是「注」的初文，《戰國古文字典》[63]、

[59] 陳夢家：《中國文字學》，（北京：中華書局，2006.7），頁101。

[60] （西漢）司馬遷撰，（南朝宋）裴駰集解，（唐）司馬貞索隱，（唐）張守節正義：《史記》，（北京：中華書局，2009.2），頁961-962。

[61] 裘錫圭：〈殷墟甲骨文字考釋（七篇）〉，《湖北大學學報》，1990年第1期，頁55-57。又見《裘錫圭學術文集1：甲骨文卷》，（上海：復旦大學出版社，2012.6），頁358-361。

[62] 陳劍：〈甲骨金文舊釋「𤏩」之字及相關諸字新釋（下）〉，復旦網，2007.12.29（2017.7.4

《古文字譜系疏證》[64]也有同樣的意見。

另外，戰國貨幣方足布中有「鄀」（貨系 2264-2269）、「盨」（貨系 2270-2276）等字，裘錫圭依據《史記‧魏世家》「敗秦於注」司馬彪注云：「河南梁縣有注城也。」認為河南梁縣的「注」字「非常可能就是鑄布的鑄造地」[65]。劉剛在博士論文《晉系文字的範圍及內部差異研究》中也採用這種看法，並指出「在今河南臨汝東南一帶，戰國屬韓。」[66]

綜上所述，筆者認為「肘」从「主」聲，除了有古籍的書證之外，還能透過「注」字的初形本義，以及戰國貨幣地望的考證，得到進一步的聯繫，要比从「丂」之說更為允當。

至於「肘」的讀法，筆者贊同海天、蔡一峰的說法讀「守」，「肘」字在〈成之聞之〉簡 3、〈凡物流形〉甲簡 17、〈子羔〉簡 6、〈彭祖〉簡 8 等處都是讀「守」，本處讀作「不居功而守義」，文義適切。

簡文「福祿在人，人能居？如不居而守義，則度至于極。」文意是說，天將福祿降臨予人，但人能佔有嗎？若不能佔有，毋寧捨棄福祿而守護道義，國君依此施政之法，治理天下的法度就能達到最高的標準。

簡文「女（如）誙（懲）而愳（悔）怮（過）」，連同簡文後半的「女有恥」、「女勸」、「女恐」等條，「女」字今本均作「若」。古文字的「女」常讀「如」，例多不舉，照理講這裡讀「如」亦可謂文通字順，只不過關鍵是今本作「若」，而古文字中「女」確實也可以讀「若」（「女」泥母魚部，「若」泥紐鐸部，聲紐相同，韻部則屬「魚鐸旁轉」[67]），比如上博二〈魯邦大旱〉簡 3-4：「女（若）夫政刑與德，……女（若）天〈夫〉毋愛珪璧

上網）。

63 何琳儀：《戰國古文字典》，（北京：中華書局，1998.9），頁 205。

64 黃德寬主編：《古文字譜系疏證》，（北京：商務印書館，2007.5），頁 576。

65 裘錫圭：〈戰國貨幣考（十二篇）〉，《北京大學學報（哲學社會科學版）》，1978 年第 2 期，頁 69-83。

66 劉剛：《晉系文字的範圍及內部差異研究》，頁 179。

67 參陳新雄師：《古音研究》，（臺北：五南圖書出版股份有限公司，1999.4），頁 443。

幣帛於山川」，原考釋將「女」讀作「如」字，並引《史記‧樂書》:「若夫禮樂之施于金石」、《史記‧楚世家》:「若夫泗上十二諸侯」等文例以證[68]，然而《史記》二例均作「若夫」，因此蘇建洲將「女」改讀作「若」字[69]，又如郭店〈五行〉簡 45 云:「心曰唯，莫敢不唯，如（諾），莫敢不如（諾）」，表示「女」、「若」聲系相通。

　　綜合各項條件，筆者認為「女」讀「如」比較符合戰國時代楚人的用法，而今本的「若」雖然與「女」音韻亦通，但是應是秦漢以後學者所改，因此仍以讀「如」為宜。

〔八〕或司不義而墜（降）之禍=（禍，禍）愆（過）才（在）人=（人，人）能母（毋）譴（懲）虖（乎）？女（如）譴（懲）而愍（悔）愆（過），則庀（度）至于亟（極）

圖版	或	司	不	義	而	墜	之
釋文	或	司	不	義	而	墜	之
圖版	禍=	愆	才	人=	母	譴	虖
釋文	禍=	愆	才	人=	母	譴	虖
圖版	女	譴	而	愍	愆	則	庀
釋文	女	譴	而	愍	愆	則	庀

---

[68] 馬承源:《上海博物館藏戰國楚竹書（二）》，（上海:上海古籍出版社，2002.12），頁 208。
[69] 蘇建洲:《《上海博物館藏戰國楚竹書（二）》校釋》，臺灣師範大學博士論文，2003.6，頁 500-501。

圖版				
釋文	至	于	亟	

今本	夫或司不義而降之禍。在人，能無懲乎？若懲而悔過，則度至于極。 黃懷信語譯：司德如果探察到不義，就把災禍降給他。災禍在人身上，能不因此而引起警戒嗎？如果引起警戒並且悔過自新，禮儀法度就不會遭到破壞而達到中正。
校注	【彙校】「在人」上，唐增一「禍」字。○孫詒讓云：以上文校之，此當作「司不德不義」，「在」上亦當有「禍」字，今本脫三字，遂與上文不相應。 【集注】陳逢衡云：言人有悖逆之事，則災及其身，是以君子恐懼修省無已時也。○丁宗洛云：勸、懲只一理，故上下言懲。○唐大沛云：禍在人，人自召禍。懲，因得禍而恐懼以懲戒。相懲戒而悔過自新，改行徙善，則轉禍而得福，天下之善人多矣。善人多則咸與維新治法，所由主善也。又案：能無勸、能無懲，皆當指君上言，與下文一例。[70]

對勘												
簡	/	或	司	不	義	而	降	之	禍	，	禍	過
今	夫	或	司	不	義	而	降	之	禍	，	/	/
簡	在	人	，	人	能	無	懲	乎	？	若	懲	而
今	在	人	，	/	能	無	懲	乎	？	若	懲	而
簡	悔	過	，	則	度	至	于	極	。			
今	悔	過	，	則	度	至	于	極	。			

原整理者：今本作「夫或司不義，而降之禍；在人，能無懲乎？若懲而悔過，則度至于極」。與簡文相比，今本衍一「夫」字，「在人」之前脫「禍過」二字，「人」下又脫一重文符號。第三支簡首殘缺一字，則可據今本補為「能」字。誰，讀為「懲」，《詩·小毖》集傳：「有所傷而知戒也。」陳逢衡云：「言人有悖逆之事，則災及其身，是以君子恐懼，修省無已時也。」[71]

70 黃懷信、張懋鎔、田旭東撰，李學勤審定：《逸周書彙校集注（上）》（修訂本），頁23。
71 李學勤主編：《清華大學藏戰國竹簡（伍）》，頁127。

黃甜甜：清人唐大沛和孫詒讓先後指出今本第二句「在人」前面當增「禍」字，簡本證明了他們的推斷。或因爲「禍」字右下的重文符號「＝」在流傳過程中漏抄，導致本該第二次出現的「禍」字脫失。此外，前後兩句句式對比可以發現，今本「賜之福祿」的「祿」當是衍文，應該是因下句的「福祿」一詞而誤衍。[72]

夏含夷：

  Q1：福彔才人＝能居女不居而坴義則尾至于亞

  Q2：福祿在人，人能居 ？如不居而重義，則度至于極。

  Y ：福祿在人。能無懲乎？若 懲而悔過，則度至于極。

在簡本和傳世本的《命訓》裡，下一句話是：

  Q1：或司不義而墜之禍＝怎在人＝□母謹唇女謹而愳愳則尾至于亞Ｌ【2-3】

  Q2：或司不義而降之禍。禍過 在人。人□毋懲乎？如懲而悔過，則度至于極。

  Y ：夫或司不義而降之禍， 在人。 能無懲乎？若懲而悔過，則度至于極。

很清楚，傳世本前一個段落的「能無懲乎？若懲而悔過」與簡文的「人能居？如不居而重義」完全不同，並且與「福祿在人」也毫無關係。這九個字在下一段也重複出現，看起來，在傳世本的傳授過程中某一編者在此處重寫了下一段的「能無懲乎？若懲而悔過」。如果問他為甚麼這樣重寫，我推測很可能是看錯了行。在傳世本裡，從前一段的「能無懲乎？若懲而悔過」到下一段的「能無懲乎？若懲而悔過」是二十五個字，很可能是一支竹簡或某一版本一行的文字。如果此說不誤，兩處「能無懲乎？若懲而悔過」會正好位於竹簡或行款的同一位置，抄手抄寫的時候直接錯抄了左邊

[72] 黃甜甜：〈由清華簡三篇論《逸周書》在後世的改動〉，《中華文史論叢》，2016 年第 2 期（總第 122 期），頁 240。

一行的文字。與傳世本相比，簡文的讀法很合理：別人受到福祿以後，能不能滿意（即「人能居」的意思）。[73]

魏慈德：「懲」依古訓作「止」即可，不用遷就「福祿在人，能無懲乎」的說法，而勉強將之引申為「正」。孔晁注也當是「懲，止也」。由於缺文的誤補，竟造成了懲字的異訓。[74]

佑仁謹案：先談文字對勘的問題：簡本的「或司不義而降之禍」，今本作「夫或司不義而降之禍」，簡文省略「夫」字。〈命訓〉有兩處與「夫」有關的校勘問題，如下：

1. 簡本：或司不義而降之禍。（簡2）

   今本：夫或司不義而降之禍。

2. 簡本：夫明王昭天信人以度功。（簡6）

   今本：　明王昭天信人以度。

第一組是簡本無「夫」，今本有。第二組是簡本有「夫」，今本無。「夫」是發語詞，可有可無，對整體文義的影響並不大。簡本是戰國時人的手稿，而今本也可能有所依據，因此〈命訓〉這兩組原文，究竟有無「夫」字，誠不易論斷。

簡本「而降之禍=（禍，禍）過在人」，今本則作「而降之禍，在人」，「在人」二字前面，唐大沛、孫詒讓都認為應補「禍」字。參校簡本，補字正確，但猶漏「過」字，實應補「禍過」二字。黃甜甜認為「或因爲『禍』字右下的重文符號『=』在流傳過程中漏抄，導致本該第二次出現的『禍』字脫失。」筆者認為即便重文符號丟失，「過」字還是應當存在，此處很有可能歷經多次文字傳抄上的脫誤。總之簡本的「禍=（禍，禍）過」，今本

---

[73] 夏含夷：〈清華五〈命訓〉簡、傳本異文考〉，《古文字研究》第31輯，《古文字研究會第21屆年會論文集》，頁379。

[74] 魏慈德：〈從傳本《命訓》與《清華簡・命訓》的對讀來看清人校注的幾個問題〉，「出土文獻與傳世典籍的詮釋國際學術研討會」，上海：復旦大學出土文獻與古文字研究中心，2017.10.14-15，頁346。

皆已脫失。此外，孫詒讓云：「以上文校之，此當作『司不德不義』」，孫詒讓據前文的「夫司德司義，而賜之福祿」，而將「司不義」補作「司不德不義」，由簡本來看，此說不確。

簡文「或司不義而降之禍」的「降」字形作「」，「阜」旁寫法特別，值得留意。「阜」旁過去有「腳窩」和「山」兩種主流說法，各有論據[75]，但根據花園莊東地甲骨「阶」字的寫法來看，「阜」指的應是「山」。[76]甲骨文中的「阝」，戰國文字演變成「阝」（曾侯乙 26），其「阝」若快速書寫就會變成「阝」（簡 8），再進一步就變成「阝」，在三道象徵山陵的橫筆上加一豎筆貫穿。「阝」與「阝」是戰國文字中最常見的兩種「阜」旁構形，本處的「阜」旁還保留早期山阜的象形，尤為難得。

簡文「人能毋懲乎」，唐大沛云：「禍在人，人自召禍。懲，因得禍而恐懼以懲戒。」「懲」應訓作鑒戒，《詩經‧周頌‧小毖》云：「予其懲而毖後患。」鄭玄箋：「懲，艾也。」[77]《韓非子‧難二》云：「不誅過，則民不懲而易為非，此亂之本也。」[78]可參。

〔九〕夫民生而佴（恥）不明，走（上）以明之，能亡（無）佴（恥）虗（乎）？女（如）又（有）佴（恥）而互（恆）行，則尾（度）至于亟（極）

圖版							
釋文	夫	民	生	而	佴	不	明

---

[75] 參季旭昇師：《說文新證》，（臺北：藝文印書館，2014.9），頁 944。

[76] 陳美蘭：〈說幽——兼談〈蘭賦〉「幽中」〉，《中國文字》，新 37 期，（臺北：藝文印書館，2011.12）頁 16-20。

[77] 李學勤主編，《十三經注疏》整理委員會整理：《毛詩正義》，頁 1587。

[78] （清）王先慎撰，鍾哲點校：《韓非子集解》，（北京：中華書局，1998.7），頁 361。

圖版	圖版字	圖版字	圖版字	圖版字	圖版字	圖版字	圖版字
釋文	辵	以	明	之	能	亡	佴
圖版	圖版字	圖版字	圖版字	圖版字	圖版字	圖版字	圖版字
釋文	唇	女	又	佴	而	互	行
圖版	圖版字	圖版字	圖版字	圖版字	圖版字		
釋文	則	厇	至	于	亟		

今本	夫民生而醜不明，無以明之，能無醜乎？若有醜而競行不醜，則度至于極。 黃懷信語譯：人生來並不知道有羞恥，如果不能使他明白什麼是羞恥，他能不幹出無恥的事嗎？如果人有了羞恥之心而競行不恥，那麼禮儀法度就不會遭到破壞而達到中正。
校注	【彙校】能，元刊本、鍾本、吳本闕。 【集注】孔晁云：不謂醜者，若道上為君。（下句丁改「言道在為君」。）○盧文弨云：無以明之，民不能自明也。在上者能無醜乎，謂旌別淑慝也。舉直錯枉，能使枉者直，斯所謂競行不醜也。是則至於至善矣。下「無以穀之」、「無以畏之」皆謂民，「能無勸乎」、「能無恐乎」皆謂君。○潘振云：醜，惡也。言民生而惡，其德不明，民不能自明也。司德者能無著其惡乎？民知有惡，而強行於善，斯不惡矣。此醜民之法度，至於至善也。○陳逢衡云：醜，恥也。言民生而為氣所拘物欲所蔽，舉凡可恥之事無以滌其舊染而明之，則必自陷於罪矣，在上者能無激發其恥乎？若人皆有知有恥而至於無恥可恥，則競行不恥矣。故民協於度。○唐大沛云：醜，類也，指善惡言。不明，言善惡易淆，真知者鮮。分辨善惡，即所謂明醜。民愚識暗，不能自明也。君上能無彰善癉惡以明其醜乎？民雖有善有惡，而爭自琢磨，同歸於善，是競行不醜矣。是則治法盡善。○劉師培云：本篇明醜與《度訓解》所云略同。

		競行不醜，謂不域於類，即《常訓解》所云「醜明乃樂義，樂義乃至上」也。 ○陳漢章云：競行，即上篇力竟；不醜，即上篇壯任老養幼長。[79]									
對勘	簡	夫	民	生	而	恥	不	明	，	上	以	明	之
	今	夫	民	生	而	醜	不	明	，	無	以	明	之
	簡	，	能	亡	恥	乎	？	若	有	恥	而	恆	行
	今	，	能	無	醜	乎	？	若	有	醜	而	競	行
	簡	/	/	，	則	度	至	于	極	。			
	今	不	醜	，	則	度	至	于	極	。			

原整理者：今本作「夫民生而醜不明；無以明之，能無醜乎？若有醜而競行不醜，則度至于極」。與簡文相比，簡文之「佴」字，今本作「醜」；簡文之「上」字，今本作「無」；簡文之「亡」字，今本作「無」；簡文之「如」字，今本作「若」；簡文之「恆行」，今本作「競行不醜」。「佴」即「恥」字，與「醜」字義通。《逸周書·常訓》：「明王自血氣耳目之習以明之醜，醜明乃樂義，樂義乃至上，上賢而不窮。」〈程典〉：「無醜，輕其行。」〈文政〉還載有「九醜」：「思勇醜忘，思意醜變，思治醜亂，思固醜轉，思信醜姦，思讓醜殘，思行醜頑，思仁醜豐。」[80]

劉國忠：《命訓》有「夫民生而醜不明，無以明之，能無醜乎？若有醜而競行不醜，則度至於極」的論述，理解這句話的最關鍵之字是「醜」字，但對於此「醜」字，學者們理解有很大的分歧，主要有三說：

第一種觀點，是把「醜」字訓為「惡」。按照這一理解，《命訓》的這句話就是在論述人性本惡，我們知道，與孟子同時期的告子曾提出「人性惡」的主張，但最後直至荀子才把性惡論確立，如果《命訓》此處是在說明人性本惡，自然不可能早於戰國中期。一些學者認為《命訓》的時代很晚，與此處性惡論的理解有很大的關係。

第二種意見，是把「醜」字理解為「類」，指善惡。這種理解也有其訓

---

[79] 黃懷信、張懋鎔、田旭東撰，李學勤審定：《逸周書彙校集注（上）》（修訂本），頁24。
[80] 李學勤主編：《清華大學藏戰國竹簡（伍）》，頁127。

詁的依據。「醜」可訓為「惡」，也可訓為「類」，而「類」又可訓為「善」，。因此，唐大沛認為此處的「醜」訓為「善惡」，也有其一定的道理。但是這一理解仍然是從人性論的角度來考慮的，認為人性有善有惡。

第三種理解，是把「醜」訓為「恥」。「醜」訓為「恥」，這一訓詁也有先例，如《戰國策・秦策》：「皆有詬醜」，高誘注：「醜，恥」，即為其例。

以上三說中，除第二種意見略嫌迂曲外，第一種和第三種觀點都有各自的道理，但是哪種理解更符合其原意，在傳世本中並不易做出明確的判斷，而清華簡《命訓》的公佈，使我們可以在這些不同的訓釋中做出明確的選擇。

簡本中這段話的原文作：「夫民生而俚不明，上以明之，能亡俚乎？若有醜而恒行，則度至於極。」傳世本與簡本兩種版本體系的異文中，有的地方可以互通，例如「無」與「亡」，但也有一些有重要意義，如傳世本的「無以明之」，清華簡本作「上以明之」，簡本顯然更為準確。推測傳世本的「無」字本應作「亡」，「亡」字古文字寫法與「上」較接近，遂致發生訛誤。

不過，在這二種版本的異文中，最關鍵的是差異是：與傳世本「醜」字相對應的文字，在清華簡中作「俚」。「俚」即「恥」字，司馬遷《報任安書》有「而僕又俚之蠶室」之文，此處的「俚」也訓為恥，即是說司馬遷遭受了去蠶室受宮刑之恥。從清華簡《命訓》中可以看出，傳世本《命訓》中的「醜」都應當訓為「恥」，才符合原義。而以往有些學者把「醜」訓為「惡」，並進而從人性為惡的角度來總結相關的討論，顯然不確。可見，《命訓》篇並沒有「人性惡」的觀點，更不能據此來討論《命訓》篇的寫作年代。[81]

斯行之：本篇「俚（恥）」字今本皆作「醜」，《祭公》「厚顏忍恥」字

---

[81] 劉國忠：〈清華簡《命訓》初探〉，《深圳大學學報（人文社會科學版）》，頁39-40。

今本作「厚顏忍醜」。典籍中恥、聰、醜等字互爲異文的情況可參看陳劍先生《說「規」等字並論一些特別的形聲字意符》一文（《第三屆漢字文化研討會論文集》，北京大學，2015）。今本《逸周書》的底本中「醜」字可能原作「聰」（陳劍先生指出是恥之本字），與清華簡本用字不同，傳抄過程中誤爲形義皆近的「醜」字。[82]

黃甜甜：整理者認爲今本「無」字是「上」字之誤。我們猜測「上」可訛誤爲形近的「无」，後人又改寫爲「無」。也可能是後人誤解語法後，有意改「上」爲「無」。

這段話位於《命訓》開篇部分，開篇首句言「天生民而成大命。命司德正之以禍福，立明王以順之」，下文一系列排比，都是在講「明王」如何訓導人民。「夫民生而恥不明，上以明之」，第二小句的主語「上」代指前文的「明王」。「上以明之」意在強調「明王」的訓導。今本「夫民生而醜不明，無以明之」，盧文弨注：「無以明之，民不能自明也。」這提醒我們，後世整理者對句中主語理解錯誤，不明白「上」在句中所指，誤認爲「明之」的施事者仍然是「民」，所以改「上」爲「無」。「無以明之」的「無」有否定義，正好承接前一句「民生而醜不明」。[83]

郭倩文：《說文·人部》：「佴，佽也。从人耳聲。」「佴」已見：柜師家簠、佴璽彙3561、佴秦印。但未見於已有楚簡材料，爲《清華簡》新見字。[84]

夏含夷：

Q1：夫民生而佴不明上以明之能亡佴唐　　　　　　　　【3】

Q2：夫民生而恥不明，<u>上</u>以明之，能亡恥乎？

[82] 見武漢網「簡帛論壇」〈清華五《命訓》初讀〉30樓，2015.4.21（2017.7.4 上網）。
[83] 黃甜甜：〈由清華簡三篇論《逸周書》在後世的改動〉，《中華文史論叢》，2016 年第 2 期（總第 122 期），頁 238-239。
[84] 郭倩文：《《清華五》、《上博九》集釋及新見文字現象整理與研究》，頁 99。

Y：夫民生而醜不明，<u>無</u>以明之，能無醜乎？

雖然這句話有三處異文，但這裡只討論第二處異文，即「上」和「无」。《命訓》的簡本就像《命訓》傳世本以及《度訓》和《常訓》一樣，主要論點是政府可以通過哪些手段管制人民。在簡本裡，「上」通常是政治領導的意思（譬如第4、8、9條簡文），在這裡也可以理解為領導要教化（「明」）人民，而傳世本並未反映出這個意思。不但如此，傳世本包含的政治思想根本沒有多少意思。人民如果生下來已經「醜不明」（也就是說，對他們所缺乏的智慧感到慚愧），可是真的沒有辦法教化他們（「無以明之」），那麼他們怎麼沒有慚愧！

雖然傳世本的所有版本都讀作「無以明之」，可是從孔晁的注解看，他所利用的文本很可能和簡本一樣讀作「上以明之」：「不謂醜者，若道上為君。」孔晁提到「上為君」顯然只能說明「上」的意思。因為「上」和「无」特別是繁體的「無」字形很不一樣，所以這個異文似乎不是由於形近而訛。我們知道傳世本的「無」字在簡本都作「亡」，在戰國時代的寫本，「亡」寫作 ![img]，此處「上以明之」的「上」寫作 ![img]（清華簡編者隸定為「走」，在他處簡文通常寫作 ![img]，不知道兩種不同的寫法是否暗指不同的意思），其他戰國寫本裡也經常寫作 ![img]。![img]和 ![img]、![img]本來就相似，在文本抄寫過程當中，不小心的抄手很可能將 ![img]或 ![img]抄錯為 ![img]，然後另外一個抄手或編者將 ![img]破讀為「无」。雖然這個讀法根本講不通，可是在所有的注本裡只有陳逢衡和唐大沛將「无」讀作「上」，而連這兩個注家也都沒有解說。[85]

夏含夷：Q1：女又俤而亙行則尾至于亙　【3】

　　　　Q2：如有恥而恆行，　　則度至于極。

　　　　Y ：若有醜而競行 <u>不醜</u> ，則度至于極。

---

[85] 夏含夷：〈清華五〈命訓〉簡、傳本異文考〉，《古文字研究》第31輯，《古文字研究會第21屆年會論文集》，頁382。

Q1：福莫大于行　　　　　【10】

Q2：福莫大于行

Y ：福莫大于行 <u>義</u>

這兩句話都以「行」作為句子的動詞。因為簡文有不少相同的例子，所以我們可以知道《命訓》作者特意用了這個句法。「行」一般用為動詞，既可以是及物動詞又可以是不及物動詞。不及物動詞用法最簡單的是「走路」之類的意思。及物動詞最基本的是「進行」或「做出」之類的意思。在上述兩句話裡，簡文的「行」是句子最後一個字，肯定是不及物動詞，但是意思肯定不僅僅是「走路」，而應該是「做出合適的行為」：「如有恥而恆行」的意思是「如果有慚愧的感覺而能夠長久做出合適的行為」；「福莫大于行」的意思是「沒有比做出合適的行為更大的福祿」。這種用法在古書上相當罕見，但不是完全沒有。與此不同，傳世本加上賓語，把動詞「行」改為及物動詞。看起來傳世本的某一個編者以為原本的用法不夠清楚，因此給它加上了賓語。其實，「行義」和第十簡的「行」是同一個意思，只是傳世本比簡本稍微清楚一點。從一個角度來看，傳世本改善了原文，可是從另外一個角度看，這樣「改善」就失去了原文一個相當有意思的用法。[86]

張連航：甲骨文有「聖」字作此形 🔲《合集》14295；「聽」作 🔲《合集》5306。這兩個字形體像一人豎起耳朵聽，从人口或耳口。「聽」這個字到了戰國作 🔲（中山王嚳壺）（佑仁案：「嚳」原誤「錯」）。依然是从人从口从耳。《說文》：「聽，聆也。从耳、惠，壬聲。」段玉裁注：「耳惠者，耳有所得也。」《說文》：「聖，通也。从耳，呈聲。」……把 🔲 釋為「聽」，內容就容易理解多了。從文句看，「不明」者，是「聽」。「聽」指「聽命」，

---

[86] 夏含夷：〈清華五〈命訓〉簡、傳本異文考〉，《古文字研究》第 31 輯，《古文字研究會第 21 屆年會論文集》，頁 383。

聽到上天的昭命。若讀為「聽不明」，就非常清楚。那麼這句話變成，「夫民生而聽不明；無以明之，能無聽乎？如有聽而競行不聽，則度至于極。」另外《命訓》篇內容提及「天道三人道三」對舉，「天有命、有福、有禍，人有聽、有緋絻、有斧鉞」。剛好是聽—命、福—市冕、禍—斧鉞。所以，我們覺得 應該讀作「聽」。[87]

魏慈德：句中的「無」都是「上」字之訛。「上」即指「明王」，明王因下民之「恥不明」、「樂生穀」、「痛死喪」，而「明之」、「穀之」、「畏之」，所以句中的主語都是「上」。……很可能是簡文中的「上」在傳本中最初寫成「王」，因為「上」即指「明王」，而「王」（匣母陽部）又音訛成了「亡」（明母陽部），被寫成了「無」，而成為今傳本的樣貌。……而六極中言治民之功的三句「無以某之」的「無」字，可能都是「王」的訛字，先由「王」訛「亡」，再寫成「無」，在句中都是當主語，表「明王」（簡本作「上」）。再者，文中的「醜」都當讀為「恥」，注家中只有陳逢衡透過文義訓讀明白指出。[88]

佑仁謹案：先談「上」、「無」的校勘問題。簡文的「上」，今本作「無」，原整理者將該句隸定作「上以明之」，在考釋中僅言「簡文之『上』字，今本作『無』」，關於「上」、「無」的正誤問題，原整理者並無申說，不過就其隸定方式來看，原整理者最終是以簡本為正字。首先，此處有三條「上以△之」的用例：

1. 夫民生而恥不明，上以明之，能無恥乎？（簡3）

2. 夫民生而樂生穀，上以穀之，能毋勸乎？（簡4）

---

[87] 張連航：〈清華簡〈命訓〉篇中的字〉，《中國古文字研究會第21屆年會散發論文集》，北京：中國古文字研究會及清華大學出土文獻研究與保護中心主辦，2016.10.21，頁112-113。

[88] 魏慈德：〈從傳本《命訓》與《清華簡‧命訓》的對讀來看清人校注的幾個問題〉，「出土文獻與傳世典籍的詮釋國際學術研討會」，上海：復旦大學出土文獻與古文字研究中心，2017.10.14-15，頁347。

3. 夫民生而痛死喪，上以畏之，能毋恐乎？（簡 4-5）

簡文三處「上」字今本均作「無」，而簡文三例「上」字，說明此處絕非偶然的誤字。過去學者對此條的解釋，如盧文弨云：「無以明之，民不能自明也。在上者能無醜乎，謂旌別淑慝也。」陳逢衡云：「在上者能無激發其恥乎？」、唐大沛云：「君上能無彰善癉惡以明其醜乎？」等，其實都已經將「以明之」的主詞理解為「君上」。而劉師培在論「無以穀之」一條時，則更直接地指出：「本文『無』字與下弗屬，疑係字誤。上下節兩『無』字亦然」，其說甚是。

今本「夫民生而醜不明，無以明之，能無醜乎，若有醜而競行不醜，則度至于極 」，孔晁云：「不謂醜者，若道上為君。」[89]夏含夷認為孔晁所用的版本與簡本一樣都是「上以明之」，說法可商。《四部叢刊》影印明嘉靖二十二年四明章檗校刊本孔晁注本原文作「無以明之」，而「不謂醜者，若道上為君。」語句含糊，尤其第二句，簡直不成句意，因此丁宗洛才將「若道上為君」一語改為「言道在為君」。整體來說，目前無法證明孔晁所使用的版本與簡本一致。簡本的「上」是比較正確的版本，「上」指國君，從簡文的「乃曠命以代其上」、「賞則民賈其上，賈其上則無讓」，可知〈命訓〉全篇的「上」都是指「君上」。

至於「上」演變成「無 」的過程，黃甜甜認為簡本的「上」先訛作「无」，再被改寫作「無」，其說不可信。無論是古文字還是秦漢文字，「上」與「无」的寫法差異很大，其訛誤過程當即夏含夷所言「上」與「亡」先產生訛誤，而「亡」進一步轉成「無」。不過必須進一步說明的是，夏含夷以楚簡的「上」與「亡」作為例證，似將訛誤時間導向戰國時代，筆者認為關於「上」與「亡」的時間推測，恐難肯定是在戰國時期。漢魏時期的「亡」字形作「 」（東漢‧韓勑碑）、「 」（東漢‧西嶽華山廟碑）、「 」（魏孝文帝弔比

---

[89] 黃懷信、張懋鎔、田旭東撰，李學勤審定：《逸周書彙校集注（上）》（修訂本），頁 24。

干文），而「上」字作「［圖］」（東漢・張遷碑）、「［圖］」（東漢・倉頡廟碑），二者差異僅在「亡」字於右上添有小點。例如北魏石刻《元颺妃 李媛華墓誌》的「上」寫作「［圖］」，而「亡」則作「［圖］」、「［圖］」，可見二字確實有訛混的條件（本處兩例「亡」字，京都大學文字拓本資料庫就都誤收入「上」字[90]）。簡8「其極一，弗知則不行」，「行」今本作「存」，古代經師很早就指出「存」乃「行」的誤字，楚簡以「鳶」表{存}，「鳶」與「行」差異很大，沒有訛誤空間，反觀「行」與「存」，就外觀上看，確實可能產生筆誤。可見今本「存」字的致誤時間，肯定也是漢以後的事。總的來說，夏含夷認為「卜」、「亡（無）」是字形上的訛變，比較合理。不過《逸周書》在戰國以後還有一段漫長的傳抄過程，沒有辦法保證就是在戰國文字階段致誤。

　　關於「恥」字，張連航將「［圖］」與甲骨文的「［圖］」（合集21712）聯繫起來，認為「佴」應該要改讀作「聽」，「聽」指「聽命」。筆者認為這個說法並不理想，甲骨文的「聽」字已常省寫為「［圖］」（合集3682）、「［圖］」（合集974反），結構從「耳」從「口」（或二「口」），其後西周早期的「［圖］」（大保簋／集成04140），戰國晚期的「［圖］」（中山王𰾋鼎／集成02840）等金文寫法，並無太大變化。楚簡「聽」字從耳、呈聲，字形作「［圖］」（上博五.姑成家父.8），文例為「取主君之眾以不△命」。因此，楚簡早有習慣的「聽」字寫法，張說忽略「聽」字演變過程，而直接聯繫「［圖］」與甲骨文的「［圖］」，恐不適宜。

　　簡文的「［圖］」，字從人、耳聲。裘錫圭《文字學概要》指出：「簡化字作『耻』的『恥』字，本是從『心』『耳』聲的字，後來『耳』、『恥』二字的讀音變得毫無共同之處，『耳』實際上成了僅有區別作用的記號，『恥』

成了半記號半表意字。『恥』寫作『耻』，始見東漢碑刻，可能當時『耳』、『恥』兩字讀音已經有很大的距離，有的人不知道『耳』是聲旁，就把『心』旁改成讀音與『恥』相近的『止』（漢隸中『止』和『心』的字形相當接近）。所以『耻』可以看作記號『耳』跟音符『止』組成的半記號半表音字。」[91] 陳劍從近年所出土的地下資料考察，發現秦漢文字有很多「聭」字，文例中多讀為「餌」（《孫臏兵法・官一》）或「恥」（馬王堆帛書〈戰國縱橫家書〉、嶽麓秦簡〈為吏治官及黔首〉），而它們都是从「耳」聲的字。現在的問題是，「耳」既然是聲符，那麼「鬼」究竟是怎麼來的呢？陳劍認為有兩種思路：

    1.从「愧、媿」省。

    2.从「醜」省。

陳劍認為由「恥」、「醜」密切的關係來看，「『聭（恥）』字還是以說為从『醜』省最為可能，『聭』為『恥』的本字，用為『餌』係出於假借」[92]。經過裘錫圭、陳劍等人的闡述，對於「恥」字的演變脈絡逐漸清晰：「恥」初文作「聭」，字从「耳」聲，「鬼」應是「醜」之省（「恥」、「醜」音近而義同，故古多通用）。到了秦漢，「聭（恥）」字的音讀已與「耳」聲漸遠，因此「聭」常被誤認為是从「鬼」聲的「愧（媿）」字。「聭（恥）」古音透紐之部，與「愧（媿）」古音見紐微部，本是音韻差異很遠的兩個字，但因為「恥」、「愧」都有慚愧之義，且秦漢之際「聭（恥）」與「耳」已有「日」母與「泥」母的語音差異，因此「聭」遂被誤認為是「愧」字。回到簡文，陳逢衡云：「醜，恥也。言民生而為氣所拘，物欲所蔽，舉凡可恥之事無以滌其舊染而明之，則必自陷於罪矣，在上者能無激發其恥乎？」已正確將「醜」訓為恥。

    關於「亙（恆）行」，原整理者讀「恆行」，今本作「競行」，諸家無說。

---

[91] 裘錫圭：《文字學概要（修訂本）》，（北京：商務印書館，2013.7），頁 14。

[92] 陳劍：〈說「規」等字並論一些特別的形聲字意符〉，「源遠流長：漢字國際學術研討會暨 AEARU 第三屆漢字文化研討會」論文，2015.4.11-12，北京大學，頁 10。

就過去楚簡釋讀經驗告訴我們，楚簡的「亙」字在文例中往往可以由「亙」或「亟」字聲系去考慮，張峰在其博士論文中曾全面梳理楚簡中所有「亙」和「亟」的用法，其結論認為「『亙』（或者從『亙』）形可以代表｛亟｝，而『亟』字到目前為止絕對不會代表｛亙｝」。[93]

郭店楚簡〈緇衣〉有一條非常值得本處參酌的文例，簡32云：「子曰：『君子道人以言而亙以行』」，該句上博簡殘缺，今本〈緇衣〉作「君子道人以言，而禁人以行」[94]。裘錫圭在〈是『恆先』還是『極先』？〉一文云：「『亙以行』，《禮記・緇衣》作『禁人以行』。鄭玄注：『禁，猶謹也。』從『亟』得聲之字有『恆』。《說文》：『恆，急性也。從心，亟聲。一曰謹重貌。』字義與『禁』相關。」[95]〈緇衣〉的「亙以行」與本處的「亙行」用法十分近似，而且〈緇衣〉今本作「禁」，〈命訓〉今本作「競」，二字古音「禁」為見紐陽部，「競」為匣紐陽部，聲韻俱近。就字意來看，「禁」是謹慎之義，而「競」也有戒慎一類意涵，惟「謹慎」義的｛競｝，字常寫作「兢」（競、兢乃一字之異體）。另外，從「亟」得聲的「恆」，《說文》云：「一曰謹重貌。」[96]可見〈命訓〉的「亙行」，無論是依據今本讀作「競行」，還是據簡本讀作「恆行」，應當都是戒慎敬謹之義。

簡文「夫民生而恥不明，上以明之，能無恥乎？如有恥而恆行，則度至于極。」可語譯為：人民生而不懂「恥」，明王就想辦法讓他們知「恥」，人民會無「恥」嗎？如果人民都懂知「恥」而又能敬謹遵行，則治理天下的法度就能達到最高的標準。「恥」即今所謂的「羞恥心」，往往是在作出

---

[93] 張峰：《楚系簡帛文字訛書研究》，吉林大學博士論文，2012，頁177-189。

[94] 李學勤主編，《十三經注疏》整理委員會整理：《禮記正義》，頁1756。

[95] 裘錫圭：〈是「恆先」還是「極先」〉，國立臺灣大學中國文學系、武漢大學簡帛研究中心、芝加哥大學顧立雅古文字學研究中心主辦：2007 中國簡帛學國際論壇論文，2007.11.10-11。後又發表於復旦網，2009.6.2。又見裘錫圭：〈是「恆先」還是「極先」〉，《裘錫圭學術文集5：古代歷史、思想、民俗卷》，（上海：復旦大學出版社，2012.6），頁326-337。

[96] （東漢）許慎撰，（清）段玉裁注，李添富總校訂：《新添古音說文解字注》（三版），頁512。

錯誤或違反道德規範的行為後所產生的一種情緒、認知或狀態，若處事能夠戰戰兢兢，如臨深淵，如履薄冰，則必然比較不會再犯錯。

當然我們無法完全排除可以依據簡文的「亙」讀成「恆行」，解釋作「長久遵行」[97]的方案。只是讀作「恆行」文意更為顯豁，且又可以聯繫郭店〈緇衣〉，並與今本的「競」字對應起來，自當是首選。

今本「能無醜乎」，簡本作「能無恥乎」，黃懷信指出「能，元刊本、鍾本、吳本闕。」[98]從簡本來看，確定有「能」字，因此元刊本以及明代鍾惺、吳琯等人的輯刊本均誤。

〔十〕夫民生而樂生教（穀），上以敎（穀）之，能母（毋）懽（勸）唇（乎）？女（如）懽（勸）以忠訏（信），則庀（度）至于亟（極）

圖版	夫	民	生	而	樂	生	穀
釋文	夫	民	生	而	樂	生	穀
圖版	上	以	穀	之	能	母	懽
釋文	上	以	穀	之	能	母	懽
圖版	唇	女	懽	以	忠	訏	則
釋文	唇	女	懽	以	忠	訏	則

---

97 季旭昇師：〈談〈洪範〉「皇極」與〈命訓〉「六極」——兼談〈逸周書・命訓〉的著成時代〉，「出土文獻與中國古典學」國際學術研討會，2016.4.7-9，耶魯—新加坡國立大學學院，頁9。

98 「元刊本」為元代至正十四年嘉興路學宮刊本。「鍾本」為明代鍾惺輯刊本，「吳本」為明代吳琯所輯刊之版本。

圖版	𡧛	𡊁	于	亟							
釋文	庅	至	于	亟							

今本	夫民生而樂生，無以穀之，能無勸乎？若勸之以忠，則度至于極。 黃懷信語譯：人生來就喜歡活著，如果不能使他活得更好，他能不苟且偷生嗎？如果以誠心勸勵他，那麼禮儀法度就不會遭到破壞而達到中正。

校注	【彙校】夫，元刊本、程本、趙本、吳本、王本作「天」。○若勸之以忠，盧云趙曦明疑「若勸以之忠」。○劉師培云：本文「無」字與下弗屬，疑係字誤。上下節兩「無」字亦然。 【集注】孔晁云：穀，善也。謂忠信也。○潘振云：樂生，情也。民个善，以生道勸之，每難盡己。勸民而盡己之心，斯已矣。無僭賞矣。賞民之法度至於至善矣。○陳逢衡云：民雖樂生，而無以自淑，則在上者當導之以德，而民協於中矣。勸，勉也。中心曰忠。○唐大沛云：民生而樂生，承《度訓篇》「生物是好」言。無以穀之，民愚不知養生之善道。能無勸乎，君上能無制田里、教樹畜，以勸其相生相養者乎？若勸之以忠，言相勸以樂生之道，而盡心以為之也。忠者，盡己之謂。度至於極，言養民之法盡善。○劉師培云：本節之文與下極賞相應，與畏、罰對文。穀當詁祿。《大戴禮記‧用兵篇》曰：「讒貸處穀。」《法言》「法行處辟」盧注：「穀，祿也。辟，罪辟也。」此篇穀、畏對詞，與「穀辟」同，孔說非。[99]

對勘		夫	民	生	而	樂	生	穀	，	上	以	穀	之
	簡	夫	民	生	而	樂	生	穀	，	上	以	穀	之
	今	夫	民	生	而	樂	生	/	，	無	以	穀	之
	簡	，	能	毋	勸	乎	？	若	勸	以	以	忠	信
	今	，	能	無	勸	乎	？	若	勸	之	以	忠	/
	簡	，	則	度	至	于	極	。					
	今	，	則	度	至	于	極	。					

　　原整理者：今本作「夫民生而樂生，無以穀之，能無勸乎？若勸之以忠，則度至于極」。與簡文相比，今本在「樂生」二字之後脫一「穀」字。「無以穀之」之「無」字，劉師培已疑為誤字：「本文『無』字與下弗屬，

疑係字誤。上下節兩『無』字亦然。」對照簡文，可知此三個「無」字實為「上」字之誤。簡文「勸以忠信」，今本作「勸之以忠」，當以簡文為是。穀，《詩‧天保》毛傳：「祿也。」《逸周書‧度訓》：「凡民生而有好有惡。小得其所好則喜，大得其所好則樂；小遭其所惡則憂，大遭其所惡則哀。凡民之所好惡，生物是好，死物是惡。」[100]

華東師範大學中文系出土文獻研究工作室：簡本中「生」、「穀」連用，「穀」當如字讀。《說文》：「乳也」，生子曰乳，與「生」義近。《論語‧微子》：「周有八士」，包咸注：「周時四乳生八子」，即以「乳」、「生」連用，劉寶楠《正義》謂：「乳猶生也。」又《左傳‧宣公四年》記載鬭穀於菟的故事曰：「楚人謂乳穀，謂虎於菟。」則楚語中「乳」、「穀」音近意同。因此「生穀」即「生乳」，指生育孳乳。而且同簡接下來又言「夫民生而痌（痛）死喪」，句式與此處相同，同樣位置上的「死喪」二字也是同義連用。此篇前半論述「六極」，即民如何能做到「度至於極」，前文已經分別提到，人面對福禍之際如何能「度至於極」，兩種情境正相對應。此處兩句，既指出人有「樂生穀」與「痛死喪」的兩種相對相成的本性，又指出君上當如何利用這兩種本性來使民「度至於極」，也正是意義相應的兩條。若讀為「穀」，訓為「善」，則全然忽視了這種對應關係，而與上文不協。故不當讀為「穀」訓為「善」。[101]

劉國忠：在編寫本篇整理報告過程中，我們對於簡文中「夫民生而樂生穀，上以穀之」這一句作注釋時，當時的想法，是把這句話與文中常提到的「市冕」加以對應，認為應該是表示「祿」的含義，因此我們曾據《詩‧天保》的毛傳，把句中的「穀」字訓為「祿」。現在看來，這種理解還是不盡妥當。實際上，這句話所表達的是明王對民眾的獎賞，因此「穀」字還

---

100 李學勤主編：《清華大學藏戰國竹簡（伍）》，頁 128。
101 華東師範大學中文系出土文獻研究工作室：〈讀《清華大學藏戰國竹簡（伍）》書後（三）〉，武漢網，2015.4.17（2017.7.4 上網）。

是應按照更常見的訓詁，釋為「養」，這樣文句的訓讀會更為貼切一些。[102]

　　郭倩文：如華東師範大學中文系出土文獻研究工作室所言，此處「夫民生而樂生穀」與後文「夫民生而痌（痛）死喪」相對為文，故其言「穀」如自讀，與「生」同義，為「生育、繁殖」義可從。《說文‧子部》：「穀，乳也。从子殼聲。一曰穀瞀也。」[103]

　　佑仁謹案：簡本「夫民生而樂生穀，上以穀之。」第一個「穀」字今本脫漏。原篆作「」，右半从「攴」不从「殳」。「穀」字應怎麼訓解，古今學者們有四種不同看法：

　　1.「穀」訓「祿」：劉師培、原整理者主之。

　　2.「穀」訓「養」：劉國忠主之。

　　3.「穀」訓「善」：孔晁主之。

　　4.「穀」讀如字，訓「乳」：華東師大工作室主之。

第一種說法將「穀」訓為「祿」，但就後文的「上以穀之」來看，「穀」不應屬於名詞性質，而本處三段「上以△之」的「△」，均屬動詞性質。此外，查考古籍「穀」訓作「祿」的文例，所謂的「祿」是指「俸祿」而言。《爾雅‧釋言》云：「穀、履，祿也。」[104]《詩經‧小雅‧天保》云：「天保定爾，俾爾戩穀。」毛傳：「穀，祿。」[105]《孟子‧滕文公上》云：「經界不正，井地不鈞，穀祿不平。」[106]焦循正義：「祿奉以穀，故穀即祿矣。」[107]《韓非子‧說疑》云：「有萃辱之名，則不樂食穀之利。」[108]筆者認為本篇

---

[102] 劉國忠：〈清華大學清華簡《命訓》中的命論補正〉，《出土文獻與先秦經史國際學術研討會論文集（上）》，頁261。又見《中國史研究》，2016年第1期，頁26。

[103] 郭倩文：《《清華五》、《上博九》集釋及新見文字現象整理與研究》，頁100。

[104] 李學勤主編，《十三經注疏》整理委員會整理：《爾雅注疏》，（北京：北京大學出版社，2000.12），頁74。

[105] 李學勤主編，《十三經注疏》整理委員會整理：《毛詩正義》，頁683。

[106] 李學勤主編，《十三經注疏》整理委員會整理：《孟子注疏》，（北京：北京大學出版社，2000.12），頁163。

[107] （清）焦循，沈文倬點校：《孟子正義》，（北京：中華書局，1987.10），頁349。

[108] （清）王先慎撰，鍾哲點校：《韓非子集解》，頁402。

既然是討論治民之法，其「民」應具有普遍性，當泛指所有人而言，簡 4 「民生而痌（痛）死喪」亦復如此。好逸惡勞、樂生惡死，此乃人之性，不應特指收有俸給之人。《詩經·大雅·生民》云：「厥初生民，時維姜嫄。生民如何？克禋克祀，以弗無子。」[109]朱熹《詩集傳》：「民，人也。」[110]此處的「民」也是泛指所有人。尤其簡文「民生而……」意指人出生就能擁有的本質，但「樂食俸祿」並非人與生俱來的能力與需求。而且，簡文已有「祿」字，何必以「穀」為之，可見，訓「穀」為「祿」並不理想。

第三種說法也不可取，正如華東師大學者們的看法，「樂生穀」的「穀」訓「善」，則無法與「痛死喪」產生對應關係。

至於訓作「養」（第二種說法）與訓作「生」（第四種說法）的意見，概念十分接近。人之所以能夠「生」（存活），是因為能有所「養」（贍養），因此「生」與「養」的概念十分接近，似已無須辨其優劣。總之，「生穀」在此應為同義複詞，與後文的「死喪」相對。不過，華東師大工作室將「穀」讀作「乳」訓作「生」，筆者則認為逕將「穀」訓作「生」即可，不必多繞一道轉折。「穀」本有「生」之意，《爾雅·釋言》云：「穀、鞠，生也。」[111]《國語·晉語七》云：「若稟而棄之，是焚穀也；其稟而不材，是穀不成也。」韋昭注：「穀，所仰以生。」[112]《文選·張衡〈思玄賦〉》云：「發昔夢於木禾兮，穀崑崙之高岡。」舊注：「穀，生也。」[113]可見「穀」本身就有「生」的意思。至於「穀」訓作「養」的文例亦甚多，《詩經·小雅·甫田》云：「以穀我士女。」鄭玄箋：「我當以養士女也。」[114]「穀」在楚方言指「乳」，《左傳·宣公四年》云：「楚人謂乳穀，謂虎於菟。」[115]又《左

---

[109] 李學勤主編，《十三經注疏》整理委員會整理：《毛詩正義》，頁 1239。
[110] （宋）朱熹集注，趙長征點校：《詩集傳》，（北京：中華書局，2011.1），頁 253。
[111] 李學勤主編，《十三經注疏》整理委員會整理：《爾雅注疏》，頁 71。
[112] 徐元誥撰，王樹民、沈長雲點校：《國語集解》，（北京：中華書局，2002.6），頁 402。
[113] （唐）李善注：《文選》，（北京：中華書局，1977.11），頁 216。
[114] 李學勤主編，《十三經注疏》整理委員會整理：《毛詩正義》，頁 980。
[115] 李學勤主編，《十三經注疏》整理委員會整理：《春秋左傳正義》，頁 702。

傳·莊公三十年》云：「鬭穀於菟為令尹。」[116]陸德明《經典釋文》云：「穀，奴走反，楚人謂乳曰穀。」[117]楚帛書乙12云：「民則有穀，無有相擾」，皆是其證。

此外，尤其值得留意訓作「生」的「穀」字，在古籍中曾與「死」字對文，《詩經·王風·大車》云：「穀則異室，死則同穴。」孔穎達疏：「生則異室而居，死則同穴而葬。」[118]這也是本簡「穀」訓「生」的旁證。

簡文「夫民生而樂生穀，上以穀之，能毋勸乎？如勸以忠信，則度至于極。」是指人天生喜歡生養，國君就讓他們得以生養，人民能不得到鼓勵嗎？如果能以忠信勸勉人民，則治理天下的法度就能達到最高的標準。

〔十一〕 夫民生而痌（痛）死喪，上以㷼（畏）之，能母（毋）悡（恐）虖（乎）？女（如）悡（恐）而承孝（教），則厇（度）至于亟（極）

圖版	夫	民	生	而	痌	死	喪
釋文	夫	民	生	而	痌	死	喪
圖版	上	以	㷼	之	能	母	悡
釋文	上	以	㷼	之	能	母	悡
圖版	虖	女	悡	而	承	孝	則
釋文	虖	女	悡	而	承	孝	則

116 李學勤主編，《十三經注疏》整理委員會整理：《春秋左傳正義》，頁338。
117 （唐）陸德明撰：《經典釋文》，（北京：中華書局，1983.9），頁230。
118 李學勤主編，《十三經注疏》整理委員會整理：《毛詩正義》，頁317。

圖版					
釋文	庀	至	于	亟	

今本	夫民生而惡死，無以畏之，能無恐乎？若恐而承教，則度至于極。黃懷信語譯：人生來就怕死，如果不能使他畏懼而不惜生，見到死能不恐懼嗎？如果恐懼而接受教化，那麼禮儀法度就不會遭到破壞而達到中正。
校注	【集注】孔晁云：以死亡恐民，使奉上易教也。○潘振云：惡死，亦性也。不畏上，以死亡恐之。恐之而民奉教，斯已矣，無濫刑也。罰民之法度至於至善也。○陳逢衡云：言民雖惡死，而猶不免於犯法。則在上者當齊之以禮，而民知從欲矣。○唐大沛云：此承《度訓篇》「死物是惡」言。樂生，故惡死。無以畏之，民不自知畏懼而或陷於罪。能無恐乎，君上能無以法恐懼之使知畏罪乎？恐而承教，恐犯法而承上之教。度至於極，言去害全生教民遷善，其法盡善。此二節承上篇「使其所好去其所惡」言。以上言度至於極六者，皆申明上篇制度立中之義。○朱右曾云：刑以威之，所以弼教。[119]

對勘		簡	夫	民	生	而	痛	死	喪	，	上	以	畏	之
		今	夫	民	生	而	惡	死	/	，	無	以	畏	之
		簡	，	能	無	恐	乎	？	若	恐	而	承	教	，
		今	，	能	無	恐	乎	？	若	恐	而	承	教	，
		簡	則	度	至	于	極	。						
		今	則	度	至	于	極	。						

　　原整理者：今本作「夫民生而惡死，無以畏之，能無恐乎？若恐而承教，則度至于極」。疕，讀為「痛」，《方言》卷十三郭璞注：「怨痛也。」孔晁云：「以死亡恐民，使奉上易教也。」[120]

　　郭倩文：《集韻·冬韻》：「恫，《說文》：『痛也，一曰呻吟。』或作疕。」《說文·心部》：「恫，痛也。一曰呻吟也。從心、同聲。」該字不見於其

---

[119] 黃懷信、張懋鎔、田旭東撰，李學勤審定：《逸周書彙校集注（上）》（修訂本），頁25。
[120] 李學勤主編：《清華大學藏戰國竹簡（伍）》，頁128。

他已有出土材料，爲《清華伍》之新見字。[121]

　　佑仁謹案：簡文「痌」字今本作「痛」，一個從「同」聲，一個從「甬」聲，二者音義皆近。「痌」爲「恫」之異體，《集韻‧東韻》云：「恫，《說文》：『痛也，一曰呻吟。』或作痌、㤏。」[122]若此，則此處讀「恫」或逕據本字讀，皆可。值得留意的是《集篆古文韻海》收有「痌」字，構形作「𤻥」，字從「重」得聲[123]。

　　「痛死喪」對應今本的「惡死」，「死喪」是一組同義複詞，即死亡。《詩經‧小雅‧常棣》云：「死喪之威，兄弟孔懷。」[124]今本遺漏「喪」字，雖然不妨礙文義的理解，但從木篇「夫民生而恥不明」、「夫民生而樂生穀」、「夫民生而痛死喪」等文例來看，「而」字之下都爲三字句，可知簡本的文字較爲精確。

　　簡文「夫民生而痛死喪，上以畏之，能毋恐乎？如恐而承教，則度至于極。」意指人民天生害怕死喪，國君就用死喪來恐嚇他們，人民能不怕嗎？如果人民因爲害怕而接受國君的教化，則治理天下的法度就能達到最高的標準。

〔十二〕　六亟（極）既達，九迁（奸）具（俱）宾（塞）

圖版							
釋文	六	亟	既	達	九	迁	具
圖版							

---

[121] 郭倩文：《《清華五》、《上博九》集釋及新見文字現象整理與研究》，頁100-101。

[122] （宋）丁度：《集韻》，（上海：上海古籍出版社，1985.5影印上海圖書館藏述古堂影宋鈔本），頁4。

[123] 徐在國：《傳抄古文字編》，（北京：線裝書局，2006.11），頁740。

[124] 李學勤主編，《十三經注疏》整理委員會整理：《毛詩正義》，頁666。

釋文	寴								
今本	六極既通，六間具塞。 黃懷信語譯：六條中正達到以後，六種間隙也就全被填塞。								
校注	【彙校】既通，鍾本作「具通」。 【集注】孔晁云：六中之道通，則六間塞矣。○潘振云：間，音諫，罅隙也。非至善不得謂之極矣。具，俱也。○陳逢衡云：六極既通，猶《堯典》所謂「光被四表，格於上下」也。《荀子·儒效》曰：「宇中六指謂之極。」楊倞注：「六指，上下四方也。」盡六指之遠則為六極。間謂間隙，如天傾西北、地缺東南之類也。塞，實也。王者上蟠下際，放諸四海而太和充滿，無少欠缺，故曰六間具塞，《易》所謂「彌綸天地之道」是也。○丁宗洛云：間猶紅紫為間色之間，蓋不正也。不正則不中矣。○唐大沛云：此總上文，言六極之道既貫通而無不至，則六者之間隙無不塞矣。[125]								
對勘	簡	六	極	既	達，	九	間	具	塞。
	今	六	極	既	通，	六	間	具	塞。

原整理者：今本作「六極既通，六間具塞」。六極，即上文所說六種「度至于極」的情形。簡文「達」字，今本作「通」，「達」、「通」可互訓。簡文「九迀」，今本作「六間」。簡文「九迀」之義不詳，疑當從今本作「六間」。塞，《說文》：「隔也。」孔晁云：「六中之道通，則六間塞矣。」唐大沛云：「此總上文，言六極之道既貫通而無不至，則六者之間隙無不塞矣。」[126]

清華大學出土文獻讀書會：（許可）讀爲「六極既達，九奸俱息」。簡文「九奸」與上句「六極」相對，古書中「六、九」對舉的例子很多，不再贅言。而「九奸」亦常見於古書。《逸周書·常訓解》篇即有「九奸」：「困在坙，誘在王，民乃苟，苟乃不明，哀樂不時，四徵不顯，六極不服，八政不順，九德有奸，九奸不遷，萬物不至，夫禮非剋不承，非樂不竟，民是乏生。」潘振：「奸，詐也。遷，改也。」陳逢衡：「九德有奸，謂作偽。遷，改也。九奸不改，則萬物何由至於善乎？」唐大沛：「奸，偽也。『九

---

125 黃懷信、張懋鎔、田旭東撰，李學勤審定：《逸周書彙校集注（上）》（修訂本），頁 25-26。
126 李學勤主編：《清華大學藏戰國竹簡（伍）》，頁 128。

得有奸』，九德有作偽者。遷，謂迸逐也。容奸則政亂國危。」故「九奸」是「九德作偽」的產物。「九德」亦見於《逸周書·文政解》：「九德：一忠，二慈，三祿，四賞，五民之利，六商工受資，七祗民之死，八無奪農，九足民之財。」我們認爲，《命訓》中的「九奸」當是《文政解》中「九德」的反面。

今本《逸周書》文字上的問題，前人已有注意。簡本《命訓》可能比今本更接近文獻原貌。整理者據今本讀「九迂」爲「六間」，似乎不如讀爲《逸周書》中本已自洽的概念「九奸」。「寊」字自可讀「塞」，也可據楚地用字習慣讀爲「息」，如清華簡《繫年》第五章「賽」讀爲「息」等。塞、息異讀不影響理解文意。（詳見《清華簡〈命訓〉「九奸俱息」試說》）[127]

季旭昇師：「極」的本字應作「亙」（甲骨文《天》80作「⌇」），从人，上下二橫表示人的上下二極，因此本義爲「至、極至」；事物之「極至」即爲「明確之標準」，因此引申有「準則」之義，〈命訓〉的「極」字釋爲此二義，頗爲妥適。依儒家標準，人事之最高準則爲「中」、爲「至善」，這些義項都是「極」字本義的引申，但是用來解釋〈命訓〉的「極」，反而令人覺得說得太窄、太肯定，未必是原作者的意思；這樣解釋，也會造成對〈命訓〉著成時代判定的誤導。……仔細體會文義，六極應該是君王的六種「權柄」，善用這六種權柄，則可以「牧萬民，民用不失」。「權柄」而稱之爲「極」，後世文獻似未見，只見於《尚書·洪範》。因此，我們可以把〈命訓〉「六極」和〈洪範〉「皇極」作個對比。[128]

郭倩文：「六極」、「九奸」見於《逸周書·汲冢周書》卷一「四徵不顯，六極不服，八政不順，九德有奸，九奸不遷，萬物不至。」「九奸」爲「九

---

[127] 清華大學出土文獻讀書會：〈清華簡第五冊整理報告補正〉，清華網，2015.4.8（2017.7.4上網）。

[128] 季旭昇師：〈談〈洪範〉「皇極」與〈命訓〉「六極」——兼談《逸周書·命訓》的著成時代〉，出土文獻與中國古典學國際學術研討會，（新加坡：耶魯—新加坡國立大學學院，2016.4.8），頁10。

德」反面也。且「賓」讀爲「息」，楚簡常見，如上博九《靈王遂申》簡1「申賓」讀爲「申息」。故清華大學出土文獻讀書會的補正意見可從，「九」亦並非「六」之誤。[129]

　　佑仁謹案：「九迁」，原整理者今本讀作「九間」，許可、郭倩文則改讀作「九奸」。就文意來說，「九奸」比「九間」更具體，潘振認爲「間」是罅隙、間隙，如天傾西北、地缺東南之類，但套用在〈命訓〉中文意並不顯豁，未若用「奸」來得適切。許可已經指出《逸周書・常訓解》篇即有「九奸」，「奸」或作「姦」（盧文弨校本），朱右曾云：「奸，邪也。」[130] 而簡文「迁」字即從「干」，讀「奸」比「間」更直接，可見今本的「間」並非理想選擇。郭倩文更舉《逸周書・常訓》：「四徵不顯，六極不服，八政不順，九德有奸，九奸不遷，萬物不至。」來證明「六極」、「九奸」同時見於一條書證。〈常訓〉對於「六極」有非常具體的定義，其云「六極：命、醜、福、賞、禍、罰」，可以與本處簡文對應參看：

編號	簡本〈命訓〉	今本〈常訓〉
1	極命則民墮乏，乃曠命以代其上，殆於亂矣。	命
2	極福則民祿，民祿干善，干善違則不行。	福
3	極禍則民畏，民畏則淫祭，淫祭罷家。	禍
4	極恥則民叛，民𠩄則傷人，傷人則不義。	醜
5	極賞則民賈其上，賈其上則無讓，無讓則不順。	賞
6	極罰則民多詐，多詐則不忠，不忠則無復。凡厥六者，政之所殆。	罰

「命」、「福」、「禍」、「醜」、「賞」、「罰」諸條的關鍵字都可以對應〈命訓〉的原文。據此推論，〈命訓〉與〈常訓〉「九奸」的內涵應該是一致的。

　　由於〈常訓〉原文說「九德有奸，九奸不遷」，因此許可、郭倩文都主

[129] 郭倩文：《《清華五》、《上博九》集釋及新見文字現象整理與研究》，頁101。
[130] 黃懷信、張懋鎔、田旭東撰，李學勤審定：《逸周書彙校集注（上）》（修訂本），頁54。

張「九奸」是「九德」反面也，可信。不過，許可在討論「九德」內涵時引用《逸周書‧文政解》云：「九德：一、忠，二、慈，三、祿，四、賞，五、民之利，六、商工受資，七、祗民之死，八、無奪農，九、是民之則。」[131]為解。除〈文政解〉外，「九德」之說又可見《逸周書‧寶典》[132]、《尚書‧皋陶謨》[133]、清華參《說命（下）》[134]、《左傳‧昭公二十八年》[135]、〈常訓〉等，其中最值得留意的是〈常訓〉，其云：「九德：忠、信、敬、剛、柔、和、固、貞、順。」[136]〈常訓〉與〈命訓〉皆屬三〈訓〉內容，關係密切，因此針對「九德」的內涵，實應以〈常訓〉說法為準。

先秦文獻中常以【數詞＋條目】來總括某種特定的思想意涵，傳統說法稱此為「以數為紀」[137]，例如上博二〈民之父母〉有「三無」、「五至」、「五起」等。然而不同的篇章，即便【數詞＋條目】的用法一樣，但實際內涵卻差異很大。我們想說的是，〈常訓〉本身已標舉出「九德」的內涵，其云：「九德：忠、信、敬、剛、柔、和、固、貞、順」，而〈度訓〉、〈命訓〉、〈常訓〉則是《逸周書》的前三篇，可以視為同一組材料，彼此之間關係密切，因此「九德」之內涵應以〈常訓〉的說法為準。

---

[131] 黃懷信、張懋鎔、田旭東撰，李學勤審定：《逸周書彙校集注（上）》（修訂本），頁 377-378。

[132] 其昀：「九德：一孝，孝子畏哉，乃不亂謀，二悌，悌乃知序，序乃倫，倫不騰上，乃不崩，三慈惠，知長幼，知長幼，樂養老，四忠恕，是謂四儀，風言大極，意定不移，五中正，是謂權斷，補損知選，六恭遜，是謂容德，以法從權，安上無慝，七寬弘，是謂寬宇，準德以義，樂獲純嘏，八溫直，是謂明德，喜怒不郤，主人乃服，九兼（廉）武，是謂明刑，惠而能忍，尊天大經。」黃懷信、張懋鎔、田旭東撰，李學勤審定：《逸周書彙校集注（上）》（修訂本），頁 283-286。

[133] 其內容為：「寬而栗、柔而立、愿而恭、亂而敬、擾而毅、直而溫、簡而廉、剛而塞、彊而義、彰厥有常」李學勤主編，《十三經注疏》整理委員會整理：《尚書正義》，頁 125。

[134] 簡 8 云：「天章之甬（用）九悳（德）」。

[135] 李學勤主編，《十三經注疏》整理委員會整理：《春秋左傳正義》，頁 1723。

[136] 黃懷信、張懋鎔、田旭東撰，李學勤審定：《逸周書彙校集注（上）》（修訂本），頁 53。

[137] 所謂「以數為紀」是指通過「數」與「類」的結合，用來描述事物、闡明道理的一種方法。它會使得文章條理清晰、邏輯結構緊密，也更便於記憶。羅家湘《逸周書研究》認為「以數為紀」是口頭傳事的一個特徵。關於《逸周書》中的「以數為紀」討論者眾多：參胡宏哲：《〈尚書〉與〈逸周書〉比較研究》，北京語言大學博士論文，2008，頁 134、羅家湘：《〈逸周書〉研究》，（上海：上海古籍出版社，2006.10），頁 14。

　　許可認為「寅」字可依楚地習慣讀作「息」，如清華簡〈繫年〉第五章「賽」讀爲「息」等，此說不妥。楚簡中「賽」讀為「息」，往往都是指「息國」之「息」（息國是周代之諸侯國，春秋時期被楚文王滅國而置縣），除〈繫年〉大量出現外，還可見於〈靈王遂申〉簡1：「靈王既立，申賽（息）不憖。」[138]然而本處與國名無關，且楚簡「塞」讀如字的例子也很多，例如〈民之父母〉云：「而得既塞於四海矣」（簡7）、「塞于四方」（簡11）、「塞於四海」（簡12），更重要的是今本〈命訓〉亦作「塞」，可見無須改讀。

〔十三〕　達道=（道導）天以正=人=（正人，正人）莫女（如）又（有）亟（極），道天莫女（如）亡（無）亟（極）

圖版						
釋文	達	道=	天	以	正=	人=	莫

圖版						
釋文	女	又	亟	道	天	莫	女

圖版		
釋文	亡	亟

今本	通道通天以正人，正人莫如有極，道天莫如無極。 黃懷信語譯：然後再言說天道以教育人。教育人沒有比有標準更好的，說天道沒有比無標準更好的。
校注	【彙校】丁宗洛云：二「通」字，據下「莫如無極」句，皆衍。○俞樾云：此當作「道天以正人」，道猶通也。疑古本亦有作「通天以正人」者，傳寫者誤合兩本為一，則曰「道通天以正人」。於是文不成義，後人又以道上加「通」字而為「通道通天」矣，下文皆以道天、正人對舉，正承此文而言。《董子》曰：「道

之大原出於天。」若作「通道通天」，則先言道後言天，近於《老子》所謂「有物混成，先天地生」者，恐非周初聖人之書所有之義也。下文又曰，「夫天道三人道三。」是天有道人亦有道，更可知此文之不以道與天與人對舉矣。由後人不知道天即為通天，因致誤耳。

【集注】孔晁云：道謂言說之也。盧文弨云：趙云「道，即通道之道。注訓言，非是。」文弨案：天道遠、人道邇，此即民可使由之，不可使知之。○潘振云：言六極皆道，而道之大原出於天，通之以正人。人道邇，故有極；天道遠，故無極。○陳逢衡云：楊慎曰：「道，言也。謂會其有極歸其有極也。道天無極，謂生物不測，悠久無疆也。」趙曦明曰云云。衡案：「通道」道字作實理講，「道天」道字作率循講。正人莫如有極，通道也。通道者，達道也。道天莫如無極，通天也。通天者，達乎天德也。有極者，懸象著明禮樂刑政之謂。無極者，神明變通，羣龍無首之謂。有極，故所以正人道天，無極，亦所以正人，故曰通道通天以正人。○唐大沛云：通此六者至中之道，以通乎天道，則能脩道以正人。天人之道本合，然正人與道天則異。禮樂法度所以正人，必當有整齊劃一之則。若言天道，則神明變化，不可端倪，不可思議，無有窮盡，豈得謂之有極？○朱右曾云：道生天，天生人，其本一也。然天道微妙而難明，人道昭顯而罔外，故民可使由，不可使知。盡性至命，必俟其人，禮樂刑政，亙古不易也。[139]

對勘	簡	達	道	道	天	以	正	人	，	正	人	莫	如
	今	通	道	通	天	以	正	人	，	正	人	莫	如
	簡	有	極	，	道	天	莫	如	無	極	。		
	今	有	極	，	道	天	莫	如	無	極	。		

原整理者：今本作「通道通天以正人，正人莫如有極，道天莫如無極」。學者們已多懷疑其中有誤，如丁宗洛認為：「二『通』字，據下『莫如無極』句，皆衍。」對照簡文，可知該句實為「達道道天以正人」。達道，見於《中庸》：「和也者，天下之達道也。」第二個「道」字為動詞。[140]

佑仁謹案：丁宗洛認為：「二『通』字，據下『莫如無極』句，皆衍。」意指依據下文的「道天莫如無極」一句，今本「通道通天以正人」中的兩

---

[139] 黃懷信、張懋鎔、田旭東撰，李學勤審定：《逸周書彙校集注（上）》（修訂本），頁 26-27。
[140] 李學勤主編：《清華大學藏戰國竹簡（伍）》，頁 128。

個「通」字，都應該是衍文，但根據簡文，此處仍是「△道△天」的結構，不是衍文，而是誤字。

本句應屬「VNVN」結構，「達道導天」的「達」，即前文「六極既達」的「達」，指通達。第一個「道」字是名詞，即後文「夫天道三，人道三」之「道」。第二個「道」字是動詞，原整理者已經指出，但既然第二個「道」是動詞，不如直接讀為「導」，「導」與「達」義近。《國語·晉語六》云：「夫成子導前志以佐先君。」韋昭注：「導，達也。」[141]後文有「道天有極」之說，今本寫法亦同，孔晁、楊慎都訓「道」為「言」，實不可信，應與本句的「道」字一樣，都讀作「導」。

簡文「達道導天以正人，正人莫如有極，道天莫如無極。」所謂的「極」即「最高準則」[142]，要糾正人民的行為，應要有統一的標準，若賞罰的判準不一，則人民無法處事，國君亦不能施政，因此才說正人應當「有極」。而通達天道是國君的權柄，蓋「天威難測」也，若天命的喜好被人民揣摩而知，則意味國君將審度天命的主宰權拱手讓人，因此通達天道最好是「無極」（沒有最高標準）。

〔十四〕 道（導）天又（有）亟（極）則不=枀=（不威，不威）
【五】則不卲（昭），正人亡（無）亟（極）則不=唁=（不信，不信）則不行

圖版	道	天	又	亟	則	不=	枀=
釋文	道	天	又	亟	則	不=	枀=

---

[141] 徐元誥撰，王樹民、沈長雲點校：《國語集解》，頁 388。

[142] 季旭昇師：〈談〈洪範〉「皇極」與〈命訓〉「六極」——兼談《逸周書·命訓》的著成時代〉，出土文獻與中國古典學國際學術研討會，（新加坡：耶魯—新加坡國立大學學院，2016.4.8），頁 10。

圖版	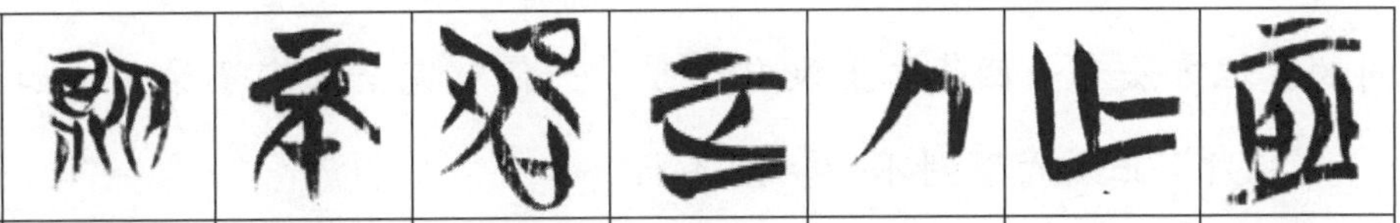						
釋文	則	不	卲	正	人	亡	亟
圖版							
釋文	則	不=	㖃=	則	不	行	
今本	道天有極則不威，不威則不昭，正人無極則不信，不信則不行。 黃懷信語譯：說天道如果有標準，天道就沒有威嚴，沒有威嚴就不明顯；教育人如果沒有標準，人就不相信，不相信就不聽從。						
校注	【集注】孔晁云：政教不明。○潘振云：威、畏通。言天有極，人得而測之，故不畏而道不明；正人無極，人得而畔之，故不信而度不行。○陳逢衡云：道天有極則不威，不威則不昭，故不測者聖人之權；正人無極則不信，不信則不行，故畫一者聖人之法。○丁宗洛云：此孔子所以罕言命、所以雅言《詩》《書》執禮也。又按此四句經文不過反言以申明莫如有極、莫如無極意，注解以政教未明，未確。即專解「不行」句亦不合。○唐大沛云：論天道而以常情度之，謂為有極，則不足見天之威。不見威靈赫赫，則天道不昭。若非法度畫一歸於至善，則人不信從。人不行信從，則教有所不行。[143]						

對勘	簡	導	天	有	極	則	不	威	，	不	威	則	不
	今	道	天	有	極	則	不	威	，	不	威	則	不
	簡	昭	，	正	人	無	極	則	不	信	，	不	信
	今	昭	，	正	人	無	極	則	不	信	，	不	信
	簡	則	不	行	。								
	今	則	不	行	。								

原整理者：簡文與今本同。潘振云：「威、畏通。言天有極，人得而測之，故不畏而道不明；正人無極，人得而畔之，故不信而度不行。」[144]

夏含夷：《命訓》作者好像頻繁利用了「行」作為不及物動詞的意思，這個用法還出現在另外兩個地方。對應的傳世本文對這兩個用法有完全不

143 黃懷信、張懋鎔、田旭東撰，李學勤審定：《逸周書彙校集注（上）》（修訂本），頁 27。
144 李學勤主編：《清華大學藏戰國竹簡（伍）》，頁 128。

同的處理方法：一個基本上沒有改變，一個就完全改變了原文，如下：

　　Q1：正人亡亙則不=嗚=則不行

　　Q2：正人亡極則不嗚，不嗚則不行。

　　Y ：正人無極則不信，不信則不行。

　　Q1：弗智則不行

　　Q2：弗知則不行

　　Y ：不知則不存

第六簡的「不嗚則不行」與傳世本的「不信則不行」幾乎一模一樣，只是「信」字寫法不同。然而，在第八簡上與傳世本相應的句子異文很明顯，即「不行」對照「不存」兩者意思概比較相近。然而，第八簡上還有一個很不一樣的例子，其簡文加上了一個賓語，完全改變了意思，而傳世本似乎保存了原文。[145]

　　佑仁謹案：本處簡本內容與今本大致相同（惟簡文「道」字應讀「導」），孔晁認為本句指「政教不明」，丁宗洛已指出該說不正確，甚是。此處是講「正人」與「導天」在手段上的差異。

　　本句是說：「天威難測」因此人民會「畏天威」，若天道的喜好被掌握，則國君將失去威嚴，君威不存則天命亦難以彰顯，令不出宮。督正人民行為不能「無極」（沒有最高標準），如《韓非子・定法》云：「法者，憲令著於官府，刑罰必於民心，賞存乎慎法，而罰加乎姦令者也，此臣之所師也。」[146]劉向《說苑・君道》云：「賞罰不當，則賢人不勸，姦人不止，姦邪比周，欺上蔽主，以爭爵祿，不可不慎也。」[147]督正人民最好的工具是「賞罰」，

---

[145] 夏含夷：〈清華五〈命訓〉簡、傳本異文考〉，《古文字研究》第 31 輯，《古文字研究會第 21 屆年會論文集》，頁 383-384。

[146] （清）王先慎撰，鍾哲點校：《韓非子集解》，頁 397。

[147] （西漢）劉向撰、向宗魯校證：《說苑校證》，（北京：中華書局，1987.7），頁 33。

但賞罰若無標準，則人民將不再信任國君（或國君的施政將不再具有信用），不信任國君將使政令難以施行。

本篇「卲」字共見三次（簡6兩見、簡10），其中本處與簡10的構形，已將「卲」旁的「刀」，進一步訛變成「刃」。此外，本文有四處「信」字：

簡4	簡6	簡6	簡6

沈寶春師在〈從古文字的構形規律談「信」字六書的歸屬問題〉一文中，整埋戰國至秦漢之際「信」字的各種寫法，共計多達二十種類型，其中即有作「𧥣」的寫法（梁十九年亡智鼎/晉系文字）[148]，此種構形楚簡裡十分罕見，簡文的「𧥣」值得留意。這位書手的「信」字有兩種寫法（一者從「千」聲，一者從「身」聲），可見即便出於一人之手的作品，也能有兩種以上的異體構形。

〔十五〕　夫明王卲（昭）天訐（信）人以庀（度）攻=（功，功）墬（地）以利之，事（使）身=（信人）㒺（畏）天，則庀（度）至于亟（極）

圖版						
釋文	夫	明	王	卲	天	訐	人
圖版						
釋文	以	庀	攻=	墬	以	利	之

---

148 沈寶春師：〈從古文字的構形規律談「信」字六書的歸屬問題〉，跨古今說中文：中國語言文字國際學術研討會，吉隆坡：馬來亞大學，2013.10.5-6，收入《跨越古今——中國語言文字學論文集》（古代卷），2013.10，頁 79-99。

圖版	莫	身	禽	夭	勳	毛	业
釋文	事	身=	臬	天	則	厇	至

圖版	丂	亟
釋文	于	亟

今本	明王昭天信人以度，功地以利之，使信人畏天，則度至于極。 黃懷信語譯：因此，英明的君王用禮法昭明天道，使人相信教化，並且治理土地使他們得到實利，使他們相信人道而敬畏天道。這樣，禮儀法度就不會遭到破壞而達到中正。

校注	【集注】潘振云：昭，明也。度，所以立極者。功地，致功於地。授田里，教樹畜，度之一大端耳。於以利之，所以使人信者也。倉廩實而知禮節，衣食足而知榮辱，則人畏天命矣。○陳逢衡云：無極以昭天，有極以信人。以度，謂有常也。有常則廣，故能功地以利之，而爵賞及辟公矣。使，謂使令。有土之君信人則令行，畏天則奉法，故度至於極。○丁宗洛云：地，以其所處之位言。有其位則必有其所當為者，為其所當，是功地以利之也。按：上六言「度至於極」，經已以「六極既通」總束之矣，此又言「度至於極」，何也？蓋上就天生民及民初生說，道理本來如此也，此就王者設教說，使人如此也，此層即包在上六層內。○唐大沛讀「功」，字屬上，云：上則昭明天道，下則取信於人，分職任事，以審度其功。上自公卿下迄庶人，皆受土地以資祿養，是利之也。使天之人敬信天道，畏天明威。蓋信人則不敢違法，畏天則不敢違理，治法如此，則至於極矣。[149]

對勘	簡	夫	明	王	昭	天	信	人	以	度	功	，	功
	今	/	明	王	昭	天	信	人	以	度	/	，	功
	簡	地	以	利	之	，	使	信	人	畏	天	，	則
	今	地	以	利	之	，	使	信	人	畏	天	，	則
	簡	度	至	于	極	。							
	今	度	至	于	極	。							

原整理者：同簡文相比，今本開頭漏一「夫」字；今本之「功」字，

---

[149] 黃懷信、張懋鎔、田旭東撰，李學勤審定：《逸周書彙校集注（上）》（修訂本），頁 27-28。

簡本作「攻」，且為重文。簡文「攻」字當讀為「功」，度功，見《左傳》文公十八年「德以處事，事以度功，功以食民」，杜注：「度，量也。」潘振云：「昭，明也。度，所以立極者。功地，致功於地。授田里、教樹畜，度之一大端耳。於以利之，所以使人信者也。」[150]

佑仁謹案：簡文「夫明王昭天信人以度功，功地以利之」，今本作「明王昭天信人以度，功地以利之」，兩相比對，今本省略語首助詞「夫」，不過對句義的影響不大。今本「度」字後缺受詞「功」，唐大沛將「功」字上讀，作為「度」字的受詞，透過簡本可知今本「功」字有合文符號，今本丟失。「功地」指農業開墾，簡文是說致力於農業開墾，讓人民獲益。

〔十六〕　夫天↘道三，人道三。天又（有）令（命），又（有）福，又（有）禍（禍）。人又（有）偲（恥），又（有）市冒（冕），又（有）鈙（斧）戉（鉞）

圖版	夫	天	道	三	人	道	三
釋文	夫	天	道	三	人	道	三
圖版	天	又	令	又	福	又	禍
釋文	天	又	令	又	福	又	禍
圖版	人	又	偲	又	市	冒	又
釋文	人	又	偲	又	市	冒	又
圖版	鈙	戉					

---

[150] 李學勤主編：《清華大學藏戰國竹簡（伍）》，頁128。

釋文	鈘	戉	
今本	夫天道三，人道三：天有命、有禍、有福，人有醜、有紼綌、有斧鉞。 黃懷信語譯：天道共有三個方面，人道共有三個方面：天道有命、有禍、有福，人道有羞辱、有爵祿、有刑法。		
校注	【集注】盧文弨云：紼綌，與韍冕同。〇潘振云：紼綌，即韍冕（佑仁案：當作「韍冕」），文異耳。〇陳逢衡云：醜，恥也。〇丁宗洛云：《前漢書・丙吉傳》：「上將使人加紼而封之」，注：「紼，繫印之組。」是紼與綌通也。《荀子・正名篇》：「乘軒載綌」，注，「綌與冕同。」〇唐大沛云：承上文舉其目。人道合於天道，亦有三。天有命、有禍有福，即上文言命、言禍、言福，天有此三道。有醜，即上文明醜之醜。醜以別善惡，紼綌以榮有德，斧鉞以誅無道：人有此三道。〇朱右曾云：《白虎通》云，「紼者，行以蔽前者爾，因以別尊卑彰有德也。天子朱紼，諸侯赤紼。」字本作市，又作韍，通作韍、芾。綌者冕之或體。橢鋻曰斧，大斧曰鉞。[151]		

		簡	夫	天	道	三	，	人	道	三	，	天	有	命
對勘		今	夫	天	道	三	，	人	道	三	，	天	有	命
		簡	有	福	有	禍		人	有	恥	有	市	冒	有
		今	有	禍	有	福		人	有	醜	有	紼	綌	有
		簡	斧	鉞	。									
		今	斧	鉞	。									

原整理者：今本作「夫天道三，人道三。天有命，有禍，有福。人有醜，有紼綌，有斧鉞」。「市冕」即今本的「紼綌」。簡文「有福」與「有禍」分別對應的是「有市冕」和「有斧鉞」，故今本的「有禍」和「有福」應當對調。[152]

劉國忠：傳世本《命訓》有「夫天道三，人道三：天有命，有禍，有福；人有醜，有紼綌，有斧鉞」的記載，如果按照天道的順序，是「命」、「禍」和「福」，而人道卻是「醜」、「紼綌」、「斧鉞」，其順序不能完全對應。現在看清華簡《命訓》，該句作：「夫天道三，人道三：天有命，有福，

---

151 黃懷信、張懋鎔、田旭東撰，李學勤審定：《逸周書彙校集注（上）》（修訂本），頁28。
152 李學勤主編：《清華大學藏戰國竹簡（伍）》，頁128。

有禍；人有佴，有市冕，有斧鉞」。「市冕」即今本的「緋綖」，竹簡本「有福」與「有禍」分別對應的是「有市冕」和「有斧鉞」，次序非常合理，可見今本的「有禍」與「有福」二字應當對調。[153]

暮四郎：市冒，今本作「緋綖」。上古「市」聲、「弗」聲的字常相通用，所以簡本的「市」與今本的「緋」是音近異文。今按：冒，幽部明母。綖，元部明母。二字韻部有較大距離。我們懷疑簡本的「冒」是「曼」字的省簡，楚簡「曼」聲之字常用為「免」聲之字，這樣，簡本與今本便能對應上。[154]

無痕：「冒」「綖」古音不近，暮四郎兄所言極是，不過簡本「冒」是「曼」字的省寫則似可商。楚簡「冒」、「曼」均有見，寫法用法分明，恐難有省寫的可能。竊以為似可不必從字形入手，「冒」可讀「帽」，相同用法亦於《窮達以時》簡3、《容成氏》簡15，「帽」「冕」義通。本文與傳本對讀有諸多同義或義近的異文，可合觀。[155]

劉國忠：明王是代表上天來統治人世間的，除了訓教民眾要明恥之外，他還有一個重要的職責：相對於司德在天上對民眾的賜福或是降禍，明王掌握著人間的權力，也可以對民眾進行賞、罰的處置。按照清華簡《命訓》的的說法，市冕（今本作「緋綖」）代表了明王的賞，斧鉞代表了明王的罰。因此簡文說，人道也有三個：「人有恥，有市冕，有斧鉞。」……《命訓》篇全文的前半部分，實際上就是圍繞著「命、福、禍」的三個「天道」和「恥、市冕、斧鉞」而層層展開所做的論述。明白了這個結構，再細讀簡文，可以看出全篇文章佈局整飭，論述嚴謹，是一篇極為深刻的論說文。反過來再研讀傳世本的《命訓》篇，由於內容錯訛之處太多，不容易看出

---

153 劉國忠：〈清華簡《命訓》初探〉，《深圳大學學報（人文社會科學版）》，2015 年第 3 期，頁38。
154 見武漢網「簡帛論壇」〈清華五《命訓》初讀〉18 樓，2015.4.14（2017.7.4 上網）。
155 見武漢網「簡帛論壇」〈清華五《命訓》初讀〉37 樓，2015.5.24（2017.7.4 上網）。

《命訓》篇裡面的內在邏輯性關係，從而影響了學者們對它的釋讀。[156]

　　佑仁謹案：「夫天道三，人道三」，簡本、今本文例均同，然簡本「天」字下有一「」形符號，構形作「」，不知有何深意？若純為句讀標點，則當視為書手誤寫。楚簡中的錯誤標點已多次出現，例如〈曹沫之陣〉簡7下－簡8上云：「然而古亦有大道焉」，「古」字下的句讀符顯然不夠精確，文句應在「焉」字下點斷[157]。

　　簡本「市冒」，今本作「緋緌」。暮四郎認為「冒」、「緌」古音較遠，因此將「冒」視為「曼」的省簡。無痕則將「冒」改讀為「帽」，「帽」、「冕」意義相通。筆者認為畢竟「冒」、「曼」不同，「曼」沒有理由隨意省作「冒」，因此依暮四郎之說，只能將「冒」看成是「曼」的誤字，而不能理解為省形。以誤字的角度來推論，除非有堅實的證據，否則易流於見仁見智。至於無痕讀為「帽」，與「冕」意義相通之論，亦難信服。「帽」、「冕」二字，前者是「帽子」的通稱，而後者則是古代帝王、諸侯及卿大夫所戴的禮帽，而且簡文中是借代為爵祿使用，「冕」、「帽」二者雖然都是帽子，但內涵一廣一狹，絕不能等量齊觀。

　　暮四郎與無痕之所以要另闢他解，主要仍是他們並不接受「冒」與「緌」（或冕）古音接近。然而，「冒」要能讀作今本的「緌（或冕）」，最直接的管道當然還是想辦法在音韻上與「曼」聯繫。今本《老子》第四十一章「大器晚成」，郭店簡《老子》乙本簡12作「曼（慢）」，從「曼」的「慢」與從「免」的「晚」是由同一概念下所分化出來的字，由此可知「曼」與「免」字聲系的音韻接近。就簡文的用字來看，字作「冒」，構形無可議之處，而《說文》將「曼」字分析為從又、冒聲，傳統《說文》研究者多贊成許慎

---

[156] 劉國忠：〈清華大學清華簡《命訓》中的命論補正〉，《出土文獻與先秦經史國際學術研討會論文集（上）》，頁260-261。又見《中國史研究》，2016年第1期，頁26-27。

[157] 高佑仁：《上海博物館藏戰國楚竹書（四）曹沫之陣研究》（上），頁38。

的分析 [158]。「冒」古音明紐幽部，「冕」則為明紐諄部，聲紐相同，韻部屬於「幽諄旁轉」（「幽諄旁轉」章太炎在《國故論衡‧小學略說》已經提及 [159]），可見許慎將「曼」分析為从「冒」聲，是有道理的。筆者認為，既然〈命訓〉今本的兩處「絻」字，簡本都作「冒」，而古文字中「免」、「曼」聲韻非常接近，且許慎又以「冒」為「曼」之聲，綜合各項條件來看，「冒」、「曼」、「免」古音都很接近，那麼簡文的「冒」當可假借為今本的「絻（或冕）」。

《說文》中還有個與「冒」有關的字，《說文‧力部》云：「勖，勉也。《周書》曰『勖哉，夫子！』从力、冒聲。」[160]「勖」訓「勉」是古之常訓，「勖」又可作「冒」、「懋」、「茂」、「楙」等，金文中常見的「蔑曆」，陳劍解釋為「蔑懋」，意即「口頭鼓勵」、「口頭獎勵」[161]。若「冒」與「免」二字聲系能夠相通，則「勖」、「勉」兩個音義接近的字，很有可能是同源關係。

王國維在〈屯戌叢殘考釋〉指出《說文》將「勖」分析為从「冒」聲，訓作「勉」，「勖」古籍常作「冒」、「懋」，可見後人將「勖」擬為「許玉反」有問題 [162]。他將「勉」與「勖」、「冒」、「懋」並列視為雙聲字，是企圖將這些字的音義聯繫起來（諸字皆有勤勉之義）。綜上所述，既然〈命訓〉今本「絻」簡本作「冒」，而楚簡「曼」與「免」字聲系有密切聯繫，則《說文》「曼」从「冒」聲的說法，應得到認可。

此外，簡文將「緋絻」與「斧鉞」並舉，二者做為施政的手段，恩威

---

[158] 《說文解字》、《說文繫傳》、《說文句讀》、《說文義證》、《說文解字注》都以為是从「冒」聲，說文注云「此以雙聲為聲也」。許慎撰、段玉裁注：《說文解字注》，經韵樓藏版，（臺北：洪葉出版事業有限公司，1999.11），頁 116。不過季旭昇師認為二字韻腳不近，古籍罕見諧聲。季旭昇師：《說文新證》，頁 203。

[159] 章太炎：《國故論衡》，收入《章氏叢書》，（臺北：世界書局，1982.4），頁 428。

[160] （東漢）許慎撰，（清）段玉裁注，李添富總校訂：《新添古音說文解字注》（三版），頁 706。

[161] 陳劍：〈簡談對金文「蔑懋」問題的一些新認識〉，復旦網，2017.5.5（2017.7.4 上網）。

[162] 參王國維《流沙墜簡‧屯戌叢殘考釋》，羅振玉、王國維：《流沙墜簡》，（北京：中華書局，1993.9），頁105。

並施，剛柔並濟。而後，禮冠的「絻」和兵器的「鈇」，都已轉化為「獎懲」的代名詞，如清人魏源《皇朝經世文編・敘》云：「絻鈇，其好惡；教養，其喜樂；兵刑，其怒哀。」[163]可見將「冒」讀為「帽」，理解為一般的帽子，是不符合〈命訓〉文意的。因此，「冒」當然以讀作今本的「絻」或「冕」為宜。

關於「市冕」一詞，朱右曾指出「紼」就是蔽膝，本作「市」，今簡本作「市」，與朱說若合符節。「韍、黻、芾、紼」皆是「市」之異體，今逕據簡文讀「市」即可。「絻」為「冕」之或體，為禮冠。「市冕」泛指古代禮服，簡文中借代為官位或俸祿，與後文的「斧鈇」（借代為懲罰）對舉。

〔十七〕　以人之俚（恥）尚（當）天之令（命），以亓（其）市冒（冕）尚（當）天之福，以亓（其）斧戉（鈇）尚（當）天之禞（禍）

圖版						
釋文	以	人	之	俚	尚	天	之
圖版						
釋文	令	以	亓	市	冒	尚	天
圖版						
釋文	之	福	以	亓	斧	戉	尚
圖版						

163　（清）魏源撰：《魏源集》第一冊，《四部刊要集部・別集類》，（新北：漢京文化事業有限公司，1984.7），頁 157。

釋文	天	之	禍	
今本	以人之醜當天之命，以緋綩當天之福，以斧鉞當天之禍。 黃懷信語譯：以人道的羞辱對天道的命，以人道的爵祿對天道的福，以人道的刑法對天道的禍。			
校注	【集注】孔晁云：言相方以立教。（方，丁改「並」。按：此注原在「天道三人道三」下，今移此。）○潘振云：當，去聲。生於天地之間者皆曰命，故曰當天之命。○陳逢衡云：以人之醜當天之命者，民知恥則能習於善，故命亦徑而善焉。民無恥則必習於惡，故命亦從而惡焉。○唐大沛：王者奉天出治，人道合於天道。以彰善癉惡之醜，當福善禍淫之命；以緋綩榮人，當天之賜福於人；以斧鉞誅人，當天之降禍於人。[164]			

對勘												
	簡	以	人	之	恥	當	天	之	命	，	以	其	市
	今	以	人	之	醜	當	天	之	命	，	以	/	緋
	簡	冒	當	天	之	福	，	以	其	斧	鉞	當	天
	今	綩	當	天	之	福	，	以	/	斧	鉞	當	天
	簡	之	禍	。								
	今	之	禍	。								

原整理者：今本作「以人之醜當天之命，以緋綩當天之福，以斧鉞當天之禍」。簡文在「市冒」與「斧鉞」之前各多一「其」字，指向性更為明確，句子更為流暢。[165]

佑仁謹案：「當」，指對等、相當。《禮記‧王制》云：「小國之上卿，位當大國之下卿，中當其上大夫，下當其下大夫。」孔穎達疏：「據經文，小國卑於大國，故知小國之卿在大國之卿下。」[166]《呂氏春秋‧孟夏》云：「行爵出祿，必當其位。」高誘注：「當，直也。」[167]可參。

簡本「以其市冒當天之福，以其斧鉞當天之禍。」文中兩個「其」字今本均省略，原整理者認為省略「其」字可以讓「指向性更為明確，句子更為流暢」，筆者贊同。「其」字於此為代名詞，指前述之「人」（人道），

---

[164] 黃懷信、張懋鎔、田旭東撰，李學勤審定：《逸周書彙校集注（上）》（修訂本），頁28-29。
[165] 李學勤主編：《清華大學藏戰國竹簡（伍）》，頁129。
[166] 李學勤主編，《十三經注疏》整理委員會整理：《禮記正義》，頁395。
[167] 許維遹撰，梁運華整理：《呂氏春秋集釋》，頁86。

但重複出現「其」字則顯繁瑣，後世經師刪掉兩「其」字，確實讓整體文義更為清晰流暢。

簡文指出：以人道的「恥」對應天道的「命」，以人道的「市冕」對應天道的「福」，人道的「斧鉞」對應天道的「禍」。這裡是說，天道的內容可分成「命」、「福」、「禍」三種，雖然天道惟恍惟惚，但是它們會具體展現在人道的「恥」、「市冕」、「斧鉞」三件事上。

〔十八〕 六方三述，亓（其）亟（極）㠯（一），弗智（知）則不行

圖版							
釋文	六	方	三	述	亓	亟	㠯
圖版							
釋文	弗	智	則	不	行		

今本	六方三述，其極一也，不知則不存。 黃懷信語譯：六個方面三種方術，過頭了結果是一樣的，如果不知道，就不能真正實行。
校注	【彙校】述，丁宗洛云海山校作「途」。〇存，丁宗洛、朱右曾據孔注改「行」。 【集注】孔晁云：一者，善之謂也。不行善，不知故也。〇盧文弨云：述與術同。〇潘振云：方，比也。述，稱也。合而比之則六，別而稱之則三。天有極人無極，道皆至善，故曰其極一也。知、智通。不智，則不能通道通天以正人，而極其非極矣，故曰不存，存，在也。〇陳逢衡云：天人合一，感應不殊，故曰其極一也。不知，指六方三述。不存，謂天之大命不集於身。〇丁宗洛云：《呂覽·士容論》「士所術施」、「客所術施」，注云皆宜作「述」。可見古字通。「天有命」二句為六方，「以人之醜」三句為三述，二者相承。〇唐大沛云：曰命、曰禍、曰福、曰醜、曰紼絻、曰斧鉞，有此六方，方即道也。術者，道之用也。天人相合，則道之用惟三述耳。論其極，三術實皆一理耳。不知，謂不明道也。存，即目極道存之存。

<table>
<tr><td></td><td colspan="13">《大學》首言格物致知，即此旨也。三句總束上文，「知」字最關緊要。○朱右曾云：《儀禮・士喪禮》「不述命」注云：「古文述皆作術。」又《毛詩》「報我不述」，《韓詩》作「術」。是「述」與「術」同也。[168]</td></tr>
<tr><td rowspan="4">對勘</td><td>簡</td><td>六</td><td>方</td><td>三</td><td>述</td><td>，</td><td>其</td><td>極</td><td>一</td><td></td><td>，</td><td>弗</td><td>知</td></tr>
<tr><td>今</td><td>六</td><td>方</td><td>三</td><td>述</td><td>，</td><td>其</td><td>極</td><td>一</td><td>也</td><td>，</td><td>不</td><td>知</td></tr>
<tr><td>簡</td><td>則</td><td>不</td><td>行</td><td>。</td><td colspan="8" rowspan="2"></td></tr>
<tr><td>今</td><td>則</td><td>不</td><td>存</td><td>。</td></tr>
</table>

原整理者：今本作「六方三述，其極一也，不知則不存」。簡文所缺之首字，可據以補為「六」字。孔晁注云：「一者，善之謂也。不行善，不知故也。」丁宗洛、朱右曾已據孔注改「存」為「行」，核之簡文，甚確。匙，讀為「一」，《詩・都人士序》孔疏：「齊一之義。」潘振云：「方，比也。述，稱也。合而比之則六，別而稱之則三。天有極，人無極，道皆至善，故曰其極一也。」唐大沛云：「曰命、曰禍、曰福、曰醜、曰紼絻、曰斧鉞，有此六方，方即道也。術者，道之用也。天人相合，則道之用惟三述耳。論其極，三術實皆一理耳。」[169]

佑仁謹案：簡本「弗知則不行」，「行」字今本作「存」，然而丁宗洛、朱右曾都據孔注改「存」為「行」，甚是。就目前材料來看，戰國文字多以「廌」表{存}，例如〈語叢四〉簡8+9「諸侯之門，義士之所廌（存）。」而「行」、「廌」二字的古文字差異很大，據此推論，「行」訛作「存」的致誤時間應已是漢代之後的事。今本的「也」字簡本無，然並不妨礙文意。

168 黃懷信、張懋鎔、田旭東撰，李學勤審定：《逸周書彙校集注（上）》（修訂本），頁29。
169 李學勤主編：《清華大學藏戰國竹簡（伍）》，頁129。

　　唐大沛云:「曰命、曰禍、曰福、曰醜、曰絑緓、曰斧鉞,有此六方。」將「天道三」與「人道三」加總而得出「六方」(六種方法)。而「命」、「恥」一組(都是受命自天),「福」、「絑緓」一組(以賞為手段),「禍」、「斧鉞」一組(以罰為手段),三組即簡文之「三述」(三種手段),析言之則為「六方」,製表如下:

	受命自天	賞	罰
天道	命	福	禍
人道	恥	絑緓	斧鉞

〔十九〕　亟(極)令(命)則民陵〈陵一墮〉乏,乃圭(曠)令(命)以弋(代)亓(其)上,忌(殆)於龣(亂)矣

圖版							
釋文	亟	令	則	民	陵	乏	乃
圖版							
釋文	圭	令	以	弋	亓	上	忌
圖版							
釋文	於	龣	矣				
今本	極命則民墮,民墮則曠命,曠命以誠其上,則殆於亂。 黃懷信語譯:過度號令,百姓就會懈怠;百姓懈怠,就不聽號令;不聽號令而戒備上司,就會接近叛亂。						
校注	【彙校】丁宗洛云:墮,宜是「隳」,但「隳」係俗字,仍宜是「惰」。誠,疑是「詆」訛。○潘振云:誠,疑當作「逃」。 【集注】孔晁云:此下六極謂行之極,其道殆近。○潘振云:墮即惰。極,甚也,窮也。言命太煩,則民怠廢命,以逃其上,而近於亂。○陳逢衡云:極者,竟也,窮也。極命則一切總付諸天,而人事無所持,故曰極命則民墮,民墮則						

曠命。民既曠命，而反以天命有在告誡其上，則事事無備，焉得不亂乎？《墨子・非命》曰：「王公大人若信有命，則必怠乎聽獄治政矣，卿大夫必怠乎治官府矣，農必怠乎耕稼樹藝矣，婦人必怠乎紡績織紝矣。」此之謂也。○丁宗洛云：此乃極甚之極，謂太過也。○唐大沛云：此「極」字與上文極字不同，竟也，窮也。敬天命不可廢人事，若極命，則萬事悉聽天命而人事無所持權，故怠於為善。此下數節皆言過中之害。曠，空也。怠於人事懸空想望，俟命於天。既曠命矣，且謂天命有在，宵旰徒勞，以此語誡其上。如此，勢必廢人事而無所備，難免不亂。○朱右曾云：此下六極皆謂窮極之，以諭民。命者，吉凶之主。民以為有命在天，則怠於為善。曠，空也。言不敬命而有覬覦之心也。誡，警備也。言有遁心也。墮讀為隋，徒果反。[170]

		簡	極	命	則	民	陏	乏	，	/	/	/	/
對勘		今	極	命	則	民	墮	/	，	民	墮	則	曠	命
		簡		乃	曠	命	以	弋	其	上	，		殆	於
		今	，	/	曠	命	以	誡	其	上	，	則	殆	於
		簡	亂	矣	。								
		今	亂	/	。								

原整理者：今本作「極命則民墮，民墮則曠命；曠命以誡其上，則殆於亂」。與簡文相較，今本在首句「墮」字後漏一「乏」字，簡文「乃窐（曠）命」，今本作「民墮則曠命」。乏，《莊子・天地》《經典釋文》：「廢也。」簡文之「弋」，今本作「誡」，簡本為優。弋，讀為「代」，《左傳》昭公十二年杜注：「更也。」孔晁云：「此下六極謂行之極，其道殆近。」唐大沛云：「此『極』字與上文『極』字不同，竟也，窮也。……此下數節皆言過中之害。」[171]

魚遊春水：民後面那兩個字何不直接讀為「惰乏」？今本的「墮」大概也是要破讀的。另外，簡文讀為「代」的「弋」字，是否可讀為對待的「待」。簡文命令太多（可能還含有朝令夕改的意思），民眾窮於應付，最

---

[170] 黃懷信、張懋鎔、田旭東撰，李學勤審定：《逸周書彙校集注（上）》（修訂本），頁 29-30。
[171] 李學勤主編：《清華大學藏戰國竹簡（伍）》，頁 129。

終就會怠惰，對君主的態度也變得消極，如果這樣，國家早晚要亂套。[172]

蚊首：「弋」讀「飾」？[173]

蚊首：《湯在啻門》簡十五：「政簡以成，此謂美政；政化亂以亡常，民咸解體自恤，此謂惡政。」近乎此意。[174]

ee：由《命訓》簡 8 的 A 可知《語叢四》簡 22 的 B 確應如時賢所說是墮（隓、隨）字，但有訛變而已。《語叢四》的 B 疑可讀爲「頗」或「坡」，簡文云「山無頗則阤，城無衰則阤」，後面的「衰」是指城牆厚度衰減，與「頗」語義很近。

描述：A 　　　B 。[175]

明珍：金文「臺」字即作（齲鎛），也作（齊鞄氏鐘），上部「陶」旁似有兩種來源，而皆從「勹」得聲。故楚簡「匋」字作（新 3.244）、（二・容 13），乃承金文（能匋尊）、（麓伯簋），即從這一形而來。另外，楚簡「陶」字作（包 2.111）、（九・陳 19／隓），右旁作雖與「匋」不相似，卻當从金文「陶」字作（不期簋）、（伯陶鼎），即從這一形而來。因此，將「隓」字改釋「陶」，當可從。

本簡～字作，其右上雖與同，然右下有「又」的偏旁，其為（貳・繫 51／隨）、（九・邦 2／隨）等「隨」字形之省略的可能性也不能忽略，且有今本作「墮」以證之。然今本的訛誤也不少，且下缺一個「乏」字。若將視為「陶」字似無不可。「陶」有憂思積聚貌。《尚書・五子之歌》「鬱陶乎予心」孔傳：「鬱陶，言哀思也。」《孟子・萬章上》「鬱陶思君爾。」《楚辭・九辯》「豈不鬱陶而思君兮」王逸注：「憤念蓄積盈胸臆也。」[176]

---

[172] 見武漢網「簡帛論壇」〈清華五《命訓》初讀〉9 樓，2015.4.11（2017.7.4 上網）。

[173] 見武漢網「簡帛論壇」〈清華五《命訓》初讀〉10 樓，2015.4.12（2017.7.4 上網）。

[174] 見武漢網「簡帛論壇」〈清華五《命訓》初讀〉12 樓，2015.4.13（2017.7.4 上網）。

[175] 見武漢網「簡帛論壇」〈清華五《命訓》初讀〉17 樓，2015.4.14（2017.7.4 上網）。

[176] 見武漢網「簡帛論壇」〈清華五《命訓》初讀〉26 樓，2015.4.17（2017.7.4 上網）。

奈我何：整理者讀「弋」爲「代」，訓爲「更也」，恐不辭。我們懷疑「弋」字當讀爲「試」，今本作「誡」似是「試」字之誤。

《韓非子・外儲說左下》：「陽虎議曰：『主賢明則悉心以事之，不肖則飾姦而試之。』」可見「試上」是不好的行爲。《漢書・五行志下》「受命之臣專征云試」顏注：「試，用也，自擅意也。」[177]

奈我何：二者更有可能是音近通假關係。參蔡升奕《說「試」的「自擅」意》（《韶關學院學報》2001 年第 11 期），蔡先生正文中已經指出，《逸周書・命訓解》中「曠命以誡其上，則殆於亂」的「誡」是「試」的假借字，也是自擅、專擅的意思，可謂有先見之明。[178]

單育辰：對比今本《逸周書・命訓》作：「極命則民墮，民墮則曠命，曠命以誡其上，則殆於亂。」可見 A 確應釋爲「墮」。「墮」、「隨」、「隓」本爲一字，在楚文字中常見，可以分作如下三型：

I型： 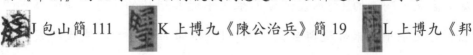 B 上博三《周易》簡 26　　C 清華二《繫年》66　　D 葛陵簡甲三 25　　E 包山簡 168

II型：F 上博三《周易》簡 16　　上博九《邦人不稱》簡 2　G 郭店《唐虞之道》簡 26

III型：H 郭店《老子甲》簡 16　　I 包山簡 184

I型和II型都和 A 有些相像，但 A 省去了一個「土」，上面的「又」變成了類似於「⺈」的形體，從楚文字中的「隨」皆从「又」看，A 的「⺈」應是「又」形訛變的寫法。

由《命訓》的 A 字，不由得使我們想起以往公佈過的一些字形：

J 包山簡 111　　K 上博九《陳公治兵》簡 19　　L 上博九《邦

---

[177] 見武漢網「簡帛論壇」〈清華五《命訓》初讀〉31 樓，2015.4.21（2017.7.4 上網）。
[178] 見武漢網「簡帛論壇」〈清華五《命訓》初讀〉32 樓，2015.4.21（2017.7.4 上網）。

人不稱》簡 3

包山簡 111：正陽莫敖達、正陽 J 公㠯、少攻尹哀爲正陽賈越異之黃金十益一益四兩以耀種。

上博九《陳公治兵》簡 19：「陳於 K 岡，則雁飛。」

上博九《邦人不稱》簡 2b+3：「戰於長【2b】□、曲 L，三戰而三止，而邦人不稱勇焉。」

J 字黃錫全、何琳儀先生都釋爲「陶」，朱曉雪先生認爲或可釋爲「隋」。K 字整理者隸定爲「陸」，L 整理者釋爲「隨」，很多學者的反對其說，他們認爲 K、L 都應釋爲「陶」。

很多學者把 J、K、L 釋爲「陶」的原因是認爲它們由下揭金文中的「陶」的 I 型形體變化而來：

I型：《集成》10105　《集成》2630

《集成》4328　《集成》4329　《集成》142.1（此略「革」旁）

II型：《集成》5984　《集成》4167　《集成》4422.1

《集成》9639

乍看起來，J、K、L 確實與金文中的「陶」比較相像，但問題是楚文字中確切無疑的「匋」字作「匋」（郭店《窮達以時》簡 2）、「匋」（郭店《忠信之道》簡 1）、「匋」（上博二《容成氏》簡 13）、「匋」（葛陵簡甲三 244）、「匋」（上博二《容成氏》簡 29）、「匋」（上博二《容成氏》簡 29），是由金文「陶」的 II 型形體演變而來，不過其所從的「勹」演變爲「宀」而已。楚文字中尚未發現與金文「陶」I 型相同的字形，即使我們假設楚文字中真的有由金文「陶」I 型演變而來的字形，那麼金文中「陶」I 型所從的「勹」能否演變爲楚文字中的「宀」也沒有什麼過硬的證據。

現在與《命訓》的 A 字相比，J、K、L 應該就是「隨」字，朱曉雪先生及上博整理者對它們的考釋是準確的，J、K、L 在簡文中都與地名有關。[179]

蘇建洲：單育辰先生則根據「」字的寫法，將以往釋為「陶」（陶）的幾個字改釋為「墮」形，筆者以為其說恐不可從。古文字「陸（墮）」的構型，研究者已有集中的舉例與討論，其右旁基本从又、从土、从田，只是位置有幾種移動組合。「」字右上从「勹」，單育辰先生認為「」的「勹」應是「又」形訛變的寫法。古文字未見「勹」與「又」有訛混的例證。比較合理的解釋是書手將本來應該寫為「圣」的形體誤寫為「勹」，但發現寫錯後遂將錯就錯在「勹」下補上「又」旁，讓本來應該寫作「」（《新蔡》甲三 326.1「襄」偏旁）的字誤寫為「」字。……可知「」字釋文應作「陖〈陸—墮〉」，自然這種偶然出現的錯字不能作為「陶（陶）」改釋為「墮」的依據。[180]

石小力：整理者釋「墮」可信。但該字將「墮」字右上部所從「圣」形誤寫作「」，「」由金文「勹」演變而來，如金文「陶」作「」（《集成》4328，不嬰簋），楚簡則作「」（包山簡 111）、「」（上博簡《陳公治兵》簡 19），是其證。單育辰先生據該字形將原釋「陶」之字改釋為「墮」。但「又」形與「勹」形未見通用之例，故單說不可信。蘇建洲先生隸釋為「陖〈陸—墮〉」，認為這是書手將「墮」字所從的「圣」誤寫為「」，是「墮」之錯字。可從。該字是書手將一個字抄為不成字之例。[181]

郭倩文：上博九《陳公治兵》簡 19「陸」作「」，其右部所從「左」旁之「ナ」寫法與本字右上所從「左」旁之「ナ」寫法相同，皆少手形下部

179 單育辰：〈佔畢隨錄之十八〉，武漢網，2015.4.22（2017.7.4 上網）。

180 蘇建洲：〈清華簡第五冊字詞考釋〉，《出土文獻》第七輯，頁 150-155。

181 石小力：〈談談清華簡第五輯中的訛字〉，《出土文獻》第八輯，（上海：中西書局，2016.4），頁 128-129。

一筆。同時，本字右下省去「工」旁，作完整「又」形。故疑「陵」爲《陳公治兵》簡 19。「陸」字省寫。《說文・阜部》:「陸，敗城阜曰陸。从阜圣聲。」。「陸」、「墮」相通，與今本合也。[182]

夏含夷:

Q1：丕命則民陵乏乃室命以弋元上訽于嗌矣 　　　　　【8】

Q2：極命則民墮乏， 　乃曠命　　　　以弋其上， 　　殆于亂矣。

Y　：極命則民墮，民墮則曠命，曠命以誡其上，則殆於亂。

上述這句話在簡文和傳世本之間也有幾處異文，我只談談「以弋其上」和「以誡其上」一處。簡文「弋」字作七，整理者破讀為「代」，但沒有說明「代」和「誡」之間的關係。「誡」的本字是「戒」，戰國文字作䪍，象兩手舉戈。簡文的七和戰國文字「戈」字非常相似，不難想象一個讀者或抄手會把七誤讀為「戈」，然後把「戈」讀作「戒」，「戒」就破讀為「誡」。然而，這樣讀這句話沒有多少意思。我們完全可以理解《命訓》作者為什麼會認為人民「代其上」會造成混亂的結果，可是很難理解他為什麼會以為人民「誡其上」會造成這樣的結果。七和七之間的差別極小，可是非常重要，是差之毫釐、失之千里的很好的例子。[183]

佑仁謹案：原整理者和魚遊春水都認為△字就是「墮」，ee亦釋「墮」，但主張字有訛變。明珍認為△字就是「陶」，今本的「墮」不足據，且「乏」字今本亦缺，因此她直接據「陶」而訓作「憂思積聚貌」。單育辰認為構形中的「𠃌」，其實是「又」的訛變，他主張過去被釋作「陶」的「𨽍」（包山.111）、「𨺅」（上博九.陳公治兵.19）、「　」（上博九.邦人不稱.3），均應依據〈命訓〉「𨺅」改釋為「墮」。蘇建洲不贊成單育辰釋「墮」之說，認為「古文字未見『𠃌』與『又』有訛混的例證」，書手將本來應該寫為「圣」

---

[182] 郭倩文：《《清華五》、《上博九》集釋及新見文字現象整理與研究》，頁 101-102。

[183] 夏含夷：〈清華五〈命訓〉簡、傳本異文考〉，《古文字研究》第 31 輯，《古文字研究會第 21 屆年會論文集》，頁 382-383。

的形體誤寫為「勹」，但發現寫錯後遂將錯就錯在「勹」下補上「又」旁，這種錯字無法作為改釋「陶」的依據；石小力贊同蘇建洲之說。郭倩文認為「⺈」是「少手形下部一筆」，因此本疑難字與〈陳公治兵〉簡19、〈邦人不稱〉簡3等諸字，都應釋「墮」。

先談「墮」字，「墮」本作「陸」、「隓」、「𨸖」形，見於「」（圝公盨／新收1607）、「」（五祀衛鼎／集成02832），裘錫圭指出：

> 「隓」即「墮」的初文，亦見包山楚簡，《汗簡》以為「隋」的古文，《說文‧十四下‧阜部》「墮」字字頭作「陸」，即由此形變。「隓」的字形象用手使「阜」上之土墮落，是一個表意字。其所從之「圣」後來變為「左」，當是由於「圣」、「左」形近，而「左」字之音又與「墮」相近的緣故。[184]

可知「墮」本從二「圣」，會以手使阜上之土石墜落之意，「圣」後來聲化作「左」。楚系的「墮」字初步統計有以下六種寫法：

1. 「𨸖」：「」（清華貳.繫年.66）、「」（清華貳.繫年.51）、「」（清華貳.繫年.54）「」（上博三.周易.26）

2. 「隓」，如「（）」（新蔡.甲3.25）

3. 「陵」，如「」（上博三.周易.16）、「」（上博九.邦人不稱.2）

4. 「陸」，如「」（郭店.唐虞之道.26）

5. 「陷」，如「」（包山.163）

6、「陣／陆」，如：「」（郭店.老子甲.16）、「」（包山.184）

將上述諸形與本處的「」相比，「阜」、「土」、「又」等偏旁均符合要求。但重要的是，「」字「土」旁上的「⺇」形結構，卻從未出現於「墮」

---

[184] 裘錫圭：〈𫲘公盨銘文考釋〉，收入《𫲘公盨》，（北京：線裝書局，2002.10），又載《中國歷史文物》，2002年第6期、《中國出土古文獻十講》，（上海：復旦大學出版社，2008.11）、《裘錫圭學術文集3：金文及其他古文字卷》，（上海：復旦大學出版社，2012.6），頁148。

字構形中，但「乙」卻是「陶」字的重要偏旁，楚簡「陶」字作：

A	B	C	D
上博九.陳公治兵.19	包山.111	上博九.邦人不稱.03	郭店.語叢四.22

「乙」未見於「墮」字，但它卻是「陶」的聲符（「乙」為「伏」的初文），而且「陶」字也从「阜」、「土」。總的來說，將「 」扣除下半「又」旁後，就是楚系的「陶」。當然也可以說，「 」扣除上半「乙」旁後的寫法，則是楚系標準的「墮」。明乎此，我們可以得出這樣的結論——「 」是一個糅合「墮」與「陶」的誤字，如下：

墮	本疑難字△	陶

「墮」、「陶」都从「阜」从「土」，不同者惟「墮」从「又」，而「陶」从「乙」。今本〈命訓〉作「墮」，文意也十分順暢，那麼簡文的△應是「墮」之誤，由於「乙」、「又」寫法接近而致誤。單育辰據△而將从「乙」諸字（包山.111、上博九.陳公治兵.19、上博九.邦人不稱.3）都改釋作「墮」，此不可從；筆者贊成蘇建洲誤字之說。此外林清源師有專門討論「墮」、「陶」之文章，對於各文例的訓讀有十分精審的意見[185]。

簡文「亟（極）令（命）則民墮乏」，「墮」應訓為荒廢、廢棄。《尚書·益稷》云：「元首叢脞哉！股肱惰哉！萬事墮哉！」孔傳：「萬事墮廢，其功不成。」[186]《淮南子·說林訓》云：「虎有子不能搏攫者，輒殺之。為墮

---

[185] 參林清源師：〈楚簡「陶」字考釋〉，《戰國文字研究的回顧與展望》，（上海：復旦大學出土文獻與古文字研究中心），（上海：中西書局，2017.8.1）。
[186] 李學勤主編，《十三經注疏》整理委員會整理：《尚書正義》，頁155。

武也。」高誘注：「墮，廢也。」[187]《後漢書‧臧宮傳》云：「福不再來，時或易失，豈宜固守文德而墮武事乎？」[188]簡文「乏」字今本脫落，應以簡本為據。

簡文「乃宩（曠）令（命）以弋（代）亓（其）上」一句，原整理者將「宩」讀「曠」，甚是。〈邦人不稱〉簡11有「賞之以西輕（廣）田百畛」，以「輕」讀作「廣」，讀法與本處近似。「廢」、「乏」皆為荒廢之義，《尚書‧皋陶謨》：「無曠庶官，天工人其代之。」[189]蔡沈《書經集傳》云：「曠，廢也。言不可用非才，而使庶官曠廢厥職也。」[190]《莊子‧天地》云：「子往矣，無乏吾事！」成玄英疏：「乏，闕也……理宜速往，無廢吾業。」[191]此處是說政令浩繁，人民將廢棄懈怠，不理政令。

簡文的「弋」，今本作「誡」。朱右曾云：「誡，警備也。」陳逢衡則理解為「告誡」。筆者認為本處的整體文義是說：國君政令浩繁，使人民曠廢政令，「△其上」最終則將「殆於亂」，將「誡」訓作「戒備」（黃懷信之說）或「警備」（朱右曾之說），語意都稍嫌過輕。不少注釋學家都放棄「誡」字而另闢蹊徑，例如丁宗洛認為「誡」是「詆」的誤字，潘振則認為是「逃」的誤字。既然簡本作「弋」，那麼誤字之說，不攻自破。

關於簡本的「弋」字，原整理者讀「代」訓「更」，魚遊春水讀「待」，蚊首讀「飾」後加問號表示並不確定。奈我何有二說，前說讀「試」，認為今本作「誡」似是「試」字之誤。後說亦讀「試」，認為「誡」、「試」音近可以通假。夏含夷認為簡本的「弋」之所以會演變成今本的「誡」，是因為先把「弋」誤讀為「戈」，然後再把「戈」讀作「戒」，「戒」就破讀為「誡」。

筆者認為魚遊春水讀「弋」為「待」之說，必須補足通假上的證據。

187　何寧：《淮南子集釋》，（北京：中華書局，1998.10），頁1208。
188　（劉宋）范曄撰，（唐）李賢等注：《後漢書》，（北京：中華書局，1973.8），頁695。
189　李學勤主編，《十三經注疏》整理委員會整理：《尚書正義》，頁129。
190　（宋）蔡沈：《書經集傳》，（臺北：世界書局，1969），頁17。
191　（清）郭慶藩撰、王孝魚點校：《莊子集釋》，頁435。

另外，他主張「待」乃對待之「待」，但「待其上」恐無法翻譯成「對君主的態度也變得消極」。蚊首僅讀成「飾」，並無通假佐證與說解。奈我何有二說，前說讀「試」，認為今本作「誠」似是「試」字之誤。後說亦讀「試」，不過他依據蔡升奕之文，認為「誠」、「試」音近可以通假。誤字之說除非有強而有力的證據，否則不確定性很高。關於後說，蔡升奕在《清華伍》尚未出版以前，就把《逸周書‧命訓》本處的「誠」改讀成「誠」，其說如下：

> 「誠」從戒得聲，「試」從式得聲。《書‧康誥》：「自作不典式。」《潛夫論‧述赦》引式作戒。《楚辭‧天問》：「何試上自予。」《楚辭考異》云：「試一作誠。」可見「誠」可假借為「試」。「試」當有專擅、自擅意。《漢書‧五行志下》云：「受命之臣專征云試。」顏師古注：「試，用也，自擅意也。」是其證。《韓非子‧外儲說左下》云：「陽虎議曰：『主賢明則悉心以事之，不肖則飾奸而試之。』」這裡「事」與「試」對，其意正相反，「事」謂事奉，而「試」當謂自擅、專擅。「試之」即自擅於君主。這裡「試」不當釋為弒殺或刺探等意。陽虎有「飾奸而試之」之議，故當「趙簡主迎而相之」之時，「左右」有「虎善竊人國政，何故相也」之疑，趙簡主有「陽虎務取之，我務守之」之答。「試之」亦可云「專之」、「擅之」，《廣雅‧釋言》云：「專，擅也。」《說文‧手部》云：「擅，專也。」「專」、「擅」意同，皆為專擅、自擅之意。《淮南子‧主術訓》云：「群臣輻湊，莫敢專君。」《晏子春秋‧諫下》亦云：「臣專其君，謂之不忠。」《管子‧明法解》云：「人臣之所以乘而為奸者，擅主也。臣有擅主者，則主令不得行而下情不上通。」「專君、擅主」與「試之」的意思一樣，皆謂專擅於君主。這些用法與「曠命以誠其上」，語境甚近，而「誠」又可通「試」，這表明「誠其上」之「誠」字當是「試」之假借字，

當作自擅、專擅、自行其是解。「曠命以誡（試）其上」，謂不聽君命而自擅於其君，百姓不聽君命而對上自行其是，當然是近乎亂了（「則殆於亂」）。這樣解釋無有不通之處。綜上所言，「誡」當是「試」字之假，是自擅、專擅、自行其是的意思。「試其上」意為自擅於其上，即對君主自行其是。黃先生（佑仁案：指黃懷信）的譯文可修改為：不聽號令而自擅於其上，就會接近叛亂。[192]

他將「誡」讀作「試」，就音理而言並無疑問。但他將「試」訓作「自擅、專擅」，主要是依據《韓非子・外儲說左下》「飾奸而試之」一句。不過這句話裡的「試」一般都理解為「刺探」，例如，邵增樺《韓非子今註今譯》翻譯成「隱蔽邪惡刺探他」[193]，張覺《韓非子全譯》云：「掩飾起自己的邪惡去試探他。」[194]《字彙・言部》云：「試，探也。」《晏子春秋・雜篇上》云：「夫范昭之為人也，非陋而不知禮也，且欲試吾君臣，故絕之也。」[195]可見「試」解釋為「試探」也很合理。蔡升奕將《韓非子・外儲說左下》的「試」訓成自擅、專擅，又進一步主張〈命訓〉亦作此，此為循環論證，不可從。

筆者認為「弋」有兩個思路：讀為「代」或「賊」。讀「代」之說乃原整理者提出。「代」指取代，《尚書・多方》云：「乃惟成湯，克以爾多方，簡代夏作民主。」孔傳：「乃惟成湯，能用汝眾方之賢，大代夏政，為天下民主。」[196]《史記・項羽本紀》中記載項羽觀看秦始皇渡錢塘江時說：「彼可取而代也。」[197]楚簡中「弋」讀「代」十分常見：

〈從政甲〉簡1：三弋（代）

[192] 蔡升奕：〈《逸周書》若干校注疏證〉，《語文研究》，2000年第4期，頁15。

[193] 邵增樺：《韓非子今註今譯》，（臺北：臺灣商務印書館，1995.9），頁600。

[194] 張覺：《韓非子全譯》，（貴陽：貴州人民出版社，1992），頁664。

[195] 吳則虞：《晏子春秋集釋》，（北京：中華書局，1962.1），頁326。

[196] 李學勤主編，《十三經注疏》整理委員會整理：《尚書正義》，頁541。

[197] （西漢）司馬遷撰，（南朝宋）裴駰集解，（唐）司馬貞索隱，（唐）張守節正義：《史記》，頁257。

〈容成氏〉簡50：吾伐而弋（代）之

〈仲弓〉簡18：三弋（代）

〈曹沫之陣〉簡14：三弋（代）

〈鮑叔牙與隰朋之諫〉簡2：周人之所以弋（代）之

〈用曰〉簡4：相弋（代）

簡文是說：面對國君的極命，人民漠視政令後，進一步取而代之。

此外，「弋」或可讀為「賊」，指賊害、殺戮，《楚辭·招魂》云：「歸來歸來！恐自遺賊些。」朱熹集注：「自遺賊，自予賊害也。」[198]《尚書·舜典》云：「寇賊姦宄。」孔傳：「殺人曰賊。」[199]可參。《逸周書》見三例「其上」，均在〈命訓〉，而「上」都是指國君。

此外，簡本的「弋」又是如何演變至今本的「誡」呢？夏含夷認為「弋」先誤讀為「戈」，再把「戈」讀作「戒」，「戒」又破讀為「誡」。筆者認為「弋」與「誡」的關係，並沒有這麼曲折輾轉。「弋」（定紐職部）、「誡」（見紐職部）韻部相同，聲紐前者為舌頭音，後者為齒頭音，乍看聲紐不同，但是與「誡」通假的「敕」（透紐職部）[200]，也屬於舌頭音，因此有通假的可能性。我們雖然不贊成蔡升奕「誡」讀「試」之說，但是「式」本從「弋」聲，因此前引的蔡說剛好可以作為「弋」讀成「誡」的證據。此外，亦可參看高亨《古字通假會典》「戒」與「式」、「誡」與「試」等條的證據[201]。銀雀山漢簡〈六韜〉簡686云：「維文維德，孰為之戒？弗觀，亞（惡）知其極」[202]，〈長短經〉卷7「戒」作「式」。綜上所述，筆者認為今本的「誡」是後代經師的誤讀。

[198] （宋）朱熹撰，蔣立甫校點：《楚辭集注》，（上海：上海古籍出版社、合肥：安徽教育出版社，2001.12），頁131-132。

[199] 李學勤主編，《十三經注疏》整理委員會整理：《尚書正義》，頁89。

[200] 高亨、董治安編纂：《古字通假會典》，（濟南：齊魯書社，1997.7），頁383。

[201] 高亨、董治安編纂：《古字通假會典》，頁383。

[202] 銀雀山漢墓竹簡整理小組：《銀雀山漢墓竹簡〔壹〕》，（北京：文物出版社，1985.9），頁114。

最後談談衍文的問題。本句之前，今本尚有「民墮則曠命」一句（請參本句「對勘」一欄），然而何以會有此句的增衍呢？先將簡本六項「政之所殆」的原文列出如下：

> 極命則民墮乏，乃曠命以代其上，殆於亂矣。
>
> 極福則民祿，民祿干善，干善違則不行。
>
> 極禍則民畏，民畏則淫祭，淫祭罷家。
>
> 極恥則民 **屮**，民 **屮** 則傷人，傷人則不義。
>
> 極賞則民賈其上，賈其上則無讓，無讓則不順。
>
> 極罰則民多詐，多詐則不忠，不忠則無復。

很清楚只有「極命則民墮乏」一句沒使用頂真格，可能後代經師誤以為有錯簡，遂增補「民墮則曠命」一句，反而致誤。

簡文「忶（殆）於鬪（亂）」，諸家學者多訓「殆」為接近，可從。《詩經·小雅·節南山》云：「式夷式已，無小人殆。」鄭玄箋：「殆，近也。」[203]

〔二十〕　亟（極）福則民彔＝（民祿，民祿）迁＝善＝（干善，干善）韋（違）則不行

圖版	亟	福	則	民=	彔=	迁=	善=
釋文	亟	福	則	民=	彔=	迁=	善=
圖版	韋	則	不	行			
釋文	韋	則	不	行			
今本	極福則民祿，民祿則于〈干〉善，干善則不行。 黃懷信語譯：過度賜福，百姓就會貪祿；百姓貪祿，就會傷害善						

	事；傷害善事，善事就不流行。											

【彙校】干，諸本或作「于」。郝懿行云：「于」疑當作「迂」，《禮記》「于則」於義與此同。

【集注】孔晁云，不行善也。○潘振云：世祿之家，鮮克有禮，犯善而不行。○陳逢衡云：福祿所以勸善，若富及淫人，是為極福。極福而民生惟知有祿，而以干善為務矣。干通作奸，偽也。謂本無善可福祿，而偽為善以弋取也。○唐大沛云：極福則民惟知有祿，將懷竊祿之心。干，求也。民既心繫於祿，必將違道以干譽，是干善也。干善者飾其善，非真能行善也。○朱右曾云：祿，貪祿。干，如干祫之干，空也。為祿而為善，非誠也，故不行。○于鬯云：干本訓犯。干善，犯善也。蓋民祿則驕奢淫佚無不可為，皆干善之事也。其義甚明，故孔解不發。朱說殆求深而反拙。《武順篇》云：「危言不干德曰正。」干善猶干德也。彼孔解正云「不干，謂不犯也」。不干德為正，則干善為邪矣。故下文云「干善則不行」。[204]

		極	福	則	民	祿	，	民	祿	/	干	善	，
對	簡	極	福	則	民	祿	，	民	祿	/	干	善	，
勘	今	極	福	則	民	祿	，	民	祿	則	干	善	，
	簡	干	善	違	則	不	行	。					
	今	干	善	/	則	不	行	。					

原整理者：簡文「迁善韋則不行」一句，今本漏一「韋」字。韋，《說文》：「相背也。」即後來通用的「違」字。唐大沛云：「極福則民惟知有祿，將懷竊祿之心。干，求也。民既心繫於祿，必將違道以干譽，是干善也。干善者飾其善，非真能行善也。」[205]

lht：簡8：極福則民=祿=干=善=韋則不行。似應讀為極福則民祿干善，民祿干善違則不行。今本誤讀重文符號。[206]

夏含夷：

Q1：亟福則民=祿=迁=善=韋則不行　　　【8】

Q2：極福則民祿，民祿　迁善，迁善韋則不行。

---

204 黃懷信、張懋鎔、田旭東撰，李學勤審定：《逸周書彙校集注（上）》（修訂本），頁30。
205 李學勤主編：《清華大學藏戰國竹簡（伍）》，頁129。
206 見武漢網「簡帛論壇」〈清華五《命訓》初讀〉35樓，2015.4.30（2017.7.4上網）。

Y ：極福則民祿，民祿則干善，干善　則不行。

在「迁善韋則不行」和「干善則不行」之間，簡文加上了先置的「韋」字作動詞「行」的賓語，把「行」改為及物動詞；「韋」即「違法」的「違」本字，「不行」「韋」的意思是不進行違法的行為。在相應的傳世本裡卻沒有賓語，「行」的用法就與《命訓》裡普遍使用的不及物動詞的用法一樣。因此，「不行」的意思已經含有「不做出合適的行為」的意思。如果只有簡文和傳世本的這一句話，我們大概會覺得簡文比傳世本好，意思是說人民受到福祿以後，他們就會改善自己，改善自己的結果就是不會做違法的行為，這似乎很合理。然而，這個意思與《命訓》上下文不一致，上下文提出了幾個帶有反作用結果的情況。這句話的上下兩句在上面已經討論了，可是因為與本句並行，所以值得再看一遍：

Q1：亙命則民陵乏乃蔑命以弋亓上訟于嗣矣　　　【8】

Q2：極命則民墮乏，　乃曠命　　以代其上，　殆于亂矣。

Y ：極命則民墮，民墮則曠命，曠命以誠其上，則殆于亂。

Q1：亙禍則民=粲=則遙=祭=皮豪∟　　　【8-9】

Q2：極禍則民畏，民畏則淫祭，淫祭則罷家。

Y ：極禍則民鬼，民鬼則淫祭，淫祭則罷家。

無論是「殆于亂矣」還是「淫祭則罷家」，結果都不好。「極福則民祿，民祿迁善，迁善韋則不行」的結果應該像上下文一樣也不好，然而「韋則不行」的意思肯定是上述的「不做違法行為」。與此不同，傳世本「則不行」的意思是「就不做出合適的行為」與上下文消極的結果一致。很奇怪，這裡的簡文誤解了《命訓》的這個特殊用法，看起來肯定是一個錯誤，傳世本卻保留了正確的內容。207

佑仁謹案：簡文「迁善」，今本作「干善」。《逸周書彙校集注》云：「干，諸本或作『于』。郝懿行云：『于』疑當作『迁』，《禮記》『于則』於義與此同。」[208]簡文作「干」，可見古代經師釋「于」或「迁」之說並不可信。

「干」字的解釋有兩種說法，一者訓「求」，唐大沛云：「極福則民惟知有祿，將懷竊祿之心。干，求也。」一者訓「犯」，潘振云：「世祿之家，鮮克有禮，犯善而不行。」于鬯云：「干本訓犯。干善，犯善也。」衡量二者，以訓作「求」為宜。此處是說：一味鑽營以求君上賜祿，為得讚譽而行善，故云「求善」。

簡8-10關於「命、福、禍、恥、賞、罰」等六種「政之所殆」的論述，除了總括題旨的「命」句式比較特別之外，其餘五條基本上都是使用「極A則B，B則C，C則D」之句法，此即修辭學所謂的「頂真」。今本句式更為整齊，簡本的「民祿干善」以及「淫祭罷家」，都未有轉折詞「則」，在今本中都已補上。

簡文「違」字今本無，唐大沛沒有看過簡本，但其注指出「民既心繫於祿，必將違道以干譽」[209]，已點出「違」字。「違」指違背，天道要人行善，然刻意求善而得福，以悖逆天道的法則，故曰「違」。今本「違」字已省略，句法上更加整齊。筆者認為從句法上來看，簡本保留了原始的文本特徵，今本〈命訓〉整齊的句式必然經過後代經師修訂。

劉洪濤認為應讀為「極福則民祿干善，民祿干善違則不行」，今本誤讀重文符號而產生錯誤[210]，不可從。如前所述，本段採用「極A則B，B則C，C則D」句法（參【思想脈絡表二】），六種政之所殆情況，皆有三句論述，若如劉洪濤所改，則本條變成兩句，即不合前後句式。

第 21 屆年會論文集》，頁 384-385。
[208] 黃懷信、張懋鎔、田旭東撰，李學勤審定：《逸周書彙校集注（上）》（修訂本），頁 30。
[209] （清）唐大沛撰：《逸周書分編句釋十二卷》，（臺北：臺灣學生書局，1969.6），頁 28。
[210] 見武漢網「簡帛論壇」〈清華五《命訓》初讀〉35 樓，2015.4.30（2017.7.4 上網）。

　　「不行」指「無法執（施）行」，從後文「福莫大於行」（所謂的「福」莫過於能自主的行善）一句來看，「行」指「行善」，則「干善違則不行」是指故意為求得讚譽而行善，不是發於個人真心，悖逆天道，故無法行善，這是政治危殆的原因之一。

〔二十一〕亟（極）禍（禍）則民=枭=（民畏，民畏）則逕=祭=（淫祭，淫祭）皮（罷）豙（家）

圖版							
釋文	亟	禍	則	民=	枭=	則	逕=
圖版							
釋文	祭=	皮	豙				

今本	極禍則民鬼，民鬼則淫祭，淫祭則罷家。 黃懷信語譯：過度降禍，百姓就會信鬼；信鬼，就會頻繁地祭祀；頻繁地祭祀，就會使家資不振。
校注	【集注】孔晁云：罷弊其財，且無禍也。（且，盧校改「冀」，各家從。）○潘振云：罷音皮。非其鬼而祭之，名曰淫祭，求免禍也。故罷弊其家財。○陳逢衡云：殺戮所以止姦，若刑及正人，是為極禍。極禍則民無所措手足，惟專意祈禳，以冀免禍矣，故至於淫祭而罷家。○丁宗洛云：民祿、民鬼，猶言民貪祿信鬼也。○唐大沛云：禍以懲惡，若降禍過多，則民思免禍，求媚於鬼神。巫祝祈禱之事盛行曰淫祭。弊其財以冀無禍，其家必至罷憊。○朱右曾云：罷讀曰疲。[211]

對勘	簡	極	禍	則	民	畏	，	民	畏	則	淫	祭	，
	今	極	禍	則	民	鬼	，	民	鬼	則	淫	祭	，
	簡	淫	祭	/	罷	家	。						
	今	淫	祭	則	罷	家	。						

原整理者：今本作「極禍則民鬼，民鬼則淫祭，淫祭則罷家」。今本「淫祭則罷家」句，簡文漏一「則」字。唐大沛云：「禍以懲惡，若降禍過多，則民思免禍，求媚於鬼神。巫祝祈禱之事盛行曰淫祭。弊其財以冀無禍，其家必至罷憊。」[212]

夏含夷：

　　Q1：邅祭皮豪　　　　　　　　　　　　　【9】

　　Q2：淫祭　皮家

　　Y ：淫祭則罷家

這句話的上下文意思也是不要太極端。事情如果做得過分就會有不好的結果。整句謂：

　　Q1：亞褐則民=槼=民槼則邅=祭=皮豪ㄥ　　　【8-9】

　　Q2：極禍則民畏，民畏則淫祭，淫祭　皮家。

　　Y ：極禍則民鬼，民鬼則淫祭，淫祭則罷家。

簡文的「皮家」在傳世本中都作「罷家」。「皮」和「罷」聲音相近，當然可以通用。「罷」有多種詞義：讀作 bá，最基本的意思是「停止、取消、免去」；讀作 bǐ，意思是「分散」；讀作 pí，意思是「疲旁、疲敝」。「罷家」的意思似乎只能是「疲敝」家財，如孔晁注云：「罷弊其財，且無禍也。」這樣解釋完全講得通，因此劉國忠將「皮」破讀為「罷」。然而我覺得「罷家」不一定最合理，簡文的「皮」與「破壞」的「破」和「披掃」的「披」是古今字，不但可以解通文義，也比傳世本的「罷家」更為好懂。[213]

佑仁謹案：簡本的「槼」，原整理者將「槼」讀「畏」，今本作「鬼」，「民鬼」（黃懷信語譯成「信鬼」）語句不辭，宜從原整理者讀「畏」，人民害怕鬼神降禍，因而興起祭祀鬼神之心，然過度祭祀導致傾家蕩產，反而

---

[212] 李學勤主編：《清華大學藏戰國竹簡（伍）》，頁 129。

[213] 夏含夷：〈清華五〈命訓〉簡、傳本異文考〉，《古文字研究》第 31 輯，《古文字研究會第 21 屆年會論文集》，頁 381。

致禍，《禮記・曲禮下》云：「非其所祭而祭之，名曰『淫祀』，淫祀無福。」[214]可參。

〔二十二〕亟（極）佴（恥）則民=ㄅ=（民叛？，民叛？）則瘍=人=（傷人，傷人）則不冎（義）

圖版	亟	佴	則	民=	叛？=	則	瘍=
釋文	亟	佴	則	民=	叛？=	則	瘍=

圖版				
釋文	人=	則	不	冎

今本	極醜則民叛，民叛則傷人，傷人則不義。 黃懷信語譯：過度羞辱，百姓就會背叛；百姓背叛，就會傷人；傷人，就會不義。
校注	【集注】孔晁云：民不堪行則叛義也。（按：鍾本無「也」字。）○潘振云：著其惡曰醜。人而不仁，疾之已甚，亂也。○陳逢衡云：沈濤曰：「醜謂愧厲之。愧厲太過，民不堪行，故叛也。」衡案：極醜則民無自新之路，必至逆行而不顧，語所謂惡不仁之人，疾之已甚，亂也。傷人，謂用刑。不義，謂輕重不得其宜。○唐大沛云：醜，類也。彰善癉惡區別太嚴，無以自容，無所逃罪，民不堪命，必生叛義之心。民心判義，則不仁之人必設計以害君子，是傷人也。傷害善人，雖明知不義而亦不顧矣。○朱右曾云：揚清激濁，固君子之事，然絕之已甚，必將激而為非，以中傷善類。○孫詒讓云：極醜，謂貴賤無等也。故上文云「以人之醜當天之命」。天命有常，人醜無等，其事相類。貴賤無等，則民傷而上叛，故馴至於傷人不義。朱說未得其旨。○劉師培云：孫說亦非。此文與《度訓篇》「無醜」正相反，蓋無醜則貴賤無等，極醜則上下隔絕，皆不可以訓，故《常訓篇》又云：「明醜乃樂義，樂義乃至上。」明醜如《周易》辨上下定民志，斯無無醜與極醜之失矣。[215]

[214] 李學勤主編，《十三經注疏》整理委員會整理：《禮記正義》，頁180。
[215] 黃懷信、張懋鎔、田旭東撰，李學勤審定：《逸周書彙校集注（上）》（修訂本），頁31。

對勘	簡	極	恥	則	民	╱	，	民		則	傷	人	，
	今	極	醜	則	民	叛	，	民	叛	則	傷	人	，
	簡	傷	人	則	不		。				
	今	傷	人	則	不	義	。				

原整理者：今本作「極醜則民叛，民叛則傷人，傷人則不義」。，疑為「只」字，讀為「枳」，《小爾雅・廣言》：「害也。」「」字從网，刈聲，為疑母月部字，與今本之「義」字為雙聲對轉。[216]

暮四郎：「枳」字表示「害」義在典籍中比較罕見。「只」當讀為「忮」，上古只聲、支聲之字常常通用。《呂氏春秋・慎行》：「身為僇，支屬不可以見，行忮之故也。」高誘注：「忮，惡也。」《說文・心部》：「忮，很也。」《集韻・寘韻》：「忮，很戾。」惡、狠戾放入此處原文，都符合文義。……「网」旁下部並非「刈」字。可能本來也是「義」字，抄手將其形體抄訛，導致難以辨認。[217]

金宇祥：原考釋與暮四郎先生二人皆從文意方面來說明此處。而比對今本和簡文的文句，可知二者十分相近，字對應今本之字為「叛」，故筆者推測字可能是「孖」字的訛寫。「叛」為並母元部；「孖」為見母月部。月元對轉應無問題，見母與並母雖然差距較遠，但在少數地方仍可見到例子（參黃傑先生〈據清華簡《繫年》釋讀楚簡二則〉）。「孖」字訛寫為「只」字，李家浩先生〈談清華戰國竹簡《楚居》的「夷电」及其他—兼談包山楚簡的「宛人」等〉一文有相關論述，可參。

以往所見「只」字作：《郭店・尊德義》簡14、《上博三・彭祖》簡4、《上博五・鬼神之明》簡2背、《清華壹・楚居》簡5、《上博六・用曰》簡15、《包》簽牌19、《包》簽牌02。

「孖」字作：《包》122、《包》122、《包山》80、

216 李學勤主編：《清華大學藏戰國竹簡（伍）》，頁129。
217 見武漢網「簡帛論壇」〈清華五《命訓》初讀〉19樓，2015.4.14（2017.7.4上網）。

《包山》125 反

可知「只」與「孖」最明顯的差異在於「只」上半部作「口」形，上引李家浩先生文中舉者婤畢《集成》9818「孖」字作 ，佐證「孖」字上半部有寫作「口」形之例。除此之外《命訓》 字去除「口」形的形體作 ，亦與《包》122 兩例相近。[218]

王寧： 字可能是「皮」字的一種簡省寫法，故得與「叛」通假，二字同並紐雙聲、歌元對轉音近。[219]

奈我何：暮四郎之說當是。此字上部當是涉下文出現的「罰」字形而致誤。[220]

徐在國：此字可能是「孖」之訛體。清華一《楚居》5 有如下一字：

關於此字，李家浩先生有如下考釋：

> 「畬只」，《楚居》注釋〔三二〕說，即《楚世家》所說熊繹之子「熊艾」按「只」、「艾」二字形、音有別，疑「只」是孖孖之「孖」的訛體。簡文把「孖」字頭寫作「口」字形，跟者婤畢「孖」字頭寫作「口」字形同類（容庚：《金文編》第 983 頁，中華書局 1985 年）。上古音「孖」屬見母月部，「艾」屬疑母月部，二字聲母都是牙音，韻部相同，當可通用。

我們認為李先生的看法可從。與「 」形比較，「 」字右下多了一小橫，可以看作是為了和「只」形區別加的區別符號或飾筆。所以，「 」字也應該是孖孖之「孖」的訛體。《說文》：「孖，無左臂也。」「孖，無右臂也。」「孖」、「孖」古本一字，後世分化。①上古音「孖」屬見母月部，「叛」屬明母元部。月、元是對轉關係，典籍有二字間接通假的例證。②「蹶」、「蹳」

218 見武漢網「簡帛論壇」〈清華五《命訓》初讀〉23 樓，2015.4.17（2017.7.4 上網）。
219 見武漢網「簡帛論壇」〈清華五《命訓》初讀〉25 樓，2015.4.17（2017.7.4 上網）。
220 見武漢網「簡帛論壇」〈清華五《命訓》初讀〉29 樓，2015.4.20（2017.7.4 上網）。

二字古通。《史記·樊酈滕灌列傳》：「常蹶兩兒欲棄之。」《索引》「蹶，《漢書》作蹴。」③「發」、「反」二字古通。《淮南子·道應》：「子發攻蔡。」「發」，《論衡·逢遇篇》作「反」。《說文》：「叛，半也。從半，反聲。」因此我們懷疑「孚」可讀為「叛」。「民叛」，典籍習見，如：《左傳·昭西元年》：「神怒民叛，何以能久？趙孟不復年矣。神怒，不歆其祀；民叛，不即其事。祀事不從，又何以年？」《國語·周語》：「佻天不祥，乘人不義，不祥則天棄之，不義則民叛之。」[221]

郭倩文：「只」於已有楚簡資料中數見，如：郭店簡《尊德義》簡 14-15「𠂤」、上博三《彭祖》簡 4「𠂤」、上博五《鬼神之明》簡 2 背「𠂤」、清華簡《楚居》「𠂤」等，可見「只」字形體多異，不排除本字為「只」字新見形體。暫存疑。[222]

郭倩文：《說文·疒部》：「瘍，頭創也。从疒昜聲。」在已有古文字材料中，見於《侯馬盟書》：𤻘、晉璽作：𤻘璽彙 792、𤻘璽彙 4019 𤻘璽彙 1213 等。但在已有楚簡材料中未見，為《清華伍》新見字。《廣韻》：「傷也。」[223]

佑仁謹案：簡文「極恥則民 𡳦」，末字原整理者釋作「只（枳）」，訓作「害也」。暮四郎認為「只」當讀為「忮」，奈我何從之，認為是受到下文的「罰」字而致誤。金宇祥認為字是「孚」（見紐月部）的訛寫，讀作「叛」（並紐元部）。王寧認為是「皮」（並紐歌部）字的一種簡省寫法，故得與「叛」（並紐元部）通假。郭倩文認為是「只」字的新見形體。筆者認為，以上解釋「只」、「孚」、「皮」等說，字形上均有距離。依據今本，此字確實應與「叛」字聯繫，釋法待考。「極恥則民叛」是指國君過度使用「恥」

[221] 徐在國：〈清華五《命訓》「𡳦」字試析〉，清華簡《繫年》與古史新探學術研討會會議論文集，2015.10.30，頁 92。

[222] 郭倩文：《《清華五》、《上博九》集釋及新見文字現象整理與研究》，頁 102。

[223] 郭倩文：《《清華五》、《上博九》集釋及新見文字現象整理與研究》，頁 102。

（或即已到羞辱的情況），人民就會叛上作亂。

簡文「民▢則傷人，傷人則不罰（義）」，「瘍（傷）」簡文作「▢」，原整理者對應今本作「傷」，郭倩文認為見於侯馬盟書以及三晉璽印，楚簡未見，均有一定理據。

句末的「▢」原整理者隸定作「罰」，認為字從网、刈聲，為疑母月部字，與今本之「義」字為雙聲對轉。暮四郎認為「网」旁下部並非「刈」字。「▢」可能本來也是「義」字，抄手將其形體抄訛，導致難以辨認。「▢」字與「義」的整體結構並不接近，以抄訛視之不合於情理。

簡文「▢」字，今本作「義」（疑紐歌部），簡文下半原整理者釋作「刈」（疑紐月部），此字乍看簡單透過「刈」讀「義」，即能與今本聯繫而結案，然而問題並沒有這麼簡單。

先談字形，「▢」應為上下結構，上半作「▢」下作「▢」，上半的「▢」釋作「网」，無庸置疑，下半的「▢」起筆有一橫筆，或許有學者會認為這一橫筆是屬於「▢（网）」，實則不然，楚簡中大量「网」旁字形作：

▢	▢	▢	▢	▢	▢
信陽 1.02	九店.56.31	郭店.緇衣.29	包山.149	包山.22	上博一.緇衣.15

「网」字下半從未有一橫筆，可見此橫筆是歸屬於下半偏旁的部件，那麼「▢」又該怎麼理解呢？

《說文》認為「▢（刈）」是「▢（乂）」的異體[224]，而目前所見的「刈」字，其時代必須晚到東漢的校官碑，字形作「▢」，傳抄古文中「刈」字形作「▢」（韻海 4‧23），由這些字看來，似乎很難說明「▢」上部橫筆的來源。筆者認為，楚簡中有一種常讀成「察」、「淺」、「竊」之字的構形，

---

[224] （東漢）許慎撰，（清）段玉裁注，李添富總校訂：《新添古音說文解字注》（三版），頁 633。

這類字有很多種異體構形（我們在〈封許之命〉簡 7 的「𤼵」字中已有系統論證，此不再重述），其中有一種與此相關的寫法，字形作：

🖼包山.4　🖼（🖼）上博二.容成氏.18　🖼△（本處疑難字）

比對字形可知，△字顯然就省略這類寫法上部的四小點（🖼）而來。〈容成氏〉18 文例為「禹聽政三年，不製革，不刃金，不略矢。田無△，宅不空，關市無賦。」原整理者李零已指出「左半所從與郭店楚簡釋為『察』、『淺』、『竊』的字所從相同」，讀作「蔡」，指野草[225]。李天虹〈容成氏「刈」〉云：「簡文🖼左旁的下半，和『乂』相當接近，加上其上的一橫，尚能看出『𠂹』字初文的痕跡；右旁從『刀』，正可組成《說文》的『刈』。……如李零先生所說，🖼的左半，即聲旁，和郭店簡中用作『察』、『淺』、『竊』的字所從相同。『刈』、『𠂹（音孽）』古音在疑母月部，與清母月部的『察』、精母元部的『淺』、清母質部的『竊』音都不遠，可以相通。如『薛』字古音在心母月部，金文用為『薛』的字作🖼、🖼（《金文編》第 34 頁）等形，王國維指出字系從『月』、『𠂹』聲。所以『𠂹』可以作為『察』、『淺』、『竊』的聲旁。」[226]可信。

　　是以，本處的「🖼」應是「刈」的一種省形寫法，隸定上為直接作「刅」亦無不可。在此，「刈」應是「刅」的聲符，「義」（疑紐歌部）、「刈」（疑紐月部），聲紐相同、韻部歌月旁轉，就音理而言應可通假，但是先秦尚未看到「義」、「乂」（或「刈」）通假之例，裘錫圭在《文字學概要》指出：「宋元時借『乂』為『義』，後世在『乂』上加點造成『义』字，專用作『義』的簡體。這個字也可以看作半記號半表音字。」[227]簡本從「刈」聲，今本作「義」，若此條可以成立，則可將「乂」、「義」二字假借的例證往前推至

225　馬承源主編：《上海博物館藏戰國楚竹書（二）》，（上海：上海古籍出版社，2002.12），頁 264。

226　李天虹：〈釋《容成氏》中的刈〉，武漢網，2006.01.24（2017.7.4 上網）。

227　裘錫圭：《文字學概要》（修訂本），（北京：商務印書館，2013.7），頁 112。

戰國秦漢之際。

此處的「𦐇」可以依據今本讀作「義」，指傷人則不合乎「義」。不過楚簡以「乂」字聲系讀為「義」的用法十分罕見，頗疑或可直接讀作「乂」，訓作「治」。《說文》有「嬖」字，云「治也。从辟、乂聲。」[228]《爾雅‧釋詁》云：「乂、亂、靖、神、弗、淈，治也。」[229]「乂」的治理之義應當是從治田刈穫的意義引申出來的。簡文「傷人則不乂」即「傷人則不治」，人民悖亂傷人則國家難以治理。簡文「不」字寫得略小而偏右，當是校補後補上的字。

本處簡文是說，國君過度使用「恥」（或即已到了羞辱人的情況），人民就會叛上作亂，傷人就不合理於「義」（或釋作「傷人則國家便難以治理」）。

〔二十三〕亟（極）賞則民賈=亓=上=（賈其上，賈其上）則亡=壞=（無讓，無讓）則不川（順）

圖版							
釋文	亟	賞	則	民	賈=	亓=	上=
圖版							
釋文	則	亡=	壞=	則	不	川	
今本	極賞則民賈其上，賈其上則民無讓，無讓則不順。 黃懷信語譯：過度賞賜，百姓就會與上司講價錢；與上司講價錢，就沒了讓心；沒有讓心，政令就不順暢。						

---

[228] （東漢）許慎撰，（清）段玉裁注，李添富總校訂：《新添古音說文解字注》（三版），頁437。

[229] 李學勤主編，《十三經注疏》整理委員會整理：《爾雅注疏》，頁55。

校注	【集注】孔晁云：賈，賣。以功求其賞也。○潘振云：賈，賣也，以功求賞，如以物求售。民不讓，則不和矣。○陳逢衡云：若賞不以道，是為極賞，則民必多方悅君，而以市心交於上矣？○丁宗洛云：賈上，是冒功以濫賞意，（孔）注未允。○唐大沛云：極賞，謂賞賜無算。利所在，誰肯讓者？無讓則爭，爭則奪，焉能順分？○朱右曾云：賈音古。賈上，謂如賈者之居奇貨，挾功邀賞，無遜讓之心。[230]											

對勘	簡	極	賞	則	民	賈	其	上	，	賈	其	上	則
	今	極	賞	則	民	賈	其	上	，	賈	其	上	則
	簡	/	無	讓	，	無	讓	則	不	順	。		
	今	民	無	讓	，	無	讓	則	不	順	。		

原整理者：今本作「極賞則民賈其上，賈其上則民無讓，無讓則不順」。同今本相比，簡本作「賈其上則亡讓」，少一「民」字，當以簡本為是。川，讀為「順」。[231]

佑仁謹案：簡本「極賞則民賈其上，賈其上則無讓」，今本在「無讓」前多一「民」字，原整理者認為當以簡本為是，此說可信。就句式來看，「B則C」的C都是省略主詞「民」（參看【思想脈絡表三】），考慮到句式的齊一性，「民」字應是衍文。

國君封賞浮濫，則人民將挾功邀賞，甚至如買賣時討價還價，那麼國君已將賞罰的權柄讓渡予人。人民爭相求賞，自不相禮讓，施政便無法順暢。

〔二十四〕亟（極）罰則民多=虘=（多詐，多詐）則不=忠=（不忠，不忠）則亡（無）遑（復）

圖版						

---

230 黃懷信、張懋鎔、田旭東撰，李學勤審定：《逸周書彙校集注（上）》（修訂本），頁32。
231 李學勤主編：《清華大學藏戰國竹簡（伍）》，頁129。

釋文	亟	罰	則	民	多=	虞=	則
圖版							
釋文	不=	忠=	則	亡	逯		

今本	極罰則民多詐，多詐則不忠，不忠則無報。 黃懷信語譯：過度處罰，百姓就多欺詐；多欺詐，就不忠誠； 不忠誠，就沒有報答。		
校注	【集注】孔晁云：上遇其禮，不報已終。（按：巳；元刊本作「已」；鍾作「闕」，盧從。丁訂下四字為「終於不報」。孫詒讓云：「注義未詳，疑當作『上遇無禮，不報以忠』，忠、終音近而誤。」）○潘振云：罰即罰布罰鍰之罰。金作贖刑，政主寬者，太甚，則民設詐以避之，不盡心於輸將，而無報上之禮。○陳逢衡云：用罰不當，是謂極罰。習為巧避，故多詐。詐則不忠，故無以報上。○朱右曾云：忠，實也。詭以僥免而無恥，是上以誠求，下以偽應，而無報也。[232]		

對勘	簡	極	罰	則	民	多	詐	，	多	詐	則	不	忠
	今	極	罰	則	民	多	詐	，	多	詐	則	不	忠
	簡	，	不	忠	則	無	復	。					
	今	，	不	忠	則	無	報	。					

　　原整理者：今本作「極罰則民多詐，多詐則不忠，不忠則無報」。虞，讀為「詐」，《說文》：「欺也。」復，《左傳》昭公六年杜注：「報也。」[233]

　　佑仁謹案：「復」（並紐覺部）今本作「報」（幫紐幽部），劉釗認為「古『復』、『報』音義皆近，常常通用。」[234]二字音義皆近，筆者至少可以找到以下幾例簡文作「復」，今本作「報」之例：

　　1.〈仲弓〉簡22「☑上下相復以忠」，陳劍認為「復」與「報」音義皆近，並依《大戴禮記・少閒》「上下相報」文例，直接將「復」讀

---

232 黃懷信、張懋鎔、田旭東撰，李學勤審定：《逸周書彙校集注（上）》（修訂本），頁32。
233 李學勤主編：《清華大學藏戰國竹簡（伍）》，頁130-131。
234 劉釗：《郭店楚簡校釋》，（福州：福建人民出版社，2003.12），頁142。

為「報」。[235]

2.郭店〈語叢四〉簡 1 云：「非言不讎，非德無復。」陳偉《十四種》指出該句語出《詩‧大雅‧抑》「無言不讎，無德不報」，簡文的「復」，今本《詩經》作「報」[236]。

3.〈皇門〉簡 5 云：「先〈=〉（先人）神示（祇）復（復）式用休」，今本作「先人神祇，報職用休」。

由於古訓中有「復，報也」之例（參《左傳‧定公四年》云：「我必復楚國。」杜預注：「復，報也。」[237]），因此也有不少「復」字，學者就依古訓而訓讀成「報」，如〈命訓〉本處原整理者即此種理解法。依文字學理，只要本字能訓釋得通，一般不必改讀，只不過這麼多「報」、「復」直接對應的例證，表示簡本的「復」應該對應今本的「報」，也就是說，楚人習慣以「復」表示｛報｝，所以實質上還是指「報」。簡文是說，國君過度使用罰，百姓就多欺詐，多欺詐就會不忠，不忠就不知道報恩。

〔二十五〕凡氏（此）六者，正（政）之所詞（殆）

圖版							
釋文	凡	氏	六	者	正	之	所
圖版							
釋文	詞						
今本	凡此六者，政之始〈殆〉也。 黃懷信語譯：以上這六種情況，都是政事的危險。						

[235] 陳劍：〈上博竹書《仲弓》篇新編釋文〉，《戰國竹書論集》，（上海：上海古籍出版社，2013.12），頁 109。

[236] 陳偉：《楚地出土戰國簡冊〔十四種〕》，（北京：經濟科學出版社，2009.9），頁 264。

[237]李學勤主編，《十三經注疏》整理委員會整理：《春秋左傳正義》，頁 1793。

校注	【彙校】始，趙本作「如」；盧改「殆」，各家從。										
	【集注】潘振云：殆，危也。○唐大沛云：六者皆過乎中道，故其害如此。以此為政，危殆之道也。結上文。[238]										
對簡	凡	氏	六	者	，	政	之	所	殆	／	。
勘今	凡	此	六	者	，	政	之	／	殆	也	。

原整理者：今本作「凡此六者，政之始也」。盧文弨改「始」為「殆」，各家從之。核以簡本，盧改為是，簡文「勼」字亦當讀為「殆」。[239]

暮四郎：整理報告將簡10、13「㚆」字讀爲「厥」，將簡13末句讀爲「凡此，勿（物）㚆（厥）耑（權）之櫚（屬）也」。今按：從文意看，這兩個「㚆」字很可能是「氏」字的抄訛。楚簡中二字字形已經相當挼近。【見下簡10、13所謂「㚆」字，及新蔡甲三165、《鬼神之明 融師有成氏》簡5「氏」字】而且，從文意上看，簡文本身有證據可以支持這一看法。一、簡10「凡㚆六者」與今本「凡此六者」對應。二、簡11「是古（故）明王奉此六者，以牧萬民」，與簡10「凡㚆六者，正（政）之所殆」對應。所以，簡10相關簡文應當改釋爲：「凡㚆＜氏＞（是）六者，正（政）之所殆。」楚簡「氏」字習用為「是」。是，此也。簡13相關簡文應當改釋爲：「凡此物，㚆＜氏＞（是）耑之屬也。」「是」表示肯定判斷。今本對應簡文恐亦當斷讀爲：「凡此物，攘之屬也。」[240]

夏含夷：在上文所述的「極命、極福、極禍、極恥（傳世本作「極醜」）、極賞」和「極罰」中，「極」的意思是「用得過分」，此六者皆言及政府的極端手段所帶來的惡果，其結論是「凡㚆六者，正之所勼」。劉國忠把「正」破讀為「政」，把「勼」隸定為「殆」，似乎很合理：因為六者所述皆為政府極端手段之惡果，所以結論當然會強調說這是「『政』（政府）之『殆』（危險）」。雖然如此，傳世本謂「凡此六者，政之始也」，也不無意義。

---

238 黃懷信、張懋鎔、田旭東撰，李學勤審定：《逸周書彙校集注（上）》（修訂本），頁32。
239 李學勤主編：《清華大學藏戰國竹簡（伍）》，頁131。
240 見武漢網「簡帛論壇」〈清華五《命訓》初讀〉20樓，2015.4.14（2017.7.4上網）。

例十一：

　　Q1：凡垔六者正之所愙　　　　　　　【10】

　　Q2：凡垔六者，<u>正</u>之 <u>所殆</u>。

　　Y ：凡此六者，<u>政</u>之 <u>始也</u>。

很難理解此六者怎麼會是政府的「始」。因此，早在清乾隆時代，盧文弨已
經將傳世本的「始」訂正為「殆」，此後幾乎所有編本都採用這個讀法。劉
國忠也採用盧文弨的這個訂正，並加了一個注解說：「今本作『凡此六者，
政之始也』。盧文弨改『始』為『殆』，各家從之。核以簡本，盧改為是，
簡文旬字亦當讀為『殆』」。我儘管同意這樣隸定簡文合理，可是也認為簡
文內在的證據並不很清楚。在清華簡的其他文本裡，「旬」普遍用為「始」
字的意思，據現有的證據來看，從來都沒有當作「殆」字讀。……這並不
是說在簡文第十簡上的「旬」字不可以讀作「殆」，但是一個編者應該說明
為什麼要這樣破讀而不要那樣破讀，不應該僅僅說「核以簡本，盧改為是，
簡文旬字亦當讀為『殆』」。「政之所殆」當然講得通，可是傳世本的「政之
始也」同樣講得通，雖然稍微難懂一些，可也許更合乎《命訓》的本義。[241]

佑仁謹案：本篇有兩處與「氏」有關的字，如下：

字形		
出處	簡 10	簡 13
文例	凡氏（此）六者，政之所殆。	凡此，物氏（實）權之屬也。
今本	凡此六者，政之始也。	凡此物攘之屬也。

原整理者將二字釋為「垔」，讀為「厥」，暮四郎認為楚簡「垔」、「氏」有
別，而本文兩個「垔」字都是「氏」的抄訛，皆讀為「是」。

　　李守奎在討論〈保訓〉的「垔」字時曾經指出：「『垔』字三見（簡
4）、（簡5）、（簡7），『垔』與『氏』二字有別，楚文字與兩周金文

---

[241] 夏含夷：〈清華五〈命訓〉簡、傳本異文考〉，《古文字研究》第 31 輯，《古文字研究會
第 21 屆年會論文集》，頁 386-387。

的區別相同，坒字作 （上博三・周 11-5），氏字作 （上博一・孔子詩論 16-26）。戰國楚文字中坒、氏二字區分劃然，但簡文中的三個『坒』字皆訛作『氏』。」[242] 究竟戰國文字的「坒」與「氏」能否有別，這要從它們的來源談起，先將二字的構形羅列如下：

	氏				坒			
甲骨	後 2.21.6				甲 2908			
西周	頌鼎／集成 02828	不其簋／集成 04328			仲爯父簋／集成 04189	宗周鐘／集成 00260		
春秋金文	毛弔盤／集成 10145	叔繁簋／集成 04527			邾公華鐘／集成 00245	滕侯蘇盨／集成 04428		
戰國金文	中山王響壺／集成 09735	中山王響鼎／集成 02840			陳侯因育錞／集成 04649	子孔戈／集成 11290		
楚簡	上博一.孔子詩論.4	上博一.孔子詩論.5	上博一.孔子詩論.5	上博一.緇衣 19	上博三.周易.11	上博六.用曰 6	清華伍.厚父.6	清華壹.尹誥 1
	上博三.彭祖.7	上博五.鬼神之明融師有成氏.7	上博六.莊王既成申公臣靈王.8	上博六.慎子曰恭儉.6	清華壹.皇門.5	清華壹.保訓.5	清華貳.繫年.2	清華伍.命訓.13
	上博五.鬼神之明	清華貳.繫年.102	清華貳.繫年.102	清華柒.子儀.13	清華伍.封鄦之命.2	清華伍.封鄦之	清華伍.命訓.10	楚帛書.甲 1.15

---

[242] 李守奎：〈《保訓》二題〉，《出土文獻》（第一輯），（上海：中西書局，2010.8），頁 85。

							命.3		
融師有成氏.5									

就歷時的構形演變來看,「氒」與「氏」來源並不相同[243]。二字甲骨文構形截然不同,西周、春秋金文時期基本上都能明顯區分,二字產生字形訛誤的階段應在戰國時期,張峰在《楚系簡帛文字訛書研究》第五章「形近易訛字辨析」曾指出:「二者的區別是:『氒』上部作類似半圓形(**ㄋ**),下部所從一豎上無點或橫畫;而『氏』字第一筆作『**ㄑ**』,末筆有向內鉤的筆劃。」[244]除此之外,楚簡的「氒」字的「**＼**」形往往不加飾筆,「氏」的「**＼**」形則有加飾筆、肥筆的情況。楚簡標準的「氒」與「氏」寫法應是:

氒	氏
清華柒.子儀.13	清華伍.厚父.6
清華貳.繫年.102	上博六.用曰.11
上博六.慎子曰恭儉.6	上博三.周易.11

李守奎基於「氒」與「氏」判然可分,因此主張〈保訓〉簡文中的三個{氒}皆已訛作「氏」。張峰在博士論文中統計二字楚簡中的用法(發表於2012年),其中{氒}共見30次(郭店簡1見、楚帛書1見、上博簡6見、清華簡22見),其中有25次都訛寫成「氏」,佔全數之83.3%。但問題是,如果某一個字在實際的書寫中高達八成都寫錯,這讓人不免懷疑是否不應單純以訛字視之。蘇建洲認為「若說都是『氏』的訛誤,數量未免太多」[245],許雁綺也認為「面對如此大量楚簡『氏』與今本『厥』對應,我們很難將『氏』、『氒(厥)』看作單純的『形近訛混』,筆者認為『氒(厥)』寫作『氏」

---

[243] 《說文新證》認為「氏」可能是錘狀物的象形,「氒」則是「栝」的初文(據郭沫若之說),季旭昇師:《說文新證》,頁859-860。

[244] 張峰:《楚系簡帛文字訛書研究》,頁173。

[245] 蘇建洲、吳雯雯、賴怡璇合著:《清華二〈繫年〉集解》,(臺北:萬卷樓圖書股份有限公司,2013.12),頁19-21。

是有意識的改寫，一開始可能是因『氒（厥）』、『氏』形體接近而造成『同形』，但兩字在楚簡中皆有代詞用法，可相互替換，久了之後便混用不分，而非單純的『寫錯字』了。」[246]筆者認為蘇建洲與許雁綺的推測可信。從字表看來，由春秋後期開始，「氒」的寫法有逐漸向「氏」類化的傾向，若高達八成的｛氒｝都已寫成「氏」，這恐怕說明當時書手已將「氒」寫得與「氏」非常近似。一般來說，「誤書」是指一時的誤字，因此李守奎才據此推測〈保訓〉書手的程度並不高，但是如果訛誤情況具有普遍性的話，恐怕以「類化」的角度思考（也就是「氒」的寫法已類化得與「氏」無別），會來得更周延。

回到〈命訓〉的兩個「氏」字，原整理者隸定作「氒」，讀為「厥」，暮四郎認為兩個「氒」字都是「氏」的抄訛，皆讀為「是」。其實「氏」（簡10）、「氏」（簡 13）都是非常標準的「氏」，完全沒有所謂的抄訛問題，筆者贊成暮四郎讀「是」之說，訓為「此」。

黃懷信《逸周書彙校集注》指出「『始』，趙本作『如』，盧改『殆』，各家從。」雖然黃懷信已指出盧文弨本作「殆」，而且他在《逸周書校補注譯（修訂本）》亦將此條語譯為：「以上這六種情況，都是政事的危險。」[247]但是原文中他仍是採用「始」而非「殆」。就文義來看，此處所言是過度濫用「命、福、禍、恥、賞、罰」等六種施政手段，原文作「殆」應無可疑。

夏含夷提出一個有趣觀點，他認為「在清華簡的其他文本裡，『司』普遍用為『始』字的意思，據現有的證據來看，從來都沒有當作『殆』字讀。」就連本篇兩個「殆」字，寫法也不一樣：

殆	司
簡 8	簡 10

---

246 許雁綺：《楚簡同形字辨析》，中興大學碩士論文，2013.6，頁 22-23。
247 黃懷信：《逸周書校補注譯》（修訂本），（西安：三秦出版社，2006.9），頁 13。

因此他主張應該據今本而讀「始」。首先,〈命訓〉「政之所△」一句,原文確實本作「始」,但後來盧文弨改「始」為「殆」,各家皆從,因此我們的原文也採用「殆」字的說法。但拋開今本的用字不談,本處的文例有沒有可能是「政之所始」呢?筆者認為答案是否定的,因為「極命」、「極福」、「極禍」的「極」是指過度、過當。本段是說「命福禍恥賞罰」等六種施政的手段,若執行時過於「極」,則容易產生弊病,例如「殆於亂矣」、「淫祭罷家」、「傷人則不義」、「無讓則不順」、「不忠則無復」等,均是負面列舉,這不能說成是「政之始」,因此盧文弨的改字非常正確。至於夏含夷所提到的字形部分,即便此處的「訇」與簡 8 的「怠(殆)」構形不同,但這無法成為「訇」不能讀「殆」的理由,郭店《老子》甲簡 20「知止所以不△(殆)」,「殆」作「⿱」,與本處的「⿰」相比,僅是前者從「言」,後者從「口」,「言」、「口」在古文字偏旁中存在大量義近通用的情況。綜上所述,從文意、構形等面向來看,「政之所殆」的讀法應無可疑。

第四節　〈命訓〉考釋（下）

一　釋文

天古（故）卲（昭）命以命力〈之〉曰：大令（命）殜（世）罰，少（小）令=（命命）身。〔一〕福莫大於行ㄟ，禥（禍）莫大於迳（淫）祭ㄥ，佴（恥）莫大於【十】瘍（傷）人ㄟ，賞莫大於壤（讓）ㄥ，罰莫大於多虞（詐）ㄟ〔二〕。是古（故）明王奉此六者，以牧豐（萬）民=（民，民）甬（用）不遷（失）〔三〕。

【語譯】上天彰顯天命的存在而命令說：違背大命會世代遭受懲罰，違背小命則報應在自身。最容易致「福」的方法是「行善」，最容易招致「禍」的方法是「淫祭」，最容易招致「恥」的方法是「傷人」，最容易致「賞」的方法是「謙讓」，最容易招致「罰」的方法是「多詐」。明王奉持這六種方法，可以牧養人民，而不失節度。

秕（撫）之以季（惠），和之以均，韜（斂）之以哀，吳（娛）之以樂，【十一】俜（訓）之以豐（禮）ㄟ，教之以致（藝）ㄟ，正之以政ㄟ，童（動）之以事ㄟ，懽（勸）之以賞ㄟ，㷗（畏）之以罰ㄥ，霝（臨）之以中ㄟ，行之以耑=（權〔四〕。權）不讎（法），中不忠，罰 不服，賞 【十二】不從袈（勞）ㄟ，事不囍（震）ㄟ，正（政）不成（盛）〔五〕，致（藝）不迳（淫）ㄟ，豐（禮）又（有）旹（時），樂不繡（伸），哀不至，均不氐（一），季（惠）必仞=（忍人）〔六〕。凡此，勿（物）氏（是）耑（權）之樕（屬）也〔七〕。

【語譯】以恩惠撫恤人民，平等待眾人，利用「哀」讓人民的悲傷有所節制，利用「樂」讓人民感到愉快，以禮節訓教百姓，教導百姓才藝，以政治端正

人民的行為，以役事勞動人民，用獎勵勸勉人民，用刑罰恐嚇人民，面對人民應以「中」，應事時則因時制宜可以權變。「權」沒有固定的標準，對於不忠之人也要「中」，懲罰不服從的人，獎賞不以是否有功勞為判準，役事不應震動（影響）到人民生活，政令不可過多，不應將心力浪費在過度精巧而無益的技藝上，禮的使用有一定的時機，歡樂不能放恣，悲傷不可過度，公平對待但不是齊頭式平等，有恩惠而且必須能包容人民。凡上所述，其核心實應歸屬於「權」。

季（惠）而不仞=（忍人），人不殀（勝）【十三】害=（害，害）不智（知）死〔八〕，均一不和，哀至則匱（匱），樂繡（伸）則亡（荒）。豊（禮）無時則不貴，致（藝）迳（淫）則割（害）於材（才），正（政）成（盛）則不長，事朁（震）則不攻（功）〔九〕，以賞從褮（勞，勞）而不至，以【十四】罰從備=（服，服）而不釵（戴），以中從忠則尚=（賞，賞）不北（必）中，以耑（權）從蘆（法）則不行=（行，行）不必蘆=（法〔十〕。法）以智（知）耑=（權，權）以智（知）散=（微，微）以智（知）㕉=（始，始）以智（知）夂（終）❟。」〔十一〕【十五】

【語譯】有恩惠卻無法苛刻，百姓會犯上作亂，不知死亡為何物。有恩惠卻無法殘忍於人（或嚴苛於人），人民將不堪國家的迫害，迫害則不知死亡是何物（視死如歸）。行齊頭式平等則人民無法和睦，悲傷太甚就會匱乏，歡樂極盡就會荒怠。過於浮濫的禮則不顯尊貴，追求技藝的精巧對於「才」是一種傷害，政令繁多則無法長治久安，役事影響人民生活就會徒勞無功，用獎賞勸勉人民勞動，人民只會貪功求賞但不會主動前來歸附。懲罰可以讓人民屈服，但卻無法讓人民愛戴，忠誠者必定施予獎賞，獎賞未必需要如實，「權」如果有固定標準就無法施行，應事時可以不必有固定標準。透過「法」

（常法）可知「權」（權變），透過「權」可知「微」（判斷之機微），透過「微」可知「始」（施政之始），透過「始」可以知「終」（施政之終）。

二　文字考釋

〔一〕　天古（故）卲（昭）命以命力〈之〉曰：大令（命）殜（世）罰，少（小）令=（命命）身

圖版							
釋义	天	古	卲	命	以	命	力
圖版							
釋文	曰	大	令	殜	罰	少	令=
圖版							
釋文	身						

今本	明王是故昭命以命之，曰：大命世罰，小命罰身。 黃懷信語譯：英明的君王，因此而用顯明的號令命令百姓說：「違背大命的父子相繼受懲罰，違背小命的自身當世受懲罰。」
校注	【彙校】「是故」二字丁宗洛移「明王」上。盧校刪二「罰」字，云，「《大戴禮·本命篇》注引《周書》：『大命世，小命身』，本無兩罰字，故孔氏注以明之。」各家從。 【集注】孔晁云：遺大命則世受罰，犯小命則罰身。（遺，盧校改「違」。）○潘振云：昭命，昭度也。命之，令之也。父子相繼為一世。聖人不為已甚，違大命則世受罰，罪人不族也；犯小命則罰身，罪人不孥也。○陳逢衡云：前云「立明主以順之，曰大命有常，小命日成」，蓋天以命命王者之意。此是王者承天命以申命之。蓋謂以人之醜當天之命，以緋緞當天之福，以斧鉞當天之禍也。大命世小命身，兼禍福兩層，言人當強於為善，已隱寓不可極命意在內，孔注誤。

○唐大沛云：明王知天命協於大中，故昭明天命以命下民。天禍福之命無有夫中者，大命有常，故世有令德則世其福，世有凶德則世其禍。小命日成，為善不終，則轉福為禍，去惡從善，則轉禍為福，只及其身，未嘗極命也，故下文不復申言極命之害。○朱右曾云：《大戴禮·本命》云：「逆天地者，罪及五世；誣文武者，罪及四世；逆人倫者，罪及三世；誣鬼神者，罪及二世；殺人者，罪止其身。」盧辯注即引此書，與孔晁說合。然《孟子》言文王治岐，罪人不孥，《大戴》之言非盛王法，且上文以命、福、禍、醜、賞、罰為六方，此處兼言命，不應兼言刑罰也。[1]

對勘	簡	／	天	／	故	昭	命	以	命	力	，	曰	：
	今	明	王	是	故	昭	命	以	命	之	，	曰	：
	簡	大	命	世	罰	，	小	命	命	身	。		
	今	大	命	世	罰	，	小	命	罰	身	。		

原整理者：簡文「天」字，今本作「明王」，當以簡本為是。簡文「力」字，疑為「之」字之誤。簡文「小命命身」，今本作「小命罰身」，疑當以今本為是。孔晁云：「遺（據盧校，當為「違」字）大命則世受罰，犯小命則罰身。」[2]

明珍：字形為「力」無誤，應通讀為「勅／敕」，《說文》「誡也。」或讀為「飭」，亦有告誡之義，如《史記·五帝本紀》「信飭百官」。《釋名》「敕，飭也。」

另外，原考釋的釋文只將「大命世罰，小命命身。」這兩句作為「命敕」的內容，有待商榷。《命訓》的六極為「命、福、禍、醜、賞、罰」，而「大命、小命」只含在六者之一的「命」裡。簡文接下來提到「大福、大禍、大醜、大賞、大罰」，這些都應該在「命敕」的內容裡。所以開關引號應該作：

天故昭命以命敕曰：「大命……罰莫大於多詐。」

至於接下來的「是故明王……不失。」則似乎不在「命敕」的話裡。[3]

---

[1] 黃懷信、張懋鎔、田旭東撰，李學勤審定：《逸周書彙校集注（上）》（修訂本），頁 33。

[2] 李學勤主編：《清華大學藏戰國竹簡（伍）》，頁 131。

[3] 見武漢網「簡帛論壇」〈清華五《命訓》初讀〉26 樓，2015.4.17（2017.7.4 上網）。

劉國忠：《命訓》把「命」區分為「大命」和「小命」，其中既表明了「大命有常」不可改變的一方面，同時也強調了人的具體行為對「小命」的直接影響和作用，強調了人的主觀能動性。《命訓》已經指出，由於小命直接與人的日常行為息息相關，必然會迫使民眾要注意自己的所作所為，對自己的行為懷有敬畏之心，即所謂的「日成則敬」，對此孫詒讓曾解釋說：「日成，謂日計其善惡而降之禍福也，與大命有常終身不易異也。」因此，小命完全可以通過人的積德累功而改變。這種認識相對於傳統的宿命論來說，無疑是一個很大的進步。另外，《命訓》中關於大命、小命的論述，也是我們瞭解《莊子》一書中一句話的鑰匙。《莊子‧列禦寇》言：「達大命者隨，達小命者遭。」以往的注釋和研究者對於這句話的解釋和理解甚多，但似乎還沒有學者將它與《命訓》篇聯繫起來。如果我們按照《命訓》的大命有常、小命日成的論述，再來體味《莊子‧列禦寇》中的這句話，應該說還是很容易理解的，正因為大命有常，所以通曉大命者能夠曠達；而由於小命日成，因此通曉小命者自然會留意自己的所作所為。這裡的「遭」應當訓為「遇」，指平日的遭遇。這樣來理解，有可能更為合乎原文的含義。我們推測，《列禦寇》篇的作者應該是讀過了《命訓》篇，所以才會在文中有關於大命和小命的相關論述。[4]

石小力：「力」字原形作⌇，今本對應之字作「之」，故整理者認為簡本「力」為「之」字之誤（頁130注26）。楚簡中「力」和「之」字形不近，同簡「之」字作⌇，與楚簡常見寫法無異，故二字應非形近訛混。從讀音看，之，古音章母之部；力，來母職部。二字聲組均為舌音，韻部陰入對轉，古音較近，有音近通假可能。但楚簡中「之」字皆用「之」字形來表示，未見借用他形者，故通假的可能性也較小。書手將「之」寫作「力」形之原因不

4 劉國忠：〈清華大學清華簡《命訓》中的命論補正〉，《出土文獻與先秦經史國際學術研討會論文集（上）》，頁261-263。

明。[5]

夏含夷：

　　Q1：天古卲命以命力曰　　　　　　【10】

　　Q2：天　故昭命以命力曰

　　Y ：明王是故昭命以命之曰：

「命力」毫無意義，因此劉國忠依據傳世本把「力」改為「之」，這是正確的，簡文的抄手大概直接抄錯了，然而問題是為什麼會這樣抄錯？劉國忠沒有說明。在簡文裡，「力」字寫作，同簡的「之」字寫作。兩個字的筆畫完全不一樣，但字形有點相近。要麼清華簡《命訓》的抄手把這個字寫錯了（劉國忠好像是這個意思），要麼在他之前的某《命訓》抄手把「之」字寫得有點模糊，而之後的傳授過程中另一個抄手（或許正是清華簡《命訓》的抄手）看錯了，以為是「力」字。第二種可能由於沒有具體證據，只能是一個推測。[6]

　　佑仁謹案：簡本「天古（故）卲（昭）命以命力」，今本作「明王是故昭命以命之」，簡本、今本錯訛互見，今本先將「天」錯成「王」，並補「明」、「是」二字。明王既是天之所「立」（參簡1「立明王以訓之」），地位當在「天」之下，理當無法對「命」的內涵或屬性進行判斷。能區分「大命」與「小命」者惟「天」，據此以簡文文字較為正確。今本「以命之」，簡本作「以命力」，簡本文句不辭，明珍據「力」改讀為「勅／敕」，直接依據「力」而讀「勅／敕」的說法恐不理想，因為本篇有兩個「曰」字，如下：

　　立明王以訓之曰：大命有常，小命曰成。（簡1）

　　天故昭命以命力〈之〉曰：大命世罰，小命命身。（簡10）

二處結構相近，且「曰」字下銜接的語句也都是針對「大命」與「小命」的

---

[5] 石小力：〈談談清華簡第五輯中的訛字〉，《出土文獻》第八輯，頁129。

[6] 夏含夷：〈清華五〈命訓〉簡、傳本異文考〉，《古文字研究》第31輯，《古文字研究會第21屆年會論文集》頁378-379。

內涵進行討論，應有參證的效力。石小力則以通假方式聯繫「力」與「之」，實不必多此一舉，且又缺乏音理與實例（「之」端紐之部、「力」來紐職部，音理上聲紐與韻部都可以間接得到聯繫，但找不到直接證據，而且二字都是古文字中再普遍不過的常用字，很難理解為什麼要使用通假字），「力」、「之」外形確實相近，因此應朝誤寫角度思考。

今本「大命世罰，小命罰身」，盧文弨刪二字，並云：「《大戴禮・本命篇》注引《周書》：『大命世，小命身』，本無兩罰字，故孔氏注以明之。」簡本作「大命世罰，小命命身」，可見今本中的兩個「罰」字，前一個「罰」字確實存在，後一個「罰」字則是「命」字的誤字。

本處有個「曰」字，上引號置於「曰」字之下，自無疑義，但下引號的位置則容有討論空間。依據簡文，此處的原文應為：

天故昭命以命力〈之〉曰：大命世罰，小命命身。福莫大於行，禍莫大於淫祭，恥莫大於傷人，賞莫大於讓，罰莫大於多詐。是故明王奉此六者，以牧萬民，民用不失。

原整理者認為「命」內容僅有「大命世罰，小命命身。」若「六者」當中只有「命」是引文，而其餘「福」、「禍」、「恥」、「賞」、「罰」皆為作者進一步之申述，恐不合乎情理。明珍認為「至於接下來的『是故明王……不失。』則似乎不在『命敕』的話裡」，她主張下引號應斷在「是古（故）明王奉此六者」之前。

筆者認為，今本〈命訓〉原文作「明王是故昭命以命之，曰：大命世，小命身。福莫大於行義，禍莫大於淫祭，醜莫大於傷人，賞莫大於信義，讓莫大於賈上，罰莫大於貪詐。古之明王，奉此六者，以牧萬民，民用而不失。」由於「曰」字前點出「命」的主語是「明王」，因此，若單純由今本來看，「古之明王，奉此六者」云云，確實有不應該納入命內容的理由。然而，從簡本來看，今本所謂的「明王」是有問題的。「明」是衍文，而「王」則是

「天」的訛字，因此「命」的主語是「天」，而不是「明王」，那麼將下引號
點斷在「是故明王奉此六者」之前，便失去立論的依據。

值得注意的是，本文是圍繞「六極」、「訓教」等哲學命題的議論文，並
非問答體，也沒有任何的對話與人物出現，因此極有可能由「大命世罰」始，
至簡 15「法以知權，權以知微，微以知始，始以知終」結束，都是「命之」
的內容（範圍乃簡 11-15）。而簡文開頭「天生民而成大命，命司德，正以禍
福，立明王以訓之，曰」開頭，傳統說法對於「訓」的內容只有「大命世罰，
小命命身」二句，現在看來很有可能下引號應斷在「凡此六者，政之所殆」
之後（範圍乃簡 1-11），也就是說，〈命訓〉其實是由兩大段訓教的內容所組
成，第一段說「立明王以『訓』之」，第二段說「昭『命』以『命』之」，二
條相加，正是篇題「命訓」之旨。

〔二〕 福莫大於行，禍（禍）莫大於迻（淫）祭，佴（恥）莫大
於瘍（傷）人，賞莫大於壞（讓），罰莫大於多虞（詐）

圖版	東	嘗	大	自	外	禍	嘗
釋文	福	莫	大	於	行	禍	莫
圖版	大	自	迻	祭	佴	嘗	大
釋文	大	於	迻	祭	佴	莫	大
圖版	自	瘍	人	賞	嘗	大	自
釋文	於	瘍	人	賞	莫	大	於
圖版	壞	罰	嘗	大	自	多	虞
釋文	壞	罰	莫	大	於	多	虞

今本	福莫大於行義，禍莫大於淫祭，醜莫大於傷人，賞莫大於信義，讓莫大於賈上，罰莫大於貪詐。 黃懷信語譯：賜福，沒有比行善者最宜當先的；降禍，沒有比淫祭者最宜當先的；羞辱，沒有比傷人者最宜當先的；獎賞，沒有比信義者最宜當先的；責讓，沒有比與上司講價錢者最宜當先的；處罰，沒有比貪詐者最宜當先的。
校注	【彙校】盧文弨云：行義，當依上文作「干善」。又「莫大於信義讓」六字當為衍文。此皆約上文而言，上云「無讓」，此安得云讓？所謂六者，兼命而言也。其語義非以干善為福、淫祭為禍。所謂莫大，正申言極之害大耳。與《孝經》「罪莫大於不孝」之語不同。後人以「福莫大於干善賞莫大於賈上」語勢似不順，遂爾改之。所云「讓莫大於賈上」，何解？將以為責讓耶？上文無極讓之語，何可添出？上云「無讓」，自指辭讓而言，寧可牽混？○按：陳、唐二家從盧說刪改，丁從盧說刪下六字，上二字未改，云：上文「賈上」本與賞黏連，非但「讓」為蛇足，即「信義」亦屬駢拇，盧說可從。但經文跟命說來，首句「干善」原係「行義」，似訛錯尚在首句之上，而「行義」又頗類「信義」，可見「莫大於信義讓」六字定係首句錯在中間，然尚有訛字也。《外篇》又云：「莫大於信義讓」六字如果宜在「福莫大」句上，則「信」必係「倍」訛。倍與背同。「讓」字參諸「曠命誠上」句，一誠一讓，必有一訛。○朱右曾云：行義則非干善，信義則非賈上。「讓莫大於賈上」六字，衍文也，陸麟書說。 【集注】孔晁云：言此六者最大。○陳逢衡云：此言極福、極禍、極醜、極賞、極罰之害，不言極命者，上已言大命世小命身，故不復言也。○丁宗洛云：莫大作莫甚解最明。○唐大沛云：申言極福之害莫大於干善，以□福而不□行善也。極禍之害莫大於淫祭以罷其家。極醜則小人背義以傷善類，莫大之害。極賞則民有市心，交於上以爭賞，害莫大焉。極罰則民巧於避罰，貪吝欺詐，害莫大焉。此上皆申言極之害大，以示反覆丁寧之意。[7]

對勘	簡	福	莫	大	於	行	／	，	禍	莫	大	於	淫
	今	福	莫	大	於	行	義	，	禍	莫	大	於	淫
	簡	祭	，	恥	莫	大	於	傷	人	，	賞	莫	大
	今	祭	，	醜	莫	大	於	傷	人	，	賞	莫	大
	簡	於	／	／	／	讓	／	／	／	／	，	罰
	今	於	信	義	，	讓	莫	大	於	賈	上	，	罰

簡	莫	大	於	多	詐	。			
今	莫	大	於	貪	詐	。			

原整理者：今本作「福莫大於行義，禍莫大於淫祭，醜莫大於傷人，賞莫大於信義，讓莫大於賈上，罰莫大於貪詐」。盧文弨以為「行義」當依上文作「干善」，又以為「莫大於信義讓」六字當為衍文，已經發現了今本的一些問題。行，《左傳》昭公二十五年：「人所履行。」今本「貪詐」，簡文作「多詐」當以簡文為是。陳逢衡云：「此言極福、極禍、極醜、極賞、極罰之害，不言極命者，上已言大命世、小命身，故不復言也。」[8]

夏含夷：

Q1：女又侮而互行則尾至于丕　【3】

Q2：如有恥而恆行，　　則度至于極。

Y　：若有醜而竟行 不醜，則度至于極。

Q1：福莫大於行　　　【10】

Q2：福莫大於行

Y　：福莫大於行 義

這兩句話都以「行」作為句子的動詞。因為簡文有不少相同的例子，所以我們可以知道《命訓》作者特意用了這個句法。「行」一般用為動詞，既可以是及物動詞又可以是不及物動詞。不及物動詞用法最簡單的是「走路」之類的意思。及物動詞最基本的是「進行」或「做出」之類的意思。在上述兩句話裡，簡文的「行」是句子最後一個字，肯定是不及物動詞，但是意思肯定不僅僅是「走路」，而應該是「做出合適的行為」：「如有恥而恆行」的意思是「如果有慚愧的感覺而能夠長久做出合適的行為」。[9]

---

8 李學勤主編：《清華大學藏戰國竹簡（伍）》，頁 131。
9 夏含夷：〈清華五〈命訓〉簡、傳本異文考〉，《古文字研究》第 31 輯，《古文字研究會第 21 屆年會論文集》，頁 383。

夏含夷：本句話的上下文都作為「X 莫大於 Y」的形式。然而，在簡文裡只有五個句子含有這個形式。與此不同，傳世本有六個「X 莫大於 Y」的句子。我們可以推測傳世本的某一個編者看了「此六者」和上面五個「X 莫大於 Y」的句子，以為《命訓》文本遺漏了一句話，想給它補充一個「X 莫大於 Y」的句子。我們還可以推測他還沒有理解原文「賞莫大於讓」的意思。其實，這句話好像正好是一個矛盾，因為「賞」和「讓」近乎反義詞。因此，為了「改正」這兩個問題，傳世本的某一個編者就把「賞莫大於讓」改變為「賞莫大於信義，讓莫大於賈上」。然而，這樣的改變不但誤解了這個段落的基本組織，並且也誤解了「賞莫大於讓」的意思。[10]

佑仁謹案：本處「奉此六者民用不失」一段，透過「對勘表」可以發現，簡本中的「福莫大於行」、「賞莫大於讓」都是五字句，其餘「禍」、「恥」、「罰」等條皆是六字句，而今本則通通都被後代經師有意地改成六字句的整飭句法。

簡本「福莫大於行」，今本「行」下有「義」字，但參照前文「干善違則不行」，本句「行」字下應無「義」字。此外，就文義來看，「行」是指行善，而不是行義。

古漢語中「A 莫大於 B」可以有兩種理解方式：第一種是「A 沒有大於 B」，也就是 A 比 B 小，A 與 B 是兩種不同個體。第二種是「最大的 A 莫過於是 B」，類似句法例如俗語「哀莫大於心死」[11]（語出《莊子·田子方》，可語譯為「最大的悲哀莫過於麻木不仁」或「沒有比心死來得更令人悲傷了」），則 B 是 A 最大的一部分，B 自當包括在 A 之中。簡文用的顯然是第二種用法，「福莫大於行」呼應前述「極福則民祿，民祿干善，干善違則不行。」本處是說：最容易致「福」的方法就是「行善」。

---

[10] 夏含夷：〈清華五〈命訓〉簡、傳本異文考〉，《古文字研究》第 31 輯，《古文字研究會第 21 屆年會論文集》，頁 385-386。

[11] （清）王先謙：《莊子集解》／劉武：《莊子集解內篇補正》，頁 177。

簡本「禍莫大於淫祭」，今本文字相同，此處呼應前述「極禍則民畏，民畏則淫祭，淫祭罷家。」因此總結說：最容易招致「禍」的方法就是「淫祭」。

簡本「恥莫大於傷人」，今本「恥」作「醜」，其餘相同。呼應前文「極恥則民𤶈，民𤶈則傷人，傷人則不義。」因此總結說：最容易招致「恥」的方法就是「傷人」。

簡本「賞莫大於壤（讓）」，今本作「賞莫大於信義，讓莫大於賈上」，原有的一句話，被後代經師衍繹成二句，亦即「A莫大於B」句法被改寫成「A莫大於甲，B莫大於乙」。甲是作「信義」，該詞在今本文句中未見它處，簡本亦未見，顯然不合乎〈命訓〉句義；乙作「賈上」，見於簡本「極賞則民賈其上，賈其上則無讓」，顯然是後代經師所誤衍。夏含夷指出本處有五個「A莫大於B」結構，後代經師為符合「明王奉此六者」之數，才把「賞莫大於讓」拆解成「賞莫大於信義，罰莫大於賈上」，所言甚是。簡文呼應前述「極賞則民賈其上，賈其上則無讓，無讓則不順。」因此總結說：最容易致「賞」的方法就是「謙讓」。

簡本「罰莫大於多詐」，簡9-10則謂「極罰則民多詐，多詐則不忠，不忠則無報。」本處屬於六極中「罰」的內容，兩處「多詐」的用法應同。但今本的兩處文例，前一處作「貪詐」、後一處作「多詐」，應有一者有誤。對照簡本，應以「多詐」為尚。「貪」、「多」構形不近，《集韻·勘韻》云：「貪，多欲也。」[12]二字應是由意義上致誤。簡文呼應前述「極罰則民多詐，多詐則不忠，不忠則無復。」因此總結說：最容易招致「罰」的方法就是「多詐」。

本處五句「A莫大於B」，句末皆有句讀符，三處作「Ｌ」形，兩處作「﹏」形，標點符號的樣式尚未統一，值得觀察。

---

[12] （宋）丁度等編：《集韻》，（上海：上海古籍出版社，1985.5），頁624。

〔三〕 是古（故）明王奉此六者，以牧臺（萬）民=（民，民）甬（用）不逢（失）

圖版							
釋文	是	古	明	王	奉	此	六
圖版							
釋文	者	以	牧	臺	民=	甬	不
圖版							
釋文	逢						

今本	古之明王，奉此六者，以牧萬民，民用而不失。 黃懷信語譯：古時候的英明君王，遵從這六種方法以治理百姓，百姓因此為其所用而不流失。
校注	【集注】孔晁云：不失其義。○潘振云：牧，養也。不失，不失其度也。○陳逢衡云：言操此六方三術之用而不至於極命、極福、極禍、極醜、極賞、極罰也。用而不失，則無民墮、民祿、民鬼、民叛、民賈、民詐之虞。○唐大沛云：操此六方三術之用而不流於過中失正，以治天下之民。民服其教守其法，忍好惡安本份，而無民墮、民祿、民鬼、民叛、民賈、民詐之虞，則上不失其道，民亦不失其道，天下大治矣。[13]

對勘	簡	是	故	╱	明	王	，	奉	此	六	者	，	以
	今	╱	古	之	明	王	，	奉	此	六	者	，	以
	簡	牧	萬	民	，	民	用	╱	不	失	。		
	今	牧	萬	民	，	民	用	而	不	失	。		

原整理者：今本作「古之明王奉此六者，以牧萬民，民用而不失」。潘振云：「牧，養也。不失，不失其度也。」[14]

---

[13] 黃懷信、張懋鎔、田旭東撰，李學勤審定：《逸周書彙校集注（上）》（修訂本），頁34。
[14] 李學勤主編：《清華大學藏戰國竹簡（伍）》，頁131。

lht：郭店《六德》簡 22「以奉社稷」，蘇建洲先生釋為「守」，以《命訓》簡 11「奉」字觀之，似應仍釋為「奉」。《六德》之字只是把下邊一橫寫得略彎，這種情況常見，不足為怪。跟《命訓》字不同之處在於下部不出頭，所謂收縮筆劃也。[15]

佑仁謹案：簡文「是古（故）明王」，今本作「古之明王」，簡文「明王」共三見。「明王」指聖明君王，例如《左傳・宣公十二年》云：「古者明王伐不敬」[16]，「明王」一詞在傳統崇尚道統的儒家典籍中，可謂比比皆是。《逸周書》「明王」一詞共見 13 處，都集中在「三訓」之中。然而「明王」是泛指古代令人崇奉的帝王，並沒有刻意凸顯「古」的必要性。簡文為「是古（故）明王」，今本則省略「是」字，並將「古」讀如字，再於其後增加「之」字，文例作「古之明王」。〈度訓〉云：「是故明主明醜以長子孫。」[17]其「是故明主」一詞，正可與〈命訓〉簡本「是故明王」比參。

簡文「不失」，孔晁認為是「不失其義」，潘振認為乃「不失其度」，原整理者從之。黃懷信語譯成「不流失」，唐大沛則理解為「不失其道」。筆者贊成潘振、原整理者之說，指明王之所以能成其功業，在於他能巧妙利用這六種牧民的方法，剛柔並濟、力道適中，而不似前文「極命」、「極禍」、「極恥」等運用過度。

〔四〕秡（撫）之以季（惠），和之以均，鞀（斂）之以哀，吳（娛）之以樂，傛（訓）之以豐（禮），教之以敆（藝），正之以政，童（動）之以事，懽（勸）之以賞，槷（畏）之以罰，霝（臨）之以中，行之以耑=（權）

---

[15] 見武漢網「簡帛論壇」〈清華五《命訓》初讀〉36 樓，2015.4.30（2017.7.4 上網）。

[16] 李學勤主編，《十三經注疏》整理委員會整理：《春秋左傳正義》，頁 75。

[17] 黃懷信、張懋鎔、田旭東撰，李學勤審定：《逸周書彙校集注（上）》（修訂本），頁 16。

圖版							
釋文	秖	之	以	季	和	之	以
圖版							
釋文	均	韜	之	以	哀	吳	之
圖版							
釋文	以	樂	俙	之	以	豐	教
圖版							
釋文	之	以	敄	正	之	以	政
圖版							
釋文	童	之	以	事	懂	之	以
圖版							
釋文	賞	槑	之	以	罰	霝	之
圖版							
釋文	以	中	行	之	以	峕=	

| 今本 | 撫之以惠，和之以均，斂之以哀，娛之以樂，慎之以禮，教之以藝，震之以政，動之以事，勸之以賞，畏之以罰，臨之以忠，行之以權。黃懷信語譯：用恩惠安撫他們，用均平使他們和睦；用悲哀使他們收斂，用歡樂使他們愉快；用禮儀使他們謹慎，用技藝教授他們； |

	用政令震懾他們，用力役之事勞動他們；用獎賞勸勵他們，用懲罰恐嚇他們；以誠心面對他們，以權力制服他們。
校注	【集注】孔晁云：行之以權，以權行之。○潘振云：撫，安撫也。均，平也。與《周禮》「均人」之均同。斂，即大斂小斂之斂。自「撫之」以及「臨之」之「之」，指民也。「行之」之「之」，指度也。惠、均、哀、樂、禮、藝、政、事、賞、罰、忠，所以行度也。行度在權，權，稱輕重也，所以稱物而知輕重者也。○陳逢衡云：此俱牧萬民之事。撫之以惠則民知恩，和之以均則民循分，斂之以哀則民有節，娛之以樂則民情悅，慎之以禮則民志定，教之以藝則民皆有用，震之以政則民不敢玩，動之以事則民興功，勸之以賞則民向善，畏之以罰則民有懲，臨之以忠則民不敢欺，行之以權則民無不化。○唐大沛云：此皆言牧民之政。惠，愛利之也。撫柔萬民，莫先於仁政也。和輯民情，必以均平之道，使民循分。王道在體民情。疾痛死喪之類，民情所哀，必節其情以斂之。哀主抑鬱於內，故曰斂。樂音洛，下同。冠婚喜慶之類，民情所樂，必順其情以娛之。樂主發散於外，故曰娛。禮有節文，度數不可違失，使民慎之。藝，技藝也。教之使習。政以正民，震恐之，便不玩法。事以興功，振動之使無懈惰。有功則賞，所以勸勉之使自奮。有罪則罰，所以畏懼之使遠罪。忠、中古字通，下文「忠不忠」，並當作「中」。觀末段「從中」及「不必中」句可知。上文十事皆臨民之道，而立法必以中為準。用中之道非執一也，必權而得中乃可行之。末二句總束上文。○朱右曾云：惠所及必均。哀則情欲斂。藝，工技也。震，亦動也。政，政令。事，浚築師旅之事。通變謂之權。○劉師培云：慎之以禮，慎亦當讀順。《左傳》文二年：「禮無不順。」是其證。[18]

簡	秅	之	以	季	，	和	之	以	均	，	韜	之
今	撫	之	以	惠	，	和	之	以	均	，	斂	之
簡	以	哀	，	娛	之	以	樂	，	訓	之	以	禮
今	以	哀	，	娛	之	以	樂	，	慎	之	以	禮
簡	，	教	之	以	藝	，	正	之	以	政	，	動
今	，	教	之	以	藝	，	震	之	以	政	，	動
簡	之	以	事	，	勸	之	以	賞	，	畏	之	以
今	之	以	事	，	勸	之	以	賞	，	畏	之	以
簡	罰	，	臨	之	以	中	，	行	之	以	權	。

（對勘）

---

[18] 黃懷信、張懋鎔、田旭東撰，李學勤審定：《逸周書彙校集注（上）》（修訂本），頁35。

	今	罰	，	臨	之	以	忠	，	行	之	以	權	。

原整理者：今本作「撫之以惠，和之以均，斂之以哀，娛之以樂，慎之以禮，教之以藝，震之以政，動之以事，勸之以賞，畏之以罰，臨之以忠，行之以權」。今本「撫之以惠」，簡本作「杗之以季」。「杗」從亡聲，讀為滂母魚部之「撫」。「季」為見母質部字，而「惠」為匣母質部字，故可通假。斡，讀為來母談部之「斂」，《禮記·喪服大記》鄭注：「棺之入坎為斂。」藝，《禮記·樂記》鄭注：「才技也。」震，簡文作「正」，當以簡文為是。正，《左傳》襄公六年杜注：「正曲直也。」臨，《論語·為政》「臨之以莊則敬」，邢昺疏：「自上蒞下曰臨。」中，讀為「忠」。權，簡文作「耑」。「權」為羣母元部字，「耑」為端母元部字，二者可相通。[19]

程浩：另外今本還有一句「震之以政，動之以事」，與我們要討論的問題也有關。觀諸簡本，「震」字當為「正」字之誤，而「動之以事」的「動」字亦是與「振」同義的字。[20]

蚊首：程浩先生釋讀為「理」，「震」讀「振」訓治，兩者屬同義替換，同時指出「『動之以事』的『動』字亦是與『振』同義的字」。按「動之以事」舊疏似隔，以「動」與「振」同義，可從。竊謂「動」讀為「董」。「董」，督、正之謂（看《故訓匯纂》1951 頁）。[21]

蚊首：本人前將「動」讀「董」，理解上有嚴重偏差，今重新思考如下。筆者認為，「動」當讀「重」，加、予、任之謂（《故訓匯纂》2355-2356 頁），訓如《離騷》「又重之以修能」之「重」。「重之以事」（即「以事重民」），是說任（或加、予）民以事（給人民事情做）。下文「事不震」、「事震則寡功」之「震」當讀「振」，繁、盛、多之謂。《詩·周南·螽斯》「宜爾子孫，振振兮」，朱熹集傳「振振，盛貌」。「事震則寡功」，句謂事繁則功少。古籍中

[19] 李學勤主編：《清華大學藏戰國竹簡（伍）》，頁 131。
[20] 程浩：〈釋清華簡命訓中對應今本「震」之字——兼談《歸藏》、《筮法》的「震」卦卦名〉，《出土文獻》第六輯，（上海：中西書局出版，2015.4），頁 222。
[21] 見武漢網「簡帛論壇」〈清華五《命訓》初讀〉0 樓，2015.4.10。（2017.7.4 上網）

有類似說法，如：《左傳・襄公八年》「事滋無成」，即事多無成功；《易・繫辭上》「簡則易從，易知則有親，易從則有功」，正義曰：「『易從則有功』者，於事易從，不有繁勞，其功易就，故曰『易從則有功』。」可以參比。[22]

蚊首：以樂娛人，滿則荒；以藝教人，淫則害才；以哀斂民，至則匱。「以某 V 某」皆講某之用，屬一般的中性敘述，但用有不當（或過度）則產生負面效果（其他不再分析，皆當循這一思路去理解，見所引註疏），這與其前所稱極「命」、「福」、「禍」、「醜」、「賞」、「罰」則如何的極則反的思想是一脈貫通的，所以筆者理解以事加民，但事繁則無功，置於簡文中還是比較協調的。至於○到底何字，可以繼續探討，但其亦作繁、盛、多等之解，與「震（振）」近，當可肯定。[23]

蚊首：再明確些，「重之以事」之「重」即等於《詩・邶風・北門》「政事一埤益我」、「政事一埤遺我」之「益」、「遺」，皆加之意。[24]

無痕：《命訓》有「耑」字凡四見（兩個重文），分別處於第 12、13 和 15 號簡，其對應傳本之字為「權」。整理者注云：權，簡文作「耑」。「權」為群母元部字，「耑」為端母元部字，二者可相通。簡文的用法可資補證謝明文先生文《談談金文中宋人所謂「觶」的自名》（復旦網 2014 年 12 月 25 日）指出的東周徐國器（義楚鍴（《集成》06462）、徐王□又鍴（《集成》06506）、徐王義楚鍴（《集成》06513））自名之「耑（鍴）」與西周金文中宋人所謂「觶」的自名「雈／鑵」可能是同一個詞的看法。另外，除謝文已舉賑（胡管切，匣母）從耑（端母）聲外，【雚與貒】、【貆與貒】（《古字通假會典》，第 164-165 頁）亦可資證。[25]

蔡一峰：東周徐國有義楚鍴（《集成》06462）、徐王弔又鍴（《集成》06506）、

---

22 見武漢網「簡帛論壇」〈清華五《命訓》初讀〉7 樓，2015.4.11。（2017.7.4 上網）
23 見武漢網「簡帛論壇」〈清華五《命訓》初讀〉8 樓，2015.4.11（2017.7.4 上網）。
24 見武漢網「簡帛論壇」〈清華五《命訓》初讀〉11 樓，2015.4.12（2017.7.4 上網）。
25 見武漢網「簡帛論壇」〈清華五《命訓》初讀〉13 樓，2015.4.13（2017.7.4 上網）。

徐王義楚耑（《集成》06513）三器，前兩器自名作「耑」，後一器自名作「鍴」。王國維認為這些自名為「耑（鍴）」的器物形制與「觶」同，「耑（鍴）」與「觶」音近，故「耑（鍴）」可讀為「觶」。近年，謝明文先生指出宋人所謂「觶」這類青銅器在西周當時應稱作「鑵」，並懷疑與上舉東周徐國三器所稱為「耑（鍴）」之器之間有傳承關係。今所見《命訓》簡本和傳本「耑」與「權」之異文正可與之互證，西周的「鑵」、東周的「鍴」與東周禮書中的「觶」指同類器物的可能性又增進了一步。

　　附記：小文草就後，承范常喜先生面告，將《命訓》「耑」字讀為「揣／椯」似更佳。我們認為這種讀法放在簡文中是很合適的。[26]

　　蚊首：「動」讀作「重」，未免偏執。「動之以事」（即「以事動民」）是說「作民」、「興民」，也即「使民」、「役民」，作「動」本就很通，如《管子‧五輔》「以事動民」。[27]

　　海天遊蹤：《命訓》12、13、14 從攴的【埶】（字表 182 頁），應歸在 179 頁【埶】之下。如同清華一～三文字編在 258 頁執下也收了從攴的執。這為攴、丮作為偏旁混用再提供一個例證。[28]

　　石小力：「霳」字原簡作，今本對應之字作「臨」。「臨」字甲骨文象一站立人形向下臨視水川之形，金文增益「品」聲。此字上從雨，下應即「臨」之省訛之形。楚簡中的「臨」字寫法較多，一般作（上博簡《東大王泊旱》簡 1），「伙」由金文水川形訛變而來，「ᴗᴗᴗ」即金文「品」字，三個「口」形一般分散於三個人形之下，表聲作用已不顯。「霳」字所從「臨」形則省去上部的站立「人」形和豎目「臣」形，所餘部分「伙」形和「ᴗᴗᴗ」形上下位置互換，導致該字訛變較甚。「臨」字省去上部「人」形和「臣」形之例如（上博簡《弟子問》簡 9）「伙」形和「ᴗᴗᴗ」形上下位置互換目前楚簡未見，

26 蔡一峰：〈讀清華伍《命訓》札記二則〉，武漢網，2015.4.14（2017.7.4 上網）。
27 見武漢網「簡帛論壇」〈清華五《命訓》初讀〉27 樓，2015.4.17（2017.7.4 上網）。
28 見武漢網「簡帛論壇」〈清華五《命訓》初讀〉34 樓，2015.4.24。（2017.7.4 上網）

可能來源於西周金文，如大盂鼎「臨」字作🔹（四版《金文編》頁583）。[29]

郭倩文：該字左「禾」右「亡」，整理者隸定可從。據今本讀爲「撫」，則該字從「亡」得聲。未見於其他出土古文字材料，爲新見字。[30]

郭倩文：「埶」，從土，從木，從攴，會以手持木，植於土中之意，乃「埶」字異體。「埶」於古文字材料十分常見，甲骨文作：🔹（合集22721），會人雙手植木之義。西周金文或作：🔹（毛公鼎），爲丮下加趾形上移，遂與「女」形相似。戰國文字承襲金文寫法，如：🔹（郭店簡《緇衣》簡21）、🔹（郭店簡《六德》簡13）、🔹（清華簡《保訓》簡5）等。而本簡該字作「🔹」乃承襲甲骨卜辭：🔹（合集28821）類寫法。此種寫法不見於其他已有楚簡帛材料，爲新見字形。⋯⋯

「霝」，從似，需聲。未見於其他已有古文字材料，爲《清華五》所見新字。簡文中讀爲「臨」，《說文‧臥部》：「臨，監臨也。從臥品聲。」[31]

夏含夷：部首不同是出土文獻與傳世文獻中最常見的異文形式，一般無須贅舉。然而，在《命訓》的兩個本子裡，兩處「中」和「忠」字的異文很可能影響讀者的理解，值得一提。

例三：

Q1：霝之以中　　　　【12】

Q2：臨之以 中

Y ：臨之以 忠

例四：

Q1：中不忠

Q2：中不忠

Y ：忠不忠

---

[29] 石小力：〈談談清華簡第五輯中的訛字〉，《出土文獻》第八輯，頁129。
[30] 郭倩文：《《清華五》、《上博九》集釋及新見文字現象整理與研究》，頁103。
[31] 郭倩文：《《清華五》、《上博九》集釋及新見文字現象整理與研究》，頁104、105。

例三中，簡文和傳世本的兩個讀法都講得通。其實傳世本的「臨之以忠」可能比「臨之以中」更為常見，但簡文的讀法卻更為合理：第一，《命訓》這一部分是告訴明王怎樣管理人民，「臨之」是明王的做法（「臨」就是從上看下）。「忠」一般來說是人民或臣下的德行。《書·伊訓》將這個含意講得很清楚：「居上克明，為下克忠。」明王不會臨老百姓「以忠」；第二個原因更重要。《命訓》的主要觀點是明王要利用「中庸」之道為政。前一部分謂「極命則民墮乏，乃曠命以代其上，殆于亂矣」「極福則民祿，民祿迁善，迁善則不行」「極禍則民鬼，民鬼則淫祭，淫祭則罷家」等等，都強調政策不要做到極點。無論是好是壞，如果做到極點就會有不好的結果。簡文「臨之以中」的意思是明王對老百姓要採取中等不偏的政策，與上述的政治思想是一致的。……

眾所周知，「正」和「政」像「中」和「忠」一樣是同源字，「正之以政」本來很好懂，與中國古代政治思想也很一致。「政」作為手段是一個名詞，「正」是動詞，即「改正」的意思。傳世本此句中的動詞為與「正」音近的「震」，意思是「震動」，雖然在語法上可以講通，但卻和中國古代政治思想不完全一致。中國古代政治思想認為政治的基本作用是為了「改正」人民，而不一定是為了「震動」他們。[32]

佑仁謹案：簡文「祦（撫）之以季」，今本「撫之以惠」。「祦」從亡聲，讀為今本滂母魚部之「撫」，應無疑義。潘振訓「撫」為「安撫」，黃懷信之翻譯亦如此。訓為「安撫」並不貼合文意，「撫」當訓為撫恤、撫養。關於「季」字，本篇簡文共計出現三次，今本全數都作「惠」。「季」為見紐脂部字，而「惠」為匣紐脂部字，聲近韻同，故可通假。「惠」指恩惠，「撫之以惠」，指以恩惠撫卹人民。

---

32 夏含夷：〈清華五〈命訓〉簡、傳本異文考〉，《古文字研究》第 31 輯，《古文字研究會第 21 屆年會論文集》，頁 380、381。

簡文「和之以均」，今本同。潘振云：「均，平也。」此處是說：平等待人，使人民和睦。

簡文「韜（斂）之以哀，吳（娛）之以樂」，今本同。陳逢衡云：「斂之以哀則民有節，娛之以樂則民情悅。」唐大沛云：「疾痛死喪之類，民情所哀，必節其情以斂之。哀主抑鬱於內，故曰斂。樂音洛，下同。冠婚喜慶之類，民情所樂，必順其情以娛之。樂主發散於外，故曰娛。」朱右曾云：「哀則情欲斂」，黃懷信語譯作「用悲哀使他們收斂，用歡樂使他們愉快」，皆可信。本處「哀」、「樂」相對，可知「樂」是指快樂之樂，而非音樂之樂，雖然「娛之以樂」很容易直接理解為「以音樂娛樂」，但是結合前後文例來看，仍以讀「ㄌㄜˋ」為宜，唐大沛「樂音洛」之說可信。此二句是說：利用悲傷讓人民（宣洩情緒）的難過有所節制，利用歡樂讓人民感到愉快。

簡文「俤（訓）之以豐（禮）」，「俤」字今本作「慎」。陳逢衡云：「慎之以禮則民志定。」唐大沛云：「禮有節文，度數不可違失，使民慎之。」劉師培云：「慎之以禮，慎亦當讀順。《左傳・文二年》：『禮違不順。』是其證。」原整理者「俤」讀為「訓」，與今本不同。此處總結有三種讀法：「順」、「慎」、「訓」，三者音近，通假皆無問題，因此只能從義訓上判斷是非。筆者贊同原整理者讀「訓」之說，有以下幾點理由：

1.本篇「訓」與「順」用字不同，「訓」以「㸚」聲（此依《說文》隸定，所謂的「火」旁即裘錫圭所謂「針」之初文），而「順」則以「川」字表示：

訓	川（順）
（簡1）	（簡9）

本處的「」正是簡1「訓」字的聲符，這樣的用字習慣，應可作為讀「訓」的佐證。

2.本段「惠」與「均」一組，「哀」與「樂」一組，「賞」與「罰」一組，

「中」與「權」一組，那麼△字應該與同組的「教」比參。據此，讀成「訓」自然比「順」在文意上更為妥貼。

3.「順」字在討論「政之所殆」的六種理由時也曾經出現（簡9），文例為「極賞則民賈其上，賈其上則無讓，無讓則不順」，它是屬於「賞」的範疇。而本段（十二種施政要點）中亦有「賞」，文例為「勸之以賞」，參【思想脈絡表三】第9列A行，與本處（第5列）的「禮」內涵不同，可見「」顯然不應讀「順」字。

綜上所述，讀「訓」的說法比較理想。本處是說：以禮節訓教百姓。

簡文「教之以𣪧（藝）」，原整理者引《禮記・樂記》鄭注將「藝」解釋成「才技也」，可從，本處強調教導百姓才藝的重要性。郭倩文提及一個重要觀察，本處的「埶」寫成「𣪧」，但一般楚簡寫作「」（清華貳.繫年.13），右半從「妟」，與本處從「攵」不同。她認為「」是上承甲骨「」而來，此說也有可能，但若是一脈相承而來，應可於金文材料中找到佐證，然目前尚付之闕如[33]。筆者認為若不理解為上承甲骨，亦可於楚文字中找到解釋方式。古文字的「妟」偏旁中常可替換作「攵」，例如「執」作「」（包山.15反），又可作「」（清華貳.繫年.60）、「」（包山.122），皆從「攵」旁，同理「埶」亦有可能替換作「𣪧」。

簡本「正之以政」，今本作「震」。黃懷信語譯成「用政令震懾他們」，陳逢衡云：「震之以政則民不敢玩」，唐大沛云：「政以正民，震恐之，便不玩法。」朱右曾云：「震，亦動也。政，政令。」《論語・顏淵》載孔子之言曰：「政者，正也。子帥以正，孰敢不正？」[34]既然簡文作「正」，且文通義順，那麼今本的「震」理當自動放棄。此外，今本B行7-8列作「政不盛，事不震」，C行8列則作「事震則不功」（請參【思想脈絡表三】），皆有

---

[33] 參董蓮池：《新金文編》，（北京：作家出版社，2011.10），頁317。

[34] 李學勤主編，《十三經注疏》整理委員會整理：《論語注疏》，（北京：北京大學出版社，2000.12），頁187。

「震」字，頗疑今本此處的「震」是受到後文「震」而致誤（至於是後世的經師理解錯誤，還是書手抄寫錯，一時難定）。「正之以政」指以政治端正人民的行為。

簡本「童（動）之以事，懽（勸）之以賞，鼻（畏）之以罰」，今本文字全同。此處是說：以役事勞動人民，用獎勵勸勉人民，用刑罰恐嚇人民。

簡本「霝（臨）之以中，行之以耑=（權）」，今本「中」作「忠」。原整理者引《論語·為政》：「臨之以莊則敬」、邢昺疏：「自上蒞下曰臨」，並將「中」讀為「衷」，無具體解釋。筆者認為「中」似不必破讀，「忠」（忠誠）、「衷」（善良）都是「中」的內涵之一，似不必指實。本二句是說：面對人民應必須以「中」，應事時則可以權變，「中」道不易，但卻可因遇事之差異而有所「權」衡。

〔五〕 耑=（權）不讄（法），中不忠，罰不服，賞不從裝（勞），事不替（震），正（政）不成（盛）

圖版						
釋文	耑=	不	讄	中	不	忠	罰
圖版						
釋文	不	從	裝	事	不	替	正
圖版						
釋文	不	成					
今本	權不法，忠不忠，罰不服，賞不從勞，事不震，政不成。 黃懷信語譯：權力不加於守法的人，誠心不加於忠誠的人；懲罰不加於服罪的人，獎賞不加於隨勞的人，力役之事舒緩不驚，政令適						

| | | 度不繁。 |

校注

【彙校】丁宗洛云：不忠，浮山校據後文「賞不必中」語定作「不中」。洛案：子莫執中，不足言中，故以「不中」為善。

【集注】孔晁云：言行權當有如此時。（盧文弨云：「時字疑誤。」丁宗洛倒作「有時如此」，並移於下「不忍人」下，云：「係總括之詞。」劉師培云：「時字蓋即『禮有時』之注，下脫釋詞，錯簡於此。」）○潘振云：服即五刑有服之服。從勞，謂有勞即賞，不分輕重也。震，騷動也。成，一成不變也。○陳逢衡云：權不法，權宜之事不可以為常法也。忠不忠，忠於內者必忤於外也。罰有必行，故不期於民之服，如子產之謗薑尾是也。賞以德禮為先，故不從勞，如晉文公之於壺叔三賞而及趙襄子，之於高赫無大功而賞居首是也。事以謹小而立，故不震。政以積久而報，故不倖其成。○」宗洛云：服，當如《呂刑》言下服·上服，非《易》「則刑罰清而民服」之服。○唐大沛云：蓋權其事理所宜，非可拘於常法，法有定而權無定也。中無定在，權之斯得，執中無權，猶為執一，故中不可泥於一定之中。罰必當其罪，不強服之。勞而有功則賞，若賞從力役之勞則濫矣，故不從勞。震者，矜張之意。執事當敬，不可矜張，政以積久而成，不期速成。○朱右曾云：常法非權，小忠非忠。服，執持也。適輕適重，不可執一也。從，讀寫縱，猶失也。震，震矜。成，盛也，猶言鋪張揚厲也。○孫詒讓云：此以不成為政之善，下文又云「成則不長」，義並難通。朱訓盛亦迂曲，疑「成」當為「戚」之誤，篆文相近。戚與蹙通。凡政迫蹙則難以持久，故云不長。注云：「不長，言淺近也。」孔所見本戚已譌「成」，而訓義則不誤。○劉師培云：「服」即「反」假。《常訓解》「六極不服」同。[35]

對勘

簡	權	不	法	，	中	不	忠	，	罰	不	服	，
今	權	不	法	，	忠	不	忠	，	罰	不	服	，
簡	賞	不	從	勞	，	事	不	替	，	政	不	成
今	賞	不	從	勞	，	事	不	震	，	政	不	成
簡	。
今	。

原整理者：今本作「權不法，忠不忠，罰不服，賞不從勞，事不震，政不成」。今本「忠不忠」，簡文作「中不忠」，當以簡文為是。丁宗洛云：「不

---

[35] 黃懷信、張懋鎔、田旭東撰，李學勤審定：《逸周書彙校集注（上）》（修訂本），頁36。

忠，浮山校據後文『賞不必中』語定作『不中』。洛案：子莫執中，不足言中，故以『不中』為善。」簡文作「中不忠」，「中」當釋為「衷」，丁氏之說不確。簡文所缺損之字，當據補為「不服賞」三字。今本「震」字，簡文作「馨」，待考。《逸周書・寶典》：「以法從權，安上無愿。」〈大開武〉：「淫權破故，故不法官，民乃無法。」朱右曾云：「常法非權，小忠非忠。服，執持也。適輕適重，不可執一也。從，讀為縱，猶失也。震，震矜。成，盛也，猶言鋪張揚屬也。」孫詒讓曾疑「成」當為「戚」之誤，不確。[36]

　　趙平安：簡文的馨，傳本寫作震。從語音上看，耕是耕部見母字，震是文部章母字。文部和耕部字多通假、替換、通轉之例。王念孫疏證《廣雅》，指出正（耕部）、准（文部）一聲之轉。這些都是典型的例子。《命訓》簡本「正之以政，動之以事」，傳本作「震之以政，動之以事」，以「震」（文部）代「正」（耕部），可以看作《命訓》版本系統中文、耕相通的內證。見母和章母亦關係密切，古書亦多通轉之例。因此耕通震是很可能的。傳本《命訓》震解釋頗多爭議，但從文義看，理解為動或治，可能是正確的。震可以表示動的意思，震讀為振，可以訓為治。[37]

　　程浩：其中每一種概念 A 與所實施的動詞 B（或與 B 意義相近的詞）之間有三種組合方式，分別作「B 之以 A」、「A 不 B」、「BA 則不」。就比如具體到「政」這一概念，就可以表述為「正之以政」、「政不成」及「政成則不」。與「政」並列的概念「事」，所用句式也一樣，可列表如下：

B 之以 A	A 不 B	BA 則不
正之以政	政不成	政成則不
動之以事	事不馨	事馨則不

　　可見概念 A 與動詞 B 是一組固定的搭配。「政」可以曰「成」，可以曰

---

36 李學勤主編：《清華大學藏戰國竹簡（伍）》，頁 131-132。

37 趙平安：〈釋清華簡《命訓》中的「耕」字〉，《深圳大學學報（人文社會科學版）》，2015年第 3 期，頁 35-36。

「正」，那麼與「事」搭配的謂語「𪊽」應該怎樣理解呢？我們認為可以考慮將此字讀為「治理」之「理」，遂可與「事」這一概念進行搭配，亦比較符合句意。

我們知道，「來」與「理」古音極近，從「來」得聲的字常可讀為「理」。如《湯誓》「予其大賚汝」，《殷本紀》即引作「理」。由是觀之，《命訓》中從「來」的這個「𪊽」字很可能也是讀為「理」的。而且將「理」與「事」作為動賓結構搭配，在古書裡也比較常見。如《韓非子》有「內事理焉，外事斷焉」，《呂氏春秋·審分》亦有「大明不小事，假乃理事也。」最顯豁的例子見於《管子·乘馬》，其云：「政不正，則事不可以理也」，「正」與「政」搭配，「理」與「事」搭配，與本篇恰好相同。因此，將簡文讀作「事不理，政不成」以及「政成則不長，事理則不攻」，是十分通順的。

在這裡，我們還需要解釋一下今本用字的問題。「震」字古音在章母文部，與「來」、「理」相隔甚遠，自不存在音近通假的可能，然而二字在意義卻有一定的聯繫。「震」通「振」，「振」有「整理」、「治理」義。《左傳·隱公五年》：「三年而治兵，入而振旅」，杜預注「振，整也」，孔穎達疏曰：「振訊是整理之義」。《左傳》將「治兵」與「振旅」對舉，「振」與「治」可互訓甚明。因此，我們懷疑《命訓》篇更早的本子裡面此字原是寫作「振」的，表示「治理」之義，而今本用了通假字「震」，清華簡則用了同義訓詁字「𪊽」。[38]

蚊首：程浩先生釋讀為「理」，「震」讀「振」訓治，兩者屬同義替換，同時指出「『動之以事』的『動』字亦是與『振』同義的字」。按「動之以事」舊疏似隔，以「動」與「振」同義，可從。竊謂「動」讀為「董」。「董」，督、正之謂（看《故訓匯纂》1951頁）。《左傳》昭公三年：「而辱使董振擇

---

[38] 程浩：〈釋清華簡命訓中對應今本「震」之字——兼談《歸藏》、《筮法》的「震」卦卦名〉，《出土文獻》第六輯，頁222。

之。」《正義》曰：「董，正也。振，整也。」「雖董之以嚴刑，振之以威怒」（《諫太宗十思疏》），並可參證。[39]

王寧：程浩先生說「可以考慮將此字讀為『治理』之『理』」，可從。此字疑可徑釋為「理」。《詩‧信南山》：「我疆我理、南東其畝。」又《文王之什》：「乃疆乃理、乃宣乃畝。」又《江漢》：「于疆于理、至于南海。」此字從田、耒會意，從來得聲，當即此疆理之「理」的專字。[40]

方曉垠：我們認為「耕」、「震」當讀為「竟」，表「完成」的意思。耕：見母耕部；竟：見母陽部。大意是：事情沒做完，就看不到成果。事情都做掉了，就沒有建功的機會了。[41]

雲間：來，亞，棘，力，理，古韻相叶，音近可通。我和所有人一樣，被這個戰國文字中的力符組成部分，給迷惑了。其實，它和手符組合起來，絕非趙先生所說的爭，而是耒字象形，卜辭中的協田，就是耒田。舜耒於歷，裘先生非常慎重，懷疑是耕。加井符才是耕。加以符，就是耙。說文講耒所以振民，震振同。這是逸周書作震的來歷。耒，來也。所以竹書文字都加來符注音。來有勞義，所以力就是耒的簡化引申別字。[42]

侯乃峰：「𣎆」字當直接釋爲「耒」字。此字從「來」從「耒」從「田」，字形本身就含有「耒」字，故字可以釋爲「耒」本來就是理所當然，毋需贅言。「耒」與「震」上古音極其接近：二字聲紐皆屬舌音（耒，來紐；震，章紐）；韻母「耒」微部（或歸物部），「震」在文部，有嚴格的對轉關係；因此今傳本寫作「震」，而清華簡本作「耒」，二者爲音近通假關係。《說文》：「耒，手耕曲木也。从木推丰。古者垂作耒枱，以振民也。」「古者垂作耒枱以振民也」句當是出自《世本‧作篇》「垂作耒耜」。《說文》在解說「耒」

---

[39] 見武漢網「簡帛論壇」〈清華五《命訓》初讀〉0、1樓，2015.4.10（2017.7.4 上網）。
[40] 見武漢網「簡帛論壇」〈清華五《命訓》初讀〉3樓，2015.4.10（2017.7.4 上網）。
[41] 見武漢網「簡帛論壇」〈清華五《命訓》初讀〉33樓，2015.4.21（2017.7.4 上網）。
[42] 見武漢網「簡帛論壇」〈清華五《命訓》初讀〉39樓，2015.6.29（2017.7.4 上網）。

字時，之所以出現「振民」一詞，很可能屬於聲訓（「震」、「振」同從「辰」得聲，古字通用）。

今由清華簡本作「耒」並結合前後文意來看，我們懷疑「耒」以及今傳本的「震」皆當讀爲勞累之「累」，相關文句亦當據此作解。清華簡本中的相關文句即當讀爲「事不累，政不成」、「政成則不長，事累則不功」；今傳本讀爲「事不累，政不成」、「政成則不長，事累則寡功」；二者意義大體一致。《命訓》篇言「事不累，政不成」、「政成則不長，事累則不功」，此「事」當是專指政事而言，與「政」實爲一事；「成」當如上引潘振所說，「一成不變也」，也就是政治措施固定化而不加變通。「事不累，政不成」即是說政事不能全都由君主一手操辦導致過於勞累，而應該分派給下屬官吏各司其職加以管理；政治措施不能一成不變固定化而不加變通。「政成則不長，事累則不功」是說如果政治措施固定化就不能長久，處理政事如果勞累（即君主過份集權、攬權）就沒有多少功業可言。之所以如此理解，是因爲傳世典籍中也可以找到類似的表述。例如《管子‧國蓄》：「故民無不累於上也。」《莊子‧在宥》：「成於德而不累。」《荀子‧王霸篇》：「其爲事不勞而功名致大。」《荀子》中的「勞」當即勞累之意。[43]（該文作者曾以「日古氏」之名，將部分觀點發表在復旦網論壇，爲免重覆，請讀者自行參閱。）[44]

金宇祥：程浩先生以「來」爲聲符進行通讀可能不確。據程浩先生文中所引：《清華壹‧尹誥》簡3、《清華壹‧皇門》簡3、《清華參‧說命下》簡10、《清華壹‧祭公》簡16、《清華肆‧筮法》簡30，這些字以「來」爲聲符沒有問題，但A字除了「來」以外，尚有「爭」、「田」這兩個偏旁，若僅以「來」爲聲符，那麼「爭」、「田」這兩個偏旁便無從解

---

[43] 侯乃峰：〈釋清華簡（伍）《命訓》篇的「耒」字〉，《戰國文字研究的回顧與展望國際學術研討會論文集》，上海：復旦大學，2015.12.12-13，頁141-146。

[44] 日古氏：〈釋清華簡（伍）《命訓》篇的「耒」字〉，見復旦網論壇，1-8樓、15-20樓，2015.5.15（2017.6.15上網）。

釋。檢侯乃峰先生之說，楚簡目前無單獨的「耒」字，僅有「耒」字所從的「協」字，作：《清華壹・尹誥》簡2、《清華參・芮良夫毖》簡13，「協」字已見於甲骨金文：《合》7、瘨鐘《集成》247，以往學者或釋為「麗」、「襲」、「狀」，于省吾先生從甲骨字形釋為「協」，認為從二耒二犬，犬以守耒。季師旭昇認為可據《清華壹・尹誥》簡2此字釋為「協」，字從二至三耒犬，會犬拉耒協田也。二位先生之說可從，除「犬」跟「耒」之間的關係意見稍異，皆認為「協」字由「犬」跟「耒」所構成，而本文所討論《清華伍・命訓》的A字，「力」形下方未見耒錔之形的部件，因此不能釋為「耒」字，侯乃峰先生之說可能不確。楚簡偏旁移位常見，將字放入上列「耕」字的演進序列中有一定說服力，趙先生的說法可從。後代「耕」字如《說文》篆文、漢隸皆從「井」，應是延續此戰國文字寫法而來。於是分化出的「耕」字遂取代了「爭」字原有的耕種義，而「爭」字就被用來表示爭奪義。因此楚簡的「耕」字加了「井」、「田」、「禾」、「來」等偏旁之形，便可視為從表意字到形聲字的過渡階段，直到漢隸的「耕」字才逐漸穩定下來成為從「耒」、「井」聲之字。[45]

王寧：根據《命訓》的用法，又參考清華簡《筮法》有用「迷」為「震」的例子，漆局「敕民」或「民敕」也許應該讀作「振民」或「民振」。[46]

王逸清：清華簡《命訓》中對應今本「震」字的兩字、所從非「爭（耒）」，而是從「力」，可以隸定作「𤯍」，讀為「耕」、「爭」等相關字的可能性是比較小的。字應當確從「來」得聲，從字形、字音兩方面考慮，或可能與後世寫作「勑」形的字相關。「勑」字讀「來」，《說文》訓為勞，《廣韻》

---

[45] 金宇祥：〈談清華伍〈命訓〉與左塚漆棋局的耕字〉，復旦網，2016.1.16（2017.7.4上網）。又見金宇祥：〈據清華伍釋讀楚文字二則〉，《第二十七屆中國文字學國際學術研討會》，臺中：臺中教育大學，2016.5.13-14，頁10-16。（本文為散發論文，未收入正式論文集）

[46] 見金宇祥：〈談清華伍〈命訓〉與左塚漆棋局的耕字〉，復旦網，2016.1.16，文後「學者評論欄」3樓，2016.1.19（2017.7.4上網）。

訓為勤；讀「敕」，《尚書》偽孔傳「敕天之命」訓為正，陸德明《經典釋文》訓《易‧噬嗑》「先王明罰敕法」之「敕」為整，又引鄭注訓為理，且在古書中與「敕」、「飭」兩字可通假互相換用。這些訓讀集中表達的都是與理田整飭相關的意思，或本義就是治田，故《命訓》此字從田表意。[47]

夏含夷：傳世本的「忠不忠」不辭，簡文的「中不忠」卻相當有意思。上下文載有並行的「耑不法、正不成、藝不淫」和「均不一」等，都說明最好的政策不要太過分、太死板。譬如，「均不一」的意思可以翻譯為「平等不等於同一」，是中國傳統思想中的重要觀點，與《論語‧子路》「君子和而不同，小人同而不和」的思想相同。其實，《命訓》下面就說「均一不和」，與《論語》的意思完全一樣。「中不忠」與此也一致，意思是說「中和的政策並不忠誠」，沒有左派，也沒有右派，對誰都沒有一定的忠誠。

《逸周書》傳世本的諸多版本之間似乎在「臨之以忠」和「忠不忠」上都沒有異文。然而，清唐大沛《逸周書分編句釋》的注解裡已經察覺到不合理之處，並在「臨之以忠」的注解裡說：「忠、中古字通，下文『忠不忠』，並當作中，觀末段『從中』及『不必中』句可知。上文事皆臨民之道，而立法必以中為準。用中之道非執一也，必權而得中乃可行之。」可以說唐大沛完全闡明了原文的意義。[48]

佑仁謹案：簡文「耑（權）不龘（法）」，今本作「權不法」。原整理者據今本讀「權」，可信。陳逢衡云：「權不法，權宜之事不可以為常法也。」唐大沛云：「蓋權其事理所宜，非可拘於常法，法有定而權無定也。中無定在，權之斯得，執中無權，猶為執一，故中不可泥於一定之中，罰必當其罪，不強服之。」朱右曾云：「常法非權，小忠非忠。」黃懷信語譯作「權力不

---

[47] 王逸清：〈清華簡《命訓》中的「敕」字〉，《出土文獻》第八輯，（上海：中西書局，2016.4），頁131-138。

[48] 夏含夷：〈清華五〈命訓〉簡、傳本異文考〉，《古文字研究》第31輯，《古文字研究會第21屆年會論文集》，頁380。

加於守法的人。」各家說法莫衷一是，本段屬於【思想脈絡表三】中的第 12
列，其 A、B、C 行的簡本原文分別為：

A 行：行之以權

B 行：權不法

C 行：以權從法則不行，行不必法，法以知權。

這個「權」應指權變、權衡，因此筆者比較傾向唐大沛「權其事理所宜，非
可拘於常法，法有定而權無定也」之說。第 12 條 A、B、C 三列的整體思
想是說：應事可以「權」（權變），因事制宜，「權」沒有固定的標準，「權」
如果有固定標準就無法行動，應事時可以不必有固定標準的「常法」，設立
「常法」時必須懂得權變。此大千世界，面對所有的人情世故，時機不同、
場合不同、對象不同，難有統一的應對標準。

「法」字作「」，楚系的「法」字一般作從「水」從「去」從「廌」，
此處改「水」為「皿」，「去」字「口」旁訛為一橫筆，與「皿」結合而近於
「血」，整體構形甚為特別。

簡文「中不忠」，今本作「忠不忠」，黃懷信語譯成「誠心不加於忠誠的
人」。原整理者認為當讀為「中（衷）不忠」，夏含夷將「中不忠」翻譯成「『中
和的政策並不忠誠』，沒有左派，也沒有右派，對誰都沒有一定的忠誠。」
二人的語譯可謂南轅北轍。本段屬於【思想脈絡表三】中的第 11 列，其 A、
B、C 行的簡本原文分別為：

A 行：臨之以中

B 行：中不忠

C 行：以中從忠則賞，賞不必中

本處與第 12 列文意相對，本句的「中」指中庸、中道，此處是說：面對人
民應該要「中」，對於不忠之人也要「中」，忠誠者必定獎賞，而獎賞未必需
要「中」。

簡文「罰[不服]」，後二字殘，今本「罰不服」，原整理者據今本補「不服」二字，可信。本段屬於【思想脈絡表三】中的第 10 列，其 A、B、C 行的簡本原文分別為：

A 行：畏之以罰

B 行：罰[不服]

C 行：以[罰從]服，服而不釱（戴）

本處是說，用刑罰恐嚇人民，懲罰那些不服從的人，懲罰可以讓人民臣服，但卻無法讓人民愛戴國君。

簡文「[賞]不從焂（勞）」，首字殘，今本作「賞不從勞」，原整理者據今本補「賞」，可信。本段屬於【思想脈絡表三】中的第 9 列，其 A、B、C 行的簡本原文分別為：

A 行：勸之以賞

B 行：[賞]不從勞

C 行：以賞從勞，勞而不至

黃懷信語譯成「獎賞不加於隨勞的人」，他將「從勞」解釋成「隨勞」，指「隨從勞動而非主要勞動者」[49]，不可信。本處是採用「以……從……」句法，同篇還見於「以罰從服」、「以中從忠則賞」、「以權從法則不行」，可見不應將「從」結合「勞」字而視為一個詞組，其實古今典籍也沒「從勞」這樣的用法。

「從」訓作「由」。《漢書・外戚傳》云：「霍光夫人顯欲貴其小女，道無從。」顏師古注：「從，因也，由也。」[50]筆者認為第 9 列 A、B、C 行的句意是說：國君用「賞」獎勵人民，但獎賞不是以「勞（功勞）」為標準，因為如果都以「勞（功勞）」為標準，則人民只會貪功求賞但不會主動前來

---

[49] 黃懷信：《逸周書校補注譯》（修訂本），頁 15。

[50] （東漢）班固撰，（唐）顏師古注：《漢書》，（北京：中華書局，1964.11），頁 3966。

歸附。簡文「不從勞」三字略有殘泐，細審發現是覆蓋上的反印文。

簡文「事不蠿（震）」，今本作「事不震」。潘振云：「震，騷動也」，陳逢衡云：「事以謹小而立，故不震。」唐大沛云：「震者，矜張之意。」朱右曾云：「震，震矜。」今本的「震」在簡本中是個疑難字，共計出現兩次，如下：

字形		
出處	簡13	簡14
文例	事不△1	事△2 則不攻（功）
今本	事不震	事震則寡功

原整理者將該字依形隸定作「蠿」，總釋文則依今本讀「震」，但無具體說解。趙平安與楚簡「耕」字聯繫，認為此字就是「耕」，與今本「震」是通假關係，讀為「振」，訓「治」。程浩認為字從「來」聲，讀為「理」，他認為今本的「震」應讀「振」，也有治理意，簡本的「理」與今本的「震（振）」古音不同，但意義相同，蚊首、王寧從之。方曉垠認為「耕」、「震」當讀為「竟」，表「完成」的意思。雲間釋作「耒」，認為「耒，來也。所以竹書文字都加來符注音。來有勞義，所以力就是耒的簡化引申別字」。侯乃峰認為釋「耒」理所當然，「耒」與「震」上古音極近，他懷疑二字皆當讀爲勞累之「累」，「事不累，政不成」即是說政事不能全都由君主一手操辦導致過於勞累，而應該分派給下屬官吏各司其職加以管理。金宇祥贊同趙平安釋「耕」之說。王逸清認為字形與「耕」、「嘉」、「靜」等字所從的「爭」不同，字當從「力」，隸定作「蠿」，與「勑」相關，讀作「來」，訓作「勞」或「治」。整合前述各家學者說法，約可分成以下諸說：

第一說：字即「耕（爭）」，與今本「震」古音相通。（趙平安、金宇祥主之）

第二說：釋作「耕」，與今本的「震」都應讀為「竟」，表「完成」。（方

曉垠主之 ）

第三說：字从「來」聲，讀「來」或「理」，訓作治理，今本「震」古音不同，義訓相同。（程浩、蚊首、王寧、王逸清主之）

第四說：字釋「耒」。（雲間、侯乃峰、曰古氏主之）

我們先將相關諸字的上古音羅列如下：

單字	震	耕	爭	來	理	嘉	耒
古音分析	端紐諄部	見紐耕部	精紐耕部	來紐之部	來紐之部	見紐歌部	來紐沒部

透過本表可知，各種推論與今本「震」字的古音皆有一定距離，雖然可以透過旁轉、對轉達到某種間接的聯繫，但也無法百分百地確定，因此還是必須由字形與文義上著手。

先談第四說，雲間、侯乃峰主張字即「耒」。侯乃峰依據上博三〈周易〉簡 20 的「耕」字作「■」，認為依理字扣掉左上的「井」，就是「耒」而非「爭」。但我們知道，該字右半的「■」，實源自於甲骨文的「■」（合集 01114 反）、「■」（斯德哥爾摩 31 反 [51]）、「■」（佚 803.商）早期學者釋作「爭」，甲骨文例中多當貞人之名，現在看來「爭」應該就是「耕」的初文 [52]，持「U」形農具耕田，可从二「又」，指二人並耕，也可以从三「又」，指多人並耕。侯乃峰依據〈周易〉的「■（耕）認為扣除「井」就是「耒」，恐怕是沒有正確認知到「■」是個从「爭」（「耕」初文）、「井」聲之字。

另外，侯乃峰認為應讀為「事不累」，文意指「政事不能全都由君主一手操辦導致過於勞累，而應該分派給下屬官吏各司其職加以管理」，而「事累則不功」則是「處理政事如果勞累（即君主過分集權、攬權）就沒有多少功業可言」。按照字面「事不累」與「事累則不功」只能解釋作「政事不能

---

51 見李學勤、齊文心、艾蘭編著：《瑞典斯德哥爾摩遠東古物博物館藏甲骨文字》，（北京：中華書局，1999.6），頁 45。

52 劉洪濤：〈說「爭」、「靜」是「耕」的本字〉，復旦網，2010.4.9（2017.7.4 上網）。

過度勞累」、「政事過度勞累就沒有多少功業」，所謂不能全交君主一手操辦之說，恐有增字解經的嫌疑。而他所舉的《管子·國蓄》、《莊子·在宥》二例，前者為「附累」之「累」，後者為「積累」之「累」，均非作者所欲論證的「勞累」之意。

再來談釋作从「來」聲的說法（即第三說），這個推論獲得最多學者的贊同，但其實並不可信。△1、2 的左上是「來」，此毫無疑問，但完全忽略右半，逕直通過「來」字考慮通假，亦不理想。二字扣除「來」旁，剩下「田」以及「耒」（「爪」加「力」），這個「耒」完全可以看成是「耕（爭）」的省略，楚簡中「爭」最標準的寫法是「」，但省成「」（耒）或「」（力）的寫法，也可謂比比皆是：

結構	字形文例			
从爪力	 1. 天星 3701 ／聟	 2. 新蔡甲三： 111／聸 薦太一聸	 3. 新蔡乙三： 40／聸 北方一聸	 4. 新蔡乙四： 48／聸 敢用一元聸牂
	 5. 新蔡.零 402 ／聸 太一聸	 6. 郭店.老子. 甲 5／靜 以其不△（爭） 也，故天下莫能 與之 爭 。	 7. 郭店.老子. 甲.5 以其不 爭 也，故 天下莫能與之△ （爭）。	 8. 天星 37.27 ／靜
从力	 1. 郭店.成之 聞之.35 津梁△（爭） 舟，其先也不若 其後也	 2. 郭店.成之 聞之.13 農夫務食不強△ （耕），糧弗足 矣。	 3. 上博四.內 禮.10 在小不靜△ （爭），在大不亂	

值得注意的是，「田」旁也是釋為「耕／爭」的參考依據（也就是說「田」在此有偏旁制約的作用），請參考以下例證：

1. 　郭店.窮達以時.2

2. 　上博六.用曰.4

3. 　清華壹.保訓.4

4. （）　上博二.從政甲.18

此外，程浩對於「政不成」、「事不朁」的理解與我們不同，筆者借用他所整理的圖表說明：

B 之以 A	A 不 B	BA 則不
正之以政	政不成	政成則不
動之以事	事不朁	事朁則不

程浩認為「事不朁」歸屬於「A 不 B」的位置，應與「政不成」比參，因此才進一步讀成「事不理」。可是必須留意的是「A 不 B」這個位置的文意，整體而言都是正面的提醒（參本章「思想脈絡表」【表三】B 行），例如同行的「均不一」（平等對待但不是齊頭式平等）、「哀不至」（悲傷不可過度）、「樂不伸」（歡樂不能放恣）、「禮有時」（禮的使用有一定的時機、時節）、「藝不淫」（不應將心力浪費在過度精巧而無益的技藝上）。至於程浩用作判斷「事不朁」考釋依據的「政不成」，筆者認為應讀「盛」，訓「多」。B 行「A 不 B」整體文意是正面的提醒，中間有否定詞「不」，則「不」字後的字詞應是負面，主要基調在說：「任何事都不應做得過度，過度則易生弊病」，由此看來，所謂「政不成」與「事不理」的訓解方式並不符合 B 行的要求。

　　總的來說，就字形的考證上，筆者比較贊同釋「耕／爭」之說，那麼又該如何解釋左上的「來」形呢？筆者認為可以參考《郭店·緇衣》的「爭」，其文例為：「子曰：『上好仁則下之為仁也（爭）先。』」（簡 10＋11），上博一〈緇衣〉簡 6 文句同。今本〈緇衣〉作「上好仁，則下之為仁爭先人。」可知是「耕／爭」字無誤，該字左半從「禾」，與耕種義有關，我們知道「來」

是「麥」的初文，楚簡中「禾」與「來」有相通之例[53]，上博三〈仲弓〉「季」字作：

| 簡 1 | 簡 1 | 簡 2 |

三字上半都從「來」。另外，古文字中的「嘉」作：

從「來」			從「禾」		
王孫遺者鐘／集成 00261	沇兒鎛／集成 00203	侯馬 194：3	侯馬 152：3	侯馬 92：5	侯馬 1：31

左半從「來」形，右半從「禾」，二者偏旁替換。

綜上所述，筆者接受趙平安之說，可將△字釋為從「來」形、「耕／爭」聲之字，並依據今本讀「震」，朱右曾云：「震，亦動也。」「事不震」指國君做事不應矜張、浮誇，對人民造成騷擾。《公羊傳・僖公九年》云：「葵丘之會，桓公震而矜之，叛者九國。震之者何？猶曰振振然。矜之者何？猶曰莫若我也。」[54]可參。

簡文「正（政）不成」，今本同。潘振云：「成，一成不變也。」陳逢衡云：「政以積久而報，故不倖其成」，唐大沛云：「政以積久而成，不期速成。」朱右曾云：「成，盛也，猶言鋪張揚厲也。」孫詒讓云：「疑『成』當為『戚』之誤，篆文相近。戚與蹙通。凡政迫蹙則難以持久，故云不長。」黃懷信語譯作「政令適度不繁」，原整理者引證朱右曾之說，並認為孫詒讓誤字之說不可信。綜合上述說法可分成以下幾種：

---

[53] 該字「來」、「禾」偏旁通用的問題，趙平安在〈釋清華簡《命訓》中的「耕」字〉頁 36 注 5 已提及，可參考《古文字構形研究》頁 42 與《三晉文字編》頁 690-707。趙平安：〈釋清華簡《命訓》中的「耕」字〉，《深圳大學學報（人文社會科學版）》，2015 年第 3 期，頁 36。

[54] 李學勤主編，《十三經注疏》整理委員會整理：《春秋公羊傳注疏》，（北京：北京大學出版社，2000.12），頁 260-261。

1.讀「成」，訓「一成不變」。（潘振主之）

2.讀「成」，訓「完成」。（唐大沛主之）

3.讀「盛」，訓「鋪張揚厲」。（朱右曾、原整理者主之）

4.乃「戚（慼）」之誤字。（孫詒讓主之）

5.讀「成」，訓「繁」。（黃懷信主之）

侯乃峰認為參照今本前後文例，「成」應指負面意涵，甚是。我們逐一檢討前說：「成」在故訓中從未有「一成不變」之義，故第 1 說可排除，唐大沛將「政不成」理解成「政以積久而成，不期速成」，在「成」字前增形容詞「速」，有增字解經之嫌，故第 2 說亦可排除。孫詒讓改字之說，原整理者已指出不可信，在未有強而有力的證據支撐下，任何誤字之說皆難以遽信，故第 4 說可排除。

訓釋成「鋪張揚厲」（第 3 說）與「繁」（第 5 說），其概念大同小異，但與「政」搭配起來也不妥貼，因此筆者認為「成」確實應讀為「盛」，《釋名·釋言語》云：「成，盛也。」王先謙疏證補：「成盛聲義互通，見於經典者甚多，故成訓為盛。」[55]但應訓為「多」義，《廣雅·釋詁三》云：「盛，多也。」[56]《楚辭·九章·懷沙》云：「任重載盛兮，陷滯而不濟。」朱熹注：「盛，多也。」[57]《後漢書·翟酺傳》云：「學者滋盛，弟子萬數。」[58]本段屬於【思想脈絡表三】中的第 7 列，其 A、B、C 行的簡本原文分別為：

A 行：正之以政

B 行：政不成

C 行：政成則不長

---

55 （東漢）劉熙撰，（清）畢沅疏證，王先謙補：《釋名疏證補》，（北京：中華書局，2008.9），頁 128。

56 （清）王念孫：《廣雅疏證》，頁 358。

57 （宋）朱熹撰，蔣立甫校點：《楚辭集注》，（上海：上海古籍出版社、合肥：安徽教育出版社，2001.12），頁 87。

58 （劉宋）范曄撰，（唐）李賢等注：《後漢書》，頁 1606。

此處是說，君上可用政治端正人民行為，但政令不可過多，政令繁多則無法長治久安。政令繁多的原因很多，有可能是操之過急，也可能是計畫不周而導致朝令夕改，無論是哪一種，人民都將無所適從。

〔六〕 致（藝）不迋（淫），豊（禮）又（有）旹（時），樂不繘（伸），哀不至，均不瓲（一），季（惠）必仞=（忍人）

圖版							
釋文	致	不	迋	豊	又	旹	樂
圖版							
釋文	不	繘	哀	不	至	均	不
圖版							
釋文	瓲	季	必	仞=			

今本	藝不淫，禮有時，樂不滿，哀不至，均不壹，惠不忍人。 黃懷信語譯：技藝不淫巧，禮儀有時節；歡樂不太盛，悲哀不至極；均平而不劃一，惠愛而不殘忍於人。
校注	【彙校】惠不忍人，唐大沛刪「不」字，云：「《寶典篇》言明刑曰『惠而能忍，尊天大經』，知『不』字是衍文。觀下節『惠而不忍人』句與此一正一反可見。」朱右曾依陸麟書說於「不」下增重一「不」字。 【集注】潘振云：淫，過也。謂求備於人。禮以時為大。滿，樂之過也。至，哀之甚也。壹，專一也。忍，堅忍也。謂必與之。○陳逢衡云：藝無取乎技巧，故不淫。禮以適用為貴，故有時。樂不滿者，情不可極也。哀不至者，喪惟其稱也。均有等差，故不壹。惠以愛為主，故不忍人。○丁宗洛云：忍謂隱忍，言姑息也，非殘忍之謂。○唐大沛云：藝不尚淫巧。禮時為大，如婚冠喪祭行之有時。樂不可極。哀有節。均有等差，各視其分次，不均而實均也，故不壹。惠者，愛利之意。唯仁人能愛人斯能惡人，恩不掩義也。放流迸逐，鋤惡所以安良，故仁慈當濟以剛斷。此與《孟子》言不忍人之政義迥別。○朱右曾云：

		淫，淫巧也。禮從宜，故以時為大。不忍人，姑息為愛，婦人之仁也。[59]									
對勘	簡	藝	不	淫	，	禮	有	時	，	樂	不	繡	，
	今	藝	不	淫	，	禮	有	時	，	樂	不	滿	，
	簡	哀	不	至	，	均	不	壹	，	季	必	忍	人
	今	哀	不	至	，	均	不	壹	，	惠	不	忍	人
	簡	。											
	今	。											

原整理者：今本作「藝不淫，禮有時，樂不滿，哀不至，均不壹，惠不忍人」。今本之「滿」，簡文作「伸」。今本之「惠不忍人」，簡文作「季必仞人」。唐大沛認為此處之「不」為衍文，據簡文，「不」實為「必」字之誤。此處言「藝不淫」，後文稱「藝淫則害于才」，此處「淫」當指「淫巧」，《禮記·月令》鄭注：「謂奢偽怪好也。」伸，《管子·七臣七主》尹知章注「謂放恣也。」至，《國語·越語下》韋注：「謂極也。」忍人，見《左傳》文公元年「且是人也，蠭目而豺聲，忍人也」，杜注：「能忍行不義。」[60]

華東師範大學中文系出土文獻研究工作室：《命訓》簡 13「季」字凡兩見，今本皆作「惠」。此異文整理者未釋。按，季為見母質部字，惠是匣母質部字，音近可通。我們由此聯想到郭店簡《老子》甲本簡 1「絕偽去詐，民復季子」，目前學界一般認為「季」是「孝」之誤字。若援引此處異文，將彼「季子」讀為「惠慈」，似亦可通。[61]

暮四郎：從簡本「惠必仞人」、「惠而不仞人，人不勝[害，害]不知死」看，「仞」應當是正面的意思，整理報告是將其解釋為殘忍，不符合文意。「仞」似當讀為「因」。郭店簡《六德》簡 31「紉」用為「恩」，「恩」從「因」聲。「惠必仞（因）人」，或者是說施惠必因人而施。「惠而不仞（因）人，

[59] 黃懷信、張懋鎔、田旭東撰，李學勤審定：《逸周書彙校集注（上）》（修訂本），頁 36-37。

[60] 李學勤主編：《清華大學藏戰國竹簡（伍）》，頁 132。

[61] 華東師範大學中文系出土文獻研究工作室：〈讀《清華大學藏戰國竹簡（伍）》書後（一）〉，武漢網，2015.4.12（2017.7.4 上網）。

人不勝[害，害]不知死」，或者是說施惠而不因人（不看對象），受惠者可能將不勝其害。[62]

奈我何：華東師範大學中文系出土文獻研究工作室《讀《清華大學藏戰國竹簡（伍）》書後（一）》，根據《命訓》簡 13「季」字凡兩見，今本皆作「惠」，指出：

> 我們由此聯想到郭店簡《老子》甲本簡 1「絕偽去詐，民復季子」，目前學界一般認為「季」是「孝」之誤字。若援引此處異文，將彼「季子」讀為「惠慈」，似亦可通。

——其說當是。文例如：《國語・晉語四》：「文王在母不憂，在傅弗勤，處師弗煩，事王不怒，孝友二虢，而惠慈二蔡，刑於大姒，比於諸弟。」《逸周書・諡法》：「柔質慈民曰惠。」[63]

郭倩文：字下有合文符，今本作「忍人」，爲《清華伍》所見新合文。[64]

朱歧祥：《清華》（五）時字 8 見，其中 1 見〈命訓〉作 ⿱日寺，7 見〈湯丘〉與〈帝門〉作 ⿱寺日。前者字形見於《說文》古文和金文的〈中山王𰯼壺〉，後者則屬特例。篆文作 時，秦簡牘作 時〈睡雜 32〉，均固定作左右位置的經營，並無上下式的排列寫法。[65]

佑仁謹案：簡文「敎（藝）不淫（淫）」，今本同。潘振云：「淫，過也。謂求備於人。」陳逢衡云：「藝無取乎技巧，故不淫。」唐大沛云：「藝不尚淫巧。」朱右曾云：「淫，淫巧也。」黃懷信語譯成「技藝不淫巧」，諸家所釋大同小異。本段屬於【思想脈絡表三】中的第 6 列，其 A、B、C 行的簡本原文分別為：

---

[62] 見武漢網「簡帛論壇」〈清華五《命訓》初讀〉22 樓，2015.4.15（2017.7.4 上網）。
[63] 見武漢網「簡帛論壇」〈清華五《命訓》初讀〉28 樓，2015.4.20（2017.7.4 上網）。
[64] 郭倩文：《《清華五》、《上博九》集釋及新見文字現象整理與研究》，頁 108。
[65] 朱歧祥：〈質疑《清華簡》的一些特殊字詞〉，第 18 屆中區文字學學術研討會，臺中：東海大學，2016.5.21，頁 12。

A 行：教之以藝

B 行：藝不淫

C 行：藝淫則害於才

「淫」的字面意義為「過度」、「過當」。此處的文義可以有兩個層次的理解：一是指不應將心力浪費在過度精巧而無益的技藝上，《尚書·泰誓下》云：「（商王）作奇技淫巧，以悅婦人。」孔穎達疏：「『奇技』謂奇異技能，『淫巧』謂過度工巧。二者本同，但『技』據人身，『巧』指器物為異耳。」[66]二是不應過度追求手藝技術的精巧。無論哪一種解釋，都是認為技藝的學習仍應有其限度，不應走火入魔、廢寢忘食，因此才說「追求技藝的精巧對於『才』是一種傷害」（原文：「藝淫則害於才」）。「才」與「藝」今日已成為同義複詞，但簡文則區分「才」（才智、才能）與「藝」（技藝）的差別，希望不要以「藝」傷「才」。

簡文「豊（禮）又（有）皆（時）」，今本同。潘振云：「禮以時為大。」陳逢衡云：「禮以適用為貴，故有時。」唐大沛云：「禮時為大，如婚冠喪祭行之有時。」朱右曾云：「禮從宜，故以時為大。」黃懷信語譯成「禮儀有時節」，均已掌握文意。本段屬於【思想脈絡表三】中的第 5 列，其 A、B、C 行的簡本原文分別為：

A 行：訓之以禮

B 行：禮有時

C 行：禮無時則不貴

簡文是說：國君以禮節訓教百姓，但禮的使用有一定的時機、時節，過於浮濫的禮則不顯尊貴。《禮記·禮器》云：「禮，時為大，順次之，體次之，宜次之，稱次之。」[67]禮的執行必須有「時」，其運用不能過度浮濫，貧乏空

---

[66] 此為偽古文尚書內容，但對於「淫」、「巧」等字訓義的認識仍有幫助。參李學勤主編，《十三經注疏》整理委員會整理：《尚書正義》，頁 332。

[67] 李學勤主編，《十三經注疏》整理委員會整理：《禮記正義》，頁 838。

洞、徒具形式的禮儀容易失去其背後的精神。

　　簡文「樂不繡（伸）」，今本作「樂不滿」。潘振云：「滿，樂之過也。」陳逢衡云：「樂不滿者，情不可極也。」唐大沛云：「樂不可極。」黃懷信語譯為「歡樂不太盛。」原整理者：「今本之『滿』，簡文作『伸』。伸，《管子·七臣七主》尹知章注『謂放恣也。』至，《國語·越語下》韋注：『謂極也。』」筆者贊成原整理者讀「伸」之說，「伸」有極盡、放恣之意，正與今本的「滿」相通。本段屬於【思想脈絡表三】中的第 4 列，其 A、B、C 行的簡本原文分別為：

　　A 行：娛之以樂

　　B 行：樂不伸

　　C 行：樂伸則荒

簡文是說：國君利用歡樂讓人民愉快，但歡樂不能放恣，歡樂極盡就會荒怠。

　　簡文「哀不至」，今本同。潘振云：「至，哀之甚也。」陳逢衡云：「哀不至者，喪惟其稱也。」唐大沛云：「樂不可極。哀有節。」黃懷信語譯成：「悲哀不至極」。本段屬於【思想脈絡表三】中的第 3 列，其 A、B、C 行的簡本原文分別為：

　　A 行：斂之以哀

　　B 行：哀不至

　　C 行：哀至則匱

簡文是說：國君用悲傷讓人民發洩情緒，但哀傷應有所節制，悲傷過度則會匱乏。憂鬱情緒對人體有害，而生活如同 行屍走肉 ，故簡文稱「匱」。

　　簡文「均不膩（一）」今本同。潘振云：「壹，專一也。」陳逢衡云：「均有等差，故不壹。」唐大沛云：「均有等差，各視其分次，不均而實均也，故不壹。」黃懷信語譯作「均平而不劃一」。本段屬於【思想脈絡表三】中的第 2 列，其 A、B、C 行的簡本原文分別為：

A 行：和之以均

B 行：均不一

C 行：均一不和

簡文是說：和平待人，使人民和睦，平等對待但不是齊頭式的平等，若為齊頭式平等人民就無法和睦。

簡文「季（惠）必仞＝（忍人）」，今本作「惠不忍人」。本段屬於【思想脈絡表三】中的第 1 列，其 A、B、C 行的簡本原文分別為：

A 行：撫之以惠（簡本同）

B 行：惠必忍人（惠不忍人）

C 行：惠而不忍人，人不勝 害，害 不知死（簡本同）

B 行「惠必忍人」，今本作「惠不忍人」，前者為肯定句，後者為否定句，明顯矛盾，必有一誤。唐大沛刪「不」字，云：「《寶典篇》言明刑曰『惠而能忍，尊天大經』，知『不』字是衍文。觀下節『惠而不忍人』句與此一正一反可見。」朱右曾依陸麟書說於「不」下增加一個「不」字。唐大沛、朱右曾等學者均已察知今本「惠不忍人」有誤，唐大沛刪「不」字，朱右曾重複「不」字，負負得正，都是為了解決問題。B 行今本作「惠不忍人」，黃懷信語譯作「惠愛而不殘忍於人」，C 行作「惠而不忍人」，黃懷信語譯成「如果不惠愛而殘忍於人」，C 行只比 B 行多一虛詞「而」，但語意卻完全不同，關於 C 行，黃懷信顯然沒照字面進行翻譯，原因也很簡單，因為按字面上翻譯根本說不通。依據【思想脈絡表三】可知，各列 B、C 二行的意思往往相反或相對，因此本處的文字肯定有錯訛，黃懷信主要改動的是 C 行「惠而不忍人」一句的翻譯，但現在透過簡本可知，真正錯誤的是 B 行。依據簡本，「惠不忍人」的「不」應作「必」，可信。

先談「季」字。簡文「季」，今本作「惠」。原整理者在總釋文中作「季（惠）」，考釋中無說，應是逕為通假。華東師大工作室指出「季為見母質部

字，惠是匣母質部字，音近可通」，已為通假做了說明。不過華東師大工作室更進一步依據本處的「季（惠）」主張郭店《老子》甲本簡 1「絕偽去詐，民復季子」一條，將「季子」改為「惠慈」。奈我何從之。

「季」（見質）、「惠」（匣質）二字聲紐接近，韻部相同，二字確實應是假借關係。不過，華東師大工作室將「民復季子」改讀為「民復惠慈」之說，並不可取，其所謂「目前學界一般認為『季』是『孝』之誤字」亦非如此。郭店《老子》甲本的「民復季子」，「季」字原整理者認為是「孝」的訛字，「子」則讀爲「慈」，裘錫圭早期贊同這種看法 [68]，崔仁義、季旭昇、劉信芳等學者則主張「季子」就是「稚子」即嬰兒，與今本《老子》第 28 章「復歸於嬰兒 」同義 [69]，裘錫圭在〈糾正我在郭店〈老子〉簡釋讀中的一個錯誤——關於「絕偽棄詐」〉一文中接受了這樣的說法 [70]。其後，裘錫圭還在〈關於〈老子〉的「絕仁棄義」和「絕聖」〉與〈北京大學中國古文獻研究中心郭店楚墓竹簡研究項目介紹〉等文章中，指出兩點觀察，證成「季子」之說：一是由韻腳聲調考察，認為讀為「慈」則文句便不叶韻 [71]。二是馬王堆帛書《脈法》有「季子忠謹」一語，《蒼頡篇》開始則說：「蒼頡作書，以教後嗣。幼子承詔，謹慎敬戒。」「季子」與「幼子」同義，可作為郭店《老子》甲「民復季子」用法的佐證，裘先生的結論是簡本「肯定是反映或接近真實原貌」 [72]。總之，「民復季子」應據字面讀，而不應讀作「惠慈」。

---

[68] 裘錫圭：〈郭店〈老子〉簡初探〉，《道家文化研究（「郭店楚簡」專號）》第十七輯，（香港：生活‧讀書‧新知三聯書店，1999.8），頁 42-45。
[69] 崔仁義：《荊門郭店楚簡〈老子〉研究》，（北京：科學出版社，1998.10），頁 44、62。季旭昇師：〈讀郭店楚墓竹簡札記：卞、絕爲棄作、民復季子〉，《中國文字》新廿四期，（臺北：藝文印書館，1998.12），頁 131-133。劉信芳：〈荊門郭店楚簡老子文字考釋〉，《中國古文字研究》第一輯，（長春：吉林大學出版社，1999.6），頁 103。
[70] 裘錫圭：〈糾正我在郭店〈老子〉簡釋讀中的一個錯誤——關於「絕偽棄詐」〉，《郭店楚簡國際學術研討會論文集》，（武漢：湖北人民出版社，2000.5），頁 25-30。
[71] 裘錫圭：〈關於〈老子〉的「絕仁棄義」和「絕聖」〉，《出土文獻與古文字研究》第一輯，（上海：復旦大學出版社，2006.12），頁 1-15。
[72] 裘錫圭：〈北京大學中國古文獻研究中心郭店楚墓竹簡研究項目介紹〉，中國文物研究所編：《出土文獻研究（第六輯）》，（上海：上海古籍出版社，2004.12），又見《裘錫圭學術

「忍人」一詞，簡本作「仞＝」。暮四郎雖也贊同本句應屬正面意涵，但他將「仞」讀爲「因」，並將「惠必仞（因）人」訓爲施惠必因人而施。筆者認爲依照今本讀「忍人」已完全說得通，是以不必改讀。將本段的A、B、C三行文例羅列如下（參【思想脈絡表三】）：

A	B	C行
撫之以惠	惠必忍人	惠而不忍人，人不勝 害，害 不知死

「忍人」一詞，可以有兩種解釋：1.殘忍於人 2.包容別人，二者語意迥然不同。試分析如下：

1、「殘忍於人」：這幾乎是先秦「忍人」最常見的用法，除原整理者所引《左傳・文公元年》：「且是人也，蠭目而豺聲，忍人也。」杜預注解作：「能忍行不義」外，《韓非子・內儲說上》成驩批評齊王「王太仁，太不忍人」（國君太仁慈，太不苛刻），齊王聽得一頭霧水，反問「太仁，太不忍人」，難道不是件好事嗎？並進一步追問究竟是何處「太仁」？何處「太不忍人」？成驩指出「國君對薛公太仁慈，大臣的權勢便會過重，對田氏族太不苛刻，其氏族就會犯法」（原文：「王太仁於薛公，而太不忍於諸田。太仁薛公則大臣無重，太不忍諸田則父兄犯法。」[73]），把「忍人」翻譯成苛刻、殘忍、忍心一類的意思，在文意上是很妥貼的。

值得留意的是，「仁」與「忍」常被放在同一組討論，除前述《韓非子・內儲說上》外，睡虎地秦墓竹簡〈為吏之道〉云：「怒能喜，樂能哀，智能愚，壯能衰，悳（勇）能屈，剛能柔，仁能忍。」「仁能忍」一句中，二者剛好是對比的條目，意思是說：（當官必須）要有仁心，但該苛刻時就不能有婦人之仁。而孟子所謂「人皆有不忍人之心。先王有不忍人之心，斯有不

忍人之政矣。」[74]「忍人」是殘忍、忍心於人一類的用法。

近出清華柒〈子犯子餘〉開頭，秦穆公問子犯，何以晉國有禍，重耳不僅無法阻止，反而選擇離開晉國？子犯回答說：「吾主好定而敬信，不秉禍利身，不忍人，故走去之。」（簡2），原整理者引《國語·晉語一》「而大志重，又不忍人」，韋昭注：「不忍施惡於人。」[75]紫竹道人將「不忍人」理解為「又不願殘忍於人」。[76]「不忍施惡」與「不願殘忍於人」語意大抵接近。

2.「包容別人」：「忍」訓作忍耐、包容是很常見的用法，例如《尚書·湯誥》云：「爾萬方百姓，罹其凶害，弗忍荼毒，並告無辜于上下神祇。」[77]《論語·八佾》亦云：「是可忍也，孰不可忍也。」[78]

最值得留意的是唐大沛曾引《逸周書·寶典》「九德：……九兼武，是謂明刑，惠而能忍，尊天大經。」主張與本處的「惠必忍人」（今本作「惠不忍人」）有關，此說甚是。〈寶典〉「惠而能忍」的「忍」，故訓學家往往採用的是第2種解釋方式，例如黃懷信語譯成「惠愛而能夠容忍」[79]，楊朝明翻譯成「能夠含忍而不黷武」[80]。現在看來，〈寶典〉文例中是在講刑法，刑法不外乎「人情」（惠），但仍應堅守法條的規範，「忍」當然應採用第一種說法訓作「殘忍」為宜。C行的「惠而不忍人，人不勝害，害不知死」，可引前述《韓非子·內儲說上》成驩對齊王的批評作為輔證，齊王對田氏族太不苛刻（太不忍人），他們氏族就會犯法。國君有婦人之仁，則百姓將犯上作亂，不知死亡為何物。

回到〈命訓〉簡文，筆者認為「惠必忍人」，與〈寶典〉「惠而能忍」義

---

[74] 李學勤主編，《十三經注疏》整理委員會整理：《孟子注疏》，頁112。

[75] 李學勤主編：《清華大學藏戰國竹簡（柒）》，（上海：中西書局，2017.4），頁94。

[76] 見武漢網「簡帛論壇」〈清華七《子犯子餘》初讀〉24樓，2017.4.25（2017.7.4上網）。

[77] 李學勤主編，《十三經注疏》整理委員會整理：《尚書正義》，頁338。

[78] 李學勤主編，《十三經注疏》整理委員會整理：《論語注疏》，頁30。

[79] 黃懷信：《逸周書校補注譯》（修訂本），頁141。

[80] 楊朝明：《出土文獻與儒家學術研究》，（臺北：臺灣古籍出版社，2007.4），頁36。

同，指施政應當恩威並施、剛柔並濟，能施惠於人，但該苛刻之處，亦不容許挑戰。

就【思想脈絡表三】來看，B 行語氣往往與 C 行相對，而 C 行今本簡本都作「惠而不忍人」，那麼 B 行理應是肯定句，也就是說今本的「惠不忍人」並不正確。「必」、「不」是文義完全相反的詞，而且字形差異很大，錯訛的機率低。筆者推測可能是由於 B 行多負面表述句，且多有「不」字，因此才在傳鈔刊刻的過程中，誤將「惠必忍人」改為「惠不忍人」。

〔七〕 凡此，勿（物）氏（是）耑（權）之㩓（屬）也

	圖版						
圖版							
釋文	凡	此	勿	氏	耑	之	㩓
圖版							
釋文	也						

今本	凡此物攘之屬也。 黃懷信語譯：所有這些，都屬於治理駕馭之類。
校注	【彙校】潘振云：「攘」當作「權」。○丁宗洛「攘」改「權」（朱從），云：玩上惠均十二字，一順一逆，俱以權為主，此句乃總結文法，則攘為權之訛明矣。或曰：《前漢・禮樂志》「盛揖攘之容」、《藝文志》「合於堯之克攘」，攘即讓。但讓字與上無涉，不知權字妥。○唐大沛云：「物攘」二字不可解，案文義「物」當作「勿」、「攘」當作「攫」。 【集注】孔晁云：物，事。○潘振云：總括其大概曰凡。屬，類也。言此十一事皆行權之類也。○唐大沛云：「攫」與「壞」同，音怪，毀也。[81]

對 勘	簡	凡	此	，	物	厥	耑	之	屬	也	。
	今	凡	此	，	物	/	攘	之	屬	也	。

---

[81] 黃懷信、張懋鎔、田旭東撰，李學勤審定：《逸周書彙校集注（上）》（修訂本），頁37。

原整理者：今本作「凡此，物攘之屬也」。潘振、丁宗洛等皆改「攘」為「權」。丁宗洛云：「玩上惠均十二字，一順一逆，俱以權為主。此句乃總結文法，則攘為權之訛明矣。或曰：《前漢・禮樂志》『盛揖攘之容』、《藝文志》『合於堯之克攘』，攘即讓。但讓字與上無涉，不如權字妥。」核以簡文，該字作「岧」，讀為「權」。潘振云：「總括其大概曰凡。屬，類也。言此十一事皆行權之類也。」[82]

暮四郎：從文意看，這兩個「乓」字很可能是「氏」字的抄訛。楚簡中二字字形已經相當接近。【見下簡 10、13 所謂「乓」字，及新蔡甲三 165、《鬼神之明 融師有成氏》簡 5「氏」字】而且，從文意上看，簡文本身有證據可以支持這一看法。一、簡 10「凡乓六者」與今本「凡此六者」對應。二、簡 11「是古（故）明王奉此六者，以牧萬民」，與簡 10「凡乓六者，正（政）之所殆」對應。所以，簡 10 相關簡文應當改釋爲：「凡乓＜氏＞（是）六者，正（政）之所殆。」楚簡「氏」字習用為「是」。是，此也。簡 13 相關簡文應當改釋爲：「凡此物，乓＜氏＞（是）岧之屬也。」「是」表示肯定判斷。今本對應簡文恐亦當斷讀爲：「凡此物，攘之屬也。」

簡 10 所謂「乓」	簡 13 所謂「乓」	新蔡甲三 165「氏」	鬼神之明 融師有成氏.5「氏」

[83]

佑仁謹案：本篇共見兩例「氏」字：

字形		
出處	簡 10	簡 13
文例	凡氏（此）六者，政之所殆。	凡此，物氏（實）權之屬也。
今本	凡此六者，政之始也。	凡此物攘之屬也。

[82] 李學勤主編：《清華大學藏戰國竹簡（伍）》，頁 132。
[83] 見武漢網「簡帛論壇」〈清華五《命訓》初讀〉20 樓，2015.4.14（2017.7.4 上網）。

二字今本皆作「此」。就歷時的構形演變來看，「𠂤」與「氏」來源不同，依理應能嚴格地區分，其區分方式是：「𠂤」起筆作「　」，「氏」起筆作「　」。不過，古文字中「𠂤」由於字形與「氏」近似，故在發展的過程中，有朝「氏」字類化的傾向。依張峰的研究，有 83%的「𠂤」都已訛作「氏」[84]。回到本簡，暮四郎將二字都視為「𠂤」，並說它們是「氏」的訛字，此說並不可信。依照前述構形之判準，它們都是楚系標準的「氏」。（關於「𠂤」、「氏」的構形討論，請參簡 10「凡氏（此）六者，正（政）之所𠂤（殆）」之考釋，此處不重複）筆者認為此處應讀「寔」，「寔」即「實」。

〔八〕 季（惠）而不仞=（忍人），人不兓（勝）害=（害，害） 不智（知）死

圖版	𠂤	𢘓	不	仞	人	不	兓
釋文	季	而	不	仞=	人	不	兓

圖版	不	智	死				
釋文	不	智	死				

今本	惠而不忍人，人不勝害，害不如死。 黃懷信語譯：如果不惠愛而殘忍於人，人就會不堪其害，（起來反抗）。因為與其受害，還不如死。

---

[84] 張峰：《楚系簡帛文字訛書研究》，頁 175。

簡本	【彙校】惠不忍人，王念孫云：當作「惠而忍人」。此反言之以申明上文也。此「不」字涉上文「惠不忍人」衍。（潘、陳二家亦言「不」字衍，丁徑刪。）○害不如死，潘振云：「如」當作「知」。 【集注】孔晁云：害則死□而猶不知□。（「知」字盧校改「如」，陳、丁、朱從。上下二闕文丁分補「生」、「死」朱從。）○潘振云：勝，平聲。此言不行權之害。不勝害，言多害也。如後世與之邑而據以叛者是已。言惠而必與之，人多害之，死且不知。○陳逢衡云：惠而忍人者，假仁義以濟其凶也。故惡害甚於惡死。○丁宗洛云：此段乃反言以申明上段，此三句則言忍人之害，以見不忍人之善。○唐大沛云：煦煦為婦人之仁，有罪不如加誅。惡人不誅則善人受害，如盜賊之類。人不堪其害，是不勝害也。「害不如死」，此民激憤之情也。《糴匡解》歷言惠民之政，而繼之曰「於民大疾惑，殺一人無赦」，此惠而能忍之明證也。[85]											

對勘	簡	季	而	不	忍	人	，	人	不	勝	害	，	害
	今	惠	而	不	忍	人	，	人	不	勝	害	，	害
	簡	不	知	死	。								
	今	不	如	死	。								

　　原整理者：今本作「惠不忍人，人不勝害，害不如死」。據今本，簡文所缺損之字當補為「害」字重文。今本「如」字，簡本作「知」，當以簡本為是。孔晁注云「害則死□而猶不知□」，可知傳世本當作「知」，盧文弨校改為「如」，誤。潘振云：「此言不行權之害。不勝害，言多害也，如後世與之邑而據以叛者是已。言惠而必與之，人多害之，死且不知。」[86]

　　佑仁謹案：簡文「季而不仞=（忍人）」，今本作「惠而不忍人」，「惠」（匣質）、「季」（見脂），古音方面，匣紐、見紐相通，用例甚多。如：「皋陶」人名，「皋」（見紐）在〈容成氏〉簡34裡兩處都寫成「𠰠」（匣紐），「緘」（見紐）的聲符「咸」（匣紐），「滑」（匣紐）的聲符「骨」（見紐），皆是其例。韻部「脂」、「質」音近[87]，可見只有韻腳的差異。二字就音理來

---

[85] 黃懷信、張懋鎔、田旭東撰，李學勤審定：《逸周書彙校集注（上）》（修訂本），頁37-38。

[86] 李學勤主編：《清華大學藏戰國竹簡（伍）》，頁132。

[87] 陳新雄師：《古音研究》，（臺北：五南圖書出版股份有限公司，1999.4），頁420。

看有相通的可能，只是目前無直接通假之書證。

　　簡文「惠而不忍人」，原整理者認為：「今本作『惠不忍人』」，此應是以黃懷信《逸周書彙校集注》為依據，經查《四部叢刊》影印明嘉靖二十二年四明章檗校刊本作「惠而不忍人」，與簡本合。「忍」，筆者訓為殘忍。

　　簡文「人不矤（勝）害＝（害，害）不智（知）死」，今本「知」作「如」。潘振指出：「『如』當作『知』」，孔晁亦作「知」，盧文弨校改為「如」。可見潘振、孔晁均已知「如」為「知」之誤。二字的古文字形差距很大，筆者認為「知」誤寫成「如」，時代肯定在秦漢以後。

　　潘振云：「勝，平聲。此言不行權之害。不勝害，言多害也。」其是，《史記‧項羽本紀》云：「夫秦王有虎狼之心，殺人如不能舉，刑人如恐不勝，天下皆叛之。」[88]簡文這段話是說，若國君只施恩惠而無法苛刻，那麼百姓會犯上作亂，不知死亡為何物。

　　有個小地方必須說明：依據《清華伍》原書縮小圖版簡14所示，該簡為上、下拼合的殘簡，【簡14上】的頂端亦殘斷，就圖版看，約有兩字的補字空間，【簡14上】與【簡14下】之間則約有一字補字空間。然而對照文例，【簡14上】的天頭只缺「害＝」一字，而【簡14上】與【簡14下】實際的補字是兩字。細審圖版，這是由於【簡14上】的位置，被安放得稍低，也就是說，【簡14上】在縮小圖版中，必須往上提約一字的高度。

〔九〕 均一不和，哀至則貴（匱），樂繡（伸）則亡（荒）。豐（禮）無時則不貴，敦（藝）迳（淫）則割（害）於材（才），正（政）成（盛）則不長，事替（震）則不攻（功）

---

[88]（西漢）司馬遷撰，（南朝宋）裴駰集解，（唐）司馬貞索隱，（唐）張守節正義：《史記》，頁271。

圖版	𡙇	一	帝	㣇	念	㞷	𣢩
釋文	均	一	不	和	哀	至	則
圖版	匱	樂	繡	𣢩	止	豊	𣢩
釋文	匱	樂	繡	則	亡	豊	則
圖版	帝	貴	敚	㢟	𣢩	割	㫃
釋文	不	貴	敚	迳	則	割	於
圖版	材	正	戕	𣢩	帝	長	事
釋文	材	正	成	則	不	長	事
圖版	䠵	𣢩	帝	攻			
釋文	䠵	則	不	攻			

今本	均一則不和，哀至則匱，樂滿則荒。禮無時則不貴，藝淫則害于才，政成則不長，事震則寡功。 黃懷信語譯：均平而劃一，就相爭不和。悲哀至極，就會精神不足。歡樂太盛，就會放縱逸樂。禮儀沒有時節，就不高貴。技藝淫巧，就傷害材料。政令過繁，就不長久。役事驚民，就少有功績。
校注	【彙校】害于才，「于」字陳、丁二家作「於」。 【集注】孔晁云：不長，言淺近也。震而其功寡矣。（丁宗洛云：淺近，疑「迫狹」訛。玩此注，知上段「政不成」句言政不可欲速成也。震而其功寡，當即進銳退速意。）○潘振云：匱，窮也。荒，廢也。不長，言近淺也。均一不差分，故人不和。哀甚則難繼。樂過則廢時。禮不沿襲，當王者貴，故無時不貴也。人各有能有不能，教藝而求其備，是害之也。政不成，故淺近；事騷動，故少功。○陳逢衡云：親親尊賢必有等差，均一則無辨，故不和。哀至則費才，故匱。樂滿則

無節，故荒。禮無時則用非其宜，故不貴。藝淫則相習為無用，故害於才。政期於速成則苟且，故不長。不長猶不達也。震矜其事則志滿而驕，故鮮為功。凌曙曰：「均一則不和，如昭二十年《傳》齊侯與晏子論和同，若琴瑟之專壹，誰能聽之？事震則寡功，如僖九年《公羊傳》葵邱之會，桓公震而矜之，叛者九國是也。」○唐大沛云：匱，竭也。哀過情則匱竭而不能繼。樂過情則無厭而流於荒亂。當其可謂之時，如祭不欲疏，亦不欲數。用失其宜，非禮所貴。人之才力當務正事，作為淫巧，則聰明誤用，故害於才。或曰：才、財古字通，淫巧之物害於財。政期於速成則章程苟且，故不可長久。矜張其事則有初鮮終，故寡功。○朱右曾云：極哀則神乏，極樂則志荒。才與材同。不長，言治功淺近。震眾則功必寡矣。[89]

<table>
對勘	簡	均	一	/	不	和	，	哀	至	則	匱	，	樂
	今	均	一	則	不	和	，	哀	至	則	匱	，	樂
	簡	繘	則	荒	。	禮	無	時	則	不	貴	，	藝
	今	滿	則	荒	。	禮	無	時	則	不	貴	，	藝
	簡	淫	則	害	於	才	，	政	成	則	不	長	，
	今	淫	則	害	于	才	，	政	成	則	不	長	，
	簡	事	瞽	則	不	功	。						
	今	事	震	則	寡	功	。						
</table>

原整理者：今本作「均一則不和，哀至則匱，樂滿則荒，禮無時則不貴，藝淫則害于才，政成則不長，事震則寡功」。今本「樂滿則荒」，簡文為「樂伸則亡」；亡，讀為「荒」。簡文所缺損之字，據今本當補為「無時」。才，簡本作「材」。今本「事震則寡功」，簡文作「事瞽則不攻」。《逸周書・大開武》：「淫巧破用。用不足，百意不成。」《成開》：「盡哀民匱」，又「荒樂無別」。潘振云：「匱，窮也。荒，廢也。不長，言近淺也。均一不差分，故人不和。哀甚則難繼，樂過則廢時。禮不沿襲，當王者貴，故無時不貴也。人各有能有不能，教藝而求其備，是害之也。政不成，故淺近；事騷動，故少功。」[90]

---

[89] 黃懷信、張懋鎔、田旭東撰，李學勤審定：《逸周書彙校集注（上）》（修訂本），頁38-39。

[90] 李學勤主編：《清華大學藏戰國竹簡（伍）》，頁132。

朱歧祥：「幺」、「糸」部件的筆順，由甲骨而金文，都是作二圓圈相連接，密口書寫。戰國文字，無論是秦簡抑楚簡，所从二圓一般亦都是密合狀，偶爾在第二圓回筆處稍有疏離成缺口，但筆勢末端仍是回旋彎向起筆的地方，並沒有例外。篆文和汗簡从糸的字例，多以小豎起筆，二圓圈亦作密口的寫法。一直至漢簡和漢魏石刻，才有見糸所从的「幺」末筆分書作撇筆或頓筆的書寫形式。然而，清華簡的「幺」部件卻已有寫作「」的風格，末筆斜向撇出，如：《清華》（一）〈耆夜〉的藥字作，字單从中，結構奇特。《清華》（三）〈說命〉中的斈字作。《清華》（五）〈三壽〉的後字作。《清華》（五）〈命訓〉的樂字作。以上諸字例从幺部件，末筆都作撇狀的寫法，儘管區別細微，但由「糸」、「幺」部件的流變觀察，恐怕亦只有入漢以後的隸楷字形才會有機會出現這種撇狀寫法，未審清華簡所謂戰國時期的書手如何能掌握這一筆勢。[91]

佑仁謹案：簡本「均一不和」，今本於「一」字後多「則」字，就第 C 行來看，各列文字中均有「則」字，因此今本「均一不和」可能漏一「則」字（參本章【思想脈絡表三】）。簡文是說：齊頭式平等使百姓不能和睦相處。平等對待眾人，但不能是齊頭式平等。因為眾人的親疏遠近關係錯綜複雜，努力與收穫不同，齊頭式平等則會變成一種「假平等」。

簡文「哀至則貴（匱）」，今本同。潘振云：「匱，窮也。」本處屬於第 C 行第 3 列（參本章【思想脈絡表三】），此處是說：太過悲傷就會匱乏，人處於長期過度悲傷的狀態，會導致情緒低落、萎靡不振的現象。

簡文「樂繡（伸）則亡（荒）」，今本「繡（伸）」作「滿」，本處屬於第 C 行第 4 列（參本章【思想脈絡表三】），「伸」有極盡、放恣之意，與「滿」義近通用。「亡」讀「荒」，訓作縱欲迷亂、逸樂過度。《尚書·五子之歌》

---

[91] 朱歧祥：〈質疑《清華簡》的一些特殊字詞〉，第 18 屆中區文字學學術研討會，臺中：東海大學，2016.5.21，頁 5。

- 718 -

云：「內作色荒，外作禽荒。」[92]《孟子・梁惠王下》云：「從獸無厭謂之荒，樂酒無厭謂之亡。」[93]簡文是說：歡樂極盡就會荒怠。國君可利用「樂」（指歡樂，非「音樂」之「樂」）使人民感到愉悅，惟歡樂不可「伸」（放恣），過度放縱則造成荒怠。

朱歧祥認為本處「樂」字的「幺」寫成「彡」，而「彡」是漢以後的隸楷字形才會有機會出現這種撇狀寫法，因此主張清華簡「仍不排除有為近人謄錄的可能性」。戰國楚簡中將「幺」寫成「彡」形的例證，不算少見，例如「樂」（新蔡.甲 3.145）、「樂」（天策）。依現在的角度來看，「彡」形寫法至少在戰國時期就已經出現。

簡文「豊（禮）無時則不貴」，中缺二字，據今本補。本處屬於第 C 行第 5 列（參本章【思想脈絡表三】）本處是說：禮的使用不應「無時」（過於浮濫），過於浮濫將無法顯示出禮的尊貴。國君以禮訓示百姓，但禮的使用有一定的時機、時節，不應流於形式，而損害禮的尊貴性。

簡文「攱（藝）迳（淫）則割（害）於材（才）」，今本同。本處屬於第 C 行第 6 列（參本章【思想脈絡表三】），簡文是說：追求技藝的精巧對於「才」是一種傷害。國君教導百姓才藝，但不應窮究精力在巧而無益的技藝上，因為追求技藝的精巧對於才能是一種斲害。

簡文「正（政）成則不長」，今本同。本處屬於第 C 行第 7 列（參本章【思想脈絡表三】），簡文是說：政令繁多，國家則無法長治久安。國君會以政教端正人民，但政令不宜過多，政令過多則人民難以適從，國家自然無法長治久安。

簡文「事替（震）則不攻（功）」，「不」今本作「寡」。本處屬於第 C 行第 8 列（參本章【思想脈絡表三】），簡文是說：若役事震動（影響）人民生

---

92 李學勤主編，《十三經注疏》整理委員會整理：《尚書正義》，頁 213。
93 李學勤主編，《十三經注疏》整理委員會整理：《孟子注疏》，頁 50。

活就會徒勞無功。國君會使役人民，但不應震動（影響）到人民的基本生活與工作，否則就不會成功。正可呼應簡 6「夫明王昭天信人以度功，功地以利之」所言，利用致力於開墾讓人民獲益。

簡文「不功」，今本作「寡功」，二者意義接近，但仍有程度上的差異。「寡」雖然表示數量「少」，但還是「有」，而「不功」則是全然地否定。

〔十〕 以賞從裝=（勞，勞）而不至，以罰從備=（服，服）而不釛（戴），以中從忠則尚=（賞，賞）不朼（必）中，以耑（權）從攎（法）則不行=（行，行）不必攎=（法）

圖版							
釋文	以	賞	從	裝=	而	不	至
圖版							
釋文	以	從	備=	而	不	釛	以
圖版							
釋文	中	從	忠	則	尚=	不	朼
圖版							
釋文	中	以	耑	從	攎	則	不
圖版							
釋文	行=	不	必	攎=			

今本	以賞從勞，勞而不至，以法從中則賞，賞不必中，以權從法則行。黃懷信語譯：如果獎賞從勞的人，眾人勞動就不盡力。如果用忠誠要求本來就忠誠的人，忠誠的人就不再忠誠。因此，忠誠一定要加在不忠誠的人身上。如果用權力要求本來就從法的人，從法的人就不再服從。
校注	【彙校】盧文弨云：「以法從中」以下數句有脫誤，以上文推之，「賞之」以下當言罰言忠，然後終於權也。趙曦明云：當作「以法從賞，賞不必中；以權從法，法則必行。行以知權」。○陳逢衡云：盧、趙二說以意改更，非也。○丁宗洛云：趙說仍脫罰與忠二層，亦未允愜。竊謂「以賞從勞」下六句皆有顛倒訛錯。如「勞而不至」，語意欠圓。「以法」之法，必係罰字音訛。二「賞」字必誤。二「中」字必有一為「忠」訛。上段言權以不法為善，此言「以權從法則行」，亦誤也。似應作「以賞從勞，勞而賈。以罰從曠則不至。忠不必中。以權從法則不行。行以知權」。如此，則上下文義俱各周浹。○潘振云：「以權從法」二句，當作「以權從法，法則必行，行以知權」。承上文，言惠、均、哀、樂、禮、藝、政、事、賞、罰、忠，其法皆無一定。以權從之，則法必行，行法非知權無以也。○唐大沛改「以法從中」以下為「以罰使服，服而不悅。以法從中，中不必中。以權從法則行，行以知權」。云：「以罰」二句案文義補。「從中」下舊有「則賞」二字，案文義當為衍文。蓋此二句申言上文「中不中」之義，不應又以賞言。舊本「賞不必中」賞字訛，據文義改「中」。舊本「行以知權」行字下有「不必」二字，文義不可通，今刪。 【集注】陳逢衡云：以賞從勞，則有虛冒之嫌，故不至。以法從中，奉法者也。從中則事有定格，故賞以旌之。賞不必中，用賞者也。謂有非常之功則有非常之賞，故不必有定格也。以權從法，制法者也。制法因時變通，故行。行不必以知權，如萬物之受鑄於洪鈞而不知其所以然也。○唐大沛云：以賞從勞，以賞從力役之勞。至，盡也，謂盡力也。以罰二句，言以罰使之服，民雖服，非心悅誠服也。以法從中，言以一定之法而從時中之用。中不必中，即上文「中不中」之義。上文言執法從中，未必得中，故中與權相因。權而得中，則以時中之用而從有定之法，法無不中，斯至善之法也，故行。上文云行之以權者，此也。行以知權，言法得中而行，愈以知權之妙用也。○朱又曾云：此節有脫誤，當缺疑。[94]

對簡	以	賞	從	勞	，	勞	而	不	至	，	以	罰

勘	今	以	賞	從	勞	，	勞	而	不	至	，		
	簡	從	服	，	服	而	不	釱	，	以	中	從	忠
	今									以	法	從	中
	簡	則	賞	，	賞	不	必	中	，	以	嵩	從	法
	今	則	賞	，	賞	不	必	中	，	以	權	從	法
	簡	則	不	行	，	行	不	必	法	。			
	今	則		行	，	行	不	必		。			

原整理者：今本作「以賞從勞，勞而不至；以法從中則賞，賞不必中；以權從法則行，行不必以知權」。今本此段，學者早已疑其有誤。從簡文可知，今本「勞而不至」之後有脫文，簡文此處雖有殘損，但據上下文，可補為「以〔罰從〕備，備而不釱」。「以法從中則賞」，簡文作「以中從忠則賞」；「以權從法則行」，簡文作「以嵩從法則不行」；今本「行不必」之後則脫漏二「法」字。此段以往學者們所注皆不確。釱，疑讀為「恥」，《論語・為政》：「道之以政，齊之以刑，民免而無恥。」[95]

蚊首：以賞從勞，勞而不至，以【罰從】服，服而不釱。「釱」疑讀為「戴」，言（懾於嚴罰）面服而心實不悅戴也。《尊德義》簡 25「非禮而民悅釱（戴），此小人矣。非倫而民服，世此亂矣」，可以參比。《書・太甲中》「民服厥命，罔有不悅」，言民服而悅，與簡文意反。[96]

佑仁謹案：簡文「以賞從襲=（勞，勞）而不至」，今本同。黃懷信將此句翻譯成：「如果獎賞從勞的人，眾人勞動就不盡力。」可知他將「從勞」視為一詞組，實不可信，「以……從……」是本篇的慣用句法。筆者認為此句的意思是：用獎賞勸勉人民勞動，人民只會貪功求賞，但不會心悅誠服地前來歸附。國君利用「賞」來鼓勵人民，但不能以有功與否作為施賞的判準，因為最後人民將為求賞而來。

簡文「以罰從備=（服，服）而不釱（戴）」，今本無此二句。今據「畏

[95] 李學勤主編：《清華大學藏戰國竹簡（伍）》，頁 132-133。
[96] 見武漢網「簡帛論壇」〈清華五《厚父》初讀〉15 樓，2015.4.11（2017.7.4 上網）。

之以罰」（A 行 10 列）、「罰 不服 」（B 行 10 列），而補「罰從」二字，應無可疑。「釪（鎰）」在古文字中是數詞，表示 1/4[97]，見於新蔡.甲 3.224、清華四〈算表〉簡 21、信陽長臺關簡 2.10＋2.15，本處與數量無關，應往假借聯想。「釪」（從紐之部）字原整理者疑讀為「恥」（透紐之部），蚊首疑讀為「戴」（端紐之部），並引述〈尊德義〉簡 25「釪」讀「戴」為證。筆者贊同讀「戴」之說，「戴」左上聲符本从「才」聲，「戴」訓作尊奉、擁戴。《玉篇·異部》云：「戴，奉也，事也。」[98]《韓非子·功名》云：「人主者，天下一力以共載之，故安；眾同心以共立之，故尊。」[99]《史記·魏其武安侯列傳論》云：「眾庶不載，竟被惡言·」[100]《國語·周語上》云：「庶民不忍，欣戴武王。」韋昭注：「戴，奉也。」[101]可參。簡文是說：國君使用刑罰遏止人民，懲罰那些不服從的人，但懲罰可以讓人民屈服，卻無法讓人民愛戴。

「而」字構形頗為特別，與本篇常見的「而」字寫法不同，也與「天」字不同。不過這樣的「而」字也曾在楚簡出現過，例如：「而」（郭店.語叢4.2）、「而」（包山.135 反）。這位書手的「而」字有兩種不同寫法，此例說明一位書手其實可以擁有一種以上的書寫風格。

而		特殊的「而」	天	
簡 2	簡 2	簡 15	簡 5	簡 5
簡 2	簡 14		簡 7	簡 6

---

97 李學勤：〈釋「釪」爲四分之一〉，收入《三代文明研究》，（北京：商務印書館，2011.11），頁 136-137；又見《初識清華簡》，（上海：中西書局，2013.6），頁 67-69。
98 （南朝梁）顧野王：《宋本玉篇》，（北京：中國書店，1983.9），頁 512。
99 （清）王先慎撰、鍾哲點校：《韓非子集解》，頁 208。
100 （西漢）司馬遷撰，（南朝宋）裴駰集解，（唐）司馬貞索隱，（唐）張守節正義：《史記》，頁 1735。
101 徐元誥撰，王樹民、沈長雲點校：《國語集解》，頁 6。

　　簡文「以中從忠則尚＝（賞，賞）不朼（必）中」，今本作「以法從中則賞，賞不必中」，今本的「法」簡本作「中」。依據簡本，「法」這個條目已出現在「以權從法則不行，行不必法」（第 C 行第 12 列）討論過，則本處（第 C 行第 11 列）再次出現「法」的機率極低。簡本的第 B 行 11 列作「中不忠」，因此 C 行「以中從忠」應是更為完善的原文。

　　簡文「以中從忠則賞，賞不必中」是說：忠誠者必定予以獎賞，獎賞未必需要確實。「賞不必中（賞罰不必確實）」與傳統觀點相悖，就常理來說，賞罰必須合乎情理，《北史》云：「賞罰得中，則惡止而善勸。」[102]賞罰不中將無法信服於人，因此本處「賞不必中」或容有不同的解釋方式。

　　簡文「以耑（權）從㩜（法）則不行＝（行，行）不必㩜＝（法，法）以智（知）耑＝（權）。」首句今本作「以權從法則行」，省略否定詞「不」。簡本「行不必法，法以知權」，今本則作「行不必以知權」，比較二者，發現今本是將兩個關鍵詞「法」去除，並合併成一句，或有可能是今本脫漏「法＝」而導致文意有誤。本處屬於第 C 行第 12 列（參本章【思想脈絡表三】）本處是說：「權」如果有固定標準就無法施行，應事時可以不必有固定標準。國君因應事件的差異而有所權變，因此沒有恆久不變的標準，若有標準則無法施行。

〔十一〕　法以智（知）耑＝（權，權）以智（知）散＝（微，微）以智（知）訂＝（始，始）以智（知）夂（終）

圖版							
釋文	㩜＝	以	智	耑＝	以	智	散＝

102　（唐）李延壽：《北史》，（臺北：新文豐出版社，1975.3），頁 969。

圖版						
釋文	以	智	訂=	以	智	夂

今本	行不必以知權，權以知微，微以知始，始以知終。 黃懷信語譯：因此，要使人服從，就必須掌好權力。掌好權力，就必須瞭解細節；瞭解細節，就必須知道從何而始；知道從何而始，就必須知道至何而終。

校注	【彙校】《史略》作「權以知始，始以知終」，無「知微微以」四字。孫詒讓云：《史略》疑誤。 【集注】孔晁云：言事勢之相權，物理之相致如此也。○潘振云：權輕重而使合義，義最微妙。即天所賦之理也。得是理，然後有是物，所謂始也。所得之理既盡，則是物亦盡而無有矣，所謂終也。○陳逢衡云：人所不見之地曰微。權以知微，精義入神之謂。微以知始者，知至至之也。始以知終者，知終終之也。上文行不必以知權指民說，此知微、知始、知終指牧民者說，所謂道天莫如無極也。○唐大沛云：知微，知精微之理也。蓋惟得權之妙用於精於擇善之後，斯至微之理無不洞見矣。知始，知聖學王道所由始。始以知終，自始以知所以成終。○朱又曾云：通乎權者必察乎幾，幾者物之始。原始要終，而後有以善其權，則六方三述無窮極之害，而有從欲之治。[103]

對勘	簡	法	以	知	峀	，	峀	以	知	微	，	微	以
	今		以	知	權	，	權	以	知	微	，	微	以
	簡	知	始	，	始	以	知	終	。				
	今	知	始	，	始	以	知	終	。				

　　原整理者：今本作「權以知微，微以知始，始以知終」。終，事物的結局，與「始」相對。《詩・蕩》：「靡不有初，鮮克有終。」郭店簡《性自命出》：「始者近青（情），冬（終）者近義。」《逸周書・常訓》：「慎微以始而敬終，乃不困。」《左傳》襄公二十五年引《書》「慎始而敬終，終以不困」，很可能出自《常訓》。陳逢衡云：「人所不見之地曰微。權以知微，精義入神之謂。微以知始者，知至至之也。始以知終者，知終終之也。上文行不必以

---

103 黃懷信、張懋鎔、田旭東撰，李學勤審定：《逸周書彙校集注（上）》（修訂本），頁40。

知權指民說，此知微、知始、知終指牧民者說，所謂道天莫如無極也。」[104]

　　佑仁謹案：本文以四段 4 字句之頂真句法作結，認為透過「法」（常法）可知「權」（權變），透過「權」可知「微」（判斷之機微），透過「微」可知「始」（施政之始），透過「始」可以知「終」（施政之終）。「夂（終）」字下有「⌇」形句讀符。

　　原整理者引《逸周書‧常訓》云：「慎微以始而敬終，乃不困。」並指出《左傳‧襄公二十五年》引作「慎始而敬終，終以不困」。今本《逸周書‧常訓》「終」字很可能少一重文符，故漏一「終」字。此外，《中論‧法象》云：「慎始而敬終，以不困。」《史略》亦云：「權以知始，始以知終。」[105]可知二書皆引用〈常訓〉原文，但文字已有所缺漏。

　　「慎始敬終」是古代常見思想，《禮記‧表記》云：「事君慎始而敬終。」[106]〈命訓〉將「微」接續在「權」字之後，「權」是權變，「微」則是判斷的機微，又以「明王是以敬微而順分」作結，本處是說：施政時沒有永恆不變的常法，時移事異，古今中外的典章制度、法律賞罰都隨著時空的遞嬗而產生變化，因此如何察覺已到達變革的「機微」即顯格外重要。

---

[104] 李學勤主編：《清華大學藏戰國竹簡（伍）》，頁 133。

[105] （宋）高似孫撰：《史略》，（臺北：廣文書局，1968），頁 250。

[106] 李學勤主編，《十三經注疏》整理委員會整理：《禮記正義》，頁 1740。

第五章　結論與未來展望

通過對於〈厚父〉、〈封許之命〉、〈命訓〉諸篇進行全面性的考釋，各篇的文意與脈絡已逐漸清晰，筆者試將本書的考察重點條列說明。此外，受限於各種原因，部分問題未能涉及或解決，本處亦提供給日後的研究者若干方向。

第一節　〈厚父〉

《孟子・梁惠王下》曾引述一段「《書》曰」的內容，字句與〈厚父〉近似，由於《孟子》這段引文不見其他任何材料，因此出自〈厚父〉的可能性非常高。關於「王」的時代歸屬是本簡的重大問題，可是依現有的條件，要指明「王」的時代，困難度很高，但以「明德慎祀」、「禁止飲酒」、「重視民心」、「以夏為借鑑」等問題意識來看，我們比較傾向〈厚父〉是以西周時期為時代背景。本書重要的考釋意見有：

1. 簡1的「![字形]」，就字形、文例來看，釋「我」是最為理想的方案。

2. 簡1下的補字內容難有定論，但內容應與上帝命大禹治水之事有關。

3. 簡2的「惟」字，多數學者理解為發語詞無義，但如此一來「啟惟后」將無動詞，因此筆者認為「惟」乃為、是之義。

4. 簡2筆者參考金文用法，認為簡文「弗叕」應讀為「弗恐」，但「恐」不能解釋為害怕，而應訓為疑。

5. 簡2的「![字形]」，主要有釋「少」與「乎」兩種說法，筆者認為這是三晉文字中常見的「少」字。

6. 簡2云：「帝亦弗叕（恐）啟之經悳（德）少，命咎（皋）繇（繇）下為之卿事」，依據傳統說法，禹雖有後，但卻有意禪讓給賢能的皋陶，只是皋陶不待即位而卒，因此皋陶的死亡時間理應早於禹亡，故不可能

如簡文所說在啟登帝位之後，上帝還能命皋陶為卿士，與古籍的說法有矛盾。

7. 簡 2「茲咸又神」一句，由「咸」字可知所指涉的對象肯定是兩人而非一人，就上下文例來看，應指啟與皋陶二人，「又神」應讀為「有神」而非「佑神」。

8. 簡 2 的「畧（格）」，扣除「各」聲後，上半寫法最早可推至甲骨文的「&#xFFFD;」（合集 28136），此構形目前以釋作「噩（咢）」較為理想。

9. 簡 3 的「&#xFFFD;」，應釋作「否」，而不宜釋「丕」。這個字應是由「否」省略「口」旁橫筆而來，和「丕」無關，「丕」是「&#xFFFD;」（望山 1.13）演變而來。

10. 簡 3 的「盤」字作「&#xFFFD;」，與楚系常見的「盤」差異不大，有學者認為左上的「舟」旁是三晉的專用寫法，恐不可信。

11. 簡 4「永敘在服」指國君或臣民永遠序列服事於天，「服」可釋為服事，應是屈服、附屬的引申義（後又進一步由服事引申為整治、治事）。就本篇的「服」字而言，它可能因為底本來源較早，因而保存古體寫法。

12. 簡 4「如台」一詞大量出現在《尚書》篇章中，其語意、用法很接近「奈何」一語。

13. 簡 4-5「厚父拜&#xFFFD;頓&#xFFFD;（稽首）」一語，在假設書手沒有誤書的情況下，「&#xFFFD;」形符號應即楚簡習見的句讀符，表示語氣停頓，可以《左傳‧僖公二十三年》之文句為佐證。若考慮書手可能有誤書成分的話，「拜&#xFFFD;」可能是「拜&#xFFFD;（拜手）」之誤，這位書手在〈祭公〉篇中「拜」字下使用的是重文符號。

14. 簡 5「者（都），魯天子」一段，筆者認為應在「者（都）」字後點斷，而「魯」字屬下讀。至目前為止，並無「都魯」作感嘆詞使用的例證。

15. 簡 5「古」字作「&#xFFFD;」，「口」旁中加點，確實接近三晉文字。

16. 簡 5「助」字作「⬛」，目前我們可以確定三件事：一、楚簡構形與《說文》「惠」字古文「⬛」（蕙）寫法完全一樣；二、該字於楚簡中確實應讀「助」；三、《尚書》中有「惠」訓「助」的例子。其中第二點由於牽涉到這個字的讀音，對於釋「助」之說，是非常有利的證據。其甲骨文字形與一般寫法的「叀」無別，可見△應是由「叀」所分化出來的字，因此許慎《說文》將之作為「惠」之古文，自不難解釋。「惠」可指對人的恩惠，亦指作動詞「輔助」的概念，但在金文與部分楚簡資料中，可以直接表示「助」。楚簡中可以直接讀為「助」，這很有可能是訓讀字的用法。

17. 簡 5-6 的「渴佚」一詞，讀法很多，但諸說中僅有「過佚」一說能於古籍找到實際用例，因此本書支持此說。

18. 簡 6「湳（沉）湎」一詞，「湳」字的說法眾說紛紜，筆者認為「湳」（泥紐侵部）、「沉」（端紐侵部）、「淫」（定紐侵部）、「耽」（端紐侵部）等四字，上古聲紐都是舌頭音，韻部都屬侵部，而且「沉」、「淫」、「耽」都有沉溺、陷溺之義，所以簡文的「湳」要讀成哪個字，似乎音理、文義也都能通。不過，簡文這段話在《尚書》中作「沉亂于酒」，那麼，或許可以據此而將「湳」讀作「沉」。

19. 簡 6「天殹（乃）弗若」，「若」讀如字訓「順」，會比讀「赦」來得允當。

20. 簡 6「亡叴（厥）邦」，有學者以「邦」字的「丰」聲居於文字的左側，認為「邦」是〈厚父〉歸屬三晉文字的例證，但經過研究，楚系文字亦有「丰」聲在左的「邦」字。

21. 簡 7「進」應讀「共」，指「下民」與「帝之子」都是「天之臣」。

22. 簡 7「咸」應訓為「皆」、「全」、「都」一類義涵，與上文的「共」聯繫。

23. 簡 7「欽之哉」，「欽」當指謹慎、戒慎。

24. 簡 8「高」字作「畗」，有學者主張應屬三晉文字色彩，但這樣的構形又見於歸屬楚系的曾侯乙墓竹簡以及鄂君啟節銘文，因此將「畗」視為三晉專屬的字形恐有問題。

25. 簡 8「肆（肆）女（如）其若龜箬（筮）之言」，本篇有數次以「肆」為祭祀之義者，但本處開頭的「肆」應視為連接詞，詞意與「故」接近。「若」應訓「順」。

26. 簡 9「於（嗚）嘑（呼）」，「臥（於）」字構形奇特，與楚簡常見的「乍」（天卜）有很大的差異，頗疑是由「杁」（新蔡.甲 3.213）、「杁」（新蔡.甲 3.368）一類寫法進一步省變而來，也可能是由「仾」（郭店.五行.1）左右偏旁調換而來。

27. 簡 9「泹」字學界說法甚多，此字右半確定就是裘錫圭釋作「凶／恩」之字，但這個字如何落實其訓讀，目前仍有困難。

28. 簡 9「民式克恭心敬悁（畏），畏不祥」一段，第一句的末字與第二句首字皆屬「畏」字聲系，依理可用合文模式呈現，但此處分書成二字，可見合文的使用並沒有強制力。

29. 簡 9「娛（保）教明惪（德）」，本處的「保」字从「女」，屬「人」、「女」偏旁替換。不過必須承認，邁入戰國之後，「女」、「人」偏旁替換的情況在古文字中已非常少見。

30. 簡 10「顯」字作「㬎」，「顯」字本从「日」，然本簡的構形將「日」旁訛變成「○」形，頗具特色。追本溯源，西周晚期頌簋的「㬎」（集成 04334）即已出現這類寫法。

31. 簡 11「亦鮮克以誨」，「鮮克」，鮮，少也；克，能也。鮮克，指很少能夠、很少可以。「誨」指教導、訓誨。

32. 簡 11「㞷」，學界有釋「㞷（本）」、「桑」、「華」等諸說，後二說於構形與文例上皆難以言說，筆者認為字當以釋「㞷（本）」為佳。

33. 簡 11「引其能丁（貞）良于詧（友）人」,「引」讀如字即可,指引導、牽引。「丁良」讀為「貞良」最妥。

34. 簡 12「若山兵（厥）高,若水兵（厥）朋（淵／｛深｝）」,「朋」不應讀「淵」,而應讀作「深」。以「朋」表示｛深｝的用例,在楚簡中已數見。

35. 簡 12「天貪（監）司民」的「監」,綜合音理與古籍的用法,筆者比較傾向讀「監」。

36. 簡 12「兵（厥）徙（徵）女（如）厷（肱）之服于人」,「徙」讀為「徵」。「　」即「厷」,讀為「股肱」之「肱」。整句話是說:上天正監視著「司民」（看他們有沒有對人民保教明德）,其「徵兆」就如同雙臂隨時供人操使服役一樣,如此容易查知。

37. 簡 13「酉（酒）非飤（食）」,「非」字一說釋作「行」,「行食」是指借由某事或某物以促進食欲,義與「侑食」、「助食」近似,但「行食」的用例在文獻中要晚到北宋才出現。綜合字形、字義的考慮,筆者認為此字仍應以釋「非」為宜,該字與簡 6「非」寫法稍有不同,不過楚簡中一位書手卻有兩種筆跡的情況比比皆是。

38. 簡 13「亦隹（惟）酉（酒）甬（用）惡（極）瘂（狂）」,「惡」應讀「極」,引申為達到頂點、最高限度,表示情況之深,用以修飾後文的「狂」。

原整理者趙平安很早就指出〈厚父〉字體與三晉關係非常密切,學界基本上也同意這樣的推論。可是,罕有學者能著眼〈厚父〉與晉文字的學術意義,做更深一層次的發揮。趙平安已指出:「通常所說的晉系文字包括趙、韓、魏、中山、兩周（東周和西周）、鄭、衛。漢景帝時河間獻王劉德從其封國中徵集到《尚書》,河間舊為趙邑,證明《尚書》在晉地確曾流傳。《厚父》

保有明顯的晉系文字元素，說明它的底本原來可能是晉系文字寫本。」[1]河間舊屬趙國，而趙屬於晉系，趙平安欲以此方法聯繫《尚書》與晉系文字。我們知道「書類文獻」與三晉的關係非常密切，在孔子以前，《逸周書》只被徵引三次，分別是：荀息引《周書》（見《戰國策・秦策》[2]）、狼瞫引《周志》（見《左傳・文公二年》[3]）、魏絳引《書》（見《左傳・襄公十一年》[4]），而這三個人都是晉人。[5]不過，這是用比較宏觀的角度解析三晉與〈厚父〉的關係，細微地來看，〈厚父〉文本中，是否還有能與三晉產生聯繫的蛛絲馬跡？還是底本來自三晉的清華伍〈厚父〉，也只是眾底本中的一種，這牽涉到整個學術史的價值判定，有待日後更深一層次的討論。

關於《孟子》引用〈厚父〉的問題，如前所述，由於《孟子》這段引文不見其他任何材料，因此我們認為出自〈厚父〉的機率非常高。但也有學者認為，《孟子》與〈厚父〉在更早之前可能有著共同的底本[6]，這個說法當然難以完全排除，希望假以時日能在出土文獻中見到更多相關的線索。

關於〈厚父〉的「時代背景」，其實是兩個層次的問題：一是故事背景的時間，二是文本撰寫的時間；本書雖以四項思想特點（即「明德慎祀」、「禁止飲酒」、「重視民心」、「以夏為借鑑」等）將時間歸於西周，但是它也

---

[1] 趙平安：〈談談戰國文字中值得注意的一些現象——以清華簡〈厚父〉為例〉，第一屆漢字漢語文化國際學術研討會，美國：奧克拉荷馬大學，2014.8.15-17，後刊於《出土文獻與古文字研究》第六輯，（上海：上海古籍出版社，2015.2），頁303-309。

[2] （西漢）劉向：《戰國策》，（上海：上海古籍出版社，1985.8），頁125。

[3] 李學勤主編，《十三經注疏》整理委員會整理：《春秋左傳正義》，（北京：北京大學出版社，2000.12），頁566。

[4] 李學勤主編，《十三經注疏》整理委員會整理：《春秋左傳正義》，頁948。

[5] 蒙文通：「就我看來，在孔子以前引此書的只有荀息、狼瞫、魏絳，都是晉人，說這部書（《逸周書》）出自晉國，應很可信。」朱右曾《逸周書集訓校釋》指出：「觀〈太史晉篇〉末云：『師曠歸，未及三年，告死者至』。亦似晉史之詞。」蒙文通：《經學抉原》，（上海：上海人民出版社，2006.8），頁20。朱右曾：《逸周書集訓校釋》，（上海：商務印書館，1937.12），頁12。

[6] 黃國輝：〈清華簡《厚父》新探〉，《出土文獻與先秦經史國際學術研討會論文集（上）》，香港：香港大學，2015.10.16-17，頁253-255。又見於黃國輝：〈清華簡《厚父》新探——兼談用字和書寫之於古書成篇與流傳的重要性〉，《清華大學學報（哲學社會科學版）》，2016年第3期（第31卷），頁68-70。

　　無法完全排除是周人的擬古之作，又或如郭永秉所言，它也可能是在西周流傳的夏代傳說基礎之上編寫而成，因此本質上同周初的《尚書》和西周金文中反映出來的情況高度一致[7]，因此王的背景問題容有討論的空間。

　　在字跡與形制方面，目前可以確定〈厚父〉至少經過兩位書手處理，他們分別負責正文與篇題的抄寫，二人的字跡差異十分顯著。另外，在正文裡存在著幾處補字（集中在簡8、簡9兩簡），透過字形比對發現，這些補字並非正文書手所加，意即並非第一時間就發現文句有誤，尤其在簡8「德作」二字之間，明顯存在文字刮削後的殘痕（此為賈連翔所發現[8]），因此這些字肯定是校書後所補。但它們究竟是篇題書寫者所為，或是還有第三人經手，由於可供比對的字形樣本數太少，難有定論。希望在清華簡陸續公布後，能依據字形的繫聯，對此疑問有所廓清。此外，簡3「永保夏邑」的「夏」字背面有個特殊的「▨」符號，呈四方形，占據約一半竹肉的寬度，字跡清晰，但具體功用待考。

　　文字方面，「𢟖」在文例中應當讀「助」，但就字形上觀察，它應是由「惠」字發展而來的構形。筆者認為此字很有可能屬於訓讀字，例如本篇簡12「若山乑（厥）高，若水乑（厥）㡿（{深}）」的「㡿」，字形上是「淵」的初文，但文例中不宜逕讀成「淵」，許多資料顯示，楚簡中的「㡿」常作為{深}使用，可見「㡿」在此代表的是「深」這個詞。「𢟖」也可能是訓讀字的用法，我們希望未來能有更多這類寫法的文例出現，藉以釐清該字與「惠」和「助」的關係。

---

[7] 郭永秉：〈論清華簡〈厚父〉應為《夏書》之一篇〉，武漢網，2015.5.6（2017.9.6 上網）。
[8] 清華大學出土文獻讀書會：〈清華簡第五冊整理報告補正〉，清華網，2015.4.8（2017.6.23 上網）。

第二節　〈封許之命〉

「命」是〈書大序〉所謂《尚書》六體之一，百篇〈書序〉中以「命」為篇者，但目前所見中，僅存〈文侯之命〉、〈顧命〉，再加上清華叁〈說命〉，資料仍十分有限。因此〈封許之命〉正可幫助今人對「命」類文獻有更深入的認識。

過去僅知許國開國者為「呂叔」，又可稱「甫侯」、「文叔」，現在進一步得知國君的日名為「丁」。西周早期其實有兩位「甫侯」，一位是許國的始封君，也就是本篇的主角呂丁（呂叔、文叔），另一位是曾於周穆王晚年負責刑法工作，並撰寫〈呂刑〉的「甫侯」，二者應非同一人，而撰寫〈呂刑〉的「甫侯」是呂丁的後裔。此外，過去都認為封國的時間在武王，透過本文可知，呂丁受封的時間肯定在武王之後，最有可能的時間應在成王之世。

〈封許之命〉是呂丁受封許國的公文檔案，內容約可細分為三大段，第一段為歌頌文王、武王的功業以及呂丁輔佐二人的勳勞，第二段為呂丁受封的賞賜物清單，包括祭玉與祭酒，還有一批車馬類器具，第三段則是薦彝類賞賜物，並以成王對呂丁的勸勉作結。本書重要的考釋意見有：

1. 簡 1 殘缺，依據簡 2 內容，一枚竹簡約可容納 34 字。參考西周金文的冊命模式，並斟酌本處的篇幅限制，簡 1 開頭應有成王紀年、冊命地點等說明，並以鋪陳文王的重大事蹟為開頭。

2. 簡 2「雩（越）才（在）天下」，由於簡 1 殘缺，因此「越在」釋為句首發語詞，這是依現有條件來看，最為適當的解釋。

3. 簡 2「古（故）天雚（勸）之乍〈亡〉臭（斁）」，「無斁」指無厭（不感到厭倦）。

4. 簡 2「向㥶乓悳」，筆者傾向讀作「尚祗厥德」，「向」讀為「尚」，訓為重視、崇尚，「祗」訓為敬，全句是說文王的道德崇尚敬誠。

5. 簡 2「雁（膺）受大命」為金文習語，多見於西周冊命文書，西周時期周王室權力鞏固，故金文中能受「大命」的人物僅限於周文王、周武王。直到春秋時期，王綱解紐、周文疲弊，諸侯國的領袖亦可受「大命」。有學者認為「受」字寫法怪異，可能是個錯字。楚簡中的「受」字寫法多元，是否要據以認定為錯字，可以討論。

6. 簡 2「晃（允）尹三（四）方」，「晃」字作「𣆶」，字從「日」、「允」聲，訓作 誠、信。「晃」字偏旁中的「日」，究竟是「眈」的「田」旁所訛，還是古文字中另有從「日」、「允」聲的「晃」，恐需要更多材料補證。「尹」字構形作「𠃌」，相對於楚簡常見的「𠂤」（上博九.陳公治兵.3），「𠃌」是一種戰國晚期才會出現的構形，可見本篇雖是西周實錄，但也已非原始樣貌。

7. 簡 2「㫚（肇）𣂲（？）玟（文王）」，就字面上看，第二字應釋作從「𣂲」之初文，並加「臤」為聲符，筆者暫從讀「賢」之說。

8. 簡 3「起=（桓桓）不（丕）苟（敬）」，秦公鎛（《集成》00270）「龢協萬民，虩（號）夙夕，剌剌起起」，依據《爾雅·釋訓》：「桓桓、烈烈，威也。」郭璞注：「皆嚴猛之貌。」可見「桓桓」應訓為武貌。「𣥍」釋為「苟」，讀「敬」，但必須承認，在筆勢上它與一般的「苟（敬）」字寫法稍有不同。

9. 簡 3「嚴堲（將）天命」，「將」字訓作奉持較妥。

10. 簡 3「扞（扞）楠（輔）珷（武王）」，「扞」讀為從「干（或旱）」字聲系的「扞（捍）」，捍衛、保護之義。「楠」字左半的「朮」應為「木」之訛。但細審構形，不難發現整體結構也與一般「甫」字稍有差異，估計是誤寫後硬改成「甫」所致。

11. 簡 3「攼（干）敦殷受（紂）」，「攼」可讀為「干」，據《說文》與古籍的用法訓為「犯」，亦可據出土文獻與「翦」、「踐」、「殘」等字聯繫。

關於「啟」字，甲骨文、金文中，是以「又」與「攴」來區分「啟」、「肇」，而「啟」本來是從「肩」（反「身」），但隨著時間推移，「肩」（反「身」）逐漸類化作「戶」，戰國文字中已與「戶」字寫法完全相同，遂使戰國時期的「啟」字寫得與西周金文中的「肇」相同。

12. 簡 4 殘缺，但由簡 5 起始直至簡 7，最後一件賞賜物「悆（格）」，都應是成王的話，因為文中的「錫汝」（簡 5）、「命汝」（簡 5）、「贈爾」（簡 6），明顯就是成王當面對呂丁的談話。因此，下引號應斷在「悆（格）」之後，而上引號的起始點當在簡 4 殘文之中，所以殘文中至少可補「王曰」一詞。

13. 簡 5「命女（汝）侯於鄦（許）」，「侯于某」是西周冊命銘文中常見的慣用語。「鄦」字原篆作「鄦」，右下偏旁應為「甘」，嚴式隸定寫成從「曰」或「日」，都不理想。

14. 簡 5「塹（壯）者爾猷」，「塹」讀「壯」，「者」訓為「強」，此句指周王期許呂丁能持續提出壯大的謀劃。

15. 簡 5「簡腾四方不驯」，「簡腾」即「簡乂」，當訓為「大治」。「四方」即「四國」之意，也就是四方的鄰國，「不驯」一詞解釋的方式甚多，但目前仍沒有比較理想的解決方案。

16. 簡 5「董（勤）余一（一人）」，簡文的一人未用合文，與金文用法一致，顯然是受到金文來源的影響。

17. 簡 5「巨（秬）鬯〈邑〉一卣」，簡文所謂的「邑」作「鄦」，是個具有爭議的字。從甲骨文、金文一路到戰國、秦漢文字，沒有任何資料可以印證「邑」字存在從「丨」（或「十」、「十」）的構形。因此，依現有的條件來看，「鄦」仍宜釋為「鬯」，而它是「邑」的誤字。

18. 簡 6「璁（蔥）珩（衡）」，西周賞賜物中所謂的「衡」，是兩種不同的物品：一是服飾類，二是車馬類，但由前後文的「路車」、「鸞鈴素旂」

等文例來看，「衡」應屬車馬器，與服飾無關。

19. 簡6「玉𥥍」，「𥥍」說法很多，但持平地說，目前仍無法肯定判斷此字的隸定與訓讀。

20. 簡6「鑾鈴素旂」。車馬器中的「鑾」有兩個概念：一是指軛首或車衡上方的鈴，二是指馬車上附於旗幟的鈴，兩個都是在行車時會發出聲響的鈴鐺，但位置不同。第一種「鑾」是後代學者給予的稱呼，我們從未看過軛首或車衡上方的鈴，有自稱為「鑾」者，而西周冊命金文中的「鑾」，清一色都是指附於旌旗上能發出聲響的鈴，〈封許之命〉理當就是這種用法。簡文的「鑾鈴索（素）旂」，應是金文常見「鑾旂」的繁稱。不過，歷史的演變往往是「先簡後繁」，何以西周早期已寫成「鑾鈴素旂」，而今日所見西周中晚期金文卻普遍只作「鑾旂」，有沒有可能〈封許之命〉最初也是作「鑾旂」，只是在傳抄過程中增補而成「鑾鈴素旂」，這個可能性恐怕無法排除。「索（素）旂」，指白色的旗子。

21. 簡6「朱竿（竿）」，指紅色的旗桿。

22. 簡6「元馬三（四）匹」，筆者傾向「元」字屬下讀，「元馬」訓為「大馬」，簡易直截。但是珍伊釋「騵」之說，也有一定道理，尤其《詩經·大明》「駟騵」的「駟」還能對應簡文的「四馬」。

23. 簡6「攸勒（勒）」，筆者認為「𦥑」字可摹為「𦥑」，是以從四「力」的方式呈現，左、右「力」旁無甚可疑，中間的寫法則是上、下兩個「力」，並且部分字形重疊（從彩色圖片中還可以看到墨跡深淺重疊）。此字當是「力」之繁體，讀為「勒」。「攸勒」常見於古籍與金文冊命文書。

24. 簡6「𣎑錘」，「𣎑」字左半從毛，右半依現有條件無法辨識。「錘」字，筆者贊同釋「錘」之說，已數次出現於曾侯乙墓竹簡，訓義待考。

25. 簡6「鉤膺（膺）」，「鉤膺」是馬飾，「鉤」指「婁頷之鉤」，即出土西周車馬中所見繫在馬嘴上的兩根長條形狀銅飾，其功用為翼護馬嘴。

「膺」指繁纓，是一種繫在馬頸或馬胸上的裝飾品，這種裝飾品在秦始皇陵銅車馬和出土的漢晉陶馬上都出現過。

26. 簡 6「簒（鑣）」，陳劍釋作「簒」讀「鑣」，釋形可信，不過「攸勒」性質已包含「鑣」，實不應重複，讀法容有討論空間。

27. 簡 6「匿（柅）」，有學者認為「匿（柅）」就是學界所稱的「弓形器」，關於「弓形器」的功用，過去有兩種看法：1、掛繮鉤；2、弓弣的裝飾及具有功能性的附件。黃銘崇指出小屯M20 出土的一件人形紋弓形器（中研院史語所文物館登錄號 R01766）中尚有朽木，可見弓形器是弓弣上的輔助器，絕非綁在腰帶上的器具，掛繮鉤的說法也就不能成立，若此，「匿（柅）」與「弓形器」聯繫的說法，亦無法成立。筆者認同「柅」訓為止車器，亦即古書所記載的「軔」。

28. 簡 6「贈爾鳥（薦）彝」，有學者認為西周金文中賞賜的動詞未見用「贈」，幾乎都用「賜」，以此作為本篇晚出的證據。筆者發現西周金文中的段簋、匍盉都是用「贈」，可見使用「贈」不能作為本篇晚出的硬證。當然，西周金文確實絕大多數都是用「賜」，而本篇賞賜玉圭、鬯酒與車馬器時用「賜」，賞賜薦彝時用「贈」，本處的「贈」是否有可能是後人為了避免複見「賜」字而作的改動，此可能性無法排除。

29. 簡 6-7「斷若豚絀」，首字作「」，這個字在古文字中，最標準的寫法是以「厂」、「収」、「」三個偏旁組成，文例上常與「察」、「淺」、「竊」等聲系有關，但是各種異體寫法十分複雜。本處是以「厂」、「」、「斤」等結構組合而成，然而具體是訓讀為什麼器物，仍有待日後研究。而「若」、「豚」、「絀」等諸字，隸定無誤，然讀法待考。最後，「斷若豚絀」四字究竟是四種不同的器物？還是兩種？都容有討論空間。

30. 簡 7「龍鬵（鬲）」，是指器表有龍紋圖飾的鬲。

31. 簡 7「䜌（璉）」，「瑚璉」一詞常見古籍與青銅器銘文，原本為兩種不

同器物，但是日後逐漸演變成飲食之器的泛稱。「瑚」即「簠」，但「璉」是什麼器物，目前不得而知，〈封許之命〉的「璉」很有可能是器物的專稱。

32. 簡 7「雚（鑵）」，字讀作「鑵」，為酒器。西周時期自名為「鑵」的物品，即宋人所謂的「觶」。朱鳳瀚指出「宋人所名之觶出現於殷代中期，通行至西周早期，西周早期以後即罕見」，可見「鑵」的時代非常早，因此將〈封許之命〉的主架構看成是西周初年的記錄，基本上是可信的。

33. 簡 7「鉦（疊）」，「疊」作為爵器的自名，它應是「爵」的另一種別名。

34. 簡 7「斉〈旅〉弓（勺）」，古文字中「㐱」與「老」許多寫法十分近似，因此原整理者主張「斉」可能是「旅」的訛字，而將整個文例讀成「旅弓」，筆者認為可能性很高。

35. 簡 7「鎓（鋞）」，從自名為「鋞」的西周諸器來看，其實就是今所謂的「盉」，器腹有把手，並往往附有長流。

36. 簡 7「周（雕）匼（盨）」，所謂的「匼（盨）」就是宋代以來學者所謂的「簠」。值得留意的是「匼」當分析成從「金」、「匸」聲，《說文》讀若「方」，「金」是義符，不是聲符。「周」，筆者贊成讀為「雕」，「周（雕）匼（盨）」，指雕有花紋的「盨」。

37. 簡 7「鉶（觥）」，《說文》「礦」字古文的「卝」，就是「卵」，「卵」、「卝」實為一字。古音方面，「礦」（見紐陽部）、「卝」（見紐元部）、「卵」（來紐元部），音韻接近，因此筆者贊同原整理者將「鉶」讀作「觥」之說。

38. 簡 8「囬童才（在）慐（憂）」，首字原篆作「⬚」，應分析成從「口」、「帀（師）」聲，筆者贊成原整理者將「囬童」讀成「稚童」之說，這種用法與「孺子」接近，從古籍的用法來看，年紀超過「弱冠」者亦可稱「孺子」。清華壹〈金縢〉簡 6-7 云：「武王力（陟），成王猶幼，在位」，可見依楚地文獻的記載，武王去世、成王即位時年紀「猶幼」。那

-739-

麼呂丁受封時，成王確實可能年紀還小。「才（在）憂」，指人處在憂慮的情緒當中。

39. 簡 8「麻（靡）念非尚（常）」，「麻（靡）念」就是「無念」，然而「無念」的「無」不能理解為否定詞，而要當成無義的語詞，這種用法在古籍中早已出現過。「林（靡）念非尚（常）」，即非常想念。

40. 簡 8「豪（淑）章爾梡（慮）」，「梡」原篆作「Ⓒ」，是將「木」旁置於「虍」與「人」之間，整句是說：彰顯你的謀慮。

41. 簡 8 的「厚」字作「厚」，而左塚楚墓出土漆桐方框第三欄 D 邊有個單字作「厚」，與〈封許之命〉的「厚」字接近，只是省略从「厂」，省略「厂」旁的「厚」字可參考「圖」（匋篡／集成 04321）。

筆者認為〈封許之命〉本質上是西周初年呂丁封國的實錄，所以保留許多西周冊命文書的格式與慣用語，而且部分字句呈現出西周金文的字形特色，這個現象在賞賜物清單中尤為明顯。例如「鉦」以「正」為聲，是「爵」的異名，可與西周金文的「霝」聯繫；又如「盞」寫作「匿」，明顯保留西周金文的特色，這說明其底本來源確實非常古老。

　　然而，雖然〈封許之命〉本質上是西周初年的實錄，但這不代表我們認為〈封許之命〉絕對未經後人的改動。程浩認為〈封許之命〉「很可能是戰國人從一篇青銅器銘文轉寫而來的。」[9]筆者雖然贊同〈封許之命〉擁有許多西周金文特徵，但是全篇基本上多已馴化為戰國楚文字，可見應該有段漫長的流傳過程，筆者認為由青銅器銘文轉寫至楚簡的時間肯定早於戰國。

　　值得留意的是，〈封許之命〉在車馬器與彝器之賞賜物中，許多器物的專名今日已經很難指明其隸定與訓讀。例如「悆」、「纂」、「斷若腏柀」

---

[9] 程浩：《「書」類文獻先秦流傳考——以清華藏戰國竹簡為中心》，清華大學博士論文，2015.6，頁 I。

等，可以隸定但訓讀爭議很大，這類字還能說是一時間未能找到理想的訓讀方案。可是像「」、「」一類字，筆畫清晰、結構完整，可是卻連基本的隸定都有困難。西周冊命文書是金文研究的大類，學界對賞賜物的研究已達到一定水平，如果〈封許之命〉是戰國人直接轉抄自西周金文，即便戰國書手看不懂西周金文賞賜物的專名，但是相信只要書手如實地將文字外形描摹出來，已有大量西周金文可以取資的我們，應當也能大致判斷出是什麼字。

由甲骨中的「冊」字，可知商人已普遍使用簡冊，筆者比較傾向〈封許之命〉是西周時期就由金文轉抄於竹簡，並且具有一定的流傳過程。依據「夏商周斷代工程」之推估，成王在位的時間是西元前 1042-1021[10]，而清華簡則是西元前 305±30 年的作品。換言之，由呂丁受封至文本寫於清華簡，二者相差有七百多年的時間。〈封許之命〉的內容可分成兩大類，一類是成王對呂丁的勸勉之詞，二是賞賜物清單。前者由於有上下文例可循，釋讀的問題不大，而後者則具有一定的專業性，器名在文句中常獨立存在，部分的讀法迄今仍有很大爭議。筆者認為〈封許之命〉在傳抄的過程中，部份的器名如「」、「」等字，就是在書手依樣畫葫蘆的輾轉傳抄後，可能連書手自己都搞不清楚這是什麼字。

〈封許之命〉的基本架構應完成於西周初年，但也有幾個地方不免讓人懷疑曾經過後人的改動，例如賞賜物名單中有「監（鑑）」（簡 7），目前出土文物中，最早自名為「鑑」者為界於西周晚期至春秋早期的昶伯庸盤（集成 10130），但該器實質上是件盤，鑑在春秋時期已十分普遍，但是目前並無實物可支持西周初期「鑑」已經出現。因此，若〈封許之命〉的「鑑」字為冊命時之原文，未經後人改動，那麼「鑑」的歷史或許可再上溯至西周初

---

[10] 夏商周斷代工程專家組編著：《夏商周斷代工程 1996～2000 年階段成果報告・簡本（夏商周書・研究報告）》，（北京：世界圖書出版公司，2000.10），頁 36。

期。反之，我們也有理由可以依據器物學的斷代，懷疑〈封許之命〉的「鑑」是後人所補。

又如，車馬器的賞賜物中有「繺（鸞）鋪（鈴）索（素）旂」（簡6），它應是西周金文常見的「鑾旂」繁文。可是，歷史的演變往往是「先簡後繁」，為何西周早期的呂丁時已寫成「鑾鈴素旂」，而今日所見的西周銘文卻普遍只作「鑾旂」，有沒有可能〈封許之命〉最初也是「鑾旂」，是在傳抄過程中增補而成「鑾鈴素旂」呢？此說恐怕無法排除。

總的來說，筆者認為〈封許之命〉基本上是一篇西周初年的實錄，但是傳抄至戰國中晚期，文句難保已經後人改動，目前只有青銅器銘文能夠代表西周冊命文書的第一手材料。正文中部分的賞賜物，就從目前的出土文物來看，尚不足以證明早在西周初年就已經存在，我們希望未來有更多相關文物陸續公布，能為學界提供更多器形學上的佐證與取資。

第三節 〈命訓〉

〈命訓〉是《逸周書》的第二篇，與〈度訓〉、〈常訓〉合稱「三〈訓〉」，它也是《清華伍》的第三篇，對於校正傳世本〈命訓〉文字的錯訛，具有高度的價值。由於劉向認定《逸周書》是孔子編纂《尚書》時所剔除的篇章，因此《逸周書》長期備受冷落。依據筆者統計，簡本〈命訓〉字數共計約656字（合文以二字計），其中無法與今本對應者約占11.8%，可見二者相去不遠。本篇的發表，除說明今本〈命訓〉已與戰國時期的簡本大同小異外，另一方面也證明今本《逸周書》應有更早的來源。

簡本〈命訓〉是以標準的楚文字書寫，從底本撰寫完成至傳入楚國，並馴化為楚文字，需要歷經一段長時間的過程，因此簡文〈命訓〉對探討三〈訓〉乃至於《逸周書》的來源問題，有極大的幫助。〈命訓〉是一篇高度思想性的文章，內容條分縷析、層層深入，因此筆者整理成「思想脈絡表」以清眉

目。本書重要的考釋意見有：

1. 簡 1「天生民而成大命」，原整理者在首句的「命」字下加句號，然句意未終，應以逗號為宜。

2. 簡 1「命司德」，「司德」有兩種解釋方式，一是理解為「神名」，二是將「司」當作動詞，訓成「主」，筆者認為以後說為是。

3. 簡 1「大命有常，小命日成。」「大命」指人天生之命限（如生死、福禍、窮達、壽夭），受制於天，人難以自脫，只能隨順。「小命」指日常行為所帶來的福禍。人的吉凶禍福會因每日的行為而有所改變，是人可以決定之事。「大命由天，小命由己」的思想，即「大命」為天之所加，人無法改變；「小命」日積月累，隨著每日的積善行惡而有所增損。「大命」一詞於西周金文中已十分普遍，思想家賦予它哲學意涵後，進一步創造出與「大命」相對的「小命」。具有哲學意涵的「小命」在先秦典籍中，除見於〈命訓〉外，亦見於《莊子·列禦寇》。

4. 簡 1「日成則敬，又（有）尚（常）則廣」，「日成則敬」一句，指「小命」因日行而增損，人民因此敬慎行事。而 天監在下，人知 曉天道普遍存在，無法逃脫於天地宇宙間，便以虔敬之心面對天命，故曰「廣以敬命」。

5. 簡 1「司悳（德）司義，而易（賜）之福」，「司德司義」應是「VNVN」結構，兩個「司」字都是動詞。今本作「而賜之福祿」，「福」後綴加「祿」字。劉國忠認為「祿」字是衍文，甚是。

6. 簡 1「福彔（祿）才（在）人＝（人，人）能居 乎 ？」本處的「人能居」後，脫漏了「乎」字，正因為是疑問語氣的「人能居乎？」才有後文的「如不居而守義」云云。

7. 簡 1「女（如）不居而圣（守）義」，關於「圣」字有從「主」聲或從「亏」聲兩種不同看法，筆者認為「圣」從「主」聲，除了有古籍的書

證之外，還能透過「注」字的初形本義，以及戰國貨幣地望的考證，得到進一步的聯繫，要比从「亐」之說更為允當。

8. 簡 3「女（如）諆（懲）而愁（悔）怘（過）」，「女」今本作「若」。古文字的「女」常讀「如」，照理講這裡讀「如」可謂文通字順。雖然今本作「若」，但讀作「如」更符合楚人的用法。

9. 簡 3，本篇有三條「上以△之」的用例，「上」字今本均作「無」。黃甜甜認為簡本的「上」先訛作「无」，再被改寫作「無」，其說不可信。夏含夷認為「上」、「亡（無）」是字形上的訛變，比較理想。不過《逸周書》在戰國以後還有一段漫長的傳抄過程，沒有辦法保證就是在戰國文字階段致誤。

10. 簡 3「夫民生而佴（恥）不明」，「恥」初文作「聭」，字从「耳」聲，「鬼」應是「醜」之省（「恥」、「醜」音近而義同，故古多通用）。到了秦漢，「聭（恥）」字的音讀已與「耳」聲漸遠，因此「聭」常被誤認為是从「鬼」聲的「愧（媿）」字。「聭（恥）」古音透紐之部，與「愧（媿）」古音見紐微部，二字音韻差異很遠，但因為「恥」、「愧」都有慚愧之義，且秦漢之際「聭（恥）」與「耳」已有「日」紐與「泥」紐的語音差異，因此「聭」遂被誤認為是「愧」字。

11. 簡 4「夫民生而樂生敦（穀）」，「生穀」在此應為同義複詞，指生養，與後文的「死喪」相對。

12. 簡 5「六亟（極）既達，九迀（奸）具（俱）宾（塞）」，「九迀」，原整理者今本讀作「九間」，許可、郭倩文則改讀作「九奸」，就文意來說，「九奸」比「九間」更具體。許可認為「宾」可依楚地習慣讀作「息」，如清華簡〈繫年〉第五章「賽」讀爲「息」等。楚簡中「賽」讀為「息」，往往都是指「息國」之「息」（息國是周代之諸侯國，春秋時期被楚文王滅國而置縣），然而本處與國名無關，且楚簡「塞」讀如字的例子也

很多，例如〈民之父母〉云：「而得既塞於四海矣」（簡 7）、「塞于四方」（簡 11）、「塞於四海」（簡 12），更重要的是今本〈命訓〉亦作「塞」，可見無須改讀。

13. 簡 5「達道＝（道導）天以正人」，本句應屬「VNVN」結構，「達道導天」的「達」，即前文「六極既達」的「達」，指通達。第一個「道」字是名詞，即後文「夫天道三，人道三」之「道」。第二個「道」字是動詞，原整理者已經指出，但既然第二個「道」是動詞，不如直接讀為「導」，「導」與「達」義近。後文有「道天有極」之說，今本寫法亦同，孔晁、楊慎都訓「道」為「言」，實不可信，應與本句的「道」字一樣，都讀作「導」。

14. 簡 7「市冒（冕）」，今本作「緋絻」。「冒」要能讀作今本的「絻（或冕）」，最直接的方法當然是找出其與「曼」的聯繫。今本《老子》第四十一章「大器晚成」，郭店簡《老子》乙本簡 12 作「曼（慢）」，從「曼」的「慢」與從「免」的「晚」是由同一概念下所分化出來的字，由此可知「曼」與「免」字聲系的音韻接近。就簡文的用字來看，字作「冒」，構形無可議之處，而《說文》將「曼」字分析為从又、冒聲，「冒」古音明紐幽部，「冕」則為明紐諄部，聲紐相同，韻部屬於「幽諄旁轉」，可見許慎將「曼」分析為从「冒」聲，是有道理的。既然〈命訓〉今本的兩處「絻」字，簡本都作「冒」，而古文字中「免」、「曼」聲韻非常接近，而許慎又以「冒」為「曼」之聲，綜合各項條件來看，「冒」、「曼」、「免」古音都很接近，那麼簡文的「冒」自可假借為今本的「絻（或冕）」。簡文將「緋絻」與「斧鉞」並舉，二者做為施政的手段，恩威並施，剛柔並濟。而後，禮冠的「絻」和兵器的「鉞」，都已轉化為「獎懲」的代名詞。

15. 簡 8「迁善」，今本作「干善」。「干」字解釋有兩種說法，一者訓「求」，

唐大沛云：「極福則民惟知有祿，將懷竊祿之心。干，求也。」一者訓「犯」，潘振云：「世祿之家，鮮克有禮，犯善而不行。」于鬯云：「干本訓犯。干善，犯善也。」衡量二者，以訓作「求」為宜。此處是說：一味鑽營以求君上賜祿，為得讚譽而行善，故云「求善」。

16. 簡 9「極恥則民」，末字有釋「只」、「孑」、「皮」等說，字形上均有距離。依據今本，此字確實應與「叛」字聯繫，但具體釋法待考。「極恥則民叛」是指國君過度用「恥」（或即已到羞辱的情況），人民就會叛上作亂。

17. 簡 9「傷人則不罙（義）」，「」應為上下結構，上半作「」。下作「」，上半的「」釋作「网」，無庸置疑，下半的「」起筆有一橫筆。那麼「」又該怎麼理解呢？本處的「」應是「刈」的一種省形寫法，隸定上直接作「罙」亦無不可。在此，「刈」應是「罙」的聲符，「義」（疑紐歌部）、「刈」（疑紐月部），聲紐相同、韻部歌月旁轉，就音理而言應可通假。此處的「罙」可以依據今本讀作「義」，指傷人則不合乎「義」。不過楚簡以「乂」讀「義」的用例十分罕見，頗疑或可直接讀作「乂」，訓作「治」。

18. 簡 10「凡氏（此）六者」，原整理者隸定作「氒」，讀為「厥」，暮四郎認為兩個「氒」字都是「氏」的抄訛，皆讀為「是」。其實「」（簡 10）、「」（簡 13）都是非常標準的「氏」，沒有所謂的抄訛問題，筆者贊成暮四郎讀「是」之說，訓「此」。

19. 簡 10「天古（故）卲（昭）命以命力」，今本作「明王是故昭命以命之」，「力」、「之」外形相近，應朝誤寫角度思考。

20. 簡 10「福莫大於行」，今本「行」下有「義」字，但參照前文「干善違則不行」，則本句「行」字下應無「義」字。此外，就文義來看，「行」是指行善，而不是行義。古漢語中「A 莫大於 B」可以有兩種理解方式：

第一種是「A 沒有大於 B」，也就是 A 比 B 小，A 與 B 是兩種不同個體。第二種是「最大的 A 莫過於是 B」，類似句法例如俗語「哀莫大於心死」，則 B 是 A 最大的一部分，B 自當包括在 A 之中。簡文用的顯然是第二種用法，「福莫大於行」呼應前述「極福則民祿，民祿干善，干善違則不行」。此處是說：最容易致「福」的方法就是「行善」。

21. 簡 10-11 有五句「A 莫大於 B」，句末皆有句讀符，三處作「╰」形，兩處作「➤」形，標點符號的樣式尚未統一，值得觀察。

22. 簡 11 簡文「是古（故）明王」，今本作「古之明王」，簡文「明王」共三見。「明工」指聖明君王，例如《左傳‧宣公十二年》：「古者明王伐不敬。」[11]「明王」一詞在傳統崇尚道統的儒家典籍中，可謂比比皆是。《逸周書》「明王」一詞共見 13 處，都集中在「三訓」之中，然而「明王」是泛指古代今人崇奉的帝王，並沒有刻意凸顯「古」的必要性。簡文為「是古（故）明王」，今本則省略「是」字，並將「古」讀如字，再於其後增加「之」字，文例作「古之明王」。

23. 簡 11「韜（斂）之以哀，吳（娛）之以樂」，今本同。本處「哀」、「樂」相對，可知「樂」是指快樂之樂，而非音樂之樂，雖然「娛之以樂」很容易直接理解為「以音樂娛樂（人民）」，但是結合前後文例來看，仍以讀「ㄌㄜˋ」為宜。

24. 簡 12「權不鸇（法）」，「權」應指權變、權衡。「法」字作「𥁃」，楚系「法」一般作從「水」從「去」從「廌」，此處改「水」為「皿」，「去」字「口」訛為一橫筆，與「皿」結合而近於「血」，整體構形甚為特別。

25. 簡 13「事不𤤴（震）」，今本作「事不震」。末字各家學者說法眾多，筆者比較贊同釋為從「來」形、「耕／爭」聲之字，並依據今本讀「震」，「事不震」指國君做事不應矜張、浮誇，對人民造成騷擾。

11　李學勤主編，《十三經注疏》整理委員會整理：《春秋左傳正義》，頁 75。

26. 簡13以四段4字句之頂真句法作結，認為透過「法」（常法）可知「權」
　　（權變），透過「權」可知「微」（判斷之機微），透過「微」可知「始」
　　（施政之始），透過「始」可以知「終」（施政之終）。「夊（終）」字下
　　有「⌐」形句讀符。「慎始敬終」是古代常見思想，〈命訓〉將「微」接
　　續在「權」字之後，「權」是權變，「微」則是判斷的機微，又以「明王
　　是以敬微而順分」作結，本處是說：施政時沒有永恆不變的常法，時移
　　事異，古今中外的典章制度、法律賞罰都隨著時空的遞嬗而產生變化，
　　因此如何察覺已到達變革的「機微」，即顯得格外重要。

〈命訓〉在文字學上的問題，相較於〈厚父〉、〈封許之命〉等篇，要來得
少，最大的原因莫過於〈命訓〉除竹簡本之外，尚有傳世本可供釋字參考。
在簡本出土以前，〈命訓〉已經過歷代研究者的反覆鑽研，內容大致清晰。
雖然簡本部分文句與傳世本並不相同，但是學者在釋讀時，一定程度上還是
希望能以今本為依歸。

　　主要來說，〈命訓〉有兩大重要課題未尚能釐清：

　　一、〈命訓〉的文本創作時代：此問題學界有非常多歧說，各家說法皆
有一定的理據，但也沒有足以一錘定音的證據。〈命訓〉以及〈常訓〉、〈度
訓〉應寫於同一時期，三篇經過創作、改寫，最後才收入《逸周書》中，又
歷經漫長的傳寫，因此〈命訓〉的時代屬性，線索有限，難以驟下判斷，有
待日後全方面的探究。

　　二、思想體系歸屬的探索：雖然本書已經為簡本〈命訓〉做初步語譯，
但是有些地方的思想意涵實在不容易明白，如列屬第11列的「臨之以中」
（面對人民應以「中」）、「中不忠」（對於不忠之人也要「中」）、「以
中從忠則賞，賞不必中」（忠誠者必定獎賞，而獎賞未必需要「中」），「中
不忠」、「賞不必中」等說法，與傳統說法有很大的差別。〈命訓〉中針對

「六極」層層深入的推演，牽涉到邏輯學與哲學的領域，已非筆者學識所能及，亦有待學者進一步的研究。

本書試圖由文字析研入手，對三篇簡文進行通篇釋讀，希望對上古歷史、器物形制、政治哲學等相關討論有所裨益，敬請學者專家不吝賜教。

參考書目

一　古籍

1.　（西漢）司馬遷撰，（南朝宋）裴駰集解，（唐）司馬貞索隱，（唐）張守節正義：《史記》，（北京：中華書局，2009.2）。

2.　（西漢）劉向：《戰國策》，（上海：上海古籍出版社，1985.8）。

3.　（西漢）劉向撰，向宗魯校證：《說苑校證》，（北京：中華書局，1987.11）。

4.　（東漢）王符撰，（清）汪繼培箋，彭鐸校正：《潛夫論箋校正》，（北京：中華書局，1985.9）。

5.　（東漢）王逸：《楚辭章句十七卷》，《景印文淵閣四庫全書·集部》，（臺北：臺灣商務印書館，1983.6）。

6.　（東漢）徐幹：《中論》，《四部叢刊初編》中第 337 冊，景江安傅氏雙鑑樓藏明嘉靖乙丑刊本，（上海：上海商務印書館景印，1920），卷下。

7.　（東漢）班固撰，（唐）顏師古注：《漢書》，（北京：中華書局，1964.11）。

8.　（東漢）許慎撰，（南唐）徐鉉校：《說文解字》，（北京：中華書局，1978.3）。

9.　（東漢）許慎撰，（清）段玉裁注，李添富總校訂：《新添古音說文解字注》（三版），（臺北：洪葉文化事業有限公司，2016.10）。

10.　（東漢）劉珍等撰，吳樹平校注：《東觀漢記校注》，（河南：中州古籍出版社，1987.3）。

11.　（東漢）劉熙撰，（清）畢沅疏證，王先謙補：《釋名疏證補》，（北京：中華書局，2008.9）。

12.　（西晉）陳壽撰，（南朝宋）裴松之注：《三國志》，（北京：中華書局，1971）。

13.　（晉）崔豹：《古今注》，（臺北：臺灣商務印書館，1966.10）。

14.　（劉宋）范曄撰，（唐）李賢等注：《後漢書》，（北京：中華書局，1973.8）。

15.　（南朝梁）蕭統，（唐）李善注：《文選》，（北京：中華書局，1977.11）。

16. （南朝梁）顧野王：《宋本玉篇》，（北京：中國書店，1983.9）。

17. （陳）徐陵編，（清）吳兆宜注：《玉臺新詠箋注》，（北京：中華書局，1999.11）。

18. （魏）何晏集解，（南朝梁）皇侃義疏：《論語集解義疏》，（上海：商務印書館，1937.6）。

19. （唐）李延壽：《北史》，（臺北：新文豐出版社，1975.3）。

20. （唐）陸德明撰：《經典釋文》，（北京：中華書局，1983.9）。

21. （唐）陸德明撰，黃焯彙校，黃延祖重輯：《經典釋文彙校》，（北京：中華書局，2006.7）。

22. （唐）釋玄應撰：《一切經音義》，《續修四庫全書》編纂委員會編：《續修四庫全書（第198 冊）·經部·小學類》，（上海：上海古籍出版社，2002.3）。

23. （唐）長孫無忌等撰：《唐律疏議·名例一·釋文》，收錄自《叢書集成新編》第 27 冊，（臺北：新文豐出版股份有限公司，1985.1）。

24. （南唐）徐鍇：《說文解字繫傳》，（北京：中華書局，1987.10）。

25. （南唐）顧野王：《宋本玉篇》，（北京：中國社科院，1983）。

26. （宋）丁度等編：《集韻》，（上海：上海古籍出版社，1985.5）。

27. （宋）王應麟：《漢書藝文志考證》，清文淵閣四庫全書本，中國基本古籍庫。

28. （宋）司馬光等編：《類篇》，（北京：中華書局，2003.12）。

29. （宋）朱熹集注，趙長征點校：《詩集傳》，（北京：中華書局，2011.1）。

30. （宋）朱熹撰，蔣立甫校點：《楚辭集注》，（上海：上海古籍出版社、合肥：安徽教育出版社，2001.12）。

31. （宋）高似孫撰：《史略》，（臺北：廣文書局，1968）。

32. （宋）張世南撰，張茂鵬點校：《游宦記聞》，（北京：中華書局，1997.12）。

33. （宋）陳彭年等：《新校互註宋本廣韻》，（臺北：洪葉文化事業有限公司，2001.9）。

34. （宋）劉恕：《資治通鑒外紀》，（上海：上海古籍出版社，1987）。

35. （宋）蔡沈：《書經集傳》，（臺北：世界書局，1969）。

36. （宋）羅泌撰，（宋）羅苹注：《路史》，陳力、段志洪主編：《中國野史集成·續編》，（成都：巴蜀書社，2001.1）。

37. （元）脫脫等撰：《宋史》第 15 冊，卷 203，（北京：中華書局，1977.11）。

38. （明）張自烈，（清）廖文英合著：《正字通》，李學勤主編：《中華漢語工具書書庫》（第伍冊），（合肥：安徽教育出版社，2002.1）。

39. （明）張自烈撰，（清）廖文英續《正字通》，《續修四庫全書·經部》，（上海：上海古籍出版社，1995）。

40. （清）王引之：《經傳釋詞》，（長沙：嶽麓書社，1985.4，第 1 版）。

41. （清）王先慎撰，鍾哲點校：《韓非子集解》，（北京：中華書局，1998.7）。

42. （清）王先謙：《莊子集解》，（北京：中華書局，1987.10）。

43. （清）王先謙撰，吳格點校：《詩三家義集疏》，（北京；中華書局，1987）。

44. （清）王先謙撰，沈嘯寰、王星賢點校：《荀子集解》，（北京：中華書局，1988）。

45. （清）王念孫：《廣雅疏證》，（上海：上海古籍出版社，1983.6）。

46. （清）王筠：《說文釋例》，（北京：中華書局，1987.12 影印道光三十年刻本）。

47. （清）王筠撰集：《說文句讀》，（北京：中國書店，1983.11 影印四川尊經書局本）。

48. （清）王聘珍撰，王文錦點校：《大戴禮記解詁》，（北京：中華書局，1983.3）。

49. （清）朱駿聲：《說文通訓定聲》，（北京：中華書局，1986）。

50. （清）朱駿聲著，胡雙寶點校：《六十四卦經解》，（北京：國家圖書館出版社，2008.11）。

51. （清）段玉裁注，（清）徐灝箋：《說文解字注箋》，李學勤主編：《中華漢語工具書書庫》（第參拾柒冊），（合肥：安徽教育出版社，2002.1）。

52. （清）胡培翬：《儀禮正義》，（江蘇：江蘇古籍出版社，1993.7）。

53. （清）唐大沛撰：《逸周書分編句釋十二卷》，（臺北：臺灣學生書局，1969.6）。

54. （清）孫希旦、沈嘯寰、王星賢點校：《禮記集解》，（北京：中華書局，1989.2）。

55. （清）孫星衍撰：《尚書今古文注疏》，（臺北：文津出版社，1987.9），卷 13。

56. （清）孫詒讓：《周禮正義》，（北京：中華書局，1987.12）。

57. （清）孫詒讓撰，孫啟治點校：《墨子閒詁》，（北京：中華書局，2001.4）。

58. （清）馬瑞辰撰：《毛詩傳箋通釋》，（北京：中華書局，1989）。

59. （清）梁紹壬：《兩般秋雨盦隨筆》，（上海：上海古籍出版社，1982.8）。

60. （清）郭慶藩撰，王孝魚點校：《莊子集釋》，（北京：中華書局，1961.7）。

61. （清）陳立：《白虎通疏證》，（北京：中華書局，1994）

62. （清）焦循、沈文倬點校：《孟子正義》，（北京：中華書局，1987.10）。

63. （清）錢大昕：《十駕齋養新錄》，（上海：上海書店，1983 年 12 月據 1937 年商務印書館版複印）。

64. 王守謙：《春秋左傳（上）》，（臺北：臺灣古籍出版社，1996.10）。

65. 李學勤主編，《十三經注疏》整理委員會整理：《周易正義》，（北京：北京大學出版社，2000.12）。

66. 李學勤主編，《十三經注疏》整理委員會整理：《尚書正義》，（北京：北京大學出版社，2000.12）。

67. 李學勤主編，《十三經注疏》整理委員會整理：《毛詩正義》，（北京：北京大學出版社，2000.12）。

68. 李學勤主編，《十三經注疏》整理委員會整理：《周禮注疏》，（北京：北京大學出版社，2000.12）。

69. 李學勤主編，《十三經注疏》整理委員會整理：《儀禮注疏》，（北京：北京大學出版社，2000.12）。

70. 李學勤主編，《十三經注疏》整理委員會整理：《禮記正義》，（北京：北京大學出版社，2000.12）。

71. 李學勤主編，《十三經注疏》整理委員會整理：《春秋左傳正義》，（北京：北京大學出版社，2000.12）。

72. 李學勤主編，《十三經注疏》整理委員會整理：《春秋公羊傳注疏》，（北京：北京大學出版社，2000.12）。

73. 李學勤主編，《十三經注疏》整理委員會整理：《春秋穀梁傳注疏》，（北京：北京大學出版社，2000.12）。

74. 李學勤主編，《十三經注疏》整理委員會整理：《論語注疏》，（北京：北京大學出版社，2000.12）。

75. 李學勤主編，《十三經注疏》整理委員會整理：《孝經注疏》，（北京：北京大學出版社，2000.12）。

76. 李學勤主編，《十三經注疏》整理委員會整理：《爾雅注疏》，（北京：北京大學出版社，2000.12）。

77. 李學勤主編，《十三經注疏》整理委員會整理：《孟子注疏》，（北京：北京大學出版社，2000.12）。

二　學位論文

1. 王子揚：《甲骨文字形類組差異現象研究》，首都師範大學博士論文，2011。

2. 王連龍：《《逸周書》源流及其所見經濟問題研究》，吉林大學博士論文，2005。

3. 王愛民：《燕文字編》，吉林大學碩士論文，2010.4。

4. 王瑜楨：《上海博物館藏戰國楚竹書（一）～（六）》字根研究》，淡江大學碩士論文，2011。

5. 王瑜楨：《《清華大學藏戰國竹簡（陸）》鄭國史料三篇研究》，臺灣師範大學博士論文，2018.1

6. 古容綺：《清華伍〈封許之命〉字詞研究》，臺中教育大學碩士論文，2017.7。

7. 田河：《出土戰國遣冊所記名物分類匯釋》，吉林大學博士論文，2007.6。

8. 石小力：《東周金文與楚簡合證》，中山大學博士論文，2015.6。

9. 朱力偉：《兩周古文字通假用字習慣時代性初探》，吉林大學博士論文，2013.6。

10. 朱辰：《秦封泥文字研究》，安徽大學碩士論文，2011.5。

11. 余淼淼：《晉系金文整理與研究》，華東師範大學博士論文，2013.3。

12. 吳紅松：《西周金文賞賜物品及其相關問題研究》，安徽大學博士論文，2006.5。

13. 宋亞雯：《清華簡中的非典型楚文字因素問題研究》，復旦大學碩士論文，2016.5。

14. 宋華強:《新蔡楚簡的初步研究》,武漢大學博士論文,2007。

15. 周玉秀:《《逸周書》的語言特點及其文獻學價值》,西北師範大學博士論文,2004。

16. 周波:《戰國時代各系文字間的用字差異性現象研究》,復旦大學博士論文,2008.4。又收入復旦大學出土文獻與古文字研究中心博士論文叢刊(第一輯),(北京:線裝書局,2012.12)。

17. 林宛蓉:《殷周金文數量詞研究》,東吳大學碩士論文,2006。

18. 林聖峯:《傳抄古文構形研究》,中興大學博士論文,2013。

19. 金俊秀:《古文字特殊諧聲研究》,臺灣師範大學博士論文,2011.6。

20. 姚萱:《殷墟花園莊東地甲骨卜辭的初步研究》,首都師範大學博士論文,2005。

21. 施謝捷:《古璽彙考》,安徽大學博士論文,2006.5。

22. 胡伯欣:《帝辛行狀考述》,彰化師範大學碩士論文,2003。

23. 胡宏哲:《《尚書》與《逸周書》比較研究》,北京語言大學博士論文,2008。

24. 馬嘉賢:《清華壹《尹至》、《尹誥》、《皇門》、《祭公之顧命》研究》,彰化師範大學博士論文,2015.7。

25. 馬驥:《戰國楚簡標點符號研究》,西南大學碩士論文,2015.5。

26. 高佑仁:《上海博物館藏戰國楚竹書(四)曹沫之陣研究》,臺灣師範大學碩士論文,2007.7。

27. 高佑仁:《上博楚簡莊、平、靈三王研究》,成功大學博士論文,2011.11。

28. 高榮鴻:《上博楚簡論語類文獻疏證》,中興大學博士論文,2013.7。

29. 張峰:《楚系簡帛文字訛書研究》,吉林大學博士論文,2012.6。

30. 張新俊:《上博楚簡文字研究》,吉林大學博士論文,2005.4。

31. 曹雅荃:《西周冊命金文試探》,臺灣大學碩士論文,2014.7。

32. 章水根:《江陵鳳凰山漢墓簡牘集釋》,吉林大學碩士論文,2013.5。

33. 莊惠茹:《兩周金文軍事動詞研究》,成功大學博士論文,2010.3。

34. 許雁綺:《楚簡同形字辨析》,中興大學碩士論文,2013.6。

35. 郭倩文：《《清華五》、《上博九》集釋及新見文字現象整理與研究》，華東師範大學碩士論文，2016.5。

36. 程浩：《「書」類文獻先秦流傳考——以清華藏戰國竹簡為中心》，清華大學博士論文，2015.6。

37. 程鵬萬：《簡牘帛書格式研究》，吉林大學博士論文，2006.6。

38. 黃沛榮：《周書研究》，臺灣大學博士論文，1976。

39. 黃凌倩：《清華伍《厚父》、《封許之命》集釋》，安徽大學碩士論文，2016.3。

40. 黃鶴：《西周有銘銅器斷代綜覽》，吉林大學博士論文，2013.6。

41. 虞晨陽：《《近出殷周金文集錄二編》校訂》，復旦大學碩士論文，2013.5。

42. 劉洪濤：《論掌握形體特點對古文字考釋的重要性》，北京大學博士論文，2012.6。

43. 劉剛：《晉系文字的範圍及內部差異研究》，復旦大學博士論文，2013。

44. 劉釗：《古文字構形研究》，吉林大學博士論文，1991。

45. 蔣建坤：《清華簡（壹～伍）上古音聲母材料的整理與初步研究》，吉林大學碩士論文，2016.4。

46. 鄭憲仁：《西周銅器銘文所載賞賜物之研究——器物與身份的詮釋》，國立臺灣師範大學國文研究所博士論文，2004.6

47. 魏宜輝：《楚系簡帛文字形體訛變分析》，南京大學博士論文，2003.4。

48. 羅家湘：《《逸周書》研究》，西北師範大學博士論文，2002.5。

49. 蘇建洲：《《上海博物館藏戰國楚竹書（二）》校釋》，臺灣師範大學博士論文，2003.6。

三　今人著作

1. 于省吾：〈釋「魯」〉，李圃主編：《古文字詁林》第 4 冊，（上海：上海教育出版社，2001.12）。

2. 于省吾：〈釋厷〉，《甲骨文字釋林》，（北京：中華書局，1979.6）。

3. 于省吾：《甲骨文字釋林》，（北京：中華書局，1993.4，第 3 刷）。

4. 于省吾：《雙劍誃群經新證‧雙劍誃諸子新證》，（上海：上海書店，1999.4）。

5. 大西克也：〈上博六平王兩篇故事中的幾個問題〉，2009 華語文與華文化教育國際研討會，新竹：玄奘大學中文系，2009.12.11，又見復旦網，2010.4.21。

6. 子居：〈先秦文獻分期分域研究之二實詞篇（一）——《書》系、《雅》、《頌》部分〉，中國先秦史網站，2016.7.3。

7. 子居：〈清華簡〈厚父〉解析〉，清華網，2015.4.28。

8. 子居：〈清華簡《封許之命》解析〉，清華網，2015.7.16。

9. 山西省文物工作委員會：《侯馬盟書》，（北京：文物出版社，1976）。

10. 山西省考古研究所等著：〈山西絳縣橫水西周墓地〉，《考古》，2006 年第 7 期。

11. 山西省考古研究所等著：〈山西絳縣橫水西周墓發掘簡報〉，《文物》，2006 年第 8 期。

12. 中山大學古文字研究室楚簡整理小組：《戰國楚簡研究》第三期，（廣州：中山大學，1977）。

13. 中國社會科學院考古研究所編：《殷墟花園莊東地甲骨》，（昆明：雲南人民出版社，2003.12）。

14. 中國科學院考古研究所：《灃西發掘報告：1955-1957 年陝西長安縣灃西鄉考古發掘資料》，（北京：文物出版社，1963.3）。

15. 方稚松：〈談談甲骨金文中的「肇」字〉，復旦網，2008.1.17。又見《中原文物》，2012 年第 6 期。

16. 方稚松：〈關於甲骨文「叀」字構形的再認識〉，《故宮博物院院刊》，2015 年第 2 期。

17. 方稚松：《殷墟甲骨文五種記事刻辭研究》，（北京：線裝書局，2009.12）。

18. 王力：《同源字典》，（北京：商務印書館，2002.11）。

19. 王永昌：〈清華簡〈厚父〉篇的文獻性質研究〉，《魯東大學學報（哲學社會科學版）》，2016 年第 4 期。

20. 王利器：《文子疏義》，（北京：中華書局，2000.9）。

21. 王志平：〈上博簡（二）箚記〉，《上博館藏戰國楚竹書研究續編》，（上海：上海書店

出版社，2004.7）。

22. 王邦雄等著：《中國哲學史》，（臺北：國立空中大學，2000）。

23. 王坤鵬：〈簡論清華簡〈厚父〉的相關問題（一）〉，復旦網，2015.6.26。

24. 王國維：〈殷周制度論〉，《觀堂集林》（外二種），（石家莊：河北教育出版社，2003.11）。

25. 王國維：《今本竹書紀年疏證》，（臺北：藝文印書館，1971），下卷。

26. 王國維：《流沙墜簡・屯戍叢殘考釋》，羅振玉、王國維：《流沙墜簡》，（北京：中華書局，1993.9）。

27. 王國維：《觀堂集林》，（北京：中華書局，1959）。

28. 王國維：《觀堂集林》，（石家莊：河北教育出版社，2001.11）。

29. 王連龍：〈《周書》三《訓》人性觀考論〉，《遼東學院學報（社會科學版）》，第 11 卷第 1 期（2009.2）。

30. 王連龍：《《逸周書》研究》，（北京：社會科學文獻出版社，2010.11）。

31. 王逸清：〈清華簡《命訓》中的「勑」字〉，《出土文獻》第八輯，（上海：中西書局，2016.4）。

32. 王瑜楨：〈談古文字中老旁與攵旁的訛混現象〉，《孔壁遺文論集》，（臺北：藝文印書館，2013.8）。

33. 王靖宇：〈美國的《左傳》研究〉，《中國文哲研究通訊》，第 3 卷第 1 期（1993.3）。

34. 王寧：〈再說《封許之命》的「呂丁」與《世俘》的「呂他」〉，武漢網，2015.5.21。

35. 王寧：〈清華簡五〈厚父〉之「厚父」考〉，武漢網，2015.4.30。

36. 王寧：〈讀《封許之命》散札〉，復旦網，2015.4.28。

37. 王輝：〈一粟居讀簡記（九）〉，陝西歷史博物館編：《陝西歷史博物館館刊》第 23 輯，2016.11。

38. 王蘊智：〈絼、肄、肆、肄諸字源流考〉，《古文字研究》第 31 輯，（北京：中華書局，2016.10）。

39. 付強：〈《封許之命》推測兩則〉，武漢網，2015.4.12。

40. 付強：〈由清華簡《封許之命》看周初分器的標準〉，武漢網，2015.11.26。

41. 付強：〈〈厚父〉與大盂鼎銘文的「湛」字〉，武漢網，2015.4.12。

42. 付強：〈《封許之命》與史牆盤的「允尹」〉，武漢網，2015.4.14。

43. 付強：〈《封許之命》與青銅監的自名〉，武漢網，2015.4.14。

44. 付強：〈據清華簡〈厚父〉釋金文中的「康盤」〉，武漢網，2015.4.10。

45. 史次耘：《孟子今註今譯》，（臺北：商務印書館，1984.1）。

46. 白於藍、吳祺著：〈清華簡〈厚父〉校釋四則〉，《紀念于省吾先生誕辰 120 周年、姚孝遂先生誕辰 90 周年學術研討會》，長春：吉林大學，2016.7.10-11。

47. 石小力：〈《商周青銅器銘文暨圖像集成續編》釋文校訂〉，《「商周青銅器與先秦史」青年論壇論文集》，重慶：西南大學，2016.11.18-21。

48. 石小力：〈清華簡（伍）《封許之命》「鉤、䗊」補說〉，武漢網，2015.4.12。

49. 石小力：〈清華簡（伍）《封許之命》所載「朱旆」考〉，武漢網，2015.4.12。

50. 石小力：〈談談清華簡第五輯中的訛字〉，《出土文獻》第八輯，（上海：中西書局，2016.4）。

51. 如劉釗：〈包山楚簡文字考釋〉，《出土簡帛文字叢考》，（臺北：臺灣古籍出版社，2004.3）。

52. 朱右曾：《逸周書集訓校釋》，（上海：商務印書館，1937.12）。

53. 朱歧祥：〈論由系聯的方法擴張研治花東甲骨的材料〉，《古文字研究》第 27 輯。

54. 朱歧祥：〈質疑《清華簡》的一些特殊字詞〉，第 18 屆中區文字學學術研討會，臺中：東海大學，2016.5.21。

55. 朱鳳瀚：〈論周金文中「肇」字的字義〉，《北京師範大學學報（人文社會科學版）》，2000 年 2 期。

56. 朱鳳瀚：〈簡論與西周年代學有關的幾件銅器〉，收入《新出金文與西周歷史》，（上海：上海古籍出版社，2011.5）。

57. 朱鳳瀚：《中國青銅器綜論》（上冊），（上海：上海古籍出版社，2009.12）。

58. 朱謙之：《老子校釋》，（北京：中華書局，1984）。

59. 何有祖：〈包山楚簡試釋九則〉，武漢網，2005.12.15。

60. 何有祖：〈讀《上博六》札記〉，武漢網，2007.7.9。

61. 何有祖：〈讀《清華大學藏戰國竹簡（五）》箚記〉，武漢網，2015.4.12。

62. 何琳儀、黃錫全：〈「瑚璉」探源〉，《史學集刊》1983 年第 1 期。

63. 何琳儀：〈滬簡詩論選釋〉，簡帛研究站，2002.1.17。

64. 何琳儀：〈說「盤」〉，《中國歷史文物》，2004 年第 5 期，。

65. 何琳儀：《戰國文字通論（訂補）》，（南京：江蘇教育出版社，2003.1）。

66. 何琳儀：《戰國古文字典》，（北京：中華書局，1998.9）。

67. 何寧：《淮南子集釋》，（北京：中華書局，1998.10）。

68. 何樹環：〈金文「更」字別解〉，逢甲大學中國文學系主編：《文字的俗寫現象與多元性：通俗雅正，九五經典：第十七屆中國文字學全國學術研討會論文集》，（臺北：聖環圖書股份有限公司，2006.5）。

69. 何樹環：《西周錫命銘文新研》，（臺北：文津出版社，2007.7）。

70. 吳則虞：《晏子春秋集釋》，（北京：中華書局，1962.1）。

71. 吳振武：〈䤸戒鼎補釋〉，《史學集刊》，1998 年第 1 期。

72. 吳振武：〈新見西周再簋銘文釋讀〉，《史學集刊》，2006 年 2 期。

73. 吳振武：《《古璽文編》校訂》，（上海：人民美術出版社，2011.1）。

74. 吳雪飛：〈清華簡（五）《封許之命》「戚章爾慮」句詁〉，復旦網，2015.4.17。

75. 吳曉筠：〈君子蠻音：鑾鈴在周文化中的意義與轉化〉，《金玉交輝——商周考古、藝術與文化論文集》，（臺北：中央研究院歷史語言研究所，2013.11）。

76. 吳鎮烽：〈晉公盤與晉公𥂴銘文對讀〉，復旦網，2014.6.22。

77. 吳鎮烽：《商周青銅器銘文暨圖像集成續編》第三卷，（上海：上海古籍出版社，2016.9）。

78. 呂大臨：《考古圖・續考古圖・考古圖釋文》，（北京：中華書局，1987.2）。

79. 呂佩珊：〈清華簡飲食觀初探〉，第八屆文字學年會，北京中國人民大學，2015.8.22-23。

80. 呂廟軍：〈泰山學術論壇：「清華簡與儒家經典專題」國際學術研討會綜述〉，復旦網，2015.5.2。

81. 宋建忠等著：〈山西絳縣橫水西周墓地〉，《2005 中國重要考古發現》，（北京：文物出版社，2006.5）。

82. 宋華強：〈楚簡中從「黽」從「甘」之字新考〉，武漢網，2006.12.30。

83. 李天虹：〈釋《容成氏》中的刈〉，武漢網，2006.01.24。

84. 李天虹：〈釋郭店楚簡〈成之聞之〉篇中的「肘」〉，《古文字研究》第 22 輯，2000.7。

85. 李天虹：《郭店竹簡〈性自命出〉研究》，（武漢：湖北教育出版社，2003.1）。

86. 李守奎、賈連翔、馬楠：《包山楚墓全編》，（上海：上海古籍出版社，2012.12）。

87. 李守奎：〈《保訓》二題〉，《出土文獻》（第一輯），（上海：中西書局，2010.8）。

88. 李守奎：《楚文字編》，（上海：華東師範大學出版社，2003.12）。

89. 李伯謙：〈叔夨方鼎銘文考釋〉，《文物》2001 年第 8 期。

90. 李孝定：《甲骨文字集釋》，（臺北：中央研究院歷史語言研究所，1970.10）。

91. 李孝定：《金文詁林附錄》，（香港：香港中文大學，1977.4）。

92. 李松儒：〈清華簡殘泐字辨析三則〉，《古文字研究》第 31 輯，《古文字研究會第 21 屆年會論文集》，（北京：中華書局，2016.10）。

93. 李松儒：《戰國簡帛字跡研究——以上博簡爲中心》，（上海：上海古籍出版社，2015.7）。

94. 李松儒：〈清華五字迹研究〉，武漢大學簡帛研究中心：《簡帛》第十三輯，（上海：上海古籍出版社，2016.11）。

95. 李春桃：〈從斗形爵的稱謂談到三足爵的命名〉，「出土文獻與中國古代文明再認識」青年學術論壇，中國河南開封，2016.10.28-30。

96. 李圃主編：《古文字詁林》第 4 冊，（上海：上海教育出版社，2004.10）。

97. 李家浩：〈包山 266 號簡所記木器研究〉，《著名中年語言學家自選集‧李家浩卷》，合肥：安徽教育出版社，2002.4。

98. 李家浩：〈談古代的酒器鐎〉，《古文字研究》第 24 輯，（北京：中華書局，2002.6）。

99. 李家浩:《仰天湖楚簡剩義》,武漢大學簡帛研究中心、臺灣大學中文系、芝加哥大學顧立雅中國古文字學中心主辦:《中國簡帛學國際論壇(2006)論文集》,武漢:武漢大學,後又發表於武漢大學簡帛研究中心:《簡帛》第二輯,(上海:上海古籍出版社,2007.11)。

100. 李運富:〈楚簡「譔」字及相關諸字考辨〉,簡帛網,2003.1.24。又見日本《中國出土資料研究》第七號,2003.3 月。又見《漢字漢語論稿》,(北京:學苑出版社,2008.1)。

101. 李零:〈讀《楚系簡帛文字編》〉,《出土文獻研究》第五輯,(北京:科學出版社,1999.8)。

102. 李衛:〈楚國青銅器精品——蟠龍紋鬲〉,《人民日報》(海外版),第 7 版「文藝副刊」,2004.12.1。

103. 李學勤:〈亢鼎賜品試說〉,《中國古代文明研究》,(上海:華東師範大學出版社,2005.4)。又見,《南開學報》,2001 年增刊。

104. 李學勤、齊文心、艾蘭編著:《瑞典斯德哥爾摩遠東古物博物館藏甲骨文字》,(北京:中華書局,1999.6)。

105. 李學勤:〈〈詩論〉說〈宛丘〉等七篇釋義〉,李學勤:《中國古代文明研究》,(上海:華東師範大學出版社,2009.9)。

106. 李學勤:〈由清華簡〈金滕〉看周初史事〉,《中國經學》第 8 輯(桂林:廣西師範大學出版社,2011.6)。

107. 李學勤:〈戎生編鐘論釋〉,《文物》,1999 年第 9 期。又見《保利藏金》,(廣州:嶺南美術出版社,1999.9)。

108. 李學勤:〈清華簡《厚父》與《孟子》引《書》〉,《深圳大學學報》,2015 年第 3 期。

109. 李學勤:〈清華簡又發現珍貴的〈尚書〉佚篇〉,《中國教育報》2014.7.18。

110. 李學勤:〈清華簡再現《尚書》佚篇〉,中國教育報,2014.9.5。

111. 李學勤:〈清華簡與〈尚書〉、〈逸周書〉的研究〉,《史學史研究》2011 年第 2 期。

112. 李學勤:〈清華簡整理工作的第一年〉,《清華大學學報》(哲學社會科學版),2009 年第 05 期。

113. 李學勤：〈絳縣橫北村大墓與倗國〉，《中國文物報》，2005.12.30。

114. 李學勤：〈論多友鼎的時代及意義〉，《人文雜志》，1981 年第 6 期，又見《新出青銅器研究》，（北京：文物出版社，1990.6）。

115. 李學勤：〈論清華簡〈保訓〉的幾個問題〉，《文物》，2009 年第 6 期。

116. 李學勤：〈戰國時代的秦國銅器〉，《文物考資料》1957 年 8 期。又見《李學勤早期文集》，（石家莊：河北教育出版社，2008.1）。

117. 李學勤：〈釋「釾」爲四分之一〉，《三代文明研究》，（北京：商務印書館，2011.11）。

118. 李學勤：〈《逸周書源流考辨》序〉，黃懷信：《逸周書源流考辨》，（西安：西北大學出版社，1992.1）。

119. 李學勤：《何尊新釋》，《中原文物》，1981 年第 1 期。

120. 李學勤：《初識清華簡》，（上海：中西書局，2013.6）。

121. 李學勤主編：《清華大學藏戰國竹簡（壹）》，（上海：中西書局，2010.12）。

122. 李學勤主編：《清華大學藏戰國竹簡（貳）》，（上海：中西書局，2011.12）。

123. 李學勤主編：《清華大學藏戰國竹簡（伍）》，（上海：中西書局，2015.4）。

124. 李學勤主編：《清華大學藏戰國竹簡（陸）》，（上海：中西書局，2016.4）。

125. 李學勤主編：《清華大學藏戰國竹簡（柒）》，（上海：中西書局，2017.4）。

126. 李鍌等編：教育部《異體字字典》網路版（正式五版），2004.1。

127. 杜勇：〈清華簡《厚父》與早期民本思想〉，《西華師範大學學報（哲學社會科學版）》，2016 年第 2 期。

128. 汪中文：《西周冊命金文所見官制研究》，（臺北：國立編譯館，1999）。

129. 汪亞洲：〈清華簡〈皇門〉集釋〉，復旦網，2011.9.23。

130. 沈培：〈說郭店楚簡中的「肆」〉，劉利民、周建設主編《語言（第二卷）》，（北京：首都師範大學出版社，2001.12）。

131. 沈寶春師：〈從古文字的構形規律談「信」字六書的歸屬問題〉，跨古今說中文：中國語言文字國際學術研討會，吉隆坡：馬來亞大學，2013.10.5-6，收入《跨越古今——

中國語言文字學論文集》（古代卷），2013.10。

132. 周法高主編：《金文詁林》，（香港：香港中文大學，1974-1975）。

133. 周鳳五：〈郭店《性自命出》「怒欲盈而毋暴」說〉，《新出土文獻與古代文明研究》，
（上海：上海大學出版社，2004.4）。

134. 周鳳五：〈郭店竹簡的形式特徵及其分類意義〉，《郭店楚簡國際學術研討會論文集》，
（武漢：湖北人民出版社，2000.5）。

135. 周鳳五：〈楚簡文字的書法史意義〉，《古文字與商周文明——第三屆國際漢學會議論
文集文字學組》，（臺北：中央研究院歷史語言研究所，2002.6）。

136. 周鳳五：〈簡帛〈五行〉引《詩》小議（大綱）〉，《清華簡與《詩經》研究國際學術研
討會論文集》，2013.11.1-3。又收入《清華簡研究》（第二輯），（上海：中西書局，2015.8）。

137. 周鳳五：《朋齋學術文集【戰國竹書卷】》，（臺北：臺灣大學出版中心，2016.12）。

138. 周聰俊：〈兇觥辨〉，發表於第十三屆全國暨海峽兩岸中國文字學學術研討會（花蓮師
範學院，2002.4.24-25），《第十三屆全國暨海峽兩岸中國文字學學術研討會論文集》，
（臺北：萬卷樓圖書公司，2002.4）。

139. 孟蓬生：〈釋清華簡〈封許之命的「象」字〉——兼論「象」字的古韻歸部〉，復旦網，
2015.4.21。

140. 季旭昇師、高佑仁主編：《《上海博物館藏戰國楚竹書（九）》讀本》，（臺北：萬卷樓
圖書公司，2017.5）。

141. 季旭昇師：〈《上博四·逸詩·交交鳴烏》新詮〉，第一屆古文字與古代史學術研討會，
中央研究院歷史語言所，2006.9.22-24。

142. 季旭昇師：〈《清華三·周公之琴舞·成王敬毖》第八篇研究〉，第 25 屆中國文字學國
際學術研討會論文集。

143. 季旭昇師：〈上博二小議（三）：魯邦大旱、發命不夜〉，簡帛網，2003.05.21。

144. 季旭昇師：〈談〈洪範〉「皇極」與〈命訓〉「六極」——兼談〈逸周書·命訓〉的著
成時代〉，「出土文獻與中國古典學」國際學術研討會，2016.4.7-9，耶魯—新加坡國

立大學學院。

145. 季旭昇師：〈談《上博九·成王為城濮之行》「究敗師已」的「究（□）」字〉，《第 28 屆中國文字學國際學術研討會論文集》，臺北：國立臺灣大學中國文學系、中國文字學會，2017.5.12-13。

146. 季旭昇師：〈讀郭店楚墓竹簡札記：卜、絕爲棄作、民復季子〉，《中國文字》新廿四期，（臺北：藝文印書館，1998.12）。

147. 季旭昇師：《清華大學藏戰國竹簡（壹）讀本》，（臺北：萬卷樓圖書股份有限公司，2013.11），。

148. 季旭昇師：《說文新證》，（臺北：藝文印書館，2014.9）。

149. 季旭昇師〈說釐〉，《甲骨文與文化記憶世界論壇論文集》，臺北：中研院歷史語言研究所主辦，2010.8。又見《中國文字》新 36 期，（臺北：藝文印書館，2011.1）。

150. 季旭昇師主編：《上海博物館藏戰國楚竹書（三）讀本》，（臺北：萬卷樓圖書公司，2005.10）。

151. 季旭昇師主編：《清華大學戰國竹書（壹）讀本》，（臺北：藝文印書館，2013.11）。

152. 屈萬里：〈《尚書·文侯之命》著成的時代〉，史語所集刊 29 下，1958。

153. 屈萬里：〈兕觥問題重探〉，《中央研究院歷史語言研究所集刊》第四十三本四分，（臺北：中央研究院歷史語言研究所，1971.12）。

154. 屈萬里：〈尚書文侯之命的著成時代〉，《書傭論學集》，（臺北：聯經 出版事業 公司，1984）。

155. 屈萬里：《先秦文史資料考辨》，（臺北：聯經 出版事業 公司，1985.3）。

156. 屈萬里：《尚書集釋》，（臺北：聯經 出版事業 公司，2010.10）。

157. 屈萬里注譯：《尚書今注今譯》，（臺北：臺灣商務印書館，1969.9）。

158. 林宏佳：〈兩周金文君臣字詞疏解四則〉，《第二十七屆中國文字學國際學術研討會論文集》，（臺中：臺中教育大學，2016.5.13-14）。

159. 林宏佳：〈訓「矧」〉，《臺大中文學報》第 30 期（2009.6）。

160. 林志鵬：〈戰國楚竹書《彭祖》考論（一）——兼論《漢志》「小說家」之成立〉，武漢網，2007.08.18。

161. 林清源師：〈《上博九‧陳公治兵》通釋〉，「第四屆古文字與古代史國際學術研討會——紀念董作賓先生逝世五十周年」（會議用論文），《古文字與古代史》第四輯，（臺北：中央研究院歷史語言研究所，2015.2）。

162. 林清源師：〈楚簡「陶」字考釋〉，《戰國文字研究的回顧與展望》，（上海：復旦大學出土文獻與古文字研究中心），（上海：中西書局，2017.8.1）。

163. 林清源師：《傳抄古文疏正》（待刊稿）。

164. 林義光：《文源》，（上海：中西書局，2012.3）。

165. 林慶彰：〈《孔子詩論》與《詩序》之比較研究〉，《經學研究集刊》創刊號，（高雄：高雄師範大學，2005.10）。

166. 林澐：〈再論掛繮勾〉，《林澐學術文集》，（北京：中國大百科全書出版社，1998.12）。

167. 林澐：〈關於青銅弓形器的若干問題〉，《社會科學論叢（2）歷史專輯》，（長春：吉林大學社會科學學報編輯部，1980.4），又見《林澐學術文集》，（北京：中國大百科全書出版社，1998.12）。

168. 河南省文物考古研究所編著：《新蔡葛陵楚墓》，（鄭州：大象出版社，2003.10）。

169. 邱燮友、周何、田博元編著：《國學導讀》，（臺北：三民書局，1993）。

170. 邵增樺：《韓非子今註今譯》，（臺北：臺灣商務印書館，1995.9）。

171. 金宇祥：〈談清華伍〈命訓〉與左塚漆棋局的耕字〉，復旦網，2016.1.16。

172. 金宇祥：〈據清華伍釋讀楚文字二則〉，《第二十七屆中國文字學國際學術研討會》，臺中：臺中教育大學，2016.5.13-14。

173. 金宇祥〈《清華五‧封許之命》的「𨛜」字〉，復旦網，2015.8.5。

174. 侯乃峰：〈《周易‧姤卦》「金柅」考辨〉，《周易研究》，2010 年第 6 期。

175. 侯乃峰：〈古文字中的「助」字補說〉，李學勤、馮克堅主編：《中國文字博物館系列叢書‧第五屆中國文字發展論壇論文集》，（鄭州：中州古籍出版社，2015.10）。

176. 侯乃峰：〈釋清華簡（伍）《命訓》篇的「耒」字〉，《戰國文字研究的回顧與展望國際學術研討會論文集》，上海：復旦大學，2015.12.12-13。

177. 俞紹宏、劉曉凱、朱小彤：〈交流研究成果探討發展方向──中國文字學研究與發展高層論壇暨中國文字學會第三屆理事會第四次會議綜述〉，《中國文字學報》，2015 年第 1 期。

178. 俞樾：《諸子平議》，（北京：中華書局，1954）。

179. 姚治中：〈《厚父》簡的歷史價值〉，《皖西學院學報》，第 32 卷第 4 期（2016.8）。

180. 施謝捷：〈《漢印文字徵》及其《補遺》校讀記（一）〉，《出土文獻與古文字研究》第二輯，（上海：復旦大學出版社，2008.8）。

181. 施謝捷：《首陽齋藏子犯鬲銘補釋》，《中國古代青銅器國際研討會論文集》，（上海：香港中文大學文物館，2010.11）。

182. 段玉裁：《詩經小學》，收入《續修四庫全書》第 64 冊，（上海：上海古籍出版社，2002.3）。

183. 胡厚宣：〈釋「余一人」〉，《歷史研究》，1957 年 1 期。

184. 唐元發：〈《逸周書》成書於戰國初期〉，《南昌大學學報（人文社會科學版）》，第 37 卷第 6 期，2006.11。

185. 唐蘭：《西周青銅器銘文分代史徵》，（北京：中華書局，1986.12）。

186. 唐蘭：《唐蘭先生金文論集》，（北京：紫禁城出版社，1995.10）。

187. 夏含夷：〈《鄭文公問太伯》與中國古代文獻抄寫的問題〉，武漢大學簡帛研究中心：《簡帛》第十四輯，（上海：上海古籍出版社，2017.5）。

188. 夏含夷：〈清華五〈命訓〉簡、傳本異文考〉，《古文字研究》第 31 輯，《古文字研究會第 21 屆年會論文集》，（北京：中華書局，2016.10）。

189. 夏商周斷代工程專家組編著：《夏商周斷代工程 1996～2000 年階段成果報告·簡本（夏商周書·研究報告）》，（北京：世界圖書出版公司，2000.10）。

190. 夏鼐：〈商代玉器的分類、定名和用途〉，《考古》，1983 年第 5 期。

191. 孫合肥:〈清華簡「夏」字補說〉,首屆古文字與出土文獻語言研究國際學術研討會會議論文集,廣州:華南師範大學出土文獻語言研究中心,2016.12.16-19。

192. 孫偉龍:《《上海博物館藏戰國楚竹書》文字羡符研究》,吉林大學博士論文,2009。

193. 孫詒讓:《周禮正義》第 8 冊,(北京:中華書局,1987.12)。

194. 孫稚雛:〈金文釋讀中一些問題的探討〉,《古文字研究》第九輯,(北京:中華書局,1984.1)。

195. 孫機:〈商周的「弓形器」〉,《中國古輿服論叢》,(北京:文物出版社,2001.12)。

196. 容庚編著,張振林、馬國權摹補:《金文編》,(北京:中華書局,2004.8)。

197. 倓中舒·〈鄦氏編鐘考釋〉,《歷史論文選輯》,(北京:中華書局,1998.9)。

198. 徐元誥撰;王樹民、沈長雲點校:《國語集解》,(北京:中華書局,2002.6)。

199. 徐文鏡:《古籀彙編》,(上海:上海出版社,1998.4)。

200. 徐在國:〈上博竹書(二)文字雜考〉,簡帛網,2003.1.14。又見《學術界》,2003 年第 1 期(總第 98 期)。

201. 徐在國:〈清華五《命訓》「𡴎」字試析〉,清華簡《繫年》與古史新探學術研討會會議論文集,2015.10.30。

202. 徐在國:〈談新蔡葛陵楚簡中的幾支車馬簡〉,簡帛網,2003.12.13,又見《簡帛》第二輯,(上海:上海古籍出版社,2007.11)。

203. 徐在國:《上博楚簡文字聲系(一~八)》,(合肥:安徽大學出版社,2013.12)。

204. 徐在國:《傳抄古文字編》,(北京:線裝書局,2006.11)。

205. 徐芷儀:《金文編考證》,1968,手寫稿。

206. 荊門市博物館:《郭店楚墓竹簡》,(北京:文物出版社,1998.5)。

207. 袁倫強、李發認為「瑚」字是從「扶」聲,袁倫強、李發:〈釋「扶」〉,「第六屆出土文獻研究與比較字學全國博士生學術論壇」會議論文,重慶:西南大學研究生院,2016.10.25-28。

208. 馬文增:〈清華簡〈厚父〉為「太甲」與「伊尹」之對話實錄〉,武漢網,2015.5.9。

209. 馬文增：〈清華簡〈厚父〉新釋、簡注、白話譯文〉，武漢網，2015.5.12。

210. 馬承玉：〈《逸周書》之名始於《說文》〉，《江漢論壇》1985 年第 5 期。

211. 馬承源：〈戎生鐘銘文的討論〉，保利藏金編輯委員會編：《保利藏金》，（廣州：嶺南美術出版社，1999.9）。

212. 馬承源：《上海博物館藏戰國楚竹書（二）》，（上海：上海古籍出版社，2002.12）。

213. 馬承源：《上海博物館藏戰國楚竹書（四）》，（上海：上海古籍出版社，2004.12）。

214. 馬承源：《上海博物館藏戰國楚竹書（六）》，（上海：上海古籍出版社，2007.7）。

215. 馬承源主編：《商周青銅器銘文選》（三），（北京：文物出版社，1988.4）。

216. 馬楠：〈《尚書》、金文互證三則〉，《古代史與文物研究》，2014 年第 11 期。

217. 馬楠：〈清華簡第五冊補釋六則〉，《出土文獻》第六輯，（上海：中西書局，2015.4）。

218. 高亨、董治安編纂：《古字通假會典》，（濟南：齊魯書社，1997.7）。

219. 高佑仁：〈《曹沫之陣》「早」字考釋——從楚系「來」形的一種特殊寫法談起〉，《簡帛》第一輯，（上海：上海古籍出版社，2006.10）。

220. 高佑仁：《上海博物館藏戰國楚竹書（四）曹沫之陣研究》，（臺北：花木蘭文化事業有限公司，2008.3）。

221. 高佑仁：〈〈上博八〈有皇將起〉字詞考釋〉，第二十六屆中國文字學國際學術研討會，逢甲大學中文系，2015.5.29-30。

222. 高明、涂白奎：《古文字類編（增訂本）》，（上海：上海古籍出版社，2008.8）。

223. 高廣仁、邵望平：〈史前陶鬶初論〉，《考古學報》，1981 年第 4 期。

224. 高鴻縉：《中國字例》，（臺北：三民書局，1992.10）。

225. 崔仁義：《荊門郭店楚簡〈老子〉研究》，（北京：科學出版社，1998.10）。

226. 張光裕：〈出土古文字材料與經典詮釋〉，《文獻及語言知識與經典詮釋的關係》，（臺北：臺灣大學出版中心，2004.6）。

227. 張宇衛：〈甲骨卜辭「裸」字句型研究〉，第二十七屆中國文字學國際學術研討會，臺中教育大學，2016.5.13-14。

228. 張利軍：〈清華簡《厚父》的性質與時代〉，《管子學刊》，2016 年第 3 期。

229. 張政烺：《周厲王胡簋經典釋文》，《古文字研究》（第 3 輯）（北京：中華書局，1980.11）。

230. 張洪波：〈《逸周書》各篇章的思想與著作時代質疑〉，《三峽大學學報（人文社會科學版）》，2009 年第 2 期。

231. 張惟捷：〈甲骨文研究二題——說 冊 與 ⿱ （助）〉，《殷都學刊》，2013 年第 3 期。

232. 張連航：〈從《清華簡》〈皇門〉、〈傅說之命〉、〈命訓〉等篇看《逸周書》編撰成書的過程〉，《出土文獻與先秦經史國際學術研討會論文集（下）》，2015.10.16-17。

233. 張連航：〈清華簡〈命訓〉篇中的 ⿰ 字〉，《中國古文字研究會第 21 屆年會散發論文集》，北京·中國古文字研究會及清華大學出土文獻研究與保護中心主辦，2016.10.21。

234. 張富海：〈清華簡字詞補釋三則〉，《古文字研究》第 31 輯，《古文字研究會第 21 屆年會論文集》，（北京：中華書局，2016.10）。

235. 張覺：《韓非子全譯》，（貴陽：貴州人民出版社，1992）。

236. 曹方向：〈讀清華簡〈厚父〉短劄〉，武漢網，2015.4.11。

237. 曹錦炎：《宗人鼎銘文與西周時期的燕禮》，《古文字研究》第 31 輯，，古文字研究會第 21 屆年會論文集，（北京：中華書局，2016.10）。

238. 梁啟雄：《荀子柬釋》，（上海：上海書局，1936）。

239. 清華大學出土文獻研究與保護中心：〈《清華大學藏戰國竹簡》（伍）成果發佈會在京召開〉，清華網，2015.4.9。

240. 清華大學出土文獻研究與保護中心編，李學勤主編：《清華大學藏戰國竹簡（壹）》，（上海：中西書局，2010.12）。

241. 清華大學出土文獻讀書會：〈清華簡第五冊整理報告補正〉，清華網，2015.4.8。

242. 章太炎：《國故論衡》，收入《章氏叢書》，（臺北：世界書局，1982.4）。

243. 許文獻：〈清華《封許之命》簡 2 从 棄 之疑例續說〉，復旦網，2017.5.25。

244. 許進雄：《古文諧聲字根》，（臺北：臺灣商務印書館，1995.9）。

245. 許慎撰、段玉裁注：《說文解字注》，經韵樓藏版，（臺北：洪葉出版事業有限公司，

1999.11）。

246. 許維遹撰，梁運華整理：《呂氏春秋集釋》（北京：中華書局，2009.9）。

247. 許學仁師：〈《清華五‧封許之命》所載賞賜名物箚記〉，中國文字學會第三屆學術年會，（北京：中國人民大學文學院，2015.8.22-23）。

248. 連邵名：〈銀雀山漢簡〈曹氏陰陽〉研究〉，《中原文物》，2007年第2期。

249. 郭永秉：〈清華簡與古史傳說（三題）〉，「《清華大學藏戰國竹簡》與儒家經典專題國際學術研討會」，煙臺：山東省教育廳主辦、煙臺大學和清華大學承辦（2014.12.4-8）。

250. 郭永秉：〈談談戰國楚地簡冊文字與秦文字值得注意的相合相應現象〉，《戰國文字研究的回顧與展望國際學術研討會論文集》，上海：復旦大學，2015.12.12-13。

251. 郭永秉：〈簡說清華簡〈厚父〉篇應屬《夏書》而非《周書》〉，武漢網，2015.5.6。又見《出土文獻與古代文明論文集》，北京：中國人民大學，2015.6.6-7。又見《出土文獻》第七輯，（上海：中西書局，2015.10）。

252. 郭永秉：〈釋上博藏西周寓鼎銘文中的「𩰋」字〉，復旦網，2009.10.3。

253. 郭永秉：《釋三晉銘刻「鬲」字異體》，《簡帛》第六輯，（上海：上海古籍出版社，2011.11）。

254. 郭沫若：〈由壽縣蔡器論到蔡墓的年代〉，《考古學報》，1956年第1期。又見《文史論集》，（北京：人民出版社，1961.1）。

255. 郭沫若：〈長安縣張家坡銅器群銘文彙釋〉，《考古學報》，1962年第1期。

256. 郭沫若：《郭沫若全集‧考古編》（第五卷），（北京：科學出版社，2002.10）。

257. 郭維茹：〈今文《尚書》「惟」字分裂句初探〉，《臺大文史哲學報》第八十五期，2016.11。

258. 郭寶鈞：《浚縣辛村》，（北京：科學出版社，1964.10）。。

259. 陳松長、吳振紅著：〈上博楚簡書體特徵個案分析〉，《湖南大學學報》（社會科學版），2010.4。

260. 陳秉新：〈從𡘜及從𡘜之字〉，《古文字研究》第25輯，（北京：中華書局，2004.10）。

261. 陳昭容：〈釋古文字中的「羋」及從「羋」諸字〉，《中國文字》新22期（李陸琦教授

逝世紀念特刊），（臺北：藝文印書館，1997.12）。

262. 陳美蘭：〈清華簡〈封許之命〉小議〉，第二屆古文字學《青年論壇》，2016.1.28-29。

263. 陳美蘭：〈清華簡〈封許之命〉札記三則〉，《中國文字》新 43 期，（臺北：藝文印書館，2017.3）。

264. 陳美蘭：〈說幽——兼談〈蘭賦〉「幽中」〉，《中國文字》，新 37 期，（臺北：藝文印書館，2011.12）。

265. 陳英傑：《西周金文作器用途銘辭研究》，（北京：線裝書局，2008.10）。

266. 陳偉：〈《上海博物館藏戰國楚竹書》（二）零釋〉，簡帛網，2003.03.17。

267. 陳偉：〈讀《清華竹簡〔伍〕》简記（三則）〉，武漢網，2015.4.11。

268. 陳偉：《楚地出土戰國簡冊〔十四種〕》，（北京：經濟科學出版社，2009.9）。

269. 陳偉武：〈荊門左塚楚墓漆梮文字釋補〉，復旦網，2009.7.21。

270. 陳偉武：〈簡帛兵學文獻軍術考述〉，《華學》，第一輯，（廣州：中山大學出版社，1995.8）。

271. 陳斯鵬：〈唐叔虞方鼎銘文新解〉，《古文字學論稿》，（合肥：安徽大學出版社，2008.4）。

272. 陳新雄師：《古音研究》，（臺北：五南圖書出版股份有限公司，1999.4）。

273. 陳嘉凌：〈〈昔者君老〉譯釋〉，《上海博物館藏戰國楚竹書（二）讀本》，（臺北：萬卷樓圖書股份有限公司，2003.7）。

274. 陳夢家：〈西周銅器斷代〉，《燕京學報》新 1 期，1995.8。

275. 陳夢家：《中國文字學》，（北京：中華書局，2006.7）。

276. 陳夢家：《西周銅器斷代》，（北京：中華書局，2004.4）。

277. 陳夢家：《尚書通論》，（石家莊：河北教育出版社，2000.12）。

278. 陳劍：〈《清華簡（伍）》與舊說互證兩則〉，復旦網，2015.4.14。

279. 陳劍：〈上博竹書《仲弓》篇新編釋文〉，《戰國竹書論集》，（上海：上海古籍出版社，2013.12）。

280. 陳劍：〈上博竹書《周易》異文選釋（六則）〉，《戰國竹書論集》，（上海：上海古籍出版社，2013.12）。

281. 陳劍：〈上博簡《子羔》、《從政》篇的拼合與編連問題小議〉，簡帛網，2003.1.8。

282. 陳劍：〈上博簡《容成氏》的拼合與編連問題〉，簡帛網，2003.1.9。

283. 陳劍：〈甲骨金文舊釋「鼎」之字及相關諸字新釋〉，《出土文獻與古文字研究（第二輯）》，（上海：復旦大學出版社，2008.8）。

284. 陳劍：〈早期古文字「一形多用」綜論資料長編〉，未刊稿。

285. 陳劍：〈金文字詞零釋（四則）〉，復旦網，2008.2.5。

286. 陳劍：〈青銅器自名代稱、連稱研究〉，《中國文字研究》第一輯，（廣西：廣西教育出版，1999）。

287. 陳劍：〈楚簡「畀」字試解〉，武漢大學簡帛研究中心、臺灣大學中文系、芝加哥大學顧立雅中國古文字學中心主辦：「中國簡帛學國際論壇 2008」論文，芝加哥：芝加哥大學，2008.10.31-11.2。又見《簡帛》第四輯，（上海：上海古籍出版社，2009.10）。

288. 陳劍：〈說「規」等字並論一些特別的形聲字意符〉，「源遠流長：漢字國際學術研討會暨 AEARU 第三屆漢字文化研討會」論文，2015.4.11-12，北京大學。

289. 陳劍：〈簡談對金文「葳戀」問題的一些新認識〉，復旦網，2017.5.5。

290. 陳劍：〈釋西周金文中的「厷」字〉，《甲骨金文考釋論集》，（北京：線裝書局，2007.4）。

291. 陳劍：〈釋造〉，《出土文獻與古文字研究》第一輯，（上海：上海復旦大學出版社，2006.12）。

292. 陶曲勇：〈戰國文字源於西周俗體之疏證〉，中國古文字研究會第二十一屆年會散發論文集，2016.10.18。又見《長沙大學學報》2017 年第 3 期。

293. 單育辰：〈《清華大學藏戰國竹簡（伍）》釋文訂補〉，《戰國文字研究的回顧與展望國際學術研討會論文集》，（上海：復旦大學，2015.12.12-13）。

294. 單育辰：〈甲骨文所見的動物「麋」和「鷹」〉，復旦網，2009.09.23。又見《甲骨文與殷商史》新二輯，（上海：上海古籍出版社，2011.11）。

295. 單育辰：〈佔畢隨錄之十八〉，武漢網，2015.4.22。

296. 單育辰：〈作冊嗌卣初探〉，復旦網，2012.3.3。又見《出土文獻研究》第十一輯，（上

海：中西書局，2012.12）。

297. 單育辰：《郭店《尊德義》《成之聞之》《六德》三篇整理與研究》，（北京：科學出版社，2015.11）。

298. 富祥：〈《厚父》簡 1「朕」字臆說〉，武漢網，2015.4.28。

299. 湖北省考古文物研究所、北京大學中文系編：《望山楚簡》，（北京：中華書局，1995.6。

300. 湖北省荊沙鐵路考古隊：《包山楚簡》，（北京：文物出版社，1991.10）。

301. 湖北省博物館：《曾侯乙墓》，（北京：文物出版社，1989.7）。

302. 湯志彪：《三晉文字編》，（北京：作家出版社，2013.10）。

303. 湯餘惠．《戰國文字編》，（福州：福建人民出版社，2001.12）。

304. 程元敏《尚書學史》，（上海：華東師範大學出版社，2013）。

305. 程浩：〈《封許之命》與冊命「書」〉，《出土文獻》第七輯，（上海：中西書局，2015.10）。又見《中國典籍與文化》，2016 年第 1 期。

306. 程浩：〈清華簡〈厚父〉「周書」說〉，《出土文獻》第五輯，（上海：中西書局，2014）。

307. 程浩：〈清華簡同簡同字異構例〉，《古文字研究》第 31 輯，古文字研究會第 21 屆年會論文集，北京：中華書局，2016.10。

308. 程浩：〈釋清華簡命訓中對應今本「震」之字－－兼談《歸藏》、《筮法》的「震」卦卦名〉，《出土文獻》第六輯，（上海：中西書局出版，2015.4）。

309. 程訓義：《中國古印──程訓義古璽印集存》，（石家莊：河北美術社，2007.2）。

310. 程燕：〈清華五札記二則〉，《古文字研究》第 31 輯，《古文字研究會第 21 屆年會論文集》，（北京：中華書局，2016.10）。

311. 程燕：〈清華五箚記〉，武漢網，2015.4.10。

312. 華東師範大學中文系出土文獻研究工作室：〈讀《清華大學藏戰國竹簡（伍）》書後（一）〉，武漢網，2015.4.12。

313. 華東師範大學中文系出土文獻研究工作室：〈讀《清華大學藏戰國竹簡（伍）》書後（二）〉，武漢網，2015.4.13。

314. 華東師範大學中文系出土文獻研究工作室：〈讀《清華大學藏戰國竹簡（伍）》書後（三）〉，武漢網，2015.4.17。

315. 華學誠匯證，王智群、謝榮娥、王彩琴協編：《揚雄方言校釋匯證》，（北京：中華書局，2006.9）。

316. 馮勝君：〈從出土文獻看抄手在先秦文獻傳佈過程中所產生的影響〉，收入《簡帛》第四輯，上海古籍出版社，2009。

317. 馮勝君：〈試說東周文字中部分「嬰」及从「嬰」之字的聲符－－兼釋甲骨文中的「瘦」和「頸」〉，「出土文獻與傳世典籍的詮釋－－紀年譚樸森先生逝世兩周念國際研討會」論文，2009.6。又見復旦網，2009.7.30。又見《出土文獻與傳世典籍的詮釋－－紀念譚樸森先生逝世兩周年國際學術研討會論文集》，（上海：上海古籍出版社，2010.10）。

318. 黃天樹：〈禹鼎銘文補釋〉，收於張光裕、黃德寬主編：《古文字學論稿》，（合肥：安徽大學出版社，2008.4）。

319. 黃國輝：〈清華簡《厚父》新探〉，《出土文獻與先秦經史國際學術研討會論文集（上）》，香港：香港大學，2015.10.16-17。

320. 黃國輝：〈清華簡《厚父》新探——兼談用字和書寫之於古書成篇與流傳的重要性〉，《清華大學學報（哲學社會科學版）》，2016 年第 3 期（第 31 卷）。

321. 黃國輝：〈清華簡《厚父》補釋〉，復旦網，2015.4.27。

322. 黃國輝：〈清華簡《厚父》補釋一則〉，武漢網，2015.4.30。

323. 黃甜甜：〈以出土文獻疏證《說文解字》揭示的漢語字詞關係〉，第二十七屆中國文字學國際學術研討會，臺中：臺中教育大學，2016.5.13-14。

324. 黃甜甜：〈由清華簡三篇論《逸周書》在後世的改動〉，《中華文史論叢》，2016 年第 2 期（總第 122 期）。

325. 黃然偉：《殷周青銅器賞賜銘文研究》，（香港：龍門書店，1978.9）。

326. 黃暉：《論衡校釋（附劉盼遂集解）》，（北京：中華書局，1990.2）。

327. 黃銘崇：〈弓末器及其相關問題〉，《故宮學術季刊》，第 20 卷第 4 期，2003 年夏季號。

328. 黃銘崇：〈商代的鑾及其相關問題〉，《古今論衡》，第 17 期（2007.12）。

329. 黃德寬主編：《古文字譜系疏證》，（北京：商務印書館，2007.5）。

330. 黃澤鈞：〈清華簡《尹誥》研究四題〉，《思辨集》第 15 集（2012.6）。

331. 黃澤鈞：〈讀清華伍札記〉，成功大學中文系主辦：「海東論壇」研究生論文發表會，
     2015.6.26。

332. 黃錦前：〈有兒簋釋讀及相關問題〉，復旦網，2012.6.1。

333. 黃錫全：《古文字論叢》，（臺北：藝文印書館，1999.10）。

334. 黃懷信、張懋鎔、田旭東撰，李學勤審定：《逸周書彙校集注》（修訂本），（上海：上
     海古籍出版社，2014.12）。

335. 黃懷信：〈清華簡《皇門》校讀〉，武漢網，2011.3.14。

336. 黃懷信：《逸周書校補注譯》（修訂本），（西安：三秦出版社，2006.9）。

337. 黃懷信：《逸周書源流考辨》，（西安：西北大學出版社，1992.1）。

338. 楊安：〈「助」、「叀」考辨〉，《中國文字》新三十七期，（臺北：藝文印書館，2011.12）。

339. 楊安：〈「助」字補說〉，復旦網，2011.4.26。

340. 楊伯峻：《春秋左傳注》，（北京：中華書局，1981.3）。

341. 楊坤：〈再說《梁惠王下》孟子引《書》出處〉，武漢網，2015.5.28。

342. 楊坤：〈跋清華竹書〈厚父〉〉，武漢網，2015.4.10。

343. 楊明明：〈釋毛公鼎「庸有聞」及相關問題〉，復旦網，2010.9.10。

344. 楊英傑：〈先秦古車挽馬部分鞍具與馬飾考辨〉，《文物》，1988 年第 2 期。

345. 楊家剛：〈追述先王與夏殷之鑒：清華竹簡《厚父》與《尚書》篇目之比較稿〉，復旦
     網，2015.1.5。

346. 楊家剛：〈𣂏公盨銘文與清華簡《厚父》及《尚書》合論（稿）〉，《2016 北大金文博士
     論文集》，「商周金文、青銅器與商周歷史」博士生論壇，北京：北京大學歷史學系、
     北京大學中國古代史研究中心暨北京大學出土文獻研究所，2016.12.23-25。

347. 楊振紅、鄔文玲主編：《簡帛研究二０一六春夏卷》，（桂林：廣西師範大學出版社，

2016.6）。

348. 楊朝明：〈《逸周書》「周訓」與儒家的人性學說——從《逸周書・度訓》等篇到郭店楚簡《性自命出》〉，《國學學刊》，2009 年第 3 期。又見孔子 2000 網，2010.4.8。

349. 楊朝明：《出土文獻與儒家學術研究》，（臺北：臺灣古籍出版社，2007.4）。

350. 楊澤生：〈談清華簡《厚父》篇比較特殊的斜畫飾筆〉，《戰國文字研究的回顧與展望國際學術研討會論文集》，上海：復旦大學，2015.12.12-13。

351. 楊錫全：〈出土文獻重文用法新探〉，復旦網，2010.5.10。

352. 楊寶成：《殷墟文化研究》，（武漢：武漢大學出版社，2002.2）。

353. 葉玉英：〈中古精母來源之古文字學證據〉，《中國文字》新三十五期，（臺北：藝文印書館，2010.6）。

354. 葉玉英：〈論甲骨文中飾筆產生的原因及其演變趨勢和性質〉，「紀念中山大學古文字學研究室成立 60 週年學術研討會」（散發論文），廣州：中山大學，2016.12.2-5。

355. 董珊：〈越者汈鐘銘新論〉，復旦網，2008.03.01，又見《東南文化》，2008 年 2 期。

356. 董珊：〈讀〈上博藏戰國楚竹書（四）〉雜記〉，簡帛研究網，2005.2.20。

357. 董蓮池：《新金文編》，（北京：作家出版社，2011.10）。

358. 裘錫圭：〈𧅢公盨銘文考釋〉，《中國歷史文物》，2002 年第 6 期。又收入《𧅢公盨》，（北京：線裝書局，2002.10），又見《中國出土古文獻十講》，（上海：復旦大學出版社，2008.11）

359. 裘錫圭：〈北京大學中國古文獻研究中心郭店楚墓竹簡研究項目介紹〉，中國文物研究所編：《出土文獻研究（第六輯）》，（上海：上海古籍出版社，2004.12）。

360. 裘錫圭：〈糾正我在郭店〈老子〉簡釋讀中的一個錯誤－－關於「絕偽棄詐」〉，《郭店楚簡國際學術研討會論文集》，（武漢：湖北人民出版社，2000.5）。

361. 裘錫圭：〈是「恆先」還是「極先」〉，國立臺灣大學中國文學系、武漢大學簡帛研究中心、芝加哥大學顧立雅古文字學研究中心主辦：2007 中國簡帛學國際論壇論文，2007.11.10-11。又見復旦網，2009.6.2。

362. 裴錫圭:〈殷墟甲骨文字考釋（七篇）〉,《湖北大學學報》,1990 年第 1 期。

363. 裴錫圭:〈郭店〈老子〉簡初探〉,《道家文化研究（「郭店楚簡」專號）》第十七輯,
（香港:生活‧讀書‧新知三聯書店,1999.8）。

364. 裴錫圭:〈戰國貨幣考（十二篇）〉,《北京大學學報（哲學社會科學版）》,1978 年第 2
期。

365. 裴錫圭:〈戰國璽印文字考釋三篇〉,《古文字研究》第十輯,（北京:中華書局,1983.7）。

366. 裴錫圭:〈關於〈老子〉的「絕仁棄義」和「絕聖」〉,《出土文獻與古文字研究》第一
輯,（上海:復旦大學出版社,2006.12）。

367. 裴錫圭:〈釋「蚰」「莽」〉,《古文字論集》,（北京;中華書局,1992.8）。

368. 裴錫圭:〈釋古文字中的有些「恩」字和從「恩」、從「兒」之字〉,復旦網,2008.12.15。
又見《出土文獻與古文字研究》第 2 輯,（上海:復旦大學出版社,2008.8）。

369. 裴錫圭:〈釋郭店〈緇衣〉「出言有，黎民所訂」——兼說「訂」為「針」之初文〉,《古
墓新知——紀念郭店楚簡出土十周年論文專輯》,（香港:國際炎黃文化出版社,
2003.12）。又見《中國出土古文獻十講》,（上海:復旦大學出版社,2004.12）。

370. 裴錫圭:《文字學概要（修訂本）》,（北京:商務印書館,2013.7）。

371. 裴錫圭:《古文字論集》,（北京:中華書局,1992.8）。

372. 裴錫圭:《裴錫圭學術文集 1:甲骨文卷》,（上海:復旦大學出版社,2012.6）。

373. 裴錫圭:《裴錫圭學術文集 2:簡牘帛書卷》,（上海:復旦大學出版社,2012.6）。

374. 裴錫圭:《裴錫圭學術文集 3:金文及其他古文字卷》,（上海:復旦大學出版社,2012.6）。

375. 裴錫圭:《裴錫圭學術文集 4:語言文字與古文獻卷》,（上海:復旦大學出版社,2012.6）。

376. 裴錫圭:《裴錫圭學術文集 5:古代歷史、思想、民俗卷》,（上海:復旦大學出版社,
2012.6）。

377. 裴錫圭:《裴錫圭學術文集 6:雜著卷》,（上海:復旦大學出版社,2012.6）。

378. 裴錫圭主編:《長沙馬王堆漢墓簡帛集成》,第四冊,（北京:中華書局,2014.6）。

379. 詹鍈:《李白全集校注匯釋集評》,（天津:百花文藝出版社,1996.12）。

380. 賈連翔：〈談〈厚父〉中的「我」〉，《古文字研究》第 31 輯，（北京：中華書局，2016.10）。

381. 賈連翔：〈釋《厚父》中的「我」字〉，第二屆古文字學《青年論壇》，臺北：中央研究院歷史語言研究所，2016.1.28-29。

382. 鄒芙都：《商周青銅器與先秦史研究論叢》，（北京：科學出版社，2017.6）。

383. 鄔可晶：〈釋青銅器銘文中處於自名位置的「盙」、「盟」等字〉，《出土文獻與古文字研究》第四輯，（上海：上海古籍出版社，2011.12）。

384. 聞一多：〈周易義證類纂〉，《聞一多全集·古典新義》，（北京：三聯書店，1982.8）。

385. 與聞：〈李學勤先生在簡帛研究中心作學術報告〉，武漢網，2014.5.21。

386. 蒙文通：《經學抉原》，（上海：上海人民出版社，2006.7）。

387. 趙平安：〈〈厚父〉的性質及其蘊含的夏代歷史文化〉，《文物》，2014 年第 12 期。

388. 趙平安：〈談談戰國文字中值得注意的一些現象——以清華簡〈厚父〉爲例〉，第一屆漢字漢語文化國際學術研討會，美國：奧克拉荷馬大學，2014.8.15-17，又見《出土文獻與古文字研究》第六輯，（上海：上海古籍出版社，2015.2）。

389. 趙平安：〈戰國文字 的來源考辨〉，《深圳大學學報（人文社會學版）》，第 30 卷第 1 期（2013.1）。

390. 趙平安：〈釋清華簡《命訓》中的「耕」字〉，《深圳大學學報（人文社會科學版）》，2015 年第 3 期。

391. 趙彤：〈以母的上古來源及相關問題〉，《語言研究》，2005 年 4 期。

392. 銀雀山漢墓竹簡整理小組：《銀雀山漢墓竹簡〔壹〕》，（北京：文物出版社，1985.9）。

393. 劉永華：《中國古代車輿馬具》，（上海：上海辭書出版社，2002.1）。

394. 劉成群：〈清華簡《封許之命》「侯于許」初探〉，《中原文化研究》，2016 年第 5 期。

395. 劉雨、盧岩編著：《近出殷周金文集錄》，（北京：中華書局，2002.9）。

396. 劉信芳：〈荊門郭店楚簡老子文字考釋〉，《中國古文字研究》第一輯，（長春：吉林大學出版社，1999.6）。

397. 劉信芳：〈戰國簡牘帛書標點符號釋例〉，《文獻》，2012 年第 2 期（2012.4）。

398. 劉信芳：《孔子詩論述學》，（合肥：安徽大學出版社，2003.1）。

399. 劉信芳：《包山楚簡解詁》，（臺北：藝文印書館，2003.1）。

400. 劉洪濤：〈叔弓鐘及鎛銘文「剗」字考釋〉，復旦網，2010.5.29。又見《中國文字》新三十五期，（臺北：藝文印書館，2010.6）。

401. 劉洪濤：〈說「爭」、「靜」是「耕」的本字〉，復旦網，2010.4.9。

402. 劉洪濤：〈釋「韓」〉，《古文字研究》第三十一輯，（北京：中華書局，2016.10）。

403. 劉洪濤：〈讀清華大學藏戰國竹簡第五冊散札〉，第二屆古文字學《青年論壇》，臺北：中央研究院歷史語言研究所，2016.1.28-29

404. 劉剛：〈說僕及其相關諸字〉，復旦網，2008.12.30。

405. 劉釗、洪颺、張新俊編纂：《新甲骨文編》，（福州：福建人民出版社，2009.5）。

406. 劉釗：〈利用郭店楚簡字形考釋金文一例〉，《古文字研究》第二十四輯，（北京：中華書局，2002.7）。

407. 劉釗：《古文字構形學》，（福州：福建人民出版社，2006.1）。

408. 劉釗：《郭店楚簡校釋》，（福州：福建人民出版社，2003.12）。

409. 劉偉浠：〈《清華大學藏戰國竹簡（五）》研究綜述〉，《牡丹江師範學院學報（哲學社會版）》，2016年第4期。

410. 劉偉浠：〈《清華大學藏戰國竹簡（五）》疑難字詞集釋〉，復旦網，2016.5.10。

411. 劉國忠：〈清華大學清華簡《命訓》中的命論補正〉，《出土文獻與先秦經史國際學術研討會論文集（上）》，（香港：香港大學2015.10.16-17）。

412. 劉國忠：〈清華簡《命訓》初探〉，《深圳大學學報（人文社會科學版）》，2015年第3期（第32卷）。

413. 劉國忠：《走近清華簡》，（北京：高等教育出版社，2011.4）。

414. 劉傳賓：〈讀簡札記三則〉，《中國文字研究》第二十二輯，2015年第2期（2015.12）。

415. 滕壬生：《楚系簡帛文字編》（增訂版），（武漢：湖北教育出版社，2008.10）。

416. 滕壬生：《楚系簡帛文字編》，（武漢：湖北教育出版社，1995.7）。

417. 蔡一峰：〈清華五字詞零釋四則〉，第五屆「出土文獻與比較文字學全國博士生論壇」，2015.10.21-22，又收入楊振紅、鄔文玲主編：《簡帛研究二〇一六春夏卷》，（桂林：廣西師範大學出版社，2016.6）。

418. 蔡一峰：〈讀清華伍《命訓》札記二則〉，武漢網，2015.4.14。

419. 蔡升奕：〈《逸周書》若干校注疏證〉，《語文研究》，2000 年第 4 期。

420. 蔡哲茂：〈甲骨文字考釋兩則〉，收入謝維揚、朱淵清主編：《新出土文獻與古代文明研究》，（上海：上海大學出版社，2004.4）。

421. 蔡運章：〈釋聯〉，《甲骨金文與古史研究》，（鄭州：中州古籍出版社，1993.12）。

422. 蔣善國：《尚書綜述》，（上海：上海古籍出版社，1988）。

423. 蔣禮鴻：《商君書錐指》，（北京：中華書局，1986.4）。

424. 鄧佩玲：〈古文字中「薦」及其相關諸字──從金文「用作」文例中的「薦」談起〉，發表於北京大學出土文獻與中國古代文明研究協同創新中心：《「青銅器與金文」學術研討會論文集》，2016.5.28-29。

425. 鄧佩玲：〈新見冉器銘文小議〉「紀念中國古文字學研究會成立三十周年國際學術研討會」會議論文，（吉林：長春大學古籍研究所，2008.10）。

426. 鄧佩玲：〈歷代經學家對《詩經》所見語助詞「不」、「無」的訓釋──兼談《詩經》與金文的「遐不」、「不遐」〉，「承繼與拓新：漢語語言文字學國際研討會」，2012.12.17-18，香港中文大學中國語言及文學系，香港中文大學中國語言及文學系何志華、馮勝利主編，《承繼與拓新：漢語語言文字學研究》，（香港：香港商務印書館，2014.12）。

427. 鄭憲仁：〈銅器銘文「金甬」與文獻「鸞和」之探究〉，《東海中文學報》，第 18 期（2006.7）。

428. 黎翔鳳撰，梁運華整理：《管子校注》，（北京：中華書局，2004.6）。

429. 冀小軍：〈「觚飯不及壺飧」舊說辨正〉，《中國文字》新三十八期，（臺北：藝文印書館，2012.12）。

430. 蕭旭：〈清華竹簡《皇門》校補〉，復旦網，2011.1.10。

431. 錢大昕：〈焦山鼎銘〉，陳文和主編：《嘉定錢大昕全集》，（南京：鳳凰出版社，2016.3），

第 6 冊。

432. 錢鍾書：《宋詩選註》，（北京：人民文學出版社，2000）。

433. 駱珍伊：〈試說《封許之命》的「武王司明型」〉，復旦網，2015.7.10。

434. 駱珍伊：〈談楚簡中的「羴（暴）」字〉，《第 28 屆中國文字學國際學術研討會論文集》，臺北：國立臺灣大學中國文學系、中國文字學會，2017.5.12-13。

435. 謝明文：〈《封許之命》「璁玩」補釋〉，《首屆古文字與出土文獻語言研究國際學術研討會會議論文集》，廣州：華南師範大學出土文獻語言研究中心，2016.12.16-19。

436. 謝明文：〈晉公盤銘文補釋〉，《出土文獻與古文字研究（第五輯）》，（上海：上海古籍出版社，2013.9）。

437. 謝明文：〈談談青銅酒器中所謂三足爵形器的一種別稱〉，復旦網 2015.4.1。又見《出土文獻》第 7 輯，（上海：中西書局，2015.10）。

438. 鍾柏生、陳昭容、黃崇銘、袁國華編：《新收殷周青銅器銘文暨器影彙編》，（臺北：藝文印書館，2006.4）。

439. 魏慈德：〈從傳本《命訓》與《清華簡·命訓》的對讀來看清人校注的幾個問題〉，「出土文獻 與傳世典籍的 詮釋 國際學術研討會」，上海：復旦大學出土文獻與古文字研究中心，2017.10.14-15。

440. 羅小華：〈也說望山簡中的「彤矸」〉，武漢網，2015.7.26。

441. 羅小華：〈清華簡《封許之命》簡 6 中的攸勒〉，《出土文獻綜合研究集刊》（第六輯），（成都：巴蜀書舍，2017.6）。

442. 羅家湘：《逸周書研究》，（上海：上海古籍出版社，2006.10）。

443. 羅隨祖主編：《羅福頤集——增訂漢印文字徵》，（北京：紫禁城出版社，2010.6）。

444. 鵬宇：〈《清華大學藏戰國竹簡（五）》文字訓釋三則〉，《管子學刊》，（2015 年第 2 期）。

445. 鵬宇：〈清華簡《封許之命》「荐彝」與商周觶形器再探討〉，《《清華大學藏戰國竹簡》與儒家經典專題國際學術研討會論文集》，（山東：煙臺大學，2014.12）。

446. 蘇建洲、吳雯雯、賴怡璇合著：《清華二〈繫年〉集解》，（臺北：萬卷樓圖書股份有

限公司，2013.12）。

447. 蘇建洲：〈《封許之命》研讀札記（一）〉，復旦網，2015.4.18。

448. 蘇建洲：〈荊門左塚楚墓漆梮字詞考釋四則〉，復旦網，2009.7.26。

449. 蘇建洲：〈清華簡第五冊字詞考釋〉，《出土文獻》第七輯，（上海：中西書局，2015.10）。

450. 蘇建洲：〈談〈封許之命〉的幾個錯字〉，《古文字研究》第 31 輯，古文字研究會第 21
    屆年會論文集，（北京：中華書局，2016.10）。

451. 蘇建洲：〈談清華七《越公其事》簡三的幾個字〉，復旦網，2017.5.20。

452. 蘇建洲：〈釋楚竹書幾個從「尤」的字形〉，武漢網，2008.1.1。

453. 顧頡剛、劉起紆：《尚書校釋譯論》第三冊，（北京：中華書局，2005.4）。

454. 福田哲之：〈清華簡《厚父》的時代暨其性質〉，第二屆先秦兩漢出土文獻與學術新視
    野國際研討會會議論文集，2015.10.17-18。

後記

　　2015 年 2 月，筆者從中央大學回到熟悉的母校成功大學中文系服務，同年 4 月《清華伍》公布，當時便選定該書做為下個階段的研究重點，一轉眼三年過去，呈現在讀者面前的，即是此一階段期間的成果。屬於六年級後段班的我，隨著新書的出版，竟也不知不覺即將邁入不惑之年。

　　承蒙師長們的提攜與愛護，畢業後有幸能返回母校任教，臺南氣候宜人、學風篤實，如同黃煌煇校長在新進教師座談會上所言：「能在成大教書，是上輩子種了福田。」幾年的教學生涯，著實讓我領悟為何孟子會將「得天下英才而教育之」列為人生的三樂之一。

　　回顧自己的學思歷程，影響我最深遠的是季旭昇師與沈寶春師。季旭昇師是筆者碩士班指導教授，每次向季師請益疑難字，他總能準確地指出該字的初形本義，構形見於哪件青銅器、哪篇楚簡，文例中又怎麼訓讀，退而翻檢資料，若合符節。筆者研究古文字的方法與路數，深受季師的啟發。直至今日，季師對我的影響已超越文字考釋的層次，進一步昇華為一生學術志業的精神感召。而季門的學長姊，如蘇建洲教授、陳美蘭教授、羅凡晸教授、鄭憲仁教授，都是我在教研生活中，長期學習與效法的榜樣。

　　沈寶春師是筆者博士班指導教授，沈師「嚴以律己」，每天一定準時進研究室，早出晚歸、風雨無阻、全年無休，學生們因此戲稱其研究室為「7-11」。小到論文摘要，大到各類學術申請、審查、結案報告、論文等，她一定準時繳交。於成大任教二十五年，卻不曾請過任何一次病假。如此嚴格的自律精神，外人很難想見。另一方面，沈師亦「寬以待人」，與學界同行交相師友、互敬互諒，我在她身上看到溫暖敦厚的學者風範。沈師不僅是筆者的指導教授，更是生命中的貴人。

　　碩、博士班的求學期間，為了面對未來求職的挑戰，我有意識地累積個人的研究成果。但跨過教職窄門以後，我重新調整步伐，加強教學的比重，

並思考如何開展教研生涯。

記得碩士班時期，季旭昇師利用週末以讀書會的形式指導學生，參加讀書會的那兩年，是我學術根底的奠基期。師生們在師大文薈廳討論古文字的場景，亦是我碩士班生涯最難忘的畫面。畢業後至成大繼續攻讀博士班，由於南北遠隔，季師的讀書會已無法顧及。當時曾與成大幾位同學組成古文字讀書會，但由於無人主持策劃，亦缺乏穩定討論空間，幾次之後，便不了了之，自此領悟季師的堅持與用心。

因此筆者來到成大任教的首件事，就是籌畫一個以研究生為基本水平的古文字讀書會，為使其長治久安，挪出 1/2 研究室的空間，添購桌椅，提供論學的舒適環境。我期待這是一個「長期」而「穩定」的讀書會，每個月的最後一個周末，討論大家最新撰寫的論文，相互切磋、糾繆、學習。三年過去，讀書會已舉辦過四十餘次。我自認成立「古文字讀書會」是三年教研生活中最有意義的一件事，也是回報師恩的最好方式。

感謝壯城、郁茹、厚任、書珊、月淇、鼎倫、怡璇、嘉彥、芳瑜等人參與讀書會。感謝沈寶春師、鄭憲仁教授、高榮鴻教授蒞臨指導。本書所有內容均曾於讀書會宣讀、討論，由衷感謝各位師友的寶貴意見。

除了兩位指導教授外，許學仁教授、朱歧祥教授、林清源教授是筆者最常請益的對象，他們早已是國際知名的古文字學家，卻仍對學術保有高度的動力與熱忱，我由衷感到敬佩。對我來說，本書只是一個階段性的結束，未來筆者仍將追尋師長們的腳步，乘風破浪，戮力向前。

高佑仁　謹誌於成大中文系

2018.3.21

文獻研究叢書・出土文獻譯注研析叢刊　0902011

《清華伍》書類文獻研究

作　　者　高佑仁
責任編輯　楊婉慈

發 行 人　陳滿銘
總 經 理　梁錦興
總 編 輯　陳滿銘
副總編輯　張晏瑞
編 輯 所　萬卷樓圖書股份有限公司
排　　版　林曉敏
印　　刷　百通科技股份有限公司
封面設計　斐類設計工作室

發　　行　萬卷樓圖書股份有限公司
　　　　　臺北市羅斯福路二段 41 號 6 樓之 3
　　　　　電話 (02)23216565
　　　　　傳真 (02)23218698
　　　　　電郵 SERVICE@WANJUAN.COM.TW
大陸經銷　廈門外圖臺灣書店有限公司
　　　　　電郵 JKB188@188.COM
香港經銷　香港聯合書刊物流有限公司
　　　　　電話 (852)21502100
　　　　　傳真 (852)23560735

ISBN 978-986-478-135-5
2018 年 4 月初版一刷
定價：新臺幣 1200 元

如何購買本書：

1. 劃撥購書，請透過以下郵政劃撥帳號：
　　帳號：15624015
　　戶名：萬卷樓圖書股份有限公司
2. 轉帳購書，請透過以下帳戶
　　合作金庫銀行　古亭分行
　　戶名：萬卷樓圖書股份有限公司
　　帳號：0877717092596
3. 網路購書，請透過萬卷樓網站
　　網址 WWW.WANJUAN.COM.TW

大量購書，請直接聯繫我們，將有專人為
您服務。客服：(02)23216565 分機 10

如有缺頁、破損或裝訂錯誤，請寄回更換

國家圖書館出版品預行編目資料

《清華伍》書類文獻研究 ／ 高佑仁著.
-- 初版. -- 臺北市：萬卷樓, 2018.03
　面；　公分

ISBN 978-986-478-135-5(平裝)
1.簡牘文字　2.研究考訂　3.戰國時代

796.8　　　　　　　　　　　107002262